D1750382

Steffen Burk

Private Kunst

Hermetisierung und Sakralisierung der Literatur um 1900

———————

ERGON VERLAG

Umschlagabbildung:
Sergius Pauser, »Der Lesende« (1925)
Öl auf Hartplatte, 74 × 54 cm, WV 11, Deutschland

Foto zur Verfügung gestellt mit freundlicher Genehmigung von
© Dr. Wolfgang Pauser, Wien

Bibliografische Information der Deutschen Nationalbibliothek
Die Deutsche Nationalbibliothek verzeichnet diese Publikation in der
Deutschen Nationalbibliografie; detaillierte bibliografische Daten sind im
Internet über http://dnb.d-nb.de abrufbar.

© Ergon – ein Verlag in der Nomos Verlagsgesellschaft, Baden-Baden 2019
Das Werk einschließlich aller seiner Teile ist urheberrechtlich geschützt.
Jede Verwertung außerhalb des Urheberrechtsgesetzes bedarf der Zustimmung des Verlages.
Das gilt insbesondere für Vervielfältigungen jeder Art, Übersetzungen, Mikroverfilmungen
und für Einspeicherungen in elektronische Systeme.
Gedruckt auf alterungsbeständigem Papier.
Umschlaggestaltung: Jan von Hugo

www.ergon-verlag.de

ISBN 978-3-95650-576-8 (Print)
ISBN 978-3-95650-577-5 (ePDF)
ISSN 1863-9585

Danksagung

Mein erster Dank gilt meinem Doktorvater an der Universität Passau. Ich danke Herrn Prof. Dr. Hans Krah sehr herzlich für seine Bereitschaft mich als Doktoranden anzunehmen, für seine Unterstützung und die hilfreichen Fachgespräche, die mir bei der Konzeption und inhaltlichen Gestaltung der Arbeit sehr geholfen haben. Durch ihn habe ich tiefere Einblicke in die Semiotik erhalten und methodologische Erkenntnisse erworben, die mir neue analytische Zugänge eröffnet haben.

Zu ebenso großem Dank bin ich meinem langjährigen Mentor, Förderer und Doktorvater, Herrn PD Dr. Benjamin Specht, verpflichtet. Seit mittlerweile zehn Jahren hat er ein offenes Ohr für meine Fragen und unterstützt mich bei meiner Forschung. Ihm verdanke ich nicht nur wichtige Einblicke in die Materie literaturwissenschaftlicher Forschungsarbeit, sondern auch zahlreiche Erkenntnisse, Ideen und Literaturempfehlungen. Er hat schon früh das Potenzial in mir erkannt und ist mir stets mit Rat und Tat unterstützend zur Seite gestanden.

Herrn Prof. Dr. Jan-Oliver Decker danke ich für die Möglichkeit, meine Fortschritte im Oberseminar der Philosophischen Fakultät der Universität Passau vorstellen zu dürfen und für die nützlichen Hinweise, die dazu beigetragen haben, meine Ergebnisse noch prägnanter darzustellen. Für das rege Interesse an meiner Forschungsarbeit, für ihre fachlichen Ratschläge und Anmerkungen möchte ich Herrn Prof. Dr. Christian Thies und Herrn Prof. Dr. Rüdiger Harnisch danken. Herrn Prof. Dr. Martin Hennig danke ich sehr herzlich für die produktive fachliche Zusammenarbeit und die kritische Lektüre einiger Auszüge meiner Dissertation. Meinen Kollegen am Graduiertenkolleg ›Privatheit‹, Herrn Kai Erik Trost, Herrn Lukas Raabe und Frau Miriam Piegsa, danke ich für die zahlreichen Fachgespräche, die mir bei der inhaltlichen Strukturierung der Arbeit geholfen haben und durch die ich interessante Einblicke in die Fachdisziplinen der Soziologie, Geschichts- und Medienwissenschaft erhalten habe.

Der Deutschen Forschungsgemeinschaft möchte ich für ein Stipendium und eine Stelle am Graduiertenkolleg ›Privatheit‹ danken. Allein die großzügige finanzielle Unterstützung hat es mir ermöglicht, mich ganz der fachlichen Materie zu widmen und mein Forschungsprojekt binnen vier Jahren erfolgreich abzuschließen.

Herrn Prof. Dr. Achim Aurnhammer, Herrn Prof. Dr. Werner Frick, Herrn Prof. Dr. Dieter Martin und Herrn Prof. Dr. Mathias Mayer danke ich für die Aufnahme meiner Arbeit in die Schriftenreihe ›Klassische Moderne‹. Es ist mir eine Ehre, meine Forschungsergebnisse in dieser renommierten Reihe veröffentlichen zu dürfen.

Zu guter Letzt danke ich meinen Eltern, Karl und Margit Burk, die immer an meine Fähigkeiten geglaubt haben und es bis heute tun.

Inhaltsverzeichnis

Vorwort		13
I.	Die private Literatur der ästhetischen Moderne	19
1.	Einleitung	21
	1.1 Privatisierung durch sprachliche Kodierung	21
	1.2 Exklusion durch Zugangskontrolle	25
	1.3 Historischer und kultureller Kontext	29
2.	Terminologisches	35
	2.1 ›Privatheit‹ in der Literatur der frühen Moderne	35
	2.2 Der Begriff ›Privatheit‹	37
	2.3 Terminologische Unschärfen: Symbolismus, Ästhetizismus, Hermetik	38
3.	Hermetisierung der Literatur um 1900	45
4.	Sakralisierung der Literatur um 1900	49
	4.1 Privatreligionen um die Jahrhundertwende	49
	4.2 Das Konzept heiliger Autorschaft	55
	4.3 Sakralisierung von Literatur und Kunstreligion	58
5.	Privatheit als Mittel zur Distinktion	65
	5.1 Private Sprache bei Stefan George	65
	5.1.1 Georges Kunstkonzept	65
	5.1.2 Georges Geheimsprachen	68
	5.1.3 Exklusion durch Privatisierung der Sprache	76
	5.2 Legitimationskrise des Dichter-Berufs um 1900	77
	5.3 ›Private‹ Kunst? – Stefan Georges Zeitschrift »Blätter für die Kunst«	82
	5.4 Die Veröffentlichung privater Kunst	90
6.	Überleitung zum analytischen Teil	93

II.	Textanalysen	....	95
1.	Private Sprache in den *Hymnen*	....	97
	1.1 Einleitung	....	97
	1.2 Die Reversion ›traditioneller‹ Semantik	....	99
	1.3 Bruch mit der ›reinen‹ Form	....	108
	1.4 Chiffrierung der Sprechsituation	....	111
	1.5 Chiffrierung durch semantische Verdichtung und kühne Metaphorik	....	113
	1.6 Intertextuelle Bezüge	....	119
	1.7 Zusammenfassung	....	124
2.	Kritik an der privaten Existenz: *Algabal*	....	127
	2.1 Einleitung und These	....	127
	2.2 Kulturelles und historisches Wissen	....	130
	2.3 Absolute Privatheit – Tod und Schönheit: »Im Unterreich«	...	134
	2.4 Erprobung des Sozialen: Grenzüberschreitungen in »Tage«	..	143
	2.5 Abwendung vom ›Leben‹: »Die Andenken«	....	150
	2.6 Zusammenfassung	....	154
3.	Erprobung ›interpersoneller Privatheit‹: *Das Jahr der Seele*	....	157
	3.1 Einleitung	....	157
	3.2 Interpersonelle Privatheit in »Das Jahr der Seele«	....	161
	3.2.1 Der private Raum der Dichtung: »Nach der Lese«	...	162
	3.2.2 Versuche der Annäherung: »Waller im Schnee«	....	168
	3.2.3 »Sieg des Sommers«	....	172
	3.3 Private Kommunikation über das Medium der Dichtung	......	176
	3.3.1 »Überschriften und Widmungen«	....	176
	3.3.2 »Erinnerungen an einige Abende innerer Geselligkeit«	....	180
	3.3.3 »Verstattet dies Spiel …«	....	182
	3.4 Vanitas und Hermetik in »Traurige Tänze«	....	187
	3.5 Ergebnisse	....	191

4.		Parks und Gärten als Räume des Privaten	193
	4.1	Kunst und Natur	193
	4.2	Die soziokulturelle Bedeutung von Parks und Gärten um 1900	194
	4.3	Der Park als Ort dionysischer Erfahrung: Ludwig Klages' »Wie im Park die Dächer aus triefenden Zweigen«	196
	4.4	Der Garten als artifizielles Gefängnis: Hofmannsthals »Mein Garten« und »Die Töchter der Gärtnerin«	198
	4.5	Der Garten als private Chiffre: Hofmannsthals »Gärten«	202
	4.6	Der einsame Schlossgarten als aristokratischer Privatraum: Stefan Georges »Der verwunschene Garten«	205
	4.7	Fazit: Der *hortus conclusus* in der Lyrik um 1900	211
5.		›Aus dem Verborgenen eine Welt regieren‹: Privatheit im lyrischen Frühwerk Hugo von Hofmannsthals	215
	5.1	Privatperson und öffentliches Werk	215
	5.2	Die Herrschaft des Dichters aus dem Privaten: »Der Dichter und diese Zeit«	218
	5.3	Kohärenzen und Differenzen in den Kunstkonzepten Hofmannsthals und Georges	221
	5.4	Hugo von Hofmannsthals »Weltgeheimnis«	224
	5.4.1	Das ›Weltgeheimnis‹ als semantische Leerstelle	224
	5.4.2	Der dynamische Transfer des Weltgeheimnisses	227
	5.4.3	Die Chiffre des tiefen Brunnens	229
	5.4.4	Fazit	231
6.		Privater Zugang zu ›Gott‹: Rainer Maria Rilkes *Stunden-Buch*	233
	6.1	Rilkes private Kunst	233
	6.2	Rilkes frühes Kunstkonzept	236
	6.3	Der ›dunkle Gott‹ als private Chiffre	239
	6.4	Sakralisierung der Kunst: Äquivalenz von ›Gott‹ und ›Kunst‹	241
	6.5	Hermetisierung durch Re-Semantisierung	245
	6.6	Rilkes Konzept heiliger Autorschaft	247
7.		Resümee zur hermetisierten Lyrik um 1900	251

8. Privates Bewusstsein: Leopold von Andrians *Der Garten der Erkenntnis* 257
    8.1 Distinktion mittels poetischer Hermetisierung 257
        8.1.1 Andrian und die Rezeption seines Werkes 257
        8.1.2 Distinktionsverfahren über Prätexte: Die drei Mottos 259
    8.2 Private Erzählweise 262
    8.3 Die Grenzen des privaten Bewusstseins 265
    8.4 Stationen der Erkenntnis 270
        8.4.1 Religiöse vs. lebensemphatische Erlösung 270
        8.4.2 Sprachmystizismus 270
        8.4.3 Die Chiffre des Fremden und die Transformation des Raumes 273
        8.4.4 Das Fremde und Gleiche in der Mutter 279
        8.4.5 Das Fremde auf Reisen und in der Wissenschaft 280
    8.5 Hermetisierung als Privatisierungsstrategie 282
    8.6 Fazit 283
    8.7 Exkurs: Aristokratischer Elitismus in Andrians Lyrik 284

9. Defizitäre private Existenz: Hofmannsthals *Das Märchen der 672. Nacht* 287
    9.1 Einleitung 287
    9.2 Der private Raum als ästhetischer Mikrokosmos 290
    9.3 Privatheit, Heteronomie und Überwachung 292
    9.4 Monologische Kommunikationssituation 295
    9.5 Die Dienerfiguren als Chiffren des ›Lebens‹ 296
    9.6 Zeitlosigkeit vs. Zeitlichkeit 298
    9.7 Raumsemantische Oppositionen: Privatheit vs. Öffentlichkeit 299
    9.8 Der Aufbruch aus dem Privaten als existenzielle Gefährdung 302

10. Privater Raum, Sprache und Welt: Richard Beer-Hofmanns *Der Tod Georgs* 307
    10.1 Einleitung 307
    10.2 Strukturelle Hermetik 307

	10.3	Subjektive Privatwelt	310
	10.4	Private Kunstsprache	312
	10.5	Raumsemantische Oppositionen: Der Privatraum des Ästheten	314
	10.6	Überwindung der ästhetischen Lebensform als Ausbruch aus dem Privaten	320
	10.7	Der Tempeltraum als Allegorie der Kulturgeschichte	325
	10.8	Fazit	329
11.		Resümee der Erzähltext-Analysen	331
III.		Ergebnisse	333
1.		Ergebnisse der Textanalysen	335
	1.1	Private Sprache	335
	1.2	Privater Raum	336
	1.3	Private Religion	337
	1.4	Private Existenz	337
	1.5	Zusammenfassung	338
2.		Ästhetischer Privatismus	341
	2.1	Terminologische Kritik	341
	2.2	Zentrale Aspekte des ästhetischen Privatismus	342
	2.3	Zusammenfassung	346

Literaturverzeichnis 349

Personenregister 371

Vorwort

Wirft man einen Blick auf die späte Lyrik Theodor Fontanes, wird man gewahr, dass sich seine Gedichte verstärkt mit den gesellschaftlichen Fragen der eigenen Zeit beschäftigen.[1] Es finden sich Reflexionen über den bürgerlichen Alltag und das Leben im Allgemeinen, verfasst in einer leicht verständlichen, geradezu ›prosaischen‹ Sprache. Ein Beispiel dafür stellt Fontanes Gedicht *Würd' es mir fehlen, würd' ich's vermissen?* (entstanden 1895) dar:[2]

> Würd' es mir fehlen, würd' ich's vermissen?
>
> Heute früh, nach gut durchschlafener Nacht,
> Bin ich wieder aufgewacht.
> Ich setzte mich an den Frühstückstisch,
> Der Kaffee war warm, die Semmel war frisch,
> 5   Ich habe die Morgenzeitung gelesen
> (Es sind wieder Avancements gewesen).
> Ich trat ans Fenster, ich sah hinunter,
> Es trabte wieder, es klingelte munter,
> Eine Schürze (beim Schlächter) hing über dem Stuhle,
> 10 Kleine Mädchen gingen nach der Schule –
> Alles war freundlich, alles war nett,
> Aber wenn ich weiter geschlafen hätt'
> Und tät' von alledem nichts wissen,
> Würd' es mir fehlen, würd' ich's vermissen?[3]

Das Gedicht setzt sich mit den Banalitäten des Alltags auseinander – ja er wird zum eigentlichen Sujet des Gedichts. So modelliert der literarische Text eine Situation, die sich in dieser oder ähnlicher Weise stereotypisch jeden Tag wiederholt.[4] Indem das Sprecher-Ich auf die gut durchschlafene Nacht rekurriert, sich selbst am Frühstückstisch sitzend, Kaffee-trinkend und die Zeitung lesend beschreibt, wird das Banale und Profane, das Täglich-sich-Ereignende des durchschnittlichen bürgerlichen Lebens zum poetischen Gegenstand erhoben. Der Blick aus dem Fenster liefert dasselbe gleichförmige Bild: Vorbeiziehende Pferdekutschen, geschäftige und arbeitende Menschen, Mädchen auf dem Weg zur Schule.

---

[1] Vgl. Karl Richter: »Die späte Lyrik Theodor Fontanes«. In: Hugo Aust (Hg.): *Fontane aus heutiger Sicht*. München 1980, S. 118–142.
[2] Das Gedicht entstand 1895, erschienen ist es erst posthum 1905.
[3] Theodor Fontane: *Werke, Schriften und Briefe*. Abteilung I: *Sämtliche Romane, Erzählungen, Gedichte, Nachgelassenes*. Band 6: *Balladen, Lieder, Sprüche. Gelegenheitsgedichte. Frühe Gedichte. Versuche und Fragmente*. München 1978, S. 340.
[4] Vgl. Christian Grawe/Helmut Nürnberger (Hg.): *Fontane-Handbuch*. Stuttgart 2000, S. 728.

Diese Poetisierung und »Aufwertung des Banalen«[5] geschieht allerdings nicht auf unreflektierte oder idealisierte (›biedermeierliche‹) Weise: Vielmehr äußert sich mit der abschließenden rhetorischen Frage eine grundlegende Skepsis gegenüber der täglichen Wiederkehr der profanen Erscheinungen, wodurch es zu einer »Relativierung des Netten«[6] kommt. Fontane bedient sich in diesem Text – den Paarreim ausgenommen – keiner ausgefallenen rhetorisch-poetischen Techniken. Die zahlreichen Apokopen verstärken den ›umgangssprachlichen‹ Ton des Gedichtes sogar. So ähnelt die verwendete Sprache in ihrer einfachen Struktur und dem weitgehenden Verzicht auf rhetorische Mittel bewusst der Alltagssprache. Das lyrisch Dargestellte (›Alltag‹) korreliert also der Art der sprachlichen Darstellung (›Alltagssprache‹) und nähert sich so – zumindest tendenziell – den Texten des europäischen Naturalismus[7] an.[8] Die verwendete Sprache und der simple strukturelle Aufbau schaffen so die ideale Voraussetzung für eine breite öffentliche Rezeption. Fontanes Gedicht ist ohne Weiteres verständlich, sein Sinn ist eindeutig und jedem unmittelbar erschließbar, der der deutschen Sprache mächtig ist. Die Analyse und Deutung des Textes setzt keine intensive hermeneutische Auseinandersetzung voraus und erfordert kein umfangreiches Kontext- oder spezifisches Gegenstandswissen – ganz im Gegensatz zu den komplexen lyrischen Texten der ästhetischen Moderne.

Bereits drei Jahre vor der Entstehung von Fontanes Text erscheint ein – zu dieser Zeit (1892) der Öffentlichkeit noch gänzlich unbekannter – Lyrikband, in dem sich das folgende Gedicht findet:

Ob denn der wolken-deuter mich belüge
Und ich durch opfer und durch adlerflüge?

Dass niemals dieser knospe keusche lippe
Vom windgeführten seim der freundin nippe ·

---

[5] Hugo Aust: *Realismus. Lehrbuch Germanistik*. Stuttgart 2006, S. 325.
[6] Aust: *Realismus. Lehrbuch Germanistik*, S. 325.
[7] Kein anderer Realist hat sich derart intensiv mit dem europäischen Naturalismus auseinandergesetzt wie Theodor Fontane (vgl. Grawe/Nürnberger [Hg.]: *Fontane-Handbuch*, S. 377). So rezipiert er nicht nur Zola und Ibsen, sondern tritt auch öffentlich für den noch unbekannten Gerhart Hauptmann ein, dessen soziales Drama *Vor Sonnenaufgang* (1889) er als die »Erfüllung Ibsens« (Theodor Fontane: *Sämtliche Werke*. Band XXII/2: *Causerien über Theater. Zweiter Teil*. München 1964, S. 713) rühmt.
[8] Vgl. das thematisch ähnliche Gedicht von Arno Holz aus der Erstfassung des *Phantasus* (1898): »Ich liege noch im Bett und habe eben Kaffee getrunken. / Das Feuer im Ofen knattert schon, / durchs Fenster, / das ganze Stübchen füllend, / Schneelicht. // Ich lese. // Huysmans. Là Bas. // … Alors, / en sa blanche splendeur, / l'âme du Moyen Age rayonna dans cette salle … // Plötzlich / irgendwo tiefer im Hause, / ein Kanarienvogel. // Die schönsten Läufe! // Ich lasse das Buch sinken. // Die Augen schließen sich mir, / ich liege wieder da, den Kopf in die Kissen –« (Arno Holz: *Phantasus*. Verkleinerter Faksimiledruck der Erstfassung. Herausgegeben von Gerhard Schulz. Stuttgart 1978, S. 8).

```
5    Dass sie im schwall der salben und gewürze
     Des schwülen kerkers weile sich verkürze ·

     Besprengt vom saft des hanfes und der rebe
     Die trägen adern zu beleben strebe

     Und flehend bis sie welke stehen bleibe
10   Vor einer säule sprödem marmorleibe. (SW II, 84)
```

Das aus Zweizeilern bestehende Gedicht ist Stefan Georges frühem Lyrikband *Algabal* entnommen. Eine erste Lektüre genügt, um zu erkennen, dass es sich hierbei um einen Text handelt, der nicht leicht zu verstehen ist – ja, nicht auf Anhieb verständlich sein *will*.

Die elfsilbige hyperkatalektische Versform mit durchgehend weiblichem Reim steht aufgrund ihres Konstruktcharakters und ihrer ästhetischen Artifizialität der formalen und strukturellen Simplizität des Fontane'schen Gedichts diametral entgegen. Reich an rhetorischen Mitteln (Alliterationen, Metaphern, Periphrasen), ›erlesenen‹ poetischen Worten (Archaismen, Neologismen) und historischen Referenzen (auf die Antike und den römischen Kaiser Marcus Aurelius Antoninus) ist dieses Gedicht ein Paradebeispiel für die Tendenz moderner Gedichte zur künstlichen Stilisierung, die dem Phänomen der sprachlichen ›Hermetisierung‹ korreliert.

Aber nicht nur auf intertextueller und rhetorischer Ebene lassen sich tiefgreifende Differenzen[9] zu Fontanes Text konstatieren, sondern auch auf inhaltlicher: So thematisiert Georges Gedicht nicht den profanen Ablauf[10] sich wiederholender Morgenstunden, sondern problematisiert die Ausweglosigkeit einer allein auf ästhetischen Prinzipien gegründeten Existenz. Das Gedicht handelt von der Einsamkeit und der Aporie des Alters,[11] der nicht durch Schönheit beizukommen ist und die nur im Tod ihre unausweichliche Auflösung erfährt. Statt alltäglicher Lebensmittel und Konsumgüter (Kaffee, Semmel, Morgenzeitung), finden sich hier erlesene und kostbare Gegenstände (Salben, Gewürze)

---

[9] Neben den offensichtlichen Differenzen gibt es auch Gemeinsamkeiten inhaltlicher Art. Eine besteht darin, dass das Sprecher-Ich in beiden Gedichten bereits ein gewisses Alter erreicht haben muss. Während es bei George aus dem Gesamtzyklus ersichtlich wird, dass sich sein Sprecher-Ich bereits in einem fortgeschrittenen Alter befindet, ist der hypothetische Gedankengang des Fontane'schen Ichs als resignativ-distanzierte Haltung eines alternden Menschen dem Leben gegenüber deutbar (Fontane selbst befand sich zum Zeitpunkt der Niederschrift bereits im 76 Lebensjahr).

[10] George richtet sich mit seinem ›Kunstprogramm‹, das er in seiner Zeitschrift – den *Blättern für die Kunst* – entfaltet, explizit »gegen das unvornehme geräusch des tages« (BfK, 5) – also gegen die ästhetische Darstellung der »platte[n] und nüchterne[n] alltäglichkeit« (ebd., S. 19).

[11] Dies wird im Gedicht selbst nur über die »trägen adern« (V. 8) angedeutet. Bezieht man allerdings den Kontext mit ein, in dem der Text steht – den dritten und letzten Teil (*Die Andenken*) des Gesamtzyklus *Algabal* – wird deutlich, dass das gealterte Sprecher-Ich in einer Retrospektive melancholisch auf sein vergangenes Leben blickt.

und berauschende Mittel (Hanfsaft, Wein), welche die Existenz erträglicher machen und ›des schwülen Kerkers Weile‹ – eine Metapher für die verbleibende Lebenszeit – verkürzen sollen.[12] Der Nihilismus, der sich durch den gesamten Gedichtband *Algabal* zieht und in diesem Gedicht seinen Höhepunkt erreicht, wird durch den (in den ersten zwei Versen vorweggenommenen) Orakelspruch des Auguren – des »wolken-deuter[s]« (V. 1) – bereits antizipiert und damit besiegelt; die rhetorische Frage von Beginn an durch das (über das fehlende Verb erzeugte) Anakoluth negiert (»ich durch opfer und durch adlerflüge?« [V. 2]).

Im Gegensatz zu Fontanes ›spätrealistischem‹ Text spielt in Georges frühem Gedicht zudem die Kontextabhängigkeit eine entscheidende Rolle: Der Facettenreichtum der Bedeutungen liegt auf einer semantischen Tiefenebene und ist nur dann in seiner Vielfalt zu erfassen, wenn das Gedicht als Teil des Gesamtzyklus begriffen und interpretiert wird. So wird beispielsweise das Symbol, das das Sprecher-Ich (Algabal) von seinem eigenen Ende imaginiert – das Verwelken der Knospe am kalten Marmor einer Säule[13] (vgl. V. 9/10) – erst dechiffrierbar, wenn der gesamte Zyklus miteinbezogen und einer genauen Untersuchung unterzogen wird.

Die im Abstand nur weniger Jahre entstandenen Gedichte stellen im direkten Vergleich nur *ein* besonders eindrückliches Beispiel für die Vielfalt und Heterogenität des Stilpluralismus der Jahrhundertwende dar und veranschaulichen, wie unterschiedlich, ja konträr literarische Texte um 1900 strukturiert, semantisiert und modelliert sein können. Allgemein gilt für den Beginn der ästhetischen Moderne, dass sich der literarische Wandel – begleitet von einem Überbietungs- bzw. Abgrenzungsgestus der Autoren und Strömungen – im Literatursystem immer rascher und radikaler vollzieht und dass man als Autor vor allem eines sein möchte: ›modern‹ – diesem Anspruch aber auf verschiedenartige Weise gerecht zu werden sucht. Dies zeigt sich an den unterschiedlichen Auffassungen von Dichtung und poetischer Sprache ebenso wie am jeweiligen Selbstverständnis der Autoren und den stark divergierenden Autorenrollen. Mit diesem Wandel der Literatur verändert sich auch die Rezeptionssituation: So scheint die neue ›moderne‹ Lyrik und Prosa ab 1890 eben nicht mehr darauf aus zu sein, von einem möglichst breiten Rezipientenkreis gelesen und rezipiert zu werden. Diese hermetisierte Kunst exkludiert bewusst bestimmte Leser, indem sie sich diesen mittels poetischer Strategien verschließt. Damit avanciert sie zum exklusiven Medium für wenige Eingeweihte, Künstler und Wissen-

---

[12] Die ›Verkürzung‹ der leidvollen existenziellen Erfahrung könnte genaugenommen nur durch den erotisch aufgeladenen Kuss einer Frau (»der freundin« [V. 4]) zustande kommen. Die Keuschheit (der »knospe keuscher lippe« [V. 3]), die einem Reinheitsethos verpflichtet ist, indes verbietet jede Berührung der Lippen, weshalb es Algabal »niemals« (V. 3) möglich sein wird, vom »seim« (V. 4) der Frau zu »nippe[n]« (V. 4).

[13] Vgl. Mario Zanucchi: *Transfer und Modifikation. Die französischen Symbolisten in der deutschsprachigen Lyrik der Moderne (1890–1923)*. Berlin/Boston 2016, S. 351.

schaftler[14] – steht der breiten Öffentlichkeit also nicht mehr zur Lektüre und Rezeption zur Verfügung: Diese chiffrierte Literatur der frühen Moderne erfährt so eine Privatisierung und avanciert zur *privaten Kunst*.

---

[14] Stefan Georges ›private‹ Zeitschrift beispielsweise richtet sich explizit an »eine auserwählte gemeinschaft von künstlern und kunst-anhängern« (BfK, 5). Zu den Wissenschaftlern im George-Kreis ist bereits ein aufschlussreicher Sammelband erschienen: Vgl. Bernhard Böschenstein u. a. (Hg.): *Wissenschaftler im George-Kreis. Die Welt des Dichters und der Beruf der Wissenschaft*. Berlin 2005.

I. Die private Literatur der ästhetischen Moderne

1. Einleitung

1.1 *Privatisierung durch sprachliche Kodierung*

Aleida Assmann zeichnet in ihrer Monographie *Die Legitimität der Fiktion* (1980) eine emanzipatorische Entwicklung fiktiver Texte durch die Konstituierung eines spezifisch literarischen Kodes nach. Dabei stellt sie heraus, dass das künstlerische Schaffen im Mittelalter noch einen Aspekt der Welterkenntnis und damit auch eine Einsicht in den göttlichen Kosmos bedeutete. Der mittelalterliche Künstler blieb dabei dem »Schöpfungswerk des *Artifex divinus*«[1] verpflichtet, erkannte also die göttliche Weltordnung an und orientierte sich beim Schaffen seiner Kunst ausschließlich an ihr; so fungierte er als eine Art zweiter Schöpfer. Mit dem Aufkommen des Nominalismus aber ändert sich diese Haltung grundlegend: Die Nominalisten sind von der Ohnmacht der menschlichen Vernunft vor der göttlichen Wirklichkeit überzeugt und halten konstruktive Neuschöpfungen in der Kunst daher durchaus für möglich. Diesem emanzipatorischen Impuls folgen die Künstler der Renaissance, sodass »die kosmologische Verbindlichkeit des Zeichens abnimmt und die schöpferisch bildende Kraft des menschlichen Geistes neuen Aktionsraum«[2] gewinnt. Diese Entwicklung – weg von der autoritären religiösen Verbindlichkeit hin zu einer verständlichen Sprache der Kunst – kulminiert nach Assmann in jener Autonomisierung des Literatursystems, die mit dem aufklärerischen Roman im 18. Jahrhundert ihren genuinen Ausdruck findet.

Der hermetische Kode des religiös geprägten Zeichensystems, der die ›Symbolsprache Gottes‹ vor unerwünschtem Zugriff schützen sollte und nur von bestimmten Autoritäten dechiffriert werden konnte, wird nun ersetzt durch die auf intersubjektiver Erfahrung beruhende ›öffentliche‹ Sprache,[3] die sich »auf den Gemeinbesitz der säkularen Weisheit des Common Sense«[4] berufen kann. Die schriftlichen Zeichen, einst Zeugnisse der *Divinatio*, die Einblicke in das göttliche Geheimnis ermöglichen sollten und nur von wenigen Eingeweihten verstanden werden konnten, werden im Laufe der Neuzeit so zu Garanten der Welterklärung, die potenziell jedermann zu verstehen imstande ist.

---

[1] Aleida Assmann: *Die Legitimität der Fiktion. Ein Beitrag zur Geschichte der literarischen Kommunikation*. München 1980, S. 100.
[2] Assmann: *Die Legitimität der Fiktion*, S. 101.
[3] Damit ist vorerst nur gesagt, dass die verwendete Schriftsprache eben nicht mehr das Lateinische, sondern das Deutsche ist und Texte verfasst werden, die von jedem verstanden werden können, der des Lesens mächtig ist. Dass Literatur – in Abgrenzung zur Alltagssprache – einen eigenen poetischen Modus hat, soll damit keineswegs in Abrede gestellt werden.
[4] Assmann: *Die Legitimität der Fiktion*, S. 103.

So steht Kunst/Literatur nicht mehr im Dienste der Religion, sondern dient spätestens seit der Autonomisierung der Literatursystems im 18. Jahrhundert[5] vornehmlich dem Zweck der Aufklärung und der (ideologisch geprägten) Vermittlung von (bürgerlichen) Werten und Normen, von ›Wahrheit‹ und ›Wirklichkeit‹. Sie richtet sich nicht mehr (wie im Mittelalter) an gelehrte Eingeweihte (Kleriker), die über besondere sprachliche und hermeneutische Kompetenzen verfügen, sondern im Gegenteil an eine breite Öffentlichkeit – zielt also prinzipiell auf allgemeine Verständlichkeit und sprachliche Transparenz ab. Besonders die Literatur der Aufklärung bedient sich zu diesem Zweck einer klaren Rhetorik und leicht verständlichen Sprache, um kommunikative Verständigung zu gewährleisten.[6] Und noch in der Weimarer Klassik und selbst der Frühromantik »bleibt die Unverständlichkeit weitgehend in einen übergreifenden Verständlichkeitshorizont eingebettet«[7] – ›Unverständliches‹ wird erläutert und aufgeschlüsselt, sodass der ›Textsinn‹ prinzipiell jedem erschließbar wird.

Spoerhase stellt in seiner Untersuchung zum Phänomen der Unverständlichkeit dabei interessanterweise fest, dass sich im *Historischen Wörterbuch der Rhetorik* für den Terminus ›obscuritas‹ im Zeitraum »zwischen Friedrich Schlegel und Baudelaire« keine Nachweise finden lassen; entsprechend vergeblich gestalte sich die Suche nach Einträgen zu ›Amphibolie‹ und ›Ambiguität‹ für den Zeitraum »zwischen Jean Paul und Nietzsche«.[8] So kommt er zu dem Schluss, dass »weite Teile des 19. Jahrhunderts gemeinhin als Epoche der Verständlichkeit und Eindeutigkeit charakterisiert werden«,[9] wohingegen die ästhetische Moderne gerade durch ihre ›Unverständlichkeit‹ gekennzeichnet sei.

---

[5] Vgl. Niels Weber: *Literatur als System. Zur Ausdifferenzierung literarischer Kommunikation*. Opladen 1992, S. 29–59. Vgl. auch Bürger, der den Beginn der Emanzipation schon in der höfischen Kunst erkennt: Er unterscheidet dazu ›sakrale Kunst‹, die ganz im Dienst der Religion stehe, von der ›höfischen Kunst‹, die einen ersten Schritt in Richtung Emanzipation der Kunst bedeute. In der ›bürgerlichen Kunst‹ schließlich sei dieser Prozess der Emanzipation der Kunst dann abgeschlossen. Vgl. Peter Bürger: *Theorie der Avantgarde*. Frankfurt am Main 2013, S. 64.

[6] Vgl. Carlos Spoerhase: »Die ›Dunkelheit‹ der Dichtung als Herausforderung der Philologie«. In: Christian Scholl/Sandra Richter/Oliver Huck (Hg.): *Konzert und Konkurrenz. Die Künste und ihre Wissenschaften im 19. Jahrhundert*. Göttingen 2010, S. 133–155. Hier: S. 138.

[7] Spoerhase: »Die ›Dunkelheit‹ der Dichtung als Herausforderung der Philologie«, S. 138. Spoerhase nennt hierfür exemplarisch »Friedrich Schlegels Kritik an sprachlicher Esoterik in der Schrift *Über das Studium der Griechischen Poesie*« und die »Kritik an Schlossers Mystizismus in *Der Deutsche Orpheus*« (ebd.). So halte die Frühromantik trotz »aller zugestandenen Vorläufigkeit und Unvollständigkeit der Verstehensresultate an der Resultathaftigkeit des Verstehensvorgangs fest« (ebd., S. 152).

[8] Spoerhase: »Die ›Dunkelheit‹ der Dichtung als Herausforderung der Philologie«, S. 134.

[9] Spoerhase: »Die ›Dunkelheit‹ der Dichtung als Herausforderung der Philologie«, S. 134. Dieser Befund lässt sich bestätigen, unterzieht man die literarischen Texte des Realismus einer genaueren Prüfung. Aber auch anhand der poetologisch gefärbten Texte lässt sich erkennen, dass es den Autoren des Realismus um prinzipielle Verständlichkeit zu tun ist. Theodor Fontane z. B. schreibt in seiner theoretischen Abhandlung *Unsere lyrische und epische Poesie seit 1848*, dass es die Verantwortung des Schriftstellers sei, sich beim Verfassen

In einem aus Distichen bestehenden Gedicht von Emanuel Geibel (1815–1884) – erschienen 1856 im Gedichtband *Neue Gedichte* – wird die vermittelnde und kommunikative Funktion von Dichtung zum eigentlichen Sujet des Textes erhoben:

> Das ist des Lyrikers Kunst, auszusprechen was allen gemein ist,
> Wie er's im tiefsten Gemüth neu und besonders erschuf;
> Oder dem Eigensten auch solch *allverständlich Gepräge*
> Leihn, daß jeglicher drin staunend sich selber erkennt.[10] [Hervorhebung von mir, S. B.]

Geibel, einer der populärsten und bekanntesten Lyriker um die Jahrhundertwende, schreibt der Dichtkunst also die Aufgabe und Funktion zu, das »auszusprechen was allen gemein« sei. Der Dichter habe »dem Eigensten« ein »allverständlich Gepräge« zu verleihen – also das jedem Gemeinsame in einer generell eingängigen und verständlichen ›öffentlichen‹ Kunstsprache zu präsentieren. Als Kommunikationsmedium diene die Kunst so primär dazu, einen Sinn zu vermitteln, den der Rezipient ohne Schwierigkeiten verstehen könne, um »sich selber« in den Gedichten zu ›erkennen‹. Dichtung solle demnach jedermann hermeneutisch ›zugänglich‹ und in ihrer Intention klar und nachvollziehbar sein, um das »auszusprechen was allen gemein ist«.

Geibels auf Kommunikabilität und semantische Transparenz ausgerichtetes Kunstkonzept, mittels dessen das allen ›Gemeinsame‹ zur Darstellung gebracht werden soll, fordert also unmittelbare Verständlichkeit und die objektive Vermittlung eines ›Sinns‹ – der im ausgehenden 19. Jahrhundert mit dem Beginn der zivilisatorischen Moderne allerdings sukzessive verloren geht und neue Formen von Kunstkonzepten und Autorrollen notwendig erscheinen lässt.

Mit Aufkommen der sog. ›hermetischen‹ Literatur um die Jahrhundertwende lässt sich eine radikale Gegenbewegung beobachten, die sich vor allem in der Lyrik abzeichnet: So werden moderne Gedichte strukturell immer komplexer, chiffrierter und stilisierter.[11] Sie orientieren sich wieder am mittelalterlichen Prinzip der sprachlichen Kodierung (auch wenn die Dichtung nun nicht mehr

---

seiner Texte darum zu kümmern, »ob sie der Leser nach langem Kopfzerbrechen versteht oder nicht versteht« (Theodor Fontane: *Werke, Schriften und Briefe*. Abteilung III: *Erinnerungen. Ausgewählte Schriften und Kritiken*. Band 1: *Aufsätze und Aufzeichnungen*. München 2009, S. 251). Insgesamt erachtet Fontane die »Verständlichkeit« literarischer Texte in seinen Kunstkritiken als »wichtiges Kriterium« (Carmen Aus der Au: *Theodor Fontane als Kunstkritiker*. Berlin/Boston 2017, S. 110). Die Eigenschaft der ›Verständlichkeit‹ darf demnach als ein entscheidendes Charakteristikum ›realistischer‹ Texte gelten.

10 Emanuel Geibel: »Ethisches und Ästhetisches in Distichen [XVI.]«. In: Ders.: *Gesammelte Werke in acht Bänden*. Band 5: *Judas Ischarioth – Die Blutrache – Dichtungen in antiker Form – Klassisches Liederbuch*. Stuttgart/Berlin 1906, S. 33–50. Hier: S. 37.

11 Deshalb stoßen sie anfangs auf starkes Unverständnis: Laut Böschenstein »hatten sich die Leser an eine Form der Lyrik gewöhnt, die das schöpferische Wagnis verloren und durch domestizierte bürgerliche Harmlosigkeit ersetzt hatte. [...] Durch Platen, Rückert, Geibel hatte man eine rhetorische Glätte der Wortkunst kennengelernt, die keine Spannung des

im Dienste einer göttlichen Weltordnung steht, sondern selbst häufig zu einem sakralen Gegenstand avanciert). Die verwendeten Wörter sollen erneut zu Zeichen einer höheren (doch immanenten) ›Wahrheit‹ werden und der Krisenerfahrung der beginnenden Moderne dadurch begegnen, dass sie zur lebensweltlichen Orientierung innerhalb der sich ausdifferenzierenden und pluralisierenden Massengesellschaft beitragen, deren Implikationen reflektieren und poetische Lösungen offerieren. Entscheidend aber ist, dass mit diesen chiffrierten literarischen Texten eben keine breite Öffentlichkeit erreicht werden soll. Ganz im Gegenteil etabliert sich eine Kunstströmung, die gerade nicht massentauglich ist, sondern den Kreis der Rezipienten dadurch einschränkt, dass sie nicht auf Anhieb verständlich ist.

In scheinbarer Replik auf Geibel findet sich in Hofmannsthals *Buch der Freunde* (1922) ein Aphorismus, der das Kunstkonzept Geibels geradezu umkehrt:

> Die Menschen verlangen, daß ein Dichtwerk sie anspreche, zu ihnen rede, sich mit ihnen gemein mache. Das tun die höheren Werke der Kunst nicht, ebensowenig als die Natur sich mit den Menschen gemein macht; sie ist da und führt den Menschen über sich hinaus – wenn er gesammelt und bereit dazu ist.[12]

Nicht der Künstler habe demnach dafür Sorge zu tragen, verstanden zu werden – im Gegenteil sei es die Aufgabe des Rezipienten, sich mit der sprachlichen Komplexität und semantischen Tiefe des künstlerischen Werkes auseinanderzusetzen.[13] Erst wer eine gewisse Bereitschaft zeige, das »Dichtwerk« als solches verstehen zu wollen, werde die nötige geistige Reife erlangen und über die erworbene ästhetische Kompetenz letztlich imstande sein, die »höheren Werke der Kunst« (zu denen Hofmannsthal freilich auch seine eigenen rechnet) zu deuten und ihren tieferen Sinn zu verstehen.

Kunst soll demnach nicht mehr, wie Geibel meint, für alle verständlich – sondern im Gegenteil nur jenen Rezipienten zugänglich sein, die sich durch ihr besonderes Interesse an Kunst und ihr ästhetisches Spezialwissen auszeichnen. So weisen viele der um die Jahrhundertwende entstehenden literarischen Texte ein hohes Maß an struktureller und sprachlicher Komplexität auf und schließen damit Rezipienten von vornherein aus, die nicht willens sind, sich intensiv mit ihnen auseinanderzusetzen. Durch die Priorisierung und Ästhetisierung der

---

Gedankens oder des Bildes mehr als Hindernis für gefahrlose Aufnahme aufgerichtet hatte« (Bernhard Böschenstein: »Die Dunkelheit der deutschen Lyrik des 20. Jahrhunderts.« In: *Der Deutschunterricht* 21 [1969]. Heft 3, S. 51–66. Hier: S. 53).

[12] KA XXXVII, 47.
[13] So kann die Unverständlichkeit eines Werks eine vom Autor bewusst intendierte sein und zur rezeptionsästhetischen Strategie werden, um sicherzustellen gelesen und (wissenschaftlich) rezipiert zu werden. Im Produktionskontext von Literatur wird so eine Annäherung von Kunst und Wissenschaft deutlich, denn »je unverständlicher die Kunst wird, desto mehr wird die professionelle Kunstrezeption zu einem Teil der Kunst« (Spoerhase: »Die ›Dunkelheit‹ der Dichtung als Herausforderung der Philologie«, S. 153).

Form werden so *private Texträume der Literatur* entworfen, deren ›Sinn‹ durch poetische Chiffrierungsstrategien geschützt und mittels derer die rezeptionsästhetische Kontrolle zum Zugang der Texte gewährleistet wird. So verfolge ich in der vorliegenden Arbeit folgende These:

1.) Mit dem Beginn der ästhetischen Moderne um 1890 kommt es innerhalb des Literatursystems zu einer Privatisierungstendenz, die sich sowohl auf sprachlich-textueller als auch auf soziologischer Ebene rekonstruieren lässt.

1.2 Exklusion durch Zugangskontrolle

Spätestens seit Hugo Friedrichs Studie *Die Struktur der modernen Lyrik* (1956) ist es in der Literaturwissenschaft ein gängiger Topos, dass die Literatur der frühen Moderne durch ihre eigentümliche Hermetik – ihre vermeintliche Unverständlichkeit und »Dunkelheit«[14] – gekennzeichnet ist. Dies trifft in besonderem Maße auf die hermetisierte Lyrik und Prosa der Frühmoderne zu, die noch heute meist mit unpräzisen Schlagworten wie ›Symbolismus‹ oder ›Ästhetizismus‹ klassifiziert und literaturgeschichtlich eingeordnet werden. Die scheinbare Abwesenheit von ›Sinn‹ in diesen Texten entspricht der »Neigung, so weit wie möglich von der Vermittlung eindeutiger Gehalte fernzubleiben.«[15] Während der konkret vermittelte Inhalt, also der Informationsgehalt, gegen Null zu gehen scheint, so ergibt sich auf der Bedeutungsebene eine semantische Mehr- und Vieldeutigkeit, die den »Rätselcharakter«[16] dieser Art literarischer Texte ausmacht. Dies führt zum häufig konstatierten »Paradoxon hermetischer Kommunikation«,[17] welches sich aus der Unverständlichkeit auf Rezipientenseite (bzw. unterstellter ›Sinnlosigkeit‹) und der gleichzeitigen Vieldeutigkeit der Texte ergibt: »Moderne Lyrik nötigt die Sprache zu der paradoxen Aufgabe, einen Sinn gleichzeitig auszusagen wie zu verbergen«.[18]

Damit ist eine gelingende Kommunikation zwischen Sender und Empfänger aber keineswegs ausgeschlossen. Es ist hier nicht von kommunikativer Verweigerung auszugehen – im Gegenteil provoziert der hermetische Text geradezu Deutungen, gibt den Anreiz zu erneuter Lektüre und motiviert die weitere Beschäftigung mit dem Text. Der Rezipient ist also durchaus dazu aufgefordert, das Bedeutungspotential des Textes zu erkennen und es zu rekonstruieren. Baßler formuliert dies folgendermaßen:

---

[14] Vgl. Böschenstein: »Die Dunkelheit der deutschen Lyrik des 20. Jahrhunderts«, S. 51–66.
[15] Hugo Friedrich: *Die Struktur der modernen Lyrik. Von der Mitte des neunzehnten bis zur Mitte des zwanzigsten Jahrhunderts*. Reinbek bei Hamburg 1956, S. 16.
[16] Annette Simonis: *Literarischer Ästhetizismus. Theorie der arabesken und hermetischen Kommunikation der Moderne*. Tübingen 2000, S. 243.
[17] Simonis: *Literarischer Ästhetizismus*, S. 242.
[18] Friedrich: *Die Struktur der modernen Lyrik*, S. 178.

> Gegen Hermetik gibt es Hermeneutik, Dunkelheit ist nur die Einladung zur Aufklärung, und noch der verschlossenste Text der Moderne läßt sich entschlüsseln, um hinfort einem professionellen Verstehen (oder Verstandenhaben) als Behausung zu dienen.[19]

Von ›Sinnlosigkeit‹ kann also nicht die Rede sein; im Gegenteil ist letztlich sogar eine kommunikative Steigerung möglich, da der chiffrierte Text sich nicht in einer einzigen Deutung erschöpft, sondern in seiner Polyvalenz einen dynamischen Deutungsprozess in Gang setzt, der nahezu unerschöpflich ist.[20] Je mehr Deutungen es bei einem Text gibt, so Lotman, »desto tiefer ist die spezifisch künstlerische Bedeutung (der Wert) des Textes und desto länger wird seine Lebensdauer.«[21]

Dies bedeutet nun natürlich auch, dass die Mehrdeutigkeiten der hermetischen Texte ein gewaltiges Rezeptionspotential eröffnen, welches sogar die »Anschlussfähigkeit über die Epochengrenzen«[22] hinweg gewährleisten kann. Die Unverständlichkeit kann also durchaus dazu führen, dass der hermetisierte Text besondere rezeptionsgeschichtliche Prominenz erlangt, gerade weil er nicht unmittelbar für jeden zugänglich ist. Diese »Hermeneutik des Nichtverstehens«[23] ist auch der Grund dafür, dass der poetische Text durch seinen ›unverständlichen‹ Charakter zum Gegenstand verstärkten Interesses avancieren kann. Die strukturelle Opazität der Textur und die Pluralität an Deutungsmöglichkeiten sind also die Triebfedern, die den Rezipienten zur erneuten Lektüre motivieren und stets neue Sinnangebote und Bedeutungsdimensionen offenlegen.

Dabei können der individuelle Stil eines Autors, dessen Bezugnahme auf die literarische Tradition, auf kulturelle Kontexte oder auf Spezialwissen als funktionale Ausschlussprinzipen dienen, da der hermetisierte Text vom Rezipienten einen erheblichen Bildungsstand und kulturelle Kompetenz voraussetzt. Diesen Sachverhalt bringt Bourdieu (in Bezug auf Kunst im Allgemeinen) pointiert zum Ausdruck:

> Konsum von Kunst erscheint dieser Interpretationsweise als Moment innerhalb eines Kommunikationsprozesses, als ein Akt der Dechiffrierung oder Decodierung, der die bloß praktische oder bewußte und explizite Beherrschung einer Geheimschrift oder eines Codes voraussetzt. In diesem Sinne gilt: Die Fähigkeit des Sehens bemißt sich am Wissen, oder wenn man möchte, an den Begriffen, den *Wörtern* mithin, über die man zur Bezeichnung der sichtbaren Dinge verfügt und die gleichsam Wahrnehmungspro-

---

[19] Moritz Baßler: *Die Entdeckung der Textur. Unverständlichkeit in der Kurzprosa der emphatischen Moderne 1910–1916*. Tübingen 1994, S. 2.
[20] Vgl. Simonis: *Literarischer Ästhetizismus*, S. 243.
[21] Jurij M. Lotman: *Die Struktur literarischer Texte*. Übersetzt von Rolf-Dietrich Keil. München 1993, S. 108.
[22] Simonis: *Literarischer Ästhetizismus*, S. 242.
[23] Lucian Hölscher: »Hermeneutik des Nichtverstehens. Skizze zu einer Analyse europäischer Gesellschaften im 20. Jahrhundert«. In: Günter Figal (Hg.): *Internationales Jahrbuch für Hermeneutik 7* (2008), S. 65–77.

gramme erstellen. Von Bedeutung und Interesse ist Kunst einzig für den, der die kulturelle Kompetenz, d. h. den angemessenen Code besitzt.[24]

Literarische Texte, die ›unzugänglich‹ erscheinen, können durch ihre Chiffrierung also nur an Leser gerichtet sein, die die spezifische Kodierung der Textur zu erkennen imstande sind. Durch diesen von der Normalsprache abweichenden sprachlichen Kode[25] erhalten derart verschlüsselte Texte einen geradezu ›esoterischen‹ Charakter, da sich der Leserkreis aufgrund der erhöhten Schwierigkeit, die Semantik des Textes zu rekonstruieren, notwendigerweise verengen muss. Der Anspruch auf intellektuelle Exklusivität, welcher darin besteht, nicht ›Eingeweihte‹ auszuschließen (und dies bedeutet nichts anderes, als Informationen durch bestimmte sprachliche Kodes vor ›unerwünschtem Zugriff‹ zu schützen), kann sich durch ästhetische Chiffrierungsstrategien auf der Textebene realisieren.

Wie erwähnt, ist hierbei nicht von vollständiger kommunikativer Verweigerung auszugehen – dies hätte einen wahrhaft paradoxalen Charakter, da Kommunikation nur dann zustande kommen kann, wenn ein Sender einen (möglichen) Empfänger voraussetzen kann, der die vermittelte Nachricht zu verstehen imstande ist, d. h. den kodierten Text dekodieren und dessen Semantik zu rekonstruieren vermag.[26] Dazu muss dem Rezipienten das vom Sender verwendete Zeichensystem, in dem der Text kodiert ist, (zumindest teilweise) bekannt und zugänglich sein. Lotman formuliert dies folgendermaßen:

---

[24] Pierre Bourdieu: *Die feinen Unterschiede. Kritik der gesellschaftlichen Urteilskraft*. Übersetzt von Bernd Schwibs und Achim Russer. Frankfurt am Main 2014, S. 19.

[25] Selbstverständlich generiert jeder literarische Text einen spezifischen Kode, den es zu dechiffrieren gilt; die besondere Schwierigkeit bei hermetisierter Prosa und Lyrik ergibt sich nun daraus, dass die Kodierung auf besonders radikale Weise von der Normalsprache abweicht.

[26] Ich folge hier und im Folgenden dem Kommunikationsmodell von Jakobson (Roman Jakobson: »Linguistik und Poetik«. In: Ders.: *Poetik. Ausgewählte Aufsätze 1921–1971*. Herausgegeben von Elmar Holenstein und Tarcisius Schelbert. Frankfurt am Main 1979, S. 83–121). Diesem zufolge sind bei einem Kommunikationsakt stets sechs verschiedene Faktoren beteiligt: Erstens muss ein Sender vorausgesetzt werden, der eine Nachricht/Äußerung/Mitteilung zu einem bestimmten Zeitpunkt an einem bestimmten Ort und in einer spezifischen sozialen Situation produziert. Zweitens gibt es die Nachricht selbst, die übermittelt werden soll. Drittens einen/mehrere Empfänger, der/die die Nachricht diachron oder synchron aufnimmt/aufnehmen und sich selbst in einer bestimmten sozialen Situation, einem bestimmten Ort und einer bestimmten Zeit befindet/befinden. Viertens muss es einen Redegegenstand, einen Kontext oder ›Referenten‹ geben, auf den sich die Nachricht bezieht und der vom Rezipienten (dem Empfänger) erfassbar und damit verbalisierbar und dekodierbar ist. Fünftens gibt es einen Kode, in dem die Mitteilung verfasst bzw. kodiert ist. Dieser Kode ist dem Sender und dem Empfänger zumindest teilweise gemeinsam. Auf diese Weise kann die Information in einem Akt des Verstehens (Dekodierungsakt) rekonstruiert werden. Sechstens muss es einen physischen Kanal/einen Kontakt/ein Medium geben, das es sowohl Sender als auch Empfänger ermöglicht, in Kommunikation zu treten. Vgl. Hans Krah: »Kommunikationssituation und Sprechsituation«. In: Ders./Michael Titzmann: *Medien und Kommunikation. Eine interdisziplinäre Einführung*. Dritte, stark erweiterte Auflage. Passau 2013, S. 57–85. Hier: S. 59.

Damit der künstlerische Kommunikationsakt überhaupt zustande kommt, ist es nötig, daß der Autorkode und der Leserkode zumindest Mengendurchschnitte von Strukturelementen bilden, z. B. daß der Leser die natürliche Sprache versteht, in der der Text geschrieben ist. Die sich nicht überschneidenden Teile der Kodes bilden dann jenen Bereich, der beim Übergang vom Schreiber zum Leser deformiert, kreolisiert oder in beliebiger anderer Weise umstrukturiert wird.[27]

Dies allein reicht aber noch nicht aus, um den ›Sinn‹ des Textes selbst zu verstehen, solange der verwendete Kode nicht vollständig dechiffriert werden kann. Zur Dechiffrierung dieses Kodes werden bei hermetisierten Texten der frühen Moderne ein hohes Maß an kulturellem Wissen[28] vorausgesetzt, hohe kognitive Leistungen gefordert und intellektuelle Ansprüche an den Rezipienten gestellt,[29] um die intertextuellen Referenzen, die verwendeten poetischen Allusionen, Ideologeme, Philosopheme und Mythologeme identifizieren zu können.[30] Aber auch die Möglichkeit, bestimmte sprachliche ›Bilder‹ und rhetorische Mittel (Metaphern, Metonymien und Synekdochen) zu erkennen und zu deuten, setzt ein gewisses literarisches Grundwissen und ästhetische Kompetenz notwendigerweise voraus. Dieses kann vom Autor in seiner Funktion als Sender selbst vermittelt werden, indem er es mit den Wenigen teilt, die des ›Sinns‹ des Textes teilhaftig werden sollen, oder aber der Leser bringt von sich aus das erforderliche Wissen mit, mithilfe dessen er den Text zu interpretieren imstande ist. Der Akt des Verstehens gründet sich in solch kodierten Texten demnach häufig auf ein ›Insiderwissen‹, das nur einige wenige kennen. Damit werden gewisse Leserkreise aber notwendigerweise ausgeschlossen, da ihnen der ›Schlüssel‹[31] (der Kode) zum Verständnis des Textes fehlt.[32] Die hermetische Kodierung der Texte ist demnach als Ausschlussprinzip zu begreifen, das – analog der religiö-

---

[27] Lotman: *Die Struktur literarischer Texte*, S. 46.
[28] Den Begriff des ›kulturellen Wissens‹ definiere ich im Sinne Titzmanns als »*Gesamtmenge dessen, was eine Kultur, bewußt oder unbewußt, explizit-ausgesprochen oder implizit-unausgesprochen, über die ›Realität‹ annimmt, inklusive der Frage selbst, was sie überhaupt als ›Realität‹ annimmt; d. h. als die Menge aller von dieser Kultur für wahr gehaltenen Propositionen*« (Michael Titzmann: *Strukturale Textanalyse*. München 1993, S. 268).
[29] In diesem Sinne argumentiert auch Kolk: »Die Anforderungen für die Teilnahme an Kunstkommunikation, an Entschlüsselungsfähigkeiten und Wahrnehmungsschulung werden über spezifische Stile derart gesteigert, daß Exklusion großer Publika zum Normalfall wird. Nicht mehr nur ist es unmöglich, daß jeder Künstler auftreten kann, schon der rezeptive Umgang mit Kunst erfährt eine radikale Steigerung seiner Voraussetzungen« (Rainer Kolk: *Literarische Gruppenbildung. Am Beispiel des George-Kreises. 1890–1945*. Tübingen 1998, S. 129).
[30] Vgl. Simonis: *Literarischer Ästhetizismus*, S. 247.
[31] Vgl. Krah: »Kommunikationssituation und Sprechsituation«, S. 61: »Ein Nicht-Verstehen muss nicht ein Nicht-Verstehen bleiben, ein zunächst fremder Text kann prinzipiell immer dekodiert werden, wenn man den Schlüssel, also das zugehörige Zeichensystem kennt.«
[32] Diese Idee der Exklusion bestimmter Lesergruppen ist selbstredend kein Novum, sondern wird in frühmodernen Texten lediglich auf radikale Weise rehabilitiert. Der Zugang zu gewissen – v. a. als ›heilig‹ geltenden – Schriften unterlag bis in die Neuzeit bestimm-

sen Kunst des Mittelalters – die Literatur vor ihrer ›Profanierung‹ schützen soll. Diese Privatisierung von Literatur ist im unmittelbaren Zusammenhang mit der Tendenz sprachlicher Hermetisierung zu begreifen.

Um diese Behauptung zu erhärten, sollen einige der in der literaturwissenschaftlichen Forschung häufig als ›hermetisch‹ klassifizierten literarischen Texte im Zeitraum von 1890–1910 analysiert und einer genaueren Prüfung unterzogen werden. Dabei möchte ich herausstellen, welche Funktion und Bedeutung ›Privatheit‹ in diesen frühmodernen Texten einnimmt und welche generelle Rolle sie auf sozialer Ebene spielt. Durch die Einbettung in den (sozio-)kulturellen Kontext soll dabei herausgestellt werden, in welchem Zusammenhang die in der vorliegenden Arbeit verfolgte These einer *Privatisierung von Literatur* mit den Modernisierungsprozessen im ausgehenden 19. und beginnenden 20. Jahrhundert steht.

1.3 Historischer und kultureller Kontext

Die Zeit um 1900 gilt im Allgemeinen als eine Epoche der politischen, sozialen und kulturellen Umbrüche und Umwälzungen. Mit der deutschen Reichsgründung (1871) kommt es zu einem gesamtgesellschaftlichen Umbau, der sich schneller als in anderen europäischen Staaten vollzieht und den Beginn der Entwicklung Deutschlands von einem vorwiegend agrarisch geprägten Land zu einer der führenden Industrienationen markiert.[33] Die strukturellen und sozialen Probleme, die die Modernisierungsprozesse mit sich bringen, wirken sich dabei auf die gesellschaftlichen und kulturellen Verhältnisse aus und generieren ein Krisenbewusstsein, das im Kunstsystem kritisch reflektiert und produktiv verarbeitet wird. Nach dem Dreikaiserjahr (1888) und der Entlassung Bismarcks (1890), mit der die Abschaffung der Sozialistengesetze einhergeht, gibt es im Deutschen Reich eine markante Verschiebung der Machtbalance, die von den Zeitgenossen als »völlige[r] Wendepunkt im deutschen politischen Leben«[34] wahrgenommen wird. Dieser politische Umschwung, der auf ökonomischer Ebene von technologischen Innovationen und einem sowohl wirtschaftlichen als auch arbeitsweltlichen Wandel begleitet ist, verändert das soziale und kulturelle Leben in Deutschland maßgeblich: Industrialisierung, Technisierung der Lebenswelt, Urbanisierung und die Entstehung der Massengesellschaft sind

---

ten Restriktionen – seien diese nun *topologischer* (durch Verwahrung eines Buches an einem nur wenigen zugänglichen Ort [z. B. Kloster]) oder *sprachlicher* (durch Schreiben in einer Fachsprache [z. B. Griechisch, Latein]) Art.

[33] Vgl. Helmut Böhme: *Prolegomena zu einer Sozial- und Wirtschaftsgeschichte Deutschlands im 19. und 20. Jahrhundert*. Frankfurt am Main 1973.

[34] Samuel Lublinski: »Die Bilanz der Moderne [1904]«. In: Gotthart Wunberg/Stephan Dietrich (Hg.): *Die literarische Moderne. Dokumente zum Selbstverständnis der Literatur um die Jahrhundertwende*. Freiburg 1998, S. 298.

Phänomene, die strukturelle Transformationen und gesellschaftliche wie soziale Veränderungen mit sich bringen und von den Zeitgenossen unterschiedlich wahrgenommen, gedeutet und bewertet werden. Neben den rasanten technischen Fortschritten und der zunehmenden Urbanisierung, die ein verändertes Zeitempfinden mit sich bringt, hat sich der moderne Mensch mit einer bisher nicht gekannten Menge an neuen wissenschaftlichen Erkenntnissen – die ihm v. a. die empirischen Wissenschaften an die Hand geben – auseinanderzusetzen.

Die Intelligenz der Zeit erfährt den plötzlichen Modernisierungsschub als radikale Zeitenwende[35] und entwickelt ein sensibilisiertes Krisenbewusstsein,[36] das den historischen Umbruch zum einen als Gefahr, zum anderen aber auch als Möglichkeit erkennt und produktiv verarbeitet.

Auf gesamtgesellschaftlicher Ebene entsteht ein Meinungspluralismus, der mit der sozialen Ausdifferenzierung einhergeht und eine gesellschaftsübergreifende Konsensbildung unmöglich macht. Nach Luhmann darf dieser Meinungspluralismus als das grundlegende Kennzeichen moderner Gesellschaften gelten: Er stellt das Resultat einer gesellschaftlichen Entwicklung und Systemdifferenzierung dar – den »Übergang von stratifikatorischer zu funktionaler Differenzierung«.[37] Das Individuum bestimmt seine Identität demnach nicht mehr über den Stand ›Inklusion‹, sondern nur noch über Prozesse der ›Exklusion‹.[38] Die Etablierung und Ausdifferenzierung von gesellschaftlichen Funktionssystemen führt hierbei zu einer Partizipation des einzelnen Subjektes an pluralen Subsystemen, woraus die Relationierung von Werten, Zielen und sozialen Praktiken resultiert.

> Die Einzelperson kann nicht mehr einem und nur einem gesellschaftlichen Teilsystem angehören. Sie kann sich beruflich/professionell im Wirtschaftssystem, im Rechtssystem, in der Politik, im Erziehungssystem usw. engagieren, und in gewisser Weise folgt der soziale Status den beruflich vorgezeichneten Erfolgsbahnen; aber sie kann nicht in einem der Funktionssysteme allein leben.[39]

Diese Tendenz zur systemischen Ausdifferenzierung führt – Luhmann zufolge – dazu, »daß jedes Funktionssystem jetzt eine Mehrheit von Systemreferenzen un-

---

[35] Vgl. Horst Thomé: »Modernität und Bewußtseinswandel in der Zeit des Naturalismus und des Fin de siècle«. In: York-Gothart Mix (Hg.): *Naturalismus. Fin de siècle. Expressionismus. 1890–1918*. München/Wien 2000, S. 16.

[36] Zum Begriff der ›Krise‹ vgl. Martin Lindner: *Leben in der Krise. Zeitromane der Neuen Sachlichkeit und intellektuelle Mentalität der Klassischen Moderne. Mit einer exemplarischen Analyse des Romanwerks von Arnolt Bronnen, Ernst Glaeser, Ernst von Salomon und Ernst Erich Noth*. Stuttgart/Weimar 1994.

[37] Niklas Luhmann: »Individuum, Individualität, Individualismus«. In: Ders.: *Gesellschaftsstruktur und Semantik. Studien zur Wissenssoziologie der modernen Gesellschaft*. Band 3. Frankfurt am Main 1993, S. 149–258. Hier: S. 155. Vgl. auch ders.: »Gesellschaftliche Struktur und semantische Tradition«. In: Ders.: *Gesellschaftsstruktur und Semantik. Studien zur Wissenssoziologie der modernen Gesellschaft*. Band 1. Frankfurt am Main 1980, S. 9–72.

[38] Vgl. Luhmann: »Individuum, Individualität, Individualismus«, S. 154–165.

[39] Luhmann: »Individuum, Individualität, Individualismus«, S. 158.

terscheiden muß«,⁴⁰ das Individuum selbst sich über die Partizipation an diversen (sich teils widersprechenden) Funktionssystemen verorten und definieren – folglich auch mehrere soziale Rollen einnehmen – muss. Mit dieser strukturellen Veränderung, die ihren Ausgang bereits gegen Ende des 19. Jahrhunderts nimmt, geht die »Gesamttransformation des semantischen Apparats der Kultur«⁴¹ einher. Der Pluralisierung der Wissens- und Wertsysteme korreliert dabei die Partikularisierung der Gesellschaft, aus der nach Luhmann das Gefühl der Ort- und Orientierungslosigkeit des Individuums resultiert. Denn gerade weil der moderne Mensch nicht mehr seinen ›festen Platz‹ in der Gesellschaft hat (wie dies in stratifikatorischen Gesellschaften noch der Fall war), sondern vielmehr an diversen gesellschaftlichen Subsystemen partizipieren muss, bietet das moderne Leben »dem Einzelnen keinen Ort mehr, wo er als ›gesellschaftliches Wesen‹ existieren kann.«⁴²

Diese strukturelle gesellschaftliche Transformation wäre ohne die einsetzende Urbanisierung im ausgehenden 19. Jahrhundert nicht denkbar gewesen. Die rapide ansteigende Zahl der Landflüchtigen und das rasche Wachstum der Städte⁴³ führen zur Metropolenbildung – vor allem die Städte Berlin, München und Wien profitieren von dem Zuzug aus ländlichen Gebieten und entwickeln sich so rasch zu Millionenstädten. Dies führt in psychologischer Hinsicht dazu, dass sich der moderne Großstadtmensch zusehends seiner Vereinzelung bewusstwird und sich nach einem Rückzugsort aus dem hektischen, immer unübersichtlicher werdenden Leben sehnt. Das moderne Subjekt lebt also in dem Bewusstsein, einer Zeit des Umbruchs anzugehören, die als Krise erfahren wird und mit dem Verlust an lebensweltlicher ›Ganzheit‹ einhergeht. Der Rückzug vom öffentlichen Leben ist so als Reaktion auf die Irritation über die eigene, fraglich gewordene Identität, die verlorene Kontinuität und Instabilität des Ich zu deuten. Da es für viele das letzte Refugium der Ruhe darstellt, erfährt das private Zuhause eine enorme Aufwertung.

Neben dem Aspekt der Urbanisierung sind die Rationalisierung der Arbeitsabläufe und die funktionale Arbeitsteilung am Arbeitsmarkt als Gründe für die Vereinzelung des modernen Menschen zu nennen. Für viele Zeitgenossen bedeutet diese Entwicklung eine Entfremdung von der Arbeit, aus der die strikte Trennung von Wertsphäre und Beruf resultiert. Die bereits seit dem 18. Jahrhundert einsetzende Abgrenzung des ›Beruflich-Öffentlichen‹ vom ›Privaten‹ kulminiert hier in einer strikten Separation dieser beiden dichotomischen Be-

---

40 Luhmann: »Gesellschaftliche Struktur und semantische Tradition«, S. 29.
41 Luhmann: »Gesellschaftliche Struktur und semantische Tradition«, S. 33.
42 Luhmann: »Individuum, Individualität, Individualismus«, S. 158.
43 Im Jahr 1871 lebten noch circa 64 % der Gesamtbevölkerung des Deutschen Reiches in Landgemeinden, weniger als 2000 Einwohner (36 %) in Städten. Bis zum Jahr 1910 kehrt sich dieses Verhältnis um (vgl. Wolfgang Hardtwig: »Großstadt und Bürgerlichkeit in der politischen Ordnung des Kaiserreichs«. In: Lothar Gall [Hg.]: *Stadt und Bürgertum im 19. Jahrhundert*. München 1990, S. 19–64. Hier: S. 20).

reiche.⁴⁴ Dadurch kommt es zu einer Störung von öffentlicher und privater ›Sphäre‹, die das moderne Bürgertum dadurch zu kompensieren sucht, dass es dem Privaten einen besonderen Wert beimisst und sich verstärkt in die eigenen vier Wände zurückzieht.⁴⁵

Der Soziologe Hans Paul Bahrdt erklärt dieses Phänomen psychologisch allgemein damit, dass die Abschottung gegen das ›Außen‹ eine Notwendigkeit für die Kultivierung der eigenen Persönlichkeit und den Prozess der Individuation darstelle. Lokale Privatheit diene in dieser Hinsicht als *conditio sine qua non* für die Herausbildung einer autonomen und ›seelisch differenzierten‹ Persönlichkeit:

> Wo sich eine private Sphäre entfaltet, gewinnt das Leben vor allem an seelischer Differenziertheit. Das Zusammenleben wie auch das individuelle Dasein erhalten allmählich in psychologischer Hinsicht einen Nuancenreichtum, der ohne die Abschirmung nach außen immer wieder kupiert würde. […] Andererseits wird das Individuum sich seiner selbst bewußt und kultiviert seine Persönlichkeit.⁴⁶

Folgt man dieser These, erfährt das Private im Zuge der Urbanisierung und der Entfremdung von der Arbeit eine enorme Aufwertung, die dazu führt, dass das persönliche Glück nicht mehr im Beruf, in der Gesellschaft oder in der politischen Aktivität, sondern vielmehr im privaten Leben innerhalb des eigenen, individuell gestalteten Wohn- und Lebensraumes gesehen wird.⁴⁷

> Je mehr sich die Stadt im ganzen in einen schwer durchschaubaren Dschungel verwandelt, desto mehr zieht er [d. i. der Großstadtmensch, S. B.] sich in seine Privatsphäre zurück, die immer weiter ausgebaut wird, aber schließlich doch zu spüren bekommt, daß die städtische Öffentlichkeit zerfällt, nicht zuletzt, weil der öffentliche Raum zur schlecht geordneten Fläche eines tyrannischen Verkehrs pervertiert ist.⁴⁸

Bahrdt erkennt also einen unmittelbaren Zusammenhang zwischen der Urbanisierung und dem zunehmenden Wert lokaler Privatheit, wenn er den Zerfall der städtischen Öffentlichkeit auf die Modernisierung im Allgemeinen zurück-

---

44 Vgl. Philippe Ariès/Georges Duby (Hg.): *Geschichte des privaten Lebens*. Band 4: *Von der Revolution zum Großen Krieg*. Herausgegeben von Michelle Perrot. Frankfurt am Main 1992, S. 15.
45 Auch Schulz diagnostiziert, dass »der private Raum« einen »Fluchtpunkt bürgerlicher Lebenswelt« darstellte, da er »sich den Prozessen der Rationalisierung und Standardisierung entzog« (Andreas Schulz: *Lebenswelt und Kultur des Bürgertums im 19. und 20. Jahrhundert*. Berlin/München/Boston 2014, S. 38).
46 Hans P. Bahrdt: *Die moderne Großstadt. Soziologische Überlegungen zum Städtebau*. München 1974, S. 77.
47 Dieser erfüllt dabei eine doppelte Funktion: Einerseits dient er der schützenden Abgrenzung bzw. Abschottung nach außen, andererseits aber hat er auch identitätsstiftende bzw. -bewahrende Funktion, da er individualisiert werden kann und mit ihm ganz persönliche Bedeutungen verbunden sein können (vgl. Beate Rössler: *Der Wert des Privaten*. Frankfurt am Main 2001, S. 256 f.).
48 Hans P. Bahrdt: »Von der romantischen Großstadtkritik zum urbanen Städtebau«. In: *Schweizer Monatshefte*. Heft 8. Jahrgang 38 (November 1958), S. 637–647. Hier: S. 645.

führt. Nicht nur die Rückzugsmöglichkeit aus dem beruflich-öffentlichen Leben und der Schutz gegen das Außen, sondern auch die freie Gestaltung und Inszenierung des verfügbaren privaten Raumes stellen dabei wichtige Faktoren dar, die entscheidend sind für die Identitätskonstitution des modernen Menschen.[49]

Der Kunsthistoriker Paul Krell (1843–1899), zeitgenössischer Professor an der Münchner Kunstgewerbeschule, stellt in einem Artikel aus dem Jahr 1886 eben diese Opposition zwischen Großstadt und privatem Heim zur Debatte. Die zentrale These des Artikels lautet, dass das private Zuhause einen Ort der Erholung von den nervlichen Strapazen und Überspannungen des Großstadtlebens darstelle, weshalb es entscheidend sei, die enorme Bedeutung des Interieurs und den damit verbundenen Wert lokaler Privatheit für den modernen Menschen nicht zu verkennen. Krell begründet die Notwendigkeit eines schützenden Raumes dabei vornehmlich sinnesphysiologisch:

> Da sind lange Häuserschluchten und Straßen, im blendenden Lichte der Sonne flimmernd, Schilde und Plakate drängen sich uns vorne und von rechts und links auf und suchen sich gegenseitig zu überschreien. Magazine öffnen sich, jedes ein kleines Museum, und in ununterbrochenem Strome fluten die verschiedenartigen Kostüme der Lebensalter, der Armen und Reichen, Einheimischen und Fremden an uns vorüber und wandern tausend und aber tausend von Physiognomien durch unsere Netzhaut. […] All Dem sollen wir entfliehen können in einem Raum, der nur sehr gedämpft den brodelnden Lärm der Stadt herbeidringen läßt, wo aber namentlich für's Auge Ruhe, Harmonie herrscht, in eine Welt, die uns gehört, die wir uns aufgebaut, in der wir uns heimisch fühlen, mit einem Wort also, in unser ›Heim‹![50]

Deutlich wird hier der Kontrast aufgezeigt, der zwischen dem ›Draußen‹ der Großstadt und dem ›Drinnen‹ des privaten Zuhauses besteht. Der private Raum fungiert für Krell als eine Art Schutzraum gegen die auditiven (›brodelnder Lärm‹) und visuellen (›Schilde, Plakate‹ etc.) Eindrücke der Großstadt und gewährleistet die notwendige Erholung der durch die Reizüberflutung strapazierten Sinnesorgane.

Ein zweiter Aspekt, den der Kunsthistoriker in seinem Artikel anspricht, bezieht sich auf den Besitzanspruch, der mit der Individualisierung des Wohnraums und der dort angesiedelten persönlichen Selbstentfaltung zu tun hat: Das private Zuhause repräsentiert ein eigenes ›Reich‹, es dient der individuellen Selbsterfahrung und -inszenierung und wird als das ›Eigene‹ angesehen. Deutlich wird hier vor allem aber auch die enge Korrelation zwischen der Wertstei-

---

[49] Trotz der eindeutig wertenden Beurteilung Bahrdts und seiner sehr einseitigen Darstellung der Relation zwischen Urbanisierung, Privatheit und dem vermeintlichen ›Zerfall‹ der Öffentlichkeit, trifft seine Diagnose doch einen zentralen Aspekt: Den Zusammenhang zwischen der Modernisierung der Lebenswelt und der zunehmenden Bedeutung von Privatheit für das Bürgertum um 1900.

[50] Paul F. Krell: »Ueber Wohnungs-Ausstattung«. In: *Siegfried. Illustrierter Kalender für 1887*. Stuttgart 1886, S. 65–68. Hier: S. 65.

gerung des Privaten, der Individualisierung des modernen Menschen und seinen Möglichkeiten zur Selbstverwirklichung. Während diese im Öffentlichen nur mehr begrenzt gegeben zu sein scheint, kann das Individuum sich durch die Ausstattung seiner privaten ›Sphäre‹ in einem von der Außenwelt abgeschotteten Bereich selbst verwirklichen.[51]

---

[51] Eine andere, diese Tendenz begleitende, Entwicklung zeigt den Zusammenhang zwischen der Modernisierung und dem zunehmenden Wert des Privaten noch in einem anderen Licht: So lässt sich gerade für die Jahrhundertwende ein Trend zur Neuausstattung von Privatwohnungen konstatieren, der mit dem Bewusstsein, einer neuen Zeit anzugehören, gekoppelt ist. Das moderne Subjekt hat das Bedürfnis, sich selbst in der eigenen Wohnung verwirklichen zu können – und das bedeutet freilich auch, die Vergangenheit (die in den alten Möbeln auch physisch ›präsent‹ ist und dadurch symbolische Bedeutung erhält) hinter sich zu lassen. Man will nicht länger Epigone sein, sondern sich als genuin ›moderner Mensch‹ fühlen. Nicht zufällig expliziert Hugo von Hofmannsthal diesen Befund des Epigonentums am Beispiel der Möbel, wenn er in seinem bekannten Aufsatz zu *Gabriele D'Annunzio* (1893) davon spricht, dass es so scheint, »als hätten uns unsere Väter, die Zeitgenossen des jüngern Offenbach, und unsere Großväter, die Zeitgenossen Leopardi's, und alle die unzähligen Generationen vor ihnen, als hätten sie uns, den Spätgeborenen, nur zwei Dinge hinterlassen: hübsche Möbel und überfeine Nerven« (KA XXXII, 99).

2. Terminologisches

2.1 ›Privatheit‹ in der Literatur der frühen Moderne

Auch im Literatursystem der Jahrhundertwende wird ›Privatheit‹ zu einem zentralen Thema. Geht man von einem Reziprozitätsverhältnis zwischen gesellschaftlicher Wirklichkeit und dem System frühmoderner Kunst aus, so lassen sich auffallende Gemeinsamkeiten zwischen den gesellschaftlichen Tendenzen zur Privatisierung, Individualisierung und autonomer Selbstverwirklichung einerseits und der Entstehung moderner Kunstkonzepte andererseits konstatieren. Schließlich vollzieht sich die skizzierte Privatisierungstendenz eben nicht nur im ›realen Raum‹ gesellschaftlicher Wirklichkeit, sondern auch im modellbildenden Zeichenraum der Literatur.[1] So resultieren aus dem Krisenbewusstsein, einer Zeit des gesellschaftlichen, sozialen und wissenschaftlichen Umbruchs anzugehören, gänzlich neue künstlerische Darstellungsformen, die als adäquate poetische Ausdrucksmittel nicht nur auf die nunmehr offenbare Unmöglichkeit einer objektiven Wirklichkeitsschilderung reagieren, sondern im-

---

[1] Dass die ästhetische ›Moderne‹ allerdings nicht als bloßer Ausdruck oder gar ›Widerspiegelung‹ der modernen Lebenswelt verstanden werden darf, erhellt schon allein daraus, dass es zwar poetische Texte gibt, die die Modernisierungsprozesse zum Thema erheben, keineswegs aber als genuin ›moderne‹ Texte zu klassifizieren sind (vgl. Uwe Japp: *Literatur und Modernität*. Frankfurt am Main 1987, S. 297). Deshalb wäre es hochproblematisch, Kunst als Medium zu verstehen, in dem sich die gesellschaftlichen und sozialen Veränderungen unmittelbar ›widerspiegeln‹. Diese längst überholte Widerspiegelungstheorie basiert auf einem reduktionistischen Ansatz, dem die Literaturwissenschaft – und dies mit Recht – nicht mehr folgen will. Die ›moderne Welt‹ darf nicht als einheitliches Ganzes gedacht werden, sondern als ein sich aus relativ unabhängigen Funktionssystemen konstituierendes Konstrukt. In Luhmann'scher Terminologie gilt das Literatursystem (wie jedes andere soziale System) als ›autopoietisches System‹, das auf die anderen sozialen Subsysteme – seine ›Umwelt‹ – reagiert. Das Literatursystem operiert demnach in Autopoiesis und generiert so seine System-Umwelt-Differenz zu anderen sozialen Systemen. Um diese Differenz deutlich zu machen und die Autonomie des Kunstsystems zu akzentuieren, hat die Literaturwissenschaft die gesellschaftlichen Transformationen von den formalen und inhaltlichen Innovationen innerhalb des Literatursystems terminologisch zu differenzieren versucht und zwischen ›rationaler/gesellschaftlicher/zivilisatorischer Moderne‹ einerseits und ›literarischer/kultureller/ästhetischer Moderne‹ andererseits unterschieden (vgl. Benjamin Specht: ›Wurzel allen Denkens und Redens‹. *Die Metapher und das ›Metaphorische‹ in Wissenschaft, Weltanschauung, Poetik und Lyrik um 1900*. Heidelberg 2017, S. 23). Ungeachtet dessen gilt für Literatur im Generellen, dass sie als eines vieler Zeichensysteme zu bestimmen ist, dessen Zeichen etwas *bedeuten*. Literarische Texte modellieren mithilfe dieser Zeichen ihre eigenen Welten, stellen dabei einen je eigenen ›ästhetischen Kosmos‹ dar – sind also niemals Abbild ›der‹ Wirklichkeit, sondern verhandeln modellhaft ›eine‹ (reale oder irreale) Wirklichkeit. So ist Literatur als sekundäres modellbildendes Zeichensystem zu fassen – ›sekundär‹ deshalb, weil die Wörter in ihrer lexikalischen Bedeutung auf bestimmte Weise bereits vorab denotiert sind, in ihrer konkreten Verwendung im einzelnen literarischen Text aber ganz anders semantisiert sein können (vgl. Hans Krah: *Einführung in die Literaturwissenschaft/Textanalyse*. Kiel 2006, S. 35).

plizit auch den damit einhergehenden veränderten Bezug zur Bewertung von Privatheit transportieren.

Vor allem literarische Texte, die die Forschung gemeinhin – und in Ermangelung besserer Begriffe – als ›symbolistisch‹ oder ›ästhetizistisch‹ bezeichnet hat, verhandeln, problematisieren und kritisieren den Status, den ›Wert‹ und die Funktion des Privaten. Dies zeigt sich insbesondere anhand der *Tendenz zur sprachlichen Privatisierung* sowie der zunehmenden Häufigkeit kodierter Selbstreferenzialität in modernen Texten, die sich um die Jahrhundertwende z. B. in der frühen Lyrik Stefan Georges, Hugo von Hofmannsthals und Rainer Maria Rilkes konstatieren lässt. Entsprechende textuelle Erscheinungen lassen sich aber auch in hermetisierten Erzähltexten, z. B. Leopold Andrians *Der Garten der Erkenntnis*, Hofmannsthals *Märchen der 672. Nacht* oder Richard Beer-Hofmanns *Der Tod Georgs* rekonstruieren.

So ist die explizite Thematisierung und Problematisierung des *hermetisch abgeschotteten Raums*, welcher den Figuren innerhalb der Diegese i. d. R. als Bereich ästhetischer Selbstverwirklichung dient, ein durchgängiger Topos, der in diesen literarischen Texten in enger Verbindung zur Kritik an der *ästhetischen Privatexistenz* zu deuten ist. Die Eigenschaft der Selbstreferenzialität ist vor diesem Hintergrund demnach nicht nur als Ausdruck eines neuen Bewusstseins für die Materialität und den Konstruktcharakter des Kunstwerks – oder aber eines metapoetischen Hinterfragens des eigenen künstlerischen Schaffens zu verstehen, sondern als Schutz- und Abgrenzungsgestus zu deuten, der die Autonomie dieser Art privater Kunst und ihren Sonderstatus akzentuieren soll.

So möchte ich mit der vorliegenden Arbeit zeigen, dass viele der literarhistorisch unter die Strömung des ›Symbolismus‹ bzw. ›Ästhetizismus‹ subsumierten Texte ein gemeinsames Paradigma aufweisen, das der Schlüsselbegriff und das fehlende Verbindungsstück zwischen der Autonomisierung, der Hermetisierung und Sakralisierung dieser Art von Literatur darstellt: *Privatheit*.

Anhand der folgenden Textanalysen soll demonstriert werden, dass Privatheit zwischen den poetologischen Bemühungen, eine neue poetische Sprache zu kreieren, der Modellierung autonomer künstlerischer Welten, der Darstellung ästhetischer Existenz und dem Aufkommen individueller Kunstreligionen einen gemeinsamen paradigmatischen Referenzpunkt bildet, der im Literatursystem der Jahrhundertwende einen hohen Rang einnimmt. Entsprechend lässt sich meine zweite zentrale These folgendermaßen formulieren:

2.) Als ästhetisches Phänomen repräsentiert Privatheit (in ihren diversen poetischen Ausprägungen und Dimensionen) eines der zentralen Paradigmen bei der Bestimmung und Deutung ›hermetischer‹ Literatur der frühen Moderne.

2.2 Der Begriff ›Privatheit‹

Aus dem Vorangegangenen folgt, dass der Begriff ›Privatheit‹[2] in der vorliegenden Arbeit als Leitkategorie und heuristisches Hilfskonstrukt fungiert, das mehrere um die Jahrhundertwende im Kunstsystem auftretenden Textphänomene paradigmatisch *verbinden* soll. Um aber überhaupt in angemessener Spezifik über einen Begriff sprechen zu können, muss dieser erst einmal umrissen und näher bestimmt werden. Eine klare Definition von ›Privatheit‹ ist aber nicht leicht zu geben.[3] Im Allgemeinen wird der Terminus als Komplementärbegriff zum Nicht-Privaten (›Öffentlichen‹) konzipiert.[4] Noch der aktuelle Forschungsdiskurs stützt sich zum Teil auf die Vorstellung, dass Privatheit als Gegenpart zum Öffentlichen verstanden werden muss und dass es festgelegte (physisch gedachte) Bereiche des Individuums gibt, die – als genuin private – als besonders schützenswert gelten.[5] Dieser Ansatz ist allerdings schon insofern unzureichend, als sich selbst »konkrete Manifestationen von Öffentlichkeit und Privatheit« dabei »nicht unbedingt in konkreten Räumen oder Gegenständen niederschlagen [müssen]«, sondern eben »abstrakter Natur« sein können; dann dokumentieren sich »[ö]ffentliche und private Handlungskontexte […] lediglich in Form von Praktiken, Grenzziehungen oder dem Verzicht auf diese«.[6] Viele Privatheits-Forscher haben diese Problematik erkannt und vertreten daher die Position, dass es sich bei Privatheit und Öffentlichkeit um abstrakte Konzepte handelt, zwischen denen eine komplementäre bzw. dialektische Relation besteht und deren Grenzziehung stets aufs Neue ausgehandelt werden muss.[7]

Damit ist allerdings auch gesagt, dass es kein absolut gültiges Konzept von Privatheit gibt. In einem ontologischen Sinne ist Privatheit nicht fassbar. Auch stellt sie keinen überzeitlichen ›Wert‹ an sich dar, sondern ist als kulturrelationales und historisch variables Konstrukt zu begreifen, das in verschiedenen Kulturen und Epochen mit unterschiedlichen Semantiken korrelierte und differie-

---

[2] Die folgenden Ausführungen zur Definition des Terminus ›Privatheit‹ finden sich in ähnlicher Form bereits in: Steffen Burk: »Einleitung«. In: Ders./Tatiana Klepikova/Miriam Piegsa (Hg.): *Privates Erzählen. Formen und Funktionen von Privatheit in der Literatur des 18.–21. Jahrhunderts*. Frankfurt am Main 2018, S. 7–15. Hier: S. 9 f.

[3] Zu einer grundlegenden Definition von ›Privatheit‹ vgl. Petra Grimm/Hans Krah: »Privatsphäre«. In: Jessica Heesen (Hg.): *Handbuch Informations- und Medienethik*. Stuttgart/Weimar 2016, S. 178–185.

[4] Vgl. Norberto Bobbio: »The Great Dichotomy. Public/Private«. In: Ders.: *Democracy and Dictatorship. The Nature and Limits of State Power*. Minneapolis 1989, S. 1–21.

[5] Vgl. Wolfgang Sofsky: *Verteidigung des Privaten*. München 2007.

[6] Martin Hennig: *Spielräume als Weltentwürfe. Kultursemiotik des Videospiels*. Marburg 2017, S. 77 f. Vgl. auch Dennis Gräf/Stefan Halft/Verena Schmöller: »Privatheit. Zur Einführung«. In: Dies.: *Privatheit. Formen und Funktionen*. Passau 2011, S. 9–28. Hier: S. 23.

[7] Vgl. z. B. Oliver Flügel-Martinsen: »Privatheit zwischen Moral und Politik. Konturen und Konsequenzen eines Spannungsverhältnisses«. In: Sandra Seubert/Peter Niesen (Hg.): *Die Grenzen des Privaten*. Baden-Baden 2010, S. 59–72.

rende soziokulturelle Funktionen hatte.[8] Dies zeigt sich beispielsweise im interkulturellen Vergleich von Gesellschaften oder im historischen Blick auf vergangene Epochen.[9] Das, was unter ›Privatheit‹ verstanden wird, ist also eine kulturelle, epochenspezifische, ja sogar eine schicht- und altersgruppenspezifische Variable.[10]

Auf die Literatur übertragen heißt dies, dass es auch hier nie nur ein einziges mögliches Konzept von Privatheit gibt; vielmehr muss das, was als ›privat‹/›öffentlich‹ gesetzt ist – also die unterschiedlichen Semantisierungen, Grenzziehungen und Funktionen von Privatheit und Öffentlichkeit – im jeweiligen Text erst rekonstruiert werden.

In der vorliegenden Arbeit wird der Begriff ›Privatheit‹ im Sinne einer *Zugangskontrolle*[11] zum eigenen privaten ›Textraum‹ verstanden. Das bedeutet, dass ein poetischer Text dann als ›privat‹ gelten darf, wenn er durch bestimmte literarische Kodes vor unerwünschten Einblicken ›von außen‹ geschützt ist. Private Texte exkludieren damit manche Rezipienten und geben ihre Informationen nur einer bestimmten Rezipientengruppe preis.

Wie viel Erklärungspotenzial in Hinblick auf die Literatur der Jahrhundertwende dieser Begriff besitzt, ist der Forschung bisher nicht bewusstgeworden. Vielmehr stützt man sich auf unpräzise und daher problematische Begriffe wie ›Symbolismus‹, ›Ästhetizismus‹ oder allgemein ›hermetische Literatur‹, die wenig Erklärungspotenzial bei der Beschreibung und Bestimmung dieser Art von Texten haben. Dies wird im Folgenden für die Begriffe einzeln diskutiert.

2.3 Terminologische Unschärfen: Symbolismus, Ästhetizismus, Hermetik

Der wohl am häufigsten verwendete Begriff zur Bezeichnung der ›hermetischen‹ Literatur der Jahrhundertwende ist der des literarischen ›Symbolismus‹. Dieser Terminus[12] erfreut sich in der Literaturwissenschaft vor allem deshalb einer so großen Prominenz, weil das dem deutschen ›Symbolismus‹ zugrundeliegende poetologische Programm seine Wurzeln in der symbolistischen Tradi-

---

[8] Vgl. Raymond Geuss: *Privatheit. Eine Genealogie.* Aus dem Englischen von Karin Wördemann. Frankfurt am Main 2002.
[9] Während man z. B. in der Antike den ›Oikos‹ strikt von der ›Polis‹ trennte, löste sich diese Grenzziehung im Mittelalter auf und die damit verbundenen Vorstellungen von Privatheit veränderten sich grundlegend. Zur Semantik von Privatheit im Mittelalter vgl. Peter von Moos: *›Öffentlich‹ und ›privat‹ im Mittelalter. Zu einem Problem der historischen Begriffsbildung.* Heidelberg 2004.
[10] Vgl. Stefan Halft/Hans Krah (Hg.): *Privatheit. Strategien und Transformationen.* Passau 2013, S. 8.
[11] Vgl. Rössler: *Der Wert des Privaten*, S. 23.
[12] Geprägt wurde dieser Begriff von Jean Moréas am 18. September 1886 in einem Artikel im *Figaro*.

tion Frankreichs hat¹³ und der ›Symbol‹-Begriff in der Poetik Baudelaires und Mallarmés eine signifikante Rolle spielt. Offenkundig gibt es zahlreiche Gemeinsamkeiten zwischen dem Kunstkonzept Baudelaires und demjenigen deutscher Autoren wie Stefan George, Hugo von Hofmannsthal oder Rainer Maria Rilke.¹⁴ Dennoch ist es hochproblematisch, das eine mit dem anderen gleichzusetzen.¹⁵ Denn da die deutschsprachige Literatur der Jahrhundertwende durch ihre kulturgeschichtliche und philosophische Tradition (und damit den Einfluss Schopenhauers und vor allem Nietzsches) geprägt ist, lassen sich die Differenzen nicht leichthin überspielen. Der lebensphilosophische Diskurs, der in Frankreich keine derart weitreichende Rolle spielt, ist in der deutschen Literatur der Jahrhundertwende omnipräsent wirksam: Der emphatisch gebrauchte Begriff des ›Lebens‹ ist im Denksystem der Jahrhundertwende so prominent wie jener der ›Natur‹ in der Goethezeit.¹⁶ Im Übrigen unterscheidet sich der

---

13 Der Symbolismus (*symbolisme*) nimmt seinen Anfang mit Baudelaires Lyrik und revolutioniert die bis dato gültigen Dichtungskonzeptionen. Die vehemente Ablehnung der klassizistischen Tradition und die agonale Haltung gegenüber dem spätaufklärerischen Programm und dessen – dem Mimesis-Konzept verpflichteten – Kunstprinzipien sind den Dichtern Charles Baudelaire und Stéphane Mallarmé gemein. Sie treten für ein neues antimimetisches Kunstverständnis ein, das eine gänzlich andere Auffassung der Wirklichkeit vertritt und das der Tradition verpflichteten ästhetischen Wertungsprinzipien als obsolet abqualifiziert. Baudelaire erkennt in den Texten der ›erstarrten‹ Tradition eine auf völlige Transparenz ausgerichtete Ästhetik, die er als »ces sphynx sans énigme« (Charles Baudelaire: »Notes nouvelles sur Edgar Poe«. In: Ders.: *Œuvres complètes*. Band II. Herausgegeben von Claude Pichois. Paris 1976, S. 319) bezeichnet. Die auf Evidenz und Klarheit ausgerichtete französische Klassik gilt ihm als erstarrte Kunstepisode, die einer *poésie pure* zu weichen habe. Mit diesem Begriff ist nichts anderes gemeint, als dass Kunst im Allgemeinen (insbesondere aber die Literatur) frei zu sein habe von gesellschaftlichen oder politischen Belangen und sich auf sich selbst ›zurückzuziehen‹ habe. Literatur müsse sich von der als profan empfundenen Wirklichkeit abgrenzen und einen eigenen ›reinen‹ Bereich der Kunst bilden. *Poésie pure* bezeichnet demnach eine Art der Dichtung, »die sich auf ihren ›Kernbereich‹ zurückzieht, d. h. die sich aller wesensfremden Elemente und Funktionszuweisungen entledigt und sich auf ihre spezifischen Verfahren, ihre spezifische Seinsweise beschränkt bzw. besinnt« (Katrin Liesbrock: *Einflüsse der symbolistischen Ästhetik auf die Prosa der Jahrhundertwende. Vergleichende Studien zu Poictevin, Rodenbach, Andrian, Beer-Hofmann und Hofmannsthal*. Berlin 2016, S. 60).
14 Vgl. Manfred Koch: »Poetik um 1900. George, Hofmannsthal, Rilke«. In: Ralf Simon: *Grundthemen der Literaturwissenschaft. Poetik und Poetizität*. Berlin/Boston 2018, S. 201–223.
15 Legitim erscheint es mir, den ›Symbolismus‹ als »[i]nternationale literarisch-künstlerische Strömung mit antinaturalistischer Tendenz im späten 19. und frühen 20. Jh.« zu bestimmen (Art. ›Symbolismus‹. In: *Reallexikon der deutschen Literaturwissenschaft. Neubearbeitung des Reallexikons der deutschen Literaturgeschichte*. Band III: P–Z. Herausgegeben von Jan-Dirk Müller. Berlin/New York 2007, S. 555–557). Wobei allerdings zu problematisieren ist, inwieweit sich die einzelnen *nationalen* symbolistischen Strömungen unterscheiden und ob der Begriff dann noch Erklärungspotenzial hat.
16 Vgl. Wolfdietrich Rasch: *Zur deutschen Literatur seit der Jahrhundertwende. Gesammelte Aufsätze*. Stuttgart 1967, S. 17–31. Vgl. auch Wolfgang Riedel: *›Homo natura‹. Literarische Anthropologie um 1900*. Berlin/New York 1996.

Symbol-Begriff Mallarmés[17] stark von dem Goethes[18] – und während der französische Symbolismus sich an ersterem ausrichtet, stehen die deutschsprachigen frühmodernen Texte vornehmlich in der Tradition des Goethe'schen Symbol-Begriffs.[19]

Trotz der offenkundigen Gemeinsamkeiten und der unleugbaren Einflüsse des französischen Symbolismus wäre es also irrig, die antinaturalistische Literatur im deutschsprachigen Raum als bloßen ›Ableger‹ der französischen anzusehen. Zwischen beiden literarischen Strömungen gibt es dezisive konstitutive Differenzen,[20] die es als legitim erscheinen lassen, von einem ›französischen‹ und einem ›deutschsprachigen‹ Phänomen zu sprechen.[21]

---

[17] Mallarmés Symbolbegriff beruht »auf der suggestiven Qualität der Worte, deren konnotatives Potenzial innerhalb der poetischen Textur freigesetzt wird. Die lyrische, von der Alltagssprache divergierende Sprachgebung regt den Leser an, die nur angedeuteten Gegenstände oder Themen der Lyrik nach und nach zu erraten und die im Gedicht gegebenen Andeutungen mithilfe der eigenen Imagination zu vervollständigen« (Simonis: *Literarischer Ästhetizismus*, S. 247).

[18] Pointiert kann Goethes Symbol-Konzeption folgendermaßen zusammengefasst werden: »Zwei Bedingungen muß das Symbol für Goethe erfüllen: Anschaulichkeit und eine repräsentative Bedeutung. Repräsentation bedeutet Stellvertretung und Vergegenwärtigung. Ein Besonderes vertritt ein Allgemeines, insofern es ein charakteristischer und eminenter Teil dieses Allgemeinen ist, und macht dieses Allgemeine dadurch gegenwärtig, d. h. bewußt, vorstellbar, überschaubar. Das Besondere fungiert als eine ›summarische‹ Darstellung des Allgemeinen« (Gerhard Kurz: *Metapher, Allegorie, Symbol*. Göttingen 2004, S. 74).

[19] Für die Zeit um 1900 konstatiert Specht, »dass sich die in den Poetiken, Ästhetiken und Lexika des späten 19. Jahrhunderts prävalierende Bedeutung des Ausdrucks ›Symbol‹ vom Sprachgebrauch um 1800 immer noch die hauptsächlichen Aspekte zumindest schematisch bewahrt. Dies sind erstens die sinnlich-gegenständliche Vorstellbarkeit des Symbols, seine ›Anschaulichkeit‹, zweitens die Idee der ›Repräsentation‹ des Allgemeinen im Besonderen, drittens ein Totalitätsbezug (*die* Natur, *die* Idee, *der* Geist, etc.) sowie viertens die Diagnose einer prinzipiellen Unangemessenheit von Zeichen und Bezeichnetem. Das Symbol ist, pointiert gesprochen, also auch um 1900 immer noch der anschauliche Stellvertreter eines in seiner Gesamtheit unfasslichen Ganzen« (Specht: *›Wurzel allen Denkens und Redens‹*, S. 105).

[20] So konstatiert Specht z. B. hinsichtlich des Metaphern-Diskurses, dass dieser in Deutschland »selbst bei George noch viel stärker mit einem Konzept des ›Lebens‹ zusammengedacht« sei »als in Frankreich«. Der Grund dafür sei darin zu sehen, »dass die deutsche Debatte noch in vielen Weichenstellungen dem Symbol-Verständnis der Goethezeit verhaftet« bleibe (Specht: *›Wurzel allen Denkens und Redens‹*, S. 36, FN 73).

[21] Ungeachtet dessen gilt es, auch *innerhalb* der deutschsprachigen antinaturalistischen Dichtung zwischen den einzelnen Autoren – und auf Mikroebene sogar zwischen den Werken selbst – analytisch zu differenzieren und jeden Text als ein eigenständiges Modell von Welt zu begreifen. Denn da jeder Text ein für sich und in sich abgeschlossenes System aus sprachlichen Zeichen darstellt (vgl. hierzu grundlegend Umberto Eco: *Einführung in die Semiotik*. München 1972), ist es das erklärte Ziel dieser Arbeit, die idiosynkratischen Besonderheiten der untersuchten Texte auf formaler wie inhaltlicher Ebene herauszuarbeiten, mit anderen ähnlichen Texten in Relation zu setzen und gemeinsame Paradigmen zu bilden, durch die sich ein taxonomisches Modell konstruieren lässt, in das die jeweiligen Texte einordnen lassen. Auch hierbei wird es sich freilich um ein Konstrukt handeln, dessen primäre Funktion darin besteht, Komplexität zu reduzieren und damit eine

Nicht weniger problematisch ist der Begriff des ›Ästhetizismus‹. Zunächst wurde er als kulturkritischer und kulturpsychologischer Terminus verwendet und erst im Nachhinein auf ästhetische Phänomene in der Literatur der Moderne bezogen.[22] Es handelt sich also nicht um eine genuin literarhistorische Kategorie, sondern um einen Begriff, mit dem im Kontext europäischer Literaturgeschichte auf Gemeinsamkeiten verwiesen wurde, um inhaltliche Affinitäten zwischen den verschiedenen literarischen Strömungen zu verdeutlichen. Auf diese Weise gebraucht z. B. Ralph-Rainer Wuthenow[23] ›Ästhetizismus‹ im Zusammenhang mit den literaturgeschichtlichen Entwicklungen im europäischen Bereich (mit Fokus auf der Literatur Englands, Frankreichs und Italiens),[24] was zwar erhellend für den Nachvollzug der Rezeptionsbeziehungen der verschiedenen Länder sein mag – die Bestimmung der spezifischen Merkmale der *deutschsprachigen* Literatur aber erschwert.[25] Und auch die Definition im *Reallexikon der deutschen Literaturwissenschaft* hilft in diesem Fall nur sehr bedingt weiter. Dort liest man unter dem Eintrag ›Ästhetizismus‹:

> Sakralisierung des Schönen und der Kunst. – In der Literaturwissenschaft Bezeichnung für diejenigen Strömungen am Ende des 19. Jhs., deren Selbstverständnis programmatisch durch Artistik, Anti-Realismus, Hermetismus und Schönheitskult gekennzeichnet ist. [...] Der Begriffsumfang von ›Ästhetizismus‹ reicht jedoch weiter. Er umfaßt nicht nur eine artistische Poetologie und eine streng formalistische Sprachkunst, sondern auch die Lebensentwürfe einer unter dem Vorzeichen des Schönen gesteigerten Subjektivität und Sensibilität.[26]

Die Ungenauigkeit und Weitläufigkeit der oben zitierten Definition resultiert vor allem daraus, dass 1.) verschiedene poetische Techniken und Stile (genuin literarische Verfahren) mit 2.) der poetologischen Programmatik und 3.) außerliterarischen (soziologischen) Phänomenen in Verbindung gebracht werden. Denn ›Artistik‹ bezieht sich auf einen formalistischen Stil, ›Anti-Realismus‹ akzentuiert die dezidierte Abgrenzung zu Darstellungsmethoden der mimetischen Tradition (insbesondere des literarischen Realismus und Naturalismus); wohingegen ›Hermetismus‹ auf die Unverständlichkeit und Unzugänglichkeit

---

Ordnung zu schaffen, die für eine wissenschaftliche Klassifikation der Texte aber unabdingbar ist.

[22] Vgl. Gregor Streim: *Das ›Leben‹ in der Kunst. Untersuchungen zur Ästhetik des frühen Hofmannsthal*. Würzburg 1996, S. 5.

[23] Vgl. Ralph-Rainer Wuthenow: *Muse, Maske, Meduse. Europäischer Ästhetizismus*. Frankfurt am Main 1978.

[24] Auch Simonis sieht den Ästhetizismus als europäische Kunstbewegung, »die sich in Frankreich und England schon um 1850 formierte und im deutschen Sprachgebiet mit rezeptionsbedingter Verzögerung erst gegen Ende des 19. Jahrhunderts zur Geltung gelangte« (Simonis: *Literarischer Ästhetizismus*, S. XII).

[25] Vgl. Streim: *Das ›Leben‹ in der Kunst*, S. 5.

[26] Art. ›Ästhetizismus‹. In: *Reallexikon der deutschen Literaturwissenschaft. Neubearbeitung des Reallexikons der deutschen Literaturgeschichte. Band I: A–G*. Herausgegeben von Klaus Weimar. Berlin/New York 2007, S. 20–23. Hier: S. 20.

des konkret vorliegenden Textes durch den Rezipienten deutet. ›Schönheitskult‹ und ›Lebensentwürfe unter dem Vorzeichen des Schönen‹ dagegen sind soziale Phänomene und müssen von poetologischen Verfahren und Programmen ebenso differenziert werden wie die ›artistische Poetologie‹ von ›formalistischer Sprachkunst‹. Klar ist, dass der Terminus ›Ästhetizismus‹ weder den Umfang noch die Normativität eines Epochenbegriffs beanspruchen, aber auch nicht als reiner Stilbegriff oder inhaltsbezogene Kategorie definiert werden kann.[27]

Der Begriff der ›Hermetik‹ schließlich ist auf den italienischen Literaturkritiker Francesco Flora zurückzuführen, der den Terminus ›ermetismo‹ in seiner Schrift *poesia ermetica* (1936) erstmals prägt und damit polemisch auf die schwer verständliche, unzugängliche Lyrik Ungarettis, Montales und Quasimodos sowie deren Vorläufer, die französischen Symbolisten, anwendet. Mit ›hermetisch‹ bezeichnet der Kritiker »den allzu großen Einfluss der modernen fr[an]z[ösischen] Dichtung« und »die vermeintliche Auflösung formaler, d. h. metrischer und rhetorischer Verbindlichkeiten«.[28] Er stellt den Begriff unter das negative Vorzeichen einer ›poesia hermetica‹, wodurch die Hermetik mit dem »Stigma des Unverständlichen, Weltflüchtigen, der unaufgehobenen Negativität«[29] gezeichnet wird.

Bald avanciert der Terminus in Italien aber zur positiv konnotierten Bezeichnung schwer zugänglicher moderner (meist lyrischer) Texte und zeichnet deren

---

[27] Die erste für eine literaturwissenschaftliche Untersuchung brauchbare Definition von ›Ästhetizismus‹ hat Streim in seiner Dissertation über Hofmannsthal geliefert. Streim erkennt die Problematik, die sich aus den divergierenden und widersprüchlichen Verwendungsweisen des Ästhetizismusbegriffs ergibt und schlägt daher eine »kategoriale Trennung zwischen Ästhetizismus und den Konzepten von ›ästhetischer Existenz‹ und ›ästhetischer Wahrnehmung‹« vor, da diesen Konzepten »psychologische oder soziologische Bestimmungen zugrunde« lägen und »in erster Linie auf den Typus des Ästheten oder Dandys gerichtet [seien], der ästhetische Maßstäbe (Zwecklosigkeit, Unbeteiligtheit, Innovation u. ä.) zur Richtlinie von Lebenspraxis erheb[e]« (Streim: *Das ›Leben‹ in der Kunst*, S. 22). Für die literaturwissenschaftliche Forschung sei diese soziologische Bestimmung von ›Ästhetizismus‹ aber wenig fruchtbar, da sie lediglich auf einen thematischen Aspekt referiere: auf »die Figur des Ästheten oder Flaneurs«, auf »Bilder einer kontemplativen oder extrovertiert asozialen Lebensweise« oder auf »Darstellungen einer kultischen Verehrung der Kunst« (ebd., S. 22). Es sind nach Streim also vornehmlich textuelle Inhalte und Topoi, auf die sich Begriffe wie ›ästhetische Existenz‹ oder ›ästhetische Weltanschauung‹ beziehen – und daher vom kunsttheoretischen Konzept des Ästhetizismus strikt zu trennen. Inhaltliche Aspekte der ästhetischen Existenz – Motive und Topoi, die sich aus modernen Texten rekonstruieren lassen – seien daher nicht unter den Begriff des ›Ästhetizismus‹, sondern den der ›Décadence‹ zu subsumieren. Wird unter ›ästhetischer Wahrnehmung‹ dagegen eine stilistische Technik verstanden, die auf »Unmittelbarkeit der Erfahrung zielt« – soll also »eine formalistische Auflösung von gegenständlicher oder narrativer Ganzheit in einzelne Impressionen oder allgemein die Evokation sinnlicher Sensationen beschrieben werden« – gelte es, den Begriff des ›Impressionismus‹ dafür zu verwenden (ebd., S. 22 f.).

[28] Monika Schmitz-Emans/Uwe Lindemann/Manfred Schmeling (Hg.): *Poetiken. Autoren – Texte – Begriffe*. Berlin 2009, S. 409.

[29] Thomas Sparr: *Celans Poetik des hermetischen Gedichts*. Heidelberg 1989, S. 11.

Autoren aus, die sich als Vorreiter einer neuen und innovativen Art von Dichtkunst sehen. In Hugo Friedrichs *Die Struktur der modernen Lyrik* (1956) findet der Terminus ›hermetisch‹ (in der metaphorischen Bedeutung von ›luftdicht geschlossen‹) erstmals in der deutschen Literaturwissenschaft Verwendung – was den terminologisch ohnehin nicht klar umrissenen Begriff allerdings nicht weniger problematisch macht und im Laufe der Zeit zu weiteren diffusen Semantisierungen führt. Unter ›Hermetik‹ (synonym auch: ›Hermetismus‹) wird seither »das gesamte Spektrum der von Friedrich besprochenen formal avancierten ›modernen Lyrik‹ seit dem Symbolismus verhandelt«, wobei der Terminus dabei so unklar bleibt »wie das Verständnis der durch ihn bezeichneten Sache, der interpretatorischen Unzugänglichkeit der Texte.«[30]

Heuristisch scheint mir dieser Begriff aber von allen oben besprochenen noch der geeignetste zu sein, um chiffrierte frühmoderne Texte von *prima facie* verständlicher Literatur abzugrenzen. So möchte ich im weiteren Verlauf der Argumentation behelfsweise von *hermetisierter Literatur* sprechen und dabei prüfen, inwieweit der Hermetik-Begriff zur Beschreibung und Klassifizierung frühmoderner literarischer Texte tauglich ist bzw. wie viel Erklärungspotenzial er tatsächlich bietet.

---

[30] Art. ›Hermetik‹. In: *Reallexikon der deutschen Literaturwissenschaft. Neubearbeitung des Reallexikons der deutschen Literaturgeschichte*. Band II: *H–O*. Herausgegeben von Harald Fricke. Berlin/New York 2007, S. 33–35. Hier: S. 34.

3. Hermetisierung der Literatur um 1900

Ungeachtet der skizzierten terminologischen Schwierigkeiten ist sich die Forschung einig darüber, dass sich die Literatur der Moderne dadurch auszeichnet, dass sie zunehmend ›unzugänglich‹ wird – literarische Texte sich also verstärkt den interpretatorischen Bemühungen der Rezipienten entziehen.

›Rätselhaftigkeit‹, ›Dunkelheit‹ und ›Verschlossenheit‹ sind dabei wiederkehrende und korrespondierende metaphorische Ausdrücke, die hermetisierten Texten meist in synonymem Gebrauch als charakteristische Eigenschaften zugesprochen werden. Zur Beschreibung der Bedeutungskonstitution moderner Gedichte bedienen sich die Interpreten daneben oft eigentümlicher, doch letztlich wenig aussagekräftiger Komposita und Wortfolgen wie »Entgegenständlichung« oder »Verstummen im kryptisch gewordenen Wort«,[1] die keineswegs für definitorische Klarheit sorgen. Auch wird im Zusammenhang mit der Literatur der frühen Moderne von einer Tendenz zur »Entsemantisierung«[2] gesprochen. Begründet wird dies damit, dass diese Texte aufgrund ihrer scheinbaren ›dekorativen‹ Funktionslosigkeit und selbstreferenziellen Dimension auf nichts außerhalb ihrer selbst verweisen – also nichts als sich selbst bedeuten würden. Dadurch käme es zu einem Verlust an Bedeutung, welcher der Ästhetisierung der Form und der Einbuße an inhaltlicher Tiefe korreliere.

Wunberg geht im Zusammenhang seiner Analyse von Georges *Algabal* sogar so weit zu behaupten, dass derart ›dekorative‹ Texte aufgrund ihrer »Tendenz zur semantischen Autonomie«[3] im Extremfall gänzlich »von ihrem semantischen Körper« und somit »von ihrem Sinn befreit«[4] würden: »Eine *nur* ›dekorative‹ Sprache« sei demnach »nicht mehr an die Logik der gegenständlichen Abbildung gebunden«.[5] Wunberg ist auch der Erste, der von einer Lexemautonomisierung im Zuge der »Dispensierung der gesamten herkömmlichen Semantik« spricht.[6] Er betrachtet das »Referenzsystem zwischen Signifikant und Signifikat« in der Literatur der Moderne als »erledigt«:

---

[1] Hans-Georg Gadamer: *Wer bin Ich und wer bist Du? Kommentar zu Celans ›Atemkristall‹*. Frankfurt am Main 1986, S. 9.
[2] Simonis: *Literarischer Ästhetizismus*, S. 123.
[3] Moritz Baßler u. a.: *Historismus und literarische Moderne*. Tübingen 1996, S. 178.
[4] Baßler u. a.: *Historismus und literarische Moderne*, S. 179.
[5] Baßler u. a.: *Historismus und literarische Moderne*, S. 179.
[6] Dass Wunberg damit tatsächlich den Verlust der semantischen Dimension von Sprache meint, wird an anderer Stelle (Gotthart Wunberg: »Historismus, Lexemautonomie und Fin de siècle. Zum Décadence-Begriff in der Literatur der Jahrhundertwende«. In: Ders.: *Jahrhundertwende. Studien zur Literatur der Moderne. Zum 70. Geburtstag des Autors herausgegeben von Stephan Dietrich*. Tübingen 2001, S. 55–84. Hier: S. 83) explizit; dort heißt es: »*Der Semantikverlust der Wörter macht diese zu bloßen Lexemen.*«

> *Die Literatur entwickelt eine eigene Lexik*, die erst in der Erledigung der Geschichte als ihres Gegenstandes zu sich selbst kommt. Am Ende dieser Entwicklung steht dementsprechend eine *Autonomie der Lexeme*: Sie vermag wie selbstverständlich auf ihren ursprünglichen Gegenstand zu verzichten, wird dadurch übertragbar auf beliebige andere Gegenstände und konstituiert auf diese Weise ein neues Verfahren. *Genau das bezeichnet den Tatbestand der literarischen Moderne*. Das aufgebrochene, ja erledigte Referenzsystem zwischen Signifikant und Signifikat, eigentlich die Dispensierung der gesamten herkömmlichen Semantik, ist bereits hier vollzogen – lange bevor die Sprachwissenschaft in de Saussures Theorie dieses Phänomen abstrakt als wissenschaftliches formuliert.[7]

So nachvollziehbar Wunbergs These auf Anhieb erscheinen mag, so unzutreffend ist sie doch bei genauer Betrachtung der um 1900 entstehenden Texte. Von absoluter Referenzlosigkeit kann schlechterdings nicht die Rede sein, auch wenn sich die *Tendenz* zur sprachlichen Autonomisierung und Hermetisierung keineswegs leugnen lässt. Daher behaupte ich, dass viele der als ›hermetisch‹ bezeichneten Texte um die Jahrhundertwende keineswegs ›entsematisiert‹ bzw. ohne Bedeutung, sondern durchaus ›sinnhaft‹ sind – ja, ganz im Gegenteil *durch ihre strukturale Komplexität und Polyvalenz eine hohe semantische Dichte aufweisen*. Von einer vollständigen ›Entsemantisierung‹ (im Sinne einer Auflösung sämtlicher inhaltlicher ›Sinndimensionen‹ und außer- und innertextueller Referenzen) lässt sich demnach schwerlich sprechen, da die sprachlichen Zeichen ja durchaus bedeutungs- und somit auch sinntragend sind – das Referenzsystem zwischen Signifikant und Signifikat also weiterhin durchaus ›intakt‹ bleibt.

Ganz ungeachtet der Tatsache, dass Wunberg in seinem Plädoyer für die Unverständlichkeit[8] moderner Texte ganz heterogene Autoren, Texte und Textsorten miteinander vermengt,[9] ist ihm also ganz prinzipiell zu widersprechen und mit Baßler zu entgegnen, dass selbst hermetisierte Texte eben durchaus einen Sinn immanieren: »Sie machen Sinn auf eine Weise, die unsere gewohnten Sinnerwartungen unterläuft.«[10]

So kann konstatiert werden, dass weder die Begriffe der ›Entsemantisierung‹ und ›Entgegenständlichung‹ noch jene der ›Rätselhaftigkeit‹ oder ›Verschlossenheit‹ zur Beschreibung hermetisierter literarischer Texte zielführend sind. Aufgrund ihrer Metaphorizität und Indefinitheit ist es also prinzipiell fraglich, ob sie für die Bestimmung des Phänomens der Hermetisierung von Texten einen analytischen Mehrwert besitzen.

Angesichts dieser definitorischen Schwierigkeiten scheint es angebracht, verschiedene Ebenen analytisch voneinander zu trennen, um klar zu stellen, was

---

[7] Wunberg: »Historismus, Lexemautonomie und Fin de siècle«, S. 55.
[8] Vgl. Gotthart Wunberg: »Unverständlichkeit. Historismus und literarische Moderne«. In: *Hofmannsthal Jahrbuch zur Europäischen Moderne* 1 (1993), S. 309–350.
[9] So nennt er Arno Holz, Hofmannsthal, Rilke und George im selben Atemzug mit Christian Morgenstern, August Stramm, dem Dadaismus, Horváth und Paul Celan. Vgl. Wunberg: »Historismus, Lexemautonomie und Fin de siècle«, S. 53.
[10] Baßler: *Die Entdeckung der Textur*, S. 195.

mit ›hermetisch‹ eigentlich bezeichnet sein soll. Die folgenden Differenzierungen orientieren sich an Baßlers Artikel zur ›Hermetik‹ im *Realexikon der deutschen Literaturwissenschaft* und differenzieren drei verschiedene Bedeutungen des Begriffes:[11] ›Hermetisch‹ kann *erstens* bezeichnen, dass der Empfänger der Nachricht (= Leser, Rezipient) nach der Lektüre und Interpretation des Textes zu dem Schluss kommt, dieser sei unverständlich. Es handelt sich also hierbei um einen vorläufigen oder endgültigen Rezeptionsbefund der Unverständlichkeit. Um einen hermetischen Text allererst zu produzieren, hat sich der Sender der Nachricht (= Autor) *zweitens* bestimmter poetischer Mittel zu bedienen: Er selegiert und kombiniert aus dem gegebenen Zeichensystem der Sprache absichtlich bestimmte bedeutungstragende Elemente und stellt sie auf unkonventionelle Weise zusammen, um bei der Konstruktion der chiffrierten Textur Polyvalenz und echte semantische Leerstellen zu erzeugen. Es geht hierbei also um produktionsästhetische Voraussetzungen in der strukturellen Genese des Textes. *Drittens* schließlich müssen Struktur und Genese vom jeweiligen dichterischen Selbstverständnis, also dem konkreten poetologischen Programm des Autors, unterschieden werden. Dieses kann das ästhetische Prinzip der Viel- und Mehrdeutigkeit (Polyvalenz) oder der Unverständlichkeit fordern. So möchte der Autor seinen Text dann auf gewisse Weise verstanden bzw. nicht verstanden wissen – womit also der Aspekt der poetologischen und diskursiven Legitimation auf Produzentenseite angesprochen ist.

Diese Differenzierungen mögen den Zugang zum Phänomen der textuellen ›Hermetik‹ erleichtern und ihn definitorisch fassbarer machen. Als grob rubrizierender Begriff kann er jedenfalls heuristisch dienlich gemacht werden, um ein Korpus »modernistischer, esoterisch, formal stark abweichender, semiotisch offener, texturierter, autopoetischer Lyrik (auch Prosa) der literarischen Moderne von formal traditioneller, prima facie verständlicher Literatur abzugrenzen.«[12] In der vorliegenden Arbeit wird der Begriff in seiner zweiten Bedeutung Verwendung finden – sich also primär auf textuelle Verfahren beziehen, die vornehmlich bei lyrischen Texten der frühen Moderne angewendet werden, um ›Sinn‹ zu verschleiern bzw. eine intendierte semantische Mehrdeutigkeit zu erzeugen. Hinter diesem literarischen Verfahren steht selbstverständlich immer auch ein poetologisches ›Programm‹, weshalb die zweite Bedeutung von ›Hermetik‹ eng mit der dritten verbunden ist. Der Grund dafür, dass sich die erste Bedeutung zur wissenschaftlichen Bestimmung des Begriffs nicht eignet, liegt darin, dass jeder Rezipient einen anderen Wissenshintergrund mitbringt, weshalb es freilich starke Abweichungen dahingehend gibt, welcher Text von welchem Interpreten als ›hermetisch‹ klassifiziert wird und welcher nicht. So werde ich mich bei der Textauswahl zwar auf Texte fokussieren, die in der Forschung

---

11 Vgl. Art. ›Hermetik‹. In: *Realexikon der deutschen Literaturwissenschaft*. Band II, S. 33.
12 Art. ›Hermetik‹. In: *Realexikon der deutschen Literaturwissenschaft*. Band II, S. 33.

als ›hermetisch‹ klassifiziert worden sind – um aber im Gegenteil zu zeigen, dass selbst diese scheinbar ›verschlossenen‹ Texte durchaus deutbar sind und einen ›Sinn‹ transportieren. Der Unterschied zu *prima facie* ›verständlicher‹ Literatur besteht nun darin, dass der hermetisierte Text seinen Sinn eben nicht auf der Oberfläche, sondern einer Tiefenebene der Textur transportiert. Auf diese Weise kann er sich selbst zum tiefschichtigen Medium einer verborgenen ›Wahrheit‹ stilisieren und geradezu religiöse Züge annehmen. So geht mit der Hermetisierung die textuelle ›Aufwertung‹ einher, die darin besteht, dass der poetische Text sich einen sakralen Charakter verleiht und Sinnstiftung, existenzielle Orientierung und Erlösung zu geben verspricht.

Diese *Sakralisierung von Literatur* wird gerade mit dem Beginn der ästhetischen Moderne virulent und hängt eng mit dem Bedeutungsverlust der Großkirchen und den oben skizzierten gesellschaftlichen Umwälzungsprozessen zusammen. So lautet meine dritte in der vorliegenden Arbeit verfolgte These:

3.) Es besteht ein enger Konnex zwischen dem Phänomen der Hermetisierung und dem der Sakralisierung von Literatur um 1900. In diesem Zusammenhang spielt ›Privatheit‹ eine konstitutive Rolle.

Demnach ist es eines der zentralen Ziele der vorliegenden Arbeit, exemplarisch einige der hermetisierten Texte ab den 1890er-Jahren einer genaueren Prüfung und Analyse zu unterziehen, um den Zusammenhang zwischen den simultan auftretenden Phänomenen der sprachlichen Hermetisierung, Sakralisierung und der Privatisierung dieser Art ›moderner‹ Literatur genauer zu fassen.

Der nachfolgende allgemeine Überblick über den religionsgeschichtlichen Kontext und die religiöse Situation um die Jahrhundertwende soll u. a. die wesentlichen Gründe darlegen, die erklären, warum die Sakralisierung der Kunst gerade um 1900 eine Hochkonjunktur erfährt. Zudem soll verdeutlicht werden, dass die in der vorliegenden Arbeit verfolgte These einer Privatisierung von Literatur auch religionsgeschichtlich untermauert werden kann.

4. Sakralisierung der Literatur um 1900

4.1 *Privatreligionen um die Jahrhundertwende*

Eine der zentralen Fragen im Wilhelminischen Kaiserreich lautete, welche Bedeutung der christlichen Religion und der Institution Kirche in Hinblick auf ihre kulturelle und gesellschaftliche Funktion noch zukommen könne. Die zahlreichen Diskurse über Religion und Religiosität bestätigen damit zum einen die Wichtigkeit des religiösen Glaubens für den modernen Menschen, zum anderen aber machen sie deutlich, dass die christliche Religion um die Jahrhundertwende nicht mehr imstande war, ihre sinnstiftende Funktion zu erfüllen und dem Individuum Orientierung und existenziellen Halt zu geben.[1]

Das Ende des ›Kulturkampfs‹ im ausgehenden 19. Jahrhundert darf als einer der ›Tiefpunkte‹ in der katholischen Kirchengeschichte gelten. Mit der endgültigen Trennung von Kirche und Staat büßt die Institution der Kirche entschieden an kulturellem und gesellschaftlichem Einfluss ein. Viele der Arbeiter und liberal gesinnten Bürger verlieren ihr Vertrauen in die kirchliche Dogmatik und machen sich auf die Suche nach alternativen Möglichkeiten religiöser Sinnerfahrung und lebensweltlicher Orientierung. Die öffentliche Rolle, die das Christentum als Staatsreligion bis dato spielte, wurde schon spätestens ab den 80er-Jahren als zunehmend prekär empfunden.

So etablieren sich um die Jahrhundertwende zahlreiche Diskurse über die Stellung und Rolle der Religion in der Moderne – vor allem angesichts der rasanten Modernisierungsprozesse und dem Verlust an ›Gemeinschaft‹ und ›Totalität‹. Die Janusköpfigkeit und Ambivalenz der beginnenden Moderne findet sich daher auch und gerade im religiösen Kontext:[2] Denn einerseits wird dem Individuum erstmals eine Entscheidungsfreiheit eröffnet, seinen religiösen Glauben selbst zu definieren, andererseits ist es diese Suche nach Sinnstiftung, die nicht selten von einem fundamentalen Zweifel und pessimistischer Grundstimmung begleitet ist.

---

[1] Diese Unzufriedenheit mit der Kirche zeigt sich auf empirischer Ebene an den zahlreichen Kirchenaustritten und der steigenden Anzahl an Konfessionslosen. Große Teile der Arbeiterschaft, aber auch des liberalen Bürgertums wenden sich ab den 1890er Jahren von der christlichen Kirche ab. Vgl. Volkhard Krech: »Zwischen Historisierung und Transformation von Religion. Diagnosen zur religiösen Lage um 1900 bei Max Weber, Georg Simmel und Ernst Troeltsch«. In: Ders./Hartmann Tyrell (Hg.): *Religionssoziologie um 1900*. Würzburg 1995, S. 313–349. Hier: S. 313.

[2] So wird im Forschungsdiskurs zwar einerseits »eine wachsende Kirchenentfremdung bzw. Unkirchlichkeit diagnostiziert«, andererseits aber »wird die bleibende Virulenz von Religion behauptet bzw. ihre Anpassung an moderne Bedürfnislagen betrieben« (Krech: »Zwischen Historisierung und Transformation von Religion«, S. 315).

So ist es nun möglich, sich von der christlichen Kirche abzuwenden und aus den möglichen Religionsangeboten eine bestimmte religiöse Strömung auszuwählen oder sich aus den heterogenen Elementen eine synkretistische und individuelle Privatreligion zu kreieren.[3]

Dabei ist es vor allem der unzeitgemäße Dogmatismus der Kirche, der viele ›aufgeklärte‹ – insbesondere liberale – Bürger von der christlichen Religion entfremdet. Allerdings geht mit diesem zunehmenden Bedeutungsverlust der institutionalisierten Großkirchen keineswegs die Religiosität als solche verloren.[4] Die religiöse Gesinnung steht für die meisten Menschen um 1900 nicht zur Disposition (das metaphysische Bedürfnis bleibt als anthropologische Konstante) und so verwundert es nicht, dass es – trotz oder gerade *aufgrund* des enormen Bedeutungsverlusts der Großkirchen – zu einer nahezu unüberschaubaren Anzahl pluralistischer Glaubensangebote und religiöser Strömungen kommt, die sich aus ganz heterogenen Elementen konstituieren. Diese religiösen oder religionsähnlichen Strömungen, Sekten und Geheimverbünde lösen sich bewusst von der Orthodoxie des christlichen Glaubens und beschreiten ihre eigenen Wege.

Der ›öffentlichen‹ Religion des Christentums hingegen wird in der Gesellschaft zunehmend ablehnend begegnet und so verlagert sich die Religiosität in den privaten Bereich des Individuums: *Religion wird zur ›Privatsache‹*. Diese für die Jahrhundertwende kennzeichnende Tendenz zur »Privatisierung der Religion«,[5] die schon Nietzsche 1878 in *Menschliches, Allzumenschliches* konstatiert,[6] muss als Indiz dafür genommen werden, dass die christliche Religion am Beginn der Moderne nicht mehr imstande ist, ihre gemeinschaftsbildende Funktion innerhalb einer pluralisierten Gesellschaft zu erfüllen. Diese Tendenz einer zunehmend individualisierten Religiosität stellt somit einerseits das Resultat eines Entfremdungsprozesses gegenüber den Großkirchen dar, andererseits weist sie auf die veränderte Lebenswelt unter den Bedingungen der Moderne, in der die Gesellschaft in pluralistische autonome Systeme und heterogene Einheiten

---

[3] Vgl. Philip Ajouri: *Literatur um 1900. Naturalismus – Fin de Siècle – Expressionismus*. Berlin 2009, S. 71.
[4] Dies gilt es vor allem deshalb zu betonen, weil in der religionssoziologischen Forschung teilweise noch immer die Position vertreten wird, dass die zunehmende Säkularisierung einer stetig sinkenden Bedeutung der Religion korreliere. Zu dieser Position vgl. stellvertretend für den Diskurs Steve Bruce: *God is Dead. Secularization in the West*. Oxford 2002.
[5] Thomas Luckmann: *Die unsichtbare Religion*. Frankfurt am Main 1991, S. 178–183.
[6] Dort heißt es: »Wenn aber der Staat keinen Nutzen mehr aus der Religion selber ziehen darf oder das Volk viel zu mannichfach über religiöse Dinge denkt, als dass es der Regierung ein gleichartiges, einheitliches Vorgehen bei religiösen Maassregeln gestatten dürfte, – so wird nothwendig sich der Ausweg zeigen, die Religion als Privatsache zu behandeln und dem Gewissen und der Gewohnheit jedes Einzelnen zu überantworten« (KSA 2, 303).

zerfällt.[7] Damit ist ein zentraler Punkt angesprochen, der für den folgenden Gang der Argumentation von Bedeutung sein wird: Da es die öffentliche christliche Kirche unter den Bedingungen der Moderne nicht mehr schafft, ihre gemeinschaftsstiftende Funktion zu erfüllen, wird sie ins gesellschaftliche Abseits verwiesen. Die angesprochenen neuen Formen der Religiosität dürfen vor diesem Hintergrund als Substitute für die fehlende Partizipation am Gemeinschaftsgefüge verstanden werden. Die wachsende Kirchenentfremdung und Marginalisierung der christlichen Großkirchen führt so zu neuen Formen individueller Religiosität und der Entstehung von Privatreligionen.

Wie oben bereits angerissen, ist entscheidend, dass der Bedeutungsverlust und die Marginalisierung der christlichen Kirchen nicht gleichgesetzt werden darf mit einem Rückgang der Religiosität bzw. dem Bedürfnis nach religiöser Sinnstiftung *an sich* – ganz im Gegenteil etablieren sich ja gerade ab den 1890er-Jahren zahlreiche okkultistische und spiritistische Zirkel, esoterische Sekten und ›Kunstreligionen‹,[8] welche die gemeinschafts- und sinnstiftende Funktion der Religion übernehmen.

Dass im Zuge der Säkularisierung folglich *nicht* pauschal vom Niedergang des ›Religiösen‹ gesprochen werden darf – sondern es vielmehr zu einer neuen Art der »Wiederverzauberung«, ja »Resakralisierung« und »Renaissance der Religion«[9] kommt – wird einsichtig, wenn man sich die pluralistischen Formen religiösen Glaubens vor Augen hält, die um die Jahrhundertwende entstehen und die systemübergreifend vitalistische, lebensphilosophische, biologistische, buddhistische und monistische Elemente synkretistisch in sich vereinen.[10] Dem ›Entkirchlichungsprozess‹ korrespondieren also vielmehr »außerkirchliche, säkulare oder neureligiöse Erscheinungsformen von Religion, die von Transzendierungen profaner Bereiche wie Arbeit, Familie, Politik, Bildung und Kunst

---

[7] Aber auch die Philosophie seit Kant und der Aufschwung der modernen Naturwissenschaften tragen das Ihrige zu dieser Entfremdung bei. Die Erkenntnisse, die z. B. die Evolutionstheorie Darwins, die Religionskritik Nietzsches und die Sinnesphysiologie Ernst Machs liefern, führen zu Misstrauen und Skepsis gegenüber den nun als unzeitgemäß empfundenen Dogmen des christlichen Glaubens. So verwundert es nicht, dass sich der metaphysisch ›obdachlos‹ gewordene Mensch nach neuen Sinnangeboten sehnt und sich auf der Suche nach der verlorengegangenen ›Totalität‹ in anderen, der Religion nahestehenden Bereichen orientiert, um den verlorenen Glauben zu kompensieren.

[8] Außerdem entfachte um die Jahrhundertwende ein neues und reges Interesse an der Lektüre und Rezeption mystischer Texte. Rilke z. B. rezipierte bereits in seinen jungen Jahren zahlreiche mystische Quellen.

[9] Hubert Knoblauch: »Religion und Soziologie«. In: Birgit Weyel/Wilhelm Gräb (Hg.): *Religion in der modernen Lebenswelt. Erscheinungsformen und Reflexionsperspektiven*. Göttingen 2006, S. 277–295. Hier: S. 283.

[10] Nipperdey bezeichnet diese neuen religiösen Formen als »vagierende Religiosität« (Thomas Nipperdey: *Deutsche Geschichte 1866–1918*. Band I: *Arbeitswelt und Bürgergeist*. München 1990, S. 521).

bis zu einer im bürgerlichen Milieu anzutreffenden diffus-religiösen oder spirituellen Gesamtgestimmtheit reichen«.[11]

All diese neuen Formen der Religiosität sind dabei primär privater Natur, denn sie werden in kleinen Gruppen und Kreisen erprobt – sind vorderhand also nicht dazu konzipiert bzw. darauf ausgelegt, in einer breiten Öffentlichkeit praktiziert zu werden. Zur Ausübung des privaten Glaubens werden nun nicht mehr Kirchen aufgesucht, die ›Andacht‹ findet vielmehr in Privatwohnungen statt. Diesen Rückzug in die Innerlichkeit, in den privaten Glauben, erkennt schon Max Weber im Zusammenhang mit seiner Rationalisierungs- und ›Entzauberungsthese‹ als symptomatische Zeittendenz:

> Es ist das Schicksal unserer Zeit, mit der ihr eigenen Rationalisierung und Intellektualisierung, vor allem: Entzauberung der Welt, daß gerade die letzten und sublimsten Werte zurückgetreten sind aus der Oeffentlichkeit, entweder in das hinterweltliche Reich mystischen Lebens oder in die Brüderlichkeit unmittelbarer Beziehungen der einzelnen zueinander. Es ist weder zufällig, daß unsere höchste Kunst eine intime und keine monumentale ist, noch daß heute nur innerhalb der kleinsten Gemeinschaftskreise, von Mensch zu Mensch, im pianissimo, jenes Etwas pulsiert, das dem entspricht, was früher als prophetisches Pneuma in stürmischem Feuer durch die großen Gemeinden ging und sie zusammenschweißte.[12]

Der Verweis auf »das hinterweltliche Reich mystischen Lebens« zeigt schon an, dass die Säkularisierung eben nicht den gänzlichen Niedergang des Religiösen zur Folge hat, sondern andere Formen des Glaubens hervorbringt. Auch wenn Max Webers Theorie den Säkularisierungsgedanken ins Zentrum stellt und Religion gleichsam historisiert, so bestreitet Weber keineswegs, dass es zu neuen Ausprägungen des Glaubens – wie der Bildungs- und Kunstreligion – kommt, denen er aber kritisch gegenübersteht.

> Das Bedürfnis des literarischen, akademisch-vornehmen oder auch Kaffeehausintellektualismus aber, in dem Inventar seiner Sensationsquellen und Diskussionsobjekte die ›religiösen‹ Gefühle nicht zu vermissen, das Bedürfnis von Schriftstellern, Bücher über diese interessanten Problematiken zu schreiben, und das noch weit wirksamere von findigen Verlegern, solche Bücher zu verkaufen, vermögen zwar den Schein eines weit verbreiteten ›religiösen Interesses‹ vorzutäuschen, ändern aber nichts daran, daß aus derartigen Bedürfnissen von Intellektuellen und ihrem Geplauder noch niemals eine neue Religion entstanden ist.[13]

In Abgrenzung zu Weber geht Georg Simmel hingegen davon aus, dass Religion und Religiosität in der Moderne einem Transformationsprozess unterliegen.[14] Religion hat bei Simmel eine einheitsstiftende Funktion und wird im

---

[11] Krech: »Zwischen Historisierung und Transformation von Religion«, S. 314.
[12] Max Weber: *Gesammelte Aufsätze zur Wissenschaftslehre*. Herausgegeben von Johannes Winckelmann. Tübingen 1988, S. 612.
[13] Max Weber: *Wirtschaft und Gesellschaft. Grundriß der verstehenden Soziologie*. Tübingen 1976, S. 314.
[14] Vgl. Krech: »Zwischen Historisierung und Transformation von Religion«, S. 322.

Zuge der Säkularisierung aus dem objektiven Bereich auf die individuelle Ebene der Subjektivität transferiert. Damit wird die Religiosität von einer öffentlichen Angelegenheit zu einer der privaten Innerlichkeit und Subjektivität. Sie unterliegt einer durch den Prozess der Modernisierung und Säkularisierung effizierten Wandlung.

Es ist gewiss kein Zufall, dass parallel zum Prozess der *Privatisierung von Religion* die Kunst gegen Ende des 19. Jahrhunderts in vielen Kunstströmungen zum Gegenstand religiöser Verehrung avanciert.

Die Kunst soll dabei als Substitut der christlichen Religion fungieren und die metaphysische ›Obdachlosigkeit‹ kompensieren. Mit dem Bedeutungsverlust der christlichen Kirche lässt sich also ein Bedeutungsgewinn esoterischer und (pseudo-)religiöser Literatur verzeichnen.[15] Denn gerade das Medium der Kunst scheint diese kompensatorische Funktion besonders gut zu erfüllen und so konstatiert der aufmerksame Kulturkritiker Friedrich Nietzsche schon 1878 in *Menschliches, Allzumenschliches*:

> Die Kunst erhebt ihr Haupt, wo die Religionen nachlassen. Sie übernimmt eine Menge durch die Religion erzeugter Gefühle und Stimmungen, legt sie an ihr Herz und wird jetzt selber tiefer, seelenvoller, so dass sie Erhebung und Begeisterung mitzutheilen vermag, was sie vordem noch nicht konnte. Der zum Strome angewachsene Reichthum des religiösen Gefühls bricht immer wieder aus und will sich neue Reiche erobern: aber die wachsende Aufklärung hat die Dogmen der Religion erschüttert und ein gründliches Misstrauen eingeflösst: so wirft sich das Gefühl, durch die Aufklärung aus der religiösen Sphäre hinausgedrängt, in die Kunst.[16]

Der enge Zusammenhang zwischen dieser neuen Form der Religiosität und den Entwicklungen im Kunstsystem wird besonders offenbar, wenn man sich mit dem Ursprung des Konzepts der ›Kunstreligion‹ intensiver auseinandersetzt. Mit Klopstocks[17] und Miltons[18] frühneuzeitlicher Bibeldichtung avanciert die Dichtkunst erstmals »zum eigentlichen Organ, zum Medium einer höchsten Wahrheit, die nur durch den Dichter, nicht durch tradierte Institutionen und Medien der Religion, zugänglich wird.«[19] Diese Vorstellung einer ›heiligen Poesie‹ ist dabei eng verbunden mit dem Rollenmuster der ›heiligen Autorschaft‹. Denn wenn die Dichtung zum Medium einer ›göttlichen‹ Wahrheit wird, so ist ihr Verfasser nicht weniger Empfänger und Mittler dieser Wahrheit.

Aus dieser Vorstellung einer ›heiligen Autorschaft‹ entwickelt sich in der Frühromantik der Gedanke, Kunst könne als Mittlerin zwischen Individuum

---

[15] Daher ist es auch kaum verwunderlich, dass die Rezeption mystischer Schriften zu Beginn der Moderne eine neue Hochkonjunktur erlebt. Vgl. Uwe Spörl: *Gottlose Mystik in der deutschen Literatur um die Jahrhundertwende*. Paderborn 1997.
[16] KSA 2, 144.
[17] Z. B. Klopstocks Bibelepos *Messias* (1773). Vgl. dazu Joachim Jacob: *Heilige Poesie. Zu einem literarischen Modell bei Pyra, Klopstock und Wieland*. Tübingen 1997.
[18] Z. B. Miltons episches Gedicht *Paradise lost* (1667).
[19] Aurnhammer u. a. (Hg.): *Stefan George und sein Kreis*. Band 2, S. 517.

und metaphysischer Welt – der inneren Welt des Subjektes und einer außer- oder auch innerweltlichen Transzendenz – fungieren. Kunsterlebnis und religiöse Erfahrung seien demnach funktional kaum voneinander zu trennen. Die Engführung von religiösem Gefühl und ästhetischer Erfahrung hatte bereits Wackenroder in seinen *Herzensergießungen eines kunstliebenden Klosterbruders* (1796) und Hölderlin in seinem *Hyperion* (1797 und 1799) dargestellt und formuliert. Denn wenn bei Wackenroder Raffael und Michelangelo zu »großen gebenedeyten Kunstheiligen«[20] stilisiert werden, von »heilige[r] Kunst«[21] die Rede ist, oder bei Hölderlin Hyperion seinem Freund Bellarmin erklärt: »das Schönste ist auch das Heiligste«,[22] so findet eine Sublimierung der Kunst statt, die das Kunstkonzept einer ›heiligen Poesie‹ schon hundert Jahre vor seiner Radikalisierung antizipiert.

Friedrich Schleiermacher ist allerdings der erste, der den Begriff der ›Kunstreligion‹ in den zeitgenössischen Diskurs einführt. In seinen ›Reden‹ *Über die Religion* (1799) findet der Terminus fast beiläufig Erwähnung.[23] Schleiermachers Position konvergiert dabei mit dem frühromantischen Postulat der *Athenaeums*-Beiträger und definiert ›Kunstreligion‹ als völlig autonome Kunsterfahrung – und zwar nicht als *Analogie* der religiösen, sondern als *religiöse Erfahrung selbst*.[24] Damit setzt Schleiermacher die Religion und die Kunst äquivalent (auch wenn er sich eingangs seiner ›Reden‹ den Anschein gibt, die Kunst als Art Propädeutik und Hinführung zur Religion zu verstehen). Und auch bei Schelling liest man in seinem *System des transzendenten Idealismus* (1800), dass die »Kunst die einzige und ewige Offenbarung« sei, »die es gibt«.[25]

So vollzieht sich bereits um 1800 im Zuge der Autonomisierung des Ästhetischen ein Transformationsprozess, durch den Kunst nicht mehr im Dienst der Religion steht, sondern vielmehr beide in eine Relation der Funktionsäquiva-

---

20 Wilhelm Heinrich Wackenroder: »Herzensergießungen eines kunstliebenden Klosterbruders«. In: Ders.: *Sämtliche Werke und Briefe. Historisch-kritische Ausgabe*. Herausgegeben von Silvio Vietta und Richard Littlejohns. Band I: *Werke*. Herausgegeben von Silvio Vietta. Heidelberg 1991, S. 51–145. Hier: S. 53.
21 Wackenroder: »Herzensergießungen eines kunstliebenden Klosterbruders«, S. 59.
22 Friedrich Hölderlin: »Hyperion«. In: Ders.: *Gesammelte Werke*. Herausgegeben von Hans Jürgen Balmes. Frankfurt am Main 2008, S. 289–457. Hier: S. 360. Vgl. auch Hyperions Aussage: »Das erste Kind der göttlichen Schönheit ist die Kunst. […] Der Schönheit zweite Tochter ist Religion. Religion ist Liebe der Schönheit« (ebd., S. 383).
23 Vgl. Friedrich Schleiermacher: »Über die Religion. Reden an die Gebildeten unter ihren Verächtern«. In: Ders.: *Kritische Gesamtausgabe*. I. Abteilung. Band 2: *Schriften aus der Berliner Zeit 1769–1799*. Herausgegeben von Günter Meckenstock. Berlin/New York 1984, S. 185–326.
24 Vgl. Heinrich Detering: »Was ist Kunstreligion? Systematische und historische Bemerkungen«. In: Albert Meier/Alessandro Costazza/Gérard Laudin: *Kunstreligion. Band 1: Der Ursprung des Konzepts um 1800*. Berlin/New York 2011, S. 11–27. Hier: S. 26.
25 Friedrich Wilhelm Joseph von Schelling: *Schellings Werke. Auswahl in drei Bänden*. Band 2. Leipzig 1907, S. 291.

lenz versetzt werden.²⁶ Durch seine Mittlerfunktion erhält der inspirierte Künstler dabei eine herausragende Stellung und wird durch die göttliche Eingebung dazu ermächtigt – qua höherer Instanz dazu autorisiert.

Der kunstreligiöse Diskurs und die Idee, das Heil und die Erlösung in der Kunst zu suchen, werden im 19. Jahrhundert konsequent fortgeführt und weiterentwickelt. Schopenhauer z. B. schreibt in seinem Hauptwerk *Die Welt als Wille und Vorstellung* der Musik bekanntermaßen die Funktion zu, den Einzelnen temporär aus dem Zustand des *principium individuationis* zu befreien. Aber auch Wagners Vorstellung vom ›Gesamtkunstwerk‹, das eine soteriologische Funktion haben solle, trägt zur Prominenz der Vorstellung einer Erlösung in der und durch die Kunst maßgeblich bei. Nietzsche wiederum spricht in seiner Tragödienschrift davon, dass »das Dasein und die Welt« nur als »*ästhetisches Phänomen* […] ewig *gerechtfertigt*«²⁷ seien. Damit wird klar erkennbar, dass es sich bei der Weiterentwicklung des kunstreligiösen Konzepts um fließende diskursive Übergänge handelt, die ihren Ursprung in der Frühromantik haben. Besondere Prominenz aber erfährt das Konzept der Kunstreligion gerade um 1900, da der Bedeutungsverlust und die Marginalisierung der christlichen Kirchen mit dem Beginn der zivilisatorischen Moderne einen ersten Höhepunkt erreichen.

Diesen Hintergrund vor Augen, verwundert es nicht, dass sich viele Dichter – aber auch dilettierende Schriftsteller der Autorenrolle des heiligen Priesters oder Propheten bedienen und sich durch ihre Dichtung stilisieren, um sich damit einerseits zu legitimieren, andererseits aber auch die verlorene Totalität durch die Einführung einer eigenen Privatreligion zu kompensieren. Die selbsterklärte Aufgabe des heiligen Dichters ist es, das ›profane Wort‹ in die heilige Sprache der Dichtkunst zu übersetzen.

4.2 Das Konzept heiliger Autorschaft

Unter der Überschrift *Kunst und Künstler* liest man in Peter Hilles Aphorismensammlung *Aus dem Heiligtum der Schönheit* (1900) über den Dichter:

> Er ist auch ein Stück Christus. Der johlende Pöbel und das kollegiale Grinsen geleiten ihn und drücken die Dornen tiefer in die schmerzliche Einsamkeit seines edlen Hauptes, der das schwere Kreuz des Geistes auf seinen Schultern nach Calvaria trägt, dem Berge der Vergessenheit.²⁸

Der Dichter wird hier metonymisch mit Christus gleichgesetzt. So stilisiert Hille ihn (und damit implizit sich selbst) zu einem Heiligen bzw. dem Vertreter ›Gottes‹. Die Gleichsetzung von Christus und Dichter repristiniert dabei die re-

---

26 Vgl. Detering: »Was ist Kunstreligion?«, S. 8.
27 KSA 1, 47.
28 Peter Hille: *Aus dem Heiligtum der Schönheit. Aphorismen und Gedichte.* Leipzig 1909, S. 33 f.

ligiöse Folie – doch funktionalisiert im säkularisierten Gewand. Denn als Teil von Christus' Leib wird der Dichter selbst zum Verkünder und Sprachrohr Gottes – oder aber zum Begründer einer neuen säkularen Religion. Die Imitatio Christi, der Dichter als neuer Christus, der den Schmerz der Einsamkeit um der Bewahrung seines edlen Geistes willen auf sich nimmt – dieses von Hille evozierte Bild verdeutlicht einerseits die Anlehnung an religiöse Vorbilder und andererseits die Funktionalisierung dieser zur persönlichen Sublimierung und Distinguierung des ›heiligen‹ Autors von der ›Masse‹. Diese Technik ist gängig bei Autoren, die das Konzept heiliger Autorschaft für sich fruchtbar zu machen suchen. Ludwig Derleth[29] schreibt in seinen *Proklamationen* (1904) beispielsweise: »Wir heben uns ab gegen das freche, unheilige Volk und legen uns ins Übergewicht gegen die Gewalthaber der großen Zahl und unterscheiden uns königlich«.[30] Analoge – wenngleich weniger radikale – Aussagen über den Dichter und seine ›aristokratische‹ Auszeichnung finden sich auch bei George, Hofmannsthal und Rilke. Letzterer z. B. notiert – im Gegensatz zu Derleth in einem eher demütigen (wenngleich nicht weniger ›geistesaristokratischen‹) Duktus – im *Florenzer Tagebuch* (1898):

> Es liegt eine unsägliche Brutalität in dem augenblicklichen Verhältnis der Menge zum Künstler. Seine Geständnisse, die sich hilflos in die Form der anderen Dinge flüchten, gelten den vielen nicht anders wie die Dinge auch. […] Alle nehmen das heilige Gerät in die Hand wie einen Gegenstand des täglichen Gebrauchs, wie einen Besitz, den sie jeden Augenblick zerschellen dürfen ohne Strafe: Tempelschänder![31]

Das »heilige Gerät« – eine Metapher für das (poetische) Werk in Buchform – wird also dadurch profaniert, dass es von jedem beliebig »in die Hand« genommen werden kann ›wie ein Gegenstand des täglichen Gebrauchs‹. Dass die Kunst für Rilke etwas ›Heiliges‹ ist, wird an diesem Zitat sehr deutlich. Der Begriff des ›Tempelschänders‹ impliziert eine Profanierung des ›Kunst-Tempels‹, der durch die Berührung der darin befindlichen Kunst entweiht und geschändet wird. *Noli me tangere* lautet hier Rilkes Maxime; nur der Künstler selbst scheint würdig zu sein, den heiligen Text zu berühren, ohne ihn zu profanieren. Dies mag mit dem idiosynkratischen Verständnis von Kunst und seinem Umgang mit ihr zusammenhängen, da der ›wahre‹ Künstler – gemäß des zugrundeliegenden poetologischen Selbstverständnisses des Autors – keine ›nützliche‹

---

[29] Ludwig Derleth (1870–1948), ein Gymnasiallehrer aus München, stand dem Kosmikerkreis um Alfred Schuler nahe. Von 1903 bis 1910 gehörte er zu den Beiträgern der *Blätter für die Kunst*; seine Gedichte wurden von George sehr geschätzt. Seine *Proklamationen* dürfen als Zeugnis und offensives Bekenntnis eines »militanten Katholizismus« gelten, »der ebenso aus Derleths Verehrung für Napoleon wie aus dem Konzept des *miles christianus* hervorging« (Jürgen Egyptien: *Stefan George. Dichter und Prophet*. Darmstadt 2018, S. 224).

[30] Ludwig Derleth: *Das Werk*. Band 1: *Das Frühwerk*. Darmstadt 1971, S. 48.

[31] Rainer Maria Rilke: *Tagebücher aus der Frühzeit*. Frankfurt am Main 1973, S. 34.

Kunst erschaffen soll, sondern eben ›sakrale‹, die folglich nicht als Gebrauchsgegenstand (oder als Mittel zum Zweck) funktionalisiert werden darf.

Um die eigenen Texte vor einer ›Profanierung‹ durch die Menge zu schützen, verwendet schon der frühe Rilke bestimmte rhetorische Techniken und sprachliche Chiffrierungsstrategien (Ambiguitäten, Widersprüche und Paradoxien), durch die eine semantische Polyvalenz entsteht, die vom Rezipienten erfasst und gedeutet werden muss. In Kapitel II/6 zu Rilkes *Stunden-Buch* sollen diese Zusammenhänge weiter ausgeführt und gezeigt werden, wie Privatheit vom Autor als Schutzmechanismus gegen die Profanierung der eigenen ›heiligen‹ Literatur inszeniert wird.

Jedenfalls geht mit dieser Selbstinszenierung des Dichters zum heiligen Propheten die inszenierte ›Aufwertung‹ seiner Literatur einher. Wenn sich der Dichter nämlich mit dem Nimbus des Heiligen umgibt, so müssen auch seine Texte ›sakralen Charakters‹ sein, damit er in seiner Rolle ›authentisch‹ wirkt. Es handelt sich hierbei um ein Reziprozitätsverhältnis: Denn die Texte müssen durch ihre idiosynkratische Rhetorik und ihren Stil beim Rezipienten eine Wirkung zeitigen, die eine emphatische Bewunderung für den Autor nach sich zieht. Umgekehrt hat der Autor in seiner Erscheinung, seiner Haltung, seiner Stimme[32] etc. dem Bild des Heiligen zu entsprechen, sodass der Rezipient sich veranlasst fühlt, von der Sakralität der Texte auf die Sakralität ihres Autors zu schließen.

Das Bedürfnis nach neuen Priestern, Propheten und geistigen Führern ist aus genannten Gründen gerade um die Jahrhundertwende erstaunlich groß und daher fungieren charismatische und auratische Dichterpersönlichkeiten für viele Zeitgenossen als Hoffnungsträger und Sinnstifter in einer Zeit der religiösen und lebensweltlichen Krise. Dass sich der Künstler für eine solche Heiligenrolle auf besondere Weise eignet, begründet Hermann Broch retrospektiv in seiner Studie *Hofmannsthal und seine Zeit* (1955):

> Denn keiner ähnelt in der Lebensstruktur so sehr dem Heiligen wie der echte Künstler; auch er lebt in der Abgesondertheit und im Traumhaften, und auch er überwindet die Abgesondertheit, indem er sich, zumindest im Diesseitigen, dem Ganzen hingibt, so daß auch für ihn Dienst und Freiheit in eins zusammenfallen: auch der Künstler ist einer harten Gnade teilhaftig, freilich einer, die seinen Narzißmus nicht zerschmettert, sondern bloß unter Zucht stellt.[33]

---

32 Walter Benjamin hat in seinem *Rückblick auf Stefan George* besonders die prophetische Stimme des Dichters hervorgehoben: »Stefan George schweigt seit Jahren. Indessen haben wir ein neues Ohr für seine Stimme gewonnen. Wir erkennen sie als eine prophetische« (Walter Benjamin: »Rückblick auf Stefan George. Zu einer neuen Studie über den Dichter«. In: Ders.: *Gesammelte Werke*. Band II. Frankfurt am Main 2011, S. 453–458. Hier: S. 453).

33 Broch: *Hofmannsthal und seine Zeit*, S. 100.

Das abgesonderte Leben, das Broch in diesem Zitat anspricht, ist von zentraler Relevanz für die Inszenierung und Stilisierung des Autors zum Priesterheiligen. Der Abgrenzungsgestus und die damit geschaffene Unzugänglichkeit zur Person des Dichters (bzw. seiner ›privaten‹ Dichtung) sind dabei als *Privatisierungsstrategien* zu fassen, die in der Rehabilitierung des Konzepts heiliger Autorschaft (*poeta vates*) aufgehen. Privatheit wird hier also funktionalisiert und dient als Mittel zur Inszenierung von verborgener Bedeutung und Sakralität, die dadurch zustande kommen, dass eine ideelle Grenze konstruiert wird zwischen dem ›einsamen‹ Dichter und der ›Masse‹. Damit aber steht das Konstrukt Privatheit in unmittelbarem Zusammenhang mit der Konstitution der ästhetischen Moderne und dem Phänomen der *Sakralisierung von Literatur*.

4.3 Sakralisierung von Literatur und Kunstreligion

Wenn im Folgenden von der ›Sakralisierung‹ von Literatur die Rede sein soll, muss vorab geklärt werden, was dieser Begriff überhaupt bedeuten soll und welches Phänomen damit bezeichnet ist. Außerdem muss auf den damit zusammenhängenden Begriff der ›Kunstreligion‹ eingegangen werden, um deutlich zu machen, welcher Konnex zwischen dem Phänomen der Sakralisierung von Literatur, der säkularisierten Religiosität und der Bedeutung von Privatheit besteht.

Giorgio Agamben geht in seinem Essay *Lob der Profanierung* von der ursprünglichen Bedeutungsdimension der Termini ›sakral‹ und ›profan‹ aus. Dabei beginnt er mit der Definition von ›heilig‹, wie sie in der römischen Antike geläufig ist:

> Heilig [...] waren die Dinge, die auf irgendeine Weise den Göttern gehörten. Als solche waren sie dem freien Gebrauch und dem Verkehr der Menschen entzogen, konnten weder verkauft oder als Pfand gegeben noch zur Nutznießung überlassen oder mit Dienstbarkeit belastet werden.[34]

Entscheidend ist hierbei der Aspekt, dass heilige Gegenstände in der römischen Antike nicht zum alltäglichen Gebrauch bestimmt sind, d. h. *keine funktionale Bestimmung* haben. Sie dürfen deshalb nicht von der Allgemeinheit genutzt werden, weil sie der Sphäre der Menschen nach religiösem Verständnis gar nicht zugehören: Heilige Gegenstände sind das Eigentum ihres Gottes; sie sind ihm geweiht und damit der Sphäre der gewöhnlichen Menschen enthoben. Gerade diese Grenzziehung zwischen dem, was in der Antike als *nützlich* und dem, was als *heilig* definiert ist – diese *Abgrenzung* zwischen der menschlichen Gemeinschaft und der göttlichen Sphäre – ist es Agamben zufolge, wodurch sich jede Religion zuallererst konstituiert: »Nicht nur gibt es keine Religion ohne

---

[34] Giorgio Agamben: *Profanierungen*. Aus dem Italienischen von M. Schneider. Frankfurt am Main 2005, S. 70.

Absonderung, sondern jede Absonderung enthält oder bewahrt in sich einen genuin religiösen Kern.«[35]

Damit ist ein Ansatz gegeben, der den hier thematisierten Aspekt der Sakralisierung von Literatur im Kern trifft: Sakralisierung geschieht durch Überführung eines bestimmten Gegenstandes in eine andere höhere ›Sphäre‹, die als nicht der Menschenwelt zugehörig gesetzt wird. Das Heilige fordert stets die *Absonderung* und in diesem Sinne einen separierten *privaten* ›Raum‹.

Diese ideologische Figur der Sakralität bestimmter Gegenstände übernehmen um 1900 zeitgenössische Autoren, um ihre Bücher zu etwas Besonderem zu stilisieren. Ihre Dichtungen sollen nicht nützlich oder für jedermann zugänglich sein, sondern im obigen Sinne ›heilig‹ (das heißt: nicht für den allgemeinen Gebrauch bestimmt, sondern einer höheren Sphäre zugehörig).

Wie eng dabei der Konnex zwischen dem Privaten und dem Sakralen tatsächlich ist, möchte ich anhand eines kurzen etymologischen Exkurses demonstrieren: Vergegenwärtigt man sich die ursprüngliche Bedeutung des Wortes ›privat‹, wird der Zusammenhang zwischen dem Sakralen (lat. *sacer*) und dem Privaten (lat. *privatus*) greifbar: ›Sacer‹ heißt in seiner primären Bedeutung »einer Gottheit geweiht, heilig«;[36] der Begriff hat aber auch eine durchaus pejorative Denotation, und zwar »verwünscht, verflucht« im Sinne von »aus der Gemeinschaft ausgeschlossen.«[37] Agamben führt hierfür ein Beispiel an: So wird mit dem Ausdruck ›homo sacer‹ ein Mensch bezeichnet, der »aus der Gemeinschaft ausgestoßen, zwar ungestraft getötet werden darf, aber nicht den Göttern geopfert werden darf«[38] – demnach befindet er sich in einer Art ›Zwischensphäre‹, die weder zur ›göttlichen‹ noch zur ›menschlichen‹ gehört. Damit ist er sowohl von den Göttern als auch von der menschlichen Gemeinschaft ausgeschlossen und in diesem Sinne ›sacer‹ = ›verflucht‹.

Der deutsche Terminus ›privat‹ dagegen geht zurück auf das lateinische Wort ›privatus‹ – das Partizip Perfekt Passiv von ›privare‹. Der *Kluge* übersetzt ›privatus‹ mit ›abgesondert (vom Staat)‹, ›privatum‹ mit ›berauben, absondern‹. Letzteres kommt vom Adjektiv ›privus‹, das ›eigentümlich, eigen, einer Sache beraubt, für sich bestehend‹ und ›einzeln‹ bedeutet.[39]

---

[35] Agamben: *Profanierungen*, S. 71.
[36] Art. ›sacer‹. In: J. M. Stowasser/M. Petschenig/F. Skutsch: *Stowasser. Lateinisch-deutsches Schulwörterbuch*. München 2006, S. 450.
[37] Art. ›sacer‹. In: J. M. Stowasser/M. Petschenig/F. Skutsch: *Stowasser*, S. 450.
[38] Agamben: *Profanierungen*, S. 75 f.
[39] Der *Stowasser* liefert für ›privatus‹ folgende Bedeutungen: »1. ›einer Einzelperson gehörig‹, ›persönlich‹, ›privat‹«; aber auch »Einzelperson«, »Privatmann« bzw. »Mann ohne Amt«. 2. hatte der Begriff auch die Bedeutung von »gewöhnlich« oder »gemein«. Das substantivierte Wort ›privatum‹ bezeichnet folglich »das Eigene«, ›in privato‹ hat die Bedeutung »zu Hause« (Art. ›privatus‹. In: J. M. Stowasser/M. Petschenig/F. Skutsch: *Stowasser*, S. 404).

Vergleicht man nun die beiden Begriffe ›sacer‹ und ›privatus‹, fällt das *tertium comparationis* sogleich ins Auge: Es ist das Merkmal der *Absonderung* bzw. der *Ausschluss aus der Gemeinschaft*, was beide Termini gemeinsam haben. Dass Sakralität und Privatheit in ihrer Semantik also terminologisch korrelieren (da sie gemeinsame Signifikate haben), wird an dieser etymologischen Gegenüberstellung sehr deutlich und daher verwundert es nicht, dass ›Privatheit‹ in der ›sakralisierten Literatur‹ der Jahrhundertwende eine so signifikante Rolle spielt.

Der Begriff der ›Kunstreligion‹ verortet dieses Phänomen der Sakralisierung von Literatur in einem weiteren *soziologischen Kontext*. Da sich das Kompositum aus den Begriffen ›Kunst‹ und ›Religion‹ zusammensetzt, kann eine erste Annäherung über die Definition der einzelnen Konstituenten geschehen.[40] So ist vorab zu klären, was eine ›Religion‹ im Wesentlichen ausmacht[41] und was unter ›Kunstreligion‹ im Speziellen zu verstehen ist.

Dabei möchte ich mich vor allem auf die Definition von Durkheim beziehen, die dieser in seinem 1912 erschienenen Buch *Die elementaren Formen des religiösen Lebens* entwickelt. Dort beschreibt Durkheim Religion als »*solidarisches System von Überzeugungen und Praktiken, die sich auf heilige, d. h. abgesonderte* [sic!] *und verbotene Dinge, Überzeugungen und Praktiken beziehen, die in einer und derselben moralischen Gemeinschaft, die man Kirche nennt, alle vereinen, die ihr angehören.*«[42]

Durkheims Definition von ›Religion‹ umfasst also die ›heiligen Dinge‹, auf die sich »Überzeugungen und Praktiken« beziehen, und verortet dies in der Institution der »moralischen Gemeinschaft«, die er mit dem Begriff ›Kirche‹ fasst. Die Institutionalisierung dieser Überzeugungen ist bei Durkheim ein basales Element der Religion, da diese »eine im wesentlichen kollektive Angelegen-

---

40 Problematisch bei dem Terminus ›Kunstreligion‹ ist das Verhältnis, in dem die beiden Konstituenten zueinanderstehen. Handelt es sich bei ›Kunst-Religion‹ um ein endozentrisches Determinativkompositum – also um eine unterordnende Relation, bei der das Konstituens ›Kunst‹ das der ›Religion‹ determiniert, so dass die Kunstreligion als spezifizierte Form der Religion verstanden werden muss? Oder handelt es sich nicht vielmehr um ein Kopulativkompositum, bei dem beide Konstituenten semantisch gleichwertig sind? – Da sich die Autoren bei der sprachlichen Gestaltung ihrer Texte religiösen Vokabulars bedienen, sich selbst zu Christusfiguren stilisieren und in ihren Gemeinden rituelle Praktiken durchführen, die sich stark an der (christlichen) Religion orientieren – so ist erstere Möglichkeit die wahrscheinlichere, obwohl dem entgegengehalten werden könnte, dass diese Formen der Kunstreligionen keine transzendente Instanz als primären Bezugspunkt haben, sondern lediglich den Autor und seine ›heiligen‹ Texte – also eine ›Poesie der leeren Mitte‹ (so der Buchtitel einer 2010 erschienenen Publikation zum George-Kreis; vgl. Ernst Osterkamp: *Poesie der leeren Mitte. Stefan Georges Neues Reich*. München 2010).
41 Vgl. hierzu grundlegend die Überlegungen von Georg Simmel: »Zur Soziologie der Religion«. In: Ders.: *Individualismus der modernen Zeit und andere soziologische Abhandlungen*. Ausgewählt und mit einem Nachwort von Otthein Rammstedt. Frankfurt am Main 2008, S. 133–151.
42 Emile Durkheim: *Die elementaren Formen des religiösen Lebens*. Übersetzt von Ludwig Schmidts. Frankfurt am Main 1981, S. 75.

heit«[43] sei. – Detering, der sich in seinem Aufsatz auch auf Durkheim bezieht, gibt eine ganz ähnliche Definition von ›Religion‹:

> Dieses System umfasst erstens *theoretisch-textförmige Aspekte*, also ›Glaubensüberzeugungen‹, die sich teils als ›Mythen‹, teils als ›Dogmen‹ artikulieren. Sie entfalten die *Lehre von einem Numinosen*, das als Heiliges vom Profanen geschieden ist [...]. ›Religion‹ umfasst zweitens *sozialpragmatische Aspekte*, die das ›religiöse Leben‹ einer Gemeinschaft und ihrer einzelnen Mitglieder umfassen: in Gestalt von *Institutionen* einschließlich bestimmter *Praktiken ritueller Verehrung*, einer bestimmten *Ethik* und eines spezifischen *Ethos*.[44]

Beiden Definitionen sind drei wesentliche Aspekte gemein: 1.) das ›heilige‹ Medium (der Text), 2.) die damit verbundenen Ideologien und Praktiken und 3.) die Institutionalisierung der ›Glaubensgemeinschaft‹ (die soziologische Dimension). Wenn diese als die zentralen Merkmale von Religion angenommen werden, dann zeichnet sich eine ›Kunstreligion‹ eben dadurch aus, dass sie – wie Religionen im Allgemeinen – den Anspruch erhebt, mittels des als heilig gesetzten Textes ›Heil‹ zu verkünden (d. h. sinnstiftend zu sein), Lebensregeln festzulegen und sich in einer Kultgemeinschaft Gleichgesinnter zu institutionalisieren.

Wodurch aber unterscheiden sich diese ›kunstreligiösen‹ Texte von anderen Texten?[45] Zum einen muss sich der Text, sofern er sich zum ›heiligen‹ stilisieren möchte, eines gewissen prophetisch-messianischen Sprachduktus bedienen, den er aus mystischen oder religiösen Schriften (z. B. der Bibel) entlehnt. So unterscheiden sich ›kunstreligiöse‹ Texte vor allem durch die verwendete Rhetorik, aber auch durch ihr (›archaisches‹) religiöses Vokabular (›Engel‹, ›Gott‹, ›Altar‹ etc.), ihre besondere Syntax (z. B. Inversion zum Zweck der Akzentuierung bestimmter Begriffe) und Semantik von anderen literarischen Texten. Außerdem muss der heilige Text als Zeugnis einer quasi-göttlichen Instanz fungieren. So ist dem heiligen Text ein Offenbarungsduktus inhärent, der ihn als solchen zu etwas Höheren verklärt.

Bernd Auerochs weist richtigerweise darauf hin, dass die bloße Imitatio religiöser Schriften allerdings noch nicht hinreichend ist, um aus einem literarischen Text einen heiligen Text zu machen. Vielmehr bedürfe es dazu zusätzlich des entsprechenden institutionellen Rahmens: Es gehe eben auch darum, »eine Gemeinschaft von Gläubigen zu bilden und deren Identität zu begründen, eine Kommentartradition ins Leben zu rufen und schließlich [...] eine zumindest

---

[43] Durkheim: *Die elementaren Formen des religiösen Lebens*, S. 75.
[44] Heinrich Detering: »Kunstreligion und Künstlerkult«. In: *Georgia Augusta* 5 (2007), S. 124–133. Hier: S. 126.
[45] Vgl. hierzu das Kapitel ›Was ist ein heiliger Text?‹ aus der Dissertation von Andreas Mauz: *Machtworte. Studien zur Poetik des ›heiligen Textes‹*. Tübingen 2016, S. 51–73.

[für] eine gewisse Anzahl von Menschen überzeugende Anleitung zur Lebensführung zu bieten.«[46]

Folgt man diesem Ansatz, der sich mit den Definitionen von Durkheim und Detering im Wesentlichen deckt, stellt man rasch fest, dass der institutionelle Rahmen nur bei sehr wenigen Autoren der Jahrhundertwende gegeben ist, da sie ihre Texte zwar als ›heilige‹ reklamieren, die gläubige Gemeinschaft (und damit die Legitimation des heiligen Textes als solchem) aber in den meisten Fällen ausbleibt. Hier stellt Stefan George eine Ausnahme dar. Denn mit der allmählichen Expansion seines Kreises etabliert sich tatsächlich eine Art gleichdenkender Gemeinschaft, die ihren charismatischen Verkünder in George selbst anerkennt. Die radikale Zuspitzung des kunstreligiösen Konzepts[47] kulminiert hier in der Verehrung des zum Gott verklärten George-Jüngers Maximilian Kronberger (1888–1904).[48] Wenn heilige Texte also primär als Zeugnisse von Offenbarungen einer göttlichen Instanz gelten dürfen, so schafft sich George diese Autorität spätestens mit der »ästhetischen Transfiguration«[49] dieses früh verstorbenen jungen Mannes, den er im *Siebenten Ring* zum göttlichen ›Maximin‹ verklärt.[50] Das fiktive Sprecher-Ich im Text ist hier nicht mehr klar zu trennen von der soziologischen Kreisebene, auf der Maximin von George – als seinem prophetischen Verkünder – ›gefeiert‹ wird.[51] Dabei steht aber nicht der

---

46 Bernd Auerochs: »Fiktionen des heiligen Textes. Nietzsche und Kafka«. In: Albert Meier/Alessandro Costazza/Gérard Laudin (Hg.): *Kunstreligion*. Band 2: *Die Radikalisierung des Konzepts nach 1850*. Berlin/Boston 2012, S. 41–58. Hier: S. 45.

47 Es ist zu hinterfragen, ob im Falle Georges wirklich von einer Kunst-*Religion* gesprochen werden sollte, da es keine eigentliche ›Lehre‹ gibt, die George mit ›Maximin‹ eingeführt hätte. Allerdings fungiert dieser »Gott der Jugend« im George-Kreis sowohl als »kultisches Zentrum« als auch als »Maßstab der Umgestaltung der Kultur«, weshalb man die Lehre gerade in der »Bemühung um eine von der Existenz eines Göttlichen durchdrungenen Lebensführung« erkennen kann (Egyptien: *Stefan George. Dichter und Prophet*, S. 265).

48 Zu betonen ist, dass George, der dem jugendlichen Maximilian ein Mentor war, diesen – bei aller Wertschätzung – zu keinem Moment als ein gottähnliches Wesen behandelt hat. Vgl. Egyptien: *Stefan George. Dichter und Prophet*, S. 248.

49 Egyptien: *Stefan George. Dichter und Prophet*, S. 248.

50 Vgl. z. B. das Gedicht *Kunfttag I*: »Dem bist du kind · dem freund. / Ich seh in dir den Gott [sic!] / Den schauernd ich erkannt / Dem meine andacht gilt« (SW VI/VII, 90). Zur ›Verschmelzung‹ des Gottes Maximin mit seinem Autor George vgl. das Gedicht *Einverleibung*, v. a. die letzte Strophe: »Dass aus schein und dunklem schaume / Dass aus freudenruf und zähre / Unzertrennbar sich gebäre / Bild aus dir und mir im traume« (SW VI/VII, 109). Vgl. dazu Jürgen Egyptien: »Von der Kosmischen Runde über die ›Maximin‹-Dichtung zum ›Stern des Bundes‹. Stationen der Gestaltwerdung des Göttlichen bei Stefan George«. In: Christophe Fricker (Hg.): *Krise und Gemeinschaft. Stefan Georges ›Der Stern des Bundes‹*. Frankfurt am Main 2017, S. 53–68. Vgl. auch Achim Aurnhammer: »›Im Anfang war das Wort!‹ – ›Im Anfang war die Tat!‹. Wort und Tat in Stefan Georges Idee des Heroischen«. In: Frieder von Ammon/Cornelia Rémi/Gideon Stiening (Hg.): *Literatur und praktische Vernunft*. Berlin/Boston 2016, S. 537–554.

51 Den Beginn markiert das *Gedenkbuch* für Kronberger; später erscheint Maximin dann als göttliche Gestalt in der Dichtung des *Siebenten Rings*. Fraglich ist, ob und inwieweit die Kreismitglieder dieser Verklärung des jungen Maximilian gefolgt sind.

›Gott‹ im Mittelpunkt (selbst wenn es durch geschickte Rhetorik so erscheinen mag), sondern der Verkünder und ›Prophet‹ dieses Gottes: George selbst.

Auch wenn sich diese kunstreligiöse Dimension in ihrer vollen Ausprägung erst mit der Inauguration Maximilian Kronbergers in *Der Siebente Ring* (1907) vollendet, spielt George schon in seinem Frühwerk mit religiösem Vokabular[52] und liebäugelt mit der Möglichkeit, sich selbst in seinen Texten zum Verkünder einer heiligen Kunst zu stilisieren. Während sich in diesen frühen Dichtungen noch Sprecher-Ich und Autor recht eindeutig voneinander trennen lassen, wird diese Grenze im werkchronologischen Verlauf zunehmend aufgehoben, um die Einheit von Werk und Leben des Autors zu inszenieren. Während es im Frühwerk also primär um die »Transformation aller Lebensphänomene in Poesie« geht, verlagert sich Georges Anspruch immer mehr in Richtung einer »Rückwirkung der Poesie auf das Leben«.[53]

So finden sich bereits in seinen frühen Dichtungen das Motiv des Musenkusses (z. B. im Gedicht *Weihe* aus den *Hymnen*) oder der Inspirationstopos[54] (z. B. im *Vorspiel* des *Teppichs des Lebens*). Auch darf es als gesichert gelten, dass George bereits zu Beginn seines künstlerischen Schaffens darauf abzielte, eine Gruppe um sich zu scharen, die ihn als ihren geistigen ›Führer‹ anerkennen sollte. Wenn es anfangs aber lediglich ›literarische Texte‹ sind, in denen Figuren auftreten bzw. Sprecher-Ichs konstruiert werden, die in ihrer Rolle als Heilige agieren (wie z. B. der Pilger in den *Pilgerfahrten* oder der Priesterkaiser im *Algabal*), verwischen die Grenzen zwischen ›Literatur‹ und ›heiliger Schrift‹ ab dem *Siebenten Ring* zunehmend. Inwieweit sich bereits Spuren einer solchen Inszenierung zum heiligen Autor in Georges Frühwerk finden und auf welche Weise Privatheit dafür instrumentalisiert wird, werde ich in den folgenden Kapiteln exemplarisch an den *Hymnen* (1890), dem *Algabal* (1892) und dem *Jahr der Seele* (1897) demonstrieren.

Beginnen möchte ich auch deshalb mit dem Frühwerk Stefan Georges (1886–1933), weil es mit dem Anfang der ästhetischen Moderne in Verbindung gebracht wird und in der Forschung häufig als Paradebeispiel für ›hermetische Literatur‹ um 1900 herangezogen wird. So lässt sich der Zusammenhang zwischen der Tendenz zur Hermetisierung und Sakralisierung an Georges früher Dichtung besonders deutlich nachweisen. Zudem bieten sich diese Dichtungen gerade deshalb zur Prüfung meiner These der Privatisierung von Dichtung besonders gut an, weil George als einer der ersten ›modernen‹ Autoren gelten

---

[52] Von Beginn an ist Georges Lyrik »gesättigt von der ästhetischen Bildkraft und der rituellen Form der katholischen Liturgie« (Egyptien: *Stefan George. Dichter und Prophet*, S. 16).
[53] Jürgen Brokoff: »Macht im Innenraum der Dichtung. Die frühen Gedichte Stefan Georges«. In: Uwe Hebekus/Ingo Stöckmann (Hg.): *Die Souveränität der Literatur. Zum Totalitären der Klassischen Moderne 1900–1933*. München 2008, S. 415–432. Hier: S. 431.
[54] Zur Inspirationstheorie Stefan Georges vgl. Aurnhammer u. a. (Hg.): *Stefan George und sein Kreis*. Band 2, S. 660.

darf, der 1.) mittels einer ›privaten‹ Kunstsprache den Sonderstatus seiner Dichtung inszeniert und 2.) über eine vermeintlich private Publikationspraxis damit einen exklusiven Privatraum generiert, der nur für einen begrenzten Rezipientenkreis zugänglich gemacht wird.

Den eigentlichen Textanalysen stelle ich entsprechend zwei Kapitel voran, die propädeutische Funktion haben sollen: So soll einerseits Georges poetologische Intention, seine Kunst zu privatisieren unter Berücksichtigung seiner frühen Sprachexperimente erklärt und kontextualisiert werden. Diese Experimente, eine private Sprache zu konzipieren, müssen dabei als erster Schritt hin zu einer neuen poetischen Kunstsprache gedeutet werden. Andererseits muss der ökonomische und publikationsstrategische Hintergrund beleuchtet werden, um die Frage zu klären, inwiefern die Privatisierung von Georges ›exklusiver‹ Zeitschrift *Blätter für die Kunst* nicht nur einen künstlerischen Abgrenzungsgestus zum Ausdruck bringt, sondern auch eine kluge Vermarktungsstrategie darstellt, die gerade den proklamierten privaten Status zu öffentlichkeitswirksamen Zwecken instrumentalisiert.

5. Privatheit als Mittel zur Distinktion

5.1 Private Sprache bei Stefan George

5.1.1 Georges Kunstkonzept

Stefan Georges sowohl biographischer als auch poetologischer Dreh- und Angelpunkt ist das Private. Es ist die Abgrenzung und Distanzierung von Gleichaltrigen, die ihn bereits als Kind und Jugendlichen von anderen unterscheidet: »George muss als Kind sehr einsam gewesen sein«, konstatiert Thomas Karlauf in seiner Biographie zu George, »Nachbarskindern und Schulkameraden ging er aus dem Weg, und das Verhältnis zu den Geschwistern war wohl ein rein pragmatisches.«[1] Dieser persönliche Hang zur Einsamkeit und Isolation korreliert Georges Begeisterung für Kunst, Literatur und Sprachen. Schon als junger Schüler lernt er autodidaktisch Italienisch zu dem Zweck, die klassischen italienischen Dichter wie Boccaccio, Tasso, Manzoni und Leopardi in der Originalsprache lesen zu können.[2] Dieses ausgeprägte Interesse an Dichtung zeigt sich aber nicht nur anhand der intensiven Auseinandersetzung mit klassischen (fremdsprachigen) Texten, sondern auch in dem Versuch, eigene Geheimsprachen zu konzipieren.[3]

Nach dem Abschluss des Gymnasiums mit dem Abitur (1888) ermöglicht ihm der Vater eine Reise nach London, die den Beginn einer ganzen Reihe internationaler Aufenthalte markiert. Die sich anschließenden Reisen in die Schweiz, Italien, Frankreich und Spanien[4] sind weniger als Schritte zur Konsolidierung seiner künstlerischen Fähigkeiten, sondern vielmehr als »Suche nach der eigenen Identität« – »einer von der bürgerlichen Erwerbsarbeit unabhängigen Lebensform«[5] zu deuten. Doch während diese ersten internationalen Reisen noch recht folgenlos für Georges künstlerische Ambitionen bleiben, ergeben sich bald wichtige Begegnungen und Berührungen mit anderen Künstlern der literarischen Moderne (so 1891 in Wien mit Hugo von Hofmannsthal, 1892

---

[1] Thomas Karlauf: *Stefan George. Die Entdeckung des Charisma*. München 2007, S. 47.
[2] Vgl. Kai Kauffmann: *Stefan George. Eine Biographie*. Göttingen 2014, S. 22.
[3] Zudem gründet George gemeinsam mit Arthur Stahl, Carl Rouge und Georg Böttcher eine Schülerzeitung, die dann am 20. Juni 1887 mit dem Titel *Rosen und Disteln* erscheint. Hier finden sich zwei erste Dichtungen, die George unter dem Pseudonym ›Ed. Delorme‹ veröffentlicht. Die satirische Tendenz dieser Texte verbietet es ihm später, sie in die *Fibel* (1901) aufzunehmen, weil sie den eigenen Ansprüchen an hohe Dichtung nicht mehr genügen.
[4] Vgl. Achim Aurnhammer u. a. (Hg): *Stefan George und sein Kreis. Ein Handbuch*. Band 1. Berlin/Boston 2012, S. 15.
[5] Kauffmann: *Stefan George*, S. 28.

in Lüttich mit Paul Gérardy und 1895 mit Albert Verwey), die für Georges weitere künstlerische Entwicklung von besonderer Bedeutung sind.

Die wohl einflussreichste Episode für Georges Laufbahn als Dichter stellt aber die Reise mit Gustav Lenz nach Paris im August 1889 dar.[6] Die hier entstehende Freundschaft mit dem französischen Dichter Albert Saint-Paul (1861–1946) ist äußerst gewinnbringend für Georges weiteres künstlerisches Schaffen, da Saint-Paul ihn mit der französischen Literatur vertraut macht, ihm Exemplare von Baudelaires *Fleurs du mal* und Paul Verlaines *Sagesse* zukommen lässt und ihn mit den neusten symbolistischen Tendenzen im französischen Literatursystem bekannt macht. Saint-Paul ist es schließlich auch, der George in Stéphane Mallarmés (1842–1898) berühmten Cercle einführt. Die wöchentlich stattfindenden Abendgesellschaften in Mallarmés Privatwohnung in der Rue de Rome bilden den intellektuellen Rahmen für Gespräche über Sprache, Kunst und Poesie, bei denen der lernwillige George schweigsam, doch aufmerksam partizipiert.[7] Die antinaturalistische Einstellung Mallarmés und seine poetologischen Reflexionen über »etymologische und lautliche Qualitäten der dichterischen Sprache«[8] haben einen maßgeblichen Einfluss auf Stefan Georges eigene poetologische Haltung und Dichtungskonzeption.[9]

> In seinem ganzen Habitus verkörperte Mallarmé die Überzeugung, die Dichtung sei etwas Ernstes, Hohes, ja Heiliges. […] Nicht nur Mallarmés Sakralisierung der Poesie, die den Dichter selbst zu einer Art Priester erhob, sondern auch die Auratisierung des Maître in seinem Cercle dürfte StG [Stefan George, S. B.] fasziniert haben.[10]

Mallarmés Credo, das Wesen der Dichtung als etwas Sakrales anzusehen und die praktische Umsetzung der symbolistischen Techniken prägen Stefan George nachweislich – ihr kunstkonzeptioneller Einfluss kann kaum überschätzt werden.[11] Vor allem in Georges programmatischem Vorhaben einer Sakralisierung der Dichtung ist dem französischen Dichter eine Vorbildfunktion zuzusprechen.[12]

---

[6] Vgl. Bernhard Böschenstein: »Magie in dürftiger Zeit. Stefan George: Jünger – Dichter – Entdecker.« In: Ders.: *Von Morgen nach Abend. Filiationen der Dichtung von Hölderlin zu Celan*. München 2006, S. 93–105.

[7] Vgl. Kauffmann: *Stefan George*, S. 31.

[8] Kolk: *Literarische Gruppenbildung*, S. 15.

[9] Auf den enormen Einfluss und die Bedeutung Mallarmés für George ist in der literaturwissenschaftlichen Forschung wiederholt aufmerksam gemacht worden. Vgl. bereits Bernhard Böschenstein: »Wirkungen des französischen Symbolismus auf die deutsche Lyrik der Jahrhundertwende. I. Stefan George und Francis Vielé-Griffin«. In: *Euphorion* 58 (1964), S. 375–386.

[10] Aurnhammer u. a. (Hg.): *Stefan George und sein Kreis*. Band 1, S. 17.

[11] Vgl. Yves Schumacher: *Allegorische Autoreflexivität. Baudelaire, Mallarmé, George, Holz*. Würzburg 2016.

[12] Allerdings – und dies sei bereits an dieser Stelle betont – ist es nicht der bloße *Transfer* des französischen Konzepts, in dem die besondere Leistung Georges zu sehen ist, sondern vielmehr die *lebensphilosophische Transformation* desselben.

Die Rezeption des französischen Symbolismus und die damit einhergehende entschiedene Absage an mimetische Kunstprogramme jeglicher Observanz (insbesondere den Naturalismus) initiieren so die Genese einer neuen Art von Dichtung, die den »Bruch mit etablierten literarischen Konventionen forciert.«[13] Die Entfremdung der Sprache von ihrem alltäglichen Gebrauch hat dabei die Funktion, diese neue literarische Strömung von konkurrierenden Kunstkonzeptionen hierarchisch abzugrenzen.

In diesem Kontext sind auch die Überlegungen Georges zu einer privaten Kunstsprache zu situieren. Denn schon lange vor der Entstehung seines ersten Gedichtbandes *Hymnen* (1890) verfällt der Dichter dem Gedanken, eine selbsterfundene Privatsprache zu konzipieren, in der er seine Gedichte zu verfassen und damit von anderen Dichtungen abzugrenzen hofft. Es soll sich dabei nicht um eine öffentliche, allen verständliche Sprache handeln, sondern vielmehr um eine klangvolle Kunstsprache, die nur denjenigen zugänglich ist, die sich durch bestimmte intellektuelle oder künstlerische Kompetenzen auszeichnen. Retrospektiv wird George dieses sprachexperimentelle Vorhaben im *Jahr der Seele* (1897) reflektieren. So lautet die erste Strophe des dritten Gedichts aus dem Zyklus *Überschriften und Widmungen*:

> Des sehers wort ist wenigen gemeinsam:
> Schon als die ersten kühnen wünsche kamen
> In einem seltnen reiche ernst und einsam
> Erfand er für die dinge eigne namen – (SW IV, 51)

»Des sehers wort« ist nur jenen Auserwählten verständlich, denen der Dichter die Bedeutung seiner Worte ›offenbart‹ oder die ›gebildet‹ genug sind, den verborgenen Sinn der Texte zu erfassen. Die Exklusivität, der Ausschluss einer breiten literarischen Öffentlichkeit, wird hier demnach schon früh poetisch verhandelt und sprachlich zum Ausdruck gebracht; das Erfinden einer privaten Sprache bzw. das Schreiben in einem individuellen Stil als Voraussetzung für dieselbe verstanden. »Jeden wahren künstler« habe – so die Überzeugung des Dichters in seiner Lobrede auf Mallarmé (1903) – »einmal die sehnsucht befallen in einer sprache sich auszudrücken deren die unheilige menge sich nie bedienen würde oder seine worte so zu stellen dass nur der eingeweihte ihre hehre bestimmung erkenne«.[14] Die proklamierte herausragende Stellung des Dichters (als ›Heiliger‹), geht so einher mit einer Sublimierung und Sakralisierung seiner Texte, die durch ihre sprachliche Hermetik nur dem Dichter selbst oder den Eingeweihten zugänglich gemacht werden – der »unheilige[n] menge« aber verschlossen bleiben.

---

13 Kolk: *Literarische Gruppenbildung*, S. 16.
14 SW XVII, S. 47.

Dieses Prinzip der Distinktion mithilfe der Sprache wird George später auf seine deutschsprachigen Gedichte übertragen, weshalb es an dieser Stelle notwendig ist, die frühen sprachlichen Experimente einer genaueren Untersuchung zu unterziehen und die poetologischen Ursprünge von Georges Lyrik näher zu beleuchten.

5.1.2 *Georges Geheimsprachen*

Um die verschiedenen frühen Sprachexperimente nicht zu vermengen, gilt es vorab zu differenzieren zwischen 1.) den ›kindlichen‹ Sprachexperimenten (den ›Gesängen‹ der sogenannten ›Imri‹-Sprache),[15] 2.) der während der Schulzeit für sich selbst konzipierten privaten Kunstsprache Georges und 3.) der um 1888 entstandenen *lingua romana*, die Elemente der spanischen, italienischen und französischen Sprache aufweist.

Die ersten Versuche, eine künstliche Privatsprache zu erfinden, hat George bereits im Alter von acht oder neun Jahren unternommen. Von diesen Sprachexperimenten ist außer drei Worten nichts überliefert[16] – außer, dass George sie ›Imri‹ genannt hat und sie in einem Fantasiereich namens ›Amhara‹ gesprochen worden ist.[17]

Carl August Klein, neben Maurice Muret der wichtigste Studienfreund Georges, schrieb nach Georges Tod, dass es diesem früh schon »aufgegangen sei, worin das Wesen der Dichtung liege, nämlich darin, das Wort aus seinem gemeinen alltäglichen Kreis zu reißen und in eine leuchtende Sphäre zu erheben.«[18] So habe sich der Dichter »eine Zeitlang mit dem Gedanken« getragen, »in einer andern als der eigenen Sprache zu dichten.«[19] Die sprachlichen Experimente seien dabei nicht bloße Spielereien gewesen, sondern hätten durchaus einen ausgefeilten systematischen Charakter. Schon in seiner Kindheit habe der junge George mit Sprache experimentiert und letzten Endes sogar eine kodierte Privatsprache erfunden, die nur wenigen Eingeweihten verständlich gewesen sei: »Eine seltsame, dem Nichteingeweihten völlig unverständliche Geheimspra-

---

[15] Claude David weiß dazu Folgendes zu berichten: »Im Alter von sieben Jahren erfindet er eine Sprache, die er im Umgang mit seinen Spielgefährten spricht. Er gibt dem Bund, den sie gemeinsam gründen, den Namen IMRI; für diesen Bund ersinnt er die Geheimsprache und entwickelt eine eigene Grammatik mit strengen Regeln« (Claude David: *Stefan George. Sein dichterisches Werk*. München/Wien 1967, S. 16 f.). Vgl. auch Ulrich Raulff: *Kreis ohne Meister. Stefan Georges Nachleben*. München 2009, S. 220.
[16] Vgl. Robert Boehringer: *Mein Bild von Stefan George. Text- und Tafelband*. Zweite ergänzte Auflage. Düsseldorf/München 1967, S. 19.
[17] Vgl. Egyptien: *Stefan George. Dichter und Prophet*, S. 19. Egyptien kommentiert hierzu: »Bemerkenswert ist, dass Amhara, der mittlere Landesteil Abessiniens, in Georges Geburtsjahr 1868 ein wenn auch kurzlebiges Königreich wurde, in dem die Amharen lebten und Amharisch gesprochen wurde« (ebd.).
[18] Klein: *Die Sendung Stefan Georges*, S. 8.
[19] Klein: *Die Sendung Stefan Georges*, S. 8.

che hatte er nach einem höchst sinnreichen System erdacht. Diese bildete die Vorstufe zu einer auf ganz anderer Grundlage aufgebauten künstlichen Sprache.«[20] Nach eigener Aussage behauptet George bereits ab dem sechsten Lebensjahr Verse verfasst zu haben, wobei er »ganz früh – acht, neunjährig« das »Gefühl für die Süssigkeit der Sprache bekommen«[21] habe. Es ist demnach nicht auszuschließen, dass bereits um diese Zeit (ca. 1877) erste poetische Versuche in einer eigens erdachten Kunstsprache entstanden sein könnten.

Die zweite Privatsprache, die George konzipiert, ist in seiner Binger Realschulzeit (um 1880/1881) entstanden. Diese Sprache hat »gewisse Ähnlichkeiten mit dem Griechischen und Spanischen«[22] und konnte bis heute nicht übersetzt werden, da lediglich zwei Verse erhalten sind. Morwitz berichtet in seinem *Kommentar zu dem Werk Stefan Georges* (1960) ausführlich über diese Privatsprache:

> Wie geheim der Dichter diese Sprache, in der er sein Leben lang Notizen niederschrieb, zu halten wünschte, habe ich selbst erfahren, als er mir einmal um 1910 eine solche Notiz zeigte – sie waren oft mit Stecknadeln an die Wand seines Zimmers geheftet – und mich fragte, ob ich ihren Sinn verstände. Da mir das Geschriebene als dem Griechischen verwandt erschien, versuchte ich von dieser Richtung her den Sinn zu erraten. Was ich hervorbrachte, muss etwas Richtiges enthalten haben, denn zu meinem Vergnügen wurde der Dichter aufgeregt, examinierte mich weiter und gab sich erst zufrieden, als meine Auslegungskunst völlig versagte. Robert Boehringer berichtet, dass sich unter den wenigen Dingen, die der Dichter im Handkoffer bis zu seinem Tod mit sich führte, ein blaues Schulheft in Oktavformat befand, das den ersten Gesang der Odyssee in diese Sprache übersetzt enthalten und die Aufschrift ›Odyssaias I‹ getragen habe. Es entsprach sicherlich dem Wunsch des Dichters, dass die Seiten dieses Heftes nach seinem Tode ungelesen verbrannt und dadurch die beiden letzten Verse der ›Ursprünge‹ dem Sinn nach undeutbar wurden. Sie waren von vornherein bestimmt, nur als Klang zu wirken.[23]

Wie Morwitz erklärt, finden sich die einzig erhaltenen Verse in dieser Sprache im Gedicht *Ursprünge* in *Der Siebente Ring* (1907). Sie sind als Chorus eines – mit dem antiken griechischen Chor verglichenen – Gesanges wirkungsvoll in die textuelle Gesamtstruktur eingebettet:

> Doch an dem flusse im schilfpalaste
> Trieb uns der wollust erhabenster schwall:
> In einem sange den keiner erfasste
> Waren wir heischer und herrscher vom All.

---

20 Klein: *Die Sendung Stefan Georges*, S. 8.
21 Kurt Breysig/Stefan George: *Gespräche. Dokumente.* Herausgegeben von Gertrud Breysig. Amsterdam 1960, S. 13.
22 Egyptien: *Stefan George. Dichter und Prophet*, S. 22.
23 Ernst Morwitz: *Kommentar zu dem Werk Stefan Georges*. München/Düsseldorf 1960, S. 290.

> Süss und befeuernd wie Attikas choros
> Über die hügel und inseln klang:
> CO BESOSO PASOJE PTOROS
> CO ES ON HAMA PASOJE BOAÑ[24]

Der Kontext der Strophe ist eindeutig bestimmbar: Ein Sprecher, der mit dem verwendeten Personalpronomen ›wir‹[25] für eine Gruppe, zu der er sich zugehörig fühlt, spricht, erinnert an eine offenbar vergangene Zeit und einen Palast aus Schilf, der sich an einem Fluss befindet und zu dem es die Gruppe in einem ›erhabenen Schwall‹ der Wollust getrieben habe. Von Herrschaftsgefühlen und Allmachtsphantasien durchdrungen, werden die zwei letzten Verse in einer unverständlichen Sprache gesungen.

Im Gespräch mit Edith Landmann antwortet George auf die Frage nach der Bedeutung der letzten Verse freilich ausweichend: »Ja, nein [...] da haben sich schon manche den Kopf zerbrochen. Seltsames Urerlebnis einer Sprache, diese Idealsprache, die völlig ausgebildet war mit Grammatik und allem, und das von einem Kinde ohne philologische Anregung. Gott weiss, aus welchen Reminiszenzen das herkommt.«[26] Der impliziten Behauptung Georges, es handle sich bei den Versen aus Ursprünge um Versatzstücke der kindlichen ›Imri‹-Sprache, lässt sich allerdings entgegnen, dass die grammatischen Endungen sowie die lexikalischen Stämme vom Griechischen inspiriert sind[27] – George also bereits mit dieser Sprache vertraut (ergo: demnach auch schon älter) gewesen sein muss.[28] Auch Morwitz ist dieser Ansicht und ordnet die unverständlichen Verse der späteren Zeit des Dichters zu:

> Von solchen vielleicht wortlosen, vielleicht in ›Imri‹-Sprache gefassten Liedern handeln der dritte und vierte Vers der letzten Strophe der ›Ursprünge‹. Der fünfte und sechste Vers sprechen von einer späteren Zeit, in der der Dichter, und zwar erst nachdem er Griechisch zu lernen begonnen hatte, für sich allein eine eigene Sprache erdachte, die süss und befeuernd wie die Chöre Attikas klingen sollte. Der einzige Rest dieser Sprache ist im siebenten und achten Vers der Schlusstrophe der ›Ursprünge‹ enthalten.[29]

---

[24] SW VI/VII, 117.
[25] Es ist durchaus plausibel anzunehmen, das Sprecher-Ich könnte hier im *pluralis majestatis* von sich selbst sprechen (vgl. Egyptien: *Stefan George. Dichter und Prophet*, S. 53). Eine solche Deutung würde die Allmachtsphantasie des Sprechers noch auf die Spitze treiben.
[26] Edith Landmann: *Gespräche mit Stefan George*. Düsseldorf/München 1963, S. 77.
[27] Vgl. Helmut Henne: *Sprachliche Spur der Moderne. In Gedichten um 1900. Nietzsche, Holz, George, Rilke, Morgenstern*. Berlin/New York 2010, S. 64.
[28] Diese Position vertritt auch Ute Oelmann, die die Verse folgendermaßen kommentiert: »Es ist das einzig überlieferte Beispiel jener von George geschaffenen Geheimsprache, in die er den 1. Gesang der Odyssee übersetzte. In seinem Nachlaß findet sich ein blauer Schulheftdeckel mit der Aufschrift *Odyssaias I*. Dies läßt vermuten, daß die Geheimsprache schon während Georges Schulzeit entstand« (SW VI/VII, 220).
[29] Morwitz: *Kommentar zu dem Werk Stefan Georges*, S. 290.

Überraschend ist nicht, dass bislang alle Entzifferungsversuche gescheitert sind. Die letzten Verszeilen deshalb aber als »unübersetzbare Unsinnswörter«[30] oder »Unsinnspoesie«[31] abzuqualifizieren (wie es auch in der neueren Forschung immer wieder geschieht), weil sie ohne das ihnen zugrundeliegende Zeichensystem keinen Sinn ergäben, wäre schon allein der formalen Komplexität, die sie aufweisen, wenig angemessen. Unter der Annahme, dass es sich tatsächlich um Sätze jener frühen Kunstsprache handelt, die George für den privaten Gebrauch konzipiert und der sogar eine ausgereifte Grammatik zugrunde gelegt haben soll – was selbstverständlich zu einem gewissen Grade bezweifelt werden *muss* – darf jedenfalls ein (wie auch immer gearteter) ›Sinn‹, eine Bedeutung der einzelnen Wörter vorausgesetzt werden, die rekonstruiert und verstanden werden *könnte*, sofern das verwendete Zeichensystem dieser Sprache noch auffindbar wäre. Für den zeitgenössischen Rezipienten oder die literaturwissenschaftliche Forschung ist sie bis heute unübersetzbar geblieben – und eben darin unterscheidet sie sich von den anderen um 1900 erfundenen Kunstsprachen, wie z. B. den Sprachen Volapük und Esperanto.[32] Denn während diese Kunstsprachen mit eigenem Zeichensystem den Anspruch auf Universalität erheben, als »Medien zur Kommunikations-Universalisierung«[33] Universalsprachen sein wollen, ist die Kunstsprache Georges gerade nicht für diesen Zweck konzipiert. Sie soll nicht als *universelles* Kommunikationsmedium fungieren, sondern ganz im Gegenteil als *selbstreferenzielles* Zeichensystem vor unerwünschten ›Einblicken‹ ins Private schützen. Der Schutz privater Informationen, der durch die Kodierung dieser Privatsprache gewährleistet wird, verwehrt den Zugang einer unbestimmten Öffentlichkeit und ist dabei zugleich persönlicher Ausdruck eines geistesaristokratischen Distinktionsbedürfnisses von der ›Menge‹. Dass diese Privatsprache für ihren Autor eine Schutzfunktion hatte, darf durchaus angenommen werden, da George das einzige Zeugnis[34] vor seinem Tod vernichtet hat; also offenbar auf jeden Fall verhindern wollte, dass die (in dieser Sprache geschriebene) Übersetzung der *Odyssee* und die festgehaltenen privaten Notizen (die ebenfalls unauffindbar sind) dekodiert und gelesen werden können.

Klar ist aber auch, dass die bewusste Platzierung dieser zwei Verse im Gedichtband *Der Siebente Ring* als marktstrategische Maßnahme zu deuten ist, die der Mystifizierung der Person Georges weiteren Vorschub leisten soll. Gerade weil George sich dessen bewusst gewesen ist, dass es niemandem möglich sein

---

[30] Armin Schäfer: *Die Intensität der Form. Stefan Georges Lyrik.* Köln/Weimar/Wien 2005, S. 71.
[31] Gerhard Kaiser: Ges*chichte der deutschen Lyrik von Heine bis zur Gegenwart. Ein Grundriß in Interpretationen.* Erster Teil. Frankfurt am Main 1991, S. 239.
[32] Vgl. Kaiser: *Geschichte der deutschen Lyrik,* S. 238.
[33] Kaiser: *Geschichte der deutschen Lyrik,* S. 238.
[34] Es handelt sich – wie dem Zitat von Morwitz entnommen werden kann – um ein blaues Schulheft, von dem nur noch der Umschlag mit der Aufschrift ›Odyssaias I.‹ vorhanden ist (vgl. SW VI/VII, 220).

würde, die wenigen Wörter ohne ein zugrundeliegendes Zeichensystem zu dekodieren, konnte er sie getrost in seine Dichtung implementieren, um sich selbst und seine Texte durch diese *inszenierte Privatisierung von Sprache* weiter zu mystifizieren.

Unverständnis erregt stets Interesse und dieses auf sich zu ziehen, ist George durch das Einstreuen der ominösen Zeilen durchaus gelungen. Dies belegen die zahlreichen Kommentare in der Forschungsliteratur, die sich gerade diesem speziellen Aspekt in Georges Schriften widmen. Kaiser z. B. erkennt in dieser Kunstsprache eine »Geheimsprache voller vielstrahliger klanglicher Assoziationsanreize, die sich dem Zugriff der Welt der anderen in völlige Unverfügbarkeit entzieht.«[35] Er akzentuiert dabei vor allem die evokative Dimension dieser Wörter und deren gänzliche Unverfügbarkeit als Ausdruck der konstruierten sprachlichen Kluft zwischen dem ›Meister‹ und der ›Menge‹.

Allerdings ist Kaiser zu widersprechen, wenn er die letzten beiden Zeilen als »reine Ausdruckssprache« deutet, »die jeden Informationscharakter verloren«[36] habe. Denn es handelt sich meines Erachtens keineswegs um eine »›sprachlose‹ Sprache«, die nichts mehr *bedeute* und »reine Sprachstruktur«[37] sei – sondern um eine kodierte Privatsprache, deren Informationsgehalt nur der Dichter selbst zu rekonstruieren imstande gewesen ist. Dies lässt sich deshalb behaupten, weil die chiffrierten Verszeilen durchaus stilistisch bestimmbare Eigenheiten aufweisen, die auch ohne das zugrundeliegende Zeichensystem rekonstruiert werden können und generell bei der Analyse von Gedichten eine wesentliche Rolle spielen.

Es ist Henne daher zuzustimmen, wenn er konstatiert, dass es sich bei dieser Sprache nicht um eine »Geheimsprache«, sondern um »eine künstliche Eigensprache« handle, »deren Grammatik und Lexik (bis auf einen Satz) nicht überliefert und insofern unbekannt ist.«[38] Die These, dass diesen Zeilen ein versteckter Sinn inhärent sein könnte, lässt sich zum einen an der formalen Struktur, zum anderen an den klanglichen Reminiszenzen der Wörter stützen. So gibt es in der Forschung seit Längerem durchaus Spekulationen über die Semantik dieser Verse: Klussmann[39] vermutet, dass das Wort ›PTOROS‹ seine Wurzel im griech. τό πτερόν (›der Flügel‹) habe, während Durzak eine Herleitung vom griech. *potamós* (›Fluss‹) für möglich hält.[40] In ›HAMA‹ erkennt Klussmann Anklänge am griech. ἅμα (›gleichmäßig‹, ›zugleich‹), für ›BOAÑ‹ nimmt er griech.

---

[35] Kaiser: *Geschichte der deutschen Lyrik*, S. 238.
[36] Kaiser: *Geschichte der deutschen Lyrik*, S. 239.
[37] Kaiser: *Geschichte der deutschen Lyrik*, S. 239.
[38] Henne: *Sprachliche Spur der Moderne*, S. 64.
[39] Paul Gerhard Klussmann: *Stefan George. Zum Selbstverständnis der Kunst und des Dichters in der Moderne. Mit einer George-Bibliographie*. Bonn 1961, S. 135.
[40] Manfred Durzak: *Der junge Stefan George. Kunsttheorie und Dichtung*. München 1968, S. 33.

βοᾶν (›rufen‹, ›laut preisen‹) als Anleihe an,[41] während Durzak eine spanische Herkunft vermutet.[42]

Diese phonologischen Spekulationen lassen sich zwar letzten Endes weder verifizieren noch falsifizieren, können aber auf mögliche Bedeutungsfelder in anderen Sprachen verweisen, die eine hermeneutische Annäherung erlauben. Vor allem aber auf formaler Ebene lassen sich einige Besonderheiten konstatieren, die indizieren, dass es sich nicht bloß um willkürlich aneinandergereihte ›Unsinnswörter‹ handelt, sondern um eine durchaus systematisch angelegte sprachliche Struktur. Z. B. lässt sich die rhetorische Figur der Anapher erkennen (»Co […] / Co«) und ein dem Daktylus ähnelndes Versmaß konstatieren. Der Kreuzreim hält die Strophe als ganze zusammen und verwebt den befeuernden »choros« als essenziellen Bestandteil mit der Gedichtstruktur. Die Wiederholung der Worte ›co‹ und ›pasoje‹ indiziert weiter, dass es sich keineswegs um reine Willkür bei der Selektion und Setzung der sprachlichen Zeichen handelt.[43] Außerdem bestehen die Verse aus einer auf Vokalen basierenden strukturellen Ordnung, die Klussmann erstmals erkannt und folgendermaßen dargestellt hat:[44]

O – E – O – O – A – O – E – O – O
O – E – O – A – A – A – O – E – O – A

Klar erkennbar ist dabei einerseits die Ordnung der ersten Reihe, die sich aus zwei symmetrischen ›Flügeln‹ zusammensetzt und durch das A in der Mitte geteilt ist.[45] Die formale Systematik wird aber noch deutlicher im Arrangement der zweiten Reihe, welche – das letzte A ausgenommen – die spiegelbildliche Variation der ersten darstellt. Ersichtlich wird außerdem, dass George mit dieser Sprache eine Vokalsprache stark macht, die klanglicher, rhythmischer und demnach ›poetischer‹ sein soll als die deutsche Konsonantensprache – eine neue Klangsprache[46] also, die ›verbrauchte‹ Formen der Dichtkunst ersetzen soll.

Einen letzten Versuch unternimmt George mit der dritten erfundenen Sprache, die er selbst ›lingua romana‹ nennt und die sich stark an den romanischen

---

[41] Klussmann: *Stefan George*, S. 135.
[42] Vgl. Durzak: *Der junge Stefan George*, S. 33.
[43] Ganz abgesehen davon, dass es gerade der strenge Formwille Georges ist, der seiner Lyrik seine idiosynkratische Prägung verleiht – es also von Unkenntnis des George'schen Œuvres zeugt, Willkür in diesen Zeilen am Werke zu sehen.
[44] Klussmann: *Stefan George*, S. 38.
[45] Lediglich das hintere ›E‹ ist mit dem ›O‹ vertauscht und wird so um eine Stelle nach vorne versetzt.
[46] So ist Brokoff prinzipiell zuzustimmen, wenn er behauptet, dass in »diesen erfundenen Sprachen« zwar »die semantische Dimension und die referentiellen Beziehungen […] nicht vollständig eliminiert«, aber doch »den Klangqualitäten der geschaffenen Sprachlaute untergeordnet« werden (Jürgen Brokoff: *Geschichte der reinen Poesie. Von der Weimarer Klassik bis zur historischen Avantgarde*. Göttingen 2010, S. 475).

Sprachen (insbesondere dem Italienischen, Spanischen und Französischen) orientiert. Für diese Sprache gibt es einige Zeugnisse, so z. B. ein Brief an den Schulfreund Arthur Stahl vom 2. Januar 1890:

> Amico de meo cor! El tono elegico con que parlas en tua letra de nostra corespondencia longamente interrompida me ha magio commovido que el vituperio fortisimo. Um gottes willen wirst du ausrufen in welcher sprache schreibt denn der mensch hier, die hauptsache ist dass Du die verstehst – vom anderen später.[47]

Dieser Brief ist ein frühes Zeugnis davon, wie intensiv sich George mit Sprache auseinandersetzt und wie kreativ er mit ihr experimentiert. Da ihm das Deutsche zu ›verbraucht‹ und zu ›gewöhnlich‹ erscheint, spielt er mit dem Gedanken, in seiner neuen Kunstsprache zu dichten. So heißt es weiter im Brief an Stahl:

> Der gedanke, der mich von jugend auf geplagt und heimgesucht hat, der in gewissen perioden sich wieder und wieder aufgdrängte hat mich seit kurzem wieder erpackt: Ich meine der gedanke aus klarem romanischen material eine ebenso klingende wie leicht verständliche literatur sprache für meinen eigenen bedarf selbst zu verfassen. Die gründe weshalb ich [in] meiner deutschen sprache nicht gern schreiben will kann ich dir auf diesem gemessenen raum nicht auseinandersetzen. [...] Darin liegt auch der grund weshalb ich seit monden nichts mehr verfasse, weil [ich] ganz einfach nicht weiss in welcher sprache ich schreiben soll. Ich ahne, diese idee wird entweder bei mir verschwinden oder mich zum märtyrer machen.[48]

Der Brief kann als Indiz dafür gelten, dass George die deutsche Sprache als Mittel zur Umsetzung seiner Vorstellungen einer neuen Poesie anfangs als unzureichend oder gar ungeeignet einstuft.[49] Er zeugt aber auch von einer dichterischen Schaffenskrise (»weil [ich] ganz einfach nicht weiss in welcher sprache ich schreiben soll«), da sich George trotz seiner Bemühungen im Klaren darüber ist, dass er – um ein erfolgreicher Dichter zu sein – sich einer Sprache bedienen muss, die sich zwar von der konventionellen Dichtersprache unterscheiden kann, aber doch prinzipiell verständlich bleiben muss: So prophezeit er im Brief an Stahl, dass ihn diese Idee entweder zum »märtyrer« machen – oder aber bei ihm »verschwinden« wird. Letzteres wird schließlich der Fall sein, wenn er sich am Ende doch für die deutsche Sprache entscheidet; und dennoch – dies wird in den Textanalysen noch genauer zu zeigen sein – ist es nicht die ›konventionelle‹ deutsche Sprache, derer er sich bedient, sondern eine durch bestimmte rhetorische Techniken entwickelte *Privatsprache*, die lediglich auf dem Zeichensystem des Deutschen basiert, aber nach eigenen strukturellen Regeln funktioniert.

---

[47] Zitiert nach Boehringer: *Mein Bild von Stefan George*, S. 37.
[48] Zitiert nach Kauffmann: *Stefan George*, S. 32.
[49] Vgl. Aurnhammer u. a. (Hg.): *Stefan George und sein Kreis*. Band 1, S. 18.

In einigen frühen Gedichten – den Gedichtzyklen *Zeichnungen in Grau* und *Legenden* (1889) z. B.[50] – experimentiert George mit seiner *lingua romana*, noch ehe er die Texte später ins Deutsche übersetzt.[51] Diese frühen Gedichte weisen im Deutschen weder Reim noch Metrum auf, was darauf hindeutet, dass es sich tatsächlich um Übersetzungen bzw. Übertragungen aus der romanischen Kunstsprache Georges handeln könnte.[52] Ein Beispiel für diese *lingua romana* stellt das Gedicht *Rose galba*[53] dar, das George selbst ins Deutsche übersetzt hat:

Rose galba	Gelbe Rose
En la atmosfera calida tremulante de odores	Im warmen von gerüchen zitternden luftkreis
En la luz argenta de un de fallaz	Im silbernen licht eines falschen tages
Ella respira circunfundida de un galbo fulgor	Hauchte sie von gelbem glanz umgossen
Evelota toto en una seta galba	Ganz gehüllt in gelbe seide.
5 Multo vagamente. con aria extranea	
No lassando devinar distinctas formas	Nur lässt sie bestimmte formen ahnen
Qu si sua boca se contracta in moriento subrider	Wenn sich ihr mund zu sterbendem lächeln verzieht
E suas spatulas o suo seno en un leve altiar	Und ihre schulter ihr busen zu leichtem zucken.
Dea misteriosa de Bramaputra o Ganges	Göttin geheimnisvoll vom Brahmaputra vom Ganges!
10 Pareceste creato de cera inammota	Du schienest aus wachs geschaffen und seelenlos
Sin tuos oclos densamente ad umbratos	Ohne dein dichtbeschattetes auge
Quando lassos del reposo subito se levaron	Wenn es der ruhe müde plötzlich hob.
(SW I, 127)	(SW I, 72)

Verglichen mit den anderen beiden von George entwickelten Sprachen lässt sich die Bedeutung der Wörter aus dieser *lingua romana* noch am ehesten dechiffrieren, weil die ihr zugrundeliegenden sprachlichen Zeichensysteme (Italienisch, Spanisch, Französisch) bekannt und die grammatischen Regeln rekonstruierbar sind. George gibt mit seinen Übersetzungen selbst den ›Schlüssel‹ zur Dekodierung der chiffrierten Texte preis, ermöglicht damit also grundlegend das Verständnis dieser Texte – wodurch die Entwicklung dieser Kunstsprache als Annäherung an ein ›breiteres Publikum‹ verstanden werden kann.

---

[50] *Zeichnungen in Grau* und *Legenden* sind Gedichtzyklen, die George in die *Fibel* – eine Auswahl seiner frühesten Gedichte von 1886 bis 1887 – aufgenommen hat. Dort sind die Gedichte in deutscher Übersetzung zu finden (vgl. SW I).

[51] Vgl. Aurnhammer u. a. (Hg.): *Stefan George und sein Kreis*. Band 1, S. 18; vgl. SW I, 101.

[52] Klein erklärt, George habe die »Bausteine zu ihr […] aus Elementen der romanischen Sprache, insonderheit der italienischen und spanischen« zusammengetragen (Carl August Klein: *Die Sendung Stefan Georges. Erinnerungen von Carl August Klein*. Berlin 1935, S. 8 f.). Weiter heißt es bei Klein: »In ihr, der von ihm ›lingua romana‹ getauften Sprache, dichtete er die ›Zeichnungen in Grau‹ und die ›Legenden‹. All diese Dichtungen schrieb er allerdings bald in die Muttersprache um. In die Gesamtausgabe seiner Werke ist ›Die gelbe Rose‹ und der Schluß der ersten Legende ›Erkenntnis‹ in romanischer Fassung aufgenommen worden. Auch dichtete er vorläufig in anderen Sprachen, besonders der französischen, wie nach ihm Rainer Maria Rilke« (ebd., S. 9).

[53] Vgl. dazu Stefan George: ›Von Kultur und Göttern reden‹. Aus dem Nachlass. Ergänzungen zu Stefan Georges ›Sämtlichen Werken‹. Im Auftrag der Stefan George Stiftung. Herausgegeben von Ute Oelmann. Stuttgart 2018, S. 36 f.

5.1.3 Exklusion durch Privatisierung der Sprache

Insgesamt sollte deutlich geworden sein, dass Georges Bemühungen einerseits nicht allein spielerischer Natur sind, sondern als ernsthafte Versuche zu bewerten sind, eine neue poetische Kunstsprache zu entwickeln, die auf einem privaten Zeichensystem basiert. Durch die Konzeptualisierung dieser privaten Sprache erhofft sich der junge Dichter, sich einerseits von der konventionellen ›erstarrten‹ Sprache der Dichtung zu distinguieren, andererseits durch diese experimentelle Art des Schreibens eine neue Art *privater Kunst* zu konzipieren. Es geht George – wie vielen anderen zeitgenössischen Künstlern – dabei vor allem darum, eine völlig neue Form der Sprache zu finden, die frei von konventionalisierten Semantiken und Begrifflichkeiten sein soll.

Andererseits aber dürfen diese ersten Sprachexperimente auch nicht überbewertet werden. Allein, dass George in der Auswahl erster Gedichte seine *lingua romana* nicht dokumentiert und erst wenige Jahre vor seinem Tod im ersten Band seiner Gesamtausgabe (*Die Fibel*) zwei der frühen Texte von 1889 (zudem übersetzt in die deutsche Sprache) veröffentlicht,[54] zeugt davon, dass es ihm offenbar nicht gelungen ist, eine voll ausgereifte Kunstsprache zu entwerfen.[55] Die experimentellen Bemühungen, eine eigene Sprache zu konzipieren, sind in diesem Zusammenhang als Probierstein einer neuen poetischen Sprache zu sehen. Damit sind die frühen kreativen Versuche – sowohl die (zweifellos unausgereifte) Kunstsprache der ›Imri‹ als auch die später konzipierte Kunstsprache und schließlich die *lingua romana* – als *Privatsprachen* zu charakterisieren, die durch ihre spezifische Kodierung vor dem hermeneutischen Eingriff von ›Außen‹ schützen. Ihre Funktion ist vornehmlich darin zu erkennen, dass sie Leser, denen der Informationsgehalt nicht zugänglich gemacht werden soll, von vornherein ausschließt. Instrumentalisiert wird diese sprachliche Privatheit dadurch, dass sie durch ihren exkludierenden Charakter chiffrierte Bedeutung generiert, welche dem Autor zum Zweck der Selbstinszenierung dient und seine Dichtung von anderen zeitgenössischen literarischen Strömungen distinguiert.[56] In diesem Sinne notiert George zu seinen Lektüren von Julius Harts *Homo Sum!*

---

[54] Nämlich das oben zitierte Gedicht *Rosa galba*; zudem die fünf Schlussverse der romanischen Fassung von *Erkenntnis* aus den *Legenden*: »Tuas claras aguas eran testimonios / De meos inodios e meas sufrencias / Tuas negras undas que rugien e spuman / Me facen signos. me traen en basso / Pro que comincie mea damnacion« (SW I, 133).
[55] Vgl. Henne: *Sprachliche Spur der Moderne*, S. 67.
[56] Insofern eignet sich der Begriff der ›privaten Kunstsprache‹ auch besser zur Bezeichnung dieser sprachlichen Experimente als der z. B. von Henne benutzte Begriff der ›künstlichen Eigensprache‹.

als Randnotiz zu dessen Einleitung *Die Lyrik der Zukunft*:[57] »Um neue sensationen auszudrücken bedarf es einer neuen sprache«.[58]

Auch wenn sich George schließlich aber doch für die deutsche Sprache entscheidet, so handelt es sich bei der seinen Gedichten zugrundeliegenden Sprache um nichts weniger als eine *poetische Privatsprache*, die sich aufgrund der ihr inhärenten Chiffrierungsstrategien von anderen Literatursprachen abgrenzt.[59] Solche sprachlichen Abgrenzungsstrategien sind nun insofern als konstitutiv für moderne Kunstkonzeptionen zu verstehen, als sie auf die Legitimationskrise reagieren, in die die Dichter im Ausgang des 19. Jahrhunderts zunehmend geraten. Mit dem Florieren des Zeitschriften- und Buchmarktes wird gerade die breite Erreichbarkeit der Öffentlichkeit zum Problem und Schriftsteller müssen sich neue Strategien – wie die der (inszenierten) Privatisierung ihrer Dichtung – einfallen lassen, um gelesen zu werden. Da diese Privatisierung von Dichtung (bei geschickter Inszenierung) mit der publizistischen Wirksamkeit durchaus in einem Reziprozitätsverhältnis steht, gilt es diese Zusammenhänge im folgenden Kapitel genauer darzustellen, um das skizzierte Phänomen der Privatisierung von Literatur in einem ökonomischen Kontext zu verorten und aufzuzeigen, dass die ›privaten‹ Werke der Jahrhundertwende nicht allein reiner Selbstzweck (*l'art pour l'art*) sind, sondern durchaus auf öffentliche Wirksamkeit abzielen.

5.2 Legitimationskrise des Dichter-Berufs um 1900

Im 19. Jahrhundert gilt der Schriftsteller als Vermittler von moralischem Wissen, sozialen Werten und Normen. Er vermittelt aber auch eine vermeintlich ›objektive‹ Sicht auf die Welt, ermöglicht seinem Leser existenzielle Orientierung und stillt dessen Bedürfnis nach Erkenntnis. Diese Funktionen büßt der Dichter mit dem Beginn der Moderne, der Pluralisierung der Gesellschaft und ihrer Wissens- und Wertsysteme zunehmend ein. So werden die gesellschaftliche Stellung und die Aufgabe des Schriftstellers um 1900 als »prekär oder doch als ungewöhnlich empfunden«.[60] Nicht nur die Zensur im Kaiserreich erschwert es dem Dichter, schöpferisch tätig zu sein, sondern auch die fehlende

---

[57] Zu Georges Lektüren naturalistischer Programmschriften vgl. Maik Bozza: *Genealogie des Anfangs. Stefan Georges poetologischer Selbstentwurf um 1890*. Göttingen 2016, S. 133–141.

[58] Zitiert nach Werner P. Sohnle: *Stefan George und der Symbolismus. Eine Ausstellung der Württembergischen Landesbibliothek Stuttgart*. Stuttgart 1983, S. 47.

[59] Mit anderen Worten: Diese ›neue‹ lyrische Sprache Georges basiert zwar auf dem primären Zeichensystem des Deutschen, bedient sich aber diverser poetischer Strategien und vielseitiger rhetorischer Mittel – was dazu führt, dass sie stark vom allgemeinen Gebrauch abweicht und damit (auf ähnliche Weise wie die erfundenen Kunstsprachen) zu einer poetischen Privatsprache avancieren kann, die nicht nur rhythmischer und klingender – sondern auch *bedeutungstragender* sein soll als die konventionell verwendeten poetischen Sprachen. Dies wird im Analyse-Teil dieser Arbeit noch ausführlich zu zeigen sein.

[60] Ajouri: *Literatur um 1900*, S. 57.

staatliche Unterstützung.⁶¹ Die schlechte Stellung korreliert dabei dem fragwürdigen Ansehen in der Bevölkerung. Der Schriftsteller wird an den Rand der Gesellschaft gedrängt.⁶² Als Reaktion auf diese Legitimationskrise des Dichterberufs gilt es neue Autorkonzepte zu entwerfen bzw. bereits bestehende zu rehabilitieren, um sicherzustellen weiterhin gelesen zu werden. Ein in dieser Hinsicht völlig neuer programmatischer Ansatz ist die *Privatisierung der Literatur durch Inszenierung von ästhetischer Exklusivität*. Die private Publikationspraxis – die dadurch zustande kommt, dass Texte der breiten Öffentlichkeit vorenthalten und nur einem kleinen privaten Kreis zugänglich gemacht werden – ist dabei nicht nur Teil einer klugen Vermarktungsstrategie, sondern vielmehr der geistesaristokratische Ausdruck⁶³ eines elitären Distinktionsbedürfnisses der Masse an Rezipienten und Literaturströmungen gegenüber.

Interessanterweise sind es meist Strategien gesellschaftlicher Abgrenzung und sozialer Isolation, durch welche der Dichter um 1900 seine poetisch-ästhetische Wirkung entfalten, seinen literarischen Einfluss öffentlich geltend machen kann. Denn auch wenn die Autoren des Fin de Siècle häufig mit dem Ideal der Selbstgenügsamkeit und heroischer Einsamkeit kokettieren,⁶⁴ so sind sie doch stets darauf bedacht, gelesen zu werden und eine öffentliche Wirkung zu entfalten. Die inszenierte persönliche Unzugänglichkeit fordert den Rückzug ins Private und die Abgrenzung gegen das ›Außen‹ bzw. die ›Masse‹. Wenn der Autor aber in die Öffentlichkeit tritt, dann stets in der *Rolle des Dichters* – und eben nicht als Privatperson. Über diese Selbstinszenierung und Selbststilisierung erhofft sich der Autor, die individuelle Einzigartigkeit hervorzuheben und sich so von anderen Schriftstellern positiv abzuheben. Eben dies geschieht um die Jahrhundertwende häufig durch soziale Abgrenzung und Entfernung vom Literaturbetrieb. Der ›echte‹ Künstler – und in dieser Einstellung folgen viele ihrem geistigen Vorbild Friedrich Nietzsche⁶⁵ – hält Distanz zu seinen Mitmenschen, er zieht sich von ihnen zurück, um in seiner Einsamkeit Werke zu schaffen, die ihrer Zeit voraus oder auf gleichwelche Art und Weise außergewöhnlich sind: »Nichts ist vorteilhafter für das Kunstwerk«, zitiert Nietzsche den Architekten Gottfried Semper in seinem 1870 gehaltenen Vortrag *Das griechische Musikdrama*, »als das Entrücktsein aus der vulgären unmittelbaren Berührung

---

61 Vgl. Ajouri: *Literatur um 1900*, S. 57.
62 Vgl. Ajouri: *Literatur um 1900*, S. 58.
63 In diesem Sinne spricht auch Stefan George davon, »dass das schrifttum von gestern fühlbar plebejisch das von heute fühlbar aristokratisch« (»Fünfte Folge [1901]«. In: EM, 29) sei.
64 Vgl. Simonis: *Literarischer Ästhetizismus*, S. 245.
65 Zu Nietzsches ›Pathos der Distanz‹ vgl. KSA 5, 371. Adorno hat diesen Begriff später zur Beschreibung von Georges Persönlichkeit verwendet. Vgl. Theodor W. Adorno: »Rede über Lyrik und Gesellschaft (1957)«. In: Ders: *Gesammelte Schriften*. Band 11: *Noten zur Literatur*. Frankfurt am Main 1974, S. 49–68. Hier: S. 64.

mit dem Nächsten und aus der gewohnten Sehlinie des Menschen.«[66] Das ›hohe‹ Kunstwerk entsteht in der von Markt und Öffentlichkeit abgeschiedenen Sphäre des Privaten: »Abseits vom Markte und Ruhme begiebt sich alles Grosse: abseits vom Markte und Ruhme wohnen von je die Erfinder neuer Werthe«,[67] predigt Zarathustra, der sich ganze zehn Jahre ins Gebirge zurückgezogen hatte, um »seines Geistes und seiner Einsamkeit«[68] zu genießen. Die Absenz des Dichters geht so einher mit seiner Mystifizierung. Der Öffentlichkeit erscheint er oftmals als Außenseiter und Exot, den eine Aura des Nicht-Alltäglichen und Besonderen umgibt.[69] Diese ›Abnormität‹[70] schafft Distanz zum ›Normalbürger‹ und lässt eine Kluft deutlich werden, die sich zwischen dem Autor und seinem Leser auftut. Die Ab- und Ausgrenzung ist dabei eine bewusst inszenierte, durch die der Dichter versucht, die eigene Legitimationskrise zu bewältigen und seinen fragwürdigen gesellschaftlichen Status zu rehabilitieren. Simonis ist deshalb beizupflichten, wenn sie argumentiert, dass das »freiwillige Außenseitertum des ästhetizistischen Künstlers und die Geste der Indifferenz« *de facto* eine »greifbare soziale Komponente« habe – und zwar insofern, als die Dichter »in der Lage sind, eine wirkungsvolle, wenn auch immer nur punktuell bleibende Re-Auratisierung der modernen Literatur einzuleiten und, mehr noch, das im Vollzug der Modernisierung brüchig gewordene Charisma des modernen Autors vorübergehend wiederherzustellen.«[71]

Ungeachtet dieser Legitimationsproblematik muss sich der Dichter selbstverständlich auch die Frage stellen, wie er seinen Lebensunterhalt bestreiten will, wenn sich seine Bücher nicht verkaufen. Denn selbst wenn die Dichter des Fin de Siècle aus programmatischer Sicht ihre Dichtung von gesellschaftlichen und sozialen Fragen ›rein‹ halten wollen, so sind sie als Personen doch Teil des Gesellschaftssystems. Und erst, wenn sie mit ihren Texten einen (wenn auch eingeschränkten) Teil der Öffentlichkeit erreichen, können sie auf diesen wirken. So ergibt sich freilich das merkwürdige Paradox, dass viele Künstler des Fin de Siècle als Teil des Gesellschaftssystems außerhalb desselben wirken wollen.

Hermann Broch reflektiert diese problematische programmatische Konzeption retrospektiv in seiner Studie *Hofmannsthal und seine Zeit* (1955). Für das »l'art pour l'art« weist Broch das zentrale Charakteristikum der »Sozialgleichgültigkeit« aus – der künstlerischen Forderung also, sich weder als »erfreuendes, belehrendes, erhebendes oder sonstwie verkäufliches Erzeugnis ins Sozialgefüge

---

66 KSA 1, 523. Vgl. Gottfried Semper: *Der Stil in den technischen und tektonischen Künsten, oder praktische Aesthetik.* Frankfurt am Main 1860, S. 75.
67 KSA 4, 66.
68 KSA 4, 11.
69 Vgl. Simonis: *Literarischer Ästhetizismus*, S. 272.
70 ›Abnormität‹ soll hier keinen wertenden Charakter haben, sondern lediglich im Sinne von ›nicht der Norm entsprechend‹ verstanden werden.
71 Simonis: *Literarischer Ästhetizismus*, S. 264.

einzugliedern«,[72] bemerkt aber richtigerweise, dass die Dichter *in persona* – selbst wenn sie bemüht sind, ihre Kunst frei von außerkünstlerischen (und das heißt auch ökonomischen) Interessen zu halten – stets innerhalb eines Gesellschaftssystems situiert sind, ihre Kunst auf diese beziehen, und allein durch diesen Öffentlichkeitsbezug zu wirken imstande sind. Das Prinzip einer Kunst für die Kunst sei deshalb, so Broch, dem *business is business* vergleichbar:

> Solcherart glaubt und wünscht das l'art pour l'art außerhalb jeder und vor allem jeder bürgerlichen Gesellschaft placiert zu sein, vergißt aber dabei, daß niemand, nicht einmal der Künstler über den eigenen Schatten springen kann: gerade des Künstlers Widerstand gegen die Gesellschaft placiert ihn innerhalb ihres Rahmens, genau so wie der Ketzer nur innerhalb der Kirche eine sinnvolle Funktion ausübt, außerhalb ihrer jedoch einfach sinnlos wird. Das l'art pour l'art und das business is business sind zwei Äste vom gleichen Baum.[73]

Adorno greift diesen Sachverhalt in seiner *Ästhetischen Theorie* (1970) noch einmal auf und fasst ihn prägnant zusammen:

> Die ästhetische Produktivkraft ist die gleiche wie die der nützlichen Arbeit und hat in sich dieselbe Teleologie; und was ästhetisches Produktionsverhältnis heißen darf, alles worin die Produktivkraft sich eingebettet findet und woran sie sich bestätigt, sind Sedimente oder Abdrücke der gesellschaftlichen. Der Doppelcharakter der Kunst als autonom und als fait social teilt ohne Unterlaß der Zone ihrer Autonomie sich mit.[74]

Öffentliche Wirksamkeit und Vermarktung des Werkes bedingen einander und sind zur Zeit der Jahrhundertwende von ebenso großer Bedeutung wie im 18. und 19. Jahrhundert – mit dem entscheidenden Unterschied, dass sich die Möglichkeiten dazu vervielfältigt haben: Mit der Massenpresse und der Möglichkeit, Werbeanzeigen aufzugeben, ergeben sich ganz neue Wege, auf die eigenen Werke aufmerksam zu machen bzw. für sie zu werben. Auch die zahlreichen aufkommenden Kulturzeitschriften, die thematisch oft nur Nischen bedienen, leisten der Kommerzialisierung von Literatur Vorschub.[75]

Diese Möglichkeit der Vervielfältigung von Literatur und ihre Kommerzialisierung korreliert schon Habermas mit einem Bedeutungsverlust der Kunstwerke, die dadurch, dass sie massenhaft hergestellt und prinzipiell jedem zugänglich gemacht werden, ihre Einzigartigkeit und »autoritative Kraft« verlören. Mit der Aufnahme des ›Aura‹-Begriffs stützt sich Habermas implizit auf die These Benjamins, dass das Kunstwerk im Zeitalter seiner Reproduzierbarkeit den ihm

---

[72] Hermann Broch: *Hofmannsthal und seine Zeit. Eine Studie.* Herausgegeben und mit einem Nachwort versehen von Paul Michael Lützeler. Frankfurt am Main 2001, S. 21.
[73] Broch: *Hofmannsthal und seine Zeit,* S. 21 f.
[74] Theodor W. Adorno: *Ästhetische Theorie.* Frankfurt am Main 1973, S. 15 f.
[75] Die wohl einflussreichsten und für die ästhetische Moderne besonders bedeutenden Zeitschriften sind Georges *Blätter für die Kunst* (1892–1919), die von Otto Julius Bierbaum und Julius Meier-Gräfe herausgegebene Zeitschrift *Pan* (1895–1900), die Münchner Wochenschrift *Jugend* (1896–1940) und die Monatsschrift *Die Insel* (1899–1902).

ursprünglich inhärenten ›sakramentalen Charakter‹ verlöre und seine ihm anhaftende Aura einbüße.⁷⁶

> In dem Maße aber, in dem die philosophischen und die literarischen Werke, Kunstwerke überhaupt, für den Markt hergestellt und durch ihn vermittelt werden, ähneln sich diese Kulturgüter jener Informationen an: als Waren werden sie im Prinzip allgemein zugänglich […] genau das ist mit dem Verlust ihrer Aura, mit der Profanierung ihres einst sakramentalen Charakters gemeint. Die Privatleute, denen das Werk als Ware zugänglich wird, profanieren es, indem sie autonom, auf dem Wege der rationalen Verständigung untereinander, seinen Sinn suchen, bereden und damit aussprechen müssen, was eben in der Unausgesprochenheit solange autoritative Kraft hatte entfalten können.⁷⁷

Schließt man hier an die zu Beginn der vorliegenden Arbeit skizzierten Ausführungen Assmanns an, lässt sich behaupten, dass die im Mittelalter lediglich einer bestimmten Gruppe zugängliche heilige Schrift durch ihre Vervielfältigung (›Ver-Öffentlichung‹) zur Massenware ›herabsinkt‹ und damit ihren ›privaten‹ Sonderstatus als auratisches sakramentales Werk einbüßt.

Dieser Kommerzialisierung will man um die Jahrhundertwende einerseits zwar entgegenwirken, andererseits ist man auf die Veröffentlichung der eigenen Werke in einem Publikationsorgan angewiesen. Auch die Vertreter des *l'art pour l'art*, die in ihren literarischen Werken und theoretischen Schriften proklamieren, sich sozialer und ökonomischer Belange gänzlich zu entziehen und sich allein auf ästhetische Prinzipien zu fokussieren, sind im gesellschaftlichen Leben dennoch von ihren Geldeinnahmen abhängig und auf die Verbreitung ihrer Werke angewiesen. Oder mit den Worten Luhmanns:

> Auf der Ebene der Alltagserfahrung wird kein Zweifel daran bestehen, daß auch Künstler ein Geldeinkommen benötigen, um ihre Ausgaben zu refinanzieren. Vielleicht verfügen sie über ausreichende Kapitaleinkünfte, vielleicht haben sie irgend einen Job, der mit Kunst nichts zu tun hat, ihnen aber das notwendige Einkommen bringt. Oder sie produzieren direkt für einen Markt, der ihnen ihre Werke vergütet.⁷⁸

Dem scheinbar entgegenstehend, stilisiert sich Stefan George mit seinem Kreis zu einer Vereinigung gleichgesinnter Künstler, die in dezidierter Abgrenzung nach außen ihrer rein ›privaten Kunst‹ nachgehen und nur Kunst um der Kunst willen betreiben. Dass aber selbst Stefan George – entgegen aller Beteuerungen – durchaus auch auf die öffentliche Verbreitung seiner lyrischen Werke abzielte, wird im nächsten Kapitel noch ausführlicher zu besprechen sein. Festzuhal-

---

76 Vgl. Walter Benjamin: »Das Kunstwerk im Zeitalter seiner technischen Reproduzierbarkeit. Zweite Fassung«. In: Ders.: *Gesammelte Werke*. Band II. Frankfurt am Main 2011, S. 569–599.
77 Jürgen Habermas: *Strukturwandel der Öffentlichkeit. Untersuchungen zu einer Kategorie der bürgerlichen Gesellschaft*. Frankfurt am Main 1990, S. 97 f.
78 Niklas Luhmann: »Sinn der Kunst und Sinn des Marktes – zwei autonome Systeme.« In: Ders.: *Schriften zu Kunst und Literatur*. Herausgegeben von Niels Werber. Frankfurt am Main 2008, S. 389–400. Hier: S. 389.

ten bleibt, dass das Private in diesem Kontext von Autoren häufig inszeniert wird, um sich selbst und ihre Dichtung in der Öffentlichkeit ›interessant‹ zu machen.[79] Das Abweichen von der Norm wird – aus ökonomischer Perspektive – so zu einer raffinierten Strategie zur Erzeugung von öffentlicher Wirksamkeit; das Differenzkriterium ein möglicher Faktor für den publizistischen Erfolg.

5.3 ›Private‹ Kunst? – Stefan Georges Zeitschrift »Blätter für die Kunst«

Schon vor der Gründung der Zeitschrift *Blätter für die Kunst* (1892–1919) war es Stefan Georges Bestreben, eine literarische Gruppenbildung zu forcieren, die als Repräsentation einer neuen Literatur wahrgenommen werden sollte.[80] Seinen Vorstellungen gemäß hatte es sich um einen exklusiven Zirkel zu handeln, dem es nur um eine »kunst für die kunst«[81] zu tun sein sollte – der also keine breite öffentliche Wirkung entfalten, keine außerliterarische Funktion haben durfte. Lakonisch berichtet das erste Heft (1892) von der programmatischen Ausrichtung der Zeitschrift: »Der name dieser veröffentlichung sagt schon zum teil was sie soll: der kunst besonders der dichtung und dem schrifttum dienen, alles staatliche und gesellschaftliche ausscheidend.«[82] Mit dieser neuen Art der Poesie erhofft sich Stefan George »eine einzige radikale Konversion ein[zu]leiten« und verlangt »Konversionsbereitschaft von jedem, der Zugang zu ihr haben will«.[83] Mit seinen unkonventionellen Gedichten zielt er auf die »glänzende wiedergeburt«[84] der Dichtkunst. Diese neue Kunst habe frei von allen außerkünstlerischen, vor allem zweckgebundenen Interessen zu sein, um das ›Programm‹ dieser neuen Art ›geistiger‹ Literatur adäquat zu repräsentieren. D. h. sie durfte weder politisch, sozial, pädagogisch oder auf irgendeine Weise intentional sein – demnach auch keine ökonomischen Interessen verfolgen: »In der dichtung – wie in aller kunst-betätigung – ist jeder der noch von der sucht ergriffen ist etwas ›sagen‹ etwas ›wirken‹ zu wollen nicht einmal wert in den vorhof der kunst einzutreten.«[85]

---

[79] Diese Funktionalisierung von Privatheit zum Zwecke der ›Selbstauratisierung‹ findet sich sowohl bei George als auch bei Rilke. Beide stilisieren sich zum Heiligen – jeder jedoch auf je eigene Art (siehe Kapitel II/6.6).
[80] Vgl. Rüdiger Nutt-Kofoth: »Dichtungskonzeption als Differenz. Vom notwendigen Scheitern einer Zusammenarbeit zwischen George und Hofmannsthal«. In: Bodo Plachta (Hg.): *Literarische Zusammenarbeit*. Tübingen 2001, S. 217–243. Hier: S. 229.
[81] »Erste Folge. Erstes Heft (1892)«. In: EM, 7.
[82] »Erste Folge. Erstes Heft (1892)«. In: EM, 7.
[83] Aurnhammer u. a. (Hg): *Stefan George und sein Kreis*. Band 2, S. 516.
[84] »Erste Folge. Erstes Heft (1892)«. In: EM, 7.
[85] SW XVII, S. 68.

Ebenso wenig soll sie »auf die empirische, geschichtliche und gesellschaftliche Wirklichkeit, auf das ›Materielle‹ ausgehen«[86] – kurz: »eine kunst frei von jedem dienst«:[87]

> Sie will die GEISTIGE KUNST auf grund der neuen fühlweise und mache · eine kunst für die kunst · und steht deshalb im gegensatz zu jener verbrauchten und minderwertigen schule die einer falschen auffassung der wirklichkeit entsprang. sie kann sich auch nicht beschäftigen mit weltverbesserungen und allbeglückungsträumen in denen man gegenwärtig bei uns den keim zu allem neuen sieht, die ja sehr schön sein mögen aber in ein andres gebiet gehören als das der dichtung.[88]

Das hier entworfene ›Programm‹ wendet sich damit explizit gegen die im deutschsprachigen Raum vorherrschenden Kunstrichtungen, welche einer vermeintlich »falschen auffassung der wirklichkeit« entsprungen seien und damit der Zeit nicht mehr gerecht würden. Es ist eine Kampfansage an den bürgerlichen Realismus – insbesondere aber den Naturalismus, dessen Anfänge noch keine zehn Jahre zurückliegen, und dessen ›Überwindung‹ Hermann Bahr 1891 in seinem bekannten Aufsatz forderte.[89] Ebenso deutlich distanziert sich die Zeitschrift aber vom »Symbolismus Dekadentismus [und] Okkultismus«,[90] wie es in einer Fußnote auf der ersten Seite heißt. Dieser Vermerk ist ein deutlicher Hinweis darauf, dass sich der Gründer der Zeitschrift nicht nur von der Dekadenzliteratur oder den um die Jahrhundertwende populären okkultistischen Schriften, sondern eben auch dem französischen Symbolismus dezidiert loslösen bzw. abgrenzen möchte. Damit weist George die in seiner Zeitschrift abgedruckten Texte (die sich gerade zum Zeitpunkt der Gründung größten Teils aus seinen eigenen Gedichten zusammensetzen[91]) implizit mit den Prädikaten ›innovativ‹ und ›neuartig‹ aus. Er will seine Dichtung als Zäsur innerhalb der Literaturgeschichte verstanden wissen und geht dabei sogar so weit, seine *Hymnen* bezüglich des Innovationspotenzials mit Martin Opitz' *Buch von der Deutschen Poeterey* (1624) zu vergleichen: »Das ist von ebensolcher Bedeutung für die Literaturgeschichte wie das Büchlein von der deutschen Poeterei«, erklärt er im Gespräch mit Edith Landmann.[92]

Dichtkunst habe sich – so ein zentraler Punkt des Kunstprogramms – grundsätzlich von der ›gewöhnlichen‹ Alltagssprache zu unterscheiden, sie müsse die

---

86 Aurnhammer u. a. (Hg): *Stefan George und sein Kreis*. Band 2, S. 502.
87 »Dritte Folge. Erstes Heft (1896)«. In: EM, 13.
88 »Erste Folge. Erstes Heft (1892)«. In: EM, 7.
89 Hermann Bahr: »Die Überwindung des Naturalismus«. In: Ders: *Die Überwindung des Naturalismus. Kritische Schriften in Einzelausgaben*. Band 2. Herausgegeben von Claus Pias. Weimar 2013, S. 129–134.
90 »Erste Folge. Erstes Heft (1892)«. In: EM, 7.
91 In der ersten Ausgabe gibt es neben George nur drei weitere Beiträger: Hugo von Hofmannsthal, Paul Gérardy und Carl Rouge. ›Edmund Lorm‹ ist ein Pseudonym Georges, das er verwendet, um über die geringe Anzahl der Beiträger hinwegzutäuschen.
92 Landmann: *Gespräche mit Stefan George*, S. 153 f.

»präziseste und strengste Arbeit an der Sprache« sein. Durch die Akzentuierung des gänzlich Neuen in der Sprache seiner Lyrik akzentuiert George die Originalität dieser Art der Dichtung und versucht so geschickt dem Vorwurf der Epigonalität und Deszendenz zu entgehen – gleichwohl sein kunsttheoretisches Konzept auf zentralen Prinzipien des französischen Symbolismus (insbesondere Baudelaires und Mallarmés) basiert,[93] diese aber ins Deutsche transferiert und modifiziert.

Jedenfalls inszeniert sich die Zeitschrift als Manifest einer neuen ›modernen‹ Kunst, die aufgrund ihres ›erlesenen Charakters‹ nur einer »auserwählte[n] gemeinschaft von künstlern und kunst-anhängern«[94] zugänglich gemacht werden soll – sich also programmatisch explizit *außerhalb* der Gesellschaft situiert, um »das unvornehme geräusch des tages« auszublenden und »der schönheit und dem geschmack wieder zum siege zu verhelfen«.[95] Die *Blätter für die Kunst* führen demnach eine Kunstpraxis vor, die auf performative Weise das Kunstprogramm einer radikalen Autonomieästhetik umzusetzen sucht, indem sie sich der literarischen Öffentlichkeit verschließt und damit einen elitären Anspruch auf Privatheit und Exklusivität erhebt. In einem Brief an Hofmannsthal schreibt der Herausgeber Carl August Klein 1892 in Georges Namen:[96] »[I]ch bin der ansicht dass die wenigen persönlichkeiten die sich beteiligen gegeneinander die größte offenheit und rückhaltlosigkeit bekunden: das einzige mittel den streng exclusiven charakter der sache zu wahren«.[97]

Programmatisch wird schon auf dem Titelblatt der ersten Ausgabe proklamiert, dass die Zeitschrift »einen geschlossenen von den mitgliedern geladenen

---

[93] Vgl. Bernhard Böschenstein: »Hofmannsthal, George und die französischen Symbolisten«. In: Ders.: *Leuchttürme*. Frankfurt am Main 1977, S. 224–226; vgl. Kurt Wais: »Stefan George und Stéphane Mallarmé. Zwei Dichter des Abseits«. In: Werner Sohnle (Hg.): *Stefan George und der Symbolismus*. Stuttgart 1983, S. 157–182; vgl. Ludwig Lehnen: »Politik der Dichtung. George und Mallarmé. Vorschläge für eine Neubewertung ihres Verhältnisses«. In: *George-Jahrbuch* 4 (2002/2003), S. 1–35.
[94] BfK, 5.
[95] BfK, 5.
[96] Deutlich wird in diesem Brief auf ein Modell von Privatheit rekurriert, das Simmel einige Jahre später (1903) in seinem berühmten Aufsatz *Die Großstädte und das Geistesleben* vorstellen wird. Dort behauptet er, dass der Abgrenzung eines Kreises gegen andere Kreise zwangsläufig der »um so engere[] Zusammenschluss in sich selbst« korreliere, der »dem einzelnen Mitglied nur einen geringen Spielraum für die Entfaltung eigenartiger Qualitäten und freier, für sich selbst verantwortlicher Bewegungen« (Georg Simmel: »Die Großstädte und das Geistesleben«. In: Ders.: *Gesamtausgabe*. Band 1: *Aufsätze und Abhandlungen 1901–1908*. Herausgegeben von Rüdiger Kramme, Angela Rammstadt und Otthein Rammstedt. Frankfurt am Main 1995, S. 116–131. Hier: S. 124) erlaube. Diese Einschränkung war es denn freilich auch, die Hofmannsthal von Beginn an nicht akzeptieren wollte; der Grund, weshalb er zwar bereit war, Texte für die exklusive Zeitschrift zu liefern – nie aber selbst Mitglied des Kreises werden wollte.
[97] »Klein an Hofmannsthal am 24. Juni 1892«. In: *Briefwechsel zwischen George und Hofmannsthal*, S. 21.

leserkreis«[98] habe; die geringe Auflage (von anfangs nur 200 Exemplaren)[99] liegt zunächst in lediglich drei Buchhandlungen (in Paris, Wien und Berlin) aus, wodurch es der literarischen Öffentlichkeit deutlich erschwert wird, Zugang zur Zeitschrift zu erhalten. Bereits der Hinweis auf die Geschlosenheit des Leserkreises deutet darauf hin, dass hier unter scheinbar völliger Ignoranz des literarischen Marktes ein hermetisch gegen die Öffentlichkeit abgeriegeltes Kommunikationsnetzwerk etabliert werden soll,[100] das vorgibt, rein »privaten charakter«[101] zu haben und das sich der konsumierenden und ›unkünstlerischen‹ Menge entzieht – sich also bewusst dem literarischen Markt verweigert.[102] So nehmen die *Blätter für die Kunst* einen exklusiven Freiraum für sich in Anspruch, der als eine Art ›Gegen-Öffentlichkeit‹ inszeniert wird. Erklärtes Ziel ist es daher, sich »gegen das flache und alte sowol als gegen das derbe und niedre des zeitgenössischen schreibewesens« zu »verschliessen«.[103] In einem Brief an Hofmannsthal schreibt der Herausgeber Carl August Klein von den *Blättern*, dass sie »*kunstwerke*« seien, »die zu bedeutend sind um auf den grossen markt gebracht zu werden«.[104]

Der Distanzierung anderen Literaturströmungen gegenüber korreliert die Abgrenzung zur literarischen Öffentlichkeit. Diese ›private‹ Kunst ist demnach von vornherein durch ihre Grenzziehungen und ihren ihren distanzierten Charakter gekennzeichnet; von ihr ausgeschlossen bleibt das ›gemeine Volk‹,[105] das »zur aufnahme von Kunst so besonders unfähig« sei,[106] und der »schreibende[] pöbel«.[107]

> Unsere unduldsamkeit gegenüber dem was in schrifttum und dichtung neben uns herläuft leitet sich daraus ab dass diese andren zielen zustrebenden erzeugnisse beständig mit kunst verwechselt werden und so jedes verständnis für die kunst abstumpfen. alle kunst hört auf wenn sie [...] ›real-programmatisch-tendenziös‹ wird.[108]

Das unterstellte mangelnde Verständnis der Leserschaft und die attestierte künstlerische Inkompetenz anderer Schriftsteller sind Teil einer *geistesaristokra-*

---

[98] So auf dem Titelblatt der Erstausgabe der *Blätter für die Kunst* (1892).
[99] Vgl. Aurnhammer u. a. (Hg.): *Stefan George und sein Kreis*. Band 1, S. 313.
[100] Vgl. Aurnhammer u. a. (Hg.): *Stefan George und sein Kreis*. Band 1, S. 368.
[101] »Klein an Hofmannsthal. Brief vom 19. August 1892«. In: *Briefwechsel zwischen George und Hofmannsthal*, S. 35.
[102] Vgl. Aurnhammer u. a. (Hg.): *Stefan George und sein Kreis*. Band 1, S. 368.
[103] »Erste Folge. Fünftes Heft (1893)«. In: EM, 8.
[104] Carl August Klein: »Brief an Hugo von Hofmannsthal vom 22. Dezember 1892«. In: *Briefwechsel zwischen George und Hofmannsthal*. Berlin 1938, S. 54 f.
[105] Vgl. Friedmar Apel: »Die eigene Sprache als fremde. Stefan Georges frühes Kunstprogramm«. In: *George-Jahrbuch* 8 (2010/2011), S. 1–18. Hier: S. 7.
[106] »Dritte Folge. Viertes Heft (1896)«. In: EM, 18.
[107] Stefan George: »Brief an Hugo von Hofmannsthal vom Juli 1902«. In: *Briefwechsel zwischen George und Hofmannsthal*, S. 159.
[108] »Vierte Folge. Erstes und zweites Heft (1897)«. In: EM, 23.

tischen Rhetorik der Abgrenzung.[109] Konsequenterweise ist daher nur ausgesuchten Personen (anfangs Gönnern und Freunden, später Anhängern und Mitgliedern des George-Kreises) der Zugang zu den ›exklusiven‹ Texten gestattet. Denn das Kunstwerk müsse kontrolliert und geschützt werden, um ›rein‹ zu bleiben; »[d]er Zugang zu ihm und der Umgang mit ihm sind so zu regeln, dass das Geistige, das in ihm seinen Ausdruck finden soll, nicht missbraucht und beschädigt wird.«[110]

Diesem exklusiven Programm gemäß durfte die Zeitschrift ausschließlich kreisintern zirkulieren. Durch die streng limitierte Auflage avancierte jedes einzelne Exemplar für die Öffentlichkeit zu einem seltenen und schwer erhältlichen Gut. Die Finanzierung der Zeitschrift erfolgte am Anfang daher durch ihre Beiträger, die wiederum potenzielle Leser auf die Veröffentlichung hinwiesen.

So mag es vordergründig so scheinen, dass es George *de facto* darum zu tun sein könnte, eine private Zeitschrift ins Leben zu rufen, die nur für einen kleinen Kreis bestimmt sein sollte. Dass diese private Publikationsstrategie aber durchaus auf öffentliche Wirksamkeit ausgelegt war, lässt sich anhand der Geschäftskorrespondenz Stefan Georges mit seinem Mitarbeiter Carl August Klein und seinem Drucker Otto von Holten rekonstruieren. Diese Korrespondenz zeigt nämlich deutlich, dass selbst die frühen Werke Stefan Georges und die *Blätter für die Kunst* keineswegs nur innerhalb eines privaten, hermetisch abgeschlossenen Kreises zirkulierten und rezipiert wurden.[111] Trotz aller gegenteiligen Beteuerungen Georges lässt sich demnach nicht bestreiten, dass dieser *inszenierten Privatisierung der Zeitschrift* auch eine marktstrategische Entscheidung zugrunde liegt. Denn gerade dadurch, dass sich die Zeitschrift den Anschein gibt, exklusiv und nur einem elitären Künstlerkreis zugänglich zu sein, umgibt sie sich mit dem Nimbus der Seltenheit und kann so eine Öffentlichkeitswirkung entfalten, die George keineswegs unerwünscht war, sondern – im Gegenteil – bewusst intendierte. Die Privatisierung der Zeitschrift ist demnach als ausgeklügelte Publikationsstrategie zu sehen, die darin besteht, »die Attraktivität und Bekanntheit der Zeitschrift dadurch zu erhöhen, dass sie sich unzugänglich gibt und den Anschein erweckt, als bedürfe sie keiner Publizität.«[112]

---

[109] Unter ›geistesaristokratisch‹ verstehe ich einen elitären Habitus, der sich über die eigene Bildung, ästhetische Kompetenz und kulturelles Wissen definiert. Relevant ist nicht, ob der entsprechende Autor tatsächlich adlig (im Sinne des Geburtsadels) ist, sondern ob er sich selbst für ›adlig im Geiste‹ hält. Der Geistesaristokratismus dient als Habitus der Abgrenzung anderen (vermeintlich weniger gebildeten Künstlern und Rezipienten) gegenüber.

[110] Aurnhammer u. a. (Hg.): *Stefan George und sein Kreis*. Band 2, S. 504.

[111] Die Zahl der Abonnenten und Subskribenten kann sich nämlich durchaus mit konkurrierenden – nicht als ›privat‹ inszenierten – Zeitschriften, wie *Die Insel* oder *Pan*, messen. Vgl. Aurnhammer u. a. (Hg.): *Stefan George und sein Kreis*. Band 1, S. 414.

[112] Brokoff: *Geschichte der reinen Poesie*, S. 445.

Die Schaffenszeit Georges lässt sich grob in eine nicht-kommerzielle und eine kommerzielle Publikationsphase einteilen, wobei die erste Phase die Jahre bis zum Vertragsabschluss (am 19. September 1898) mit Georg Bondi umfasst, und die zweite Phase mit dem Tod des Dichters (am 4. Dezember 1933) endet.[113] Das frühe lyrische Werk mit dem Titel *Hymnen* führt die Reihe von Georges privaten Publikationen an. Es erscheint im Dezember 1890 im Selbstverlag in Berlin, Darmstadt und München.[114] Der Band ist bestimmt für die Freunde und Gönner des Dichters und ist gedruckt auf dessen eigene Kosten.[115] Wie die folgenden Gedichtbände *Pilgerfahrten* (1891) und *Algabal* (1892) ist es streng limitiert auf 100 Exemplare,[116] einem breiten Publikum wird es nicht zugänglich gemacht. Ganz offensichtlich ist dieser private Druck keineswegs für den Massenabsatz bestimmt und so mag es überraschen, dass er in einigen ausgewählten deutschen Buchhandlungen aber durchaus erhältlich ist. Als die *Hymnen* im Dezember 1890 als Privatdruck erscheinen, schreibt George, die Publikation seines Erstwerks kommentierend, an den ehemaligen Mitschüler Arthur Stahl:

> Mit fleiss habe ich den verleger- und anpreislärm vermieden. Es [das Buch der *Hymnen*, S. B.] ist in erster linie für meine freunde. Wenn ich es in Berlin München Darmstadt aufgelegt haben will geschieht das um entfernten bekannten und ganz besonderen interessenten den besitz zu ermöglichen […] Ich überlasse ganz Dir und dem buchhändler Euch zu vereinbaren ich sage nur dass ich nicht wünsche dass es unter fünf mark verkauft werden soll. Vielleicht wird kein exemplar verkauft aber was verschlägt es, dagewesen soll es sein und Du kannst die nummern wieder zurücknehmen[.][117]

Die streng limitierten Auflagen seiner frühen Werke legen den Schluss nahe, dass es sich hinsichtlich Georges Publikationspraxis tatsächlich um eine rein ideelle Angelegenheit handeln könnte, die seinem exklusiven Kunstkonzept korreliere und der keinerlei ökonomische bzw. öffentlichkeitswirksame Strategie zugrunde liege. Die private Publikationspraxis müsse demnach als Ausdruck eines allein auf die Kunst beschränkten Interesses, das weder auf den eigenen Profit noch das Erreichen einer ›breiten Masse‹ ausgerichtet ist, gedeutet werden.

---

[113] Vgl. Aurnhammer u. a. (Hg.): *Stefan George und sein Kreis*. Band 1, S. 414.
[114] Die ersten Gedichte der *Hymnen* entstehen im Februar 1890, die letzten im September desselben Jahres, während Georges zweitem Aufenthalt in Paris.
[115] Vgl. Aurnhammer u. a. (Hg.): *Stefan George und sein Kreis*. Band 1, S. 107.
[116] Es findet sich dort der Vermerk: »In 100 abzügen für den verfasser gedruckt von Wilhelm u. Brasch« (SW II, 88). Die ersten drei Gedichtbände erscheinen dabei nicht zufällig »in den wichtigsten literarischen Zentren und Kommissionsplätzen Europas« (nämlich in den Hauptstädten Berlin, Wien und Paris) – vielmehr ›lebte‹ George den »Kosmopolitismus und Internationalismus, er reiste viel und schloss transnationale Kooperationen, insbesondere mit den Vertretern der französischen und belgischen Literaturkultur« (Aurnhammer u. a. [Hg.]: *Stefan George und sein Kreis*. Band 2, S. 419).
[117] »George an Stahl. Brief vom 11.12.1890«. Zitiert nach: SW II, 88.

Der Briefwechsel zwischen Stefan George, seinem Herausgeber Carl August Klein und diversen Druckereien, Buchhändlern und privaten Förderern aus den Jahren 1896/1897 ist aber ein klares Indiz dafür, dass selbst die frühen lyrischen Werke und die *Blätter für die Kunst* keineswegs nur in einem exklusiven, hermetisch von der Öffentlichkeit abgeschotteten Kreis zirkulieren und nur dort gelesen werden sollen,[118] sondern eine ganze Reihe von Personen auch außerhalb des Zirkels Anteil haben an der Produktion und dem Vertrieb der ›exklusiven‹ Zeitschrift. So steht George Anfang der 1890er Jahre in Kontakt »mit einem ganzen Netzwerk von Druckern, Verlegern und Buchhändlern«, die Abonnements auf die Zeitschrift abschließen und an interessierte Kunden vor Ort weitergeben.[119] Auch ist George schon zur Gründungszeit seiner Zeitschrift (1892) darauf bedacht, dass auf das Erscheinen der *Blätter für die Kunst* in den ihm nahestehenden Literaturzeitschriften hingewiesen wird – mit der klaren Intention, auch außerhalb seines Kreises, also in der literarischen Öffentlichkeit, wahrgenommen zu werden.[120] So ergeht denn freilich an Hofmannsthal (als bedeutendem Beiträger der Zeitschrift) die Aufforderung, sich doch an der Reklame zu beteiligen und in seinem Umfeld »für die anwerbung verständnisvoller leser möglichst zu wirken und deren adressen der redaktion zu überweisen.«[121] Auf dessen Frage nach der Öffentlichkeitswirkung und der möglichen Anzahl von Lesern antwortet Klein dann sehr explizit: »[G]ewiss – es ist mir um so angenehmer je mehr (geeignete) leser Sie werben. die abonnentenzahl die uns von den mitgliedern in den monaten bis zum neuen jahre überwiesen wird bedingt ja die weiterführung des unternehmens.«[122]

Im ersten Heft der zweiten Folge (1894) stellt George fast unterschwellig das wachsende Interesse an seiner Zeitschrift fest, zieht daraus aber keinerlei Konsequenzen, sondern will es bei der bisherigen Auflagenanzahl belassen: »[O]bzwar nun nach und nach auch die grösseren dem schrifttum zugetanen kreise diese hefte in augenschein genommen dünkt es uns noch müssig für deren weitere verbreitung sorge zu tragen«.[123] Auch wenn sich George hier den Anschein gibt, dass ihm das wachsende Interesse der Öffentlichkeit an seiner Zeitschrift gleichgültig sei, so ist die explizite Erwähnung dieses Faktums als geschickte rhetorische Strategie zu deuten, die die inszenierte Privatheit als einen

---

[118] Vgl. Aurnhammer u. a. (Hg.): *Stefan George und sein Kreis*. Band 2, S. 420.
[119] Vgl. Aurnhammer u. a. (Hg.): *Stefan George und sein Kreis*. Band 2, S. 420. Eine Liste von Druckern, Verlegern und Buchhändlern, die im Vertrieb der Werke involviert waren, findet sich in Aurnhammer u. a. (Hg.): *Stefan George und sein Kreis*. Band 2, S. 420 – es sind insgesamt 35 an der Zahl.
[120] Vgl. Aurnhammer u. a. (Hg.): *Stefan George und sein Kreis*. Band 1, S. 369.
[121] »Klein an Hofmannsthal. Brief vom 19. August 1892«. In: *Briefwechsel zwischen George und Hofmannsthal*, S. 35.
[122] »Klein an Hofmannsthal. Brief vom 16. Oktober 1892«. In: *Briefwechsel zwischen George und Hofmannsthal*, S. 47.
[123] »Zweite Folge. Erstes Heft (1894)«. In: EM, 9.

Wert ausweist, der nur solange Bestand hat, als die Leserschaft so gering bleibt wie zuvor und der Vertrieb nicht erweitert wird. Durch den Hinweis auf die begrenzte Stückzahl der Zeitschrift und die erhöhte Nachfrage, dürfte George sein Ziel – das Interesse bei den bereits etablierten wie potenziellen Lesern weiter zu steigern – erreicht haben. Dies zeigt sich z. B. anhand eines 1894 erschienenen Beitrags in der *Allgemeinen Kunst-Chronik* von Georg Fuchs – einem aufmerksamen Beobachter des sukzessiven Übergangs von der nicht-kommerziellen Verbreitung der *Blätter für die Kunst* hin zu einer kommerziellen Vermarkung der Zeitschrift:[124]

> So sehr man auch bemüht sein mochte, vor der Öffentlichkeit und dem Markte zurückzuhalten, zwingt der gegen Erwarten neuerdings immer dichter werdende Kreis derer, welche begehren und geniessen, was wir darbringen können, unsere Pforten wenigstens Pilgern zu eröffnen, welche bis zu den Schwellen gelangt sind. Wir können ja nur mit solchen verhandeln, die ihrer ganzen Geistes- und Lebensartung nach zu uns gehören: möchten andere uns immer so ferne bleiben, dass keiner der Unseren von ihnen, sei es durch Spott und Lärm, sei es gar durch Beifall gestört werden kann![125]

Der oben vorgebrachte Verdacht, mit einer raffinierten Publikationspraxis strategisch und kalkulativ eine potenzielle Leserschaft durch die inszenierte Privatisierung der Zeitschrift ›anzulocken‹, lässt sich mit der Aussage Fuchs' erhärten und ist auch der George-Forschung keineswegs entgangen.[126] Nutt-Kofoth z. B. nennt diese Publikationsstrategie »eine extrem wirkungsorientierte«,[127] Wegmann eine »symbolisches Kapital akkumulierende Marketingstrategie«[128] und Apel erkennt in den *Blättern für die Kunst* das für George geeignete Mittel, »um seinen Namen bekannt zu machen, ohne sich mit Selbstlob dem Spott auszusetzen.«[129] Die private Publikationspraxis ist demnach zu einem großen Teil nichts anderes als eine kluge Vermarktungsstrategie, die Privatheit als wertvolles

---

[124] Vgl. Aurnhammer u. a. (Hg.): *Stefan George und sein Kreis*. Band 1, S. 423.
[125] Zitiert nach Jörg-Ulrich Fechner (Hg.): *›L'âpre gloire du silence‹. Europäische Dokumente zur Rezeption der Frühwerke Stefan Georges und der ›Blätter für die Kunst‹ 1890–1898*. Heidelberg 1998, S. 96.
[126] Das 2012 erschienene George-Handbuch in drei Bänden widmet diesem Aspekt sogar ein umfangreiches Kapitel (Aurnhammer u. a. [Hg.]: *Stefan George und sein Kreis*. Band 1, S. 408–491). Vgl. auch Nutt-Kofoth: »Dichtungskonzeption als Differenz«, S. 230 f.: Durch »bewußte Entziehung aus den allgemeinen Distributionsbedingungen des Zeitschriftenmarktes« gelingt es George den *Blättern für die Kunst* »eine Exklusivität zu verleihen, die sie von anderen Zeitschriften abhob und bewußt unterscheidbar machte. […] Insofern läßt sich diese Publikationsstrategie Georges als eine extrem wirkungsorientierte erkennen.« Vgl. auch Dieter Mettler: *Stefan Georges Publikationspraxis. Buchkonzeption und verlegerisches Engagement*. München u. a. 1979; vgl. außerdem: Bodo Würffel: *Wirkungswille und Prophetie. Studien zu Werk und Wirkung Stefan Georges*. Bonn 1979, S. 25–41.
[127] Nutt-Kofoth: »Dichtungskonzeption als Differenz«, S. 231.
[128] Thomas Wegmann: »›Bevor ich da war, waren all die Gedichte noch gut‹. Über Stefan Georges Marketing in eigener Sache«. In: *Text + Kritik*. Heft 168 (2005).
[129] Friedmar Apel: »Die eigene Sprache als fremde. Stefan Georges frühes Kunstprogramm«. In: *George-Jahrbuch* 8 (2010/2011), S. 1–18. Hier: S. 2.

Gut zu öffentlichkeitswirksamen Zwecken auf raffinierte Weise instrumentalisiert. Der inszenierte Abgrenzungsgestus – nicht nur anderen zeitgenössischen Literaturströmungen (und deren Zeitschriften) gegenüber, sondern auch gegenüber der Masse an Lesern – fungiert so als zweckorientiertes Mittel, die eigenen Werke durch ihre (vermeintliche) Privatisierung für die Öffentlichkeit interessant zu machen. Dieser Privatisierung korreliert dabei die wachsende Mystifizierung des Dichters und seines Werkes. Letztere wiederum bedingt die steigende Nachfrage und garantiert den kommerziellen Erfolg.

5.4 Die Veröffentlichung privater Kunst

George führt diese Strategie auch in der späteren Veröffentlichung seiner ›privaten‹ Dichtungen fort. Ende 1898 findet er einen kommerziellen Verleger, Georg Bondi, und überlässt seinem Mitarbeiter Carl August Klein die Vertragsverhandlungen. Aus einem Brief von Bondi wird deutlich, dass die nicht-kommerzielle private Publikationsphase Georges nun ihr Ende findet:

> Ich ersehe aus Ihrem Briefe mit Freuden, dass Herr Stephan George, an dessen Dichtungen [...] ich schon seit einiger Zeit regen Anteil nehme, daran denkt, den freiwilligen Ausschluss der Öffentlichkeit aufzugeben. Ich bin, wie Sie wissen, gern bereit, diese Gedichte in meinem Verlag zu veröffentlichen u. freue mich aufrichtig, dass Herr Stephan George meinem Wunsche sympathisch gegenübersteht. Was die geschäftlichen Abmachungen betrifft, so möchte ich in erster Linie die Teilung des Reingewinns vorschlagen.[130]

Die zweite öffentliche Ausgabe der *Hymnen*, der *Pilgerfahrten* und des *Algabal* erscheint dann einen Monat nach Vertragsabschluss mit Bondi[131] in einem einzigen Band, der alle drei Werke in einem Gesamtzyklus vereinigt. Zielgruppe ist diesmal aber nicht der private Freundeskreis, sondern die breite Öffentlichkeit. Bezeichnenderweise ist diese Ausgabe um eine Vorrede ergänzt, die einerseits die öffentliche Wahrnehmung von Georges Lyrik lenken und andererseits gegenüber seinen Freunden und Anhängern Rechenschaft ablegen soll.

Dem Rechtfertigungsdruck über die Veröffentlichung seiner bis dato ›exklusiven‹ Privatdrucke sieht sich George also selbst ausgesetzt und begründet die Publikation mit der vermeintlich erlangten künstlerischen Reife der »lesenden menge«, bei der sich im Verlauf eines diskursiven Bildungsprozesses ein »neues schönheitsverlangen« entwickelt habe, womit sich die Öffentlichkeit für den Zugang zu seinem Werk qualifiziert habe:

> Den ersten druck seiner dichtungen die vor einem jahrzehnt zu erscheinen begannen reichte der verfasser freunden und gönnern als geschenk · so blieb er bis in einzelhei-

---

[130] »Georg Bondi an Carl August Klein. Brief vom 7. Juni 1898«. Zitiert nach: Aurnhammer u. a. (Hg.): *Stefan George und sein Kreis*. Band 1, S. 432.
[131] Also im November 1898, vordatiert auf das Jahr 1899.

ten der rücksicht auf die lesende menge enthoben die damals besonders wenig willens oder fähig war ein dichtwerk als gebilde zu begrüssen und zu geniessen. Heute da mit dem freudigen aufschwunge von malerei und verzierung bei uns vielerorten ein neues schönheitsverlangen erwacht glaubt er den wachsenden wünschen nachgeben und auf den schutz seiner abgeschlossenheit verzichten zu dürfen.[132]

Auch Karl Wolfskehl (1869–1948),[133] ein zeitlebens enger Vertrauter Georges, wirbt kräftig für diese erste öffentliche Ausgabe, indem er den privaten Sonderstatus der bis dato nur in wenigen Städten erhältlichen Dichtung besonders akzentuiert:

> Außerdem waren einzelne seiner Bücher in ein paar hauptstädtischen – Berliner, Münchener, Wiener – Buchhandlungen zu erwerben, freilich nur in wenigen Exemplaren, die heiß begehrt und rasch in festen Händen waren. Langsam, wie er aus seiner selbstgewählten Zurückgezogenheit heraustrat, ist die Zahl seiner Anhänger und Bewunderer gewachsen, heute wird, als ein freudiges litterarisches Ereignis, die Nachricht begrüßt werden, daß seine Dichtungen demnächst auf dem gewöhnlichen buchhändlerischen Wege erhältlich sind.[134]

Karlauf macht darauf aufmerksam, dass George bei dieser ersten ›öffentlichen‹ Publikation sehr viel publizistische Sorgfalt verwendet – er also Freiexemplare und Prospekte verschickt, die für seine Bände werben; ja, sogar einen Sonderband publiziert, der eine Auswahl seiner besten Gedichte aus den *Blättern für die Kunst* enthält und dem ein Abdruck des Aufsatzes von Richard M. Meyer über George beigelegt ist.[135] Dieser »publizistische[n] Offensive«[136] folgt ein Leseabend im Hause Lepsius, an dem zwar nur geladene Gäste teilnehmen dürfen, der aber stark zur breiten Öffentlichkeitswirkung des Dichters beiträgt.[137]

So schafft es George erstens über den Paratext der öffentlichen Ausgabe mittels geschickter Rhetorik[138] den Wert seiner Dichtung dadurch zu erhöhen, dass er sie als etwas Seltenes, Exklusives und bis dato Unzugängliches inszeniert. Zweitens tragen die darauffolgenden semi-privaten Lesungen, die stets in Privatwohnungen stattfinden und an denen nur geladene Gäste partizipieren dürfen, zur Öffentlichkeitswirkung bei – und zwar gerade dadurch, dass sie nur ausge-

---

[132] SW II, 5.
[133] Karl Wolfskehl hatte für George von Beginn an primär die Funktion des Berichterstatters. So berichtete er ihm über aktuelle Ereignisse in der Literatur- und Kunstszene, trug aber auch wesentlich zur öffentlichen Bekanntmachung Georges bei. Später verstand sich Wolfskehl – in christologischer Terminologie – als ›Apostel‹ des Meisters (vgl. Birgit Wägenbaur/Ute Oelmann [Hg.]: ›Von Menschen und Mächten‹. Stefan George – Karl und Hanna Wolfskehl. Der Briefwechsel 1892–1933. München 2015, S. 26).
[134] Karl Wolfskehl: »Stefan George«. In: Ders.: *Kolloquium. Vorträge – Berichte – Dokumente*. Herausgegeben von Paul Gerhard Klussmann in Verbindung mit Jörg-Ulrich Fechner und Karlhans Kluncker. Amsterdam 1983, S. 228–235. Hier: S. 228.
[135] Vgl. Karlauf: *Stefan George*, S. 247.
[136] Karlauf: *Stefan George*, S. 247.
[137] Zu den insgesamt vier Lesungen im Berliner Salon Lepsius vgl. Egyptien: *Stefan George. Dichter und Prophet*, S. 156–165.
[138] Vgl. Martin Roos: *Stefan Georges Rhetorik der Selbstinszenierung*. Düsseldorf 2000.

wählten Zuhörern offenstehen. Und drittens hat George mit seiner privaten Zeitschrift ein Publikationsorgan, in dem neue Gedichte vorab abgedruckt werden können und so wirkungsästhetisch nachfolgende Werke antizipieren und bewerben. Zudem inszenieren sich die *Blätter für die Kunst* durch ihre beschränkte Auflage als literarische Rarität, die das öffentliche Interesse nicht nur für die dort erscheinenden Texte – sondern vielmehr für die später erscheinenden Gedichtbände[139] Georges schüren soll.

So lässt sich festhalten, *dass George durch das Sprechen über die Abgeschlossenheit und die Exklusivität ›Privatheit‹ zuallererst generiert*. So wird erreicht, was er im eigentlichen Sinne intendiert: Nämlich Privatheit rhetorisch zu *konstituieren*, sie durch geschickte Rhetorik sowohl poetologisch als auch poetisch zu *inszenieren*, um sie als einen Wert zu *proklamieren* und zu guter Letzt marktstrategisch zu *instrumentalisieren*.

---

[139] Noch 15 Jahre nach der Veröffentlichung seiner frühen Dichtungen wird George in der Vorrede zum *Stern des Bundes* (1914) mit dieser *publikationsstrategischen Rhetorik inszenierter Privatheit* arbeiten, wenn er behauptet, das Werk sei »zuerst gedacht für die freunde des engern bezirks« und nur »die erwägung dass ein verborgen-halten von einmal ausgesprochenem heut kaum mehr möglich ist hat die öffentlichkeit vorgezogen als den sichersten schutz«. ›Schuld‹ am finanziellen Erfolg des Buches seien aber die unmittelbar *nach* der Publikation eintretenden »sich überstürzenden welt-ereignisse« (der Beginn des Ersten Weltkrieges), weil durch sie viele empfänglich gemacht worden seien für ein Buch, »das noch jahrelang ein geheimbuch [sic!] hätte bleiben können« (SW VIII, 5). So paradox diese Rede vom ›Schutz des Privaten im Öffentlichen‹ auch sein mag – sie wirkt beim Rezipienten durch ihre zwar paradoxale, doch geschickte Rhetorik.

6. Überleitung zum analytischen Teil

Während die vorangegangenen Kapitel in den historischen Kontext und einige der kulturellen Diskurse um 1900 einführten, aber auch den religionsgeschichtlichen Hintergrund und die ökonomischen Bedingungen der Autoren beleuchteten – werde ich mich im zweiten großen Hauptteil dieser Arbeit den literarischen Texten selbst zuwenden und diese einer vornehmlich textimmanenten Analyse unterziehen. Sofern ein Text allerdings semantische Leerstellen aufweist, die sich weder aus dem Kotext, Kontext oder kulturellen Kontext füllen lassen, erscheint es mir für die Deutung durchaus legitim, zudem biographische Fakten aus dem Leben des Autors hinzuzuziehen, da diese bei der Entstehung eines Textes m. E. eine mitunter ebenso große Rolle spielen wie der kulturelle Kontext.

Dabei sollen die drei oben aufgestellten Thesen geprüft und folglich herausgestellt werden, wie ›Privatheit‹ in den hermetisierten Texten um 1900 dargestellt wird, welche Semantiken mit ihr korreliert werden und welche Funktion sie im jeweiligen Text hat. Zum Zweck einer systematischen Darstellung möchte ich dabei zwischen hermetisierter Lyrik und Prosa differenzieren und demonstrieren, inwieweit es in Hinblick auf die zu dieser Zeit entstandenen literarischen Texte gattungsübergreifende Kohärenzen, aber auch Differenzen gibt.

Im Fokus der Lyrik-Analyse (I.) stehen dabei insbesondere die frühen Gedichtbände Stefan Georges (*Hymnen*, *Algabal*, *Das Jahr der Seele*), die sich selbst als genuin ›private‹ Dichtungen inszenieren, aber auch die frühe Lyrik Hugo von Hofmannsthals (*Mein Garten*, *Die Töchter der Gärtnerin*, *Weltgeheimnis*) und Rainer Maria Rilkes (*Das Stunden-Buch*). Im Verlauf der Untersuchung werden zudem die literarischen Motive des ›Gartens‹ und des ›Parks‹ einer näheren Untersuchung unterzogen, weil sie – so behaupte ich – um die Jahrhundertwende in auffälliger Häufigkeit vorkommen und meist als Privaträume fungieren. Die Lyrik-Analysen sollen dabei nicht nur aufzeigen, welche Paradigmen und Semantiken dem jeweilig entwickelten Modell von Privatheit im literarischen Text zugrunde liegen, sondern auch die poetologischen Gemeinsamkeiten und Differenzen in den ästhetischen Programmen, Dichtungskonzeptionen und Autorkonzepten herausstellen. Entsprechendes gilt für die Erzähltextanalysen, wobei hier weniger die Analyse rhetorischer Mittel als vielmehr die Untersuchung narrativer Verfahren und Darstellungsmodi im Vordergrund steht – also u. a. die Rekonstruktion der Erzählsituation und des Erzählmodus, aber auch die Untersuchung der semantischen Räume und Figurenkonstellationen. Die Analyse der narrativen Strukturen dient auch hier primär der Beantwortung der Frage nach der Modellierung und Funktionsweise von Privatheit im jeweiligen Text. Dazu ziehe ich drei der wohl repräsentativsten Texte der Wiener Moderne heran: Leopold Andrians *Der Garten der Erkenntnis* (1895), Hugo von Hofmannsthals Erzähltext *Das Märchen der 672. Nacht* (1895) und Richard Beer-Hofmanns Roman *Der Tod Georgs* (1900). Ziel soll es dabei sein, übergreifende Paradigmen herauszuarbeiten, die eine systematische Erfassung und Kategorisierung literarischer Texte der frühen Moderne erlauben.

II. Textanalysen

1. Private Sprache in den *Hymnen*

1.1 Einleitung

Mit den *Hymnen* beginnt Stefan George den Druck seiner frühen Dichtungen – es ist das literarische Debut vor einer beschränkten Öffentlichkeit. Der erste Gedichtband erscheint erstmals 1890 in einer geringen Auflage von nur 100 Exemplaren als Privatdruck, gedruckt auf hochwertigem, graugelbem Papier.[1] Ein ausdrücklicher Vermerk weist deutlich darauf hin, dass die wenigen gedruckten Privatexemplare ausschließlich für den Verfasser und dessen Freunde bestimmt sind. Dieser exklusiven Publikationspraxis ist es mitunter geschuldet, dass der Band nicht primär in Deutschland, sondern zuerst in Frankreich und Belgien registriert und gewürdigt wird. Die Vorrede zur zweiten öffentlichen Ausgabe, die die *Hymnen*, *Pilgerfahrten* und *Algabal* in sich vereint, akzentuiert diesen proklamierten privaten Status der Dichtung, die nur »freunden und gönnern als geschenk« gereicht worden sei.

Diese genuin private Publikationsform verweist aber auch auf die Selbstreferenzialität der Texte und die proklamierte Abgeschlossenheit gegenüber anderen literarischen Strömungen (insbesondere des Naturalismus). Bereits mit seinem ersten Lyrikband, durch den sich George der Anerkennung der französischen Symbolisten versichert, setzt er die poetologische Programmatik seiner amimetischen, selbstreferenziellen und hermetischen Kunstkonzeption in die Tat um. Die Loslösung von sozialen, religiösen oder politischen Kontexten ist der entscheidende Schritt auf dem Weg zu einer radikalen Autonomieästhetik, die eben »nicht Wiedergabe der Welt, sondern eine Welt selber mit ihren unabhängigen Gesetzen«[2] will.

Allerdings ist dabei nicht zu leugnen, dass Programmatik und poetische Umsetzung nicht vollständig konvergieren: Denn auch George stützt sich bewusst auf die literarische Tradition, verwendet etablierte sprachliche Zeichen und Symbole[3] zur Bedeutungskonstitution und verortet sich damit selbst als zwar eigenständiger Dichter mit dem Anspruch auf Innovation – zugleich aber auch

---

[1] Diese minimalistische Ästhetik ist – bis zur Zusammenarbeit mit dem Buchkünstler Melchior Lechter – eines der auffälligsten formalästhetischen Kennzeichen von Georges frühen Gedichtbänden.

[2] Hubert Arbogast: *Die Erneuerung der deutschen Dichtersprache in den Frühwerken Stefan Georges. Eine stilgeschichtliche Untersuchung*. Köln/Graz 1967, S. 95.

[3] Die Problematik bei der Verwendung des ›Symbol‹-Begriffs besteht darin, dass der Terminus in den Literatur- und Kulturwissenschaften so offen ist, dass er zur exakten Erfassung sprachlicher Phänomene zu unpräzise und in seiner nicht näher definierten Verwendung unbrauchbar ist. Sofern der Begriff in der vorliegenden Arbeit aber dennoch fällt, verstehe ich unter ›Symbol‹ ein konventionelles, sinnlich-gegenständliches Zeichen, das einen geistig-abstrakten Gehalt bezeichnet. Zur Kritik am Symbol-Begriff vgl. z. B. Krah: *Einführung in die Literaturwissenschaft/Textanalyse*, S. 148.

als integraler Teil der abendländischen Literaturgeschichte. Die private Kunst Georges ist demnach durch ihre Selbstreferenzialität und ihren neuen ›Ton‹ zwar innovativ und hebt sich damit von den zeitgenössischen (als ›epigonal‹ abqualifizierten) literarischen Texten ab – sie kann und will sich aber umgekehrt nicht gänzlich von der Literaturgeschichte lossagen. Vielmehr ist es Georges Bestreben, sich in die Reihe der großen griechischen (Hesiod, Ovid) und deutschen Dichter (u. a. Jean Paul, Goethe und Hölderlin[4]) einzuordnen – und dies, indem er sich durch intertextuelle Referenzen in seinen Texten implizit auf diese bezieht. Schon die Tatsache, dass George seinen ersten Band mit ›Hymnen‹ tituliert, ist ein Indiz dafür, dass er sich nicht gänzlich von der literaturgeschichtlichen Tradition emanzipieren möchte. Die Wahl dieses Begriffs verdeutlicht die seinem Frühwerk inhärente Janusköpfigkeit von Tradition und Innovation: Denn mit der Verwendung des Titels reiht George sein Werk in die literarische Tradition einer Gattung, die sich aus dem Hymnus der heidnischen Antike entwickelte[5] und in ihrer ursprünglichen Form einen religiösen Lobgesang bezeichnete. Berechtigt ist dieser Titel deshalb, weil »mindestens ein Drittel der achtzehn Gedichte […] als Anrufung eines Höheren zu deuten« ist und der Begriff ›Hymnen‹ in seiner ursprünglichen Bedeutung »als gewebte Rede« bzw. »kunstvolle Fügung des Gesanges« auf die Formstrenge der Komposition des Bandes zutrifft.[6] Zwar weisen die *Hymnen* noch nicht die formale und inhaltliche Geschlossenheit der nachfolgenden Gedichtbände auf – doch sind ihnen bereits wichtige Merkmale der späteren Dichtungen Georges zu attestieren. Indes ist zu bemerken, dass in Georges erstem Werk lediglich einzelne Strukturelemente der Gattungstradition der Hymne aufgenommen werden.[7] Sie werden

---

[4] Diesen Dichtern schreibt George eine für die Literaturgeschichte außergewöhnliche Bedeutung zu. In der dreibändigen Anthologie *Deutsche Dichtung*, die von Stefan George und Karl Wolfskehl herausgegeben und eingeleitet wurde, sind die ersten beiden Bände Jean Paul (Band 1: *Jean Paul. Ein Stundenbuch für seine Verehrer* [1900]) und Goethe (Band 2: *Goethe* [1902]) gewidmet, während der dritte Band (Band 3: *Das Jahrhundert Goethes* [1902]) eine lyrische Blütenlese aus Gedichten der für George bedeutendsten Dichtern (Klopstock, Schiller, Hölderlin, Novalis, Brentano, Eichendorff, Platen, Heine, Lenau, Hebbel, Mörike und C. F. Meyer) enthält, wobei Hölderlin eine zentrale Stellung zukommt.

[5] Vgl. den Eintrag im *Reallexikon der Deutschen Literaturwissenschaft*: »Die neuzeitliche Hymne knüpft an den *Hymnus* der heidnischen Antike und des spätantiken und mittelalterlichen Christentums an. Mit den vorgängigen hymnischen Traditionen teilt sie die appellative Struktur (*Apostrophe, Invocatio*), die hierarchisch-vertikale Ausrichtung (Götter, Fürsten, Helden, Ideale etc.), den feierlichen Ton (*Genus sublime, Genera dicendi*) und die Tendenz zur Dreigliedrigkeit (Anrufung, ›epischer‹ Mittelteil, abschließende Bitte)« (Art. ›Hymne‹. In: *Reallexikon der Deutschen Literaturwissenschaft*. Band II, S. 105–107. Hier: S. 105).

[6] Hanns Stefan Schultz: *Studien zur Dichtung Stefan Georges*. Heidelberg 1967, S. 12.

[7] Vgl. dazu Kai Kauffmann: »Loblied, Gemeindegesang und Wechselrede. Zur Transformation des Hymnischen in Stefan Georges Œuvre bis zum ›Stern des Bundes‹«. In: Wolfgang Braungart/Ute Oelmann/Bernhard Böschenstein (Hg.): *Stefan George. Werk und Wirkung seit dem ›Siebenten Ring‹*. Tübingen 2001, S. 34–47.

aber nicht einfach zitathaft wiederholt, sondern vielmehr transformiert, funktionalisiert und in sein Dichtungskonzept integriert, das gerade eines postuliert: ›neu‹ zu sein.

1.2 Die Reversion ›traditioneller‹ Semantik

Mit dem Initialgedicht *Weihe* beginnt George seinen ersten Gedichtband:[8] Wolters nennt es treffend die »Geburt des Werkes«.[9] Dabei bedient sich George der literarischen und religionsgeschichtlichen Tradition des Abendlandes und übernimmt nicht nur bestimmte Topoi (antike und christliche Inspirationsvorstellungen; den Topos der Dichterweihe[10]) oder Motive (Motivik des Musenkusses), sondern lehnt sich auch stilistisch an die Literaturgeschichte (v. a. Klopstock[11]) an. Stefan Martus fasst die Pluralität an literatur- und kulturgeschichtlichen Strukturelementen, die sich im Gedicht rekonstruieren lassen, prägnant zusammen. So spiele das Gedicht

> mit Motiven der romantischen Flucht in die Natur als Dichtungsraum; es schließt an die Tradition der genialen Melancholie an, die durch die zumindest angedeutete Geste des in die Hand geschmiegten Kopfes eingespielt wird; es zitiert die empfindsame Inspirationsszene, die Klopstock in *Die Stunden der Weihe* gestaltet hat; und es evoziert die allegorische Darstellung der Nacht in einem Schleiergewand, geschmückt mit Attributen des Mondes. Schließlich ist das Gedicht mit den Elementen ausstaffiert, die den Topos des locus amoenus auszeichnen: mit Baum, Wasser und Lufthauch. Die *Weihe* greift damit auch auf eine der Ursprungsgeschichten der abendländischen Literatur zurück, auf die bukolische Erfindung der Poesie aus dem Geist des Müßiggangs und der Mimesis naturhafter Laute, die sich als Entstehungsort der Poesie seit den Vergil-Kommentaren ins Bildgedächtnis der poetologischen Selbstverständigung eingeprägt hat. Anders gesagt: Die *Weihe* ist ein literatur- und motivgeschichtliches Sammelbecken[.][12]

---

[8] Das Gedicht konstituiert sich aus sechs kreuzgereimten Strophen. Jede der sechs Strophen besteht aus vier gereimten fünfhebigen Jamben. Bis auf die dritte und die sechste Strophe sind es durchgängig weibliche Kadenzen. Das Versmaß ist der *vers commun*.

[9] Friedrich Wolters: *Stefan George und die Blätter für die Kunst. Deutsche Geistesgeschichte seit 1890*. Berlin 1930, S. 26.

[10] Der Topos der Dichterweihe wird schon am Anfang der abendländischen Literatur – nämlich bei Hesiod – thematisiert (vgl. Kolk: *Literarische Gruppenbildung*, S. 16 f.). Zum Topos der Dichterweihe in der Antike vgl. Athanasios Kambylis: *Die Dichterweihe und ihre Symbolik. Untersuchungen zu Hesiodos, Kallimachos, Properz und Ennius*. Heidelberg 1965.

[11] Es darf als gesichert gelten, dass George vor Niederschrift der *Hymnen* Klopstocks *Die Stunden der Weihe* gelesen hat. Arbogast äußert die Vermutung, dass George zu seiner Studienzeit am Kolleg des Germanisten Erich Schmidt mit dessen historisch-kritischen Ausgabe von Klopstocks Oden in Berührung gekommen sein könnte (vgl. Arbogast: *Die Erneuerung der deutschen Dichtersprache in den Frühwerken Stefan Georges*, S. 99).

[12] Steffen Martus: *Werkpolitik. Zur Literaturgeschichte kritischer Kommunikation vom 17. bis ins 20. Jahrhundert. Mit Studien zu Klopstock, Tieck, Goethe und George*. Berlin/New York 2007, S. 532 f.

Wie später in den *Pilgerfahrten* oder im *Algabal* verwendet George bereits in den *Hymnen* sowohl christologische als auch paganistische Vorstellungen und verbindet diese eklektizistisch in seinem Text, um sich damit – trotz seines proklamierten Innovationsgebots – in die literatur- und kulturgeschichtliche Tradition ›einzuschreiben‹. So lassen sich die Segnung, die Inspiration und auch der Musenkuss im ersten Gedicht als literaturgeschichtlich etablierte Zeichen (›Symbole‹) mit fixen Konnotationen rekonstruieren. Außerdem ist das Gedicht als Allusion auf den Mythos von Pan und Syrinx zu interpretieren, wie unten noch ausführlicher gezeigt werden wird.

Mit dem Rekurs auf die abendländische Kulturgeschichte inszeniert George so in *Weihe* die »Einsegnung« des Dichters bzw. die »Ordination des Priesters«,[13] also die Einsetzung des Dichters als ›Dichter-Priester‹ in sein heiliges Amt – und antizipiert damit bereits seine später eingenommene Autorenrolle als *poeta vates*. Thematisch stellt der 22-jährige Autor damit sein Werk von Beginn an »unter das Zeichen einer von oben vollzogenen Segnung und Erwähltheit«.[14] So legitimiert der Akt der Dichterweihe den jungen Dichter also bereits im ersten (publizierten) Gedicht und kennzeichnet ihn als einen vor der Menge Ausgezeichneten. Diese Auszeichnung ist aber als durchaus ambivalente zu bestimmen: Denn sie erfordert strenge Askese, Widerstand gegen die sinnlichen Verlockungen und ist verbunden mit einer melancholischen Einsamkeit.

    Weihe

    Hinaus zum strom! wo stolz die hohen rohre
    Im linden winde ihre fahnen schwingen
    Und wehren junger wellen schmeichelchore
    Zum ufermoose kosend vorzudringen.

5   Im rasen rastend sollst du dich betäuben
    An starkem urduft · ohne denkerstörung ·
    So dass die fremden hauche all zerstäuben.
    Das auge schauend harre der erhörung.

    Siehst du im takt des strauches laub schon zittern
10   Und auf der glatten fluten dunkelglanz
    Die dünne nebelmauer sich zersplittern?
    Hörst du das elfenlied zum elfentanz?

    Schon scheinen durch der zweige zackenrahmen
    Mit sternenstädten selige gefilde ·
15   Der zeiten flug verliert die alten namen
    Und raum und dasein bleiben nur im bilde.

---

[13] David: *Stefan George*, S. 45 f.
[14] Schultz: *Studien zur Dichtung Stefan Georges*, S. 15.

> Nun bist du reif · nun schwebt die herrin nieder ·
> Mondfarbne gazeschleier sie umschlingen ·
> Halboffen ihre traumesschweren lider
> 20 Zu dir geneigt die segnung zu vollbringen:
>
> Indem ihr mund auf deinem antlitz bebte
> Und sie dich rein und so geheiligt sah
> Dass sie im kuss nicht auszuweichen strebte
> Dem finger stützend deiner lippe nah.[15]

Das aus jambischen Fünfhebern bestehende Gedicht konstituiert sich in formalästhetischer Strenge aus sechs Strophen zu je vier Versen. Die erste Strophe antizipiert zeichenhaft den im darauffolgenden Gedicht (*Im Park*) thematisch explizit werdenden Widerstand gegen die sinnlichen Verlockungen. Setzt man beide Gedichte in Analogie zueinander, kann der Griffel, der sich nur unter Widerstand (vgl. 11, V. 13)[16] vom Dichter führen lässt und als Phalluszeichen deutbar ist, mit den stolz sich erhebenden »hohen rohre[n]« (10, V. 1) in Analogie gesetzt werden. Die »schmeichelchore« (10, V. 3) der »junge[n] wellen« (10, V. 3) werden durch das hohe Schilfrohr ferngehalten – sie »wehren« (10, V. 3) sie ab.[17] Wie auch der Dichter, der sich des widerspenstigen Griffels zu ermächtigen hat, kämpfen diese gegen die vordingenden sinnlichen Verlockungen an. Die imperativische Anrede im Gedicht darf in diesem Sinne als Selbstermahnung des Dichters verstanden werden, sich nicht von seiner hohen Aufgabe und seiner Berufung als Dichter abbringen zu lassen. Das im Gedicht angesprochene Du kann so auf einer metapoetischen Ebene als Ansprache Georges an sich selbst verstanden werden.

Eine semantische Tiefenebene offenbart sich dem geschulten Leser, der die mythologischen Chiffren[18] im Text zu entschlüsseln imstande ist: Denn die verwendeten Zeichen der ersten Strophe (›Strom‹, ›[Schilf-]Rohre‹, ›linder Wind‹, ›wehren‹, ›Wellen‹, ›Schmeichelchor‹) referieren indirekt auf den Mythos von Pan und Syrinx im ersten Buch der *Metamorphosen*.[19] Ovid schildert dort die Flucht der keuschen Dryade Syrinx vor dem lüsternen Hirtengott Pan wie folgt:

> Es blieb noch die Rede wiederzugeben und, daß die Nymphe Pans Bitten zurückwies und durch die Wildnis floh, bis sie zur sanftrinnenden *Strömung* des sandigen Ladon gelangte; daß sie hier, von den *Wellen* im Laufe gehemmt, ihre Schwestern im Wasser bat, sie zu verwandeln – und daß Pan, als er schon glaubte, er halte nun Syrinx im

---

[15] SW II, 10.
[16] Hier und im Folgenden zitiert nach: SW II. Die erste Zahl in der Klammer verweist auf die entsprechende Seite, die zweite nach dem ›V.‹ gibt den konkreten Vers im Gedicht an.
[17] Im Erstdruck findet sich noch »verbieten[]« statt »wehren«; in den *Blättern für die Kunst* »neinen« die hohen Rohre den Übertritt. Vgl. Martus: *Werkpolitik*, S. 534.
[18] Bezeichnenderweise entstand dieses Gedicht zu der Zeit, da George in Berlin Philologie studierte.
[19] Der intertextuelle Bezug zu den *Metamorphosen* wird sogar noch deutlicher im achten Gedicht des Bandes, das den bezeichnenden Titel *Verwandlungen* trägt (vgl. SW II, 18).

Arm, statt der Nymphe nur *Schilfrohr* umschlang [...] und daß, während er seufzte, der *Wind* durch das *Schilf* strich und ihm einen *sanften, klagenden Ton* entlockte[.][20] [Hervorhebungen von mir, S. B.]

Diesen mythologischen Prätext vor Augen, hält das Schilfrohr als Metonymie der Panflöte und Signifikat der Keuschheit (Syrinx) demnach die Sinnlichkeit (verkörpert durch den lüsternen Hirtengott Pan) fern, die die Initiation des Dichters (entsprechend: die Verwandlung der Nymphe Syrinx) gefährden könnte. Die Aufforderung »Hinaus zum strom!« (10, V. 1) ist folglich in Analogie zur Fluchtbewegung der keuschen Syrinx zu deuten. Gleich der Dryade – so der Aufruf des Sprecher-Ichs – habe sich das angeredete Du (der Dichter) durch Keuschheit und sinnlichen Triebverzicht auszuzeichnen, um vor der herniederschwebenden Göttin (im Mythos der jungfräulichen Göttin Artemis) bestehen zu können und den Musenkuss zu empfangen, der ihn zur Schaffung hoher Kunst befähigt.

Den Schutz[21] durch das abwehrende Schilf genießt der auf dem Rasen liegende Dichter (10, V. 5), da er frei ist von allen ›unreinen‹ Gedanken und äußerlichen Einflüssen: Sein Blick harrt schauend »der erhörung« (10, V. 8). Die lokale Abgeschiedenheit von der Zivilisation ist dabei als Voraussetzung für ein ungestörtes künstlerisches Produktionsvermögen gesetzt. Die Lösung von der profanen Sphäre des Alltags wird durch den Ortswechsel explizit gefordert.[22] Zu diesem Zweck begibt sich das Sprecher-Ich in die Natur, um inmitten derselben, nah am Strom, die Sinne zu »betäuben« (10, V. 5), um ganz »ohne denkerstörung« (10, V. 6) – also ohne Ablenkung, fokussiert und konzentriert – der dichterischen Inspiration zu harren, die nötig ist für das gelingende Gedicht.[23]

---

[20] Ovid: *Metamorphosen. Metamorphosen Libri. Lateinisch – deutsch*. Herausgegeben und übersetzt von Gerhard Fink. Mannheim 2010, S. 55.

[21] Schon dieses erste Gedicht antizipiert 1890 also jene rhetorischen Strategien der Abgrenzung, die in den *Blättern für die Kunst* zwei Jahre später programmatisch werden.

[22] Zanucchi sieht hierin Parallelen zu den antiken Mysterienkulten und zur Esoterik. Vgl. Zanucchi: *Transfer und Modifikation*, S. 318 f.

[23] In diesem Punkt ist Zanucchi zu widersprechen, wenn er behauptet, »[d]as abstrakte Denken« werde hier als »›Störung‹ der poetischen Vision empfunden« (Zanucchi: *Transfer und Modifikation*, S. 320). Denn zwar ist es richtig, dass sich der Dichter von fremden Einflüssen zu befreien hat, die als Störung empfunden werden; die Betäubung (»Im rasen sollst du dich betäuben« [10, V. 5]) bedeutet allerdings nicht eine Betäubung des *Geistes* (und damit des Denkens), sondern des *Körpers*, der den Initiationsprozess durch sinnliche Regungen stören könnte. Sinnlichkeit und Sexualität sind für den zur Entstehungszeit des Gedichts gerade mal 22-Jährigen von zentraler Bedeutung und werden als zu bewältigende Triebkräfte semantisiert. So kreisen auch weitere Gedichte des Bandes um den Themenkomplex der erotischen Verführung (so z. B. *Im Park* [11], *Von einer Begegnung* [15] und *Strand* [21]). Besonders explizit wird dieser Aspekt aber in *Neuländische Liebesmahle I*: »Kein zarter anhauch! nein in jenen chören / *Wird jungfräulicher flaum* den einklang *stören*« (16, V. 9–10) [Hervorhebungen von mir, S. B.]. Insgesamt lässt sich auch durchaus behaupten, dass Georges Werk von Beginn an »im Zeichen des Eros« steht (Egyptien: *Stefan George. Dichter und Prophet*, S. 427).

Strophe drei und vier bereiten dann auf die epiphanische Erscheinung der Göttin vor, die sich über das zitternde Laub (10, V. 9), die sich lichtende »dünne nebelmauer« (10, V. 11) und die tanzenden Irrlichter (»elfentanz« [10, V. 12]) ankündigt. Die »selige[n] gefilde« (10, V. 14), die durch die Zweige sichtbar werden, sind als Referenz auf die antike Vorstellung des Elysiums wiederum entlehntes Vokabular der Religions- und Kulturgeschichte und dienen hier – ebenso wie die Vorstellung der Aufhebung von Raum und Zeit – der Versprachlichung eines Einbruchs der Transzendenz und der Erhebung bzw. geistigen Entrückung des Dichters. Da dieser durch den Triebverzicht und aufgrund der Bereitschaft, der Kunst ein persönliches Opfer darzubringen, seine Reinheit und Keuschheit unter Beweis gestellt hat[24] – beginnt für ihn nun das Stadium der Reife (»Nun bist du reif« [10, V. 17]). Unter diesen Voraussetzungen aber kann sich die Segnung des Dichters schließlich (in der fünften und sechsten Strophe) vollziehen. Der Tempuswechsel vom Präsens zum Präteritum in der letzten Strophe entrückt die Szene der Gegenwart und lässt den Leser an diesem intimen Moment lediglich aus der zeitlichen Distanz und Retrospektive teilhaben. Signifikant ist dieser Sprung ins Präteritum deshalb, weil die Segnung damit ins Vergangene rückt – also nicht der Vollzug selbst dargestellt wird, sondern die bereits vollzogene und abgeschlossene Segnung,[25] was die Legitimation des Dichters nicht erst initiiert, sondern bereits als abgeschlossen erklärt.

Geweiht wird das ›reife‹ Du somit als Dichter durch den Musenkuss (»ihr mund auf deinem antlitz bebte« [10, V. 21]), über den es sublimiert und durch seine Segnung hierarchisch über andere Menschen gestellt wird. Bezeichnend an dieser Stelle ist aber, dass sich dieser Musenkuss nicht auf ›traditionelle‹ Weise[26] vollzieht; dies macht auch der brachylogische Duktus[27] der letzten Strophe (die sich ausschließlich aus Nebensätzen konstituiert) und der grammatikalische Bruch im letzten Vers sehr deutlich (10, V. 24): Die Apposition »Dem finger stützend deiner lippe nah« indiziert, dass der Dichter sich vor dem Kuss der Muse auf seine Lippen schützt – und damit seine Reinheit (selbst der Göttin ge-

---

[24] Vgl. Bernhard Böschenstein: »Weihe«. In: *Castrum Peregrini*. 50. Jahrgang (2001). Heft 250, S. 7–16. Hier: S. 12.
[25] Vgl. Bozza: *Genealogie des Anfangs*, S. 160.
[26] Wie beispielsweise in Klopstocks *Stunden der Weihe* (1778).
[27] Kauffmann bringt diesen Sachverhalt trefflich auf den Punkt: »[D]ie Konstruktion der Strophe, die schon syntaktisch fast entgleist, ist auch inhaltlich unklar, ja gestört. Der Kuss der Muse, der sich im ersten Vers vollzieht, wird nach ihrer in diesem Moment seltsam distanziert und reflektiert anmutenden Einsicht in die Reinheit und Heiligkeit des Dichters ein zweites Mal imaginiert, wobei der Kuss beim erneuten Versuch nicht mehr das Antlitz und schon gar nicht den Mund des Dichters erreicht. Das Bild […] ist voller semantischen Irritationen und emotionaler Ambivalenzen. […] Die mehrdeutigen und widersprüchlichen Posen der beiden Figuren – Dichter und Muse – verhindern den Eindruck einer in sich stimmigen und stabilen Bildskulptur« (Kauffmann: *Stefan George*, S. 38).

genüber) noch einmal unter Beweis stellt. So ist es freilich nicht (wie in der kulturgeschichtlichen Tradition des Musenkusses) der Dichter, der vor der Göttin erbebt – sondern umgekehrt die Göttin, deren Mund »auf deinem antlitz bebte« (10, V. 21). Dies ist in der Logik des Textes insofern nur folgerichtig, als der Kuss auf den Mund einen sinnlichen Akt bedeutet, den der Dichter (möchte er sich die ›Reinheit‹ und ›Keuschheit‹ bewahren) mit dem vorgehaltenen Finger verhindern muss.[28] Diese *Reversion traditioneller Semantik* hat hier doppelte Funktion: Einerseits sichert sich George durch das Aufgreifen etablierter klassizistischer Motive selbst einen Platz in der Literaturgeschichte – ganz seinem persönlichen Vorhaben entsprechend, die Nachfolge Goethes anzutreten[29] – andererseits wiederholt er diese nicht einfach, sondern macht durch poetische Neukodierung des etablierten sprachlichen Zeichens (der semantischen Inversion des Musenkusses[30]) etwas ›Neues‹ daraus und lenkt den Fokus nicht auf die höhere Macht, die den Dichter inspiriert, sondern auf diesen selbst, der durch seine eigene Willenskraft und Selbstdisziplin der Göttin sogar überlegen zu sein scheint.[31] Diese gehorcht und unterwirft sich dem Willen des Dichters, sie agiert nicht autonom und erscheint nicht in einer unberechenbaren Plötzlichkeit als Epiphanie – sondern wird vom Dichter-Ich in ebendem Moment ›herauf‹- bzw. ›herabbeschworen‹, da dieses sich selbst für ›reif‹ erklärt. Die Körperhaltung, die das Sprecher-Ich in der letzten Strophe einnimmt, ist so »als Geste des Rückzugs vor der Welt ins innere Reich des Denkens und Dichtens [zu] verstehen, die der Vorstellung von äußerer Inspiration diametral entgegensteht.«[32]

Mit dieser Technik erzielt George durch Zitation und gleichzeitige Reversion traditioneller und klassizistischer Motivik eine *Re-Semantisierung*, durch die etablierte sprachliche Zeichen mit neuen Konnotationen versehen werden. Die Komplexität von Georges Dichtung resultiert unter anderem aus diesen »Taktiken der Verunklärung«,[33] die zwar durch Transformation und semantische Re-

---

[28] Eine alternative Deutung legt Ralf Simon vor, der das letzte Wort »nah« als Substantiv (›Nahe‹) begreift: »Die Muse würde dann nicht nur den Finger als Metonymie des Schreibstiftes küssen und damit das Geschriebene nachträglich legitimieren, sie würde zudem die Melancholiegeste des Dichters, der seinen Kopf so stützt, daß sich seine Finger in der Nähe der Lippe befinden, gutheißen« (Ralf Simon: »Hymne und Erhabenheit im 19. Jahrhundert, ausgeführt von Stefan Georges ›Hymnen‹«. In: Steffen Martus/Stefan Scherer/Claudia Stockinger (Hg.): *Lyrik im 19. Jahrhundert. Gattungspoetik als Reflexionsmedium der Kultur*. Bern u. a. 2005, S. 357–385. Hier: S. 358 f.).

[29] Zanucchi erkennt in Georges Text sogar intertextuelle Parallelen zu Goethes Gedicht *Zueignung* (1784). Vgl. Zanucchi: *Transfer und Modifikation*, S. 316 f.

[30] So auch Ralf Simon, der von einer »Inversion der Inspirationsszene« spricht (Ralf Simon: »Hymne und Erhabenheit im 19. Jahrhundert«, S. 359).

[31] Bozza nennt dies die »Umkehrung der topischen Choreographie einer ›Inspiration‹ und ihrer Sinnlogik« (Bozza: *Genealogie des Anfangs*, S. 162). Der Kuss führe somit nicht zu einer Erkenntnis für das Ich, sondern für die Herrin, die das Ich (das sie ja küssend segnen soll) bereits vor ihrer Segnung ›rein und geheiligt‹ vorfindet.

[32] Bozza: *Genealogie des Anfangs*, S. 163.

[33] Martus: *Werkpolitik*, S. 538.

version die Tradition negieren – dies paradoxerweise aber gerade im Modus der Aneignung, Aufnahme und Zitation etablierter bedeutungstragender Zeichen, Motive und Symbole der abendländischen Tradition und Kulturgeschichte tun.

Damit wird bereits im ersten publizierten Gedicht eine für George charakteristische *Strategie semantischer Chiffrierung* erkennbar, mit der die *geistesaristokratische Intellektualisierung und Privatisierung seiner Dichtung* korreliert. Denn rezeptionsästhetische Voraussetzung bildet 1.) das Erkennen des zitierten Motivs (durch kulturelles Wissen) und 2.) die Bestimmung und Deutung der semantischen Abweichungen vom Prätext (durch ästhetische Kompetenz). Diese rezeptionsästhetischen Voraussetzungen sind der semiologische Schlüssel zum Verständnis und zur Deutung der semantischen Tiefenebene und Ausschlusskriterium für all diejenigen Leser, die diese Voraussetzungen nicht mitbringen.[34]

Dies soll in der Analyse des folgenden Gedichts *Im Park* noch deutlicher demonstriert werden. Denn gerade dort wird die (intellektuelle) Differenzqualität des Dichters gegenüber der Menge zum expliziten Thema erhoben. Auch der Bezug zur griechischen Mythologie (insbesondere der Dichtung Ovids) wird als chiffrierte intertextuelle Referenz deutlich. Analog der selbstreferenziellen Funktion in *Weihe* wird die oben beschriebene Technik der Aneignung literaturhistorischer und mythologischer Motive zur Transformation und Reversion traditioneller Semantik benutzt.

Das – unmittelbar auf *Weihe* folgende – zweite Gedicht der *Hymnen* bietet ein Beispiel für ein Park-Gedicht, in welchem die private Sondersphäre des Dichters als ausgezeichneter Kunstraum erkennbar wird. Zentral für diesen aus Terzinen bestehenden Text ist das Paradigma der Ästhetisierung der (künstlichen) Natur. George wählt als Versmaß dafür den *vers commun* mit alternierenden Kadenzen, orientiert sich auf formaler Ebene also an den französischen Vorbildern, aber auch an klassizistischen Formen. Thematisch stellt der junge Autor so sein Werk von Anfang an unter das Signum der Erwähltheit und Exzeptionalität.

---

[34] Solche Deutungsschwierigkeiten zeigen sich z. B. bereits im unmittelbaren familiären Umfeld Georges, wenn dessen Bruder Fritz an seine Tanzpartnerin Ida Coblenz schreibt: »Mein Bruder Schtefan – ja, unser Schtefan dicht't! Und denken Sie, jetzt sind seine ersten Gedichte gedruckt worden, und wir können sie nicht verstehen, keiner von uns« (Stefan George/Ida Coblenz: *Briefwechsel*. Herausgegeben von Georg Peter Landmann und Elisabeth Höpker-Herberg. Stuttgart 1983, S. 77).

Im Park

> Rubinen perlen schmücken die fontänen ·
> Zu boden streut sie fürstlich jeder strahl ·
> In eines teppichs seidengrünen strähnen
>
> Verbirgt sich ihre unbegrenzte zahl.
> 5 Der dichter dem die vögel angstlos nahen
> Träumt einsam in dem weiten schattensaal..
>
> Die jenen wonnetag erwachen sahen
> Empfinden heiss von weichem klang berauscht ·
> Es schmachtet leib und leib sich zu umfahen.
>
> 10 Der dichter auch der töne lockung lauscht.
> Doch heut darf ihre weise nicht ihn rühren
> Weil er mit seinen geistern rede tauscht:
>
> Er hat den griffel der sich sträubt zu führen.[35]

Wenn »Rubinen perlen« die »fontänen« (11, V. 1) schmücken, so ist durch die Metaphorisierung der Wassertropfen der artifizielle Charakter der Parklandschaft deutlich ausgewiesen. Auch der Teppich[36] (vgl. 11, V. 3), der als künstlich hergestelltes Produkt den grünen Rasen als Metapher zeichenhaft substituiert, signifiziert eine von der Kunst durchwirkte Privatwelt, in der sich der einsame Dichter zum Schreiben aufhält. Das Bild vom »weiten schattensaal« (11, V. 6) evoziert dabei Vorstellungen von Hoheit und Königtum – indes handelt es sich um ein zwar weitläufiges, aber in sich geschlossenes Interieur, in dem der Dichter ganz für sich sein kann. Der Schattenbereich, in dem sich der Dichter aufhält, darf als dessen private Domäne gelten, in der er sich – in Opposition zur profanen Alltagswirklichkeit – in seine Innenwelt versenken kann – »mit seinen geistern rede tauscht« (11, V. 13). Während es in diesem Gedicht also zwar ein generell ›öffentlicher‹ Raum (Park) ist, in dem sich das Sprecher-Ich aufhält, so schafft es sich innerhalb dieses Raumes doch eine Art ›private Sondersphäre des Geistes‹ (Schattensaal), die jedoch nicht absolut hermetisch abgegrenzt – sondern durchaus permeabel für das ›Leben‹ (sinnliche Töne, Vögel) ist. So lässt sich bereits anhand dieses Gedichts deutlich erkennen, dass hier ein Reziprozitätsverhältnis von Privatheit und Öffentlichkeit modelliert wird, das sich gerade aus seiner wechselseitigen Spannung konstituiert.

---

[35] SW II, 11.
[36] Vgl. dazu Zanucchi: »Das Teppich-Symbol, das auf eine lange Tradition zurückblickt – seit Quintilian ist das ›Gewebe‹, *textus* oder *textum*, Synonym für die Rede – und gerade im Jugendstil eine Konjunktur erlebte, unterstreicht die poetologische Valenz des Parks« (Zanucchi: *Transfer und Modifikation*, S. 332).

Ein Vergleich mit dem späteren *Algabal* macht deutlich, dass es sich also noch nicht um einen völlig ästhetisierten Raum handelt, sondern um einen durchaus ›lebendigen‹, in dem sogar »die vögel« sich dem Dichter »angstlos« (11, V. 5) nähern. Dieses ›lebendige Element‹ macht sich als eine durch Töne getragene Sinnlichkeit bemerkbar. Der den Dichter umgebende Naturraum – der frühlingshafte »wonnetag« (11, V. 7) – wird auf diese Weise erotisiert und ist reich an sinnlichen Verlockungen. Semantisch sind diese mit den Tönen der Musik korreliert, wenn von der »töne lockung« die Rede ist (11, V. 10). Diese Lockung kulminiert schließlich in einer dionysischen Hingabe der Parkbesucher. Die Masse lässt sich von der Musik berauschen und gibt sich ihren ›animalischen‹ Trieben hin: »Es schmachtet leib und leib sich zu umfahen« (11, V. 9). Auch der Dichter ist nicht frei von den Verlockungen der sinnlichen Töne, auch ihn regt das natürliche Treiben an – »Der dichter auch der töne lockung lauscht« (11, V. 10) – doch hat er – und eben dadurch hebt er sich von der Masse ab – den ablenkenden erotischen Eindrücken zu widerstehen, um künstlerisch produktiv zu sein und seine ›höhere dichterische Mission‹ nicht zu gefährden. Die implizit unterstellte Voraussetzung für das Erschaffen von (hoher) Kunst ist die Vergeistigung, Keuschheit, das asketische Ideal. Um ›geistige Kunst‹ – im Sinne Georges – zu schaffen, hat der Dichter ganz bei sich selbst zu sein und sinnliche Entgrenzungserfahrungen zu meiden. Die dionysische Erfahrung ist bei George also eindeutig negativ konnotiert, da sie die Aufhebung des *principium individuationis* zur Folge hat, zu Selbst- und Identitätsverlust führt und die »Regression zu einem triebhaften Dasein«[37] bedeutet. Damit ist diesem Gedicht eine ›Poetik der Vergeistigung‹ inhärent, welche die Triebe zu sublimieren erstrebt.[38] – Der Griffel im abschließenden Monostichon ist daher semantisch ambig sowohl als Phallus als auch als Schreibinstrument zu deuten. Der Satz »Er hat den griffel der sich sträubt zu führen«[39] bedeutet demnach nichts anderes als die Durchsetzung eines sich gegen die sinnlich-erotischen Reize behauptenden Willens zur Selbstdisziplinierung (»führen«) im Dienste der hohen geistigen Kunst.[40] Dass die letzte Terzinenstrophe mit diesem Satz abbricht, verdeutlicht den Widerstand, mit dem der Dichter zu kämpfen hat und expliziert die Prozesshaftigkeit der anstrengenden Schreibtätigkeit, die theoretisch *ad infinitum* fortgesetzt werden könnte. Die Formstrenge und ästhetische Ordnung der aus Terzinen bestehenden Gedichtform korreliert hier also insofern der in-

---

[37] Zanucchi: *Transfer und Modifikation*, S. 333.
[38] Vgl. Zanucchi: *Transfer und Modifikation*, S. 331.
[39] Diese Kraftaufwendung seitens des Dichters – die sich bildlich im sträubenden Stilus darstellt – wird durch das Hyperbaton »der sich sträubt« (11, V. 13) auch auf formalsprachlicher Ebene eingelöst.
[40] Auf eine poetologische Deutungsdimension macht Zanucchi aufmerksam, wenn er »die parnassisch-klassizistische Färbung von Georges Symbolismus« (Zanucchi: *Transfer und Modifikation*, S. 335) in diesem Text akzentuiert und den Bezug zu der französischen Dichtergruppe *Parnassiens* herstellt.

haltlichen Ebene, als das zentrale Thema dieses Gedichts der geistige Widerstand gegen die ›Unordnung‹ und das ›Chaos‹ der Sinnlichkeit ist.

Wie in *Weihe* finden sich auch in diesem Gedicht motivische Anklänge an die griechische Mythologie, im Besonderen an Ovids *Metamorphosen*. Ralf Simon erkennt im Vers »Der dichter dem die vögel angstlos nahen« (11, V. 5) z. B. eine Reminiszenz an den Orpheus-Mythos.[41] Maik Bozza nimmt diesen Hinweis dann in seiner Dissertation wieder auf und untermauert die These einer Übernahme einiger Strukturelemente des griechischen Mythos. So legt er überzeugend dar, dass Ovids Orpheus mit dem George'schen in einigen Aspekten konvergiert: Es findet sich in beiden Figuren die Befähigung zur Schaffung von Kunst (mit Nietzsche: das ›apollinische Prinzip‹), beide weisen das sinnliche Begehren von sich ab (Orpheus lehnt nach dem Tod seiner Frau Eurydike die Avancen der Werberinnen von sich ab – das Sprecher-Ich bei George hingegen erwehrt sich erfolgreich gegen die erotisierten Töne). Allerdings – und dies konstatiert Bozza völlig zurecht – geschieht auch hier eine Transformation des Mythos im Sinne Georges, der sein Sprecher-Ich eben nicht als Sängerdichter kennzeichnet, sondern die Dichtung dem Gesang überordnet (im Sinne einer Dichtung als Sang und Lied).[42] Somit bedient sich George auch in diesem Gedicht der kultur- und literaturgeschichtlichen Tradition, um diese allerdings nicht für jeden erkennbar, transparent und offensichtlich in seine Dichtung zu transferieren, sondern durch die Reversion traditioneller Semantik zu ›verunklären‹ – was eine Chiffrierung, Hermetisierung und Privatisierung dieser Art von Text zur Folge hat.

1.3 Bruch mit der ›reinen‹ Form

Dass George aber nicht nur auf semantischer Ebene neue Möglichkeiten der sprachlichen Chiffrierung erprobt, sondern selbstverständlich auch auf formaler, möchte ich anhand eines weiteren Gedichts aus den *Hymnen* verdeutlichen. In diesem Gedicht ist es gerade die formalästhetische Abweichung von der strengen Form, durch die Bedeutung generiert und eine metapoetische Aussage getroffen wird, die auf inhaltlicher Ebene lediglich angedeutet ist. Wie bedeutsam die poetische Form für George ist, stellt der Autor selbst schon früh heraus:

> Den wert der dichtung entscheidet nicht der sinn (sonst wäre sie etwa weisheit gelahrtheit) sondern die form d. h. durchaus nichts äusserliches sondern jenes tief erregende in maass und klang wodurch zu allen zeiten die Ursprünglichen die Meister sich von den nachfahren den künstlern zweiter ordnung unterschieden haben.[43]

---

[41] Vgl. Ralf Simon: *Die Bildlichkeit des lyrischen Textes. Studien zu Hölderlin, Brentano, Eichendorff, Heine, Mörike, George und Rilke*. München 2011, S. 235.
[42] Vgl. Bozza: *Genealogie des Anfangs*, S. 175.
[43] SW XVII, S. 69.

Das Zusammenwirken der einzelnen Wörter, das kompositorische Prinzip der Selektion, der Rhythmus, der Klang, die Form – dies sind für George die entscheidenden Kriterien zur Bestimmung der ästhetischen Qualität eines Gedichts: »die zusammenstellung · das verhältnis der einzelnen teile zueinander · die notwendige folge des einen aus dem andern kennzeichnet erst die hohe dichtung.«[44]

Vor diesem Hintergrund mag es zuerst verwunderlich erscheinen, dass das Gedicht *Einladung*, das auf die durchkomponierten und wohlgereimten Texte *Weihe* und *Im Park* folgt, durch eine ganze Reihe von ›Ungereimtheiten‹ besticht. Es finden sich zahlreiche unreine Reime und Assonanzen, die – verglichen mit den vorangegangenen Gedichten – geradezu befremdlich wirken. Im gesamten Gedichtzyklus der *Hymnen* findet sich denn auch kein derart von der Formstrenge abweichendes Gedicht.[45] Dies hat freilich seinen Grund: Denn die Abweichungen folgen durchaus einem regelhaften Schema und generieren dadurch, dass sie nur an bestimmten Stellen im Gedicht auftauchen, auf einer Tiefenebene Bedeutung.

    Einladung

    Lassen wir mauern und staub!
    – Sprach ladend deine güte –
    Fern wo leichter und freier
    Sinn und odem sich glaubt
5   Begehen wir die blüten-
    Die auferstehungsfeier.

    – Dankvoll rauhem getobe
    Quälendem irren entflohn!
    Wenn auch neu nur von oben
10 Einziger liebe lohe
    Endliche rettung mir däuchte
    Und dauernde leuchte.

    Es war dein kindlich behagen
    Gebunden an deiner seite
15 In frohsinn mich zu ertragen –
    Ist nicht entzückend die weite
    Nicht ladend der morgenglanz
    Auf weisser villen kranz?

---

44 SW XVII, S. 69.
45 In den *Hymnen* dominieren formstrenge Gedichte. So finden sich romanische Formen, Terzinen und Sonette (die *Neuländischen Liebesmahle* sowie das zweite der *Bilder*, *Ein Angelico*). Vgl. dazu Franziska Merklin: »Hymnen«. In: Jürgen Egyptien (Hg.): *Stefan George. Werkkommentar*. Berlin/Boston 2017, S. 23–42. Hier: S. 28.

```
     Schau! bis hinan zum gipfel
20   Wo auf rissigem steine
     Kleine kiefern wipfeln
     Steigt der obstbäume bau ·
     Drunten wellen scheinen
     An blumenreicher au.

25   Erklimmen im lauf wir den hügel!
     Folge doch – höhnische rufe
     Bis ich am ziele mich zeige –
     Nun wieder abwärts ans ufer
     Schnell! florprangende zweige
30   Leihen uns weisse flügel.

     Rasten wir! nur eine weile!
     Feucht ist das gras noch · in eile
     Weiter arm in arm!
     – Du hobst mir nagende plagen
35   Ob tiefer gefühle auch arm
     In sieghaften mussetagen.
```

Inhaltlich handelt der Text von einem Osterspaziergang, der am Tag der »auferstehungsfeier« (12, V. 6) stattfindet, und illustriert die Teilnahme des (Künstler-)Ichs am Frohsein des festlichen Tages. Dazu wird es offenbar von einem im Gedicht angesprochenen Du überredet – »Lassen wir mauern und staub! (12, V. 6) – welches das Ich auf einem Spaziergang durch die Natur begleitet. Dass diese alltäglichen Freuden des »frohsinn[s]« (12, V. 15) allerdings in Widerspruch zur asketisch ›reinen‹ Welt des Künstlertums – wie sie in den vorangegangenen Gedichten gezeichnet ist – stehen, wird inhaltlich nur angedeutet.[46] Auf formaler Ebene aber lässt sich diese Diskrepanz zwischen der Notwendigkeit lokaler Privatheit und sozialem Miteinander bei genauerer Betrachtung des Reimschemas aufzeigen, denn das Gedicht weist auffallend viele Assonanzen und unreine Reime auf: Die Reimpaare »staub« (12, V. 1) – »glaubt« (12, V. 4); »güte« (12, V. 2) – »blüten« (12, V. 5); »getobe« (12, V. 7) – »oben« (12, V. 9); »gipfel« (12, V. 19) – »wipfeln« (12, V. 21); »steine« (12, V. 20) – »scheinen« (12, V. 23) sowie »rufe« (12, V. 26) – »ufer« (12, V. 28) – verdeutlichen, dass das ›hohe‹ Gedicht im Frohsinn des Alltäglichen und der profanen Freuden nicht gelingen kann. Sie verdeutlichen die Diskrepanz zwischen der künstlerischen Sphäre, die ›rein‹ und frei ist von allem Profanen – von anderen (›normalen‹) Menschen und den als banal abqualifizierten Freuden des Alltags. Um ganz im Künstlerischen auf-

---

46 Z. B. in der zweiten Strophe: »Wenn auch neu nur von oben / Einziger liebe lohe / Endliche rettung mir däuchte« (12, V. 9–11). Mit der Hoffnung auf Rettung »von oben« ist ein Bezug zum Initialgedicht *Weihe* hergestellt. Damit wird die These untermauert, dass es sich schon bei den *Hymnen* um einen Gedicht-Zyklus, und nicht um eine Zusammenstellung heterogener, für sich selbst stehender Gedichte handelt.

zugehen – so die implizite Nachricht des Gedichtes – ist eine Formstrenge und
Reinheit vonnöten, die stets mit mühsamer Arbeit, Askese und melancholischer Einsamkeit verbunden ist.[47]

So lässt sich anhand dieses Gedichtes zeigen, wie George gerade durch die
formale Abweichung – durch den Bruch mit der strengen Form – eine semantische Tiefendimension eröffnet: Dass die äußere festliche Freude in semantischer
Opposition zur inneren Melancholie des Sprecher-Ichs steht, wird so durch die
unreinen Reime in ihrer profanen Oberflächlichkeit und ästhetischen ›Unvollkommenheit‹ aufgedeckt.[48]

1.4 Chiffrierung der Sprechsituation

Aber auch hinsichtlich der Sprechsituation wendet George in den *Hymnen*
Chiffrierungsstrategien an, die insgesamt bezeichnend für seine Lyrik sind.
Durch den Verzicht auf Anführungszeichen zur Kennzeichnung der wörtlichen
Rede wird die Identifikation des Sprechers bzw. der Sprecher erschwert. In
manchen Fällen ist die Zuordnung sogar schlicht unmöglich.[49] Ich möchte dies
am oben untersuchten Gedicht *Einladung* verdeutlichen, weil es als dialogisches
Gedicht konzipiert ist – auf den ersten Blick aber nicht als solches erkennbar
ist.

Im vorliegenden Fall des Gedichtes *Einladung* handelt es sich nämlich um
zwei Sprecher – ein Ich und ein Du, das dieses Ich zum Spaziergang am Ostersonntag auffordert. Die Frage danach, ob es sich überhaupt um zwei Sprecher
handelt, lässt sich allerdings nicht ohne Zweifel beantworten. Einige gute Argumente sprechen aber dafür, von zwei Sprechern auszugehen: So wird der Sprecherwechsel zum einen auf formaler Ebene durch Gedankenstriche (in Vers 2,
7, 15, 26, 27 und 34) gekennzeichnet. Zum anderen wird er durch die differierende Charakterisierung der beiden Sprecher deutlich: So ist Sprecher zwei offenbar eine unternehmenslustige Person, die sich an diesem Feiertag in festlicher Laune befindet, sich an der Schönheit der Natur begeistert und sich durch

---

[47] Die Idee von Nietzsches ›asketischem Ideal‹ wird hier von George übernommen; der Text kommuniziert, dass der Dichter den profanen bürgerlichen Verlockungen widerstehen muss, um das ästhetische Werk in vollendeter Form zu schaffen. Vgl. KSA 5, 245–412.

[48] So schon Schultz: »Das Kunstmittel unstrenger, halbgültiger Reime oder Andeutungen von Reimen, sonst sorgfältig gemieden, dient dazu, den Unterschied zwischen sieghaften Mußetagen und dem eigentlich Dichterischen klar zu machen« (Schultz: *Studien zur Dichtung Stefan Georges*, S. 21).

[49] Damit wendet sich George strikt gegen die Erlebnislyrik und gegen das sogenannte ›lyrische Ich‹, das gerade in dieser (für die Jahrhundertwende noch durchaus geläufigen Form der Lyrik) häufig mit dem realen Autor in Bezug gesetzt wird. Der Text *Einladung* selbst verdeutlicht, dass das wohl komponierte Gedicht eben nicht aus einem unmittelbaren Erlebnis des Autors heraus entstehen kann, sondern im Gegenteil Anstrengung, Disziplin und Aufopferung erfordert.

ihr »kindlich behagen« (12, V. 13) und ihren »frohsinn« (12, V. 15) charakterisieren lässt. Die vielen imperativischen Ausrufe (»Lassen wir […]!« [12, V. 1], »Schau!« [12, V. 19], »Erklimmen […] wir den hügel!« [13, 25] etc.) signifizieren zudem eine gewisse Emotionalität und Begeisterungsfähigkeit dieses Sprechers.

Der Sprecher in Vers eins (das Du) ist aber auch mittels Inquit-Formel »Sprach ladend deine güte« (12, V. 2) gekennzeichnet und damit vom Sprecher-Ich (erster Sprecher) abgegrenzt. Demnach beginnt das Gedicht mit der Aufforderung des Du (zweiter Sprecher) in wörtlicher Rede: »Lassen wir mauern und staub!« (12, V. 1), wobei der Rest der ersten Strophe – nach der Inquit-Formel in Vers zwei – ebenfalls dem zweiten Sprecher zugeschrieben werden muss (folgt man konsequenterweise der formalen Kennzeichnung eines Sprecherwechsels durch Gedankenstriche). Die Verse 7 bis einschließlich 15 sind somit Sprecher eins (dem Ich) zuzuweisen, der die Osterfeier nicht als frohes Beisammensein, sondern als »rauhe[s] getobe« (12, V. 7) und »[q]uälende[s] irren« (12, V. 8) bestimmt und »[d]ankvoll« (12, V. 7) ist, dem Fest schließlich »entfohn« (12, V. 9) zu sein. Er leidet unter »nagenden plagen« (13, V. 34) und hätte deshalb ohne die ›Einladung‹ wohl nicht die Initiative ergriffen, am Fest teilzunehmen. Wenn er »von oben« (12, 9) die »[e]ndliche rettung« (12, V. 11) erhofft, so darf dies als Anspielung auf das Gedicht *Weihe* verstanden werden, in dem ihn die ›Herrin‹ (also die Muse) durch ihren Kuss weiht und aus der profanen Sphäre in die Höhen der Dichtkunst erhebt. Dass dies im vorliegenden Gedicht aber nicht (erneut) geschehen kann, liegt darin begründet, dass das Ich am festlichen Treiben der Gemeinschaft Anteil hat, sich also nicht der mit Einsamkeit korrelierten Aufgabe des Kunstschaffenden widmen kann.

Das Du indes zeigt dem Sprecher-Ich die Schönheit der Natur (12, V. 16–24) und fordert es auf, gemeinsam den Hügel zu erklimmen (vgl. 13, V. 26). Die dadurch entstehende Dynamik – ja rastlose Hektik – die durch den raschen Ortswechsel (vom Osterfest zur Spitze des Hügels und zurück zum Flussufer) und die aufeinanderfolgenden (geradezu nötigenden) Aufrufe (»Erklimmen wir im lauf den hügel!« [13, V. 25], »Folge doch« [13, V. 26], »Schnell!« [13, V. 29], »Rasten wir! nur eine weile!« [13, V. 31], »Weiter arm in arm!« [13, V. 33]) erzeugt wird, bedeutet für die gelingende ästhetische Produktion die denkbar schlechteste Bedingung (was sich – wie oben gezeigt – formal an den unreinen Reimen und den Assonanzen im Gedicht selbst qualitativ ›niederschlägt‹).[50]

Die Aussage der letzten drei Verse ist demnach als durchaus ambivalent zu kennzeichnen: Denn einerseits würdigt das Sprecher-Ich das Du, weil es seine »nagenden plagen« (als Metapher für seine inneren Leiden und seine Melancholie) für kurze Zeit aufgehoben oder zumindest gemildert hat. Andererseits deutet der parenthetische Einschub »Ob tiefer gefühle auch arm« (13, V. 35) an,

---

[50] Damit steht diese Dynamik in semantischer Opposition zu der ruhigen Abgeschiedenheit des Stroms bzw. Parks in *Weihe* und *Im Park*.

dass der gemeinsame Spaziergang und Ausflug von keiner besonderen emotionalen Tiefe bzw. Bedeutung für das Ich gewesen sein kann. Auch die »sieghaften mussetage[]« (13, V. 36) sind deshalb von einer Ambivalenz gezeichnet, da sie zwar von dem augenblicklichen (doch profanen und oberflächlichen) Glück zeugen – dennoch ›müßig‹ (im Sinne von ›unproduktiv‹ oder aus künstlerischer Sicht ›fruchtlos‹) sind.

1.5 *Chiffrierung durch semantische Verdichtung und kühne Metaphorik*

Ein viertes Verfahren, das George zur Chiffrierung seiner Dichtung verwendet, ist das der *semantischen Verdichtung*. Damit meine ich das Phänomen, *auf geringstem Textraum größtmögliche Bedeutung zu generieren*. Besonders sprachlich verkürzte und uneigentliche Ausdrücke sind dazu prädestiniert, ›Sinn‹ zu produzieren (und zugleich zu verschleiern) – ebenso sprachlich-stilistische Mittel, die der Textkodierung dienen.

Zur Bedeutungskonstitution auf geringstem Textraum eignet sich die Gattung der Lyrik freilich am besten. Die relative Kürze des Ausdrucks ist als akzidentielles Merkmal der Lyrik inhärent und (bis auf wenige Ausnahmen[51]) in den meisten Fällen gegeben. Auch George priorisiert daher »die kürze – rein ellenmässig – die kürze.«[52] Die quantitative Kürze eines poetischen Textes und die Prägnanz des sprachlichen Ausdrucks sind dabei die zentralen Voraussetzungen für die Potenzierung des Bedeutungsspektrums eines Textes.

Semantische Verdichtung kommt also dadurch zustande, dass rhetorische und poetische Verfahren angewandt werden, um zum einen die textuelle Struktur zu komprimieren und zum anderen die Semantik zu kondensieren. Dies geschieht bei George in den *Hymnen* vor allem durch den häufigen Einsatz von Nominalisierungen und Komposita.[53] Dadurch können (umständliche) Nebensätze vermieden und Bedeutung auf geringstem Textraum generiert werden. Meist fehlen deshalb satzverbindende Elemente wie Konjunktionen oder Relativpronomen; asyndetische syntaktische Konstruktionen dominieren aufgrund ihrer Prägnanz die Textur der Gedichte. Aber auch Artikel und Hilfsverben werden in der Regel ausgelassen – ganz zu schweigen von wenig sinntragenden Wörtern wie Expletiven oder Partikeln. Attributive Bestimmungen werden durch zusammengesetzte Substantive ersetzt, während finite Verbformen wiederum durch Partizipien substituiert werden.[54] Zudem wird häufig das Genitivattribut vorangestellt, das Adjektiv dem Nomen nachgestellt.

---

[51] Z. B. Arno Holz' *Phantasus*.
[52] »Zweite Folge. Zweites Heft (1894)«. In: EM, 10.
[53] Wenn im Initialgedicht z. B. von »denkerstörung« (10, V. 6) die Rede ist, so ist dies ein N+N-Kompositum aus ›Denker‹ und ›Störung‹ und bedeutet ›Störung des Denkers‹.
[54] Vgl. Merklin: »Hymnen«, S. 33.

Dies führt freilich zu einer enormen Steigerung von sprachlicher Komplexität, zu einer »Straffung des Ausdrucks« und zur »Reinigung der Sprache von leerem, überflüssigem Wortmaterial«.[55] Aber nicht nur dieses Verfahren sprachlicher Komprimierung erzeugt beim Rezipienten einen *Hermetisierungseffekt*, sondern auch die Verwendung von Neologismen[56] und Archaismen,[57] Personifikationen,[58] Metonymien (s. u.) – vor allem aber der Einsatz ›kühner‹ bzw. ›kreativer‹ Metaphorik.[59] Metaphern[60] dürfen sogar als die bedeutendsten Mittel

---

[55] Brokoff: *Geschichte der reinen Poesie*, S. 485.
[56] Nicht weniger als 20 Neologismen erfindet George in seinem ersten Gedichtband, wobei der Großteil aus Komposita besteht, die sich aus zwei Nomen zusammensetzen. Der Vollständigkeit wegen seien sie hier aufgelistet: »denkerstörung« (10, V. 6), »opferöfen« (14, V. 9), »Gegenglut« (14, V. 18), »kehrung« (15, V. 8), »schaumgewinde« (18, V. 15), »windenlaube« (19, V. 5), »strahlenhand« (19, V. 6), »mutberauschten« (20, V. 6), »opferjahren« (20, V. 11), »sonnen-ode« (20, V. 14), »wellenauen« (21, V. 1), »blütenschnee« (21, V. 13), »ruderklirren« (22, V. 24), »nachtgewirkte nebelfahne« (23, V. 1), »zauber-au« (23, V. 3), »schaugepräng« (23, V. 7), »wunderstaben« (24, V. 6), »ergehren« (25, V. 3) und »glasgranaten« (26, V. 11).
[57] Z. B. die Archaismen »umfahen« (11, V. 9), »lohe« (12, V. 10), »däuchte« (12, V. 11), »leuchte« (12, V. 12), »odem« (14, V. 13), »gemaches« (14, V. 17), »wallen« (15, V. 2), »ward« (15, V. 15), »bar« (19, V. 16), »ungedenk« (19, V. 16), »geruhe« (20, V. 15), »labetrunk« (25, V. 6), »lichter« (25, 14) und »duldung« (25, V. 16); zudem die veralteten Begriffe »ferne« (18, V. 12) für ›Entfernung‹ und »sende« (27, V. 3) für ›Sendung‹. Zu ähnlichen Ergebnissen kommt auch Zanucchi: *Transfer und Modifikation*, S. 305.
[58] Einerseits wird die Natur zwar zu einem Kunstwerk modelliert, andererseits finden sich in den *Hymnen* zahlreiche Anthropomorphismen. Die Natur wird mit aktiven Verben, die für gewöhnlich nur dem Menschen zugewiesen werden, beschrieben. So findet sich in nahezu jedem der 18 Gedichte mindestens eine Personifikation: Wenn von »nagende[n] plagen« (13, V. 34) die Rede ist, so deuten diese auf nichts anderes als die seelischen Leiden des Sprecher-Ichs. Das Sterben »der menge wimmeln« (14, V. 5) im Gedicht *Nachmittag* hingegen bedeutet ein allmähliches Auflösen der Menschenmenge; die »stummen zinnen« (14, V. 7) und ›toten Balkone‹ akzentuieren diese Menschenleere; der »blumen odem« (14, V. 13) wird durch das Wort ›Odem‹ mit dem menschlichen Atem (und damit der Seele) korreliert. In *Von einer Begegnung* rufen die »lange[n] schatten mildre gluten« (15, V. 1), in *Neuländische Liebesmahle II* wird »des tranks orakellaut« (17, V. 9) erwartet. Während in *Ein Hingang* sich »[d]ie grauen buchen [...] die hände reichen« (19, V. 1) und »vom wellendrang beleckt« (19, V. 2) werden, ›verdeckt‹ sich das »landhaus unter gärten« (19, V. 4). In der *Nachthymne* tröstet der Saum des (Mond-)Kleides »[d]en kiesel« (20, V. 3) und im Gedicht *Strand* sind es die »wellenauen« (21, V. 1), die »scheuer möwen schwingenschlag« (21, V. 3) dulden und »des keuschen himmels farben schauen« (21, V. 4). In *Hochsommer* ist die Leere ›fröhlich‹ und ›galant‹ (vgl. 20, V. 22) und in *Auf der Terrasse* schütten »[d]ie hügel [...] [d]en glatten guss von himmelgrünem glase« (24, V. 1–2). Im letzten Gedicht des Bandes mit dem Titel *Die Gärten schliessen* wirbeln »[g]raue blätter [...] nach den gruften« (28, V. 5) und »Dahlien levkojen rosen [...] / »[w]ollen schlaf bei weichen moosen« (28, V. 6–8), nachdem »[h]eisse monde [...] aus der pforte« (28, V. 9) geflohen sind.
[59] Die Begriffe ›kreative‹ und ›kühne‹ Metaphorik werden im Folgenden synonym gebraucht.
[60] Unter einer Metapher verstehe ich mit Specht »das sprachlich manifeste, nicht-narrative und -allegorische Resultat des Zusammenspiels zweier separater Sinnbezirke, das zur Konstruktion einer Ähnlichkeitsbeziehung auffordert, in die aber zugleich ein Bewusst-

zur Generierung eines prägnanten sprachlichen Ausdrucks gelten. Darauf weist Specht in seiner Untersuchung zur Metapher in der Lyrik um 1900:

> Mithilfe von Metaphern wird das Verhältnis zwischen extensiver Länge und intensiver Informationsdichte einer lyrischen Äußerung verändert. Kreative Metaphern sagen in lyrischen Texten, wenn man es pointieren will, viel mit wenig Worten, und zwar aufgrund der beschriebenen geringeren Kontextdetermination bei der Herstellung von gestörter semantischer Kohärenz, aus der die besondere Deutungsoffenheit der Metaphorik folgt. So sind gerade die Metaphern die wesentlichen Instrumente, den sprachlichen Ausdruck im Gedicht prägnant zu gestalten, d. h. eine Fülle an Informationen mit wenig textuellen Stimuli zu kommunizieren.[61]

Die Prägnanz des sprachlichen Ausdrucks wird demnach vor allem durch kreative/kühne Metaphorik erzielt. Die sprachliche Verkürzung bewirkt nun aber nicht nur semantische Verdichtung, sondern durch ihre Indefinitheit eine potenzielle Vieldeutigkeit. So sind kühne Metaphern einerseits »ein Mittel zur extensiven Verknappung«, andererseits aber »zugleich Motor der intensiven Vervielfältigungen der Möglichkeiten, die Leerstellen, die ein Gedicht offenlässt, selbsttätig und oft unkonventionell zu füllen.«[62]

Möchte man sich mit der Klassifizierung von Metaphern beschäftigen, ist vorab zu bemerken, dass der Übergang von konventionellen zu kreativen (bzw. kühnen) Metaphern ein gradueller ist. Das heißt, dass kühne Metaphern – wenn sie sich etablieren – im Laufe der Zeit durchaus konventionalisiert werden können. Daher schlägt Katrin Kohl vor, nicht von einer starren Klassifizierung in ›konventionelle‹ und ›kreative‹ Metaphern auszugehen, sondern ein umfassendes Spektrum vorauszusetzen, »das von der ›konventionalisierten‹ beziehungsweise ›lexikalisierten‹ Metapher am einen Ende bis zur ›kreativen‹ beziehungsweise ›innovativen‹ Metapher am anderen Ende reicht«.[63]

Eine konventionelle Metapher unterscheidet sich von einer kühnen aber grundsätzlich dadurch, dass sie lexikalisiert ist (also ihre metaphorische Qualität nicht unbedingt mehr wahrgenommen werden muss). Bei konventionellen Metaphern hat sich demnach »ein eingespieltes Bedeutungsfeld mit fixen Übertragungsregeln etabliert«, das vom Rezipienten nur abgerufen werden muss, um den Sinn der Metapher zu erfassen; sie funktionieren also »nach vorgängigen allgemeinen Regeln«.[64]

Specht sieht die Differenz zwischen konventionellen und kühnen Metaphern daher insbesondere darin, dass bei konventionellen Metaphern vom Rezipien-

---

sein der Uneigentlichkeit dieser Behauptung eingeht« (Specht: ›Wurzel allen Denkens und Redens‹, S. 47).
61 Specht: ›Wurzel allen Denkens und Redens‹, S. 94.
62 Specht: ›Wurzel allen Denkens und Redens‹, S. 94.
63 Katrin Kohl: *Metapher*. Stuttgart 2007, S. 56.
64 Specht: ›Wurzel allen Denkens und Redens‹, S. 61.

ten »vorgängige Muster applizier[t]« – also »kulturell gegebene[] Assoziationen«[65] aufgerufen werden, die der Restitution von textueller Kohärenz dienen und beim Rezipienten keinen höheren gedanklichen Aufwand erfordern. Bei kühnen Metaphern hingegen muss der Sinn bzw. die Semantik aus dem konkreten Redezusammenhang – also »aus dem konkreten Ko- und Kontext heraus und für das einzelne Sprachparadigma«[66] rekonstruiert werden, wobei nicht »auf einen textunabhängigen Usus«[67] zurückgegriffen werden kann. Kreative Metaphern »sind *per se* Übertretungen von Routinen und Konventionen, und daher werden sie ihre ›devianten‹ Potenziale in lyrischen Texten, wo sie dies bevorzugt ›dürfen‹, auch verstärkt ausspielen können.«[68] Sie brechen also »gängige Sprach-, Wissens- und Erfahrungsstandards auf und halten ihnen Alternativen entgegen.«[69] Dies bedeutet freilich einen höheren intellektuellen Aufwand bei der Restitution von semantischer Kohärenz.

In Bezug auf die Lyrik Georges ist dieser intellektuelle Aufwand ein bewusst intendierter. So darf als eine der großen Herausforderungen bei der Deutung dieser Gedichte gerade das Erkennen und die Dechiffrierung kühner Metaphorik gelten. Denn auf den ersten Blick ist es nicht immer eindeutig, ob es sich bei den verwendeten sprachlichen Ausdrücken um eine Metapher handelt oder ob eine Aussage im buchstäblichen Sinn zu verstehen ist. In vielen Fällen lässt sich die Bedeutung aus dem Kontext erschließen, in einigen anderen Fällen werden bewusst mehrere Deutungsmöglichkeiten offengelassen. Indem George nun Wörtern und Wortgruppen (von der ›traditionellen‹ Semantik gänzlich abweichende) neue Bedeutungen korreliert, neue Wörter erfindet (Neologismen) oder sich aber veralteter ungeläufiger Begriffe (Archaismen) bedient, erhält seine Dichtung eine besondere semantische Komplexität. Wie genau der Dichter dabei vorgeht, welche Metaphern, Personifikationen und Neologismen er verwendet, um seine Dichtung zu privatisieren und eine neue ›unverbrauchte‹ Privatsprache zu erfinden, soll im Folgenden exemplarisch an weiteren Beispielen aus den *Hymnen* demonstriert werden.

In seinem ersten Gedichtband verwendet George eine Vielzahl an kreativen bzw. kühnen Metaphern. Ich beginne mit denjenigen, deren Dechiffrierung mir unproblematisch erscheint (und damit als eher ›konventionalisiert‹ gelten kann) und ende schließlich mit den kreativen – also interpretatorisch prekären, die aufgrund ihrer Informationsdichte und fehlender ko- und kontextueller ›Rahmung‹ mehrere Deutungen erlauben.

Die ›toten Balkone‹ (vgl. 14, V. 7) im Gedicht *Nachmittag* beispielsweise sind durch den Kotext eindeutig als ›menschenleere Balkone‹ zu bestimmen. Das

---

[65] Specht: ›*Wurzel allen Denkens und Redens*‹, S. 62.
[66] Specht: ›*Wurzel allen Denkens und Redens*‹, S. 61.
[67] Specht: ›*Wurzel allen Denkens und Redens*‹, S. 63.
[68] Specht: ›*Wurzel allen Denkens und Redens*‹, S. 96.
[69] Specht: ›*Wurzel allen Denkens und Redens*‹, S. 96.

Wort ›tot‹ ist hier demnach im Sinne von ›leer‹, ›verlassen‹ und ›einsam‹ zu deuten. Das fehlende ›Leben‹ auf den Balkonen lässt sie ›tot‹ erscheinen. Wenn im selben Gedicht aber von »[d]er versiegten brunnen kunst« (14, V. 11) die Rede ist, so heißt dies nichts anderes, als dass es die ›Kunst‹ (das ›Vermögen‹ bzw. die ›Funktion‹) der Brunnen ist, Wasser zu spenden. Die semantische Korrelation von ›Kunst‹ und ›Brunnen‹ evoziert die Vorstellung, dass die Kunst (nicht mehr) imstande ist, ›Leben‹ zu spenden. Im Gedicht selbst spenden die Brunnen freilich kein Wasser mehr, was durch die »[h]albverdortte[n] blumen« (14, V. 13) bildhaft dargestellt wird. So ist die von George verwendete Brunnen-Metaphorik im zeitgeschichtlichen Kontext als eher geläufige konventionelle Metapher zu bestimmen, die aber das kulturelle Wissen um den lebensphilosophischen Diskurs durchaus voraussetzt.

Für die Deutung der Metaphern in *Ein Hingang* ist zwar auch der Kotext entscheidend, es hilft aber zudem die Rekonstruktion der mythologischen Referenzen, die im Gedicht gegeben sind. Für die Dechiffrierung der Metapher des »göttliche[n] geschenk[s]« (19, V. 14) ist das Erkennen der Bezugnahme auf den antiken Mythos der Pandora,[70] deren Büchse ein Geschenk des Gottes Zeus ist und Unheil bedeutet, von sinnstiftender Relevanz. Dass es sich bei diesem ›göttlichen Geschenk‹ im Text um das Unheil des Todes selbst handelt, wird vor allem dadurch veranschaulicht, dass der junge Dulder, von dem im Gedicht die Rede ist, das Geschenk mit »leiser trennungswehmut« (19, V. 15) annimmt und seine Frau den Hinscheidenden betrauert (vgl. 19, V. 13). Allerdings ist hier zu bemerken, dass der Tod nicht *per se* als Übel gezeichnet wird, sondern – ganz im Gegenteil – für den Hinscheidenden mit positiven Konnotationen besetzt ist. So ist die »strahlenhand« (19, V. 6) – eine Metonymie der personifizierten Sonne – als (apollinischer) Sonnenstrahl zu deuten, der »den jungen dulder« (19, V. 5) »[w]ohltätig milde [...] bestreift« (19, V. 5) und in ihm den Glauben »[a]n ein neues lied« (19, V. 7) – also die Hoffnung auf Verwirklichung einer neuen Dichtung bzw. eines neuen ›Lebens‹ – aufkeimen lässt. Der Tod ist damit der hoffnungsvollen Erwartung des poetischen Aufbruchs semantisch äquivalent gesetzt und gilt so als »Befreiung und Loslösung aus der Festlegung der bedrohlichen Liebe«.[71] Repräsentiert wird diese als starr und einschränkend empfundene Liebe durch die weinende untröstliche Frau – »[d]er lieben auge *starr* in tränen schaut« (19, V. 13) [Hervorhebung von mir, S. B.] – die den negativen Kontrast zur Hochstimmung des Hinscheidenden bildet. Besonders bezeichnend ist bei diesem Gedicht aber vor allem die über den Begriff ›Dulder‹ hergestellte intertextuelle Referenz auf den Dulder Odysseus, der, gleich dem Sterbenden im Gedicht, seinen Blick auf das Meer richtet und sich nach der Heimat (hier: dem Tod) sehnt[72] – »seiner wünsche wunderlande sucht« (19, V. 12).

---

70 Vgl. Hesiod: *Werke und Tage*. Griechisch/Deutsch. Stuttgart 1996, V. 60–106.
71 Bozza: *Genealogie des Anfangs*, S. 224.
72 Vgl. hierzu Bozza: *Genealogie des Anfangs*, S. 222.

Die Metaphern (vom ›göttlichen Geschenk‹ und der ›Strahlenhand‹) sind in diesem Fall also nur aus dem gegebenen Kotext zu bestimmen und – verglichen mit der Metapher der toten Balkone – graduell näher an kühner Metaphorik als an konventioneller.

Kühne Metaphern finden sich vor allem in den letzten Gedichten des Zyklus. Exemplarisch seien hier einige kursorisch angeführt: Von einem »[f]eindlich trübem tatenmeere« (22, V. 21) ist z. B. im Gedicht *Hochsommer* die Rede. Dadurch, dass das ›Tatenmeer‹ mit den Epitheta ›feindlich‹ und ›trüb‹ näher definiert wird, muss es als gelähmter Wille und Untätigkeit gedeutet werden. Diese dekadente Velleität (»schlaffheit« [22, 22]) ist denn auch das zentrale Thema dieses Gedichtes. – In *Auf der Terrasse* ist dann von einem »heissen rade« (24, V. 5) die Rede, dem das Sprecher-Ich entgegeneilt. Als kühne Metapher (und in metonymischer Anspielung auf Apollons Sonnenwagen) muss es als die Sonne selbst identifiziert werden – wohingegen der »labetrunk aus hoher sfäre« (25, V. 6) eine Metapher für die dichterische Inspiration darstellt[73] und das Baden »in seidenwellen« (25, V. 11) das Einhüllen in Decken aus Seide signifiziert, die durch ihre Form wie Wellen erscheinen.

Die Metapher der blühenden »glasgranaten« (26, V. 11) in *Der Infant*[74] ist besonders kühn und referiert zum einen auf die Granatbäume des Hohelieds (7:11–12), wo es heißt: »Komm, mein Freund, laß uns aufs Feld hinausgehen und unter Zyperblumen die Nacht verbringen, daß wir früh aufbrechen zu den Weinbergen und sehen, ob der Weinstock sproßt und seine Blüten aufgehen, *ob die Granatbäume blühen*. Da will ich dir meine Liebe schenken«[75] [Hervorhebung von mir, S. B.]. Zum anderen wird der Granatapfel kulturgeschichtlich mit der mythologischen Unterwelt der griechischen Antike (repräsentiert durch die Göttin Persephone) in Verbindung gebracht. Das ›Glas‹ im Kompositum signifiziert dabei explizit ›Künstlichkeit‹ und gibt dem Baum einen artifiziellen Charakter, der die künstliche unterirdische *Algabal*-Welt bereits antizipiert.

Eine letzte besonders kühne Metapher findet sich im Gedicht *Die Gärten schliessen*, das den Abschluss und die Überleitung zum folgenden Zyklus *Pilgerfahrten* (1891) bildet. Der Vers »Heisse monde flohen aus der pforte« (28, V. 9) irritiert bei der ersten Lektüre gleich auf mehrfache Weise: Erstens könnte man sich über den Plural wundern (›Monde‹), zweitens über die Personifikation

---

[73] Und damit wiederum Bezug nimmt auf das Initialgedicht *Weihe* – wodurch wiederum die zyklische Struktur des Bandes deutlich erkennbar wird.

[74] Gemeint ist der Prinz Don Balthasar Carlos (1629–1646), der die Thronfolge des spanischen Königs Philipp IV. antreten sollte, aber schon in jungen Jahren an Pocken starb. Die beiden *Bilder* (*Der Infant* und das Sonett *Ein Angelico*) hat George im Louvre und auf seiner Spanienreise gesehen. Sie finden ihre Inspirationsquelle also in Werken der bildenden Kunst (Gemälden von Diego Velazquez und der *Marienkrönung* von Fra Angelico [ca. 1437–1446]) und gestalten »auf besonders eindrückliche Weise den Sieg der Kunst über das Leben« (Merklin: »Hymnen«, S. 34).

[75] Hld 7:11–12.

(›flohen‹) und drittens über die kühne Metapher ›heiße Monde‹. Konventionell wird die Hitze mit der Sonne korreliert, der Mond hingegen mit Kälte assoziiert. Die semantische Inversion bedeutet nun, dass es sich bei »monde« um eine Metonymie von ›Mondnächten‹ handeln muss (daher auch der Plural) und dass sich das Wort ›heiß‹ auf diese Nächte bezieht. Somit hat der Vers die Bedeutung, dass die warmen Herbstnächte und damit das erotisch-sexuelle Begehren (wie im Gedicht *Von einer Begegnung*) nun vorbei sind und der Winter nah ist. Damit zeigt sich schon in den *Hymnen* der zyklische Verlauf der Jahreszeiten vom Frühling (Ostern in *Einladung*) über den Sommer (*Hochsommer*) bis in den späten Herbst (*Die Gärten schliessen*), wie er im *Jahr der Seele* auf besonders luzide Weise dargestellt ist.

In Bezug auf die untersuchte Metaphorik lässt sich demnach festhalten, dass George in den *Hymnen* zum Zweck der Chiffrierung seiner Dichtung ein ganzes Repertoire an kühnen Metaphern verwendet, um die sprachliche Komplexität zu maximieren und seine Texte zu intellektualisieren. Diese ästhetische Technik der *Maximierung von semantischer Dichte und struktureller Komplexität*, die ich oben ›semantische Verdichtung‹ genannt habe, beruht also einerseits auf der Verwendung von kühnen Metaphern, Neologismen, Archaismen und teils unkonventionellen Vergleichen. Andererseits nutzt George aber auch durch die Tradition überliefertes kulturelles und mythologisches Wissen, das er in seine Gedichte implementiert – nie allerdings mittels direkter Zitation, sondern stets implizit in poetischer Transformation bzw. Inversion der traditionellen Semantik. Dies möchte ich noch einmal abschließend und *en détail* am Gedicht *Nachthymne* verdeutlichen.

1.6 Intertextuelle Bezüge

Zum Abschluss dieses Kapitels sei nun ein letztes Textbeispiel gegeben, das mir besonders geeignet erscheint, die verschiedenen poetischen Möglichkeiten und Techniken, die George nutzt, um seine Texte zu hermetisieren, aufzuzeigen. Außerdem nimmt es über seinen Titel und seine Position (als das zehnte Gedicht in der Mitte des Gesamtzyklus) eine zentrale Stellung innerhalb der *Hymnen* ein.

Nachthymne

    Dein auge blau · ein türkis · leuchtet lange
    Zu reich dem Einen · ich verharre bange.
    Den kiesel tröstet deines kleides saum.
    Kaum tröstet mich ein traum.

5   Die alten götter waren nicht so strenge.
    Wenn aus der schönen mutberauschten menge
    Ein jüngling angeglüht von frommem feuer
    Zu ihrem lobe liess des lichtes pfade:
    So war das reine opfer ihnen teuer
10   So lächelten und winkten sie mit gnade.

    Bin ich so ferne schon von opferjahren?
    Entweiht mich süsses lüsten nach dem tode
    Und sang ich nicht zu dröhnenden fanfaren
    Der freudenliebe sonnen-ode?

15   Geruhe du nur dass ein kurzer schimmer
    Aus deiner wimper brechend mich versehre:
    Des glückes hoffnung misst ich gern für immer ·
    Nach deinem preise schlöss ich meinen psalter
    Und spottete dem schatten einer ehre
20   Und stürbe wertlos wie ein abendfalter.

Was dieses sich aus vier (alternierenden vier- und sechszeiligen) Strophen konstituierende Gedicht bei der ersten Lektüre besonders hermetisch erscheinen lässt, ist 1.) der chiffrierten Kommunikationssituation, 2.) den unterschiedlichen Zeitebenen (Gegenwart/Vision von der Antike) und 3.) den zahlreichen intertextuellen Anspielungen und Referenzen geschuldet, die im Zusammenhang mit der Lichtmetaphorik zu interpretieren sind.

    Beginnen möchte ich mit der Dechiffrierung der Kommunikationssituation. Mit dem Possessivpronomen »[d]ein« (20, V. 1) bzw. dem Personalpronomen »du« (20, V. 15) stellt sich sogleich die Frage nach der Identität des Adressaten: Ob es sich bei dem angesprochenen Du um eine Personifikation der Nacht bzw. eine Nachtgöttin handelt (wie der Titel ›Nachthymne‹ nahelegt), kann dabei nicht mit absoluter Gewissheit bestimmt werden. Ebenso plausibel erscheint nämlich die Deutung, dass es sich um ein geliebtes (menschliches) Wesen mit blauen Augen handeln könnte, das sich durch seinen ›strengen‹ distanzierten Habitus von den ›heiteren‹ und gnädigen Göttern der Antike unterscheidet. Im letzteren Fall würde der Text das den Gesamtzyklus der *Hymnen* strukturierende Thema der Diskrepanz von ›Sendung und Dichterberuf‹ einerseits und ›sinnlicher Begierde und Leidenschaft‹ andererseits problematisieren (vgl. z. B. die Interpretation des Gedichtes *Weihe* weiter oben).[76] Vorausgesetzt nun, es handelt sich bei dem ›Du‹ tatsächlich um die Nacht, nach der diese ›Hymne‹ benannt ist, so ist sie anthropomorphisiert (»Dein auge blau« [20, V. 1]). Zudem ist ihr eine (durch ihre einschüchternde Omnipräsenz – doch gleichzeitige passivische Absenz) einschüchternde ›Strenge‹ korreliert, die in relativer Opposition zu den »alten götter[n]« (20, V. 5) in Strophe zwei steht.

Diese zweite Strophe ist als der ›kaum tröstende Traum‹ zu bestimmen, mit dem Strophe eins endet. An dieser Stelle gibt es bezeichnenderweise einen Tempuswechsel (vom Präsens ins Präteritum) und das Sprecher-Ich ›träumt‹ in einer dichterischen Vision von der verlorenen Zeit der Antike, die als Kontrastfolie zur Jetztzeit fungiert.[77] Der im Kult geeinten Volksmenge (dem Kollektiv der »schönen mutberauschten menge« [20, V. 6]), die sich im religiösen Gemeinschaftserlebnis als Einheit erfährt, steht das vereinzelte einsame Individuum oppositionell gegenüber, das die verlorene Gemeinschaft ebenso elegisch beklagt wie die metaphysikferne Zeit, in der es lebt. Die Vereinzelung in der Moderne wird hier als substanzieller und existenzieller Verlust wahrgenommen, der sich nicht kompensieren lässt.

Mit dieser positiven Zeichnung der antiken Lebenswelt in Strophe zwei ist eine kulturelle Schönheitsvorstellung abgerufen, die von Winckelmann bis Nietzsche[78] »elegisch mit der Antike verbunden ist« und in welcher sich »noch eine ›schöne menge‹ rauschhaft im Kult zusammenschließen konnte.«[79] Die Welt der Antike, in der Dionysos und Apoll als göttliche Mächte präsent sind, und in der Menschen und Götter in Einheit und rauschhafter Schönheit leben, ist dem Sprecher-Ich ferngerückt; unversöhnlich steht es der Welt der Antike gegenüber.

Während also in jener Zeit – so das tradierte dichterische Idealbild – »[e]in jüngling angeglüht von frommen feuer« (20, V. 7) die Götter mit seinem »reine[n] opfer« (20, V. 9) hat gnädig stimmen und zum Lächeln bringen können, ist ein solches Opfer in der dargestellten Gegenwart »wertlos« (20, V. 20) gewor-

---

[76] Auch Merklin betont diese Vieldeutigkeit bei der Bestimmung des textimmanenten Adressaten und der Kommunikationssituation, die durch das nicht weiter bestimmbare Indefinitpronomen (»dem Einen« [20, V. 2]) zusätzlich erschwert wird: »Ob die Apostrophe des ersten und dritten Verses der personifizierten Nacht, der ›herrin‹ des Einleitungsgedichts *Weihe*, einem anderen übermenschlichen oder aber einem geliebten menschlichen Wesen gilt, lässt sich kaum aus dem Gedicht heraus eindeutig bestimmen« (Merklin: »Hymnen«, S. 40).

[77] Zum Begriff der Zeit bei George vgl. Margherita Versari: *Figuren der Zeit in der Dichtung Stefan Georges*. Würzburg 2013.

[78] Zu Stefan Georges Nietzsche-Rezeption vgl. Frank Weber: *Die Bedeutung Nietzsches für Stefan George und seinen Kreis*. Frankfurt am Main 1989. Vgl. auch: Peter Trawny: »George dichtet Nietzsche. Überlegungen zur Nietzsche-Rezeption Stefan Georges und seines Kreises«. In: *George-Jahrbuch* 3 (2000/2001), S. 34–68.

[79] Joachim Jacob: »Stefan Georges ›Hymnen‹. Experimente mit dem Schönen«. In: *George-Jahrbuch* 5 (2004/2005), S. 22–44. Hier: S. 38.

den. So wird das ›fromme Feuer‹, das als religiöser Enthusiasmus dechiffrierbar ist, kontrastiv zur metaphysikfreien Gegenwart gesetzt. Die das Gedicht durchziehende Lichtmetaphorik (»leuchtet« [20, V. 1], »angeglüht von frommen feuer« [20, V. 7], »des lichtes pfade« [20, V. 8], »schimmer« [20, V. 15]) akzentuiert diese idealisierte Vorstellung einer ›hellen‹ und ›schönen‹ Antike und kulminiert im Begriff der »sonnen-ode« (20, V. 14), der die Bereiche ›Antike‹ und ›Kunst‹ geschickt korreliert und eine poetologische Deutungsdimension eröffnet.

So steht freilich nicht die poetische Verklärung der Antike im Zentrum des Gedichts, sondern – dem zentralen Thema des Bandes entsprechend – die metapoetische Frage nach der künstlerischen Produktion. Mit den Termini der ›Sonnenode‹ und des »psalter[s]« (20, V. 18) ist dem Gedicht eine selbstreferenzielle poetologische Dimension inhärent: Schon Brokoff erkennt, dass der Psalter-Begriff, »mit dem traditionellerweise das Buch der Psalmen im Alten Testament bezeichnet wird, [...] selbstreflexiv auf Georges eigenen Gedichtband der *Hymnen* bezogen [ist], der wie das alttestamentarische Buch der Psalmen aus hymnischen Gesängen besteht.«[80] Für die »konzeptionelle Struktur des Gedichts« sei demnach »nicht so sehr die antike bzw. antikisierte Vorstellung des Selbstopfers« zentral, sondern vielmehr »die Verknüpfung dieser Opfervorstellung mit der künstlerischen Produktion von Gedichten.«[81]

Diesen poetologischen Deutungsansatz vor Augen, wird der Sinn der letzten Strophe erst offenkundig: Denn im Grunde ist es völlig gleich, ob es sich bei dem angeredeten Du um die personifizierte Nacht, eine Nachtgöttin, Muse oder Geliebte handelt – wichtig ist nur, dass das Sprecher-Ich auf einen kurzen Blick ›aus ihrer Wimper‹ (vgl. 20, V. 16) hofft, um sein ›heiliges‹ Werk (»meinen psalter« [20, V. 18]) abschließen zu können – selbst wenn dies bedeuten würde, dass es »[d]es glückes hoffnung« (20, V. 17) für immer entbehren und »wertlos wie ein abendfalter« (20, V. 20) sterben müsste. Das Selbstopfer wird zugunsten des künstlerisch Produzierten legitimiert, stellt die Kunst über den persönlichen »schatten einer ehre« (20, V. 19) – und doch bleibt die poetische Hoffnung auf Abschluss am Ende unerfüllt, da die Ersehnte im Gedicht bis zum Schluss nicht erscheint.

Die abschließende Betrachtung gilt nun den – teils expliziten, teils impliziten – intertextuellen Bezügen, die der Text generiert und durch die er sich einerseits in die literaturgeschichtliche Tradition einordnet, andererseits aber auch neue Bedeutungsspektren eröffnet.

Die wohl deutlichste intertextuelle Referenz ist durch den Titel *Nachthymne*[82] gegeben: Die inhaltlichen Analogien und motivischen Übereinstimmungen zu

---

[80] Brokoff: *Geschichte der reinen Poesie*, S. 465.
[81] Brokoff: *Geschichte der reinen Poesie*, S. 464.
[82] Das Gedicht trug ursprünglich den Titel des Bandes: *Hymnen*.

Novalis' *Hymnen an die Nacht* (1800) sind eklatant und zeigen sich vor allem im Vergleich mit dessen 6. Hymne (überschrieben mit *Sehnsucht nach dem Tode*):

> O! einsam steht und tiefbetrübt
> Wer heiß und fromm die Vorzeit liebt.
> Die Vorzeit wo die Sinne licht
> In hohen Flammen brannten,
> [...]
> Die Vorzeit, wo in Jugendglut
> Gott selbst sich kundgegeben
> Und frühem Tod in Liebesmuth
> Geweiht sein süßes Leben.
> [...]
> Ein Traum bricht unsre Banden los
> Und senkt uns in des Vaters Schoos.[83]

Im zitierten Abschnitt finden sich zahlreiche inhaltliche Parallelen zu Georges *Nachthymne*: So sind es nicht nur die Bezugnahme auf das Goldene Zeitalter (›die Liebe zur Vorzeit‹), der elegische Ton und die Erotisierung der Todessehnsucht (»süsses lüsten nach dem tode« [20, V. 12]), die sich bei George wiederfinden, sondern auch das Motiv der Vereinzelung und der melancholischen Einsamkeit (›einsam‹ und ›tiefbetrübt‹) – zudem die Lichtmetaphorik (›in hohen Flammen brannten‹, ›Jugendglut‹), der frühe (Opfer-)Tod des Jünglings, die (erhoffte) göttliche Epiphanie und schließlich der Traum, der für den Zyklus der *Hymnen* schon in der *Aufschrift* von zentraler Bedeutung ist (»Spielt durch ein Jahr der Traum in Blau und Gold« [8, V. 4]). Im Unterschied aber zu Novalis, der sich christologischen Vokabulars bedient und die romantische Verklärung eschatologischer Todessehnsucht mit der erotisierten Liebe zu Gott korreliert, stellt George eine metaphysikfreie Welt dar, in der das Ich auf sich selbst und sein Werk zurückgeworfen wird. So funktionalisiert George die neureligiösen Gedanken der Romantik und bringt sie in einen werktheoretischen Kontext, da er – wie schon in *Im Park* – die Opferbereitschaft in der künstlerischen Produktion zum eigentlichen Thema seines Gedichts erhebt.

Doch nicht nur zu Novalis lassen sich intertextuelle Bezüge rekonstruieren, sondern auch zu Friedrich Schiller. Dessen Gedicht *Die Erwartung* von 1799, in dem das Sprecher-Ich in hoffnungsvoller Sehnsucht auf die Geliebte wartet, dient George als weiterer Prätext.[84] Die Referenz auf Schiller lässt sich dabei vor

---

[83] Novalis: *Schriften. Die Werke Friedrich von Hardenbergs*. Band 1: *Das dichterische Werk*. Herausgegeben von Paul Kluckhohn und Richard Samuel unter Mitarbeit von Heinz Ritter und Gerhard Schulz. Stuttgart 1960, S. 155 f.
[84] Vgl. Schultz: *Studien zur Dichtung Stefan Georges*, S. 20.

allem über den einzigen stumpfen Reim[85] des George'schen Gedichts (»saum – traum«) herstellen.[86] Aber auch der formale Aufbau des aus alternierenden vier- und sechsversigen Strophen ähnelt dem Schiller'schen Gedicht, in dem auf daktylische Vierzeiler trochäisch alternierende Stanzen folgen.[87] Bei Schiller heißt es in der vorletzten Strophe:

> O! führe mir die Lebende daher,
> Laß ihre Hand, die zärtliche, mich fühlen,
> Den Schatten nur von ihres Mantels Saum,
> Und in das Leben tritt der hohle Traum.[88]

Im Vergleich beider Gedichte aber zeigt sich, dass sich Georges Text in zwei wesentlichen Aspekten von Schillers *Erwartung* unterscheidet. Der erste Hauptunterschied besteht darin, dass sich der ersehnte Blick in Georges Gedicht am Ende eben nicht erfüllt; bei Schiller hingegen erscheint die Geliebte schließlich selbst *in persona* (»So war sie genaht, ungesehen, / Und weckte mit Küssen den Freund«[89]) – während das Sprecher-Ich bei George auch im Ausgang noch in Einsamkeit und Todesgedanken verharrt. Zweitens wird die Erwartete bei George, wie oben gezeigt, nicht als menschliche Geliebte – sondern eher als Göttin oder personifizierte Nacht – gezeichnet und somit zur metaphysischen Instanz verklärt.[90] Ihr Fernbleiben deutet damit einerseits die sentimentalische Sehnsucht des Sprecher-Ichs nach einer vergangenen Zeit an, verdeutlicht andererseits aber zugleich, dass das angesprochene Du wohl nicht mehr ist als ein tröstender Gedanke in einer metaphysikfreien Welt.

1.7 Zusammenfassung

Es gibt durchaus noch weitere intertextuelle Bezüge, z. B. zu Goethes Gedicht *Selige Sehnsucht*,[91] oder aber zu Baudelaires *Hymne à la Beauté* aus *Le Fleurs du mal*,[92] die George als Inspirationsquelle gedient haben mögen – auf die hier

---

[85] Dass literarische Texte durch die gezielte Verwendung bestimmter Reime auf andere Texte verweisen und so weitere Bedeutungsdimensionen eröffnen, bestätigt Jannidis, der »von einem Suchauftrag durch den Reim« spricht – »einem Auftrag, nach einer semantischen Beziehung zu suchen oder die Andeutung zu verstehen, die in einer inkongruenten Beziehung liegt« (Fotis Jannidis: »Polyvalenz – Konvention – Autonomie«. In: Ders. (Hg.): *Regeln der Bedeutung. Zur Theorie der Bedeutung literarischer Texte*. Berlin/New York 2003, S. 305–328. Hier: S. 322.
[86] Vgl. Merklin: »Hymnen«, S. 41.
[87] Bozza: *Genealogie des Anfangs*, S. 225.
[88] Friedrich Schiller: »Die Erwartung«. In: Ders.: *Gedichte*. Erster Theil. Leipzig 1807, S. 165–168. Hier: S. 168.
[89] Schiller: »Die Erwartung«, S. 168.
[90] Vgl. Bozza: *Genealogie des Anfangs*, S. 226 f.
[91] Vgl. Schultz: *Studien zur Dichtung Stefan Georges*, S. 19.
[92] Vgl. Zanucchi: *Transfer und Modifikation*, S. 298.

aber nicht weiter eingegangen wird, weil dies bereits in anderen Untersuchungen auf ausführliche Weise geschehen ist. Wichtig für die vorliegende Arbeit ist der Nachweis, dass sich George eben nicht gänzlich von der Tradition lossagt, um seine private Kunst zu schaffen. Es ist vielmehr die Art und Weise, wie der Autor mit dem bereits vorhandenen poetischen Material umgeht, dieses umgestaltet und durch den individuellen ›Ton‹ zu etwas gänzlich Neuen macht.[93]

Wie in der vorangegangenen Analyse einiger repräsentativer Beispiele von Georges früher Lyrik gezeigt, existieren bereits in den *Hymnen* zahlreiche thematische Bezüge und intertextuelle Referenzen vor allem auf die griechische Mythologie und die antiken Dichter – insbesondere Ovid und Hesiod, die George zur Entstehungszeit des Werks durch seine humanistische Gymnasialbildung, aber auch durch sein Philologie-Studium vertraut gewesen sind. Dabei übernimmt George nicht nur bestimmte Topoi, Motive und Handlungsstrukturen, sondern orientiert sich auch auf formaler Ebene metrisch an den antiken Vorbildern. So kann hinsichtlich der Form der *Hymnen* konstatiert werden, dass das poetische Resultat in der Auseinandersetzung mit dem antiken Stoff nicht nur eine an der antiken Poetik »geschulte, doch letzlich dem eigenen Wollen unterworfene Metrik« ist, sondern auch »durch einen Umwandlungs- und Reinigungsprozeß«[94] eine an die deutsche Sprache angenäherte Form repräsentiert. So geht George auf formaler Ebene vor, wie er es auch auf inhaltlicher tut: Er bedient sich der antiken Quellen und der lyrischen Gedichtformen – variiert diese aber und modelliert sie derart, dass eine neue Art der Lyrik entsteht.

Diese Technik der Übernahme und Transformation findet sich auf inhaltlicher Ebene entsprechend in der Reversion ›traditioneller Textsemantik‹ wieder. Die intertextuellen Referenzen eröffnen so neues Bedeutungspotenzial und reihen Georges Gedichte in die deutsche Lyriktradition ein – dies allerdings in dezidierter Abgrenzung zur im 19. Jahrhundert virulent gewordenen Erlebnislyrik.

Durch die Aufnahme und gleichzeitige Reversion ›konventioneller‹ Semantik kommt es in den *Hymnen* folglich immer wieder zu einer *Re-Semantisierung* der neu konnotierten sprachlichen Zeichen. So vermag es George, das kulturelle Erbe für seine Dichtung in Anspruch zu nehmen, dieses aber dadurch zu *privatisieren*, dass er die sprachlichen Zeichen in gänzlich neuer, unkonventioneller Weise semantisiert und ihre Bedeutung mittels diverser Chiffrierungsstrategien vor dem unerwünschten hermeneutischen Zugriff Nicht-Eingeweihter schützt. Dies kann – wie gezeigt – auf unterschiedliche Weise geschehen: 1.) über die Reversion ›traditioneller‹ Semantik, 2.) durch die Chiffrierung der Form oder 3.) der Sprechsituation; 4.) mittels semantischer Verdichtung (z. B.

---

[93] Schultz nennt dies richtig »das leise Anklingen einer Tradition, nicht ihre Nachahmung« (Schultz: *Studien zur Dichtung Stefan Georges*, S. 13).
[94] Günter Hennecke: *Stefan Georges Beziehung zur antiken Literatur und Mythologie. Die Bedeutung antiker Motivik und der Werke des Horaz und Vergil für die Ausgestaltung des locus amoenus in den Hirten- und Preisgedichten Stefan Georges*. Köln 1964, S. 205.

durch die Verwendung von kühner Metaphorik) oder aber 5.) durch die Vermengung und Parallelführung diverser Zeitebenen (Vergangenheit, Gegenwart und Zukunft).

Diese Möglichkeiten der Hermetisierung sind für Georges Frühwerk von zentraler Bedeutung und grenzen seine Texte nicht nur von der Erlebnislyrik, sondern auch von denen zeitgenössischer Lyriker wie den eingangs zitierten Emanuel Geibel oder Paul Heyse (1830–1914) auf signifikante Weise ab. Gezeigt hat sich bei der Analyse einzelner (für den Zyklus repräsentativer) Gedichte also, dass Stefan George bereits in den *Hymnen* diverse poetische Techniken verwendet, um Bedeutung zu potenzieren und poetische Texte zu generieren, die durch ihre mehrfache Kodierung vor dem unerwünschten Zugriff ›Nicht-Eingeweihter‹ geschützt sind – durch ihre ›Machart‹ und Intention im Gegensatz zu *semantisch transparenten Texten* als *hermetisiert-chiffrierte Texte* zu klassifizieren sind. Diese Chiffrierung dient George der sprachlichen Privatisierung seiner frühen Dichtung, die vermöge ihrer Komplexität, ihrer metapoetischen und graduell selbstreferenziellen Tiefenstruktur bestimmte Rezipienten von vornherein exkludiert und sich damit selbst zu einem aus der Masse der entstehenden Literatur herausragendem Werk stilisieren kann.

Auch in der weiteren Werkchronologie spielt Privatheit für George daher eine entscheidende Rolle – und zwar nicht nur als poetische *Privatsprache*, die Schutzmechanismen in Form sprachlicher Chiffrierungen einsetzt, um unerwünschtem Eindringen von ›außen‹ vorzubeugen, sondern auch als zentrales inhaltliches Element seiner Dichtung, das sich über die Modellierung *privater Räume* und die Darstellung der diastatischen Spannung zwischen einer absoluten *Privatexistenz* und dem Bedürfnis nach Gemeinschaft bestimmen lässt.

Welch basale Funktion Privatheit also für das Verständnis von Georges Frühwerk spielt, möchte ich daher im nachfolgenden Kapitel (unter Auslassung der *Pilgerfahrten*) anhand des *Algabal* demonstrieren. Zu zeigen sein wird der Zusammenhang zwischen der sprachlichen Hermetisierung der Dichtung über eine bestimmte Textkodierung, der Modellierung privater Räume und Georges aristokratischem Exklusivitätsverständnis, das sich anhand der Figur Algabals rekonstruieren lässt. Aus einer textimmanenten Perspektive wird sich über die klare raumsemantische Abgrenzung des Unterreichs von der Oberwelt erweisen, wie sich der autarke Privatraum des Kaisers in Opposition zum ›Sozialen‹, ›Politischen‹ und ›Öffentlichen‹ situiert. Daher wird im Text – so die zentrale These – nicht primär die Selbstverherrlichung des Ästhetischen zelebriert, sondern vielmehr auf einer Tiefenebene Kritik geübt an der ästhetischen Privatexistenz, die sich zunehmend von der Gemeinschaft distanziert. Metapoetisch verweist der Kunstraum des Herrschers Algabal dabei auf Georges eigenes poetologisches ›Programm‹, in welchem die *Poetik des Privaten* eine zentrale Rolle einnimmt – ›Privatheit‹ als ästhetische Kategorie eine entscheidende Funktion zukommt.

2. Kritik an der privaten Existenz: *Algabal*

2.1 Einleitung und These

Ein erster Blick auf das 1892 in streng limitierter Auflage erschiene Werk *Algabal* genügt, um zu erkennen, dass es sich hierbei um eine Form der Dichtung handelt, die keine breite Öffentlichkeit bedienen möchte. Die Gedichte sind *hermetisiert*, bei der ersten Lektüre erscheinen sie unverständlich, denn sie verbergen ihren ›Sinn‹ mithilfe poetischer Chiffrierungsstrategien. Sie sind daher nur an Rezipienten gerichtet, die die spezifische Kodierung des Textes zu dechiffrieren imstande sind. Die private Publikationspraxis – der Text erscheint erstmals in 100 Exemplaren für Freunde und Gönner – korreliert dem privatistischen Dichtungsverständnis des Autors, der seine Texte durch Kodes vor dem Zugang der Allgemeinheit zu schützen sucht.[1] Der damit verbundene Anspruch auf Exklusivität, der darin besteht, die Öffentlichkeit auszuschließen, ist eng verbunden mit der *inszenierten Privatheit* sowohl auf soziologischer wie auf Textebene. Ziel der nachfolgenden Analyse ist es, die von George verwendeten Chiffrierungsstrategien zu rekonstruieren und zu zeigen, wie *Privatheit durch sprachliche Hermetisierung* auf Textebene generiert werden kann.

Die ältere Forschung liest den *Algabal*[2] häufig als poetischen Ausdruck eines »Aristokratismus der Innerlichkeit«[3] und als »Chiffre der totalen Negation«,[4]

---

[1] Dirk von Petersdorff bezeichnet Georges Dichtung als »Gegenreich mit verschärften Eintrittsbedingungen« (ders.: *Fliehkräfte der Moderne. Zur Ich-Konstitution in der Lyrik des frühen 20. Jahrhunderts*. Tübingen 2005, S. 75).

[2] Der Großteil der 22 Gedichte entstand zwischen Juli und Jahresende 1891. Im September 1892 erschienen schließlich die 10 ersten Exemplare des Werkes, denen nach der Durchführung von einigen Änderungen im November 90 weitere Privatdrucke folgten. 1898 dann publizierte George den frühen Gedichtband zusammen mit den *Hymnen* und den *Pilgerfahrten* in einer öffentlichen Ausgabe »für die lesende menge« (SW II, 5). In formalästhetischer Hinsicht stützte er sich auf die Technik der französischen Symbolisten. Insbesondere der Einfluss Baudelaires, dessen *Fleurs du mal* (1857) George zu jener Zeit übersetzte, wird in der Forschung immer wieder hervorgehoben; so ist das erste Gedicht des Bandes mit dem *Rêve parisien* verglichen worden – z. B. bei Claude David, der auch auf Analogien zu Villiers de l'Isle-Adam aufmerksam macht (vgl. Claude David: *Stefan George*, S. 77). Vgl. auch Durzak: *Der junge Stefan George*, S. 202–205. Die Verwandtschaft zu den Werken der französischen Symbolisten wurde schon von Richard M. Meyer 1897 in seinem Aufsatz über den George-Kreis festgestellt (vgl. Richard Moses Meyer: »Ein neuer Dichterkreis«. In: *Preußische Jahrbücher* 88 [1897], S. 33–54. Hier: S. 40). – Auf die Figur des spätrömischen Priesterkaisers ist George vermutlich durch die ›Bibel der Dekadenz‹, Huysmans *À rebours* (1884), aufmerksam geworden. Die jüngst erschienene Monographie von Zanucchi exponiert zudem die Präformation einiger elementarer poetischer Strukturen und Elemente aus Conrad Ferdinand Meyers lyrischem Werk und expliziert dessen intertextuelle Signifikanz für Georges *Algabal*. Vgl. Zanucchi: *Transfer und Modifikation*, S. 362–367 u. S. 370.

[3] Georg Lukács: *Deutsche Literatur im Zeitalter des Imperialismus*. Berlin 1945, S. 32.

[4] Wolfdietrich Rasch: *Die literarische Décadence um 1900*. München 1986, S. 179.

was zu einer recht einseitigen Deutung führt, die das Werk als poetischen Ausdruck eines herrschaftlichen Amoralismus und als exemplarische poetische Umsetzung einer rein auf ästhetischen Prinzipien beruhenden Lebensform verstanden wissen möchte.[5] Auch in neueren literaturwissenschaftlichen Darstellungen wird Stefan Georges früher Gedichtband gerne als das Paradebeispiel für einen Text des deutschsprachigen ›Ästhetizismus‹ herangezogen.

Peter Sprengel beispielsweise spricht vom »ersten dichterischen Zeugnis des Ästhetizismus im deutschen Kulturraum«.[6] Volker Riedel sieht in seinem elaborierten Aufsatz zu den antiken Quellen des *Algabal* die grundlegende Differenz zwischen Stefan George und anderen Autoren der Jahrhundertwende (Hofmannsthal, Rilke, Thomas und Heinrich Mann) gerade darin, dass diese eine eher kritische Position bezögen und die ›ästhetizistische Ideologie‹ problematisierten; George hingegen bloß die ›Verklärung‹ der ästhetischen Lebensform inszeniere.[7] Und auch Bernhard Böschenstein geht davon aus, dass es bei George – im Gegensatz zu Baudelaire – nicht zu einer Desillusionierung und Problematisierung der künstlichen *l'art-pour-l'art*-Welt komme.[8]

Oberflächlich betrachtet scheint diese Einschätzung durchaus zuzutreffen, doch einer genauen Prüfung hält dieses Urteil nicht stand.[9] Auf einer Tiefenebene der Texte findet die selbstreferenzielle Kritik und »Problematisierung der ästhetischen Existenz«[10] im *Algabal* durchaus statt. Auch wenn der Band auf einer Oberflächenebene das Bild einer auf Ästhetik, Künstlichkeit und Amoralismus gegründeten autonomen Künstlerherrschaft zeichnet, so birgt er doch zugleich eine Kritik am Kunstverständnis des *l'art pour l'art* und der radikalen Autonomieästhetik in sich, die sich zugleich auf das antinaturalistische Kunstkonzept Georges anwenden lässt.

Damit könnte *Algabal* Ausdruck einer impliziten Selbstkritik sein, die Georges postulierte Poetologie tiefenstrukturell kritisch hinterfragt und die Möglich-

---

[5] Einen prägnanten Überblick über die Forschungspositionen von Mitte der 50er Jahre bis ins Jahr 2005 gibt Jürgen Egyptien: »Entwicklung und Stand der George-Forschung 1955–2005«. In: *Text + Kritik. Zeitschrift für Literatur*. Heft 168 (2005), S. 105–122.

[6] Peter Sprengel: *Geschichte der deutschsprachigen Literatur 1870–1900. Von der Reichsgründung bis zur Jahrhundertwende*. München 1998, S. 645.

[7] Volker Riedel: »Ein problematischer ›Einstieg‹. Zum Umgang Stefan Georges mit der antiken Überlieferung im Algabal«. In: *George-Jahrbuch* 7 (2008/2009), S. 20–48. Hier: S. 267. Auch Wolfgang Braungart setzt Georges *Algabal*-Zyklus, der »kaum als Kritik zu lesen ist«, von den frühen kritischen Texten Hofmannsthals deutlich ab (Wolfgang Braungart: *Ästhetischer Katholizismus. Stefan Georges Rituale der Literatur*. Tübingen 1997, S. 68).

[8] Vgl. Bernhard Böschenstein: »Der Dichter als Herrscher, Religionsstifter, Erzieher. Stefan Georges Autorität im Wandel der Formen von ›Algabal‹ (1892) bis zum Ersten Weltkrieg«. In: *Colloquium Helveticum. Schweizer Hefte für allgemeine und vergleichende Literaturwissenschaft* 41 (2010), S. 53–63. Hier: S. 54.

[9] Vgl. dazu Mario Zanucchi: »Algabal«. In: Jürgen Egyptien: *Stefan George – Werkkommentar*. Berlin/Boston 20017, S. 60–96.

[10] Riedel: »Ein problematischer ›Einstieg‹«, S. 267.

keiten und Grenzen des eigenen Kunstkonzepts aufzuzeigen imstande ist.[11] Im Folgenden soll gezeigt werden, dass es George in seiner Dichtung nicht nur speziell um die Modellierung einer rein auf Künstlichkeit basierenden Lebensweise und der impliziten Kritik daran zu tun ist, sondern vielmehr um die Darstellung von *Privatheit* als einem *ästhetischen Phänomen* und der Problematisierung dieses Konzepts auf einer Tiefenebene.

Meine These lautet im Anschluss an die Ergebnisse im vorangegangenen Kapitel daher, dass George in seiner Dichtung auf textueller Ebene diverse Chiffrierungsstrategien anwendet, um seine Lyrik zu hermetisieren und auf diese Weise zu privatisieren. Die durch Hermetisierung generierte ›Unzugänglichkeit‹ zum ›Textraum‹ der Diegese wird dabei als Auszeichnung und Schutzmechanismus gegen unerwünschtes Eindringen von ›außen‹ verstanden. So ist mit dieser Privatisierung zugleich ein aristokratisches Exklusivitätsverständnis verbunden, das die eigene Dichtung sublimiert und gegenüber anderen zeitgenössischen Autoren und deren Texten deutlich abgrenzt.

Schon bei der ersten Lektüre des *Algabal* wird deutlich, dass der Band sich einem unmittelbaren Verstehen verschließt. Dies hat folgende Gründe:

1.) verzichtet George (wie bei all seinen Werken) aus ästhetischen und gestalterischen Gründen konsequent auf die Interpunktion und die Groß- und Kleinschreibung. Lediglich der Versanfang und besonders akzentuierte Begriffe werden durch Großschreibung hervorgehoben und gekennzeichnet. Auf diese Weise personalisiert er das zugrundeliegende Zeichensystem der deutschen Sprache und generiert damit bereits auf formalästhetischer Ebene eine *Privatsprache*.
2.) verwendet George (wie in den *Hymnen*) eine teils altertümliche Schreibweise und zahlreiche Archaismen – außerdem ungewöhnliche Pluralformen und maniert anmutende Neologismen, die neue Bedeutungspotenziale freisetzen.
3.) lassen sich auf semantischer Ebene durch die fehlende Kontextualisierung, nicht vorhandene Explikationen und unklare Referenzen – die Sinnzusammenhänge nicht eindeutig rekonstruieren, da sie ohne die nötigen Hintergrundinformationen, nur sehr schwer oder gar nicht herstellbar sind.

Um die im Band enthaltenen Gedichte überhaupt verstehen zu können, ist also ein gewisses Maß an kulturellem Wissen – oder mit Bourdieu: *kulturelle Kompetenz*[12] – vonnöten. Diese darf als Voraussetzung für das Verständnis der Gedich-

---

[11] Zu dieser Position vgl. Brigitte Kaute: »Zum Verhältnis von Programmatik und Literatur des Ästhetizismus – anhand von Stefan Georges Gedichtzyklus *Algabal*«. In: Bo Andersson/Gernot Müller/Dessislava Stoeva-Holm (Hg.): *Sprache – Literatur – Kultur. Text im Kontext. Beiträge zur 8. Arbeitstagung schwedischer Germanisten in Uppsala. 10.–11.10.2008.* Västerås, S. 203–210.
[12] Bourdieu: *Die feinen Unterschiede*, S. 19.

te und als ›Schutzmechanismus‹ gelten, der den ›gewöhnlichen‹ Leser vom wissenden – und damit für George ›legitimierten‹ – Leser trennt.

2.2 Kulturelles und historisches Wissen

Der erste Anhaltspunkt zur Analyse des Gedichtbandes liefert der Titel des Bandes: ›Algabal‹. Er referiert auf den historischen römischen Kaiser Elagabal, der von 218–222 in Rom unter dem Namen Marcus Aurelius Antoninus regiert.[13] Als Priester des syrischen Sonnengottes Elah-Gabal lebte er in Emesa, bis er nach dem Sieg gegen Macrinus 218 nach Chr. schließlich römischer Kaiser wird und fortan den Namen seines Gottes als Beinamen trägt. Zur Legitimation seiner Herrschaft gibt er sich als unehelicher Sohn des zuvor ermordeten Kaisers Caracalla aus. In der Zeit seiner Herrschaft macht er sich sehr unbeliebt, ja verhasst – nicht nur beim einfachen Volk, sondern auch beim Militär und vor allem beim Senat. Am Ende seiner kurzen Regierungszeit wird er schließlich von meuternden Soldaten ermordet.

Die antiken Quellen[14] stellen den Priesterkaiser als grausamen und despotischen Herrscher dar, dessen Handlungsmotive von Geldgier, sexuellen Vorlieben und der Verachtung seiner Untergebenen geprägt sind.[15] Der Spätantike und Neuzeit wird seine Person deshalb zum Symbol von Lasterhaftigkeit und Dekadenz – vor allem auch deshalb, weil er sich offenbar weniger um politische Belange als vielmehr um Wettkämpfe, Schauspiele und die eigenen sexuellen Ausschweifungen kümmerte. Im zeitgeschichtlichen Kontext ist Heliogabalus daher als der dekadente Imperator *par excellence* mit dem Verfall und der Lasterhaftigkeit des spätrömischen Kaiserreichs assoziiert worden.

Es lassen sich viele Gründe für Elagabals Unbeliebtheit in Rom anführen. Der wohl gewichtigste aber ist, dass er nicht bereit war, auf die Vorrechte des Senats und die Sitten der aristokratischen Kreise Rücksicht zu nehmen. Im Ge-

---

[13] Zur Rezeption der römischen Historiker in Georges *Algabal* vgl. Herbert Marwitz: »Stefan George und die Antike«. In: *Würzburger Jahrbücher für die Altertumswissenschaft* 1 (1946), S. 226–257; Victor A. Oswald: »The Historical Content of Stefan George's ›Algabal‹«. In: *Germanic Review* XXIII (1948), S. 193–205; Georgios Varthalitis: *Die Antike und die Jahrhundertwende. Stefan Georges Rezeption der Antike*. Heidelberg 2000, S. 14–40; Riedel: »Ein problematischer ›Einstieg‹«, S. 20–48. Zur zeitgenössischen englischen und französischen Rezeption des Priesterkaisers Elagabalus vgl. Victor A. Oswald: »Oscar Wilde, Stefan George, Heliogabalus«. In: *Modern Language Quarterly*. Jahrgang X. Nr. 4, S. 517–525.

[14] Die *Römische Geschichte* des griechischen Historikers Cassius Dio (163/164–ca. 235), die *Geschichte des Kaisertums nach Marc Aurel*, die im 3. Jahrhundert von Herodian verfasst wurde, und die *Historia Augusta*, eine Sammlung von Kaiserbiographien von Hadrian bis Numerian/Carinus (entstanden um die Wende vom 4. zum 5. Jahrhundert). Vgl. dazu Riedel: »Ein problematischer ›Einstieg‹«, S. 258.

[15] Vgl. Annette Rink: »Algabal – Elagabal. Herrschertum beim frühen Stefan George«. In: *Weimarer Beiträge* 48 (2002) 4, S. 548–567. Hier: S. 551.

genteil brüskierte er sie, indem er sich an die Gepflogenheiten seiner orientalischen Heimat hielt, also z. B. seine orientalische Priestertracht statt der römischen Kaisertoga trug. In Rom führte er die monotheistische Sonnenreligion seines Gottes Elagabal ein, wodurch er den Unmut der Aristokraten und des Senats auf sich zog.

Für seinen *Algabal* adaptiert George die signifikantesten Handlungselemente und Motive aus den historischen Quellen und poetisiert sie,[16] um der privaten Kunstherrschaft einen fiktionalen Raum zu geben, in dem die rein auf ästhetischen Prinzipien fundierende Existenz des Priesterkaisers in all ihren Facetten beleuchtet werden kann. Freilich »deutet George die Quellen in so umfassender Weise um, daß sich die historische Gestalt in eine imaginierte mit historischem Hintergrund verwandelt.«[17] So darf das Werk also keineswegs als Zeugnis des Historismus gelten.[18]

Das heißt natürlich auch, dass es George bei der kostbaren Ausgestaltung der Räume nicht nur um das Dekorative in der ästhetischen Darstellung oder das Durchexerzieren eines amoralischen autokratischen Herrscherwillens zu tun ist, sondern auch und vielmehr um die Präsentation eines graduell selbstreferenziellen poetischen Verfahrens.[19] Der eklektizistische Umgang mit den historischen Quellen dient George freilich nicht dazu, die Ideologie des dekadenten Priesterkaisers poetisch zu kommunizieren, sondern im Gegenteil der impliziten Kritik an der ästhetischen Lebenshaltung. So geht es George mit dem *Algabal* also um die Demonstration einer Kunsttechnik, die die eigene zugrundeliegende poetologische Position reflektiert und kritisiert.

Die poetologische Reflexionsfigur Algabal repräsentiert damit zum einen die Verkörperung der ästhetischen Lebensform *per se*, zum anderen wird das Werk *Algabal* auf einer Metaebene zum poetischen *Ausdruck der autonomieästhetischen Programmatik* des antinaturalistischen Kunstverständnisses Georges, das sich durch die *Inszenierung von Privatheit* auf der Textebene zugleich als genuin *privatistisches Werk* ausweist.

---

[16] Morwitz weist in seinem Kommentar darauf hin, dass George die antiken Quellen kannte: »Der Dichter hat die Berichte der Historiker Dio Cassius, Herodian und Lampridius, wie er erzählte, benutzt, aber in sehr freier Weise umgestaltet« (Morwitz: *Kommentar zu dem Werk Stefan Georges*, S. 44).
[17] Rink: »Algabal – Elagabal«, S. 554.
[18] Diese Position hat schon Hildebrand vertreten: »Die Wahl ALGABALS, des römischen Kaisers Heliogabal, kann bei diesem Dichter nicht Flucht in die Vergangenheit oder gar in die Geschichtswissenschaft sein. Diese Historien-Kunst der Epigonen lag ihm weltenfern« (Kurt Hildebrandt: *Das Werk Stefan Georges*. Hamburg 1960, S. 42). Jüngst auch Zanucchi: »Trotz der nachweislichen Nähe Georges zu den historischen Quellen ist ›Algabal‹ keine Dichtung im Geist des Historismus« (Zanucchi: *Transfer und Modifikation*, S. 338).
[19] Vgl. Baßler u. a.: *Historismus und literarische Moderne*, S. 175.

Der Zyklus eröffnet mit der – erst in der zweiten Auflage hinzugefügten – »Aufschrift«[20] zum »Gedächtnis Ludwigs des Zweiten« (56). Darauf folgt eine Widmung an den Pariser Freund Albert Saint-Paul (»Dem Dichter und dem Freund / In langen Erlebnissen / Und geniessendem Künstlertum« [57]). Der Zyklus selbst ist in drei Sektionen segmentiert (*Im Unterreich*, *Tage* und *Die Andenken*), die unterschiedliche thematische Schwerpunkte setzen. Den Schluss bildet das Gedicht *Vogelschau*, das als einziges eine Überschrift trägt und somit als eigenständige Einheit betrachtet werden muss. Die Aufschrift zum ›Gedächtnis Ludwigs des Zweiten‹, die in der ersten Privatausgabe noch fehlt, muss als paratextueller Verweis auf die geistige Verwandtschaft und Nähe von Georges Figur Algabal zum kunstempfänglichen Bayernkönig (1845–1886), dem Mäzenen Richard Wagners, verstanden werden. Algabal bezeichnet sich als dessen »Jüngre[n] Bruder«, wenn er dem »verhöhnte[n] Dulderkönig« sein Heil zuruft und sich damit implizit als dessen Verehrer und Nachfolger versteht. Gemeinsamkeiten zwischen beiden finden sich zuhauf: Auf den ersten Blick fallen die Anknüpfungspunkte »Schönheit, Isoliertheit, Abwendung von der Regierungstätigkeit, Prachtentfaltung und tragischer Tod«[21] ins Auge. Zu der Zeit, da sich George mit dem Stoff des Priesterkaisers beschäftigte, galt der fünf Jahre zuvor verstorbene ›Künstlermonarch‹ bereits als Kultfigur in der Dichtung der literarischen *Décadence*. Viele französische Schriftsteller nehmen auf den kunstaffinen König Bezug und stilisieren ihn zum Märtyrer der Kunst oder zum dekadenten Helden.[22] Zu einer »zentralen Oppositionsfigur gegen den bürgerlichen Zeitgeist«,[23] bot er sich für eine direkte Bezugnahme auf die literarische Figur Algabal förmlich an. Unverkennbar sind der Herrscherfigur Algabal also auch Züge Ludwigs II. eingeschrieben.

Ein Brief an Saint-Paul aus Schloss Linderhof vom 11. Juli 1891 bezeugt, dass George die Schlösser König Ludwigs II. unmittelbar vor der Niederschrift des *Algabal* besichtigt hat. Beeindruckt von der Residenz des ›einen wahren Königs‹ bezeigt er dem französischen Freund gegenüber sein Erstaunen durch die eigene Sprachlosigkeit:

---

[20] Im Originaltext sind die den Gedichtzyklen vorangestellten Aufschriften und Widmungen, die Überschriften der Zyklen sowie die Titel der Gedichte durchgehend in Versalien gehalten. Aus Gründen der formalen Homogenität des Bandes habe ich mich in der vorliegenden Arbeit bewusst gegen eine solche Schreibweise entschieden. Die Aufschriften und Widmungen sind hier auf typographisch konventionelle Weise gesetzt; sämtliche Überschriften und Titel sind in Kursivschrift gehalten.
[21] Rink: »Algabal – Elagabal«, S. 567.
[22] So z. B. Robert de Montesquiou in seinem über 250 Verse umfassenden Gedicht *Treizième César* (1887). Zum Ludwigskult in Frankreich vgl. Walter Pache: »Ludwig II. von Bayern in der Literatur der europäischen Dekdanz«. In: Ders.: *Degeneration – Regeneration. Beiträge zur Literatur- und Kulturgeschichte zwischen Dekadenz und Moderne*. Würzburg 2000, S. 3–17.
[23] Zanucchi: *Transfer und Modifikation*, S. 340.

Je vous écris près la residence du seul et vrai roi – tellement ebahi que je n'ose continuer ... c'est Versailles dans les montagnes a cent lieues de villes cultivées.[24]

So darf behauptet werden, dass die bayerischen Königsschlösser und Schlossanlagen George als ästhetische Kulissen und Inspirationsquellen für die Gestaltung der glänzenden Räume seines Unterreichs gedient haben mögen.[25] Selbst architektonische Details der ersten Sektion finden ihr realgeschichtliches ›Vorbild‹ in den Schlössern Neuschwansteins und Linderhofs.[26] So lassen sich zahlreiche Analogien zwischen der extraordinären Ausstattung der Schlossanlagen und der prunkvollen Wohnräume zu den im Gedichtzyklus eingesetzten Bildern, Farben und Luxusgegenständen konstatieren. Besonders evident sind z. B. die Übereinstimmungen zwischen der Sonne auf der flachen Kuppel im Thronsaal von Schloss Neuschwanstein und dem »saal des gelben gleisses und der sonne« (61, V. 1) bzw. den Pfauen im Musikzimmer von Linderhof und den »dreissig pfauen« (62, V. 6) im »raum der blassen helle« (62, V. 1). Ebenso dürfen die »hallen prahlend in reichem gewande« (60, V. 1) und die »grotten in strahlendem rausche geboren« (62, V. 8) als Reminiszenzen an die Kulissenarchitektur der prunkenden Schlösser Ludwigs II. gelten.[27] Gleich dem ›Märchenkönig‹ zieht sich der Priesterkaiser Algabal in seine hermetisch abgeschottete Welt zurück und erschafft sich ein privates Reich der Künstlichkeit.[28] In dieser künstlichen Pracht erfährt Algabal »die Todeskälte reiner Schönheit, Einsamkeit und Schönheitskult, Narzissmus und Weltflucht, Künstlichkeit und Selbstbezüglichkeit«.[29]

Nur wenige Freunde Georges – vielleicht sogar nur der französische Widmungsträger Albert Saint-Paul – wussten um dessen Besuch der Schlösser König Ludwigs II. und konnten die Referenzen und Analogien auf den Bayernkönig so unmittelbar erkennen und deuten. Dem nicht eingeweihten Leser mögen die Verse der »Aufschrift«: »Nun ruft ein Heil dir übers Grab hinaus Algabal / Dein jüngrer Bruder o verhöhnter Dulderkönig« (56, V. 5/6) ebenso rätselhaft und verschlossen geblieben sein wie der Titel des Gedichtbands selbst.

Hermetisch wirkt der Text bei der ersten Lektüre aber freilich nicht nur dadurch, dass die kulturgeschichtlichen und biographischen Bezüge nicht unmittelbar offenliegen, sondern auch durch Begriffe, die häufig anders semantisiert

---

[24] SW II, 120.
[25] Vgl. Heinrich Neumann: »Stefan Georges ›Algabal‹. Ein Hinweis zum Unterreich-Zyklus«. In: *Castrum Peregrini* 134–135 (1978), S. 122–124.
[26] Vgl. Christophe Fricker: »Ludwig II. in Stefan Georges ›Algabal‹«. In: *Weimarer Beiträge* 52 (2006) 3, S. 441–448.
[27] Vgl. Peter Philipp Riedl: »Die Pathologie des Ästhetizismus. Ludwig II. und die Literatur der Jahrhundertwende«. In: Peter Wolf u. a. (Hg.): *Götterdämmerung. König Ludwig II. und seine Zeit. Aufsätze zur Bayerischen Landesausstellung 2011*, S. 210–216. Hier: S. 211.
[28] Vgl. Dirk von Petersdorff: »Stefan Georges Dichtung als Gegenreich«. In: *Castrum Peregrini* 264–265 (2004), S. 51–72.
[29] Riedl: »Die Pathologie des Ästhetizismus«, S. 211.

sind als in ihrer lexikalischen Bedeutung oder aber generell nicht (mehr) Teil des kulturellen Wissens der Zeit sind. So finden sich im Zyklus zahlreiche Archaismen, die der Leser nur versteht, sofern er eine philologische Ausbildung genossen hat oder im Wörterbuch nachschlägt: »sintern« (60, V. 11), »gebeut« (60, V. 24), »rain« (63, V. 6), »frönen« (67, V. 2), »augenmerk« (68, V. 14) und »pfühle« (73, V. 1) sind Beispiele dafür. Aber auch Neologismen (meist Komposita)[30] erfindet George, um seinen Anspruch auf Exklusivität und ästhetische Privatheit durchzusetzen: »die ruderentbehrenden nachen« (60, V. 18), »feuerbronne« (61, V. 3), »friedenfroher« (68, V. 18), »feuerschwamm« (68, V. 19), »äthergezelten« (70, V. 9), »blumenalter« (79, V. 1) – all diese Begriffe sind Beispiele für Wortneuschöpfungen, die George benutzt, um seine Dichtung von der zeitgenössischen Lyrik und einer ›unwürdigen‹ Öffentlichkeit abzugrenzen. Durch den Gebrauch dieser atypischen Wörter schafft es George, seinen Gedichten den Nimbus des Besonderen zu verleihen. Dies erzielt er durch eine semantische Intensivierung und Verdichtung, die eben dadurch zustande kommt, dass er graphemisch, phonetisch oder morphologisch von der Normalsprache abweichende Wörter bildet. »Denn inkorrekte Wortbildungen schmälern nicht den Sinn, sondern intensivieren ihn.«[31] Diese Intensivierung des Sinns wird auch erzeugt durch Georges Nominalstil und die brachylogische Struktur vieler seiner Gedichte.[32]

Aber auch auf inhaltlicher Ebene zeigt sich in der Modellierung der semantischen Räume eine durch Oppositionen und metapoetische Verweise erzielte Bedeutungsverdichtung: Die klare topographische Abgrenzung des Unterreichs von der Oberwelt macht deutlich, wie der Privatraum des Kaisers sich in seiner Autarkie als privater Raum erweist. Wie zu zeigen sein wird, hat dieser Raum wiederum Verweisungscharakter und bezieht sich auf Georges poetologisches ›Programm‹, in dem die Poetik des Privaten eine zentrale Stellung einnimmt.

2.3 Absolute Privatheit – Tod und Schönheit: »Im Unterreich«

Die erste Sektion, die mit ihren vier Gedichten die kürzeste ist, schildert die Kunstwelt des römischen Priesterkaisers, aus der die ›Natur‹ und das ›Leben‹ gänzlich vertrieben zu sein scheinen. Formal ist sie äußerst homogen strukturiert: Die Strophen setzen sich stets aus vier Versen zusammen, die mit einem

---

[30] Schäfer präzisiert dies: »Die meisten Neologismen Georges sind Wortbildungen durch atypische Flexion und atypische Derivatenbildung oder neue Komposita. Dabei liegt das eigentliche Potential seiner agrammatikalischen Kreativität bzw. Wortbildungskreativität nicht in den flexionsmorphologisch auffälligen Bildungen – die Flexion stellt eine recht stabile Systematik vor, deren Paradigmen bestimmte Wortbildungen blockieren – oder in den abweichenden Derivationen, sondern in der Wortformenbildung« (Schäfer: *Die Intensität der Form*, S. 60).
[31] Schäfer: *Die Intensität der Form*, S. 69.
[32] Vgl. die Interpretation zu den *Hymnen*, siehe Kapitel II/1.

Kreuzreim enden. Allein die letzte Strophe des vierten und letzten Gedichts durchbricht das gängige Reimschema und hebt sich mit ihrem umschließenden Reim vom Rest der Sektion ab – auf sie wird unten noch genauer eingegangen werden. Beginnen möchte ich mit dem ersten Gedicht:

> Ihr hallen prahlend in reichem gewande
> Wisst nicht was unter dem fuss euch ruht –
> Den meister lockt nicht die landschaft am strande
> Wie jene blendend im schoosse der flut.
>
> 5 Die häuser und höfe wie er sie ersonnen
> Und unter den tritten der wesen beschworen
> Ohne beispiel die hügel die bronnen
> Und grotten in strahlendem rausche geboren.
>
> Die einen blinken in ewigen wintern ·
> 10 Jene von hundertfarbigen erzen
> Aus denen juwelen als tropfen sintern
> Und flimmern und glimmen vor währenden kerzen.
>
> Die ströme die in den höheren stollen
> Wie scharlach granat und rubinen sprühten
> 15 Verfärben sich blässer im niederrollen
> Und fliessen von nun ab wie rosenblüten.
>
> Auf seeen [!] tiefgrün in häfen verloren
> Schaukeln die ruderentbehrenden nachen ·
> Sie wissen auch in die wellen zu bohren
> 20 Bei armige riffe und gähnende drachen.
>
> Der schöpfung wo er nur geweckt und verwaltet
> Erhabene neuheit ihn manchmal erfreut ·
> Wo ausser dem seinen kein wille schaltet
> Und wo er dem licht und dem wetter gebeut. (60)

Das erste Gedicht ist durch die semantische Grundopposition von ›Oberwelt‹ und ›chthonischer Unterwelt‹ strukturiert, es »intoniert das Leitthema des Zyklus, das Ideal ästhetischer Autarkie«.[33] Formal besteht es aus 6 Strophen zu je vier Versen mit durchgängigem Kreuzreim und einem vierhebigen Metrum, das überwiegend jambisch-anapästisch, in den Versen 7, 10 und 18 trochäisch-daktylisch ist. Mit Ausnahme der ersten Strophe (in der sie mit männlichen alternieren) enden die Verse stets mit weiblichen Kadenzen.

Die obere Welt wird in zwei Bereiche unterschieden: Einem auf prunkvolle Schönheit gegründeten Bereich, der sich in seiner ›oberflächlich-naiven‹ Ästhetik im Bild der kunstvollen Hallen repräsentiert – und einem Bereich land-

---

[33] Zanucchi: *Transfer und Modifikation*, S. 368.

schaftlicher Naturästhetik. »Den meister« (60, V. 3) aber tangieren weder die ›prahlenden‹ Hallen »in reichem gewande« (60, V. 1) noch die »landschaft am strande« (60, V. 3). Ihm sind sie aufgrund ihrer naiven ›Unwissenheit‹ (»Wisst nicht« [60, V. 2]) und ›Verblendung‹ (»blendend« [60, V. 4]) keine geeigneten Räume, um sich selbst schöpfend zu verwirklichen.

Eine poetologische Deutung liegt hier nah: Denn beide Bildkomplexe können als Metaphern für zwei poetische Traditionen gedeutet werden, die vom ›Meister‹ gleichermaßen verworfen werden: Erstere repräsentiert den schönen Schein der epigonalen klassizistischen Dichtung, letztere die spätromantische Naturpoesie.[34] Die tradierten poetischen Richtungen werden von George für seine neue ›moderne‹ Dichtkunst als inadäquat – weil epigonal – eingestuft und damit disqualifiziert. Als mimetische Dichtungskonzepte haben sie einer *exklusiven Poetik des Privaten* zu weichen, die in der selbsterschaffenen unterirdischen Kunstwelt ihre zeichenhafte Repräsentation findet und den Anspruch erhebt, amimetisch und autonom zu sein.

In Opposition zu den ›oberflächlichen‹ Kunstkonzepten situiert sich George mit seiner Kunst auf einer Tiefenebene, die sich auf Textebene in der hermetisch abgeschlossenen, rein künstlich gestalteten Welt manifestiert, über die Algabal gebietet, und in die er sich von den politisch-öffentlichen Herrscheraufgaben zurückziehen kann. So findet die antinaturalistische und autonomieästhetische Programmatik Georges hier ihre exemplarische poetische Umsetzung: Die artifizielle Gegenwelt, die der Ästhet Algabal »unter den tritten der wesen« (60, V. 6) beschwört, stellt eine abgeschottete Parallelwelt vor, die sich durch ihre morbide Schönheit, ihre erstarrten Formen, das Artifizielle und eine merkwürdige Sterilität auszeichnet. Der »meister« (60, V. 3), der sich als der Schöpfer dieser privaten Kunstwelt ihres Anblicks »erfreut« (60, V. 22), ist der einzige, der autorisiert ist, sie zu betreten; der Zugang ist exklusiv und ihm, dem Priesterkaiser, vorbehalten. Der kategorische Ausschluss des Natürlichen geht einher mit der Depotenzierung natürlicher Gewalten, die dem Schöpfer des Kunstreichs selbst übertragen werden, so dass er allein über Licht und Wetter gebieten kann. Algabals Allmacht expliziert sich dabei vor allem in seiner autonomen Stellung innerhalb dieser privaten Kunstwelt. Als omnipotenter Herrscher der »Erhabene[n] neuheit« regiert er das unterirdische, prunkvolle Reich – doch ist es eine einsame Herrschaft über eine leblose Sphäre, in welcher der allmächtige Wille des Meisters zwar waltet, der ›eisige Hauch‹ des Todes aber stets präsent bleibt.

Die damit generierte Ambivalenz, die im zitierten Gedicht schon durch das – die selbstherrliche Freude über die eigene Schöpfung relativierende – »manchmal« (60, V. 22) expliziert wird, bestimmt den weiteren Zyklus: Die latente Omnipräsenz des Todes durchzieht sich motivisch durch den gesamten Band. Un-

---

[34] Vgl. Zanucchi: *Transfer und Modifikation*, S. 370.

terschwellig wird sie bereits in den ersten drei Gedichten entfaltet und beim Leser evoziert, wenn von »ruderentbehrenden nachen« (60, V. 18) die Rede ist, die an die Fähre Charons erinnern, und »dreimal tausend schwere urnen« (61, V. 11) als Gefäße für erlesene Kostbarkeiten dienen. Das artifizielle Kunstreich ist als Unterreich mit Semantiken des Todes konnotiert und stellt mit seiner Kälte-Motivik (»in ewigen wintern« [60, V. 9]; »Am boden schnee« [62, V. 4]) luzide Analogien zu Dantes *Divina Commedia* her, die George zur Zeit der Entstehung des *Algabal* bereits im Original gelesen hatte und später in Teilen übersetzte.[35]

Während der Tod in der ersten Sektion lediglich in Form von Metaphern (»düstere felder am düsteren rain« [63, V. 6]) und Metonymien (»schwere urnen« [61, V. 11]) präsent ist, wird er in *Tage* zur faktischen ›Wirklichkeit‹ innerhalb der Fiktion. So spricht der Kaiser seiner Großmutter vom Mord an seinem (politisch intrigierenden) Bruder[36] und initiiert die Tötung einer ganzen Festgemeinschaft durch herabfallende Rosen (»Aller ende / Ende das fest!« [69, V. 13 f.]). Dem Selbstmord eines Lyders, der sich aus Pflichtgefühl erdolcht (vgl. 66), folgt der Wunsch des Kaisers, sein Volk möge sterben (vgl. 71), und die Gedanken an den Suizid (vgl. 74). »Auf dem samenlosen acker« (72, V. 5) sterben die in den Tod geführten ›Helden‹. In der dritten Sektion sind es der personifizierte ›erstrobene Ruhm‹ (vgl. 80), der metaphorische Tod des eigenen früheren Selbst (»schatten« 78, V. 8), die verwelkte Schönheit (vgl. 79), der euphemistische Liebestod durch Gift (›entschlafene Kinder‹ unter dem Feigenbaum [vgl. 82]), die eigene melancholische Agonie und wiederkehrende Todessehnsucht (»Bei den gräbern pochend ›führt mich mit‹« [83, V. 6]), die sich allesamt unter das Paradigma des Todes subsumieren lassen und damit ein durchaus ambivalentes und selbstkritisches Bild von der Herrscherfigur und der von ihr vertretenen Position einer Verabsolutierung des Ästhetischen entstehen lassen.

Das isolierte Kunstreich, das sich der ›Meister‹ als seinen Privatraum erschafft, korreliert im gesamten Zyklus also stets Semantiken der Infertilität und des Todes. Damit liegt der Schluss nahe, dass das autarke Reich der Kunst von George als durchaus fragwürdiges Konstrukt modelliert wird, das aufgrund seiner Isolation und Abgrenzung keinerlei Bezug zum ›biologischen‹ und ›sozialen‹ Leben herstellen kann. Es handelt sich um eine ›Unter-Welt‹, die – abgeschottet von jener anderen ›wirklichen‹ Welt – *für sich* besteht, in Unabhängigkeit und völliger Autarkie.

---

[35] Bekanntlich stellt das Zentrum von Dantes Inferno den kältesten Ort dar; Luzifer befindet sich in der Mitte und steckt im ewigen Eis. Vgl. Dante Alighieri: *Die Göttliche Komödie*. Frankfurt am Main 2008, S. 143.

[36] Die Tötung des Bruders (der in der historischen Quelle sein Vetter Bassianus Alexander ist) muss als bloße Drohung Algabals verstanden werden; es handelt sich nicht um den Bericht eines tatsächlich stattgefundenen Geschehnisses. Vgl. dazu Ralf Simon: »In die Sprache erblicken, zum Bild errufen. Stefan Georges ›Algabal‹«. In: Kenneth S. Calhoon u. a. (Hg.): ›*Es trübt mein Auge sich in Glück und Licht*‹. *Über den Blick in der Literatur. Festschrift für Helmut J. Schneider zum 65. Geburtstag*. Berlin 2010, S. 221–241. Hier: S. 232.

Nicht nur die Todessemantik aber verleiht dem privaten Kunstreich eine nihilistische und lebensnegierende Nuance, sondern auch die semantisierten Farben der modellierten Räume des Unterreichs. Dem Initialgedicht »Ihr hallen prahlend in reichem gewande« folgen nämlich zwei weitere Gedichte, welche die Räume der künstlichen Unterwelt beschreiben und in struktureller Analogie zueinanderstehen – sich aber vor allem durch ihre Farbtongebung unterscheiden.

Im »saal des gelben gleisses und der sonne« (61, V. 1) findet sich eine »flache[] kuppel unter sternen« (61, V. 2), aus welcher Edelsteine mit »bernstein-kernen« (61, V. 4) »schnellen« (61, V. 3). Auffällig ist die Dominanz der Farbe Gelb, die sich in nuancenreicher Vielfalt an der Sonne ebenso wie an den »bernstein-kernen« (61, V. 4), den »goldnen ziegel[n]« (61, V. 7) sowie den »löwenhäute[n]« (61, V. 8) und den dreitausend Urnen – die bezeichnenderweise gelbfarbene Kostbarkeiten, »amber weihrauch und zitrone« (61, V. 12), beinhalten – konstatieren lässt. Der »raum der blassen helle« (62, V. 1) hingegen weist nur blasse Weißtöne auf: Er besteht aus edlen Metallen: »Aus elfenbein und milchigen opalen / Aus demant alabaster und kristall« (62, V. 11 f.). Die »gebleichte[n] felle / Am boden« (62, V. 3 f.) wirken durch ihre Farbtönung wie »schnee« (62, V. 4); die »dreissig pfauen« (62, V. 6) tragen weiße Daunen – »blank wie schwanenfendern / und ihre schleppen schimmern wie das eis« (62, V. 7 f.).[37]

In beiden Fällen besticht die auffällige farbliche Eintönigkeit, die durch die phonetisch ähnlichen und typographisch eingeebneten Adjektive »blitzendem und blinderem« (62, V. 10) noch gesteigert wird.

---

[37] Zanucchi deutet die Gegenüberstellung der semantischen Räume zeichenhaft als »innere Gespaltenheit Algabals« und erkennt in den aufeinanderfolgenden Farbkontrasten die Demonstration zweier »divergierende[r] poetische[r] Optionen« (Zanucchi: *Transfer und Modifikation*, S. 342): Er interpretiert den Saal, der von der Farbe Gelb beherrscht und die blendende Schönheit der Künstlichkeit akzentuiert, als die Darstellung der ästhetischen Gewalt über das ›Leben‹. In Opposition dazu stehe der »raum der blassen helle / Der weisses licht und weissen glanz vereint« (62, V. 1 f.), in dem die Farbe Weiß dominiere. Sie stehe zeichenhaft für die verlorene Reinheit und »latente Unschuldssehnsucht« (ebd., S. 343) des Kaisers – was sich auch anhand der transparenten Materialien (»Das dach ist glas« [62, V. 3]; »demant, alabaster und kristall« [62, V. 12]) zeige. Überzeugend weist Zanucchi zudem auf phonologische, die Semantik der Farben unterstützende, Klangerzeugungen durch bestimmte Phoneme hin. Im Gedicht vom Saal des gelben Gleißes und der Sonne z. B. ließen sich die das Wort ›gelb‹ konstituierenden Konsonanten (›g‹, ›l‹ und ›b‹) sowie das ›s‹ des »gleisses« und der »sonne« vermehrt feststellen, während im sich anschließenden Gedicht, das den weißen Raum beschreibt, gehäuft die Vokale ›a‹, ›e‹ und der Diphthong ›ei‹ Verwendung finden, um die Helle des Saals auch klanglich ›auszumalen‹ (vgl. ebd., S. 343). Diese Technik wird mit dem Terminus *audition colorée* bezeichnet (vgl. ebd., S. 343). Zanucchi kommt so zu folgendem Schluss: »Die Antithetik der beiden Säle chiffriert somit eine metapoetische Dichotomie zwischen der Unmenschlichkeit des Ästhetizismus und der Sehnsucht nach einer (verlorenen) Poetik der ›Unschuld‹, in welcher der Faden zwischen Dichtung und Leben noch nicht gerissen war« (ebd., S. 343).

Der eigentliche Aussagegehalt der Texte weicht hier einer »Aufwertung des Dekorativen«,[38] das den beiden Gedichten ihre semantische Eindeutigkeit entzieht. Diese Ornamentalisierung, welche in der Gleichförmigkeit der monotonen Farbtönung ihren ästhetischen Ausdruck findet, akzentuiert autonomieästhetischen Standpunkt des Textes, indem sie den tieferliegenden ›Sinn‹ bewusst farblich ›übermalt‹ und ›verdeckt‹.

Auf diese Weise demonstrieren die beiden Eröffnungsgedichte eine Art »Camouflage-Technik«, die sich allerdings nur scheinbar in einer »Oberflächen-Ästhetik«[39] erschöpft und als ästhetisches Ornament auf sich selbst referiert. Denn gerade diese auffällige Monotonie in der Farbgebung effiziert, dass die Selbstreferenzialität des hermetisch abgeschlossenen Raumes und die damit verbundene Todessemantik auf einer *Tiefenebene* vom Text selbst als defizitär ausgewiesen – *Privatheit als raumsemantische Kategorie* mit den ambivalenten Semantiken der ›Schönheit‹ und der ›tödlichen‹ Eintönigkeit korreliert wird.

Auch das bekannte ›Gartengedicht‹ am Ende der ersten Sektion expliziert die defizitäre Seite der hermetischen Abgeschiedenheit, indem es die Lebensfeindlichkeit, Unfruchtbarkeit und Kälte dieser *modellierten Privatheit* tiefenstrukturell erneut akzentuiert. Zusammen mit dem ersten Gedicht rahmt es die beiden anderen Gedichte ein und bildet den Abschluss des *Unterreich*-Zyklus.

    Mein garten bedarf nicht luft und nicht wärme ·
    Der garten den ich mir selber erbaut
    Und seiner vögel leblose schwärme
    Haben noch nie einen frühling geschaut.

5   Von kohle die stämme · von kohle die äste
    Und düstere felder am düstern rain ·
    Der früchte nimmer gebrochene läste
    Glänzen wie lava im pinien-hain.

    Ein grauer schein aus verborgener höhle
10 Verrät nicht wann morgen wann abend naht
    Und staubige dünste der mandelöle
    Schweben auf beeten und anger und saat.

    Wie zeug ich dich aber im heiligtume
    – So fragt ich wenn ich es sinnend durchmass
15 In kühnen gespinsten der sorge vergass –
    Dunkle grosse schwarze blume? (63)

Das Gedicht beschreibt einen sinisteren, künstlich angelegten Garten in einem separaten Teil des Unterreichs, in welchem die Leblosigkeit und Unfruchtbarkeit, die schon vorher angeklungen war, erneut akzentuiert und zum Höhe-

---

38 Baßler u. a.: *Historismus und literarische Moderne*, S. 176.
39 Baßler u. a.: *Historismus und literarische Moderne*, S. 176.

punkt gesteigert wird. Als »Kehrseite der artifiziellen Schöpfung«[40] demonstriert es die Lebensferne und weist den selbst erbauten Garten als einen düsteren Ort aus, der – ganz in Opposition zur ›traditionellen‹ Semantisierung – mit Konnotationen besetzt wird, die Abgestorbenes, Dunkelheit und Infertilität bedeuten: »[L]eblose schwärme« (63, V. 3) von Vögeln im kalten luftleeren Raum, Bäume aus Kohle, »düstere felder am düstern rain« (63, V. 6) – all diese bildlichen Darstellungen suggerieren den Eindruck einer Todeslandschaft, in der das ›Leben‹ kategorisch ausgeschlossen ist und in der es keine Jahreszeiten, keine Luft zum Atmen und keine Wärme gibt. Die Abgeschlossenheit dieses privaten Bereichs der künstlichen Welt wird somit nicht auf unreflektierte Weise idealisiert respektive als alternatives Modell eines ›schönen Lebens‹ fernab der Gesellschaft und Wirklichkeit proklamiert, sondern durchaus skeptisch hinterfragt – ja in ihrer poetischen Verabsolutierung widerlegt.[41]

Während die drei vorangegangenen Gedichte ihre klare Distanz zwischen dem ›Schöpfer‹ des Reiches und dem ›zutrittsbefugten‹ Leser akzentuieren, tritt in diesem letzten ein identifizierbares Sprecher-Ich in Erscheinung, das den »meister« (60, V. 3) und »kaiser[]« (60, V. 19) selbst verkörpert und ihm eine Stimme gibt. Es wird hier also die Wahrnehmung eines konkreten Subjektes wiedergegeben, das von seinem künstlichen Garten spricht, wodurch die Eindrücke, Stimmungen und Reflexionen unvermittelt kommuniziert werden können. Dem vermeintlichen Stolz auf die eigene Schöpfung – »Der garten den ich mir selber erbaut« (63, V. 2) – folgt die Beschreibung des infertilen und verkohlten Raumes, der zugleich auch die eigene psychische Befindlichkeit in Metaphern fasst, die eine melancholische Disposition zum Ausdruck bringen. Denn das ›Leben‹ ist mit dem Licht aus diesem Reich gewichen. Der Kaiser kann sich zwar als omnipotenten autokratischen Herrscher und Schöpfer seiner Kunstwelt inszenieren – doch ist es eine einsame Totenwelt, in der nichts wachsen oder gedeihen kann. Die – im Laufe des Gedichts – zunehmende Skepsis darüber, ob die gewählte private Lebensform in der Abgeschiedenheit die richtige sei, wird in der Frage nach der Zeugung der schwarzen Blume explizit: Die Irritation und Fragwürdigkeit des licht- und leblosen Reichs wird dabei formal in der Abweichung vom durchgehenden Reimscheima des Kreuzreims hin zum umschließenden Reim sowie durch den parenthetischen Einschub (der eine Verzögerung der Aussprache der Frage effiziert) demonstriert. Antworten auf die Frage nach der Zeugung fehlen (der Text endet mit einem Fragezeichen), Lösungsansätze bleiben aporetisch.

---

[40] Zanucchi: *Transfer und Modifikation*, S. 344.
[41] Die ältere Forschung hat diese kritische Dimension des Textes nicht immer erkannt. Vgl. z. B. Friedmar Apel: *Die Kunst als Garten. Zur Sprachlichkeit der Welt in der deutschen Romantik und im Ästhetizismus des 19. Jahrhunderts*. Heidelberg 1983, S. 44: So sei es zutreffend, dass der Kunst in Form des Gartens »die Macht zur Verewigung« zugeschrieben werde.

Es ist oben schon angedeutet worden, dass sich der Text nicht nur auf die geschilderte Kunst- oder Innenwelt des Protagonisten bezieht, sondern über diese hinausweist und auf einer semantischen Tiefenebene eine poetologische Kritik an der vom Autor selbst so vehement vertretenen Autonomieästhetik und Poetik des Privaten transportiert: So fungiert der Garten im Gedicht selbst als Metapher für die auf ästhetischen Prinzipien basierenden Kunstform und die autonomieästhetische Dichtkunst des *l'art pour l'art* im Allgemeinen, in der die belebende Wirkung auf die Wirklichkeit (›Zeugung‹) als eine faktische Unmöglichkeit ausgewiesen wird, was in der das Gedicht beschließenden Frage – »wie zeug ich dich aber im heiligtume« (63, V. 13) – kritisch zum Ausdruck kommt.

Die Unmöglichkeit, das Gedichtete zu verwirklichen, resultiert aus der selbst auferlegten Restriktion, nur selbstreferenziell, ›autark‹ und von der Lebenswirklichkeit abgegrenzt zu sein. Diese problematische Selbstreferenzialität wird mit dem Motiv der schwarzen Blume explizit. Diese Metapher ist so als Chiffre zu deuten, die auf die literarische Tradition der Romantik rekurriert und eine eindeutige Allusion auf Novalis' blaue Blume[42] darstellt.

Dieser hatte sie im *Heinrich von Ofterdingen* (1802) bekanntlich als Metapher für die Romantisierung und »Poetisierung der Welt«[43] benutzt. Sie steht hier für die Überwindung und Synthese der Gegensätze; für die harmonische Einheit von Poesie und Leben. Denn der Dichter Friedrich von Hardenberg (1772–1801) glaubte tatsächlich an die Realisation einer sich durch die Poesie transformierenden Welt und erhoffte sich die »Transzendierung der Wirklichkeit« durch die »Transzendierung der Literatur«.[44] Die blaue Blume, die bei Novalis »als Symbol des Einswerdens, des Liebesaktes, des Erkennens im biblischen Sinne«[45] die Aufhebung von Vereinzelung und Fremdsein – und damit auch die Nivellierung der Grenzen von Privatheit und Öffentlichkeit[46] – bedeutet, verkehrt sich bei George in ihr radikales Gegenteil, weshalb ihr das Epitheton ›schwarz‹ zugewiesen wird: die Farbe der Dekadenz, des Nihilismus und des Todes. Die Metapher der schwarzen Blume ist, wie gezeigt, nicht mit ›Leben‹, ›Fruchtbarkeit‹ und der harmonischen Synthese aller Dinge, sondern vielmehr mit ›Infertilität‹, ›Melancholie‹, ›Einsamkeit‹ und ›Todesnähe‹ konnotiert. Sie

---

[42] Vgl. dazu Margherita Versari: »›Blaue Blume‹ – ›Schwarze Blume‹. Zwei poetische Symbole im Vergleich«. In: Bettina Gruber/Gerhard Plumpe (Hg.): *Romantik und Ästhetizismus. Festschrift für Paul Gerhard Klussmann*. Würzburg 1999, S. 89–99.

[43] Novalis: *Schriften. Im Verein mit Richard Samuel. Herausgegeben von Paul Kluckhohn*. Band I. Leipzig 1929, S. 246.

[44] Gerhard Schulz: *Novalis. Leben und Werk Friedrich von Hardenbergs*. München 2011, S. 217. Vgl. auch Hans-Joachim Mähl: *Die Idee des goldenen Zeitalters im Werk des Novalis. Studien zur Wesensbestimmung der frühromantischen Utopie und zu ihren ideengeschichtlichen Voraussetzungen*. Heidelberg 1965.

[45] Schulz: *Novalis*, S. 184.

[46] Vgl. Sarah Goeth: »Private Räume und intimes Erzählen bei Novalis«. In: Steffen Burk/Tatiana Klepikova/Miriam Piegsa (Hg.): *Privates Erzählen. Formen und Funktionen von Privatheit in der Literatur des 18. bis 21. Jahrhunderts*. Frankfurt am Main 2018, S. 47–70.

»verrät hybride Ansprüche, Omnipotenzphantasien und Unfähigkeit zur Liebe«[47] und ist ein ›Sinnbild‹ für den in seinen ästhetisierten Privatraum zurückgezogenen Ästheten, der aufgrund seiner Isolation unfähig ist, eine ›lebendige Kunst‹ (im Sinne Novalis') zu ›zeugen‹.[48] Während Novalis also die *Aufhebung der Grenze* zwischen Privatem und Öffentlichem postuliert, ist es bei George gerade die *Akzentuierung der Inkommensurabilität* beider Räume und die radikale Abgrenzung eines ästhetisierten Privatraums vom öffentlichen Raum der Politik und des Sozialen.

Die Distinktion von Politik, Gemeinschaft und der Rückzug in die hermetische Unterwelt verdeutlichen den Wunsch nach Abgeschiedenheit von sozialem Miteinander, Mensch und Natur. Die Nähe zu und die Vereinigung mit einem geliebten Wesen sind damit kategorisch ausgeschlossen.[49]

Durch die radikale Abgrenzung im Sinne des autopoetischen Kunstverständnisses Georges wird die Natur aus der Kunst verwiesen und separiert den ausgezeichneten Einzelnen von der Gemeinschaft. Das romantische Kunstideal (Harmonisierung und Transzendierung der Natur und des ›Lebens‹) findet sich bei George unter umgekehrten Vorzeichen als Negation alles Lebendigen; in der Infertilität des künstlich geschaffenen Totenreichs. Wenn Novalis von der »Verwandlung des *Fremden* in ein *Eignes*«[50] spricht, so bedeutet dies nichts anderes als die Versöhnung und harmonische Vereinigung der Dinge, die Synthese von Mensch und Gemeinschaft, Kunst und Natur: »Natur soll Kunst und Kunst 2te Natur werden«.[51]

Diese Synthese ist für die *anti-naturalistische* Kunstkonzeption Georges eine nicht zu realisierende, da die Mimesis der Natur schon programmatisch ausgeschlossen ist, weshalb die Kunst unmöglich zur ›zweiten *Natur*‹ werden kann (da sie ja nicht einmal innerhalb der Kunst eine Rolle spielen darf). Vielmehr zeigen sich hier die kunsttheoretische Abgrenzung und der radikale Gegensatz zwischen dem romantischen Kunstideal (und der damit verbundenen Gesellschaftsutopie einer harmonischen Einheit) von Novalis einerseits und dem ›modernen‹ selbstreflexiven Kunstkonzept Stefan Georges andererseits.

Damit knüpft George also einerseits durchaus an die literatur- und kulturgeschichtliche Tradition (die Romantik) an, *re-semantisiert* das Zeichen der ›blauen Blume‹ aber derart, dass sie dadurch zur *privaten Chiffre* Georges werden

---

[47] Kolk: *Literarische Gruppenbildung*, S. 31.
[48] Bei Novalis heißt es in den *Logologischen Fragmenten*: »Dichten ist zeugen. Alles Gedichtete muß ein lebendiges Individuum sein« (Novalis: *Schriften. Die Werke Friedrich von Hardenbergs*. Herausgegeben von Paul Kluckhohn und Richard Samuel. Band 2: *Das philosophische Werk*. Darmstadt 1981, S. 534).
[49] Daher auch die Wunschvorstellung einer absoluten Unabhängigkeit und Autarkie, die sich in der Zwitterhaftigkeit des angebeteten Gottes im Gedicht »Gegen osten ragt der bau« (67) bekundet.
[50] Novalis: *Schriften*. Band 2: *Das philosophische Werk*, S. 646.
[51] Novalis: *Schriften*. Band 2: *Das philosophische Werk*, S. 646.

kann, die eine von der literaturgeschichtlichen Tradition abweichende (diese negierende) Bedeutung erhält.

Der absolute Ausschluss der Natur aus der Dichtung ist im zeitgeschichtlichen Kontext dabei vor dem Hintergrund der gänzlichen *Autonomisierung der Kunst* zu sehen, die sich ihre eigenständige Stellung innerhalb des sich ausdifferenzierenden Gesellschaftssystems zu bewahren strebt. Über diese Form der Privatisierung aber erhebt George mit seinem auf dem sprachlichen Prinzip der Hermetisierung basierenden Poetik des Privaten den Anspruch, die Natur künstlerisch zu *übertreffen*. So repräsentiert die Chiffre der ›schwarzen Blume‹ mehr als nur die Negation einer literaturgeschichtlichen Tradition – als metapoetische Metapher einer *privaten Kunst* soll sie imstande sein, durch ihre Selbstreflexivität und Selbstreferenzialität ein autarkes System zu bilden, das sich selbst genügt und nur *in und durch sich selbst* zu bestehen vermag.

2.4 Erprobung des Sozialen: Grenzüberschreitungen in »Tage«

Der Abgrenzungsgestus der ersten Sektion wird in der zweiten weiter vertieft. Der Schauplatz verlagert sich nun aus dem privaten Unterreich des Priesterkaisers in den ›öffentlichen‹ Bereich der ›Tagespolitik‹. Diese Sektion schildert also Ereignisse aus dem politischen Leben Algabals und konzentriert sich auf die Allmacht des autokratischen Herrschers. Das Changieren zwischen hyperbolischer Rhetorik und einem niedergeschlagenen Ton des melancholischen Sprecher-Ich, das in seiner Einsamkeit Selbstmordgedanken hegt, drückt die Ambivalenz und Fragwürdigkeit der selbstbezogenen privaten Existenz aus. Auch wenn es in dieser zweiten Sektion – in Abgrenzung zum Kunstreich *unter* Tage – nun um die *Tage* des Kaisers an der Oberfläche geht, wird recht schnell deutlich, dass gerade nicht die öffentliche Repräsentation oder sozialpolitische Entscheidungen im Fokus stehen, sondern Grenzüberschreitungen, die als illegitime Übergriffe des Öffentlichen ins Private modelliert werden. Derartige Grenzüberschreitungen werden dabei stets sanktioniert und enden für die beteiligten Figuren mit dem Tod.

So folgt der antinaturalistischen Pose der ersten Sektion also die ästhetische Modellierung der a-moralischen und a-humanen der zweiten – aus der Abkehr von der Natur resultiert die ostensive Abkehr von der Moral und die Sanktionierung bei Missachtung der als absolut gesetzten Grenze zwischen Privatem und Öffentlichem.

Die zweite Sektion des Zyklus beginnt mit einem – ideologisch der Dekadenzliteratur verpflichteten – Gedicht, das die unbedingte Subordination unter die Gewalt des souveränen Herrschers demonstriert.

> Wenn um der zinnen kupferglühe hauben
> Um alle giebel erst die sonne wallt
> Und kühlung noch in höfen von basalt
> Dann warten auf den kaiser seine tauben.
>
> 5 Er trägt ein kleid aus blauer Serer-seide
> Mit sardern und saffiren übersät
> In silberhülsen säumend aufgenäht ·
> Doch an den armen hat er kein geschmeide.
>
> Er lächelte · sein weisser finger schenkte
> 10 Die hirsekörner aus dem goldnen trog ·
> Als leis ein Lyder aus den säulen bog
> Und an des herren fuss die stirne senkte.
>
> Die tauben flattern ängstig nach dem dache
> ›Ich sterbe gern weil mein gebieter schrak‹
> 15 Ein breiter dolch ihm schon im busen stak ·
> Mit grünem flure spielt die rote lache.
>
> Der kaiser wich mit höhnender gebärde . .
> Worauf er doch am selben tag befahl
> Dass in den abendlichen weinpokal
> 20 Des knechtes name eingegraben werde. (66)

Das Gedicht – dessen fünf Strophen aus je vier Versen bestehen, die stets mit einem umschließenden Reim enden – thematisiert eine Grenzüberschreitung seitens eines lydischen Sklaven, welcher in den Privatraum des Kaisers vordringt und diesen durch seine bloße Anwesenheit stört. Der darauffolgende Selbstmord[52] des Lyders, der den Kaiser beim Taubenfüttern erschreckt, ist daher textlogisch die konsequente Folge einer auf Distinktion fundierten Poetik des Privaten. Das leise Eindringen in die lokale Privatheit des Kaisers erkennt der Untergebene selbst als frevelhaften Akt der Profanierung, den er mit dem eigenen Tod zu sühnen hofft.[53] Die Einsicht des Lyders in sein vermeintliches ›Fehlverhalten‹ – »Ich sterbe gern weil mein gebieter schrak« (66, V. 14) – ist das Resultat dieser radikalen Sublimierung des Privaten. Folgerichtig wird der Selbstmord des Lyders als notwendige Handlung zur Wiederherstellung der verletzten Ordnung gesetzt und als ›richtiges Handeln‹ vom Kaiser im Nachhinein ge-

---

[52] Auf Gundolf ist die Fehldeutung zurückzuführen, es handle sich um einen Mord Algabals an seinem lydischen Sklaven (vgl. Friedrich Gundolf: *George*. Berlin 1920, S. 88 f.). Berichtigung erfährt dieser Irrtum schließlich bei Klussmann: *Stefan George*, S. 88 f.

[53] Auch Zanucchi sieht den »einzigen Grund« für den Selbstmord des Sklaven darin, »den exklusiven ästhetischen Bezirk des Kaisers profaniert zu haben« (Zanucchi: *Transfer und Modifikation*, S. 345).

würdigt – und zwar, indem er den Namen seines ›Knechts‹ in seinen Weinpokal eingravieren lässt (vgl. 66, V. 18–20).⁵⁴

Diese versöhnliche Geste wird semantisch mit der christologischen Symbolik des Abendmahls korreliert, wenn der Wein als Metapher für das vergossene Blut des Lyders gedeutet wird.⁵⁵ Doch statt auf eine extramundane Transzendenz zu verweisen, signifiziert die Gravierung des Namens in ein wertvolles Kunstobjekt die Sublimierung der Kunst durch die Ästhetisierung des Opfertodes. So vollzieht sich die Entsemantisierung des Religiösen im ästhetischen ›Bild‹: Statt der sakramentalen Funktion des Christusblutes (der Teilhabe am Göttlichen) repräsentiert der Weinpokal also als Metonymie des darin enthaltenen Weines das säkularisierte, bloß *schöne* Kunstobjekt, dem ›Ewigkeit‹ (hier im Sinne einer unbestimmten zeitlichen Dauer) zugeschrieben wird. Damit ist er zum einen metaphorischer Ausdruck einer Priorisierung des Ästhetischen vor dem Ethischen und zum anderen als Zeichen einer Sublimierung des Privaten zu deuten.

Auch im weiteren Verlauf des Gedichtzyklus wird immer wieder auf die religiöse Tradition zurückgegriffen und religiöse Elemente verwendet, um den Gedichten das Gepräge heiliger Texte zu verleihen. Der religiöse Impetus wird im Gedicht »Gegen osten ragt der bau« zur strukturgebenden Instanz: Der im Osten errichtete Tempel stellt einen heiligen Ort der Weihe dar. Zwar ist dieser »bau« (67, V. 1) »dem grossen Zeus« geweiht (67, V. 2), doch ist es zugleich der Tempel des Sonnengottes Elagabal, mit dem der griechische Gott vereint werden soll.⁵⁶

    Gegen osten ragt der bau
    Wo dem grossen Zeus zu frönen
    Toller wunder fremde schau
    Und die würde sich versöhnen.

5   Tänzer öffnen das geleit
    In verführenden gewändern.
    Knaben die ein opfer feit
    In den sonnenschlaffen ländern ·
    Macht aus öl- und palmenlaub
10   Vor des priesters fuss ein kissen ·

---

⁵⁴ Ähnlich argumentiert Klussmann: »Die Eingravierung des Namens ist gerade die höchste Ehrung, die der Kaiser dem Sklaven zuteil werden lassen kann; denn sie bedeutet Einbeziehung in den engsten Kreis der eigenen Welt und Verherrlichung des Lyders« (Klussmann: *Stefan George*, S. 89).
⁵⁵ Vgl. Durzak: *Der junge Stefan George*, S. 255.
⁵⁶ Morwitz bestätigt dies, wenn er konstatiert, dass »hier des Kaisers Gott Elagabal und nicht der Zeus der Griechen« gemeint ist: »Er wird vom Dichter so benannt, weil Algabal versuchte, dieses Gottes Macht dadurch zu erhöhen, dass er ihn in enge und auszeichnende Verbindung mit allen bisher im römischen Reich verehrten Göttern zu bringen strebte« (Morwitz: *Kommentar zu dem Werk Stefan Georges*, S. 49).

Streuet sand und silberstaub
Tote liljen und narzissen!

An der schwelle haltet rast
Wo das heilige bild entschleiert
15 Nur sich gibt dem einen gast
Der es oft und innig feiert ·
Nur sein mund gebete lallt ·
Auch kein bruder sei zugegen:
Spricht des gottes zwiegestalt
20 Seinen immergleichen segen.

Junge stimmen · ferner hall.
Narden die verflüchtet irren
Durch der räuche strengen quall
Zu dem kuss der süssen mirren. (67)

Der ›orientalisch-exotische‹ Ursprung Elagabals wird mit der östlichen Ausrichtung des Tempels angedeutet. Die syrischen »wunder« (67, V. 3), die dem römischen Volk fremd sind, sollen sich mit der »würde« (67, V. 4) des höchsten römischen Gottes versöhnen und damit zu einem religiösen Synkretismus[57] der verschiedenen Traditionen und zu einer Synthese der kulturellen Divergenzen führen. Dieses synkretistische Paradigma ist aber nicht nur auf inhaltlicher, sondern auch auf formalästhetischer Ebene realisiert – und zwar in der Verschränkung der einzelnen Verse über den Wechselreim; vor allem aber über die durchgängig alternierenden männlichen und weiblichen Kadenzen, die einerseits die Zwitterhaftigkeit des verehrten Gottes, andererseits die Synthese des männlichen (›Rom‹) und weiblichen (›Orient‹) Prinzips darstellen.

Der von verschnittenen Priesterknaben angeführte Reigen geleitet zum Tempel, dessen Schwelle nur der Hohepriester überschreiten darf. Die durch Kastration (»ein opfer« [67, V. 7]) bewirkte Unfruchtbarkeit korreliert dabei der ästhetischen Pracht der Knabengewänder und reanimiert die bereits im Unterreich angeklungene Relation zwischen Infertilität und Schönheit, die auch im Bild der »Toten liljen und narzissen«[58] (67, V. 12) bezeugt werden kann. Des Weiteren lässt sich eine auffällige Diskrepanz zwischen der Geschlechtlosigkeit der Knaben und der Doppelgeschlechtlichkeit des Gottes selbst (»des gottes zwiegestalt« [67, V. 19]) konstatieren. Dieser Hermaphroditismus des Gottes wird von

---

[57] Vgl. Elisabeth Klein: *Jugendstil in deutscher Lyrik*. Köln 1957, S. 114.
[58] Oswald macht an dieser Stelle auf die Analogien zu Georges historischen Quellen aufmerksam: »Herodian says that the path of the procession was ›covered in abundance with gilded sand‹, while Lampridius, in words closer to those of the poem, but in an alien context, reports that Heliogabalus ›would strew gold and silver dust around a portico‹. Lampridius even has the lilies and narcissus with other flowers and again in a non-sacerdotal setting! ›He used to strew roses and all manner of flowers such as lilies, violets, hyacinths, and narcissus over his banqueting rooms, his couches and his porticos« (Oswald: »The Historical Content of Stefan George's ›Algabal‹«, S. 201).

Algabal selbst angestrebt[59] und muss im Zusammenhang mit dem Omnipotenzanspruch des Priesterkaisers und dessen Ideal höchster Schöpfungsgewalt gesehen werden. So haben die Priesterknaben denn freilich nicht dem *Gott* Elagabalus zu huldigen, sondern dem *Hohepriester* Algabal selbst: Der kultische Zug ist vor diesem Hintergrund nichts anderes als der bildhafte Ausdruck einer »narzisstischen Selbstvergöttlichung«.[60] Dies bringt der Imperativ »Macht aus öl- und palmenlaub / Vor des priesters fuss ein kissen« (V. 9 f.) luzide zum Ausdruck.[61]

Der religiöse Duktus, der sich über religiös konnotierte Begriffe wie das »palmenlaub« (V. 9) – das an Christus' Einzug in Jerusalem erinnert – konstituiert, ergibt sich aus der Aufnahme christlicher Motive, die im Gedicht allerdings nicht auf eine extramundane Transzendenz verweisen, sondern primär die Funktion des Dekorativen einnehmen und den rituellen Akt des Gottesdienstes als ästhetisch-immanenten ausweisen. Der »immergleiche[] segen« (V. 20) des Gottes und die ›lallenden‹ Gebete Algabals indizieren diese »Sinnverkehrung des Religiösen«.[62] Der eigentlich religiöse Akt, in dem sich »das heilige bild entschleiert« (V. 14), ist ›sinnentleert‹ und dient vor allem dazu, die Sonderstellung und Singularität des Priesterkaisers zu akzentuieren, ihn vom ›gemeinen‹ Volk abzuheben.

Der exklusive Zugang zum Innersten des Heiligtums, an dessen sakraler »schwelle« (V. 13) die Menge zu verharren hat, verweist dabei auf das durch räumliche Segregation explizierte Privatheitspostulat, welches mit der exzeptionellen Stellung des Kaisers und dessen autonomer Souveränität einhergeht. Der Zutritt zum Tempel ist selbst den Blutsverwandten Algabals versagt (»[a]uch kein bruder sei zugegen« [67, V. 18]), der Priesterkaiser allein hat die Verfügungsgewalt über den Zutritt zum sakralen Privatraum des Tempels. Der tatsächliche Vollzug des religiösen Rituals scheint dabei sekundär, der Kontakt zum Gott Elagabal ein bloß marginales und iteratives Ereignis (»immergleiche[r] segen« [67, V. 20]) zu sein. Der Fokus liegt also weniger auf der Anbetung der Gottheit als vielmehr auf der Verehrung des Priesterkaisers selbst und dessen Inszenierung der zeremoniellen Prozession.

Analog zum *Unterreich*-Zyklus dient Algabal der Tempelraum demnach als privater Ort des Rückzugs und der Ruhe – als Möglichkeit, sich von anderen als ›normal‹ abqualifizierten Menschen abzugrenzen. Auch hier sind Privatraum

---

[59] Was im Text z. B. anhand des (für römische Augen weibischen) Kleids »aus blauer Sererseide« (66, V. 5) gezeigt werden kann. Ein weiterer Hinweis auf die androgynen Züge Algabals findet sich im Gedicht *So sprach ich nur in meinen schwersten Tagen*, wenn Algabal nicht das eigene, sondern »einer schwester angesicht« (71, V. 15) im Spiegel erblickt.

[60] Zanucchi: *Transfer und Modifikation*, S. 346.

[61] Vgl. Durzak: *Der junge Stefan George*, S. 253: »So wie der doppelgeschlechtliche Elagabal nur eine kultische Erhöhung von Algabals doppelgeschlechtlichem Wunschbild darstellt, gilt auch das Tempelfest in erster Linie Algabal und nicht seinem Gott.«

[62] Durzak: *Der junge Stefan George*, S. 254.

und öffentlicher Raum topologisch deutlich voneinander getrennt; die Grenzüberschreitung findet mit Übertretung der heiligen Schwelle statt, hinter der sich das »heilige bild« des Gottes »entschleiert« (67, V. 14).

Wie bereits oben deutlich wurde, durchzieht das Paradigma der Privatheit den gesamten Gedichtzyklus und konstituiert so eine diastatische Spannung zwischen Algabals erstrebter Autarkie als souveräner Herrscher und der Gefahr der Selbstauflösung beim Versuch, sich seinen Mitmenschen anzunähern.[63]

Besonders deutlich lässt sich diese Spannung zwischen ›Privatem‹ und ›Öffentlichem‹, zwischen ›geistesaristokratischer Distanz‹ und ›gesellschaftlicher Nähe‹ im sechsten Gedicht der zweiten Sektion rekonstruieren. Dort kommt diese Spannung einerseits in der affektiven Sprache amoralischer Grausamkeit und herrschaftlicher Willkür, andererseits aber in Algabals Wunsch nach menschlicher Nähe zum Ausdruck:

> So sprach ich nur in meinen schwersten tagen:
> Ich will dass man im volke stirbt und stöhnt
> Und jeder lacher sei ans kreuz geschlagen.
> Es ist ein groll der für mich selber dröhnt.
>
> 5 ICH bin als einer so wie SIE als viele ·
> Ich tue was das leben mit mir tut
> Und träf ich sie mit ruten bis aufs blut:
> Sie haben korn und haben fechterspiele.
>
> Wenn ich in ihrer tracht und mich vergessend
> 10 Geheim in ihren leeren lärm gepasst
> – Ich fürchte – hab ich nie sie tief gehasst ·
> Der eignen artung härte recht ermessend.
>
> Dann schloss ich hinter aller schar die riegel ·
> Ich ruhte ohne wunsch und mild und licht
> 15 Und beinah einer schwester angesicht
> Erwiderte dem schauenden ein spiegel. (71)

Der amoralische Narzissmus der vorangegangenen Gedichte transformiert hier zum »wahnhaften Autismus«.[64] Der Solipsismus und die amoralische Disposition Algabals bekunden sich dabei in der Radikalität der Sanktionen, die er über das Volk verhängt, wenn es ihn in seiner Ruhe stört (»Ich will dass man im volke stirbt und stöhnt« [71, V. 2]). So modelliert auch dieser Text die Signifikanz der ästhetischen Kontemplation und Abgeschiedenheit im Privaten: Einerseits ist ihm jeder Laut und »jeder lacher« (71, V. 3) aus dem Volk der Stein des Anstoßes – nichts soll den Kaiser aus der Versenkung in die Innerlichkeit reißen, ihn am ›Ausleben‹ seiner Subjektivität beeinträchtigen. Andererseits zeichnet

---

[63] Vgl. Kolk: *Literarische Gruppenbildung*, S. 29.
[64] Zanucchi: *Transfer und Modifikation*, S. 348.

sich eine diametral entgegengesetzte Bewegung, eine tendenzielle Approximation an die Gemeinschaft ab, die sich darin bekundet, dass der Kaiser sich in Verkleidung inkognito unter das gemeine Volk mischt[65] und im Vergessen seiner selbst gänzlich in der Menge aufgeht (»Wenn ich in ihrer tracht und mich vergessend / Geheim in ihren leeren lärm gepasst« [71, V. 9 f.]). Nicht solipsistische Selbstbezüglichkeit und Isolation, sondern die Partizipation am Ganzen in der Eliminierung des individuellen Selbst wird hier als alternative Lebensform erprobt – freilich bloß, um am Ende des Gedichts als solche verworfen und revidiert zu werden: »Dann schloss ich hinter aller schar die riegel« (71, V. 13).

In der Aufhebung des *principium individuationis* – der Selbstvergessenheit im ›gemeinen‹ Kollektiv – erkennt das Sprecher-Ich die größte Gefährdung für seine Individualität und seine autonome Sonderstellung (»ICH bin als einer so wie SIE als viele« [71, V. 5]). Auf die erlebte Anonymitäts- und Egalitätserfahrung reagiert der Kaiser mit einer Geste der Abriegelung, durch die er sich seiner Singularität und Individualität versichern kann. Mit dem Blick in den Spiegel, in welchem er die weiblichen Züge seines Selbst erkennt, wird Algabal an seine vermeintliche Doppelgeschlechtlichkeit (und damit Gottähnlichkeit) erinnert, die ihn – auch äußerlich – von anderen Menschen unterscheidet und durch die er sich seiner Überlegenheit erneut bewusstwerden kann. Im Spiegel – das wohl verbreitetste poetische Motiv narzisstischer Selbstbezüglichkeit[66] – findet Algabal sein soziales Gegenüber, das ihn im ›wunschlosen‹ Dasein seiner Abgeschlossenheit auf sich selbst verweist. Allerdings wird mit dem Adverb »beinah« (71, V. 15) diese angestrebte androgyne Selbstverdoppelung wiederum in Frage gestellt und damit auf die grundlegende Unzulänglichkeit der ästhetischen Autarkie hingewiesen. Die sich widerstreitenden Impulse des Wunsches nach einer sozialen Distinktion und Identifikation mit dem gemeinen Volke, die im Ausspruch »ICH bin als einer so wie SIE als viele« (71, V. 5) ihren konkreten verbalen Ausdruck finden,[67] akzentuieren zudem die Fragwürdigkeit der autarken Lebensform und äußern implizite Kritik an einer vollständig von der Gemeinschaft isolierten privaten Existenz.

Während die zweite Sektion also erstmals die *Möglichkeit* der Annäherung an die Gemeinschaft – und damit einen Ausweg aus der ›privaten Existenz‹ – offeriert (die angewandte Gewalt darf als psychische Kompensation des inneren Konflikts Algabals verstanden werden), so stellt sich am Ende dieses Teils deut-

---

[65] Sowohl Cassius Dio als auch die *Historia Augusta* berichten davon, dass sich der historische Elagabal inkognito in Bordelle und Tavernen begeben habe (vgl. Riedel: »Ein problematischer ›Einstieg‹«, S. 262).

[66] Zum Motiv des Narzissmus im *Algabal* vgl. Werner Strodthoff: *Stefan George. Zivilisationskritik und Eskapismus*. Bonn 1976, S. 174–187.

[67] Er kann als eine Reminiszenz des von Ludwig XIV. geäußerten ›l'etat c'est moi‹ interpretiert werden. Vgl. Ilija Dürhammer: *Geheime Botschaften. Homoerotische Subkulturen im Schubert-Kreis, bei Hugo von Hofmannsthal und Thomas Bernhard*. Wien/Köln/Weimar 2006, S. 133.

lich heraus, dass sich der Kaiser für die Option endgültiger Abkehr von Politik und Gesellschaft – ja vom ›Leben‹ – entscheidet. Diese Absage an jedwede Form sozialer Interaktion wird im letzten Zyklus nicht nur topographisch durch die räumliche, sondern sogar durch die zeitliche Abgrenzung explizit.

2.5 Abwendung vom ›Leben‹: »Die Andenken«

In dieser dritten und letzten Sektion des Gedichtzyklus (*Die Andenken*) reflektiert der Kaiser über seine Kindheit und Jugend. Von der Position einer zeitlichen Distanz heraus überblickt er retrospektiv sein Leben und entwickelt ein Bewusstsein von sich selbst und seiner Vergangenheit. Der Zyklus besitzt daher einen anamnetischen Charakter[68] und ist im Ganzen von einem melancholischen Duktus geprägt. Der Vergänglichkeitstopos ist hier gerade deshalb besonders zentral, weil sich der Kaiser nach der Kindheit, vergangenem Ruhm und verlorener Schönheit sehnt und sich mental einzelne Etappen seines Lebens vergegenwärtigt. Im Ganzen kann dieser Zyklus als entschiedene Absage an die Welt der Politik und die vollständige Hinwendung zum einsamen Priestertum und damit zur autonomen Privatexistenz gelten.[69] Beispielhaft hierfür steht das Eingangsgedicht dieser dritten Sektion:

> Grosse tage wo im geist ich nur der herr der welten hiess ·
> Arger tag wo in der heimat meine tempel ich verliess!
>
> Dort beriet ich mit den göttern über ihren höchsten plan
> Ihre kinder stiegen nieder mir zu lust und untertan.
>
> 5 O so werde wieder knabe der im haine ruhe sucht ·
> Inne hält er eben bang vor eigener gedanken wucht.
>
> Mit der feinen kühnen blässe · schweren wechseljahres spur ·
> Trätest du an meine seite mit mir und kein schatten nur! (78, V. 1–8)

Das Gedicht beginnt mit einem antithetischen Parallelismus, der die »Grosse[n] tage« (78, V. 1) in der syrischen Heimat dem einen ›argen‹ Tag des Aufbruchs oppositionell gegenüberstellt, an dem Algabal seine Kindheit hinter sich lässt und zum römischen Kaiser gekrönt wird. Im Zustand kindlicher Unschuld ist er der Herr über seine geistigen Welten und berät sich in seiner Vorstellungswelt »mit den göttern über ihren höchsten plan« (78, V. 3). Jene traumhafte Gegenwelt, in die er sich flüchtet und in die die Götterkinder herabsteigen, um ihm zu dienen (vgl. 78, V. 4), wandelt sich in prosaische Wirklichkeit, als er in Rom zum tatsächlichen »herr der welten« (78, V. 1) wird. Das Verlassen des hei-

---

68 Zanucchi: *Transfer und Modifikation*, S. 349.
69 Vgl. Riedel: »Ein problematischer ›Einstieg‹«, S. 264.

mischen Tempels (in Emesa) bedeutet so zugleich ein Hinter-sich-Lassen der Kindheit und den Eintritt ins ›profane‹ politische Erwachsenenleben. Die artifiziellen Gegenwelten, die er sich *Im Unterreich* erschafft, können daher als Versuche betrachtet werden, etwas in der Kindheit bloß Erträumtes in die Wirklichkeit umzusetzen bzw. das Verlorene in der eigenen Schöpfung materiell zu repristinieren.

Auch in diesem Gedicht wünscht sich Algabal ein Gegenüber, das sich aber nicht mehr – wie in »So sprach ich nur in meinen schwersten tagen« (71) – als die eigene weibliche Seite im Spiegel zu erkennen gibt, sondern vielmehr ein schattenhaftes Ich der Vergangenheit darstellt. Algabal sehnt sich nach dem »knabe[n] der im haine ruhe sucht« (78, V. 5) und der er selbst einst gewesen ist. Als Jüngling im heiligen Tempel seines Gottes kann er sich als den geistig Auserwählten denken, solange es nicht zur Berührung mit dem Profanen der politischen Welt kommt. Mit dem Erlangen tatsächlicher politischer Macht geht ihm die kindliche Unschuld verloren und statt sich mit Götterkindern zu beraten, versucht ihn die eigene Großmutter (Julia Maesa) zu kontrollieren und gegen ihn zu intrigieren.[70] Die kindliche Ruhe »im haine« (78, V. 5) ist dahin, seine künstlich geschaffenen Welten sollen den Verlust kompensieren.

Allerdings bietet ihm diese ästhetische Ideologie hierfür keinen adäquaten Ersatz, vielmehr geht sie einher mit seiner Entpolitisierung und entfremdet ihn von Beginn an von seinen Untergebenen. Des »schweren wechseljahres spur« (78, V. 7) zeichnet daher das Gesicht des alternden Algabal; sie steht in antithetischer Relation zur »feinen kühnen blässe« (78, V. 7) des schönen Jünglings, nach dem er sich sehnt.

Weder der Rückzug ins Private noch die ästhetische Lebensform, durch die er sich ewig jung und schön zu erhalten hofft, sind imstande, ihm seine kindliche Idealität und Jugend[71] zu bewahren und über das Alter und den Tod hinwegzutäuschen. Das Postulat vom Primat der Schönheit kann – konfrontiert mit der existenziellen Erfahrung des Alterns – nicht aufrechterhalten werden.[72]

Diese Problematik und Kritik an der ästhetischen Lebensauffassung verhandeln auch die folgenden zwei Gedichte, in denen Algabal über das Alter und die vergängliche Schönheit[73] reflektiert und sich zurück in jene Zeit der frühen

---

[70] Vgl. das Gedicht: »O mutter meiner mutter und Erlauchte / Wie mich so ernster worte folge stört: / Dein tadel weil mein geist nicht dir gehört / Dass ich ihn achtlos ohne tat verhauchte« (68, V. 1–4).

[71] Zum Begriff der Jugend in der Literatur um 1900 vgl. Rainer Kolk: »Literatur und ›Jugend‹ um 1900. Eine Skizze«. In: Wolfgang Braungart (Hg.): *Stefan George und die Jugendbewegung*. Stuttgart 2018, S. 11–26.

[72] Dasselbe Argument findet sich auch im Kontext der Wiener Moderne. Vgl. dazu die Analyse zu Beer-Hofmanns Roman *Der Tod Georgs* (siehe Kapitel II/10).

[73] Vgl. das Gedicht »Jahre und vermeinte schulden . . / Wisch die zeichen ihrer hiebe« (80, V. 1 f.).

Herrschaft denkt, in der er vom Volk bejubelt und geehrt wurde – in der es ihn als »jugendlichen gotte« (80, V. 7) sah.

Der Erkenntnis Algabals, seine jugendliche Schönheit eingebüßt zu haben, korrelieren die Selbstmordgedanken, die mit dem Ende seiner Herrschaft aufs Engste verbunden sind.[74] Ein Milchbad (»Schmücke dich im weissen bade« [80, V. 18]) soll ihn noch einmal ›wettbewerbsfähig‹ machen, bevor sein »grösster ruhm ersterbe« (80, V. 17).[75] Der wachsende Zweifel an der ästhetischen Form eines privaten Lebens verstärkt sich noch, wenn Algabal die – im Gedicht »Am markte sah ich erst die würdevolle« (81) nicht namentlich genannte – Vestalin Aquilia Severa nach »kurze[r] werbung rausch« (81, V. 9) gewaltvoll zur Frau nimmt, um sich nach der Hochzeit ihrer zu entledigen.[76] Zwar besticht sie durch ihre herausragende Schönheit – »Die schönste aus der weissen schwestern zug« (81, V. 2) – und ihre erhabene Gelassenheit und Strenge beim blutigen Gladiatorenkampf; doch statt das »neue glück« in der Liebe zu erfahren, (er-)findet Algabal auch an ihr einen ›Makel‹,[77] der ihn die Unvollkommene – getreu seinen illusionistischen ästhetischen Maximen – verstoßen lässt:

> Und zweifelnd ob das neue glück mir werde
> Erfand ich nur den quell der neuen qual . .
> Ich sandte sie zurück zu ihrem herde ·
> Sie hatte wie die anderen ein mal.

Die Liebe zu einem anderen Menschen wird dem autarken Herrscher zum »quell der neuen qual« (81, V. 13), weil selbst das vermeintlich Schöne als ein Lebendiges nie vollkommen sein kann. Textlogisch erfüllt das mortifizierte Artifizielle diese ästhetische Funktion und kann damit Garant und Repräsentant der Schönheit sein. So gerät Algabal allerdings selbst in die aporetische Lage, die aus der Unmöglichkeit der Verwirklichung einer unvergänglichen Schönheit resultiert und sich aus dem simplen Faktum ergibt, dass der Mensch (und dies inkludiert den ›lebensfernen‹ Ästheten) dem Verfall und dem Alter anheimgegeben ist, wodurch das Postulat einer ästhetischen Lebensauffassung nicht aufrechtzuerhalten ist.

---

[74] Vgl. das Gedicht »Lärmen hör ich im schläfrigen frieden: / Horde die zu gehorchen vergisst« (74, V. 1 f.).

[75] Zu der Bedeutung der »hermen« im Gedicht vgl. Morwitz: *Kommentar zu dem Werk Stefan Georges*, S. 53 f.

[76] Die Vermählung mit der Vestalin Iulia Aquilia Severa war aus der Sicht des historischen Elagabal »der Versuch einer Synthese zwischen syrischer und römischer Religion«, für die Römer hingegen ein »ungeheurer Frevel« (Riedel: »Ein problematischer ›Einstieg‹«, S. 263).

[77] Cassius Dio berichtet, dass Elagabals erste Ehefrau einen körperlichen Makel hatte, weshalb er sich von ihr scheiden ließ. Vgl. Volker Riedel: »Ein problematischer ›Einstieg‹«, S. 263.

George verklärt oder verschleiert diese Aporie keineswegs, sondern thematisiert und problematisiert sie im Text explizit, indem er seiner Figur die Fähigkeit zur kritischen Hinterfragung des eigenen Lebens und den melancholischen Hang zur Selbstreflexion einschreibt – welche gerade im dritten der Zyklen besonders prägnant zur Geltung kommen. Algabal ist sich der Ausweglosigkeit seines ästhetischen zurückgezogenen Lebens durchaus bewusst und erkennt in der retrospektiven Schau auf sein vergangenes Leben den beschrittenen Weg eines ästhetischen Nihilismus, der den Suizid als mögliche Option erscheinen lässt.

Die zweckfreie Huldigung der Schönheit liefert keine neuen Werte, die existenzielle Orientierung bieten könnten, sondern – und dies gibt der Textzyklus in aller Deutlichkeit zu erkennen – ist nichts als der rituelle Dienst am ästhetischen Schein. Die retrospektive Betrachtung Algabals erster Liebeserfahrung ist in diesem Kontext zu situieren, wenn sie als Sinnsuche und Hoffnung auf ein Gegenüber verstanden wird. Sie plausibilisiert die negativ konnotierte Liebessemantik des gesamten Zyklus: Algabals erste Liebe ist enttäuschend und desillusionierend (ein »ungemach« [83, V. 1]). Der Zerstörung der schönen Illusion (»den schönsten traum zerbrach« [83, V. 3]) folgt ein tiefes Leiden, in dem er den Tod sogar erstrebt (»Bei den gräbern pochend ›führt mich mit‹« [83, V. 6]). Doch dünkt ihm – verglichen mit der gegenwärtigen aporetischen Situation – selbst diese negative Erfahrung noch so »geschwind und sacht« (83, V. 7), dass er sie »sogar in milder acht« (83, V. 8) zu erinnern weiß.

Als destruktives Element wird die Enttäuschung in der Liebe an der extremen Verkürzung der Sätze deutlich. In der Rekonstruktion der brachylogischen Struktur exponiert sich so die Destruktion der Illusion in der Phase der Verliebtheit, die in einen Todeswunsch invertiert. Diese Desillusionierung und implizite Widerlegung der ästhetischen Lebensform offenbart damit die Unmöglichkeit einer Transformation von ›Kunst‹ in ›Leben‹, wie Novalis sie (stellvertretend für die Frühromantiker) postulierte. Ganz im Gegenteil werden ›Kunst‹ und ›Leben‹ beim frühen George als zwei dezidiert voneinander getrennte Bereiche modelliert, deren Übertritt eine Grenzüberschreitung darstellt. Dies bedeutet allerdings nicht, dass der Kunstbereich rein positiv semantisiert wäre: Im Gegenteil wird die Unmöglichkeit einer Synthese beider ›Sphären‹ als durchaus ambivalenter Fakt problematisiert. So wird die private Existenz im ›lebensfernen‹ Raum der Kunst als durchaus defizitärer Daseinsmodus bestimmt. Für Georges Algabal ist diese Form der Privatheit zwar einerseits ein exklusiver Wert und ein Gut, durch das er imstande ist, schöpferisch zu walten und seine ›Macht‹ auszuüben – andererseits aber führt ihn die Abgrenzung und Distinktion von anderen Menschen in melancholische Einsamkeit und Todesnähe.

2.6 Zusammenfassung

Die Tendenz zur topographischen Abschottung und sozialen Isolation wird im gesamten Zyklus damit als Niedergangsbewegung rekonstruierbar, die Georges Gedichtband in die offensichtliche Nähe zur Dekadenzliteratur versetzt.[78] Doch auch wenn hier die auf rein hermetischen und ästhetischen Prinzipien fundierende Kunst- und Lebensform in all ihren Facetten ›durchgespielt‹ wird, so darf die poetische Darstellung ästhetischer Gegenwelten und amoralischer Herrschaft nicht als bloße Umsetzung der antinaturalistischen Programmatik oder gar als kritiklose Affirmation einer ästhetischen Lebensform gedeutet werden.

Vielmehr hat sich gezeigt, dass der Gedicht-Zyklus als poetologische Selbstreflexion Georges erfassbar ist, die – mit dem Ende des Gedichtbandes – in der Kritik und Überwindung einer rein auf ›Privatheit‹ und ›Schönheit‹ basierenden Programmatik ihren Ausgang findet. Metapoetisch betrachtet, darf *Algabal* damit als Teil eines poetologischen Reflexionsmodells seines Autors gelten, in welchem die Möglichkeiten und Grenzen dieser *Poetik des Privaten* erprobt werden[79] und sich eine Distanzierung von der poetologischen Programmatik des französischen Symbolismus abzeichnet.[80]

Der frühe Lyrik-Band hat folglich nicht den Manifestcharakter eines die ›reine Ästhetik‹ und künstliche Schönheit verherrlichenden Textes, der ihm häufig attestiert wurde. Vielmehr zeigt der Zyklus zudem die Kritik an der Verwirklichung ästhetischer Programme in die soziale und politische Realität – weshalb es gänzlich verfehlt wäre, diesem Kunstwerk des *l'art pour l'art* eine politische oder staatskritische Ideologie zu attestieren, wie es in der Forschung immer wieder gerne getan wird.[81]

---

[78] Das den Zyklus beschließende vorletzte Gedicht »Ob denn der wolken-deuter mich belüge« zeigt die luzide Affinität zur Dekadenzliteratur, wenn von der Belebung durch Drogen und Wein die Rede ist, die helfen sollen die eigene Trägheit und Velleität zu überwinden (»saft des hanfes und der rebe / Die trägen adern zu beleben strebe« [84, V. 7 f.]). Typische Motive der Dekadenzliteratur (z. B. Müdigkeit, Reizsucht, Passivität und Grausamkeit) finden sich exemplarisch auch im Gedicht »Becher am boden« (69), das vom tödlichen Ende eines dionysischen Festes handelt.

[79] In Ansätzen findet sich diese These schon bei Braungart: *Ästhetischer Katholizismus*, S. 262.

[80] Vgl. Kaute: »Zum Verhältnis von Programmatik und Literatur des Ästhetizismus«, S. 208: »Die Leistung, die der literarische Diskurs erbringt, besteht vielmehr darin, den kunstphilosophischen Diskurs kritisch zu reflektieren. ›Kritische Reflexion‹ heißt aber nicht ›negative Bewertung‹, sondern vielmehr die Beleuchtung der Bedingungen und Grenzen.«

[81] Jüngst z. B. bei Richard Faber: »Der Ästhetizist, der politisch-religiöse Dichter Stefan George und das Problem seines Präfaschismus«. In: Wolfgang Braungart (Hg.): *Stefan George und die Religion*. Berlin/Boston 2015, S. 175–196. Hier: S. 193 f.: »Wenn George im […] ›Algabal‹ gerade das ›irdische Königreich‹ dieses exzessiven Despoten ›zum gleichnis des phantastischen‹ und dieses wiederum zum ›sinnbild‹ seines ›Geistigen Reiches‹ machte, dann war damit die Möglichkeit einer erneuten Heraussetzung diese[s] Reiches ins Irdische schon damals mitgesetzt. Wäre das frühe Reich auch noch so innerlich gewesen: bereits der ›Algabal‹ richtete eine extreme, despotische Gegenwelt gegen die gar nicht so liberale auf.« Vgl. auch Rink: »Algabal – Elagabal. Herrschertum beim frühen Stefan

In nuce zeigt sich die poetische Selbstbezüglichkeit des *Algabal* an dem – den Band und die Werkausgabe beschließenden – Gedicht *Vogelschau*, das als einziges eine Überschrift trägt.[82] Als werkchronologisches Bindeglied nimmt es damit innerhalb des *Algabal*-Zyklus eine Sonderstellung ein, die sich auch durch die chiffrierte Semantisierung der vorbeiziehenden Vogelarten zeigt. Es handelt sich um einen selbstreferenziellen Text, der programmatisch und poetologisch deutbar ist.[83] Diese Doppeldeutigkeit wird bereits an der Ambiguität des Begriffes ›Vogelschau‹ explizit, der entweder in der Konnotation des römischen Brauchs der Auspizien verwendet wird, um die sich erfüllende Prophezeiung von Algabals Schicksal zu akzentuieren[84] oder aber aus metapoetischer Perspektive und werkübergreifend auf die poetologische Entwicklung des Autors selbst referiert. So kann das Gedicht einerseits als retrospektiver poetischer Kommentar zum gesamten lyrischen Zyklus, andererseits aber auch als werkübergreifender Ausblick auf den nachfolgenden Gedichtband – *Die Bücher der Hirten- und Preisgedichte der Sagen und Sänge der hängenden Gärten* (1895) – gelesen werden.

Das Jahr der Seele (1897) – Georges wohl populärster Gedichtband – führt dann konsequent fort, was sich als zentrale Problemfrage aus dem *Algabal* ergeben hat: Wie das Bedürfnis nach Privatheit, Autonomie und Souveränität zu vereinen sei mit dem Wunsch nach menschlicher Nähe und einer gelingenden Beziehung zu einem Du. So wird im *Jahr der Seele* die private ›Sphäre‹ tentativ auf ein Du ausgeweitet – die Beziehung zwischen einem Ich und Du erstmals erprobt. Da die Frage nach menschlicher Nähe und Intimität hier noch umfassender problematisiert wird als im *Algabal* – und dies wird zu zeigen sein – tritt ›Privatheit‹ nicht nur in *räumlicher*, sondern auch in *informationeller* Hinsicht (als kommunikatives Phänomen) in Erscheinung: Denn während sie im *Algabal* noch vornehmlich durch die topographische Modellierung abgetrennter disjunkter semantischer Räume konstruiert wird, hat sie im *Jahr der Seele* auch im kommunikativen Kontext eine Schlüsselfunktion. So wirft der Versuch einer Annäherung an einen anderen Menschen in diesem Zyklus – erstmals im Frühwerk – die Frage auf, inwieweit (und das heißt: wie viele und welche) privaten

---

George«, S. 549: »Täuschen wir uns nicht, ›Algabal‹ ist vor allem als eine staatstheoretische, politische Dichtung zu verstehen«.

[82] Zanucchi deutet das letzte Gedicht des Bandes als ›symbolischen Ausdruck‹ von Entwicklungsstufen im Leben Algabals, die in einer Überwindung der ästhetischen Lebensform kulminieren. Die verschiedenen Vogelarten repräsentieren dabei Etappen innerhalb der Genese Algabals (kindliche Unschuld in Strophe 1, ästhetische Existenz in Strophe 2, Depravierung in Strophe 3 und Überwindung in Strophe 4), die auf das dichterische Werk und die Poetik Georges selbst bezogen werden können. Vgl. Zanucchi: *Transfer und Modifikation*, S. 365 f. Vgl. auch Wolfgang Braungart: »Vogelschau«. In: Stefan George: *Dies ist ein Lied für dich allein. Vierzig Gedichte ausgewählt und gedeutet von Wolfgang Braungart und Ute Oelmann*. Mainz 2018, S. 29–32.

[83] Vgl. Braungart: *Ästhetischer Katholizismus*, S. 255 f.

[84] Vgl. das Gedicht »Ob denn der wolken-deuter mich belüge / Und ich durch opfer und durch adlerflüge?« (84, V. 1 f.).

Informationen, persönlichen Gedanken und Gefühle das Ich mit dem Du zu teilen bereit ist.

Auf diese Weise wird im *Jahr der Seele* die – seit den *Hymnen* modellierte – diastatische Spannung zwischen privater (Künstler-)Existenz und der ›Öffnung‹ zur (sozialen, freundschaftlichen und partnerschaftlichen) Beziehung bzw. Gemeinschaft konsequent fortgeführt. Vor dem hier skizzierten Hintergrund ist *Das Jahr der Seele* als poetischer Versuch zu verstehen, in dem die Überwindung der subjektiven Grenzen einer privaten Existenz in der Hinwendung zu einem Du erprobt und mittels poetischer Mittel problematisiert wird.

3. Erprobung ›interpersoneller Privatheit‹: *Das Jahr der Seele*

3.1 Einleitung

Die im vorangegangenen Kapitel rekonstruierte Poetik des Privaten in Georges *Algabal* lässt sich auch im *Jahr der Seele* (1897) wiederfinden. Allerdings spielt literaturgeschichtliches (*Hymnen*) oder kulturelles Wissen (*Algabal*) in diesem Werk eine eher untergeordnete Rolle, da sich der Zyklus nicht an der griechischen Mythologie (Hesiods und Ovids) oder an einer historischen Folie (wie der des Priesterkaisers Elagabalus) orientiert, sondern biographische Erlebnisse des Dichters selbst (nämlich die gemeinsame Zeit mit Ida Coblenz) zur Vorlage nimmt, um sie durch ihre Poetisierung ästhetisch zu transformieren.

Die textuellen Chiffrierungsstrategien, die den privaten poetischen Raum und die darin enthaltenen Informationen schützen, sind auch hier zu konstatieren: Denn nur wer um die biographischen Hintergründe des Dichters weiß, ist imstande die kodierte Lyrik dechiffrieren. So hat der Zeitgenosse (und insbesondere das Kreismitglied) Georges weit mehr Hintergrundinformationen und ist daher besser in der Lage, den Sinn der Gedichte zu erfassen. Und dennoch ist *Das Jahr der Seele* hermeneutisch ›zugänglicher‹ als die ihm vorangegangenen Gedichtbände – was wohl auch zum öffentlichen Erfolg des Bandes beigetragen hat.

Inhaltlich lässt der Band das amoralische Herrscherszenario des *Algabal* hinter sich und eröffnet die Möglichkeit menschlicher Annäherung. So verschließt sich auch das Sprecher-Ich nicht mehr kategorisch dem Gegenüber, sondern erprobt sogar die Zweisamkeit im persönlichen Miteinander. Die zwischenmenschliche Distanz, die in den *Hymnen* vorherrschend ist und insbesondere den *Algabal* auszeichnet, wird im *Jahr der Seele* zeitweise durchbrochen. Die *absolute Privatheit* des verborgenen Unterreichs transformiert zur temporär gegebenen *interpersonellen Privatheit*.

Während die ersten Gedichtbände Georges (*Hymen*, *Pilgerfahrten*, *Algabal*) fast ohne öffentliche Resonanz geblieben waren, ändert sich dies mit dem Erscheinen des *Jahrs der Seele* grundlegend. Über die Gesellschaft der *Blätter für die Kunst* wächst dem Dichter eine immer größere Leserschaft zu, ebenso hat sich der Kreis gleichgesinnter Bekannter und Freunde zu dieser Zeit stark vergrößert.[1] Der öffentliche Durchbruch erfolgt dann im Herbst 1897, wobei der Binger Dichter seinen Erfolg vor allem drei bestimmten Personen zu verdanken

---

[1] Aurnhammer u. a. (Hg.): *Stefan George und sein Kreis*. Band 1, S. 142.

hat: Sabine Lepsius, Richard M. Meyer und Georg Simmel.[2] Mit der Veröffentlichung des *Jahrs der Seele* ist also der Zeitpunkt gekommen, an dem George und seine Kreismitglieder endgültig von der literarischen Öffentlichkeit wahrgenommen – seine Werke entsprechend rezipiert werden.[3]

Die Forschung zu diesem Gedichtband beschäftigt sich fast ausschließlich mit dem ersten der insgesamt drei großen Teile (Morwitz nennt sie aufgrund ihres Umfangs sogar ›Bücher‹): dem wiederum aus drei Teilen bestehenden (gleichnamigen) Jahreszeitenzyklus »Das Jahr der Seele«.[4] Die – insgesamt zwei Drittel des Gesamtwerkes ausmachenden – »Überschriften und Widmungen« sowie die »Traurigen Tänze« werden dabei häufig kommentarlos übergangen, weshalb ich in vorliegender Arbeit auch diese ausführlicher untersuchen möchte.

Die frühen Interpreten betonen bei ihrer Deutung vor allem den pessimistisch-nihilistischen Grundduktus des Werkes: Claude David, dessen Monographie zum Werk Stefan Georges noch heute eine erste interpretatorische Orientierung gibt, schreibt beispielsweise: »*Das Jahr der Seele* ist pessimistisch und einsam, Nachhall der Vergangenheit, Ausdruck einer Müdigkeit, die in den gleichzeitig erscheinenden Manifesten der *Blätter für die Kunst* bereits überwunden zu sein scheint.«[5] Eine diesen Nihilismus relativierende Position findet sich in der weitgehend unbeachteten Studie Friedrich Thiels,[6] der dem Sprecher-Ich einen zeitweisen Sieg über die räumliche Beschränkung und die Vergänglichkeit zugesteht. Seit den 90er-Jahren setzt dann eine poetologische Lesart des Werkes ein,[7] die sich an den literaturwissenschaftlichen Leitfragen der Selbstbezüglichkeit, (Inter-)Medialität und Performativität orientierte.[8]

Es sind also vornehmlich zwei interpretatorische Grundtendenzen des *Jahrs der Seele*, welche die Deutungsrichtungen in der Forschung dominieren: Zum einen suggeriert der Titel ›Das Jahr der Seele‹, dass es sich inhaltlich um psycho-

---

[2] Vgl. Karlauf: *Stefan George*, S. 222. Simmel veröffentlicht z. B. eine Besprechung von Georges Gedichtband, die maßgeblich zur Bekanntheit des Dichters beiträgt. Vgl. Georg Simmel: »Stefan George. Eine kunstphilosophische Betrachtung«. In: *Die Zukunft* 22 (1898), S. 386–396.

[3] Vgl. Hofmannsthals Artikel in der Wiener Zeitschrift *Zeit*, Richard M. Meyers Bericht über den George-Kreis und Georgs Simmels Essay *Stefan George. Eine kunstphilosophische Betrachtung*. Begeisterte schriftliche Äußerungen zum *Jahr der Seele* finden sich zudem u. a. von Rainer Maria Rilke, Albert Verwey, Karl Wolfskehl und Ludwig Klages.

[4] Um diesen vom Gedichtband selbst zu unterscheiden, wird der Titel dieses Teils nicht kursiviert, sondern in doppelte Anführungszeichen gesetzt. Entsprechendes gilt für die anderen Teilzyklen des Bandes.

[5] David: *Stefan George*, S. 132.

[6] Vgl. Friedrich Thiel: *Vier sonntägliche Straßen. A Study of the Ida Coblenz Problem in the Works of Stefan George*. New York 1988.

[7] Vgl. Cornelia Blasberg: »Stefan Georges ›Das Jahr der Seele‹. Poetik zwischen Schrift und Bild«. In: *Hofmannsthal Jahrbuch zur Europäischen Moderne* 5 (1997), S. 217–249.

[8] Zur ausführlichen Forschungsgeschichte vgl. Aurnhammer u. a. (Hg.): *Stefan George und sein Kreis*. Band 1, S. 150–156.

logische Zustände eines Subjekts handeln muss, die in einer bestimmten Relation zu den beschriebenen Naturbildern stehen,[9] wobei dieses ›lyrische‹ Ich – insbesondere in der älteren Forschung und der Kreisrezeption – häufig mit dem Dichter selbst identifiziert wurde.[10] Ute Oelmann erkennt in den »Bilder[n] des Jahresablaufs« demnach die »Entsprechungen innerlicher Erlebnisse und Gefühle – eine Kunst verhüllenden, andeutenden Ausdrucks, die man damals mit dem Namen Symbolismus belegte.«[11]

Zum anderen existiert eine semiotisch ausgerichtete Deutungslinie, die den Fokus auf die auffällige Selbstreferenzialität der Gedichte und ihre textuelle Gemachtheit richten und in der gewollten Zurschaustellung der Materialität des sprachlichen Zeichens die Modernität der George'schen Texte erkennen. Diese »Selbstreferenz und -thematisierung des künstlerischen Mediums«[12] wird bereits im ersten – wohl bekanntesten – Gedicht des Zyklus besonders augenfällig. Folgt man dieser poetologischen Lesart, gibt »Komm in den totgesagten park und schau« (12, V. 1) Anweisungen darüber, wie ein schönes Gedicht konstruiert wird: Das »herbstliche gesicht« (12, V. 12), zu dem alle blühenden Reste des Herbstes zusammengeflochten werden, steht – diese semiotische Deutung des Textes zugrunde gelegt – dann nicht als Metapher für den blühenden Herbstkranz, sondern referiert auf den Konstruktcharakter des ›herbstlichen Gedichts‹, das aus der Aneinanderreihung sprachlicher Zeichen besteht. Analoges gilt für den Titel *Nach der Lese*, wobei ›Lese‹ und ›Lesen‹ sich phonologisch lediglich durch ein einziges Phonem unterscheiden. Diese Selbstreferenz der Dichtung und die Reflexion über den medialen Status sind generell bezeichnend für Georges Œuvre und machen ihn zu einem genuin ›modernen‹ Autor.

Eine dritte Lesart, die hier vorgeschlagen werden soll, nimmt beide Deutungstraditionen auf und interpretiert den Band als hybrides textuelles Gebilde, das in seiner *sozialen Funktion* einerseits als biographisch geprägtes außerliterarisches Kommunikationsmedium und damit konstitutives Element für die Bildung des George-Kreises angesehen werden muss (siehe dazu Kapitel II/3.3.1 zu

---

[9] Vgl. die Deutung Mario Zanucchis, der im *Jahr der Seele* eine »subtile Harmonie zwischen Seelenzuständen und jahreszeitlichen Landschaftsschilderungen« erkennt (Zanucchi: *Transfer und Modifikation*, S. 221).

[10] Vgl. Claude Davids Deutung: »Der Mensch sieht vor sich die Tage und Jahreszeiten abrollen. Den Erlebnissen seiner Seele entsprechen in der Natur Bilder, die jenen als Szenerie dienen. In dieser Folge von wechselnden Farben kann er Bilder finden, um seine Gefühle auszudrücken« (David: *Stefan George*, S. 151). Stellvertretend für die neuere Forschung verweise ich auf Bleutges Beitrag im *George-Jahrbuch*: »Darin [im Jahr der Seele, S. B.] führt die Seele ein Selbstgespräch und zehrt von dem Glauben, sie könne dereinst eine Art paradiesisch reiner Ursprünglichkeit finden. Auf der Suche nach diesem »reich der sonne« legt sie die historischen Masken der vorangegangenen Zyklen ab, will vielmehr die hinter allem liegende Idee von Natur erahnbar machen« (Nico Bleutge: »Der Lockruf des Nichts. Zu Stefan Georges Gedicht ›Die steine die in meiner strasse staken‹«. In: *George-Jahrbuch* 10 (2014/2015), S. 1–5. Hier: S. 4).

[11] Ute Oelmann: »Anhang«. In: SW IV, 119–130. Hier: 120.

[12] Blasberg: »Stefan Georges ›Das Jahr der Seele‹«, S. 230.

den »Überschriften und Widmungen«), andererseits aber zugleich in seiner genuin *ästhetischen Funktion* als selbstreferenzielles und selbstreflexives Textzeugnis wahrgenommen und gedeutet werden will. So zeigt sich sowohl im poetischen Zeichenraum als auch in der sozialen Praxis des sich etablierenden George-Kreises diese Dualität von Öffnung und Schließung, Annäherung und Distanz, Privatheit und Öffentlichkeit, die auch im *Jahr der Seele* die zentrale semantische Opposition darstellt. *Das Jahr der Seele* konstituiert also einerseits einen privaten Zeichenraum, in dem Beziehungen zu einem Du aufgenommen, erprobt und wieder verworfen werden, fungiert aber gleichzeitig als Medium einer indirekten Kommunikation mit real existenten Personen, wodurch der poetische Raum in dieser doppelten Funktion sowohl zum poetischen Beziehungsraum als auch zum kreisinternen Kommunikationsmedium[13] werden kann.

Zur Konstitution des Kreises spielt die soziale Dimension von Georges Dichtung eine entscheidende Rolle. Um aber dem proklamierten Anspruch gerecht zu werden, eine ›Kunst für die Kunst‹ (ohne jedwede soziale Intention) zu erschaffen, verwahrt sich der Autor selbst nachdrücklich gegen eine biographische oder personenbezogene Deutung seiner Texte. Seinem poetologischen ›Programm‹ gemäß möchte er seine Werke nicht als Reproduktion oder mimetische Abbildung von Wirklichkeit verstanden wissen, sondern als autonome Kunstwerke, die eigene Vorstellungswelten darstellen. Dies macht er in der Vorrede zur zweiten und öffentlichen Ausgabe (1899) von *Das Jahr der Seele* sehr deutlich. George weist hier ausdrücklich darauf hin, dass zwar bestimmte Personen und Örtlichkeiten als Vorbild für seinen Gedichtzyklus gedient haben mögen, diese aber während der künstlerischen Gestaltung durch die Literarisierung und Poetisierung einen radikalen Transformationsprozess durchlaufen und mit der idiosynkratrischen Ästhetik der dargestellten Welten nichts mehr gemein hätten – jene dem Verfasser jedenfalls »unbedeutend« geworden seien. So habe der Leser den Text nicht in seiner autorbezogenen autobiographischen, sondern lediglich in seiner poetischen Dimension zu deuten.[14]

---

[13] Kauffmann: *Stefan George*, S. 64.
[14] Der Nachdruck, mit dem George diesen Hinweis gibt, erklärt sich – ungeachtet der poetologischen Gründe – tatsächlich aus dem biographischen Hintergrund, vor dem viele der Gedichte dieses Zyklus entstanden sind: Seiner Beziehung zu Ida Coblenz, der er *Das Jahr der Seele* ursprünglich zu widmen gedachte. Der jähe Abbruch der Beziehung im November 1896 verdeutlicht, weshalb George alle Spuren, die auf private Kontexte hätten verweisen können, getilgt und übergangen wissen wollte. Vgl. Morwitz: *Kommentar zu dem Werk Stefan Georges*, S. 113: »Als Gesamtkonzept sind die Herbstgedichte ein Gespräch des Dichters mit sich selbst, aber einzelne Züge der erdachten Gefährtin, soweit sie überhaupt individualisiert und charakterisiert ist, sind der Persönlichkeit der Isi Coblenz entnommen oder angeglichen, deren Bild den Dichter noch lange nach dem Bruch mit ihr nicht verliess. Sie ist, wie sie selbst Robert Boehringer gegenüber angegeben hat und wie durch den Inhalt der Gedichte des folgenden Teils bestätigt wird, die Begleiterin des Dichters im winterlichen Bingen gewesen.« Zur Beziehung von Stefan

> Auch einige die sich dem sinn des verfassers genähert haben meinten es helfe zum tieferen verständnis wenn sie im Jahr der Seele bestimmte personen und örter ausfindig machten · möge man doch (wie ohne widerrede bei darstellenden werken) auch bei einer dichtung vermeiden sich unweise an das menschliche oder landschaftliche urbild zu kehren: es hat durch die kunst solche umformung erfahren dass es dem schöpfer selber unbedeutend wurde und ein wissen-darum für jeden andren eher verwirrt als löst. Namen gelten nur da wo sie als huldigung oder gabe verewigen sollen und selten sind sosehr wie in diesem buch ich und du die selbe seele.[15]

Der Verweis auf den autonomen Status von Dichtung hängt eng mit Georges Anspruch und Verständnis von Exklusivität und Privatheit zusammen. So ist *Das Jahr der Seele* in vielerlei Hinsicht Zeugnis für die Signifikanz, die George der privaten Kommunikation, dem Status privater Informationen und dem exklusiven ›Wert des Privaten‹ zugeschrieben hat.

Anhand dieses Werks lässt sich sehr gut aufzeigen, wie George in seiner Dichtung – die ja schon rein äußerlich an einen privaten Kreis adressiert ist – durch Chiffrierungsstrategien innerhalb der einzelnen Zyklen versucht, eine genuin private Kommunikationssituation zu generieren. Somit ist nicht nur das Werk in seinem Publikationskontext selbst als ›privates‹ Kunstwerk klassifizierbar, sondern auch innerhalb desselben wird der Anspruch auf Privatheit in unterschiedlichsten Ausprägungen rekonstruierbar – was im Folgenden anhand einiger repräsentativer Beispiele gezeigt werden soll.

3.2 Interpersonelle Privatheit in »Das Jahr der Seele«

Der Lyrikband besteht aus insgesamt 97 Gedichten[16] und ist in drei Hauptteile segmentiert, die sich wiederum aus mehreren Teilen zusammensetzen. Zunächst erschien das Werk 1897 im Privatdruck, zwei Jahre später folgte dann die öffentliche Ausgabe. Der erste Teil (»Das Jahr der Seele«) umfasst den Zyklus eines ganzen Jahres, beschreibt dabei die Stimmung eines Ichs über diesen Zeitraum hinweg – begonnen mit dem ausklingenden Herbst (*Nach der Lese*) über den erstarrten Winter (*Waller im Schnee*) hin zum alles erneuernden und Hoffnung bringenden Sommer (*Sieg des Sommers*). Dieser erste Zyklus konstituiert sich aus insgesamt 31 Gedichten, macht also in etwa ein Drittel des Gesamttextes des *Jahrs der Seele* aus.

Das Werk soll im Folgenden weitgehend textimmanent analysiert und interpretiert werden. Bei semantischen Leerstellen greife ich aber auch auf biographische Ereignisse im Leben des Autors zurück, sofern sich diese Leerstellen

---

George zu Ida Coblenz vgl. auch George/Coblenz: *Briefwechsel*. Insbesondere die Vorbemerkungen der Herausgeber »Zur Einführung« von Georg Peter Landmann (ebd., S. 5–16) und »Die Korrespondenzpartnerin. Ida Coblenz« von Elisabeth Höpker-Herberg (ebd., S. 17–26) sind in diesem Zusammenhang sehr aufschlussreich.
[15] SW IV, 7.
[16] Die private Erstausgabe von 1897 beinhaltete lediglich 94 Gedichte.

nicht aus dem Text selbst füllen lassen. Darüber hinaus gehe ich auf die metapoetisch-poetologische Deutungsdimension ein, wobei der Fokus allerdings stets auf Frage nach der Semantisierung und Modellierung von Privatheit innerhalb des Gesamttextes liegen wird. Dabei wird auch die gruppensoziologische Dimension der Widmungsgedichte – die eine entscheidende Funktion im Prozess der privaten Kreisbildung um George spielen – herausgestellt werden.

3.2.1 Der private Raum der Dichtung: »Nach der Lese«

Der Zyklus beginnt mit dem späten Herbst, dessen Gedichte entsprechend mit *Nach der Lese* tituliert sind. Dieser ambige Titel deutet auf die herbstliche Ährenlese, meint aber in einem metaphorischen Sinne auch das Sammeln der Reste von Erlebnissen, die im Gedichtzyklus mit der Beschreibung der Landschaft und der Jahreszeiten korreliert werden.[17] Im Zentrum steht demnach nicht die Landschaft als solche, sondern die inneren Erlebnisse und die Stimmung eines Ichs, das die kultivierte Natur[18] als Art Projektionsraum für den eigenen ephemeren ›Seelenzustand‹ in Anspruch nimmt. Die *conditio sine qua non* für die Erzeugung dieser Stimmung ist dabei die Möglichkeit des Für-sich-seins, der privaten Kommunikation und des ungestörten Umgangs mit einem ›Du‹. Dieses ›Du‹ wird anfangs hinsichtlich seines Geschlechts nicht näher bestimmt, was George bewusst intendiert haben mag. Eine eindeutige geschlechtliche Zuordnung findet im gesamten Zyklus nicht statt. Dies darf als weitere poetische Strategie des Autors interpretiert werden, um auf semantische Eindeutigkeit zu verzichten. So ist das angesprochene Du hier und im Folgenden nicht notwendigerweise eine Frau, sondern könnte ebenso gut ein Mann sein (dasselbe trifft im Übrigen auch auf das Sprecher-Ich zu). Dass fortan aber von einer weiblichen Figur ausgegangen wird, begründet sich damit, dass der biographische Hintergrund – Georges gemeinsamer Sommer mit Ida Coblenz – bei der Deutung der Texte einige Berücksichtigung findet.

---

[17] Vgl. Morwitz: *Kommentar zu dem Werk Stefan Georges*, S. 108.
[18] Schon Claude David weist ausdrücklich darauf hin, dass es sich im *Jahr der Seele* nicht um einen ungezähmten Naturraum handelt, sondern um einen vom Menschen kultivierten: »Die ›Natur‹ ist hier meistens ein Park, nicht die offene, freie Natur: Alleen, Gitter, Beete, Brunnen. Der Wechsel der Jahreszeiten wird spürbar selbst in einem Park; aber die Natur ist gebändigt« (David: *Stefan George*, S. 149). Rainer Gruenter geht noch einen Schritt weiter und sieht den Park in Abgrenzung zur ungebändigten Natur als »*paysage idéal* des Gartenkünstlers«, als »*paradis artificiel*« (Rainer Gruenter: »Herbst des Gefühls«. In: Marcel Reich-Ranicki (Hg.): *1000 Deutsche Gedichte und ihre Interpretationen. Von Arno Holz bis Rainer Maria Rilke*. Band 5. Frankfurt am Main/Leipzig 1994, S. 118–120. Hier: S. 118.

Nach der Lese

Komm in den totgesagten park und schau:
Der schimmer ferner lächelnder gestade ·
Der reinen wolken unverhofftes blau
Erhellt die weiher und die bunten pfade.

5   Dort nimm das tiefe gelb · das weiche grau
Von birken und von buchs · der wind ist lau ·
Die späten rosen welkten noch nicht ganz ·
Erlese küsse sie und flicht den kranz ·

Vergiss auch diese letzte astern nicht ·
10   Den purpur um die ranken wilder reben
Und auch was übrig blieb von grünem leben
Verwinde leicht im herbstlichen gesicht. (12)[19]

In diesem Initialgedicht des Bandes wird das nicht näher bezeichnete Du vom Sprecher-Ich dazu aufgefordert, den ›totgesagten Park‹ zu betreten, um mit ihm ein unmittelbares Erlebnis zu teilen. Denn das Sprecher-Ich möchte die herbstlichen Erscheinungen im Park nicht nur *beschreiben*, sondern dem Du vielmehr *zeigen*. Die lokale Deixis in Strophe zwei und drei (»*Dort* nimm« [12, V. 5]; »*diese* lezten astern« [12, V. 9]; [Hervorhebung, S. B.]) macht die unmittelbare Präsenz eines Gesprächspartners im Park deutlich.[20] ›Totgesagt‹ ist dieser Park ebendeshalb, weil der Winter hier der allgemeinen Meinung nach schon Einzug gehalten hat, es demnach scheinbar nichts Sehenswertes (mehr) zu entdecken gibt. Dass das bloß ›Gesagte‹ aber keineswegs mit dem Vorfindlichen übereinstimmt, zeigt sich, da gerade die letzten Blüten der Pflanzen und Blumen durch ihr rares Vorkommen besonders kostbar erscheinen.

Es handelt sich bei diesem besonderen Park um einen verlassenen und abgeschiedenen Ort, der aufgrund seiner Verlassenheit und der verborgenen Farben der Blumen von einer eigentümlichen vergänglichen Schönheit zeugt. Seinen individuellen Wert erhält er gerade dadurch, dass er von niemandem sonst betreten wird. Er repräsentiert auf diese Weise einen Privatraum, in welchem sich das Sprecher-Ich mit dem angesprochenen Du ungestört aufhalten und es auf die erlesenen Farben (»unverhofftes blau« [12, V. 3], »bunte[] pfade« [12, V. 4], »das tiefe gelb · das weiche grau« [12, V. 5], »den purpur« [12, V. 10]) und die verborgenen Kostbarkeiten hinweisen kann.[21] Die Metapher des »herbstlichen gesichts« (12, V. 12) referiert schließlich auf das Gesicht des angesprochenen

---

[19] Hier und im Folgenden zitiert nach: SW IV. Die erste Zahl in der Klammer verweist auf die entsprechende Seite, die zweite nach dem ›V.‹ gibt den konkreten Vers im Gedicht an.

[20] Vgl. Christoff Neumeister: *Fünfzig deutsche Gedichte des 20. Jahrhunderts, textnah interpretiert. Von Stefan George bis Ulla Hahn*. Frankfurt am Main 2014, S. 27.

[21] Die im Imperativ formulierten Aufforderungen können ihren latenten Befehlscharakter dabei allerdings nicht völlig kaschieren. In der Anweisung, die bereits überreifen, im Ver-

Du, das am Ende des Gedichts durch die ästhetischen Eindrücke in eine ›herbstliche Stimmung‹ versetzt worden sein soll.[22]

Dieser *raumsemantische Aspekt von Privatheit* verweist dabei aber auch auf eine extratextuelle poetologische Deutungsdimension[23] – und zwar, wenn der Park als Metapher für Georges Gedichtband verstanden wird: als privater ›Textraum‹ nämlich, der sich aus ›erlesenen‹ Gedichten zusammensetzt, die allerdings nicht jedem zugänglich sind oder von jedem wahrgenommen werden können, sich manchen Lesern also verschließen (*hermeneutische Privatheit*). Die Aufforderung, den totgesagten Park zu betreten, muss in diesem Falle als direkter Appell an den eingeweihten Leser verstanden werden, der den metaphorischen Textraum, die private Vorstellungswelt des Dichters zu betreten und zu deuten aufgefordert ist.[24]

Doch nicht nur dieser semantische Raum ist als Basis zur Verhandlung des Phänomens ›Privatheit‹ zu bestimmen, sondern auch das persönliche Verhältnis zwischen Ich und Du. Wie im Folgenden zu zeigen sein wird, werden im *Jahr der Seele* diverse Möglichkeiten zur Realisierung intimer Beziehungen erprobt, die in diastatischer Spannung zwischen den Polen der persönlichen Öffnung und Verschließung oszillieren und damit graduelle Abstufungen der Preisgabe privater Gedanken und Gefühle poetisch verhandeln (*interpersonelle Privatheit*). Es wird sich zeigen, dass es zur absoluten Erfüllung in der Zweisamkeit in keinem der drei durchgespielten Fälle kommt – die gelingende Realisation einer gleichberechtigten ›Partnerschaft‹ aufgrund der unaufhebbaren interpersonellen Distanz zwischen Ich und Du letztlich unmöglich ist.

Ausgangspunkt des zweiten Gedichts (»Ihr rufe junger jahre die befahlen« [13, V. 1]) ist der einsame Zustand des Sprecher-Ichs, welches durch das Eingeständnis, die Eine, Geliebte bis dato nicht gefunden zu haben – »Ich muss vor euch die stirn verneinend neigen« (13, V. 3) – den Wunsch zum Ausdruck bringt, die schüchterne Gefährtin, die es im ersten Gedicht begleitet hatte, wieder zum »geleit« (13, V. 7) zu nehmen. Die Früchte des Sommers ist das Sprecher-Ich bereit, der Gefährtin zum Dank für ihre Wiederkehr zu schenken. Mit ihrer tatsächlichen Rückkehr (im dritten Gedicht) will es »sanfte worte für dich lernen / Und ganz als glichest du der Einen Fernen / Dich loben auf den sonnen-wanderungen« (14, V. 6–8). Die fortan bestehende emotionale Verbundenheit mit der Gefährtin zeigt sich am häufig verwendeten ›Wir‹- statt der

---

welken begriffenen Blumen zu einem Herbstkranz zusammenzuflechten, äußert sich eine subtile Art der Befehlsgewalt, die für Georges gesamte Dichtung charakteristisch ist.

[22] Vgl. Morwitz: *Kommentar zu dem Werk Stefan Georges*, S. 109: »Das Wort ›Gesicht‹ bedeutet hier nicht Sehkraft oder Vision, sondern wie das holländische Gezicht, ein Abbild der Herbstlandschaft und der Seele, das der aus späten Blumen gelesen und erlesen Strauss in seinen Farben widerspiegelt«.

[23] Zu dieser poetologischen Deutung vgl. Blasberg: »Stefan Georges ›Jahr der Seele‹, S. 231.

[24] Werkchronologisch kann der hoffnungsvolle Anfang zudem auf die überwundene Schaffenskrise des Autors nach dem *Algabal* verweisen.

›Ich‹- oder ›Du‹-Form. Ein gemeinsamer Spaziergang (»beinah bis zum tore«
[15, V. 2]) führt die Figuren dann (im vierten Gedicht) zu einer schattenfreien
Bank, auf der sie ungestört ihren Träumen nachhängen können.

> Wir suchen nach den schattenfreien bänken
> Dort wo uns niemals fremde stimmen scheuchten ·
> In träumen unsre arme sich verschränken ·
> Wir laben uns am langen milden leuchten (15, V. 5–8)

Die Gesellschaft anderer Menschen wird hier als Irritation und Störung des intimen Moments der beiden Liebenden empfunden. Das Wir als ›Einheit‹ von Ich und Du wird in der Privatwelt gemeinsamen Träumens als autark gesetzt – benötigt demnach kein Drittes, das sich in die Träume der sich am »milden leuchten« (15, V. 8) Labenden mischen könnte. Der profane Außenbereich ist dabei durch ein Gittertor vom wohlgeordneten Naturraum getrennt, wodurch die Landschaftsanlage zum heiligen Bereich stilisiert werden kann.

Dennoch besteht zwischen den beiden Figuren stets eine hierarchische und seelische Distanz, die sich z. B. darin ausdrückt, dass die Gefährtin das Ich (im 5. Gedicht) »heiter zu ergründen« (16, V. 3) sucht – demnach nicht alles von ihm weiß – um ihm dann wie ein gelehriger Schüler »in klugen silben« nachzusprechen und seine Worte folgsam zu repetieren (16, V. 7). Egyptien erkennt in diesem Gedicht daher richtig, dass die »äußerste Nähe, ja Verschmelzung mit dem ›ich‹, welche das ›du‹ mittels seines ›Nachsprechens‹ herbeizuführen trachtet«, nichts anderes exponiert als eben das Gegenteil von Nähe: nämlich »seine äußerste Ferne.«[25] Akzentuiert wird diese zunehmende Distanz und das Bewusstsein einer Entfremdung insbesondere durch die letzte Strophe, die mit der rhetorischen Frage »Doch weisst du auch vom tiefen glücke / Und schätzest du die stumme träne?« (16, V. 10) Zweifel an der Verbundenheit äußert und damit repräsentativ für den gesamten Zyklus stehen kann.

Im sechsten Gedicht (»Wir stehen an der hecken gradem wall«) schrecken die nostalgisch-melancholischen Worte der Frau den im Anblick der Abendsonne Versunkenen auf. Die Mahnung an die verlorene Kindheit – »Wir waren glücklich bloss solang wir einst / Nicht diese hecken überschauen konnten« (17, V. 7) – ist der durch Sprache vermittelte Einbruch des Wirklichen in die Wonne der »abendneige« (17, V. 5). Die Aussage darüber, dass die kindliche Sicherheit über die göttlich-harmonische Ordnung der Welt mit dem Älterwerden verloren geht, stellt eine Unterbrechung des vom Glauben gefestigten Kindergesangs dar. Der antithetische Aufbau der beiden Strophen in diesem Gedicht ist als eines der strukturellen Grundprinzipien der gesamten Dichtung zu bestimmen,

---

[25] Jürgen Egyptien: »Herbst der Liebe und Winter der Schrift. Über den Zyklus ›Nach der Lese‹ in Stefan Georges ›Das Jahr der Seele‹«. In: *George-Jahrbuch* 1 (1996/1997), S. 23–42. Hier: S. 27.

da der Wandel der Jahreszeiten in ihrer Dynamik jedem der Gedichte des Zyklus inhärent ist und – in Analogie zum Wechsel der Jahreszeiten – die Transformation der privaten Beziehung von Ich und Du erkennbar macht. Die Korrelation von persönlicher Beziehung mit dem Wechsel der Jahreszeiten und des Wetters zeigt sich explizit im Gedicht »Nun säume nicht die gaben zu erhaschen« (19, V.1). Denn der drohende Sturm referiert einerseits zwar deutlich auf den Einbruch des Winters (»eh es im nahen sturm vereise« [19, V. 7]), andererseits aber auch metaphorisch auf die antizipierte Erstarrung der Beziehung der beiden Gefährten als »Vorzeichen nahen Scheidens«.[26] Der Wendepunkt dieser Beziehung ist mit dem Ende des Sommers und dem Einbrechen der Kälte und des Unwetter metaphorisch ausgedrückt; es artikuliert sich in der Aussage »Wir werden heute nicht zum garten gehen« (20, V. 1), die eine Veränderung in der Beziehung bereits antizipiert. Waren der Park und der Garten für das Sprecher-Ich Orte, mit denen es die Schönheit des Herbstes, gemeinsame Erlebnisse und bestimmte positiv konnotierte olfaktorische oder auditive Eindrücke verbunden hatte, so sind sie ihm nun »mahnende gespenster« (20, V. 5), die semantisch mit ›Leid‹, ›Vergänglichkeit‹ und ›Tod‹ konnotiert sind und die sich in den abgefallenen Baumästen (den »vielen leichen nach der winde schlacht« [20, V. 9]) in physischer Form im Garten wiederfinden. Der kultivierte Naturraum, in dem das Ich mit dem Du zum Wir hatte werden und sich seinen Imaginationen hatte hingeben können, ist nun durch seine Unwirtlichkeit als schneebedeckte Landschaft nicht mehr zu diesem Zweck geeignet. Der hereingebrochene Winter besiegelt so das Ende der Beziehung der beiden. War eben noch von einem ›Wir‹ die Rede, so beginnt das darauffolgende Gedicht (»Ich schrieb es auf« [21, V. 1]) wieder mit dem Personalpronomen ›Ich‹, welches sich nicht nur in emotionaler, sondern auch in räumlicher Distanz zu der Gefährtin befindet.

> Ich schrieb es auf: nicht länger sei verhehlt
> Was als gedanken ich nicht mehr verbanne ·
> Was ich nicht sage · du nicht fühlst: uns fehlt
> Bis an das glück noch eine weite spanne ·
>
> 5   An einer hohen blume welkem stiel
> Entfaltest du's · ich stehe fern und ahne ..
> Es war das weisse blatt das dir entfiel
> Die grellste farbe auf dem fahlen plane. (21)

Diese Distanz wird zudem durch die Mittelbarkeit der Mitteilung verstärkt, da der geschriebene Brief als vermittelndes Medium das gesprochene Wort substituiert. Allerdings nimmt das Sprecher-Ich dennoch in einiger Entfernung am Abschied teil, da es die Lesende aus der Ferne beobachtet (»ich stehe fern und

---

[26] Morwitz: *Kommentar zu dem Werk Stefan Georges*, S. 112.

ahne« [21, V. 6]) und so an ihrer emotionalen Betroffenheit – das Blatt entfällt ihr – partizipiert.

Deutlich wird in diesem Gedicht erneut die semantische Korrelation von ›Natur‹ (der verwelkten Blume) und ›Kunst‹ (dem geschriebenem Brief): Als Polysem könnte das Blatt, das der Frau entfällt, entweder ein Blatt der »hohen blume« mit »welkem stiel« (21, V. 5) sein – oder aber das Blatt Papier des Abschiedsbriefes, in welchem das Sprecher-Ich die Beziehung zu ihr beendet. Auch der hervorstechende Kontrast der Farbe Weiß, der sich vom Rest der farblos-blassen (›fahlen‹) Umgebung abhebt, zeugt von einer plötzlichen Zäsur und von der Zerstörung des zuvor gemeinsam Erlebten. Dass es sich um eine verwelkte Blume handelt, ist ein zusätzliches Indiz dafür, dass die ›Blütezeit‹ der Beziehung längst überschritten – sie selbst in metaphorischer Analogiesetzung zur Blume ›abgestorben‹ ist.[27]

Ein letzter Dialog findet »Im freien viereck mit den gelben steinen« (22, V. 1) statt, in welchem das Sprecher-Ich den wahren Grund für seine Trauer vor seiner einstigen Gefährtin verbirgt. Es ist sich dessen sicher, dass sie schon bald nach der Trennung »[s]einen traum nicht mehr bewohne[]« (22, V. 12) und es wieder allein sein wird. Den wahren Grund für seine Trauer verbirgt es aber vor ihr, um sie nicht damit zu belasten.

> Ich lasse meine grosse traurigkeit
> Dich falsch erraten um dich zu verschonen ·
> Ich fühle hat die zeit uns kaum entzwei
> So wirst du meinen traum nicht mehr bewohnen. (22, V. 9–12)

Der Traum, an dem das Sprecher-Ich sie hat teilnehmen lassen, wird ihr nicht mehr zugänglich sein; die gemeinsamen herbstlichen Träumereien werden als abgeschlossene vergangene Episoden betrachtet. Mit der Trennung verweist das Ich seine Gefährtin aus seinen intimen Gedanken und aus dem privaten ›Raum‹ seines Traums, sodass sie nicht mehr an seinen persönlichen Erlebnissen und Stimmungen partizipieren kann. Trotz des melancholischen Grundduktus dieses – den Herbst – beschließenden Gedichtes kommt mit der letzten Strophe aber dennoch die Hoffnung, aus den persönlichen Gegenständen (dem Strauß aus dem ersten und dem Brief aus dem zehnten Gedicht), die das Ich mit der Gefährtin emotional verbinden, möge einiger »trost entquille[n]« (22, V. 14), der die bevorstehende Einsamkeit der Winterzeit lindere:

---

[27] Stellt man den Bezug zur *Algabal*-Dichtung her, ergibt sich aus poetologischer Perspektive eine weitere intertextuelle Deutungsdimension, die das weiße Blatt als in komplementärer Relation stehend zur ›schwarzen Blume‹ des *Unterreichs* begreift. Die kunstvollen Worte, die das weiße Blatt trägt, stehen metonymisch für die Dichtkunst als solche – und zwar die Dichtkunst in ihrer absoluten Vollkommenheit und Autarkie. Damit exkludiert sie alle Natur und negiert alles Leben: »Ihre Zeugung bedeutet die Zeugung des Todes, sie ist das Negativ zur Welt« (Egyptien: »Herbst der Liebe und Winter der Schrift«, S. 42).

> Doch wenn erst unterm schnee der park entschlief
> So glaub ich dass noch leiser trost entquille
> Aus manchen schönen resten – strauss und brief –
> In tiefer kalter winterlicher stille. (22, V. 13–16)

3.2.2 Versuche der Annäherung: »Waller im Schnee«

Die absolute Einsamkeit tritt mit dem Einbruch des Winters und dem Gang durch die abendliche Umgebung ein – aus dem ›Wir‹ ist wieder ein ›Ich‹ geworden. Der Schnee bedeckt die Landschaft, die fallenden Schneeflocken »weben noch am bleichen laken« (24, V. 4). Der private Zustand des Für-sich-seins ist begleitet von einer melancholischen Trauer, die schließlich in Agonie kulminiert – das Ich wünscht »Mir selber unbewusst gebettet« (24, V. 10) zu sein, also »auf dem weissen plan« (24, V. 9) bestattet zu werden. Die Grabesmetaphorik verweist dabei deutlich auf die semantische Korrelation von ›Eis‹, ›Tod‹ und ›Vergänglichkeit‹ und bringt eine nihilistische Melancholie und Indifferenz des Sprecher-Ichs luzide zum Ausdruck. Der Blick zu den Sternen akzentuiert dieses Gefühl des Alleinseins und der Orientierungslosigkeit, welches das Ich seit der Trennung von der Gefährtin empfindet.

> Zu sternen schau ich führerlos hinan ·
> Sie lassen mich mit grauser nacht allein. (24, V. 7–8)

Trotz dieser Verlassenheit und Einsamkeit wehrt es sich aber wacker gegen die gedanklichen Anfechtungen des Todes und erkennt, dass es zum Sterben noch nicht bereit ist – in ihm »eine junge hoffnung schläft« (24, V. 15). Diese Hoffnung scheint sich im Gedicht »Mir ist als ob ein blick im dunkel glimme« (25, V. 1) zu erfüllen: Eine neue Begleiterin kündigt sich an.[28]

Gemeinsam schlagen sie an Mondabenden oft denselben Weg ein und fühlen sich dabei, als ob sie in »den alten wald der sage träten« (26, V. 4). Es ist die Ahnung der Verbundenheit von Tod und Liebe, das Gefühl erotisierter Mystik – vor allem aber die Erfahrung des Leids, die sie aus der Perspektive des Ichs

---

[28] Diese kann nun aber nicht mehr mit der Gefährtin aus *Nach der Lese* identisch sein. Dies lässt sich zum einen aus der vorangegangenen Trennung schließen, zum anderen aber ist der Fakt, dass das Du sich das Ich »zum begleite« (25, V. 2) wählt, ein Indiz dafür, dass es sich nicht mehr um dieselbe Person handeln kann – ist es in *Nach der Lese* ja gerade das Ich gewesen, das sich seine Gefährtin erwählt hat. Außerdem erscheint die neue Weggefährtin zu Beginn weit aktiver, da sie in ihrer Funktion als ›Führer‹ dem Ich »die pracht der stillen erde« (25, V. 5) preist und es sogar »zu verwunschenen talen« (26, V. 5) geleitet – die Gefährtin im ersten Teil hingegen lediglich passiv Aufforderungen des Ichs nachkommt (»Vergiss auch diese lezten astern nicht« [12, V. 9]) und bloß schülerhaft repetiert (»Du sprichst mir nach in klugen silben« [16, V. 7]). Das zweite Du zeigt sich in seinem Charakter weit autonomer.

verbindet.²⁹ Die winterliche Erde wird dabei mit Semantiken der ›Einsamkeit‹, ›Keuschheit‹ und ›Fahlheit‹ konnotiert (vgl. 25, V. 8) und dient als Metapher für den psychischen Zustand der seelisch Leidenden. Diesen gemeinsamen Ursprung glaubt das Ich also über die Erdverbundenheit, das Chthonische zu erkennen: »Du bist vom geist der flur aus der wir stiegen« (27, V. 2). Unter dieser gemeinsamen Voraussetzung (des erdverbundenen Leidens) vermeint es seine neue Gefährtin tiefer in die intellektuelle und künstlerische Sphäre einführen und sich ihr in emotionaler Hinsicht öffnen zu können.

> Ich darf nicht dankend an dir niedersinken ·
> Du bist vom geist der flur aus der wir stiegen:
> Will sich mein trost an deine wehmut schmiegen
> So wird sie zucken um ihm abzuwinken.
>
> 5 Verharrst du bei dem quälenden beschlusse
> Nie deines leides nähe zu gestehen
> Und nur mit ihm und mir dich zu ergehen
> Am eisgklaren tief-entschlafnen flusse? (27)

Doch während sich die Bereitschaft des Ichs, Persönliches – also private Gefühle und Gedanken – mit ihr zu teilen, bereits im vierten Gedicht konstatieren lässt, ist es für seine Begleiterin bezeichnend, dass sie sich ihm gegenüber verschließt und sich weigert ihm ihr seelisches Leid zu klagen, was als erster Ausdruck einer Diskrepanz zwischen beiden gedeutet werden muss – einer Diskrepanz, die sich im Laufe des zweiten Teils zunehmend vertieft und schließlich im Abbruch auch dieser Beziehung kulminiert.³⁰

Neben der Zurückhaltung, ihr persönliches Leid (»deines leides nähe« [27, V. 6]) zu teilen, besteht eine Unstimmigkeit bezüglich der Art zu empfinden, die Dinge zu betrachten und ihre sakrale Bedeutung zu ermessen. Dies zeigt sich explizit im Gedicht »Ich trat vor dich mit einem segenspruche« (28, V. 1): Die feierliche Stimmung, die in diesem Text evoziert wird, kann die Beschenkte nicht mitempfinden. Die wertvolle Opfergabe erfolgt auf »einem samtnen tuche« (28, V. 3), blanke Kerzenleuchter mit brennenden Kerzen sind aufgestellt, ebenso Schalen mit (Weih-)Rauch und Engelsfiguren, die sich »am kristallnen lüster« (28, V. 10) spiegeln. Die Beschenkte weiß mit der hohen Gabe indes nichts anzufangen: Den Segensspruch, der metaphorisch einem Diamanten gleichgesetzt wird, nimmt sie zögernd, »kalt und unentschlossen« (28, V. 15)

---

[29] Vgl. die Verse: »Du führtest mich zu den verwunschnen talen / Von nackter helle und von blassen düften / Und zeigtest mir von weitem wo aus grüften / Die trübe liebe wächst im reif der qualen« (26, V. 5–8).

[30] Beide Teile (*Nach der Lese* und *Waller im Schnee*) folgen damit iterativ einem zyklischen Muster, das sich an der zweiten Gefährtin lediglich wiederholt: Ein Kennenlernen, gefühlte Nähe zwischen Ich und Du, die Realisation einer unüberwindbaren Differenz und die abschließende Trennung.

entgegen. Das Zeremoniell, das durchaus liturgische Züge trägt, wird unverstanden hingenommen, der wahre Wert der Gabe nicht erkannt. Enttäuscht konstatiert das Ich in der zweiten Strophe des Gedichts: »Du aber weisst nichts von dem opferbrauche« (28, V. 5).

Zu aufschlussreichen Erkenntnissen führt auch hier eine poetologische Lesart dieses Textes, da der Diamant semantisch mit dem Segen*spruch* korreliert ist und so als Metapher für das Gedicht selbst stehen kann. Das Unverständnis, mit dem die Gefährtin der Gabe begegnet, entspricht – dieser Lesart zufolge – dem des unkundigen bzw. uneingeweihten Lesers, der mit dem ›exklusiven‹ Gedicht nichts anzufangen weiß, seinen ›Sinn‹ nicht zu erfassen vermag – seine Tiefenebene also nicht zu rekonstruieren versteht.

Dem korreliert die personenbezogene Deutung der George-Anhänger, die das Sprecher-Ich mit dem ›Meister‹ George selbst identifiziert, die Episode also biographisch interpretiert: »Es war eine seltene Auszeichnung«, schreibt Ernst Morwitz (1887–1971) in seinem Kommentarband zur Dichtung Georges, »wenn der Dichter ein neues Gedicht vorlas oder gar in schöner Abschrift verschenkte, da er in tiefster Verschwiegenheit an seinem Werk zu arbeiten pflegte und es nicht liebte soeben erst vollendete Gedichte andern zugänglich zu machen.«[31] Der Zugang zu einem der persönlichen ›Segenssprüche‹ des Dichters – der ›höchsten seiner Gaben‹ – ist in diesem Kontext also als Zeichen der Ehre und Auszeichnung zu deuten. Die Sublimierung des geschriebenen Wortes zum Segensspruch und der sakralisierte räumliche Kontext, in welchem jener Spruch übergeben wird, verweisen so metapoetisch auf die rituelle Kunst- und Lektürepraxis im George-Kreis selbst.

Die George'sche Dichtung, die durch ihre inszenierte Exklusivität und ihren liturgischen zeremoniellen Charakter eine Sakralisierung der Dichtkunst intendiert, dürfe, nach Meinung des Dichters, dem unverständigen und ›profanen‹ Leser nicht zugänglich gemacht werden. Und so lässt sich das der Gabe entgegengebrachte Unverständnis der Beschenkten im obigen Gedicht sowohl textimmanent, poetologisch, aber auch biographisch erklären: Für den Autor ist die Preisgabe eines neuen Gedichts ein wirkliches Opfer und so expliziert sich der hier geschilderte Akt des Schenkens als Ehrbezeugung und sakrale Geste, die von der Gefährtin nicht begriffen (d. h. nicht adäquat gedeutet bzw. verstanden) wird. Der genuin private Charakter, den die gesamte Szenerie dadurch erhält, dass die Gabe lediglich nur einer einzigen Person zugeeignet wird – niemand sonst also den ›Diamanten‹ zu Gesicht bekommt – verdeutlicht ihren besonderen Wert.

Die Enttäuschung über die Reaktion der Beschenkten intensiviert sich weiter im darauffolgenden Gedicht, in welchem der besondere Wert des Für-sich-Seins und der Privatheit noch einmal besonders akzentuiert und insbesondere im

---

[31] Morwitz: *Kommentar zu dem Werk Stefan Georges*, S. 115.

Eingangssatz explizit gemacht wird. Es wird hier aber weniger die informationell-kommunikative Dimension des Privaten akzentuiert – also das Teilen von privaten Empfindungen, Gedanken oder Gefühlen – sondern vielmehr der Wert des Privaten in einem konkreten physischen Sinne: Dem Privatraum des eigenen Zimmers:

> Ich lehre dich den sanften reiz des zimmers
> Empfinden und der trauten winkel raunen ·
> Des feuers und des stummen lampen-flimmers ·
> Du hast dafür das gleiche müde staunen.
>
> 5   Aus deiner blässe fach ich keinen funken ·
> Ich ziehe mich zurück zum beigemache
> Und sinne schweigsam in das knie gesunken:
> Ob jemals du erwachen wirst? erwache!
>
> So oft ich zagend mich zum vorhang kehre:
> 10 Du sitzest noch wie anfangs in gedanken ·
> Dein auge hängt noch immer an der leere ·
> Dein schatten kreuzt des teppichs selbe ranken.
>
> Was hindert dann noch dass das ungeübte
> Vertrauenslose flehen mir entfliesse:
> 15 O gib dass – grosse mutter und betrübte! –
> In dieser seele wieder trost enspriesse.

Das winterliche Zimmer, das im Gedicht mit Semantiken der Geborgenheit, der Vertrautheit und Gemütlichkeit korreliert ist, steht in deutlicher Opposition zum angesprochenen Du, das für »den sanften reiz des zimmers« (29, V. 1) bloß »das gleiche müde staunen« (29, V. 4) übrig hat wie für die im Gedicht zuvor erhaltene Gabe des Diamanten. Während der private Raum mit Wärme (›Kaminfeuer‹), kontemplativer Stille (›stummer Lampenflimmer‹) und Wohnlichkeit (›Traulichkeit‹) korreliert wird, kontrastiert die Blässe und Kälte (29, V. 5) der Besucherin damit auf frappierende Weise – ihre starre apathische Haltung und Lethargie hat dabei durchaus pessimistisch-nihilistische Züge.

Der Rückzug hinter den Vorhang in Strophe zwei steht zeichenhaft für den geistigen Rückzug des Sprechers, der sich über der Enttäuschung, das Du nicht aus seiner geistigen Starre lösen zu können, nicht nur seelisch, sondern auch räumlich distanziert und abgrenzt. Im Gebet an die »grosse mutter und betrübte« (29, V. 15) – gemeint ist die Jungfrau Maria – erhofft sich das Ich einigen »trost« (29, V. 16) für die ›erstarrte‹ Seele seiner Gefährtin, weiß aber bereits, dass es sich von ihr wird trennen müssen. Das Sinnen über das eigene ›Schicksal‹ – »Mein heilig streben ist mich traurig machen« (30, V. 3) – bringt es dann im darauffolgenden Gedicht zu der Erkenntnis, dass es wohl immer allein bleiben wird. Die Trennung selbst wird mithilfe der Metapher einer sterbenden

Blume umschrieben: Trotz der »guten pflege« (31, V. 3) will die Pflanze nicht gedeihen – im Gegenteil sieht es so aus, »als ob sie langsam sterbe« (31, V. 4). Weil sie ihm aber nichts als Betrübnis beschert – »Was soll sie nur zur bitternis mir taugen?« (31, V. 9) – schneidet das Ich sie mit einem scharfen Messer ab. Metaphorisch ist damit auf die scharfe Zäsur in der Beziehung verwiesen, die das Sprecher-Ich mit einem Mal beendet. Diese Korrelation von ›Frau‹ und ›Blume‹ konstituiert sich dabei vor allem über die Eigenschaft der Blässe: Semantisch wird die Pflanze (»blasse blume« [31, V. 8]) auf diese Weise mit der Gefährtin (»deiner blässe« [29, V. 5]) in Verbindung gebracht. Und so steht der ›Mord‹ zum Zweck der Tilgung von Erinnerungen für den Entschluss, sich von der ›gefühlskalten‹ Gefährtin und den Gedanken an sie loszumachen.

Im letzten Gedicht dieses Teils wird die Trennung noch drastischer inszeniert: Ein Scheiterhaufen wird hier für die Erinnerungen an die Frau – und nicht nur für jene, sondern auch metonymisch für diese selbst – errichtet, um sie im Feuer zu verbrennen. Das Feuer-Motiv ist dabei nicht willkürlich gewählt: Es repräsentiert einerseits die im Winter nicht vorhandene wärmende Energie – hat also die Funktion, die Kälte (der Frau sowie der Landschaft) zu bannen und zugleich in den nächsten Teil des Zyklus (*Sieg des Sommers*) überzuleiten – andererseits evoziert es Assoziationen mit dem Gedicht »Ich lehre dich den sanften reiz des zimmers« (29, V. 1), in welchem das Motiv des Feuers in seiner Funktion zu wärmen bereits auf andere Weise Anwendung gefunden hat. Die Wahl der zerstörerischen Kraft des Feuers exponiert ebenso deutlich, dass es sich bei der Trennung von den winterlichen Erinnerungen an die Frau um eine gewaltsame handelt, die nach deren Vollzug nur noch Asche hinterlässt. Textlogisch konsequent wendet sich das Ich ab, kehrt der Frau den Rücken und überquert mit einem Boot ein Gewässer, an dessen anderem Ufer ihn »ein bruder« (33, V. 11), ein Banner schwenkend, bereits erwartet.[32] Mit der Überfahrt vollzieht das Ich eine Grenzüberschreitung, die es von der Gefährtin (›weiblich‹) zum Gefährten (›männlich‹), von der Vergangenheit in die Zukunft und aus dem Winter (unter Auslassung des Frühlings) in den Sommer geleitet.

3.2.3 »Sieg des Sommers«

Mit dem Auftreten des Gefährten[33] – jenem ›Bruder‹ mit dem Banner aus dem letzten Gedicht des vorangegangenen Teils *Waller im Schnee* – wird die neue Jahreszeit eingeleitet. Ein »neues abenteuer« (36, V. 4) beginnt, begleitet von den

---

[32] Bemerkenswert ist, dass es an dieser Stelle nun erstmals eine eindeutige geschlechtliche Zuordnung gibt – der Bruder ist männlich. Die zwei zuvor angesprochenen Gefährten hingegen sind nie explizit als weibliche Figuren ausgewiesen worden (s. o.)..

[33] Morwitz legt dar, dass es sich bei dem Vorbild für dieses Du um den befreundeten Dichter Edmond Rassenfosse gehandelt habe. Vgl. Morwitz: *Kommentar zu dem Werk Stefan Georges*, S. 118.

sich erwärmenden ›schaukelnden‹ Lüften des Sommers, die für das Sprecher-Ich das lang ersehnte Glück zu verheißen scheinen. Besonders auffällig ist an diesem Gedicht seine syntaktische Struktur: Der sonst schon deutlich ausgeprägte Nominalstil Georges wird hier noch zusätzlich durch elliptische Auslassungen und einen brachylogischen Stil verstärkt. So findet sich im ersten Vers kein einziges Verb. Im zweiten steht zwar das Verb ›brechen‹ – allerdings nicht in flektierter Form, sondern lediglich als Partizip. Während in allen drei Strophen des Gedichts allein sechs Verben (›brechend‹, ›entbietet‹, ›waren‹, ›offenbaren‹, ›erspäht‹ und ›verrät‹) vorkommen, finden sich insgesamt zwanzig Nomen bzw. Nominalisierungen. Es kommt so zu bewussten grammatikalischen Brüchen in der Textur. Diese Brüche und elliptischen Leerstellen indizieren, dass der junge Sommer erst im Werden begriffen, noch nicht ganz ›da‹ ist. Analoges gilt für die Beziehung zu dem neuen Bruderfreund und dem damit verbundenen ›Glück‹, das noch seiner vollen Entfaltung harrt. Zumindest der *Beginn* dieses Glücks müsse aber – so die Deutung des Sprecher-Ichs – als gesetzt gelten, da die äußeren Zeichen (eine ›besternte Nacht‹, die ›bunte volle Blumenernte‹ und der ›Glutwind‹) für einen solchen gegeben seien.

Wie schon in den zwei vorangegangenen Teilen, ist es auch in diesem die Konstituierung einer Beziehung zu einem anderen Menschen, die am Anfang des Jahreszeitenzyklus steht. Die Trennung von der winterlichen Bekanntschaft ist vollzogen, der neue Gefährte scheint dem Ich – seinem Wesen nach – enger verwandt und damit ›geeigneter‹ zu sein, »ein reich der sonne« (38, V. 1) zu stiften. Diese Metapher vom ›Reich der Sonne‹ – das übrigens im ersten Teil bereits antizipiert ist[34] – muss als apollinisches Reich der Kunst verstanden werden,[35] das – in Entsprechung zu den Räumen in Teil eins (›totgesagter Park‹) und zwei (›Zimmer‹) – einen privaten Bereich repräsentiert, der exklusiv sein soll und nur den beiden Freunden bestimmt ist: »Darinnen uns allein die freude ziere« (38, V. 2). Das Ich meint nun endlich den langersehnten gleichgesinnten Partner gefunden zu haben, der sich als gedankliche Hoffnung schon im ersten Teil angekündigt hatte. Die größte Differenz zwischen diesem und den zwei vorangegangenen (mutmaßlich weiblichen) Figuren exponiert sich insbesondere an seiner Charakterisierung: Während die Frauenfiguren eher unverständig und emotional verschlossen (›kalt‹) auf das Sprecher-Ich wirken, hebt der neue Gefährte sich durch sein starkes »dulden« (38, V. 11) und seine ›männliche‹ Kühnheit (»Der nach den schluchten-rosen kühn gehascht« [40, V. 2]) positiv ab. Zudem ist er eine musische Natur: Er dichtet Lieder, die die leidvollen Klagen verscheuchen und erweist sich damit als künstlerisch begabter Mensch, der sich durch diese Eigenschaften vor anderen auszeichnet. Auf einer gemeinsamen Wanderung wird diese persönliche Auszeichnung noch einmal dadurch akzentuiert,

---

[34] Vgl. das Gedicht »Ihr rufe junger jahre die befahlen«. Dort heißt es im vierten Vers der ersten Strophe: »Denn meine liebe schläft im land der strahlen« (13, V. 4).
[35] So auch Morwitz: *Kommentar zu dem Werk Stefan Georges*, S. 120.

dass die Pflanzen, die anthropomorph gezeichnet sind, die beiden Freunde erkennen und sich fragen, »ob [sie] kämen / Von einem gütigeren stern geschickt« (39, V. 3–4). Dadurch, dass es eben nicht ›normale‹ Wanderer sind, die diesen Weg beschreiten, meinen die »silberbüschel die das gras verbrämen« (39, V. 1) auf die besondere Herkunft dieser schließen zu können.

Eine gewisse vornehme Distanz zwischen dem Ich und seinem neuen Begleiter äußert sich zudem über die Zurückhaltung von Informationen, die eigene Person betreffend. Das Sprecher-Ich ändert – verglichen mit den vorangegangenen beiden Gefährtinnen – sein Verhalten dahingehend, dass es sich dem Freund nicht mehr völlig bekennt, also seine privaten Gefühle und Gedanken statt diese mitzuteilen für sich behält (und dasselbe auch von diesem erwartet). Suchte das Du in *Nach der Lese* das Ich noch »heiter zu ergründen« (16, V. 3) und schrieb dieses bald auf, »[w]as als gedanken ich nicht mehr verbanne« (21, V. 2), so fand die persönliche Preisgabe in *Waller im Schnee* dadurch statt, dass das Ich dem Du »[d]ie höchste meiner gaben: den demanten« (28, V. 4) überreichte und sich ihm durch diese Geste offenbarte. Nun allerdings soll die stets unmittelbar aus der informationellen Preisgabe resultierende Trennung dadurch verhindert werden, dass sich keiner der Partner dem anderen gänzlich offenbart. Die Wahrung dieser informationellen Privatheit wird im vierten Gedicht des dritten Teils in imperativischer Rede sogar explizit vom Ich gefordert:

Und alle frage sei der lippe eitel
Die brennend einer fremden sich bekennt! (39, V. 8)

Die ambivalente Verbundenheit, die beide von Beginn an spüren, konstituiert sich eben nicht über den Gebrauch von ›gemeiner‹ Sprache, sondern wortlos über das Gefühl der Zusammengehörigkeit und das gemeinsame Empfinden eines unbestimmten emphatischen Lebens, wie es die Literatur der Jahrhundertwende und die lebensphilosophischen Bewegungen der Zeit modellieren. Dabei steht auch in Georges Texten die Diesseitsbezogenheit und die explizite Forderung, das ›Leben‹ – ganz im affirmativen Sinne Nietzsches – in all seinen Facetten und uneingeschränkt zu bejahen: »Dass dieses süsse leben uns genüge · / Dass wir hier wohnen dankbereite gäste!« (38, V. 5–6) ist die Aufforderung des Sprechers an den Freund – gleichwie den Leser. Das belebende Gefühl, das empfunden wird, »[w]enn eins des andren heisses leben trinkt« (39, V. 10), sucht nach freier Entäußerung im Gestus des Verschwendens: »Die reichsten schätze lernet frei verschwenden« (43, V. 1), heißt es in auffordernden Ton, der dazu animiert, den kostbaren und flüchtigen Augenblick vollends auszukosten.[36]

---

[36] Vgl. dazu Hofmannsthals *Lebenslied* (1896), dessen erste Verszeile ansetzt mit: »Den Erben laß verschwenden« (KA I, 63). Im Übrigen ist dieser Text keineswegs ›sinnlos‹, wie Musil meinte (vgl. Robert Musil: *Tagebücher. Aphorismen. Essays und Reden.* Herausgegeben von

Das intensive Erleben des ephemeren Moments durch die Überwindung der Vergangenheit, der gemeinsame »takt verwandter pulse« (44, V. 6) und das Bewusstsein von der eigenen Exzeptionalität – all diese Gemeinsamkeiten verbinden die beiden Gefährten, deren Beziehung trotz allem die Zeiten zu überdauern nicht bestimmt ist. Denn auch dieser dritte Teil endet in zyklischer Wiederholung mit der Trennung von Ich und Du und einer »zweifelhaften wiederkehr« (45, V. 7). War es in den ersten beiden Teilen noch das mangelnde Einfühlungsvermögen, die Gefühlskälte oder das künstlerische Unverständnis seitens des Gesprächspartners, wird der Grund der Trennung im letzten Teil nicht explizit genannt. Deutlich wird nur, dass sich der Abschied nicht ohne Tränen vollziehen kann: »In offnem schmerze« (45, V. 8) zieht der Kamerad von dannen.

> Schon weht das wimpel und es säumt nicht mehr ·
> Aus scheidestunden werden tränen rinnen ..
> Ob einer zweifelhaften wiederkehr
> In offnem schmerze zogest du von hinnen. (45, V. 5–8)

Das Hinter-sich-Lassen der Vergangenheit und die Flüchtigkeit des ephemeren Glücks werden zu zentralen Paradigmen dieses zyklischen Prozesses von Kennenlernen, emotionaler Vertiefung und Abschiednehmen. *Das Jahr der Seele* oszilliert so zwischen den Extremen der Einsamkeit und der Öffnung hin zu einer intimen Gemeinschaft aus Ich und Du, der stets auch ein Moment der Distanz innewohnt und die flüchtig und nicht auf Dauer gegründet ist. In diesem Sinne ist Privatheit in diesem Zyklus sowohl als Moment der informationellen Kontrolle über die Preisgabe der eigenen Person zu definieren; ebenso ist sie in raumsemantischer Hinsicht über die Abgrenzung bestimmter abgeschlossener Bereiche (›Park‹, ›Zimmer‹, ›Garten‹ und ›Kunstreich der Sonne‹) topisch präsent. »Die Seelenräume des ›wir‹« – schreibt Kauffmann daher richtigerweise mit Bezug auf die Publikationspraxis Georges – »das Haus, der Garten, der Park und, für den ursprünglich mit Ida Coblenz verbundenen Zyklus sehr wichtig, die heimatliche, an die Rheingegend erinnernde Landschaft [...] werden so einem größeren Lesepublikum zum Zwecke der Besichtigung zugänglich gemacht. Aber ihr Ausstattungsstil [...] verrät zumindest den nicht eingeweihten Besuchern keine persönlichen Geheimnisse.«[37]

Der Abgrenzungsgestus, der auch diesen Text durchzieht, ist so als poetischer Ausdruck eines Bedürfnisses nach Privatheit und Zurückgezogenheit zu deuten. Entsprechend der Modellierung in den *Hymnen* und im *Algabal* steht sie in einer spannungsvollen Relation zu dem Wunsch nach Gemeinschaft, der sich

---

Adolf Frisé. Hamburg 1955, S. 709), sondern durchaus lebensphilosophisch deutbar (vgl. Zanucchi: *Transfer und Modifikation*, S. 439–448).
[37] Kauffmann: *Stefan George*, S. 74.

aber in allen drei Fällen (Herbst, Winter, Sommer) als vergebliche und illusorische Hoffnung erweist.

In diesen Deutungskontext fällt auch der Vers: »Mein heilig streben ist mich traurig machen« (30, V. 3), da es die Bestimmung des Ichs zu sein scheint, sich in seiner Einsamkeit nach einem Du zu sehnen, mit dem es sein persönliches und künstlerisches Pendant (einen Gleichgesinnten) zu finden erhofft – am Ende von diesem aber stets von Neuem Abschied nehmen muss, weil eine unüberwindbare Kluft zwischen beiden besteht, die eine harmonische und dauerhafte Vereinigung vereitelt. Dieser triadische Zyklus (Hoffnung – Annäherung – Trennung) wiederholt sich *ad infinitum*.

Die heilige ›Mission‹ des Dichters ist im Text also stets mit der Notwendigkeit eines traurigen einsamen Lebens korreliert. Das private Für-sich-Sein des Dichters wird auf diese Weise als Voraussetzung eines gelingenden Dichtungsvollzugs gesetzt. Und so darf *Das Jahr der Seele* als zyklisch scheiternder Versuch der Konstitution einer gelingenden Beziehung zu einem Du gedeutet werden, in dem das Oszillieren zwischen den Polen der Öffnung und Verschließung der eigenen ›Seele‹ graduelle Ausprägungen von Privatheit modelliert, die erprobt und verworfen werden.

3.3 *Private Kommunikation über das Medium der Dichtung*

So lässt sich als Zwischenergebnis konstatieren, dass das Paradigma ›Privatheit‹ für den Autor George insbesondere in seiner abgrenzenden exkludierenden Funktion gegenüber nicht Zutrittsbefugten gegeben ist. Diese zeigt sich auf formaler wie inhaltlicher Ebene in der Geschlossenheit der drei Teile des Jahreszyklus, die Georges Vorstellung einer konsequenten Durchformung eines Gesamtkunstwerkes entspricht. Wie wichtig George der Wert privater Kommunikation gewesen sein mag, zeigt sich aber auch besonders deutlich im sich anschließenden zweiten großen Teil des Bandes mit dem – etwas irreführenden – Titel *Überschriften und Widmungen*, in welchem der Dichter durch die Implementierung personenbezogener Gedichte eine klare Referenz auf bestimmte ihm nahestehende Menschen seines Kreises herstellt – jene allerdings nur für diese selbst erschließbar macht. Der Frage danach, inwiefern sich in diesem zweiten Teil des *Jahrs der Seele* nicht nur Funktionen privater Kommunikationsstrukturen, sondern auch Abstufungen von Privatheit konstatieren lassen, soll im nächsten Unterkapitel nachgegangen werden.

3.3.1 *»Überschriften und Widmungen«*

Überraschenderweise beginnt dieser zweite große Zyklus des Werks nicht – wie durch den Titel suggeriert – mit Widmungsgedichten; und auch Überschriften sind erstmal nicht vorhanden. Die ersten vier Gedichte tragen überhaupt keinen Titel; darauf folgen vier, die zu den *Sprüchen für die Geladenen in T..*[38] gehören, wobei die ersten beiden explizit mit ›I.‹ und ›II.‹ beziffert sind und damit eine weitere Einheit bilden. Im Anschluss an diese vier Gedichte finden sich *Erinnerungen an einige Abende innerer Geselligkeit*, die zehn – diesmal tatsächlich mit Überschriften versehene – Texte umfassen. Darauf folgt der letzte Abschnitt dieses Teils – die *Widmungen* – der mit dem preziösen Titel *Verstattet dies Spiel: Eure flüchtig geschnittenen Schatten zum Schmuck meiner Angedenken Saal* aufwartet und insgesamt 16 Gedichte beinhaltet.

›Überschriften‹ kann hier nach dem oben Gesagten nicht in seiner eigentlichen denotativen Bedeutung gemeint sein, sondern verweist vielmehr auf eine ›Transkription‹ (von lat. *trans* = ›hinüber‹ und *scribere* = ›schreiben‹) – nicht aber von einer *Schrift* in eine andere, sondern vielmehr von einer *Zeit* in eine andere: Es handelt sich also um ein ›Über-Schreiben‹ – und zwar von Erinnerungen an frühere Erlebnisse in die Gegenwart über die sprachliche Fixierung in der Form des Gedichts.[39] Damit diese These nicht unbegründet bleibt, soll das erste Gedicht der *Überschriften* herangezogen werden, das eben diese textuelle Selbstreferenzialität zum zentralen Thema erhebt und den vorangegangenen Jahreszyklus des »Jahrs der Seele« noch einmal rekapituliert, um zum Kommenden überzuleiten:

>Lieder wie ich gern sie sänge
>Darf ich freunde! noch nicht singen
>Nur dies flüchtige gedränge
>Scheuer reime will gelingen.
>
>5 Hinter reben oder hinter
>Stillen mauern zu kredenzen
>Zur erheitrung weisser winter
>Und zum trost in fahlen lenzen.
>
>Was ich nach den harten fehden
>10 In den schooss des friedens bette
>Und aus reicher jugend eden
>In das leben über-rette.

---

[38] Gemeint sind Edmond Rassenfosse, Paul Gérardy und Léon Pascal. George hatte sich Anfang August 1892 in Tilff bei Lüttich mit ihnen getroffen (vgl. Kauffmann: *Stefan George*, S. 73).

[39] Morwitz merkt dazu an, dass das Wort »den vom Dichter ihm beigelegten Sondersinn äusserlich klarer verständlich machen [würde], wenn es als Über-Schriften gedruckt worden wäre, so wie der Dichter das Wort Um-Schreibungen in den ›Blättern‹ zwecks Kennzeichnung einer Sonderbedeutung bisweilen drucken ließ« (Morwitz: *Kommentar zu dem Werk Stefan Georges*, S. 124).

Bei genauerer Betrachtung dieses Gedichtes wird deutlich, dass es in einem direkten Bezug zum Titel »Überschriften und Widmungen« steht: Die Lieder, die das Sprecher-Ich gerne ›sänge‹, dürfen – unter dem Deutungsaspekt der Selbstreferenzialität gesehen – als nichts anderes als die Gedichte selbst interpretiert werden, die der Dichter noch nicht zu schreiben imstande ist. So stellt der erste Text eine metapoetische Reflexion über den Dichtungsprozess und die Selbstthematisierung des Konstruktcharakters von Gedichten im Allgemeinen dar.

In der zweiten Strophe geschieht daraufhin die Bezugnahme auf den ersten großen Teil des *Jahrs der Seele* – den Jahreszeitenzyklus – und stellt damit den Anknüpfungspunkt für die kommenden Gedichte her: Die »reben« (49, V. 5) und die »[s]tillen mauern« (49, V. 6) deuten hier implizit auf den ersten Abschnitt des Zyklus (*Nach der Lese*), die »weisse[n] winter« (49, V. 7) auf den zweiten (*Waller im Schnee*) und die »fahlen lenze[]« (49, V. 8) auf die – im Band selbst als semantische Leerstelle ausgesparte – Jahreszeit: den Frühling.

Damit referiert diese Strophe einerseits deutlich auf den vorangegangenen Jahreszyklus, also den Text selbst, andererseits bezieht sich dieser Mittelteil des Gedichtes aber auch generell auf noch kommende Jahreszeiten, in denen die ›Lieder‹ des Sprecher-Ichs Trost und Erheiterung bringen sollen. Die letzte Strophe beschreibt dabei eben jenen Vorgang der dichterischen Tätigkeit, bei dem aus »den harten fehden« (49, V. 9) der Vergangenheit und der erfüllten Jugendzeit (»reicher jugend eden« [49, V. 11]) Erinnerungen in die Gegenwart – »das leben« (49, V. 12) – ›über-rettet‹ werden.[40]

So sind die ersten vier Gedichte besonders aus metapoetischer Sicht aufschlussreich, da sie werkchronologisch die – dem *Jahr der Seele* vorangegangenen – Lyrikbände Georges erinnern und reflektieren. Während das erste abstrakt von der Tätigkeit des Dichters, seinem Schaffen und den vergangenen inneren Kämpfen und Momenten der Erfüllung handelt, so ist das zweite Gedicht als intertextueller Verweis auf die *Hymnen* – das dritte auf das Unterreich des *Algabal* (»einem seltnen reiche ernst und einsam« [51, V. 3]) zu verstehen:

> Zu meinen träumen floh ich vor dem volke ·
> Mit heissen händen tastend nach der weite
> Und sprach allein und rein mit stern und wolke
> Von meinem ersten jugendlichen streite. (50, V. 1–4)

Das Sprecher-Ich erinnert sich an die Zeit, da es vor der ›Gemeinheit‹ des Volkes floh, um in seiner Einsamkeit gleichsam mit sich selbst zu sprechen. Das soziale Distinktionsbedürfnis, das sich in der Befreiung vom Banalen und Gewöhnlichen ausdrückt, ist dabei mit einer eskapistischen und träumerischen

---

[40] Vgl. die Deutung Falettis: »Lyrische Wirksamkeit ist im obigen Gedicht mit dem Versuch identisch, frühere Lebensreste zu retten und in einen Zeitraum der unbetrübten Alleinheit kreativ zu integrieren« (Heidi E. Faletti: *Die Jahreszeiten des Fin de siècle. Eine Studie über Stefan Georges ›Das Jahr der Seele‹*. Bern 1983, S. 142).

Haltung des Ichs verbunden, das von der eigenen Auszeichnung und gesellschaftlichen Sonderstellung überzeugt ist. Die Einsamkeit des Sprecher-Ichs korrespondiert dabei seiner Reinheit (die poetologisch freilich auch auf das Postulat ›reiner‹ Lyrik rekurriert). Diese Exzeptionalität der eigenen Person wird durch den sakralen Akt der Segnung (spätestens mit der *Weihe* in den *Hymnen*) legitimiert und bereitet einem Elitismus den Weg, der sich durch den sozialen Abgrenzungsgestus stets aufs Neue aktualisiert.

> Als ich zog ein vogel frei aus goldnem bauer
> Ward der segen mir in reichem maasse ·
> Frauen warfen von der mauer
> Rosen auf die strasse.
>
> 5 Durch der länder wunder · marmor der päläste
> Grauen in den heiligen gezelten
> Zog ich fern vom schwarm der gäste
> Und ich sang nur selten.
>
> Jahre flossen · von den heimatlichen essen
> 10 Wirbelt rauch zum grauen wolkenraum.
> Ich erhoffe nur vergessen
> Ruh und blassen traum. (52, V. 1–12)

Auch wenn ihm Anerkennung und Macht zuteilwurde – »Frauen warfen von der mauer / Rosen auf die strasse« (52, V. 3–4) – ist sich das Ich stets der Ambivalenz seiner Sonderstellung bewusst: Denn die individuelle Auszeichnung ist – wie in den vorangegangenen Kapiteln dargelegt – mit ›Einsamkeit‹, ›Isolation‹ und ›Melancholie‹ korreliert. Die Hoffnung auf ›Vergessen‹ zeugt so von einer apathischen und resignativen psychischen Haltung; die Flucht in den »blassen traum« (52, V. 12) verheißt keine Erfüllung, sondern lediglich das Vergessen einer nicht aufzuhaltenden Vergänglichkeit (»Jahre flossen« [52, V. 9]). Trotz der Auszeichnung vor anderen ist es also vor allem das Bewusstsein der eigenen Begrenztheit, Einsamkeit und Vergänglichkeit, die das Ich reflektierend vergegenwärtigt.

Das Für-sich-Sein im Privaten (die private Existenz) ist in den frühen Gedichten Georges daher als durchaus fragwürdige Seinsform zu bestimmen: Denn einerseits bedeutet diese eine sowohl physische wie psychische Distinguierung vom ›gemeinen Volk‹ und avanciert damit zum Zeichen eigener Nobilitierung und Auserwähltheit, andererseits aber ist sie stets mit einer nihilistischen und melancholischen Note behaftet.

Diese Ambivalenz der Auszeichnung zeigt sich besonders deutlich im ersten Gedicht der *Sprüche für die Geladenen in T.*: Bereits als Säugling wird das ausgezeichnete Individuum – hier das angeredete Du – von einer »leidige[n] fee« (53, V. 2) mit trüben Augen beschenkt, deren nach innen gerichteter Blick für die Musen besonders empfänglich ist. Dieses »patengeschenk« (53, V. 4) aber ist begleitet von den Gedanken an »schatten« und »tod« (53, V. 3). Das Bewusstsein des existenziellen Endes ist somit die *conditio sine qua non* für die eigene künstlerische Nobilitierung, »das Gelingen von poetischer Einbildungskraft«.[41] Der Habitus der Abgrenzung von allem Profanen und Gemeinen, die Distinguierung von der Masse, exponiert sich später dann dadurch, dass das Ich für die »rohe[n] spiele« (53, V. 8) der Altersgenossen nur Verachtung entgegenbringt; sich also bewusst abgrenzt, um seinen »grossen strengen gedanken« (53, V. 10) nachzuhängen, ›Höheres‹ anzustreben. Der Sonderstatus des einzelgängerischen solitären Individuums wird dabei stets über die Differenz zur ›Masse‹ bestimmt. Über diese Differenzqualität hebt sich das ausgezeichnete Individuum – womit bei George prinzipiell immer der Künstler (und damit implizit er selbst) gemeint ist – ab.[42]

3.3.2 »Erinnerungen an einige Abende innerer Geselligkeit«

Die ersten fünf Gedichte unter dem Titel *Erinnerungen an einige Abende innerer Geselligkeit* stellen einen Gegenpol zum melancholischen Grundduktus des Bandes dar. Sie illustrieren Situationen zwischen einem Ich und einem Du, in denen es um Augenblicke scheinbar erfüllter Liebesbeziehungen geht: So wird z. B. das Gedeihen einer persönlichen Beziehung allegorisch beschrieben (*Blumen*), ein Wiedersehen inszeniert, bei dem das Alte in neuem Glanz erscheint und vergangene Liebe wiederaufleben kann (*Rückkehr*) – oder aber es werden Bilder der Vereinigung evoziert (*Entführung, Weisser Gesang*), die durchaus romantische Anklänge haben (»Schweben wir vereint uns freuend« [60, 14]; »Bald eines mit dem reinen äther-flaume« [62, 16]). Auch das Gedicht *Reifefreuden* handelt von einem intimen Augenblick zweier Liebenden, akzentuiert aber vor allem die Signifikanz der ›stummen Kommunikation‹ und des Schweigens im Kontext dieser sich konstituierenden Liebesbeziehung, in welcher der Moment der emotionalen Verbundenheit eben nicht durch Worte gestört werden darf, um das Unausgesprochene zu bewahren. Das Motiv des (Ver-)Schweigens ist im gesamten Zyklus präsent – so auch z. B. in den bereits oben besprochenen Ge-

---

[41] Torsten Voß: »Überschriften und Widmungen«. In: Jürgen Egyptien (Hg.): *Stefan George – Werkkommentar*. Berlin/Boston 2017, S. 207–239. Hier: S. 212.
[42] Bezeichnenderweise wird in diesem ersten Abschnitt der »Überschriften und Widmungen« noch überhaupt kein Bezug genommen auf andere Menschen (die Masse fungiert lediglich zur oppositionellen Positionierung des Dichters). Es geht hier also vorerst lediglich um eine (soziale wie poetologische) Selbstversicherung des Autors, der sich asketisch auf die eigene Kunst fokussiert und diese ›rein‹ von äußeren Einflüssen halten möchte. Erst im zweiten Abschnitt geschieht mit den *Erinnerungen an einige Abende innerer Geselligkeit* eine dezente Annäherung an ein Du, das im letzten Abschnitt *Verstattet dies Spiel* – der schließlich die angekündigten Widmungen enthält – in der Würdigung der Widmungsträger kulminiert. Wobei hier anzumerken ist, dass die Widmungstexte primär »zum Schmuck *meiner* Angedenken Saal« (69) [Hervorhebung von mir, S. B.] geschrieben sind; sich also wiederum selbstreferenziell auf den Dichter selbst und sein Werk beziehen.

dichten »Ich schrieb es auf« (21, V. 1) und »Die silberbüschel die das gras verbrämen« (39, V. 1). Jedes Wort, jede sprachliche Äußerung ist hier als Indiskretion, als Störung der vermeintlichen Verbundenheit zu deuten und würde zur Aufhebung des intimen Moments führen.

Die unterlassene Kommunikation, durch welche informationelle Privatheit aufrechterhalten wird, ist semantisch also als notwendige Voraussetzung wahrer wortloser Verbundenheit gesetzt, täuscht aber lediglich über die bestehende interpersonelle Distanz hinweg, die auch dieser Beziehung inhärent ist und auf die Instabilität der persönlichen Verbindung verweist.

> Ich wagte dir nicht · du nicht mir zu nahen
> Als schräger strahl um unsre häupter schoss ·
> Noch gar mit rede störend zu bejahen
> Was jetzt uns band · was jedes stumm genoss (61, V. 9–12)

Mit dem Gedicht *Weisser Gesang* wird schließlich ein – völlig in Weiß gezeichneter – Traum zweier in den Äther entgleitenden Kinder vor Augen geführt, den das Sprecher-Ich für eine nicht näher bestimmte weibliche Figur ersinnt. Es dient als kontrastierendes Gegenbild zum kommenden Abschnitt der *Nachtwachen* und hat die Funktion, das illusorische Glück durch einen umso tieferen Fall in seinem Scheitern hervorzuheben.

So schildern diese fünf Gedichte stets gelingende und glückliche Liebesbeziehungen, die mit *Weisser Gesang* letztlich im romantisch verklärten Traum einer metaphysischen Vereinigung kulminieren.

Die ebenfalls zum Abschnitt »Überschriften« zugehörigen *Nachtwachen* – fünf mit römischen Ziffern durchnummerierte, aus Terzinen bestehende Gedichte – sind in diametraler Anlage zu den vorangegangenen fünf Gedichten der *Erinnerungen an einige Abende innerer Geselligkeit* konzipiert. Schon formal unterscheiden sich diese Gedichte von den vorangegangenen dadurch, dass sie allesamt unter den Titel *Nachtwachen* subsumiert sind, also formal eine Einheit bilden und keine eigenen Überschriften tragen. Zudem setzen sie sich nicht mehr aus vier Strophen zu je vier Versen zusammen, sondern aus drei Strophen zu je drei Versen.[43] Inhaltlich wird der Umschlag dadurch deutlich, dass es sich eben nicht mehr um gelingende und glückliche, sondern vielmehr um Situationen scheiternder und zweifelhafter Beziehungen handelt, die bezeichnenderweise in durchwachten Nächten situiert sind. Während im ersten Gedicht dieser Einheit besonders das Leid und der Kummer der beobachteten schlafenden Frau im Fokus steht, ist es im dritten der Schmerz des Sprecher-Ichs, das seeli-

---

[43] Bekanntlich ist die Erfindung der Terzinen-Form dem italienischen Dichter Dante (1265–1321) zuzuschreiben, der sich erstmals dieser kunstvollen Strophenform in der *Divina Commedia* bediente. Stefan George war ein glühender Verehrer von Dante – so sehr, dass er sich an Fasching 1904 sogar als dieser kostümierte. Vgl. Kauffmann: *Stefan George*, S. 83.

sche »wunden« (65, V. 6) an sich selbst und seiner Partnerin wahrnimmt und sich dafür an ihr rächt. Das kurze Intermezzo eines innigen Kusses im vierten Gedicht kann nicht über die tiefen Zweifel an der Verbundenheit hinwegtäuschen: Mit der abschließenden Reflexion über den psychischen und emotionalen Zustand der Partnerin, der mit einer Meeres- und Strandmetaphorik umschrieben wird, erkennt das Sprecher-Ich schließlich, dass das Du lediglich die Möglichkeit einer Rettung in ihm gesehen – nicht aber es um seiner selbst willen geliebt hat. So endet auch dieser Abschnitt keineswegs mit der Verwirklichung inniger Zweisamkeit, sondern vielmehr aporetisch mit der Auflösung derselben. Inhaltlich fügen sich die *Erinnerungen an einige Abende innerer Geselligkeit* daher trefflich in den Gesamtzyklus ein – ja, geben das Grundthema variierend wieder.

3.3.3 »Verstattet dies Spiel ...«

Der letzte Abschnitt, überschrieben mit *Verstattet dies Spiel: Eure flüchtig geschnittenen Schatten zum Schmuck für meiner Angedenken Saal*, setzt sich aus insgesamt 16 Gedichten zusammen, wobei die vier ersten ohne Überschrift, die zwölf folgenden mit den Initialen der angesprochenen Freunde überschrieben sind.[44] Er ist zu den »Widmungen« zu rechnen – als typische ›Widmungen‹ dürfen die Gedichte aber keineswegs verstanden werden: Denn bereits die lange Überschrift deutet an, dass es sich hierbei nicht primär um die Ehrbezeugung nahestehender Freunde handelt, sondern vielmehr um ein inszeniertes poetisch-ästhetisches »Spiel« (69). Die »flüchtig geschnittenen Schatten« (69) heben den fiktionalen Status der Gedichte hervor, indem sie deren Konstruktcharakter (›geschnitten‹) und die Transformation der Widmungsträger ins Unwirkliche, poetisch Schattenhafte (›Schatten‹) akzentuieren. Diese »Desubjektivierung der Widmungsobjekte«[45] kulminiert schließlich in ihrer poetologischen Instrumentalisierung als Zierrat (»zum Schmuck« [69]). Auch der eigentliche Zweck dieser Gedichte wird dabei explizit – denn nicht die Widmungsträger selbst sollen gewürdigt werden, sondern vielmehr der Dichter selbst, der sich mit diesen Gedichten erhöht und werkgeschichtlich verewigt (»meiner Angedenken Saal« [69]).

Torsten Voß spricht daher (in terminologischer Anlehnung an Stefan Breuers ›ästhetischen Fundamentalismus‹) richtig vom »ästhetischen Imperialismus«

---

[44] Vgl. Braungart: *Ästhetischer Katholizismus*, S. 223 f.: »Der Kreis der Freunde wird im Gedicht angesprochen. Die engen persönlichen Beziehungen werden zum poetischen Gegenstand; über sie wird geschrieben, wie die Überschrift ›Überschriften‹ konnotiert. Zugleich werden diese Beziehungen auch überschrieben und, Georges Verhältnis zu Hofmannsthal nicht unähnlich, auf George hin ausgerichtet und verpflichtet. Die Kreisbildung realisiert die soziale Bindekraft, die Rituale überhaupt haben. Das kündigt sich also schon in der Lyrik selbst und noch vor der Jahrhundertwende an.«

[45] Voß: »Überschriften und Widmungen«, S. 220.

und der »poetologischen Instrumentalisierung der Freundschaften«,[46] die der Kunstschöpfung untergeordnet werden. So sind die Widmungen eben »nicht an gleichberechtigte Freunde« gerichtet, sondern »Zugeständnisse und Anweisungen von einer vorgesetzten Autorität«.[47]

Die vier ersten Gedichte verraten keinen eindeutigen Widmungsträger, sind allerdings explizit an ein Du gerichtet und stehen kontextuell am Anfang der Widmungsgedichte, weshalb vermutet werden darf, dass die Adressatennamen möglicherweise nachträglich vom Autor getilgt wurden. Selbstverständlich gibt es in der Biographik Mutmaßungen darüber, dass das erste Gedicht dieses Abschnitts womöglich an Hugo von Hofmannsthal gerichtet sein könnte und die drei folgenden an verschiedene Frauen im Leben von George adressiert sind; eine eindeutige Zuordnung ist bis heute allerdings noch nicht möglich gewesen.

Die Initialen der nachfolgenden 12 Gedichte hingegen sind von der Forschung allesamt identifiziert und bestimmen Personen im Umkreis des ›Meisters‹ zugewiesen worden: So ist das Gedicht an ›W. L.‹ Wacław Rolicz-Lieder, das an ›P. G.‹ Paul Gérardy zugeeignet. ›M. L.‹ steht für Melchior Lechter, ›H. H.‹ für Hugo von Hofmannsthal und ›K. W.‹ für Karl Wolfskehl. ›E. R.‹ bezeichnet Edmond Rassenfosse, ›A. H.‹ August Husmann, ›A. V.‹ Albert Verwey, ›R. P.‹ Richard Perls, ›C. S.‹ Cyril Scott, ›A. S.‹ Alfred Schuler und ›L. K.‹ schließlich Ludwig Klages.

Es handelt sich bei diesen formal und inhaltlich äußerst heterogenen poetischen Texten somit um personenbezogene Gedichte, die sich bestimmten Menschen in Georges Umfeld eindeutig zuordnen lassen. Die personenbezogene Referenz soll über die Chiffrierung durch Initialen dabei aber lediglich einer beschränkten Leserschaft – nämlich den Beziehern der *Blätter für die Kunst* – erkenntlich gemacht werden. Auf diese Weise schafft es George – selbst in der öffentlichen Ausgabe des *Jahrs der Seele* – eine genuin private Kommunikationssituation herzustellen, in welcher sich der Dichter direkt an seinen inneren Kreis wenden kann, ohne dass für ›Uneingeweihte‹ deutlich würde, wer sich hinter den Initialen verbirgt.

Solche Widmungsgedichte spielen für das Gesamtwerk Georges eine zunehmend wichtige Rolle. Dies hängt vor allem mit dem sich konstituierenden Kreis um den ›Meister‹ zusammen – sie sind gleichsam das Mittel zur Bildung dieses Kreises.[48] Damit ist selbstverständlich auch gesagt, dass es bereits im *Jahr der Seele* Antizipationen einer sozialen Ausrichtung Georges gibt – es also nicht erst nach der Jahrhundertwende und seit dem *Siebenten Ring* (1907) zu einer grundlegenden Transformation im Dichtungsverständnis Georges kommt, son-

---

[46] Voß: »Überschriften und Widmungen«, S. 221.
[47] Voß: »Überschriften und Widmungen«, S. 223.
[48] Vgl. Aurnhammer u. a. (Hg.): *Stefan George und sein Kreis*. Band 1, S. 155.

dern vielmehr bereits im Frühwerk – beginnend mit den *Preisgedichten* – Spuren jener gruppenkonstituierenden Absicht nachweisbar sind.

Trotz der besonderen Akzentuierung des Autonomie-Postulats, Dichtung dürfe keinen unmittelbaren Wirklichkeitsbezug haben, finden sich in vielen Gedichten des frühen George ›Erlebnisspuren‹ und klare Referenzen auf persönliche Beziehungen oder die außertextuelle Lebenswelt des Dichters.[49] Auf diese Weise kommt es in diesen poetischen Texten zu einer »Vermischung und Brechung der Bezugsebenen«[50] und so stellt z. B. das erste der Widmungsgedichte in *Verstattet dies Spiel: Eure flüchtig geschnittenen Schatten zum Schmuck für meiner Angedenken Saal* einen leicht variierten Text dar, den Stefan George am 26.12.1891 – also unmittelbar nach dem persönlichen Kennenlernen Hofmannsthals[51] und als Reaktion auf dessen Gedicht *Herrn Stefan George. einem, der vorübergeht*[52] – an den jungen Dichterfreund adressierte. Während der fünfte Vers des an Hofmannsthal gerichteten Gedichtes noch »Du reichst die hand · die segel blähn im porte«[53] lautet, verändert George im *Jahr der Seele* den Vers zu »Du stehst am strand · die segel blähn im porte« (70, V. 5), wodurch die persönliche Distanz zwischen beiden hervorgehoben werden soll. Hofmannsthal musste bei Erscheinen des *Jahrs der Seele* wissen, dass sich das Gedicht auf ihn bezog und die indirekt kommunizierte Nachricht an ihn adressiert war.

> Soll nun der mund der von des eises bruch
> Zum neuen reife längst erstarkt im wehe
> Sich klagend öffnen und nach welchem spruch
> Dem kinde? unterbrich mich nicht – ich flehe.

---

[49] Vgl. Dieter Burdorf: »Lyrische Korrespondenzen. Zum Verhältnis von Brief und Gedicht in der Literatur der Moderne. Am Beispiel des Briefwechsels zwischen Stefan George und Hugo von Hofmannsthal«. In: *George-Jahrbuch* 12 (2018/2019), S. 99–123.

[50] Nutt-Kofoth: »Dichtungskonzeption als Differenz«, S. 221.

[51] Die Bekanntschaft zwischen Stefan George und Hugo von Hofmannsthal war von Beginn an auf Spannungen und Missverständnissen begründet, die der endgültige Bruch im Jahre 1906 schließlich besiegelt. Im Wesentlichen lassen sich die Gründe für das Konfliktpotential auf sowohl privater Ebene als auch auf der Ebene eines differierenden und im Laufe der literarischen Zusammenarbeit zunehmend divergierenden Verständnisses von der dichterischen Persönlichkeit und der eigenen Dichtungs- und Kunstkonzeption konstatieren.

[52] George missversteht die an ihn gerichteten Zeilen und nimmt sie für einen emotiven Ausdruck von Hofmannsthals Zuneigung – gleichwohl dieser den Älteren als eine Art poetischen Katalysator für die eigene dichterische Tätigkeit nimmt, ihm eine gewisse ängstliche Ehrfurcht aber nicht versagen kann. Hofmannsthal respektiert George aufgrund seiner dichterischen Fähigkeiten, George indes interessiert sich für den attraktiven Hofmannsthal *in persona*. Hierin liegt der entscheidende und den gesamten Briefwechsel prägende Aspekt: Das Interesse Georges an der *Privatperson* Hofmannsthal steht der Bewunderung Hofmannsthals für Georges *Dichtkunst* diametral entgegen, was letztlich zu unüberbrückbaren Differenzen führt, die die Zusammenarbeit zu einem notwendigen Scheitern führen.

[53] Vgl. Georg Peter Landmann: »Varianten und Erläuterungen«. In: SW IV, 133–144. Hier: 140.

5   Du stehst am strand · die segel blähn im porte ·
    Es geht in tollen winden auf ein riff –
    Bedenke dich und sage sanfte worte
    Zum fremdling den dein weiter blick begriff. (70)

Durch die *Poetisierung der privaten Informationen* kommt es also zu einer bewussten Kodierung des Textes, die nur der Adressat selbst und wenige Kreismitglieder zu dekodieren imstande gewesen sind. Der breiten Öffentlichkeit hingegen, die den Band im Jahr 1897 rezipierte, dürfte der private Inhalt des Gedichtes nicht erschließbar gewesen sein. Auf diese Weise poetischer Kodierung konnte George private Nachrichten zum einen öffentlich kommunizieren – zum anderen über die Veröffentlichung zugleich die Distanz zum Adressaten wahren.[54] Das zitierte Gedicht stellt somit ein besonderes Zeugnis für eine derartige »Poetisierung des Privaten«[55] dar, denn mit »des eises bruch« referiert der Text einerseits auf ein außertextuelles biographisches Moment im Leben Georges; zugleich stellt er ihn aber in den Kontext eines poetischen Werkes, wodurch er gleichsam ›entzeitlicht‹ wird – also nicht als Zeugnis eines biographischen Ereignisses verstanden werden will, sondern als Teil eines Kunstwerks eine eigene ästhetisch-poetische Qualität erhält.[56]

Im Übrigen ist es nicht abwegig, dass die zweite Strophe des bald darauf entstandenen Gedichts *Erlebnis* (1892) von Hofmannsthal als indirekte Antwort auf George verstanden werden kann. Um auf die motivischen Parallelen aufmerksam zu machen, sei die für diesen Kontext relevante Passage des Gedichtes zitiert:

    […] Aber Seltsam!
    Ein namenloses Heimweh weinte lautlos
20 In meiner Seele nach dem Leben, weinte,
    Wie einer weint, wenn er auf großem Seeschiff
    Mit gelben Riesensegeln gegen Abend
    Auf dunkelblauem Wasser an der Stadt,
    Der Vaterstadt, vorüberfährt. Da sieht er
25 Die Gassen, hört die Brunnen rauschen, riecht
    Den Duft der Fliederbüsche, sieht sich selber,
    Ein Kind, am Ufer stehn, mit Kindesaugen,
    Die ängstlich sind und weinen wollen[.][57]

---

[54] Im Falle Hofmannsthals war dies nach der kritischen Zuspitzung im Januar 1892 sogar zur wichtigsten Grundvoraussetzung ihrer literarischen Zusammenarbeit geworden; denn für beide »kam seitdem nur eine gemeinsame Arbeit unter entschiedener Restriktion alles Privaten in Frage« (Nutt-Kofoth: »Dichtungskonzeption als Differenz«, S. 220).
[55] So die treffliche Formulierung Nutt-Kofoths: »Dichtungskonzeption als Differenz«, S. 221.
[56] Zur biographischen Deutung dieses Gedicht vgl. Dürhammer: *Geheime Botschaften*, S. 120 f.
[57] KA I, 31.

Es findet sich hier das Motiv des Seeschiffs ebenso wie das des Kindes, als welches George Hofmannsthal – in poetischer Verkleidung – bezeichnet hatte. Allerdings ist es in Hofmannsthals Gedicht bezeichnenderweise kein Sturm ›in tollen Winden‹, der das Schiff gegen ein Riff wirft, sondern ein sanftes Vorübergleiten, das metaphorisch den Prozess des Sterbens darstellt. Dadurch, dass das Kind sich einerseits auf dem Schiff befindet, sich selbst aber zudem am Ufer stehen sieht, rekurriert die Passage deutlich auf Georges Text, in welchem sich das Kind in sicherer Ferne aufhält, während das Schiff in einen gefährlichen Sturm gerät – wobei zu bemerken ist, dass sich Hofmannsthal allerdings an die Stelle des George'schen Ichs setzt. Diese Substitution soll George bedeuten, dass das Ich (Hofmannsthal) sich in einer äquivalenten Gefühlslage befindet.

Die wortlose Kommunikation und das Schweigen werden auch in diesem Zusammenhang zu einem zentralen Paradigma, und zwar, wenn sich das Sprecher-Ich im Gedicht von George die Frage stellt, ob es nun – da »der mund […] / Zum neuen reife längst erstarkt« (70, V. 1–2) – zu sprechen beginnen soll. Doch schon die Unterbrechung, die sich sprachlich als Anakoluth »nach welchem spruch / Dem kinde? unterbrich mich nicht – ich flehe« (70, V. 4) artikuliert, zeugt von der Notwendigkeit eines Verstummens, die im dritten Gedicht erneut modelliert und verhandelt wird, wenn die Freundin »mit misslicher wende zu reden« (71, V. 3) beginnt und damit indiskrete Äußerungen von sich gibt, die dem Ich aufgrund ihrer Direktheit unbehaglich sind – weshalb es sie am Ende sogar auffordert, ihn zu meiden.

Hatte Egyptien für den ersten Zyklus des *Jahrs der Seele* festgestellt, dass es symptomatisch sei, »daß das Zusammensein« von Ich und Du »sprachlos«[58] bleibe, so lässt sich auch für den zweiten Zyklus der »Überschriften und Widmungen« konstatieren, dass der Anteil an wörtlicher Rede auffällig gering ist. Der monologische Charakter verweist dabei auf die Ambivalenz der (dichterischen) Auszeichnung: Das Problem – und die Notwendigkeit – der Einsamkeit einerseits sowie die Überzeugung des individuellen Auserwähltseins andererseits. Im fünften Widmungsgedicht (an Karl Wolfskehl) wird dies besonders explizit, wenn das Sprecher-Ich seinen Rückzug mit folgenden Worten ankündigt: »Ich muss zurück auf meere dumpfer leiden · / In meine wunderbaren wehmutjahre« (76, V. 7–8). Somit bleibt der Fokus stets auf der inneren privaten Gedankenwelt des Ichs, es kommt zu keinem unmittelbaren Austausch zwischen Innen (Subjekt) und Außen (Objekt).

Die oben beschriebene »Transformation des Privaten in den poetischen Bereich«[59] findet bei sämtlichen Gedichten in diesem zweiten Teilzyklus des Gesamtwerks statt. So auch in den drei folgenden Texten, die an verschiedene – vermutlich durchweg weibliche – Personen gerichtet sind. Die paradigmatische

---

58 Egyptien: »Herbst der Liebe und Winter der Schrift«, S. 34.
59 Nutt-Kofoth: »Dichtungskonzeption als Differenz«, S. 221.

Verbindung zwischen dem ersten und zweiten Gedicht besteht dabei in der topographischen und chronologischen Bezugnahme auf den Strand und das Ereignis des Schiffbruches. Der Passagier des Schiffs, das »in tollen winden auf ein riff« (70, V. 6) zusteuert, wird im zweiten Gedicht von einem »mädchen« (70, V. 16) wieder aufgerichtet, das für seine »schmerzen balsam« (70, V. 10) ist und tröstend »aus schlimmen zeichen schönes« (70, V. 11) rät.

Folglich lassen sich die Gedichte zum einen als ›autonome‹ Kunstwerke betrachten, die zwischen – der den ganzen Band bestimmenden – »Polarität von Annäherung und Abstoßung«[60] oszillieren. Zum anderen haben sie aber zudem stets eine außertextuelle Referenz und gruppensoziologische Funktion – verweisen also zeichenhaft auf real existente Personen, die sich in den Initialen wiedererkennen und sich mithilfe der ihnen gewidmeten Verse an gemeinsame Erlebnisse mit ihrem ›Freund‹ und ›Meister‹ George erinnern können.[61]

Schon Kauffmann macht deutlich, dass die personenbezogenen Gedichte aus dem zweiten Teil des *Jahrs der Seele* deshalb zweierlei Funktion erfüllen: Einerseits stellen sie einen »fiktionalen Raum intersubjektiver Beziehungen« dar, sind aber andererseits auch ein »Medium indirekter Kommunikation mit realen Personen«.[62] Durch sprachliche Stilisierung, Ästhetisierung und poetische Maskierung des eigentlich Kommunizierten kann die private Nachricht vor Zugriffen Unbeteiligter (Nicht-Eingeweihter) geschützt werden; der Adressat aber weiß durch die Initialen, dass sie direkt an ihn gerichtet ist und kann die chiffrierte Information auf diese Weise dekodieren. Durch die Evokation persönlicher Erinnerung soll so eine private Kommunikationssituation geschaffen werden, die (auch nach der Veröffentlichung des Bandes) nur vom Adressaten selbst erkannt – die im Text verborgene Information nur von diesem rekonstruiert werden soll. Für den Außenstehenden hingegen liegt der interpretatorische Reiz dieser Gedichte in ihrer poetisch-ästhetischen Qualität – ihm sind die Widmungsträger nicht identifizierbar, die Initialen bleiben semantische Leerstellen.

3.4 Vanitas und Hermetik in »Traurige Tänze«

In *Traurige Tänze* wird die Diskrepanz von Intimität und Fremdheit, Annäherung und Abstoßung, Vereinigung und Trennung noch weiter vertieft und umakzentuiert. In formaler Strenge sind alle 32 Gedichte in je drei Strophen zu vier Versen (also insgesamt zwölf Verse je Text) gehalten; lediglich das jeweilige Versmaß variiert. Damit präsentiert sich dieser Zyklus als die in sich geschlossenste Form des gesamten Bandes, wodurch ihm ein Sonderstatus zugesprochen

---

60 Egyptien: »Herbst der Liebe und Winter der Schrift«, S. 28.
61 Den Mittelpunkt dabei aber bildet, wie gezeigt, George selbst; dies belegt schon die Überschrift *Zum Schmuck für meiner Angedenken Saal* [Hervorhebung von mir, S. B.] (69).
62 Kauffmann: *Stefan George*, S. 65 f.

werden muss – und auch inhaltlich unterscheidet sich dieser letzte große Teil von den beiden vorangegangenen dadurch, dass der melancholische Grundton der Hoffnungslosigkeit weit über die wenigen ›heiteren‹ Gedichte triumphiert. Die semantische Korrelation von ›Form‹, ›Künstlichkeit‹ und ›Tod‹[63] wird aktualisiert und damit die Scheinhaftigkeit einer erfüllten Beziehung zwischen Ich und Du vorgeführt. Denn auch hier ist die erreichte Zweisamkeit nie absolut – sondern defizitär, fluktuierend und daher nur von begrenzter Dauer. Doch statt die Thematik der Annäherung und der defizitären Verbundenheit erneut zu verhandeln, stellen die *Traurigen Tänze* als abschließender Zyklus vielmehr das wiederkehrende Ende scheiternder persönlicher Beziehungen vor Augen. Dieses Scheitern ist indes nicht nur auf einer zwischenmenschlichen Ebene situiert, sondern erstreckt sich in diesem Zyklus bis auf die individuelle Ebene des existenziellen Endes. Der Titel selbst evoziert ja bereits Assoziationen mit dem mittelalterlichen Totentanz und so wird erstens zu zeigen sein, dass die barocke Vanitas-Motivik als prägendes Strukturelement in diesem Teil des Bandes präsent ist und zweitens zu fragen sein, welche Funktion diese im Gesamtwerk erfüllt.

Bereits der lyrische ›Auftakt‹ dieses dritten und letzten Zyklus – »Des erntemondes ungestüme flammen / Verloschen · doch sie wirken in uns beiden« (87, V. 1–2) – demonstriert auf metaphorische Weise den unerfüllten Zustand der Zweisamkeit und den Wandel der Gefühle, die stets an die entsprechende Jahreszeit ›gekoppelt‹ sind: Die positiv konnotierte Licht- und Feuermetaphorik, die emotionale Verbundenheit und Liebe bedeutet, referiert mit dem Erlöschen der Flammen auf das Ende der gemeinsamen Beziehung und greift damit auf die Vanitas-Symbolik des Kerzen-Verlöschens zurück.[64] Deutlicher noch wird dies in der zweiten Strophe des dritten Gedichts:

> Die wehende saat ist wie gold noch ·
> Vielleicht nicht so hoch mehr und reich ·
> Rosen begrüssen dich hold noch ·
> Ward auch ihr glanz etwas bleich. (89, V. 5–8)

Abgesehen von dem Motiv der Rosen, die schon ›etwas bleich‹ sind und als zeichenhafte Referenz auf die Vergänglichkeit der Schönheit verweisen, ist es die –

---

[63] Wie sie sich schon im *Algabal* – z. B. im Gedicht »Mein garten bedarf nicht luft und nicht wärme« – rekonstruieren lässt.

[64] Interessant ist nebenbei, dass sie zugleich aber auch auf das Vermögen des Dichters rekurriert, also eine semantische Korrelation zwischen liebendem Gefühl und der Fähigkeit zu dichten generiert. Wenn demnach die ›ungestümen Flammen des Erntemondes‹ oder »das reiche licht in deinem busen« (88, V. 11) erlöschen, so ist damit nicht nur auf die Emotionalität der leidenschaftlichen Liebe verwiesen, sondern zugleich die damit einhergehende Begeisterung (Enthusiasmus von griech. ἐνθουσιασμός = Besessenheit durch einen Gott) und musische Inspiration als *conditio sine qua non* der Fähigkeit zu dichten korreliert: »So glaubst du fest dass auch das spiel der musen / Ihn den sie liebten niemals wieder freue« (88, V. 9–10).

metrisch ›störende‹ und damit besonders auffällige – Repetitio ›noch‹ in Vers fünf und sieben, die auf eine Grenze aufmerksam macht, die im Gedicht bereits überschritten ist: Der Übergang von ›blühendem‹ Leben zum ›bleichen‹ Tod. Ebenso signifikant ist das Zeichen der Sanduhr – des Stundenglases[65] – das bekanntlich nichts anderes als das Verrinnen der Zeit bedeutet.

All diese ›barocken Symbole‹ sind – und dies gilt es zu bedenken – in einen ›modernen‹ Text implementiert, in dem sie ihrer religiösen Konnotation entkleidet sind und eine genuin säkularisierte Funktion erfüllen. Da diese frühen Gedichte Georges auf keine Transzendenz verweisen, hat die Vanitas-Symbolik zwar einerseits ihre Konnotation von ›Tod‹ und ›Vergänglichkeit‹ beibehalten – kann aber nicht auf ein extramundanes Jenseits deuten. So erhalten diese Gedichte eine aporetische Dimension, die eines gewissen pessimistischen Grundduktus nicht entbehrt.

Diese nihilistisch-pessimistische Tendenz, die auch eingangs bereits erwähnt wurde, erreicht in den *Traurigen Tänzen* ihren Höhepunkt. Weinen, Trauer, Leid, Vergänglichkeit und Tod stellen hier die zentralen paradigmatischen Leitbegriffe dar: Das Wort ›Leid‹ bzw. ›Leiden‹ taucht ganze sechs Mal in diesem letzten Drittel des Gedichtbands auf, was für George – der Wortwiederholungen, wo nur möglich, zu vermeiden sucht – eine erstaunlich hohe Anzahl ist. Entsprechendes gilt für die Grabes- und Todesmotivik, die in diesem Zyklus eine dominante Stellung einnimmt: Dem »guten tode« (88, V. 4) folgt das »fest der schnitter« (94, V. 4), in dessen Nähe sich »schlichtes gras mit einem marmorblocke« (94, V. 12) erhebt. In einer »[t]rauervolle[n] nacht« (96, V. 5–7) wird die ›bleiche‹ Liebe aufgebahrt und wehmütig die »aschen flur« (102, V. 6) gekreuzt. »Der gräber ruh« (103, V. 8) darf nicht gestört werden und »grabwärts« (111, V. 8) fließt ein »schwarzer fluss« (111, V. 6). Zu hören ist ein »todesvogelruf« (112, V. 4), zu sehen indes ist Licht, »[v]om monde leichenfarb« (114, V. 4), während »in der gruft die alte / Lebendige ampel glüht« (115, V. 1–2) und »alle dinge die wir blumen nannten« (118, V. 11) sich »am toten quell« (118, V. 12) versammeln.

Diese Vergänglichkeitstopoi und Metaphern des vergeblichen Strebens finden sich exemplarisch im Gedicht »Ihr tratet zu dem herde« (114, V. 1), das den hoffnungslosen Grundduktus dieses letzten Teils besonders zur Geltung bringt und das auch deshalb hier ausführlicher behandelt werden soll, weil es in der Rezeption nicht selten Reaktionen des Unverständnisses provoziert hat.

Ihr tratet zu dem herde
Wo alle glut verstarb ·
Licht war nur an der erde
Vom monde leichenfarb.

---

[65] Im 9. Gedicht heißt es: »Da kaum noch sand im stundenglase läuft« (95, 1).

5   Ihr tauchtet in die aschen
      Die bleiben finger ein
      Mit suchen tasten haschen –
      Wird es noch einmal schein!

      Seht was mit trostgebärde
10 Der mond euch rät:
      Tretet weg vom herde ·
      Es ist worden spät. (114)

Adorno behauptet, dieses Gedicht sei reiner Klang, seine Semantik nicht rekonstruierbar – ja, mehr noch: In seinen *Noten zur Literatur* schreibt er, dass es überhaupt keine Bedeutung transportiere.[66] Demnach sei es das »größte und rätselhafteste Gedicht«[67] von George.[68]

Dieser Behauptung lässt sich allerdings nur sehr bedingt folgen. Denn zum einen lassen sich zahlreiche weitere Beispiele aus dem Œuvre Georges ausfindig machen, die auf analoge Weise ›unzugänglich‹ oder ›hermetisch‹ erscheinen, zum anderen aber transportiert *jeder* Text Bedeutung – mag sie nun ›sinnhaft‹ sein oder nicht. Zudem ist das Gedicht – den achten Vers »Wird es noch einmal schein!« (114, V. 8) ausgenommen – bei genauer Lektüre doch recht unproblematisch und seine Semantik durchaus rekonstruierbar: Ein Sprecher-Ich, das sich in einer gewissen Distanz zu einer Gruppe aufhält, berichtet davon, wie diese mit dem Personalpronomen ›ihr‹ angeredete Gruppe zu einer Kultstätte – einem ›Herd‹, in dem das Feuer erloschen ist – tritt, allerdings lediglich Asche vorfindet, welche vom Licht des Mondes beschienen wird und dadurch »leichenfarb« (114, V. 4) erscheint. Um das Feuer erneut zu entfachen, tauchen die angesprochenen Personen ihre Finger in die Asche. Sie suchen vergeblich nach der nicht vorhandenen Glut, woraufhin sie das Sprecher-Ich auf die »trostgebärde« (114, V. 9) des Mondes verweist, der ihnen zu raten scheint, sich von dem ›toten‹ Herd zu entfernen. Die Begründung dafür lautet, dass es ›spät‹ geworden sei.

Somit handelt das Gedicht von der Unmöglichkeit, etwas zu Asche Verfallenes, ›Totes‹ wiederaufleben zu lassen bzw. eine Zeit heraufzubeschwören, die

---

[66] Vgl. Theodor W. Adorno: »Noten zur Literatur«. In: Ders.: *Gesammelte Schriften*. Herausgegeben von Rolf Tiedemann. Band 11. Frankfurt am Main 1974, S. 529.
[67] Theodor W. Adorno: »Arnold Schönberg. Fünfzehn Gedichte aus ›Das Buch der hängenden Gärten‹ von Stefan George, op. 15. Anton Webern. Fünf Lieder nach Gedichten von Stefan George, op. 4«. In: Ders.: *Gesammelte Schriften*. Band 18: *Musikalische Schriften V*. Herausgegeben von Rolf Tiedemann und Klaus Schultz. Frankfurt am Main 1984, S. 418–426. Hier: S. 421.
[68] Zu einem ähnlichen Schluss kommt auch Schäfer in seiner Monographie *Die Intensität der Form*: »Keine der Auslegungen eines Gedichts von George wird dessen Sinn aufschließen können. Das Verstehen verheddert sich in Bedeutungszuschreibungen, verstrickt sich in diffusen Konnotaten und verliert sich im Intervall der Wörter. Das Verstehen endet mit Abbruch und nicht in einer Sinnerschließung« (Schäfer: *Die Intensität der Form*, S. 212).

längst vergangen ist. Der ›Herd‹ ist dabei in seiner archaischen Bedeutung als Kultstätte zu verstehen, wodurch er zugleich mit religiösen Semantiken konnotiert wird. Folgt man dieser Lesart, wird der Text zur durchaus sinnhaften Allegorie, in welcher der Versuch, längst erloschenes Feuer wieder zu entflammen, als das – letztlich scheiternde – Bemühen einer Revitalisierung einer vergangenen Zeit oder eines ›erloschenen‹ Glaubens zu deuten ist.[69] Klar wird, dass die Lösung nicht in der Restitution vergangener (gesellschaftlicher oder kultureller) Zustände zu suchen ist, sondern vielmehr darin besteht, sich in die historische Zyklizität der Welt- und Naturereignisse zu fügen. Die Loslösung von der Fixierung auf Vergangenes entspricht daher der Forderung nach der Akzeptanz des zyklischen Prinzips in der Natur, auf das der Mond in zitiertem Gedicht zeichenhaft verweist. Denn so wie dieser abnimmt, um wiederzukehren, so wird es auch im Fortgang der Zeit zukünftig zu ›lichteren‹ und ›wärmeren‹ Phasen des Lebens kommen, in denen die Sonne erneut zu scheinen vermag.

Dieses Gedicht rekapituliert auf diese Weise *in nuce* die Essenz des gesamten Bandes, wenn es um die Akzentuierung des zyklischen Prinzips, den Auf- und Niedergang von ›Leben‹ (im lebensphilosophischen Sinne), den triadischen Prozess von Hoffnung, Annäherung und Trennung (s. o.) bzw. um die unüberbrückbare mentale Distanz zwischen Menschen und den stets defizitären, nie erreichten Zustand interpersoneller Erfüllung geht.

3.5 Ergebnisse

Es hat sich gezeigt, dass Privatheit im *Jahr der Seele* als signifikanter Topos von zentraler paradigmatischer Bedeutung ist. Einerseits artikuliert sie sich in der Frage danach, welche persönlichen Empfindungen, Gedanken und Gefühle das ›Ich‹ bereit ist mit dem ›Du‹ zu teilen, andererseits zeigt sie sich in den imaginativen künstlichen Traumwelten, an denen das Du zeitweise partizipieren darf. Diese geteilte *interpersonelle Privatheit* exponiert sich dabei einerseits in der modellierten privaten Kommunikationssituation, andererseits in der diastatischen Spannung der ›interpersonellen Distanz‹, die das Ich in keiner Situation überwinden kann und eine absolute Vereinigung damit unmöglich macht. Insofern bleibt das Sprecher-Ich stets in seiner eigenen Subjektivität befangen, denkt, spricht und fühlt ›für sich‹ allein – was sich besonders deutlich an der monologischen Kommunikationssituation im Gedichtband zeigt.

Wie im gesamten Frühwerk Georges ist Privatheit im *Jahr der Seele* ein durchaus ambivalenter Begriff, der einerseits mit Semantiken der Abgrenzung und der Nobilitierung konnotiert ist, andererseits aber auch ›Einsamkeit‹, ›Leid‹ und

---

[69] Vgl. Dirk von Petersdorff: »Stefan George – ein ästhetischer Fundamentalist?«. In: Bernhard Böschenstein u. a. (Hg.): *Wissenschaftler im George-Kreis*. Berlin 2005, S. 49–58. Hier: S. 57.

›Tod‹ bedeutet. Dies zeigt sich in der Geschlossenheit des Bandes ebenso wie im zyklischen Aufbau des Textes, der sich als eine für sich selbst stehende autonome Einheit präsentiert.

Die Modellierung von Privatheit wird zudem in der *Gestaltung und Konzeption der semantischen Räume* umgesetzt. Die topographische Abgrenzung privater Bereiche (›Park‹, ›Zimmer‹, ›Garten‹ und ›Kunstreich der Sonne‹) akzentuiert den exkludierenden und nobilitierenden Charakter sowohl auf Textebene als auch rezeptionsästhetisch in der hermeneutischen ›Unzugänglichkeit‹. So realisiert sich diese *hermeneutische Privatheit* über eine poetologische Lesart des Bandes, die das Werk zum exklusiven Textraum erlesener Lyrik sublimiert und damit zugleich auf den *privaten Publikationskontext* des Bandes verweist.

Der Mittelteil der »Überschriften und Widmungen« nimmt mit seinen personenbezogenen Gedichten dabei eine – über den Text hinausweisende – Sonderstellung ein, da es hier durch die *Poetisierung der privaten Informationen* zu einer Chiffrierung und Kodierung der privaten Nachricht in den Widmungsgedichten kommt (wie am Beispiel Hofmannsthals dargelegt). Dadurch bleibt informationelle Privatheit selbst in einem öffentlichen Kontext gewährleistet; der Autor kommuniziert so über die poetischen Schriften mit anderen ihm nahestehenden Menschen, ohne dass die Öffentlichkeit den tieferliegenden Sinn erfassen könnte.

Auch die autobiographischen Bezüge (insbesondere die enge Beziehung zu Ida Coblenz) sollte bei einer Deutung des *Jahrs der Seele* nicht einfach übergangen werden, da »das menschliche oder landschaftliche urbild« – selbst wenn es »durch die kunst solche umformung erfahren« hat, »dass es dem schöpfer selber unbedeutend wurde«[70] – für den Entstehungskontext des Werkes dennoch von nicht zu unterschätzender Bedeutung ist. Das ›Persönliche‹, ›Private‹ und ›Subjektive‹ des George'schen Frühwerks besteht freilich nicht in der exakten und detailgetreuen Wiedergabe von privaten ›Erlebnissen‹ des Dichters.[71] Das Biographische ist vielmehr auf einer Tiefenebene verborgen – ja, es verschließt sich hinter den Techniken poetischer Kodierung.

---

[70] SW IV, 7.
[71] Das »wesentliche« sei nicht die mimetische oder gar naturalistische Darstellung, sondern »die künstlerische umformung eines lebens« (»Dritte Folge. Erstes Heft [1896]«. In: EM, 13).

4. Parks und Gärten als Räume des Privaten

4.1 Kunst und Natur

In den vorangegangenen Kapiteln zu Georges *Hymnen*, dem *Algabal* und dem *Jahr der Seele* konnte demonstriert werden, dass Privatheit im Kunstsystem der frühen Moderne in verschiedensten Ausprägungen präsent ist und unterschiedliche poetische bzw. poetologische Funktionen erfüllt. So wird sie z. B. als Bereich lokaler Abgeschiedenheit modelliert, der semantisch einerseits mit selbstherrlicher oder melancholischer Einsamkeit korreliert ist – andererseits aber auch die Voraussetzung zur Schaffung von hoher Kunst darstellt. Privatheit konstituiert sich dabei allerdings nicht in zufällig gewählten ›Räumen‹, sondern tritt vielmehr gehäuft in topographischen Bereichen auf, die sowohl eine ästhetische Qualität aufweisen als auch von der Wirklichkeit abgeschiedene ›Reiche‹ repräsentieren. Häufig sind es domestizierte hybride Naturräume, die durch ihre künstliche Formung besonders geeignet erscheinen, die dichotomische Relation zwischen ›Kunst‹ und ›Leben‹, ›Künstlichkeit‹ und ›Natürlichkeit‹ und ›Privatheit‹ und ›Öffentlichkeit‹ zu modellieren. Daher manifestieren sich diese privaten Zeichenräume auffallend häufig in Form von Parks oder Gärten.[1] Als Hybridräume (bestehend aus Elementen der ›Kunst‹ und der ›Natur‹) sind sie für die Literatur im Generellen von besonderem Interesse – gerade weil sie sich aus beiden Bereichen ›speisen‹ und damit die Frage nach der Funktion und dem Wesen von Kunst aufwerfen. So eignen sich diese Hybridräume besonders gut, den künstlerischen Form- und Schöpfungswillen des ›Künstlichen‹ aus dem domestizierten ›Natürlichen‹ zu modellieren. Aus poetologischer Perspektive können sie ein Kunstkonzept ›bildlich‹ zur Anschauung bringen, in dem die Natur im Dienste des Künstlichen steht – der künstlerische Formwille sich die domestizierte Natur also zeichenhaft ›unterwirft‹. Folglich fungieren Parks und Gärten in der Literatur der frühen Moderne eben nicht nur als semantisierte Räume des Privaten bzw. Semi-Privaten, sondern eben auch als zeichenhafte Repräsentationen antinaturalistischer Kunstprogramme, die mittels der Darstellung einer ästhetisierten Natur die Negation des Mimesis-Konzepts poetisch modellieren.

Die These vom absoluten Ausschluss der Natur aus der frühmodernen Dichtung trifft allerdings nur in sehr bedingtem Maße auf die deutschsprachige Literatur, insbesondere die der Wiener und Münchner Moderne, zu. Vielmehr fungieren modellierte Naturräume in den Werken der deutschsprachigen Literatur der Jahrhundertwende häufig als Projektionsräume für die psychologische

---

[1] Als Beispiele dienten hierfür die Gedichte *Im Park* (siehe Kapitel II/1.2), *Mein Garten bedarf nicht Luft und nicht Wärme* (siehe Kapitel II/2.3) und *Nach der Lese* (siehe Kapitel II/3.2.1).

Disposition eines Subjektes (wie im *Jahr der Seele*) und stellen damit Bereiche dar, in denen sich der Protagonist oder das Sprecher-Ich seinen privaten Gedanken, Vorstellungen und Träumen hingeben kann. Symptomatisch für die Wiener Moderne ist dabei gerade »der ambivalente Zugriff auf Natur *und* Kunst«,[2] sodass anhand der diastatischen Spannung zwischen beiden dichotomischen Bereichen metapoetisch Kritik an der ›Lebensfeindlichkeit‹ absoluter Künstlichkeit geübt werden kann. Analog zu dieser Dichotomie lässt sich hinsichtlich der Frage nach der Modellierung von Privatheit die These aufstellen, dass diese stets in ihrem reziproken Verhältnis zur Öffentlichkeit modelliert wird – sich also gerade aus dieser Relation heraus definiert und das Ungleichgewicht, welches z. B. in Algabals lebensfernen Garten besteht, erst aus der Einseitigkeit hermetischer Abschottung resultiert.

Dies soll im Folgenden vor dem Hintergrund der Frage nach der Semantisierung von Privatheit bewiesen und dargelegt werden, welche zentrale Funktion den Bereichen der Kunst und der Natur zukommen und wie deren Relation in den ausgewählten poetischen Texten zu bestimmen ist.[3] Bevor ich mich aber den Texten selbst widme, möchte ich noch einen prägnanten Überblick über die soziokulturelle Bedeutung von Parks und Gärten um die Jahrhundertwende geben, um zu verdeutlichen, weshalb gerade sie sich als literarische Topoi in der Literatur der frühen Moderne besonderer Prominenz erfreuen.

4.2 Die soziokulturelle Bedeutung von Parks und Gärten um 1900

Noch um die Jahrhundertwende gelten Parks und Gärten im deutschsprachigen Raum als privilegierte Bereiche für das reiche Bürgertum und den Adel.[4] Dem aristokratischen Habitus vieler Autoren gemäß, eignen sich diese ausgezeichneten Bereiche daher besonders gut zur künstlerischen Verarbeitung, da

---

[2] Dirk Niefanger: *Produktiver Historismus. Raum und Landschaft in der Wiener Moderne*. Tübingen 1993, S. 180.
[3] Bevor im Folgenden vom literarischen Motiv des Parks bzw. des Gartens gesprochen werden soll, muss deutlich gemacht werden, dass der Park/Garten – sofern er in der Literatur als dargestellter Raum modelliert wird – nie eine vorab festgelegte Bedeutung hat. Je nach Text wird er mit ganz verschiedenen – ja teils widersprüchlichen – Semantiken konnotiert. Dem Begriff ›Park‹/›Garten‹ werden in jedem Text unterschiedliche Merkmale und Eigenschaften zugewiesen, er wird in unterschiedliche strukturelle oder sprachliche Kontexte gestellt und unterschiedlich semantisiert (vgl. Krah: *Einführung in die Literaturwissenschaft/Textanalyse*, S. 81). So verbietet es sich prinzipiell, von ›dem‹ Motiv des Parks oder Gartens um 1900 zu sprechen. Dass im Folgenden aber am ›Motiv‹-Begriff festgehalten wird, liegt darin begründet, dass in der hermetisierten Literatur der Jahrhundertwende die Signifikate der dargestellten Parks/Gärten auffallend häufig identisch sind – es damit paradigmatische Gemeinsamkeiten zu konstatieren gibt, die die Verwendung des ›Motiv‹-Begriffs legitim erscheinen lassen.
[4] Vgl. Thomas Koebner: »Der Garten als literarisches Motiv um die Jahrhundertwende«. In: Ders.: *Zurück zur Natur. Ideen der Aufklärung und ihre Nachwirkung. Studien*. Heidelberg 1993, S. 111.

sie schon im Denksystem der Zeit mit Semantiken der Hoheit und des Adels korreliert sind. Auch wenn viele der heute bedeutenden modernen Dichter (z. B. Stefan George oder Rainer Maria Rilke) nicht adliger Herkunft sind, so fühlen sie sich doch dem ›Geistesadel‹ zugehörig und versuchen sich gegen die ›profane‹ Masse abzugrenzen. Die inszenierte Auszeichnung des Einzelnen in der sich konstituierenden Massengesellschaft scheint daher am besten mittels eines Raumes darstellbar zu sein, der schon durch seine traditionelle Semantisierung dazu prädestiniert erscheint: dem Park bzw. Garten.

Dies ist einer der Hauptgründe, weshalb das poetische Motiv des Parks/Gartens gerade um die Jahrhundertwende im Kunstsystem erneute Hochkonjunktur erfährt. Insbesondere in der antinaturalistischen Lyrik (aber auch in den anderen literarischen Gattungen) erweist sich der Park/Garten als geeigneter Raum, um einen von der Welt abgekehrten autonomen Bereich zeichenhaft zu modellieren.[5] Aufgrund der durch die literarische Tradition vorgezeichneten Möglichkeit, Subjektivität, Innerlichkeit und die Abkehr von der Gegenwart und dem Alltag in einer domestizierten, doch natürlichen Szenerie darzustellen, greifen viele Künstler auf dieses Motiv zurück und stilisieren Parks/Gärten zu autonomen kunstdurchdrungenen Räumen.

Als von der Außenwelt abgeschiedene modellierte Bereiche sind der Park und der Garten also bevorzugte Motive, um dem zeitgenössischen Bedürfnis nach Privatheit nachzukommen und in literarischen Texten autarke, nach eigenen Regeln funktionierende Räume zu modellieren, die jenseits der ›Banalität des Alltags‹ situiert sind. Da es sich bei diesen Räumen um autonome Bereiche handelt, in denen eigene Gesetze gelten, findet sich das Autonomie-Konzept der hermetisierten Literatur der Jahrhundertwende gerade hier auf bildhafte Weise verwirklicht: So modelliert der Park/Garten zeichenhaft das autonome und zunehmend selbstreferenzielle Subsystem der Kunst, das sich von anderen (gesellschaftlichen, sozialen oder politischen) Systemen emanzipiert hat. Die Motive des Parks bzw. Gartens fungieren also als Metaphern für die moderne Dichtung, die sowohl den Abgrenzungsgestus auf poetischer als auch die kunstkonzeptuelle Position des jeweiligen Autors auf poetologischer Ebene zeichenhaft repräsentieren.

---

[5] Peter Sprengel spricht vom »Lieblingssymbol des Ästhetizismus« (Peter Sprengel: *Geschichte der deutschsprachigen Literatur 1900–1918. Von der Jahrhundertwende bis zum Ende des Ersten Weltkriegs.* München 2004, S. 653).

4.3 Der Park als Ort dionysischer Erfahrung: Ludwig Klages' »Wie im Park die Dächer aus triefenden Zweigen«

In einem paargereimten Jugendgedicht von Ludwig Klages, das 1891 in den *Blättern für die Kunst* erstveröffentlicht wurde, kommt dieses zentrale Paradigma lokaler Abgeschiedenheit sehr klar zur Geltung:

> Wie im park die dächer aus triefenden zweigen
> Unter der last des stürzenden wassers sich neigen!
> Dunstige dämmrung spinnt ein bläuliches meer
> Wallender nebel um das geäst so schwer.
> 5   Aus dem dickicht lugen steinerne faune –
> Ringsum tausendtöniges blättergeraune.
> Und dazwischen das melancholische klopfen
> Plätschernd niederfallender regentropfen.
> Heimlich süsse flüsternde einsamkeit
> 10   Von dem lärm des tages so weltenweit!
>
> Duldet in rätselhafter Seelenentzückung
> Des gedankens wonne volle erstickung.
> Welche kräfte regen sich innenwärts
> Weiten im busen das schauertrunkene herz!
> 15   Steigen wie bacchanalische schwelgelust
>
> In die stirne empor aus der pochenden brust
> Dass die ganze seele schlummerberauscht
> Nur den akkorden umklirrender klänge lauscht!
> – Ein lodernder Sonnenstrahl durchbricht
> 20   Die tief zur erde hangende wolkenschicht.
> Und dieser eine flammende strahl entfacht
> Drunten hundertfältig spielende farbenpracht!
> Taugeschwängerte quellende dünste festen
> Sich zum schleier über den flimmernden ästen
> 25   Und wie qualm so scheint ein brütendes drängen
> Sich durch alle spalten des dickichts zu zwängen.
> Wilder taumel fasst den umnebelten sinn.
> Todestrunken wirft er die fessel hin!
> Und der körper sinkt betäubt und irr
> 30   In das perlenschwere laubgewirr.[6]

Stille kennzeichnet diesen von der Natur beherrschten Raum – »[h]eimlich süsse flüsternde einsamkeit« (V. 9), die sich von der lauten lärmenden Welt außerhalb desselben deutlich abgrenzt. Das leise Flüstern der Blätter (V. 6) steht dem Lärm des Tages (V. 10) dabei in semantischer Opposition entgegen. Von der äu-

---

[6] Ludwig Klages: »Wie im park die dächer aus triefenden zweigen«. In: Carl August Klein (Hg.): *Blätter für die Kunst*. Begründet von Stefan George. Fünfte Folge (1900/1901), S. 54 f.

ßeren Wirklichkeit »weltenweit« (V. 10) entfernt, lässt sich der modellierte Parkraum vor allem durch seine Distanz und seine Abgeschiedenheit vom alltäglichen Leben charakterisieren. Dies zeigt sich besonders daran, dass er durch einen ihn umgebenden Nebel und Dunst – »ein bläuliches meer« (V. 3) einerseits eine unklare Grenze hat, die zu überschreiten aufgrund des bedrohlichen Charakters nicht ratsam scheint, andererseits eine ›schauererregende‹ ›panische‹[7] Stimmung evoziert, die in der zweiten Strophe in eine dionysische rauschhafte Erfahrung umschlägt. Die steinernen Faune, die als Kunstwerke vergangener Zeiten in die Gegenwart wirken (und so diese mit jener verbinden), haben dabei einerseits die Funktion das dionysische Ereignis zu antizipieren und zu initiieren, andererseits stellen sie einen Bezug zum lebensideologischen Diskurs der Zeit[8] her und verorten das Gedicht in ebendiesem kunstphilosophischen Kontext.

Dem Ausbruch dieser Entgrenzungserfahrung geht eine Klimax voran (V. 13–14), die über das Enjambement von erster zu zweiter Strophe (V. 15–16) im plötzlichen Hereinbrechen der ›Lebensmacht‹ kulminiert. Mit dem sich steigernden Rausch des vom Subjekt besitzergreifenden ›Lebens‹ intensivieren sich die Sinneseindrücke des Wahrnehmenden: Das Geflüster der Blätter wird zu harmonischen Akkorden, die bezirzend miteinander harmonieren. In diesem Moment wird die zuvor verregnete, von nebligem Dunst und Dämmerung beherrschte Szenerie vom ›lodernden Strahl‹ der Sonne durchdrungen. Dabei sind die inneren physiologischen Vorgänge im Subjekt semantisch mit dem Hereinbrechen der Sonne korreliert. Der Höhepunkt der dionysischen Erfahrung geht dabei einher mit der Intensivierung der sinnlichen Eindrücke, die vom Physischen (dem Aufsteigen des Blutes vom Herzen in den Kopf) über die akustische Wahrnehmung (der »umklirrenden klänge« [V. 18]) hin zu visuellen Erlebnissen (der »hundertfältig spielende[n] farbenpracht« [V. 22]) reichen. Es handelt sich dabei um ein keineswegs bewusst wahrgenommenes Erlebnis – vielmehr um eine Art Betäubung, bewirkt durch die nervliche Überflutung synästhetischer sinnlicher Reize. Von »[w]ilde[m] taumel« (V. 27) ergriffen, verliert das berauschte Subjekt sogar die Kontrolle über den eigenen Körper und sinkt schließlich »betäubt und irr« (V. 29) ins Laub.

Dass der Aufenthalt in diesem abgesonderten Bereich des Parks im Text durchaus dialektisch dargestellt wird, zeigt sich von Beginn an anhand mehrerer Stellen: Schon »das melancholische klopfen« (V. 7) der Regentropfen deutet – zusammen mit der trüben nebligen Witterung – auf eine bedrückende, aber ›geheimnisvolle‹ Grundstimmung. Explizit wird dies an der über den Reim generierten Ambivalenz von »rätselhafter Seelenentzückung« (V. 11) und drohen-

---

[7] ›Panisch‹ wird hier in der ursprünglichen Bedeutung des Wortes verwendet, die auf den Gott Pan rekurriert. Über die reziproke Abhängigkeit von Pan und Dionysos vgl. z. B. Friedrich Georg Jünger: *Griechische Mythen*. Frankfurt am Main 2001, S. 144–172.
[8] Vgl. Lindner: *Leben in der Krise*, S. 7–11.

der gedanklicher »[E]rstickung« (V. 12) des sich dort aufhaltenden Subjekts. Die Janusköpfigkeit dieser rauschhaften Erfahrung wird dabei immer wieder hervorgehoben – so z. B., wenn von der »schlummerberauscht[en]« (V. 17) Seele die Rede ist, wodurch der traumhaft-gelähmte Zustand mit dem des belebenden Rausches korreliert wird. Dass der »umnebelte[] sinn« (V. 27) von einem mächtigen Taumel ergriffen wird, bedeutet hier ein Aufgeben der Selbstkontrolle, dem der Verlust an Rationalität einhergeht. So wird diese Entgrenzungserfahrung also nicht nur als bereicherndes überwältigendes Erlebnis geschildert, sondern durchaus als Eingriff einer tödlichen dionysischen Lebensmacht, die gleichzeitig Schönheit, Wahnsinn und Tod mit sich bringt und sich des passiven ›erleidenden‹ Subjekts bemächtigt.

Der Aspekt des Artifiziellen und der Künstlichkeit wird in diesem Gedicht von Klages allerdings nur angedeutet; und zwar durch das »perlenschwere laubgewirr« (V. 30), das semantisch ambig ist, weil es sich einerseits um die – sich am Laub befindlichen – Wasserperlen handelt, andererseits aber auch die künstlich hergestellten Perlen bezeichnen kann, wodurch dem nebulösen Park – begrifflich und stilistisch dem Vorbild des ›Meisters‹ Stefan George nachahmend – der Charakter der Künstlichkeit verliehen wird. In Abgrenzung zu Georges Gedicht ist das Dionysische aber nicht als negative Regression in einen animalischen Zustand, sondern vielmehr in seiner Dialektik – ganz im Sinne Nietzsches[9] – als Kehrseite der Kunst zu verstehen, die ihr ebenso inhärent ist wie das Apollinische.[10] Der private Raum des Parks hat hier also die Funktion eines vom Lärm (der Großstadt und der Wirklichkeit) abgegrenzten Bereichs, in dem das emphatische ›Leben‹ erfahrbar wird und in dem das Subjekt eine sinnliche Entgrenzungserfahrung zuteilwerden kann, die ihm im urbanen öffentlichen Raum verwehrt bleiben müsste.

4.4 Der Garten als artifizielles Gefängnis: Hofmannsthals »Mein Garten« und »Die Töchter der Gärtnerin«

Hofmannsthals erstes Garten-Gedicht muss als Pendant zu Georges *Mein Garten bedarf nicht Luft und nicht Wärme* aus dem *Algabal*-Zyklus verstanden wer-

---

[9] So lasse sich nach Nietzsche z. B. anhand des Kulturprozesses zeigen, »wie das Dionysische und Apollinische in immer neuen auf einander folgenden Geburten, und sich gegenseitig steigernd, das hellenische Wesen beherrscht haben« (KSA 1, 41).

[10] Ist der Park für Klages also potenzieller Ort dionysischer Erfahrung – das heißt: ein Raum, in dem emphatisches ›Leben‹ unter der Bedingung des Identitäts- und Selbstverlusts möglich ist, wird die dionysisch-sinnliche Seite bei George als ein – die geistige Schöpfungsarbeit – störendes Element disqualifiziert. Für George ist der Park der private Raum dichterischer Inspiration (vgl. Georges Gedicht *Im Park*).

den.[11] Dort ist es vor allem die Akzentuierung der Abgeschlossenheit und künstlichen Autarkie der eigenen Schöpfung, die den Garten als einen einsamen und ›toten‹ Bereich auszeichnen und von der Natur und dem ›Leben‹ absondern. Die Metaphorik der Todeslandschaft suggeriert Leblosigkeit und Unfruchtbarkeit – die Unfähigkeit der Zeugung jener schwarzen Blume am Ende des Gedichts unterstreicht dies noch einmal. Die artifizielle Schöpfung ist zwar autark und vom Leben geschieden, gerade dadurch aber eben nicht lebensfähig – die Hermetik und Dunkelheit des künstlichen Gartens in Algabals ›Unterreich‹ werden im Gedicht also durchaus selbstreflexiv verhandelt und damit einer impliziten Kritik unterzogen.

Diese Kritik (und implizite Widerlegung) der ästhetischen Kunst- und Lebensform aus einer metapoetischen Perspektive führt der junge Hofmannsthal fort, wenn er in seiner Replik auf George mit dem Gedicht *Mein Garten* (1891) antwortet:

Mein Garten

Schön ist mein Garten mit den gold'nen Bäumen,
Den Blättern, die mit Silbersäuseln zittern,
Dem Diamantenthau, den Wappengittern,
Dem Klang des Gong, bei dem die Löwen träumen,
5 Die ehernen, und den Topasmäandern
Und der Volière, wo die Reiher blinken,
Die niemals aus dem Silberbrunnen trinken ...
So schön, ich sehn' mich kaum nach jenem andern,
Dem andern Garten, wo ich früher war.
10 Ich weiß nicht wo ... Ich rieche nur den Thau,
Den Thau, der früh an meinen Haaren hing,
Den Duft der Erde weiß ich, feucht und lau,
Wenn ich die weichen Beeren suchen ging ...
In jenem Garten, wo ich früher war ...[12]

In diesem Sonett steht die Künstlichkeit des Gartens im Mittelpunkt (das bezeugt schon der ursprüngliche Titel *Midas' Garten*[13]): Die ›natürlichen‹ Dinge bestehen aus kostbaren Edelmetallen und Diamanten; die Bäume aus Gold, ihre Blätter aus Silber, der Tau aus Diamanten. Die Wappengitter markieren den Garten zudem als hermetisch abgeschlossenen Bereich – ebenso der Voliere, der einen Schutzraum innerhalb eines Schutzraums signifiziert. Dass die dort eingesperrten »Reiher blinken« (V. 6), illustriert zudem, dass die ›exotischen‹ Vögel ebenfalls aus einem edlen Metall bestehen müssen (also nicht le-

---

[11] Es kann davon ausgegangen werden, dass George bei einem Treffen mit Hofmannsthal aus seinem noch nicht erschienenen *Algabal* rezitiert hatte. Hofmannsthals Gedicht entstand nach der Begegnung mit George, nämlich am 22. Dezember 1891. Vgl. KA I, 133 f.
[12] KA I, 20.
[13] Vgl. Sprengel: *Geschichte der deutschsprachigen Literatur 1870–1900*, S. 596 f.

bendig sind). Dies verdeutlicht der Hinweis darauf, dass sie »niemals aus dem Silberbrunnen trinken« (V. 7).

Doch trotz der hervorgehobenen Schönheit dieses sterilen und infertilen Gartens – »[s]o schön« (V. 8) – sehnt sich das Sprecher-Ich nach »[d]em andern Garten, wo ich früher war« (V. 9). Damit durchbricht die Erinnerung[14] den künstlichen Raum und generiert Vorstellungen eines anderen Gartens, in dem sich das Ich früher aufgehalten hat. Entsprechend ist das Gedicht auch formal in zwei Hälften geteilt: So beschreiben die zwei Quartetten den künstlichen, die zwei Terzetten den erinnerten Raum der Wirklichkeit. Der ›klassische‹ antithetische Aufbau des Sonetts verdeutlicht mit dem Übergang (unmittelbar nach Vers 8) die Gegenüberstellung von Gegenwart/Vergangenheit bzw. Künstlichkeit/Natürlichkeit.

Während der Garten, in dem sich das Sprecher-Ich aktuell aufhält, vor allem durch seine visuellen Sinnesreize beeindruckt, sind es insbesondere olfaktorische und taktile sinnliche Erfahrungen, an die sich das Sprecher-Ich erinnert, wenn es an den ›anderen‹ Garten denkt. Es ist der Duft und die Feuchte des Taus und der Erde, die ihm im künstlichen Garten abgehen – sowie die Suche nach den »weichen Beeren« (V. 13), die als natürliche Nahrungsquelle dienen und in semantischer Opposition zu dem harten Metall des leblosen Gartens stehen. Der elegische Grundduktus der zweiten Strophe verdeutlicht – auch durch die Wiederholung der Phrase »wo ich früher war …« (V. 9, V. 14) – die (nicht nur latente) Unzufriedenheit des Sprecher-Ichs mit der Künstlichkeit seines artifiziellen Gartens. Damit artikuliert der Text die Kritik an der Lebensfeindlichkeit eines auf bloße Schönheit und Form reduzierten ideologisch-poetologischen Konzepts.

Diese poetische Kritik an der Künstlichkeit ist – wie dargelegt – bereits dem George'schen Text inhärent und wird in Hofmannsthals Gedicht *Die Töchter der Gärtnerin*[15] (1891) erneut aufgegriffen und vertieft:

Die Töchter der Gärtnerin

Die eine füllt die großen Delfter Krüge,
Auf denen blaue Drachen sind und Vögel,
Mit einer lockern Garbe lichter Blüthen:
Da ist Jasmin, da quellen reife Rosen
5 Und Dahlien und Nelken und Narzissen …
Darüber tanzen hohe Margeriten
Und Fliederdolden wiegen sich und Schneeball

---

[14] Vgl. Wolfgang Braungart: »Mnemotechnik des Lebens«. In: Kai Buchholz u. a. (Hg.): *Die Lebensreform. Entwürfe zur Neugestaltung von Leben und Kunst um 1900*. Band 1. Darmstadt 2001, S. 87–90.

[15] Erste Notizen stammen vom 9. und 10. Juni 1891. Allerdings kam Hofmannsthal erst nach der Begegnung mit Stefan George im Dezember des Jahres auf dieses Thema zurück. Der erste Entwurf des Gedichts entstand am 25. Dezember 1891 (vgl. KA I, 141).

>   Und Halme nicken, Silberflaum und Rispen …
>   Ein duftend Bacchanal …
> 10   Die andre bricht mit blassen feinen Fingern
>   Langstielige und starre Orchideen,
>   Zwei oder drei für eine enge Vase ..
>   Aufragend mit den Farben die verklingen,
>   Mit langen Griffeln, seltsam und gewunden,
> 15   Mit Purpurfäden und mit grellen Tupfen
>   Mit violetten, braunen Pantherflecken
>   Und lauernden, verführerischen Kelchen,
>   Die töten wollen ..[16]

Beachtet man allein die inhaltliche Ebene, so handelt das Gedicht davon, dass zwei Töchter einer Gärtnerin auf sehr divergierende Weise Gefäße mit Blumen füllen. Der sich aus Blankversen konstituierende Text ist – wie das Gedicht *Mein Garten* – dabei antithetisch strukturiert: Von Vers 1–9 wird das Vorgehen der einen, von Vers 10–18 das der anderen beschrieben. Auf einer Tiefenebene aber ist eine poetologische Deutungsdimension rekonstruierbar, die zwei verschiedene Kunstauffassungen und damit einhergehend zwei künstlerische Kompositionsprinzipien oppositionell gegenüberstellt.[17] Dies geschieht formal durch die in zwei 9-zeilige Sektionen unterteilte Struktur und inhaltlich über das Vorgehen der beiden *Töchter* (daher: durchgehend *weibliche* Kadenzen), die ihre Sträuße völlig unterschiedlich zusammenstellen. Die erste Tochter repräsentiert ein Kompositionsprinzip, durch welches das ›Leben‹ in der Kunst dargestellt werden soll (was Hofmannsthals eigener poetologischer Position entspricht);[18] die zweite hingegen repräsentiert eine ›elitäre‹ – auf starren formalästhetischen Kompositionsprinzipien beruhende Kunst,[19] wie sie Stefan George vertritt.

Die Blumen, welche die erste Tochter für ihren Strauß selegiert, sind ihrer Art nach vielfältig, dicht und verschlungen. Sie evozieren durch ihre Personifikation eine Art der Lebendigkeit, die den Blumenstrauß als eine Komposition eines »duftend[en] »Bacchanal[s]« (V. 9) ausweist. Die emphatische Vorstellung eines – durch Kombination von gewissen schönen Elementen (wofür die Blumen metaphorische Substitute sind) erfahrbaren – ›Lebens‹ wird durch den dionysischen Charakter dieser Metapher sehr deutlich ausgewiesen.

Die »großen Delfter Krüge« (V. 1), verziert mit blauen Drachen und Vögeln, stehen für die poetisch-ästhetische Form, in welche die schönen Blumen gebracht werden. Während es sich bei der Auswahl durch die erste Tochter um eine *Vielzahl* an duftenden Blumen handelt, die – zu festen bunten Sträußen

---

[16] KA I, 22.
[17] Vgl. zu dieser Deutung den Beitrag von Roland Innerhofer: »›Mein Garten‹. ›Die Töchter der Gärtnerin‹ (1892)«. In: Mathias Meyer/Julian Werlitz (Hg.): *Hofmannsthal Handbuch. Leben – Werk – Wirkung*. Stuttgart 2016, S. 133 f. Hier: S. 134.
[18] Vgl. Streim: *Das ›Leben‹ in der Kunst*, S. 34 f.
[19] Vgl. Zanucchi: *Transfer und Modifikation*, S. 401 f.

komponiert – in mehrere der breiten Krüge gestellt werden, beschränkt sich die zweite Tochter auf »[z]wei oder drei« (V. 12) der exotischen Orchideen, die sie in eine einzige filigrane Vase stellt. Die auserlesene Seltenheit dieser Pflanzenart wird semantisch mit ›Zerbrechlichkeit‹ und ›Starrheit‹ korreliert – schließlich handelt es sich um »[l]angstielige und starre« (V. 11) Blumen, die in eine »enge Vase« (V. 12) gestellt werden. In Opposition zur Breite (und Stabilität) der Delfter-Krüge steht das Vertikale der langen Stängel und des zierlichen Gefäßes. Die Starrheit der Orchideen wird explizit ausgewiesen – ebenso das durch Farben und Muster (»grelle[] Tupfen« [V. 15]; »Pantherflecken« [V. 16]) insinuierte verführerische und giftig-tödliche Element dieser Blumen. Die gepflückten Orchideen sind also sowohl ›tot‹ als auch ›tödlich‹ (womit der Text implizit auf Baudelaires Werk *Fleurs du Mal* referiert). Analoges gilt auch für die sie pflückende Tochter, deren »blasse[] feine[] Finger[]« (V. 10) Tod und Schönheit in sich vereinen.

Entsprechend Georges Gedicht findet der Garten hier als Metapher für die Kunst (den privaten ›Kunstraum‹) des *l'art pour l'art* Verwendung: Denn wenn die Töchter zwei Selektionsprinzipien bzw. Kunstauffassungen repräsentieren, so muss die Gärtnerin die Ordnung der Kunstwerke ›verkörpern‹ – der Garten folglich die künstliche ›Welt‹ der sprachlichen Zeichen und die Blumen die Wörter selbst bedeuten. Die Gegenüberstellung beider Prinzipien weist dabei die implizite Kritik an der ›Lebensfeindlichkeit‹ und ›Künstlichkeit‹ eines auf formalästhetischen Prinzipien beruhenden Kunstprinzips aus. Der Text selbst fungiert so als poetisch-poetologisches ›Manifest‹, in dem Hofmannsthal das eigene Kunstkonzept in Abgrenzung zu George darlegt und in der Figurenanlage der beiden Töchter explizit macht, dass es nicht die primäre Aufgabe der Poesie sei, ›schön‹ zu sein, sondern vielmehr die Mannigfaltigkeit des ›Leben‹ zur Darstellung zu bringen und erfahrbar zu machen. Sie dürfe keinen ›starren‹ (zerbrechlichen) ›Kunstraum‹ modellieren, der in seiner Isolation das ›Leben‹ zugunsten der schönen Form aus der Dichtung verbanne, sondern – in Analogie zum ›Bild‹ des Straußes – Natürliches (›schöne Blumen‹) und Künstliches (›Porzellan-Krüge‹) in einer ästhetischen Form zusammenbringen.

4.5 Der Garten als private Chiffre: Hofmannsthals »Gärten«

Doch nicht nur in seinen frühen Gedichten nimmt Hofmannsthal den Garten als literarisches Motiv und als poetologische Reflexionsfigur für sich in Anspruch, sondern auch in seinen theoretischen Abhandlungen und Plänen zu dramatischen Stücken. So finden sich im Nachlass z. B. Notizen zu zwei geplanten dramatischen Stücken mit den Titeln *Wo zwei Gärten aneinanderstossen* und *Gartenspiel* (beide 1897). Aber auch in seinem theoretischen Werk lässt sich Hofmannsthals Interesse am Motiv des Gartens aufzeigen: So in seinem Aufsatz mit dem Titel *Gärten* (1906), in dem er den ›Zeitgeist‹ mit der Gestaltung und

Ausstattung von Gärten korreliert: »Man fühlt in diesem Augenblick«, schreibt er – das eigene Umfeld beobachtend – »daß hier [d. i. das Wien zur Zeit der Jahrhundertwende, S. B.] eine erhöhte Freude an Gärten existiert. Solche Phänomene kommen und gehen und drücken irgendwie das *innere Leben* eines Gemeinwesens aus, wie irgendwelche Liebhabereien bei einem Individuum« [Hervorhebung von mir, S. B.].[20]

Die Vorliebe für Gärten deutet Hofmannsthal dabei als Ausdruck einer mentalen Disposition der modernen Gesellschaft (insbesondere der Wiener k. u. k. Monarchie) – einem Hang zur Individualisierung und schöpferischen Gestaltung sowie als Möglichkeit der Selbstverwirklichung und ›Beseelung‹ der domestizierten und dadurch künstlich gewordenen Natur: Fast jeder dieser »unzähligen Gärten« sei »ein Individuum« und könne »eine Welt für sich werden.«[21] Der Gärtner – als der im Garten schöpferisch Tätige – ›beseele‹ denselben durch das »Zusammenstellen oder Auseinanderstellen«[22] bestimmter Objekte (Sträucher, Stauden, Beete und Mauern) und verleihe ihm so seine individuelle Prägung. Erst die ›richtige‹ Komposition mache den Garten zu einem kleinen Kunstwerk. Dieser kompositorische Gedanke ist, wie oben gezeigt, schon in *Die Töchter der Gärtnerin* (1891) antizipiert.

Die Analogie zur Kunstproduktion liegt auch hier auf der Hand: Denn wenn der Gärtner seinen Garten gestaltet – Blumen, Sträucher und Bäume selegiert und miteinander kombiniert – so tut er bei der Gestaltung seines Gartens nichts anderes als der Dichter, der aus dem Zeichensystem der Sprache bestimmte Wörter auswählt, in eine stimmige Reihenfolge bringt und damit zu einem individuellen Kunstwerk gestaltet. Hofmannsthal selbst macht diese Korrelation zwischen Dicht- und Gartenkunst deutlich, wenn er behauptet, der Gärtner tue »mit seinen Sträuchern und Stauden, was der Dichter mit den Worten tut: er stellt sie so zusammen, daß sie zugleich neu und seltsam und zugleich auch wie zum erstenmal ganz sich selbst bedeuten, sich auf sich selbst besinnen.«[23] Den Bezug zur Zeit der Moderne drückt Hofmannsthal in poetischer Sprache aus: Die Aufgabe des Gärtners – und die Analogie zum Künstler weiterführend – sei es

> eine so merkwürdige, innerlich schwingende, geheimnisvolle Zeit auszudrücken […] eine unendlich beziehungsvolle Zeit, eine Zeit beladen mit Vergangenheit und bebend vom Gefühl der Zukunft, eine Generation, deren Sensibilität unendlich groß und unendlich unsicher und zugleich die Quelle maßloser Schmerzen und unberechenbarer Beglückungen ist.[24]

---

20 KA XXXII, 103.
21 KA XXXII, 104.
22 KA XXXII, 105.
23 KA XXXII, 105.
24 KA XXXII, 106.

So hat der Gärtner als Garten-Künstler nicht nur den Beziehungsreichtum der gegenwärtigen Zeit, sondern auch den der Vergangenheit und der Zukunft im Arrangement seines Gartens ›auszudrücken‹. Er hat die Aufgabe, dem Garten ›Leben‹ einzuhauchen – ihn zu ›beseelen‹. Deutlich wird spätestens an dieser Stelle, dass es Hofmannsthal nicht primär um den Garten als solchen geht, sondern um die subjektive Komponente, die der Gärtner bei der Gestaltung seines Gartens selbst mit ins Spiel bringt. Wenn Hofmannsthal von der »stumme[n] Biographie« spricht, die der Gärtner mit der Anlage seines Gartens schreibe, und diese mit der »Zusammenstellung der Möbel in seinen Zimmern«[25] vergleicht, wird explizit, dass es Hofmannsthal einerseits um die Selbstentfaltung des Subjektes im Objekt des Gartens, andererseits um die Erschaffung einer individuellen Kunstwelt (in Form eines Gartens oder Interieurs) zu tun ist, die noch für die Nachwelt Bestand haben soll.

> Der Ausgleich zwischen dem Bürgerlichen und dem Künstlerischen (es gibt im Grunde nichts, was dem Dichten so nahe steht als ein Stück lebendiger Natur nach seiner Phantasie umzugestalten), der Ausgleich zwischen dem Netten und dem Pittoresken, der Ausgleich zwischen dem Persönlichen und der allgemeinen Tradition, dies alles wird unseren neuen Gärten ihre nie zu verwischenden Physiognomien geben. Sie werden da sein und werden ganz etwas Bestimmtes sein, eine jener Chiffren, die eine Zeit zurückläßt für die Zeiten, die nach ihr kommen.[26]

Der Begriff der ›Chiffre‹ zeigt an, dass es für nachfolgende Generationen, die ein Kunstwerk einer früheren Zeit betrachten oder lesen – durch einen Garten wandeln oder ein Interieur betreten – aufgrund der zeitlichen Distanz eine interpretatorische Leistung ist, die private Bedeutung des Individuellen zu rekonstruieren, das der Gärtner, Künstler oder Dichter in sein Werk hat einfließen lassen. Und eben dieses eingeflossene ›Leben‹, das den ›Ausgleich zwischen dem Persönlichen und der allgemeinen Tradition‹ schafft, stellt für Hofmannsthal dasjenige dar, was als Kunstwerk überdauert, weil es die eigene Geschichte des Künstlers (seine ›Biographie‹ und sein ›Leben‹) in sich birgt. Der Garten ist für Hofmannsthal also viel mehr als das bloße Arrangement seiner Teile – er hat als Chiffre Zeichencharakter, eine symbolische und psychologische Dimension. Denn die Information, die der Garten kodiert, referiert auf die individualpsychologische Geschichte ihres Schöpfers und ist damit das ›beseelte‹ biographische Zeugnis desselben.

Was im Text lediglich angedeutet wird, sagt viel über Hofmannsthals Verständnis von Privatheit aus: Es verweist auf die Vorstellung eines Reziprozitätsverhältnisses zwischen Individuum und Allgemeinheit, Kunst und ›Leben‹, Privatheit und Öffentlichkeit. So ist der Garten in seiner Funktion als Metapher für die Kunst als chiffriertes Zeichen zu deuten, das auf die Persönlichkeit seines Schöpfers referiert. Das Persönliche, Private, das der Künstler in sein Werk

---

[25] KA XXXIII, 106.
[26] KA XXXIII, 106.

miteinfließen lässt, überdauert die Zeit und steht so in einer unablösbaren Relation zum überindivuellen ›Ganzen‹ des Lebens. Für Hofmannsthal ist das Subjekt nie ohne das Objekt, das Individuelle nie ohne die Allgemeinheit und das Private nie ohne das Öffentliche zu denken – es steht in reziproker Relation zu diesem.

4.6 Der einsame Schlossgarten als aristokratischer Privatraum: Stefan Georges »Der verwunschene Garten«

Eine ganz eigene (und für Georges Lyrik typische) Bedeutung erhält der Garten in Stefan Georges – im *Siebenten Ring* 1907 erschienenen – Langgedicht mit dem Titel *Der verwunschene Garten*. Das umfangreiche, aus sechs Strophen (insgesamt 58 Versen) bestehende Gedicht exponiert die Ambivalenz der Hoheit, die sich in der Sublimierung und Vergottung des Fürstenpaares seitens der geladenen Öffentlichkeit einerseits, und in der tiefen Einsamkeit, die Fürst und Fürstin im Privatleben erleiden, anderseits bekundet – und in diesem Sinne den fürstlichen Garten als Raum öffentlicher Inszenierung und zum Projektionsraum einer abgeschlossenen einsamen Existenz semantisiert.

    Der verwunschene Garten

    Königlich ruhst du in deiner verlassenheit.
    Garten – und selten nur tust du die tore weit …
    Mit deiner steilen gebüsche verschwiegnem verlies
    Sonnig gebreiteter gänge nie furchendem kies.
5   Lispelnde bronnen umfriediget knospend spalier.
    Steinerne urnen erheben die ledige zier.
    In deinem laub geht nur nisten sanft-tönende brut.
    Leichte gewölke nur spiegelt die schlafende flut
    Deines teichs und die ufer entlang das gebäu:
10 Ebnes kühl-gleitendes feuer und flimmrige spreu …

    Eins ist der Fürstin palast: sie bewohnt ein gemach
    Seegrün und silbern .. dort hängt sie der traurigkeit nach
    In ihren schnüren von perlen und starrem brokat.
    Keine vertraute bewegt sie und weiss einen rat.
15 Weinend nur wählt sie aus ihrer kleinode schwarm
    Und ihre wange bleibt leuchtend in all ihrem harm.
    Lieblichste blume vergeblichen dufts die nicht dorrt ·
    Zartestes herz – ihm gelingt für die liebe kein wort.
    Manchmal nachdem sich die sonne im haine verbarg
20 Und ihr der tag in die wehmut gelindert sein arg ·
    Sie auf der laute in schmelzenden weisen sich übt:
    Staunen die stolzen gestirne und werden getrübt.

Jenseits des wassers der mattrot- und goldene saal
Herbergt den Fürsten und seine verschlossene qual.
25 Bleich alabasterne stirn ziert ein schwer diadem ·
Freude und trost des gefolges ist ihm nicht genehm.
Jung und in welke so streckt er die arme ins blau
Schluchzend vom söller herab in die duftige au ·
Der nicht der eigenen würde bekrönung gewahrt
30 Die jedes nahen verbietet vertraulicher art ...
Keiner den schaudern der fernheit nicht überkam ·
Der sich das auge nicht deckte · nicht beugte aus scham
Vor diesem antlitze schönheit- und leid-überfüllt
Das uns das herbste und süsseste lächeln enthüllt!

35 Einmal verstattet das jahr nur der Herrlichen schau ..
Schranken verschwinden und offen steht halle und bau.
Doch wer erwählt ist nur folgt – wer von frommem geheiss
Wer von der heimlichen sprache der blumen wohl weiss
Und von dem zitternden ton von demütigem dank:
40 Adel und anmut von allem was fürchtig und schwank.
Fern ist wer immer in tosenden schluchten gerast ·
Wer in den sümpfen und giftigen angern gegrast –
Kalter gespenster und düsterer schergen gesind –
Wer wie das tier nicht gerührt wird vom himmlischen wind.

45 Beiden portalen entschwebt nun ein feiertalar ..
Auf der terrasse begegnet und grüsst sich das paar ·
Gleitet die wege hernieder · die hände verschränkt:
Einzige tritte darob sich die stille nicht kränkt.
Wonne durchrieselt der schauenden kreis der sich kniet
50 Der seiner höchsten entzückung so lange entriet:
Spitzen opalener finger zu küssen und kaum
Dieser sandalen und mäntel juwelenen saum –
Also erhebt sich in tränen manch stummes gebet.
Aber der zug hat beim brunnen sich langsam gedreht ..
55 Mit dem holdseligen blick auf der Treuesten kür
Lohnen sie nochmals und in eines laubganges tür
Sind ihre schimmernden schleppen verflattert und ganz
Löst sich der garten im abendlich purpurnen glanz.[27]

Der Garten fungiert hier einerseits als Ort der Repräsentation und der religiösen Verklärung, andererseits aber als hermetischer Projektionsraum des einsamen Herrscherpaares, das unter dem schweren Amt seines ›Königtums‹ zu leiden hat. Die Abgrenzungsvorrichtungen des Gartens – die »steilen gebüsche« (122, V. 3), »tore« (122, V. 2) und »Schranken« (123, V. 36) – trennen den ›heiligen‹ Raum vom Rest der ›profanen‹ und bürgerlichen Welt ab und machen ihn

---

[27] Zitiert wird im Folgenden nach SW VI/VII. Hier: S. 122 f. Die Angaben in Klammern beziehen sich auf die entsprechende Seite; die Ziffer hinter dem Komma gibt den konkreten Vers an.

damit für die Außenstehenden zu einem geheimnisumwobenen Bereich. Dieser räumlichen Hermetisierung korrelieren die Sakralisierung des Schlossgartens und die Sublimierung der Herrscherfiguren, die sich durch ihr soziales Abgrenzungsverhalten vor den Blicken des Volkes schützen. Der fürstliche Bau und der verwunschene Garten sind dabei verschlossene abgegrenzte Bereiche, die einerseits den ›königlichen‹ Charakter des Fürstenpaares zeichenhaft repräsentieren, andererseits deren Auszeichnung und Abgeschiedenheit als Leiden kennzeichnen.

Die herrschende Stille – nur »sanft-tönende brut« (122, V. 7) ist im Laub zu vernehmen – und das ruhige Gewässer – die »schlafende flut« (122, V. 8) – deuten darauf hin, dass Fürst und Fürstin in ihrem Privatleben lieber ungestört bleiben. Der Teich, der das fürstliche Gebäude umgibt, dient als zusätzlicher Schutzwall gegen Unbefugte, die den Privatraum zu betreten trachten. Insbesondere die Metaphern des »kühl-gleitende[n] feuer[s]« (122, V. 10) und der »flimmrige[n] spreu« (122, V. 10) evozieren dabei Vorstellungen von einem Lavafluss, der das ›heilige Zentrum‹ des Gartens, den Palast des Fürstenpaares, vor Profanierung schützen soll.

»Lispelnde bronnen« (122, V. 5) und »[s]teinerne urnen« (122, V. 6) referieren dabei zeichenhaft auf die Tiefe der Vergangenheit und die bereits verstorbenen Fürsten früherer Zeiten – ebenso finden sich Metaphern der Verschlossenheit und des Eingesperrtseins, wenn vom »verschwiegne[n] verlies« (122, V. 3) die Rede ist. So stellt der Gartenraum in ambivalenter Modellierung eine Art ›heiliges Gefängnis‹ dar, in dem das Fürstenpaar in seiner Einsamkeit zu verharren hat: Nie wird der Kies der breiten Wege betreten, nur »[l]eichte gewölke« (122, V. 8) spiegeln sich in der »schlafende[n] flut« (122, V. 8) – doch ›königlich‹ ruht der Garten in seiner Verlassenheit.

Eine kleine auserwählte Teilöffentlichkeit, die spezifische habituelle bzw. charakterliche Kriterien erfüllen muss, hat einmal im Jahr das Privileg, in den Schlossgarten eingelassen zu werden und das Fürstenpaar zu sehen. Nur diesen Auserwählten ist es gestattet, den – sonst sakrosankten – Privatraum zu betreten und sich der Prozession anzuschließen: »Doch wer erwählt ist nur folgt« (123, V. 37). Bestimmte Charakterzüge sind dabei Voraussetzung für den Einlass in den heiligen Bereich, die unter das Paradigma des ›geistigen Adels‹ subsumiert werden können: Einen feinen Sinn für die Dinge (ein Wissen um die ›geheime Sprache der Blumen‹), eine dankbare Demut, die hierarchische Unterordnung impliziert – zudem Adel und »anmut von allem was fürchtig und schwank« (123, V. 40).[28] Zur Verdeutlichung und Akzentuierung der Exklusivität wird umgekehrt ausgeführt, wer keinen Zutritt hat und von der Teilnahme an der

---

28 Damit enthält dieses Gedicht eine außertextuelle Referenz auf die soziale Praxis des George-Kreises, der auf klare hierarchische Verhältnisse setzte. Auch hier entschied der ›Meister‹ George darüber, wer in seinen Kreis aufgenommen wurde. So bewarb sich z. B. Rainer Maria Rilke darum, Mitglied des George-Kreises zu werden, George aber verwehr-

Prozession ausgeschlossen bleibt: Wer »in tosenden schluchten gerast« (123, V. 41), ›düsteren Schergen‹ oder ›kalten Gespenstern‹ dient – ferner, wer »in den sümpfen und giftigen angern gegrast« (123, V. 42) oder vom »himmlischen wind« (123, V. 44) nicht gerührt wird. All diese Metaphern deuten auf einen Charakter, der sich bestimmen lässt durch Falschheit, Gemeinheit und Rohheit – der also in Opposition zu dem im ersten Teil dieser Strophe positiv dargestellten ›Geistesadel‹ zu positionieren ist.

Feierlich beginnt die Zeremonie, in der Fürstin und Fürst wie geistige Wesen in heiligen Roben erscheinen. Sie scheinen dabei kein physisches Gewicht zu besitzen, denn sie ›entschweben‹ beiden Portalen (vgl. 123, V. 45), ›gleiten‹ die Wege ›hernieder‹ (vgl. 123, V. 47) und ihre Tritte erzeugen keinen Laut. Von ihrer ›Himmelshöhe‹ lassen sie sich zu den im Kreis versammelten Auserwählten ›herab‹, wobei diese beim Anblick der epiphanischen Erscheinung in »höchste[] entzückung« (123, V. 50) geraten. Die Berührung mit der Schönheit und dem ›Heiligen‹ versetzt sie in einen Zustand der Wonne, der in stummen Tränen oder Gebeten seinen Ausdruck findet. Die religiöse Verklärung des Fürstenpaares zu gottgleichen Gestalten durch den Kreis »der Treuesten kür« (123, V. 55) macht den Zusammenhang zwischen der Seltenheit ihres Erscheinens, ihrer Distanz und künstlichen Schönheit explizit.

Diese perspektivische Wahrnehmung aus Sicht der Erwählten entspricht – und dies weiß der Leser bereits seit der zweiten Strophe – keineswegs den objektiven Verhältnissen hinter dem schönen Schein. Denn zwischen der inszenierten Innigkeit des Fürstenpaares während der Prozession – sie halten »die hände verschränkt« (123, V. 47) – und dem Privatleben beider besteht eine tiefe Diskrepanz. Während es nach ›außen‹ freilich so scheint, als wären beide glücklich und lebten in ›himmlischer‹ Eintracht, exponieren Strophe zwei und drei – in welchen Fürst und Fürstin separiert in ihren Privatgemächern dargestellt werden – dezidiert die Einsamkeit, Verlassenheit und melancholische psychische Verfassung der beiden Herrscherfiguren. Schon die klare räumliche Trennung (die sich formal durch den Abschluss der beiden Strophen kenntlich macht) und die differierenden Farben verweisen zeichenhaft auf ein ›gestörtes‹ Verhältnis zwischen der Fürstin und dem Fürsten. Während erstere »ein gemach / Seegrün und silbern« (V. 11 f.) bewohnt, befindet sich der »mattrot- und goldene saal« (122, V. 23) des Fürsten »[j]enseits des wassers« (122, V. 23).

Beide Figuren sind dabei mit Semantiken der Künstlichkeit und des Artifiziellen konnotiert: Die Fürstin mit wertvollen Perlen und Brokat; der Fürst, des-

---

te ihm dieses ›Privileg‹ (vgl. Rainer Maria Rilke: »Brief an Stephan George«. In: *Corona. Zweimonatsschrift* 6 [1936]. Heft 6, S. 706). Umgekehrt konnte George seine Jünger auch verbannen – wie es z. B. im Fall Friedrich Gundolfs geschah, als dieser seine Monographie zu *Kleist* (1922) Elisabeth Salomon widmete. Sein Entschluss, sie zu heiraten, wendete sich gegen den Willen des ›Meisters‹, woraufhin dieser seinen früheren ›Lieblingsjünger‹ verstieß. Vgl. Egyptien: *Stefan George. Dichter und Prophet*, S. 381–384.

sen Stirn aus Alabaster zu sein scheint, trägt das Diadem als Zeichen der Herrschaft. Trotz ihrer Schönheit, ihres Reichtums und herausragenden Stellung – der »eigenen würde bekrönung« (122, V. 29) – sind beide in ihrer Isolation als leidend gezeichnet.

Das distanzierte Verhalten, das sie in ihrer Rolle als Herrscher pflegen müssen, verbietet jede Form von ›natürlicher‹ Intimität oder Nähe. So sind sie selbst gegen ihre Vertrauten reserviert, können sich emotional nicht ›öffnen‹ und schützen damit ihr nach ›außen‹ projiziertes Bild von sich – zum Preis der physischen und psychischen Abgeschiedenheit. Dieses reservierte Verhalten zum Schutz der eigenen ›Hoheit‹ und die damit einhergehende emotionale Distanz zeigen sich bei der Fürstin beispielsweise darin, dass »[k]eine vertraute« (122, V. 14) ihr einen Rat zu geben weiß oder sie mit aufmunternden Worten zu ›berühren‹ vermag. Beim Fürsten freilich verbietet sich ohnehin »jedes nahen […] vertraulicher art« (122, V. 30); in seiner Gegenwart empfindet das Gefolge ein »schaudern der fernheit« (123, V. 31), das auf die enorme habituelle und soziale Kluft zwischen den Untergebenen und ihrem Herrscher zurückführbar ist.

Strophe zwei und drei sind dabei strukturell äquivalent aufgebaut und verdeutlichen dadurch implizit das ›Nebeneinander-Existieren‹ des Herrscher-Ehepaars. Der Beschreibung des Gemachs (›grün-silbern‹ / ›mattrot-gold‹) folgt die psychische Verfassung der Figuren (›Traurigkeit‹ / ›verschlossene Qual‹), woraufhin anschließend der Reichtum (›Perlen‹ / ›Diadem‹) akzentuiert wird, um dann die auf Distanz gegründete soziale Interaktion mit den Bediensteten zu schildern. Die Einsamkeit äußert sich bei der Fürstin durch das Lautenspiel, beim Fürsten hingegen in einem herben Ausdruck seines Lächelns.

Außerdem finden sich in beiden Strophen (zwei und drei) antithetische Beschreibungen, die ›Schönheit‹ und ›emotionale Kälte‹ semantisch äquivalent setzen: So wird die Fürstin zwar superlativisch als »Lieblichste blume […] die nicht dorrt« (122, V. 17) beschrieben – zugleich aber wird in der Parenthese »vergeblichen dufts« (122, V. 15) deutlich, dass ihre Lieblichkeit, ihre Schönheit und ihr Duft letzten Endes ›vergeblich‹ sind, weil sie in ihrer sozialen Abgeschiedenheit und Einsamkeit auf niemanden eine Wirkung zeitigen kann – wobei dasselbe für ihr »[z]artestes herz« (V. 18) gilt, dem »für die liebe kein wort« (122, V. 18) gelingt. Analog dazu wird der Fürst antithetisch als »[j]ung und in welke« (122, V. 27) beschrieben, während sein Antlitz zugleich »schönheit- und leid-überfüllt« (123, V. 33) und sein Lächeln »das herbste und süsseste« (123, V. 34) ist. All diese Superlative sind Hyperbeln, die auf das Defizitäre der fürstlichen Lebensform verweisen und damit selbstreflexiv und metapoetisch das Primat der Schönheit hinterfragen und kritisieren. Augenscheinlich stehen ›öffentliche Schönheit‹ und ›privates Leid‹ also in enger semantischer Korrelation. Hoheit, so die zentrale Aussage des Gedichtes, ist stets mit dem Los der Einsamkeit verbunden.[29]

Der Titel selbst trägt zu dieser Deutung bei. Die Dialektik und Ambivalenz, die er in sich birgt, exponiert sich in der Ambiguität des Verbs ›verwunschen‹. Da ›verwunschen‹ sowohl in der lexikalischen Bedeutung von ›verzaubert‹ als auch in der altertümlichen Denotation von ›verfluchen‹ oder ›verdammen‹ verstanden werden kann, erhält das Wort eine Ambiguität, die sich sowohl auf die Beziehung als auch die ›Seelenzustände‹ des Fürstenpaars übertragen lässt.

Wie in den Analysen zu Georges früher Lyrik bereits gezeigt, darf es als charakteristisch für dessen Dichtung gelten, dass er bewusst mit der Polyvalenz und Ambiguität von Begriffen arbeitet und häufig Archaismen oder unkonventionelle (›erlesene‹) Wörter einsetzt, die ihre ursprüngliche Bedeutung im Lauf der Zeit verloren haben.

So deutet der Titel des Gedichts ›Der verwunschene Garten‹ also bereits auf die bestehende Diskrepanz zwischen der ›Verzauberung‹ und religiösen ›Verzückung‹ der wenigen Privilegierten, die den ›verwunschenen‹ (verzauberten) Garten betreten dürfen (verklärte Wahrnehmung der Öffentlichkeit), und dem Herrscherpaar, das diesen Ort zur öffentlichen Repräsentation bzw. zur Inszenierung ihrer Hoheit nutzt und der für das Paar als aristokratischer Privatraum aber ein hermetisch abgeriegeltes Gefängnis bedeutet, das es im Stillen ›verwünscht‹.

Festzuhalten bleibt, dass der Text das Paradigma der Privatheit dialektisch einerseits als Auszeichnung und notwendige Bedingung eines Aristokratismus, andererseits als Bürde der Distanz und Einsamkeit exponiert, indem er durch die raumsemantische Darstellung einer strikten physischen Trennung von Fürst und Fürstin und deren psychisch-emotionalen Disposition die Ambivalenz der aristokratischen Privilegien (Reichtum, Macht, Schönheit) vor Augen führt. Die hermetische Abgeschlossenheit, durch die dem Herrscherpaar erst der Nimbus religiöser Bedeutsamkeit zukommt, ist so zwar die notwendige Voraussetzung, zugleich aber deren größtes Verhängnis. Privatheit ist damit als Konstrukt identifizierbar, das stets in Relation zur Öffentlichkeit gedacht werden muss. Die konstatierte Diskrepanz zwischen Sein und Schein ist so als das Resultat eines Ungleichgewichts zugunsten des Privaten zu deuten. Denn wenn das Herrscherpaar nicht imstande ist, miteinander ›intim‹ zu sein und die Öffentlichkeit lediglich als Schauplatz für die Inszenierung der partnerschaftlichen Verbundenheit nutzt, so verweist der Text gerade auf das Defizitäre in der Einseitigkeit der privaten Existenz beider Figuren.

---

[29] Diese Diskrepanz zwischen öffentlicher Repräsentation und Privatheit findet sich als zentrales Thema auch in Thomas Manns zweitem Roman *Königliche Hoheit* (1909).

4.7 Fazit: Der hortus conclusus *in der Lyrik um 1900*

Dem Motiv des Parks/Gartens werden um 1900 also vielerlei Funktionen zugewiesen: So dient er einerseits als Rückzugsort und kann als geweihter Privatraum sogar sakrale Bedeutung erlangen. In diesem Fall ist der Zugang nicht jedem nach Belieben gestattet, sondern ist den ›Auserwählten‹ vorbehalten. Das Motiv des Parks/Gartens ist daher häufig mit Erlesenheit, Hoheit und einem (bereits um die Jahrhundertwende anachronistischen) Aristokratismus semantisiert (so z. B. in den untersuchten Gedichten Stefan Georges oder Hugo von Hofmannsthals). Andererseits aber kann er auch zum Zeichen des Verfalls und der Verwilderung werden, zu einem hermetischen Raum von Traum, dionysischer Erfahrung und Tod.

Gemeinsam ist den fünf untersuchten Texten die inhärente Kritik an der problematischen Abkehr von der sozialen Wirklichkeit und vom ›Leben‹ (Beispiel: Hofmannsthals *Mein Garten* und *Die Töchter der Gärtnerin*). Es ist daher nicht verwunderlich, dass die Parks und Gärten in der Literatur der Jahrhundertwende meist verschlossene abgesonderte Bereiche darstellen, die als Privaträume aber durchaus ambivalent gezeichnet sind. Das Betreten dieser Räume markiert so eine Grenzüberschreitung zwischen dem öffentlichen Bereich des Alltäglichen und der alltäglichen Gleichförmigkeit einerseits und dem Privatraum ästhetischer Erfahrung im schönen Park/Garten andererseits. Es zeig sich in der Zeichnung der semantischen Räume, dass absolute Privatheit in keinem der bisher untersuchten Texte ein wünschenswerter Zustand ist – das Private und Öffentliche vielmehr als komplementäre und dichotomische Bereiche zu betrachten sind, zwischen denen ein Gleichgewicht als erstrebenswertes Ziel erscheint.

Zum Schutz finden sich meist Mauern, Gitter und Eisentore, die den Garten von der profanen Außenwelt abgrenzen und ihn damit zu einem autarken Privatraum modellieren. Dadurch erhält er für den Außenstehenden die Aura des Geheimnisvollen und wird so mit religiösen Semantiken konnotiert (Beispiel: Georges *Der verwunschene Garten*) oder zum Ort dionysischer Grenzerfahrung (Beispiel: Klages *Wie im Park die Dächer aus triefenden Zweigen*).

Als Ort der Erholung und des Rückzugs ist der Garten i. d. R. also als ein von der Außenwelt abgeschlossener Bereich modelliert und repräsentiert einen Schutzbereich gegen die Folgen der Urbanisierung, Industrialisierung und Pluralisierung der modernen Gesellschaft – das profane, gefährliche, lärmende ›Außen‹. Gegen die Reizüberflutung der Eindrücke stellt sich der Garten als kontemplativer Raum dar, der ein privates Für-sich-Sein ermöglicht (Beispiel: Georges *Im Park*). Das Sprecher-Ich im Gedicht verweilt hier entweder gedanklich in der Vergangenheit, zieht sich von der Gesellschaft und der öffentlichen Sphäre in eine private Umgebung zurück, oder aber findet sich wieder in einem artifiziellen, schönen – doch leblosen Gebiet, das die Gefahr einer solchen existenziellen Abkoppelung deutlich herausstellt. Dieser Raum ist folglich kein ›öffentlicher‹ – nie befinden sich mehr als zwei Figuren darin – und ist zudem mit Schutzmechanismen versehen, damit nur ›Erwählte‹ den Zugang zu ihm finden.

Es lässt sich demnach konstatieren, dass der kunsthistorische Topos des *hortus conclusus* in der frühmodernen Literatur der Jahrhundertwende wiederaufgenommen und aus dem religiösen Kontext ins Literatursystem übertragen wird.[30] So trägt er durch seine Wiederaufnahme als kulturgeschichtlich tradiertes Zeichen zum proklamierten exklusiven Sonderstatus und zur Tendenz einer Sakralisierung der Kunst bei. Der Künstler wird dabei zum souveränen Schöpfer seines individuell gestalteten Gartens, der nicht nur ›schön‹ sein – sondern sogar dazu fungieren soll, lebendiges Zeugnis seines Schöpfers zu sein (Beispiel: Hofmannsthals *Gärten*).

Umgekehrt kann der Garten aber auch zu einer Art Gefängnis werden, aus dem es keinen Ausweg – jedenfalls keinen Weg zurück ins ›Leben‹ – gibt (Beispiel: Georges *Mein Garten bedarf nicht Luft und nicht Wärme…*). Diese künstlichen Gärten sind damit auch tödliche und infertile Gefilde, in denen zwar die künstliche Schönheit herrscht, andererseits aber das ›Leben‹ ausgeschlossen bleibt. Der Garten, welchen der Künstler für sich selbst erschafft, ist daher eben auch häufig mit versäumtem Leben korreliert:

> Der verschlossene Garten verspricht als nicht-öffentlicher Raum eine Freistätte zu sein, auf der man sich selber leben kann – fern der Menge und dem Zwang zur Gleichförmigkeit. Aber eine Gefahr wiegt […] dies Versprechen auf, wiegt sogar schwerer – die Gefahr, daß man im verschlossenen Garten um sein ›Leben‹, auch um das tätige oder abenteuerliche Leben betrogen wird.[31]

So lassen sich die Ergebnisse der vorangegangenen Textanalysen abschließend in drei Thesen zusammenfassen:

1.) Der ›Park‹ bzw. ›Garten‹ ist in den frühmodernen Texten der Wiener und Münchner Moderne als autarker, von der (als profan und unästhetisch modellierten) ›Wirklichkeit‹ der Außenwelt abgeschiedener privater Raum modelliert.

2.) Dieser Raum steht aufgrund seiner hermetischen Qualität in semantischer Opposition zur ihn umgebenden Außenwelt. Der Übergang zwischen dem ›Außen‹ (soziale Wirklichkeit) und dem ›Innen‹ (ästhetisierter Garten/Park) stellt eine Grenzüberschreitung dar.

---

[30] Der verschlossene Garten ist ein kunst- und religionsgeschichtliches Motiv und spielt insbesondere in der Mariensymbolik eine große Rolle. Siehe dazu beispielsweise das *Paradiesgärtlein* (ca. 1410/1420), ein Gemälde des Oberrheinischen Meisters, auf dem sich Maria (umgeben von Engeln und Heiligen) mit dem Christuskind in einem Garten befindet, der von Pflanzen und schützenden Mauern umgeben ist.

[31] Koebner: »Der Garten als literarisches Motiv um die Jahrhundertwende«, S. 150.

3.) Als Rückzugsort kann der Park/Garten (a) positiv konnotiert sein: In diesem Falle sind es vor allem Semantiken der (künstlichen) Schönheit, Hoheit, Kontemplation und Erholung, die diesen Raum prägen. Der Garten kann aber auch (b) negativ konnotiert sein: Dann wird er als abgesperrter Bereich, in dem ›Leben‹ unmöglich ist, oder als ein Ort der Einsamkeit, der Unfruchtbarkeit und des Todes modelliert. Der dritte – am häufigsten auftretende – Fall (c) stellt eine Mischform aus (a) und (b) dar, in welcher die diastatische Spannung und Ambivalenz des künstlichen Gartens exponiert wird: In diesem Fall stellt der Garten einen ›lebensfernen‹ Raum dar, der aufgrund seiner Abgeschlossenheit das ›Leben‹ in seiner Ganzheit auszuschließen droht – dadurch aber gerade die Voraussetzung für ästhetische Erfahrung und ›reine‹ Kunstschöpfungen bietet. So wird er zwar als ein Ort künstlicher Schönheit modelliert, der mit kunstvollen Artefakten ausgestattet ist und sich durch besondere ›wahrnehmungsästhetische‹ (z. B. synästhetische) Qualitäten auszeichnet – auf einer Tiefenebene aber seinen problematischen defizitären Charakter nicht verschleiern kann. So ist der private Raum auf der Oberfläche als scheinbare Alternative zum tätigen öffentlichen und politischen Leben modelliert; auf einer Tiefenebene aber wird deutlich, dass es gerade das Wechselspiel beider dichotomischer Bereiche ist, in welchem sich gelingendes positiv konnotiertes ›Leben‹ konstituieren kann.

So fungiert das Motiv des ›Gartens‹/›Parks‹ zum einen als ambivalentes Zeichen, mit dem sowohl Semantiken existenzieller Bedrohung als auch künstlicher Schönheit korreliert sind. Wie anhand der untersuchten Gedichte Hofmannsthals gezeigt, eignet sich dieses Motiv aufgrund seiner Ambivalenz daher besonders gut zur impliziten Kritik an der Kunstkonzeption des *l'art pour l'art*. Die poetische Widerlegung der ästhetischen Kunst- und Lebensform aus einer metapoetischen Perspektive hängt dabei eng mit Hofmannsthals eigener poetologischer Kunstkonzeption, seinem Autorkonzept und seinem Verständnis von Privatheit zusammen.

Im folgenden Kapitel möchte ich daher sowohl auf Hofmannsthals Modell von Autorschaft als auch auf dessen Poetik eingehen und herausstellen, welche Stellung Privatheit in seinem Kunstkonzept einnimmt. Im Zuge dessen werde ich mich mit der theoretischen Schrift *Der Dichter und diese Zeit* auseinandersetzen, um die Frage zu beantworten, inwieweit Privatheit als ästhetische Kategorie für Hofmannsthals Poetik eine Rolle spielt.

5. ›Aus dem Verborgenen eine Welt regieren‹: Privatheit im lyrischen Frühwerk Hugo von Hofmannsthals

5.1 Privatperson und öffentliches Werk

Im Nachlass Hugo von Hofmannsthals findet sich unter der Überschrift *Ad me ipsum* ein *imaginärer Brief an C. B.* (1927), in dem der Autor in einem Antwortschreiben auf eine anerkennende Stellungnahme zu seinem Jugendwerk reagiert. In dieser Notiz schreibt er an seinen fiktiven Adressaten, dass es ihn gerührt habe, »wie vieles Sie fühlen, erkennen« und »dass Sie dies Jugendœuvre ein so berühmtes als unverstandenes nennen. Es scheint mir wirklich so. Ich staune wie man es hat ein Zeugnis des l'art pour l'art nennen können – wie man hat den Bekenntnischarakter, das furchtbar Autobiographische daran übersehen können«.[1]

Auch wenn es in der Literaturwissenschaft prinzipiell geboten ist, retrospektiven Aussagen von Autoren über ihr eigenes Werk mit einer gewissen Vorsicht zu begegnen, zeugt dieses Zitat davon, dass Hofmannsthal sein Frühwerk keineswegs für ein Werk des *l'art pour l'art* gehalten hat, sondern vielmehr als autobiographisches Zeugnis seiner privaten Erlebnisse und Erfahrungen.[2] Entsprechend liest man im *Buch der Freunde*, einer Aphorismensammlung, in welcher Hofmannsthal zahlreiche eigene Sprüche in die Blütenlese bedeutender Autoren (wie Lessing, Goethe oder Lichtenberg) einstreut, dass »[j]ede Darstellung eines Seienden« bereits »Indiskretion«[3] sei. Damit ist natürlich implizit gesagt, dass dasselbe in besonderer Weise auch auf den Autor selbst zutrifft, der private Informationen preisgibt, indem er sie über sein poetisches Werk kommuniziert. Dass ein Autor eigene Erfahrungen und Biographisches in seine Werke miteinfließen lässt, kann (entgegen der poststrukturalistischen Position vom ›Tod des Autors‹[4]) nicht ernstlich bestritten werden.[5] Vielmehr stellt sich die Frage danach, wie ostensiv er dies tut.

Schon Hermann Broch betont in seiner Studie *Hofmannsthal und seine Zeit*, dass Hofmannsthal in seiner frühen Lyrik keineswegs »*Bekenntnis-Lyrik*«, son-

---

[1] KA XXXVII, 153.
[2] Dies bezeugt auch folgendes Zitat aus Hofmannsthals *Buch der Freunde*: »Ein Kunstwerk ist eine umständliche und ausgebreitete Handlung, durch die ein Charakter, der des Autors, erkennbar wird« (KA XXXVII, 53).
[3] KA XXXVII, 47.
[4] Vgl. Roland Barthes: »Der Tod des Autors«. In: Fotis Jannidis u. a. (Hg.): *Texte zur Theorie der Autorschaft*. Stuttgart 2000, S. 185–193.
[5] Vgl. Fotis Jannidis u. a. (Hg.): *Die Rückkehr des Autors. Zur Erneuerung eines umstrittenen Begriffs*. Tübingen 1999.

dern im Gegenteil »*Erkenntnis-Lyrik*«[6] geschrieben habe. Der Dichter habe versucht, »jegliches Subjektivitäts-Element« in seinen Jugendgedichten »auszuschalten«[7] – sich selbst als Person also aus der Dichtung herauszuhalten. Broch nennt diesen Schutz der informationellen Privatheit bei Hofmannsthal trefflich »*Selbst-Verschweigung*« und »*Ich-Verschwiegenheit*«.[8] Es geht Hofmannsthal nicht um die fiktive Repräsentation des eigenen Selbst, sondern vielmehr um die bewusste Chiffrierung seines ›Ichs‹ im Medium der Dichtung.[9]

Werk und Autor sind strikt voneinander zu scheiden – so schon die Position des 17-jährigen Schülers. Im Brief an Hermann Bahr vom 14. November 1891 erklärt er dem 10 Jahre älteren Freund in diesem Sinne: »Ich habe einmal den Grundsatz, Schriftsteller nicht in ihren Schriften zu suchen; sind nicht wir gleich z. B. viel netter als unsere Bücher?«[10]

Hofmannsthal spricht also bereits zu dieser Zeit den essentiellen Unterschied zwischen Text (also dem Medium, in dem ein Erzähler bzw. eine Figur spricht) und Autor an, auf den er später immer wieder zu sprechen kommen wird, wenn er auf die semiotische Dimension von Sprache im Allgemeinen Bezug nimmt. So werden auch seine eigenen Schriften zu autonomen textuellen Gebilden erklärt, die für sich selbst je eine individuelle Kunst- und Vorstellungswelt repräsentieren, in die zwar biographische Elemente unweigerlich ›einfließen‹ – diese der Öffentlichkeit aber nicht erkennbar sein sollen. Pointiert formuliert: Zwar schreibt Hofmannsthal seine Werke stets mit dem Wissen, für eine Öffentlichkeit zu schreiben. Als Autor ist er aber darauf bedacht, dass keine privaten Äußerungen, Dokumente oder Informationen über seine Person oder sein Leben publik gemacht werden. Es geht Hofmannsthal also nicht um die öffentliche Wirkung des Dichters *in persona*, sondern vielmehr um die ästhetische Wirkung und Rezeption seiner (poetischen) *Schriften*. Entsprechend heißt es in *Poesie und Leben* (1896): »ich kann Ihnen nichts erzählen, was Ihnen seine Gedichte nicht erzählen können«.[11]

Ein bezeichnendes Zeugnis dafür gibt auch das Antwortschreiben an Ruth Sieber-Rilke, die Tochter Rainer Maria Rilkes, die 1927 plante, eine Auswahledition des Briefwechsels mit ihrem verstorbenen Vater zu publizieren. Hofmannsthals Abneigung dem Vorhaben gegenüber bekundet sich deutlich in seiner Antwort:

---

[6] Broch: *Hofmannsthal und seine Zeit*, S. 197.
[7] Broch: *Hofmannsthal und seine Zeit*, S. 197.
[8] Broch: *Hofmannsthal und seine Zeit*, S. 197.
[9] So verzichtet Hofmannsthal in seinen frühen Gedichten auf Ich-Instanzen und chiffriert das eigene Selbst mit einer privaten Metaphorik (z. B. der tiefe Brunnen als das eigene Selbst im Gedicht *Weltgeheimnis*).
[10] Hugo von Hofmannsthal: *Briefe 1890–1901*. Berlin 1935, S. 40.
[11] KA XXXII, 188.

> Wenn ich meinen Tod sehr nahe kommen fühlte, würde ich Weisungen hinterlassen […], diese vielen schalen und oft indiskreten Äußerungen über einen produktiven Menschen und seine Hervorbringungen, dieses verwässernde Geschwätz, zu unterdrücken, zumindest ihm möglichst die Nahrung zu entziehen durch Beiseite-Bringen der privaten Briefe und Aufzeichnungen, Erschwerung des läppischen Biographismus und aller dieser Unziemlichkeiten.[12]

Hofmannsthals Position ist deutlich. Er wendet sich strikt gegen die Veröffentlichung privater Korrespondenzen. Dies zeigt sich auch in seiner Reaktion auf die Veröffentlichung von Hartlebens Briefen:

> Ich weiß nicht, wo diese pseudo-philologische Anmaßung und subalterne Ahnungslosigkeit den Mut hernimmt, sich, sobald ihr die Feder in die Hand kommt, *publice* über die primitivsten Gesetze des Anstandes hinwegzusetzen, deren analoge Verletzung privatim in keinem Bürger- oder Bauernhaus straflos durchginge.[13]

Das Private geheim zu halten, ist für Hofmannsthal eine Selbstverständlichkeit und steht in enger Verbindung zu seiner Vorstellung von ›Adel‹ und ›Vornehmheit‹: »Verbirg dein Leben«[14] lautet eine seiner privaten Notizen, und an dieser Maxime hat sich Hofmannsthal zeitlebens orientiert. Die Vornehmheit des Dichters sieht er dabei vor allem darin begründet, sich nicht mit anderen gleichzustellen. Ganz im Sinne Nietzsches vertritt er die Position, dass sich der wahre Künstler durch seinen höheren Rang vor anderen auszeichne. Dies erklärt auch, weshalb es Hofmannsthal noch im Alter keinem gestattete, eine Biographie über ihn zu verfassen – und das trotz zahlreicher Anfragen:

> Es sind einige herangetreten meine Biographie schreiben zu dürfen. Ein sehr sonderbares Ansinnen. Die Anekdoten – die Aufenthaltsorte – die Begegnungen – die Einflüsse. Unfähigkeit, das rein geistige Abenteuer zu erfassen. […] Wer eine Biographie macht, stellt sich gleich. Die Biographen können nur erfassen was sie mit ihm (u. vielen andern) gemein haben.[15]

Der Gefahr, das Idiosynkratische seines Charakters preiszugeben und durch die Offenlegung das ›Profane‹ der eigenen Persönlichkeit aufzudecken – sich ›gleich‹ zu machen – begegnet Hofmannsthal nicht nur mit Reserviertheit, sondern mit der entschiedenen Entschlossenheit, sämtliche privaten Informationen vor der Öffentlichkeit zurückzuhalten. Diese aristokratische Haltung und postulierte Notwendigkeit, sich von anderen zu distinguieren – das ›Pathos der Distanz‹ zu wahren – wird besonders an einer Aufzeichnung im *Buch der Freunde* sinnfällig: »Es ist eine unangenehme, aber notwendige Kunst, die gemeinen Menschen durch Kälte von sich abzuhalten.«[16] Es ist allerdings nicht allein das

---

[12] Hugo von Hofmannsthal/Rainer Maria Rilke: *Briefwechsel 1899–1925*. Herausgegeben von Rudolf Hirsch und Ingeborg Schnack. Frankfurt am Main 1978, S. 149.
[13] KA XXXIII, 200.
[14] KA XXXVII, 155.
[15] KA XXXVII, 150.
[16] KA XXXVII, 18.

Detachement und der Aristokratismus Hofmannsthals, die seinen Hang zur Distinguierung vom ›gemeinen Bürger‹ erklären. Vielmehr ist es die Abneigung gegen die Historisierung der eigenen Person – seine Kritik am Historismus im Allgemeinen[17] – die ihn in dieser Hinsicht bestimmt.

5.2 Die Herrschaft des Dichters aus dem Privaten: »Der Dichter und diese Zeit«

In seinem 1906 gehaltenen Vortrag *Der Dichter und diese Zeit* thematisiert Hofmannsthal zudem die Bedeutung von Privatheit für den Schaffensprozess des Künstlers, wobei er die Wirkungsmacht des Dichters aus der Verborgenheit des Privaten besonders akzentuiert.[18] Es ist vom »Wesen dieser Zeit« die Rede, das sich dadurch auszeichne, »daß nichts, was wirkliche Gewalt hat über die Menschen, sich metaphorisch nach außen ausspricht, sondern alles ins Innere genommen« (129) sei.[19] Die moderne Zeit wird der Epoche, »die wir das Mittelalter nennen und deren Trümmer und Phantome in unsere hineinragen« (129), gegenübergestellt und doch stets in Verbindung mit ihr gedacht. Denn wenn es zu jener Zeit »Priester, Berechtigte, Auserwählte« gewesen seien, die »die Hüter dieser Sitte, jener Kenntnis« darstellten und einen »ungeheuren Dom von Metaphern ausgebildet« hatten, so ruhe »dies alles jetzt potentiell in allen« (129). Das Geheimwissen der mittelalterlichen Priester, befinde sich in der Moderne also nur noch als Kollektivwissen in der Latenz.[20] Der Moderne ermangele es an der harmonischen und organischen Einheit von Mensch und Lebenswelt, die im Mittelalter durch die Bildlichkeit der Sprache hergestellt worden sei. Daher gelte es, dieses Wissen um das Bildliche der Sprache zu aktualisieren – dieselbe erneut zu ›beseelen‹. Dies sei die Aufgabe und Funktion des Dichters.

Das religiöse Moment, welches das gesamte Mittelalter geprägt habe, verlagere sich dabei ins Innere des Menschen, der sich dadurch der Möglichkeit, aktiv zu wirken, verschließe: »[W]ir könnten manches ins Leben werfen, wofern wir ganz zu uns selbst kämen … wir könnten dies und jenes wissen … wir könnten dies und jenes tun« (129 f.). An der Unfähigkeit, »sich metaphorisch nach außen« auszusprechen, seine »unrealisierte[n] Möglichkeiten« (129) zu verwirklichen, um damit die toten, ›erstarrten‹ Dinge mit neuem ›Leben‹ zu beseelen –

---

[17] Vgl. Jacques Le Rider: *Hugo von Hofmannsthal. Historismus und Moderne in der Literatur der Jahrhundertwende*. Wien 1997.
[18] Zugleich klingen in diesem Vortrag einige wichtige poetologische Überzeugungen Hofmannsthals an, so auch sein Verständnis von der Metapher als dem – Subjekt und Lebenswelt verbindenden – Element. Vgl. Specht: ›*Wurzel allen Denkens und Redens*‹, S. 274.
[19] Hier und im Folgenden zitiert nach: KA XXXIII. Die in Klammern stehenden Ziffern geben die entsprechende Seite an.
[20] Vgl. dazu das bereits 1894 entstandene Gedicht *Weltgeheimnis* (1894), das ebendieses Thema in lyrischer Form verhandelt.

an dieser Unfähigkeit kranke laut Hofmannsthal die moderne Zeit. Der Moderne fehle demnach ein »Ausdrucks- und Synthesemittel, das eine *re-ligio*, Wieder-Anbindung von Subjekt und Lebenswelt«[21] leisten könne. Es ist dies eine Kritik an den dekadenten Elementen des ›Ästhetismus‹,[22] der – laut Hofmannsthal – an seiner amoralischen Selbstbezüglichkeit zugrunde gehe. Die Aufgabe des Einzelnen sei es demnach, sich in einen »höheren Stand [zu] erheben« (130), durch den er in der Lage sei, Dinge zu sehen, zu verknüpfen und zu begreifen, die anderen verborgen seien. Hier aber komme der Dichter ins Spiel, der allein »die Weltgefühle, die Gedankengefühle« (136) über seine poetischen Texte vermitteln könne.

Die Eigentümlichkeit des Dichters bestehe also darin, dass er über seine Schriften und die darin verwendete sprachliche Gestaltung imstande sei, auf die Gesellschaft und die Kultur als Ganze zu wirken. Hofmannsthals Verständnis vom Dichter zeichnet sich dabei insbesondere dadurch aus, dass er ihm innerhalb der Gesellschaft einen Bereich des ›Verborgenen‹ zuspricht, von dem aus er in den öffentlichen Raum zu wirken vermag.[23] Das Denksystem einer Kultur werde so durch die Worte des Dichters beeinflusst und maßgeblich verändert. Aufgrund dieser verborgenen, doch enormen Wirkungsmacht trage der Dichter eine besondere Verantwortung. Denn mit der Verarbeitung der sprachlichen Äußerungen des Dichters setze bei den Rezipienten eine kognitive Veränderung ein, die der Dichter über seine Schriften bewirken könne.

Es sind vor allem die in der westlichen Kultur herausragenden Dichter (exemplarisch erwähnt werden Schiller, Hebbel, Novalis und Goethe), die einen derart wirkungsästhetischen Einfluss zu entfalten imstande gewesen seien. In den Stunden, in denen sich der Rezipient bei der Lektüre der »Magie« der »schwarzen Zeilen« aussetze, erleide er unweigerlich die »Gewalt der Dichter«

---

[21] Specht: ›*Wurzel allen Denkens und Redens*‹, S. 273.

[22] Hofmannsthals Perspektive auf den ›Ästhetismus‹ (als kulturelle Erscheinung) ist teilweise von einem pejorativen Dekadenzbegriff geprägt (vgl. Dieter Kafitz: *Décadence in Deutschland. Studien zu einem versunkenen Diskurs der 90er Jahre des 19. Jahrhunderts*. Heidelberg 2004, S. 430). Der Begriff selbst findet sich z. B. im Aufsatz *Walter Pater* (vgl. KA XXXII, 140).

[23] Dazu bedient er sich der Alexius-Legende: »So ist der Dichter da, wo er nicht da zu sein scheint, und ist immer an einer anderen Stelle als er vermeint wird. Seltsam wohnt er im Haus der Zeit, unter der Stiege, wo alle an ihm vorüber müssen und keiner ihn achtet. Gleicht er nicht dem fürstlichen Pilger aus der alten Legende, dem auferlegt war, sein fürstliches Haus und Frau und Kinder zu lassen und nach dem Heiligen Lande zu ziehen; und er kehrte wieder, aber ehe er die Schwelle betrat, wurde ihm auferlegt, nun als ein unerkannter Bettler sein eigenes Haus zu betreten und zu wohnen, wo das Gesinde ihn wiese. Das Gesinde wies ihn unter die Treppe, wo nachts der Platz der Hunde ist. Dort haust er und hört und sieht seine Frau und seine Brüder und seine Kinder, wie sie die Treppe auf und nieder steigen, wie sie von ihm wie einem Verschwundenen, wohl gar einem Toten sprechen und um ihn trauern. Aber ihm ist auferlegt, sich nicht zu erkennen zu geben, und so wohnt er unerkannt unter der Stiege seines eigenen Hauses« (136 f.). Indem Hofmannsthal den Dichter hier mit dem Heiligen äquivalent setzt, verleiht er ihm einen überlegenen Rang, seinen Dichtungen eine religiöse Bedeutung.

(135). Der Dichter selbst wiederum gehöre aber zu jenen »einsamen Seelen, von deren Existenz« (135) die Rezipienten nichts ahnen könnten, »von deren wirklichen Produkten ein so tiefer Abgrund sie und ihresgleichen« trenne (135).

Zwar wirke der Dichter durch seine Dichtung, doch käme diese Wirkung eben nicht durch öffentliche Zurschaustellung der eigenen Person zustande, sondern ›deszendiere‹ aus dem privaten Bereich des ›Verborgenen‹ über das Medium der Dichtung ins individuelle ›Leben‹ der Rezipienten. Mithilfe der poetischen Sprache wird es dem Dichter so zwar einerseits ermöglicht zu ›herrschen‹, d. h. kulturgeschichtlich Einfluss zu nehmen, andererseits fungiert sie ihm als Mittel zur persönlichen Distanzierung. Private Erlebnisse, Beziehungen und Gefühle – Biographisches, das unweigerlich ins Werk miteinfließt, dürfe im poetischen Werk deshalb nicht unmittelbar rekonstruierbar sein, sondern müsse durch die Technik poetischer Transformation im Schaffensprozess ›unkenntlich‹ gemacht werden.

Daher sieht Hofmannsthal in der Veröffentlichung seiner Texte die potenzielle Gefahr, sich selbst zu kompromittieren. Ein Beleg dafür findet sich in einem Aphorismus aus dem *Buch der Freunde*, in dem Hofmannsthal Goethe zitiert, der den »Vorzug« der »Leute, die nicht schreiben« darin erkennt, dass sie sich nicht »kompromittieren.«[24]

Die Bedeutung der Sprache kann in diesem Zusammenhang nicht überschätzt werden, denn gerade sie ist ja das Mittel, mit dem der Dichter imstande ist, auf die Lesenden zu wirken, seine Wirkungsmacht auf sie auszuüben:

> Vermöge der Sprache ist es, daß der Dichter aus dem Verborgenen eine Welt regiert, deren einzelne Glieder ihn verleugnen mögen, seine Existenz mögen vergessen haben. Und doch ist er es, der ihre Gedanken zueinander und auseinander führt, ihre Phantasie beherrscht und gängelt; ja noch ihre Willkürlichkeiten, ihre grotesken Sprünge leben von seinen Gnaden. Diese stumme Magie wirkt unerbittlich wie alle wirklichen Gewalten. (134)

Metapoetisch wird hier ein Herrschaftsanspruch geltend gemacht, der durch die Metaphorik des Regierens ausgedrückt wird.[25] Doch ist es nicht die repräsentative Herrschaft eines Souveräns, der als öffentliche Person über seine persönliche Präsenz die Phantasie und die Gedanken der Gesellschaft zu beherrschen sucht. Im Gegenteil: Die Wirkung des Dichters geht bei Hofmannsthal allein vom Werk aus. So regiere er die Welt so ›aus dem Verborgenen‹, dem der ›Öffentlichkeit‹ nicht Zugänglichen. Die Person des Dichters bleibt also im

---

[24] KA XXXVII, 54.
[25] Hofmannsthals geschickte, doch paradoxale Argumentation, kann nicht kaschieren, dass er sich in seinem Vortrag einerseits zwar scheinbar dem Publikum annähert und selbst als »Bürger dieser Zeit« (127) bezeichnet, andererseits doch den Anspruch des Dichters auf geistige Autorität und Führung starkmacht, um dessen Legitimationsverlust in der Moderne zu kompensieren und damit die Poesie (als einheitsstiftendes Medium) über Wissenschaft und Journalismus zu erheben. Vgl. dazu Katharina Meiser: *Fliehendes Begreifen. Hugo von Hofmannsthals Auseinandersetzung mit der Moderne*. Heidelberg 2014, S. 141–162.

›Dunkeln‹, während seine Werke ihre eigentümliche Macht – ihre »stumme Magie« – zu entfalten vermögen. Die gesellschaftliche »Sehnsucht nach dem Dichter« (64) könne sich also nicht dadurch stillen, dass dieser das eigene ›Leben‹ preisgebe. Es sei vielmehr die Kraft der Poesie, die ihre ›magische‹ Wirkung zeitige: »Alles, was in einer Sprache geschrieben wird, und, wagen wir das Wort, alles, was in ihr gedacht wird, deszendiert von den Produkten der wenigen, die jemals mit dieser Sprache schöpferisch geschaltet haben« (134 f.).

5.3 Kohärenzen und Differenzen in den Kunstkonzepten Hofmannsthals und Georges

Im vorangegangenen Kapitel konnte gezeigt werden, dass eine der zentralen Funktionen der der Dichtkunst für Hofmannsthal in der ästhetischen Kommunikation – vornehmlich der Wirkungsintention auf den Rezipienten liegt. Auf textueller Ebene werden daher bewusst eingesetzte Suggestionstechniken verwendet, die dazu führen sollen, dass der Text eine bestimmte Art von poetischer Wirkung zeitigt – im Leser also gewisse Bilder, Eindrücke und Stimmungen evoziert.[26] Rezeptionsästhetisch gesehen bedenkt der Autor bei der Werkgenese also stets die mögliche Wirkung auf dem Rezipienten mit; so kann er beim Verfassen seines Textes durch die Entscheidung darüber, welche Zeichen er aus dem Zeichensystem der Sprache selegieren und kombinieren möchte, auf die Wirkung und Deutung des Rezipienten Richtungen vorgeben – ihn gewissermaßen hermeneutisch ›dirigieren‹.[27]

Hier zeichnet sich eine der größten Differenzen im Kunstverständnis zwischen George und Hofmannsthal ab: Denn während sich bei George bereits im Frühwerk Spuren finden lassen, die die Stilisierung zum Dichter-Propheten antizipieren und die Suggestion einer Einheit von Werk und Person intendieren[28]– ist es Hofmannsthal gerade nicht um die Stilisierung und Auratisierung

---

[26] Vgl. Anna-Katharina Gisbertz: *Stimmung – Leib – Sprache. Eine Konfiguration in der Wiener Moderne*. München 2009.

[27] Luhmann, der systemtheoretisch argumentiert, erklärt dies folgendermaßen: »Was ich nicht gemacht habe bei der Festlegung eines Kunstwerkes, wird vergessen, was ich gemacht habe, wird beurteilt. So daß der Beobachter dirigiert wird durch die Formentscheidung und zwar speziell du[r]ch die Entscheidung, etwas wird markiert und alles andere wird offen gelassen und andere Operationen später markiert« (Niklas Luhmann: »Die Autonomie der Kunst«. In: Ders.: *Schriften zu Kunst und Literatur*. Frankfurt am Main 2008, S. 416–427. Hier: S. 425). Luhmann versteht den Künstler also als Beobachter zweiter Ordnung, der die Formentscheidungen trifft, während er ›automatisch‹ beobachtet, wie sein Werk beobachtet wird und seine Entscheidungen dementsprechend anpasst.

[28] Von Beginn seines Werkes an beansprucht George eine ›starke Autorschaft‹. So inszeniert er »mit seinem Leben und Werk viele Rollen, die sich traditionsgeschichtlich für dieses Selbstverständnis als ›starker‹ Autor anbieten: etwa die des Dichters als Melancholiker, des für sein poetisches Werk und für seine Jünger Leidenden, des Dandys, Erziehers, Sängers, Lehrers, die Rolle dichterischer beziehungsweise poetologischer Autorität, die des

der eigenen Person zu tun, sondern um die poetische Wirkung seiner Werke durch sie selbst.[29]

Auch das öffentlich wirksame Postulat der Exklusivität, um das es George zu tun ist, und das er sowohl über seine private Publikationspraxis als auch über die Hermetisierung seiner poetischen Werke zu realisieren sucht, spielt für Hofmannsthal keine derart zentrale Rolle. Dies zeigt sich zum einen daran, dass er sich in Bezug auf die Veröffentlichung seiner frühen Gedichte und Erzählungen nicht ausschließlich auf Georges ›exklusives‹ Publikationsorgan der *Blätter für die Kunst* beschränkt, sondern – freilich ganz zum Ärgernis Georges[30] – zudem in anderen Zeitschriften (z. B. in *Die Insel* oder der Wiener Wochenschrift *Die Zeit*) veröffentlicht.

Bezeichnend ist auch, dass Hofmannsthal sich nicht auf eine einzige Gattung festlegt, sondern sich sowohl in der Lyrik als auch der Dramatik und der Epik als Dichter profiliert.[31] So unterscheidet sich Hofmannsthals poetologische und kunstpraktische Haltung auch in Bezug auf die Kunstformen von der Position Georges, der (nahezu)[32] ausschließlich lyrische Texte verfasst hat. Diese Aufge-

---

ethisch-ästhetischen Führers« (Wolfgang Braungart: »Priester und Prophet. Literarische Autorschaft in der Moderne. Am Beispiel Stefan Georges«. In: Christel Meier/Martina Wagner Egelhaaf (Hg.): *Prophetie und Autorschaft. Charisma, Heilsversprechen und Gefährdung*. Berlin 2014, S. 335–353. Hier: S. 337).

[29] Dies zeigt sich z. B. schon in den ersten Jahren ihrer Bekanntschaft an der Reaktion Hofmannsthals auf Georges Vorschlag, in einem der nächsten Hefte sämtliche Beiträger der *Blätter für die Kunst* in einer Fotocollage abbilden zu lassen. Auf Georges Aufforderung, Hofmannsthal möge ihm ein Lichtbild zukommen lassen, erwidert dieser polemisch: »Dem Plan eines Sammelbildes möchte ich für meinen Theil mich nicht anschließen; an Dichtern interessieren mich gerade die Gesichter recht wenig; auch wird dergleichen so sehr von den uns durchaus fernstehenden reclamesüchtigen Journalen gepflegt« (»Brief Hofmannsthals an George, 1. Juli 1893«. In: Stefan George/Hugo von Hofmannsthal: *Briefwechsel zwischen George und Hofmannsthal*. Berlin 1938, S. 66). Knapp 10 Jahre später (im März 1904) wird das Projekt der ›Bildnistafel‹ dann aber doch noch realisiert – allerdings ohne die ausdrückliche Zustimmung Hofmannsthals: »überraschen wird auch die bildnistafel · die nicht für die öffentlichkeit · dem engsten freundeskreis überreicht wird« (»Brief Georges an Hofmannsthal, März 1904«. In: George/Hofmannsthal: *Briefwechsel zwischen George und Hofmannsthal*, S. 212).

[30] Siehe z. B. den Brief Georges an Hofmannsthal vom 17. Juli 1892: »die kleinigkeit (die Sie nicht errieten) die mich kürzlich unangenehm berührte: als ich Sie um gedichte ansprach hatten Sie keine wol aber ein bisschen später um sie in ein beliebiges blatt als ›schulbeispiele‹ setzen zu lassen« (»Brief Georges an Hofmannsthal, 17. Juli 1892«. In: George/Hofmannsthal: *Briefwechsel zwischen George und Hofmannsthal*, S. 29).

[31] Spätestens ab der Jahrhundertwende wendet er sich gänzlich dem Theater zu, verfasst tragische Stücke, Komödien und in seiner Zusammenarbeit mit Richard Strauss (1864–1949) zahlreiche Libretti. Eine – für seine zeitgenössische Popularität untergeordnete, aber für die Literaturgeschichte umso bedeutendere – Rolle spielen Hofmannsthals Erzähltexte; der bekannteste und in der literaturwissenschaftlichen Moderne-Forschung wohl am häufigsten interpretierte Text ist bekanntlich der ›Chandos-Brief‹.

[32] Der frühe George versucht sich zudem an Dramen. So existieren Szenen zu den Dramenansätzen *Manuel*, *Phraortes* und *Graf Bothwell*. Außerdem ist der Titel eines Dramenpro-

schlossenheit den anderen Kunstgattungen gegenüber belegt schon der Brief des jungen Hofmannsthal vom 30. August 1898 an seine Eltern:

> Ich schreib' Prosa was in Deutschland bekanntlich eine ziemlich unbekannte Kunst ist und wirklich recht schwer, sowohl das Anordnen des Stoffes wie das Ausdrücken. Aber man muß es lernen, denn entbehren kann man keine Kunstform, denn man braucht früher oder später jede, weil jede manches auszudrücken erlaubt, was alle anderen verwehren[.][33]

Im Gegensatz dazu sei auf Georges Äußerung über die Lyrik als der obersten Kunstgattung verwiesen: »Das Gedicht ist der höchste der endgültige ausdruck eines geschehens«.[34]

Ähnlich wie George ist es Hofmannsthal allerdings nie um das Explizieren und ›naturalistische‹ Ausbuchstabieren von Sachverhalten zu tun, sondern um die poetische Darstellung einer ›Stimmung‹, eines ›Lebensgefühls‹ mittels Techniken der Suggestion. Auch George geht es poetologisch nicht primär darum, einem unreflektierten *l'art pour l'art*-Konzept zu huldigen, sondern um die Modellierung und Darstellung eines inneren Künstlerkonflikts zwischen dichterischer Nobilitierung, die Privatheit und Askese voraussetzt, und der Sehnsucht nach Zweisamkeit mit einem geliebten Du. Wie gezeigt, durchzieht diese diastatische Spannung das gesamte Frühwerk von den *Hymnen* über den *Algabal* bis hin zum *Jahr der Seele*.

Sowohl Georges als auch Hofmannsthals poetische Texte bilden demnach nicht absolut in sich abgeschlossene, selbstreferenzielle Kunstwerke – denn auch sie referieren (trotz ihrer vermeintlichen ›Hermetik‹) immer auf die außermediale Wirklichkeit, sind mit dem kulturellen Kontext, der zeitgenössischen Lebenswelt verbunden und erlangen kulturdiagnostische Bedeutung dadurch, dass sie auf Diskurse und Probleme der Gegenwart (kritisch) referieren und diese – wenn auch noch so implizit – in ihren Texten verhandeln.[35]

Vor diesem poetologischen Hintergrund und dem skizzierten ›privaten‹ Kunstkonzept soll nun die frühe Lyrik Hofmannsthals einer Analyse unterzogen werden und exemplarisch anhand des Gedichts *Weltgeheimnis* (1894) die in dieser Arbeit verfolgte Frage nach der sprachlichen Hermetisierung und Privati-

---

jekts (*Die Massageten*) überliefert (vgl. Egyptien: *Stefan George. Dichter und Prophet*, S. 34). Vgl. Franziska Merklin: *Stefan Georges moderne Klassik. Die ›Blätter für die Kunst‹ und die Erneuerung des Dramas*. Würzburg 2014.
In *Tage und Taten* veröffentlicht George auch Texte in Prosa, die aber durchaus lyrische Charakteristika aufweisen (siehe SW XVII). Entsprechendes gilt für die Einleitungen und Merksprüche der *Blätter für die Kunst*.

[33] Hofmannsthal: *Briefe 1890–1901*, S. 265.
[34] »Zweite Folge. Zweites Heft (1894)«. In: EM, 10.
[35] Absolute semantische Referenzlosigkeit ist nur dann zu realisieren, wenn die sprachlichen Zeichen nicht nur ihrer Bedeutung ›entkleidet‹ werden, sondern gar keine Zeichen mehr sind. In radikaler Konsequenz wird dies nur in wenigen Texten des Dadaismus vollzogen.

sierung von Literatur um 1900 weiterverfolgt werden. Die Textanalyse soll exemplarisch zeigen, dass die frühen lyrischen Texte Hugo von Hofmannsthals eben keinesfalls ›hermetisch‹ (im Sinne von ›semantisch referenzlos‹ bzw. ›nicht dechiffrierbar‹) sind, sondern lediglich hermeneutisch unzugänglich *erscheinen*. Unter Berücksichtigung des zeitgenössischen Diskurses um die poetische Sprache und den lebensphilosophischen Diskurs können die komplexen Texturen und ›privaten‹ Chiffren aber durchaus dechiffriert und somit auch gedeutet werden.

5.4 Hugo von Hofmannsthals »Weltgeheimnis«

5.4.1 Das ›Weltgeheimnis‹ als semantische Leerstelle

Als eines der wohl rätselhaftesten Gedichte des frühen Hofmannsthal darf das 1894 entstandene *Weltgeheimnis* gelten.[36] Der Text, der in Georges *Blättern für die Kunst* erstveröffentlicht wurde, scheint sich einer Deutung gänzlich zu entziehen und seinen Lesern seinen konkret vermittelten Inhalt, seinen ›Sinn‹ zu verschließen. Es ist deshalb nicht verwunderlich, dass sich eine Vielzahl an Literaturwissenschaftlern diesem chiffrierten Text gewidmet und an einer Deutung versucht haben.[37]

> Weltgeheimnis
>
> Der tiefe Brunnen weiß es wohl,
> Einst waren alle tief und stumm
> Und alle wußten drum.
>
> Wie Zauberworte, nachgelallt
> 5 Und nicht begriffen in den Grund,
> So geht es jetzt von Mund zu Mund.
>
> Der tiefe Brunnen weiß es wohl,
> In den gebückt, begriffs ein Mann,
> Begriff es und verlor es dann.
>
> 10 Und redet' irr und sang ein Lied –
> Auf dessen dunklen Spiegel bückt
> Sich einst ein Kind und wird entrückt.

---

[36] Vgl. den Beitrag von Mario Zanucchi: »Weltgeheimnis (1896)«. In: Mathias Meyer/Julian Werlitz: *Hofmannsthal-Handbuch*. Stuttgart 2016, S. 141–143.

[37] Bei Meyer findet sich ein hilfreicher Überblick der zahlreichen Forschungsbeiträge zu diesem Gedicht (vgl. Imke Meyer: »Hugo von Hofmannsthals ›Weltgeheimnis‹. Ein Spiel mit dem Unaussprechlichen«. In: *Orbis Litterarum* 51 [1996], S. 267–281. Hier: S. 277).

>   Und wächst und weiß nichts von sich selbst
>   Und wird ein Weib, das einer liebt
> 15 Und – wunderbar wie Liebe gibt!
>
>   Wie Liebe tiefe Kunde gibt! –
>   Der wird an Dinge dumpf geahnt
>   In ihren Küssen tief gemahnt …
>
>   In unseren Worten liegt es drin,
> 20 So tritt des Bettlers Fuß den Kies,
>   Der eines Edelsteins Verließ.
>
>   Der tiefe Brunnen weiß es wohl,
>   Einst aber wußten alle drum,
>   Nun zuckt im Kreis ein Traum herum.[38]

Generell thematisiert der Text die wortlose Ahnung und Wahrung eines ihm inhärenten ›Geheimnisses‹. Er besticht durch seine Polyvalenz auf morphologischer, syntaktischer und semantischer Ebene; auf Eindeutigkeit wird dabei bewusst verzichtet. Schon der nicht wieder aufgenommene Titel trägt dazu bei, die Ahnung des Geheimnisses nur indirekt erfahrbar zu machen – das ›Weltgeheimnis‹ wird durch das Personalpronomen ›es‹ fortlaufend substituiert. Der vermittelnde Charakter kann so auf besonders dezente und geschickte Weise hervorgehoben werden. Unmittelbare Erfahrung und ahnungsvolle Präsenz des Geheimnisses sind weder für die im Text auftretenden Figuren (›Mann‹, ›Kind=Weib‹, ›einer‹) noch für den Leser selbst gegeben. Die Präsenz des Geheimnisses wird allein dem personifizierten (und damit aktiv wirkenden) »Brunnen« (V. 1) zugesprochen, der als Quelle des verborgenen Wissens semantisiert ist. Dieser ›weiß‹ um das Weltgeheimnis – ihm werden ›Tiefe‹ und ›Stummheit‹ korreliert, womit er in seiner die Zeit überdauernden Singularität in Opposition zu »allen« steht.[39] Denn im Gegensatz zum geheimnisbergenden und ›wissenden‹ Brunnen haben alle (sprachbegabten Wesen)[40] ihre Tiefe und Stummheit verloren (einst »wußten alle drum« [V. 3]). Oberflächliche Redseligkeit bestimmt ›jetzt‹ die Kommunikationssituation. Das ›Nachlallen‹ der »Zauberworte« (V. 4) deutet zudem auf ein oberflächliches (und unreflektiertes) ite-

---

[38] KA I, 43.
[39] Diese Opposition zeigt sich aus raumsemantischer Perspektive in der Trennung von Vertikalem und Horizontalem: Ersteres verweist, da es mit dem Brunnen korreliert wird, auf ›Tiefe‹, ›Wissen‹, ›Dunkles‹ und ›Stummes‹ – wohingegen die horizontale Achse (die Bewegung des Bettlers bspw.) auf ›Oberflächlichkeit‹, ›Unwissenheit‹, ›Redseligkeit‹ und ›Armut‹ referiert.
[40] Das Indefinitpronomen ›alle‹ bezieht sich syntaktisch auf ›Brunnen‹, sodass bereits an dieser Stelle eine Mehrdeutigkeit entsteht, die Simon als »Bewegung der Verundeutlichung« (Ralf Simon: »Die Szene der Einfluß-Angst und ihre Vorgeschichte. Lyrik und Poetik beim frühen Hofmannsthal«. In: *Hofmannsthal Jahrbuch zur Europäischen Moderne* 20 [2012], S. 37–77. Hier: S. 52) bezeichnet.

ratives Moment, das einen essentiellen Qualitätsverlust impliziert.[41] Da es nämlich weder begriffen noch geahnt, sondern lediglich unverstanden *ad infinitum* wiederholt werden kann, büßt das Wort an Wert und Bedeutung ein. Das ›Wissen‹ um das Geheimnis ist damit kein eigentliches und unmittelbar gegenwärtiges mehr, da es nurmehr in inflationärer Wiederholung fortkommuniziert wird. Zwar geht es noch »von Mund zu Mund« (V. 6), was eine latente (Omni-)Präsenz des Weltgeheimnisses impliziert – der kommunikative Akt aber steht der (wissenden) Stummheit des Brunnens oppositionell entgegen. Die Unkenntnis von der Tiefe lässt das Geheimnis als verschlüsseltes und damit als etwas Unfassbares, Rätselhaftes und Unbegreifliches erscheinen. Durch die alltagssprachlich-›prosaische‹ Kommunikation kann das Wissen also nicht weitergegeben, erfasst oder verstanden – das Geheimnis selbst nicht thematisiert, ausgesprochen oder in Worten gefasst werden.

Die Figur des in Strophe drei auftretenden »Mann[es]« (V. 8) erliegt deshalb der dunklen Macht dieses Wissens, das er zu begreifen nicht imstande ist. Das Hineinblicken in die dunkle Tiefe des Brunnens gestattet dem darüber Gebückten zwar einen kurzen Augenblick der Berührung mit dem Geheimnis – im selben Moment aber, in dem er es (rational und bewusst) zu erfassen vermeint, verliert er nicht nur dieses, sondern zudem die Fähigkeit zur Rationalität selbst. Das Entschwinden des Geheimnisses findet sich durch die Wiederholung »begriffs ein Mann / Begriff es« (V. 8 / 9) als sprachlicher Akt des Vergessens im Moment des Verstehens auf sinnfällige Weise ausgesprochen. Im Begreifen also überwältigt das Geheimnis den Mann aus der Tiefe, benimmt ihn seiner Vernunft und lässt ihn irre reden[42] (V. 10) – mehr noch scheint es ihn zu ergreifen, als lebendiges Medium zu vereinnahmen und über seinen Gesang zum »Kind« (V. 12) zu ›sprechen‹. So transferiert das stumme Wissen aus dem »Grund« (V. 5) des tiefen Brunnens über den Mann in den »dunklen Spiegel« (V. 11) des gesungenen Liedes. Der Gedankenstrich in Strophe 4 und das Verb »bücken« eröffnen zudem die Deutungsmöglichkeit, den ›Spiegel‹ nicht (syntagmatisch) auf das ›Lied‹, sondern (paradigmatisch) auf den ›Brunnen‹ zu beziehen, wodurch die vermeintliche Differenz an Unmittelbarkeit aufgehoben wird.[43] Eindeutig

---

[41] Vgl. auch Hans-Jürgen Meyer-Wendt: *Der frühe Hofmannsthal und die Gedankenwelt Nietzsches*. Heidelberg 1973, S. 120.

[42] Das irre Reden des Mannes darf keineswegs im konventionellen Sinne als Ausdruck geistiger Umnachtung gedeutet werden; vielmehr handelt es sich um eine Art Entrückung – wie der des Kindes. Dieser Ansicht ist auch Andreas Thomasberger: *Verwandlungen in Hofmannsthals Lyrik. Zur sprachlichen Bedeutung von Genese und Gestalt*. Tübingen 1994, S, 160 f.

[43] Vgl. Thomasberger: »[D]er Blick in den Spiegel ist zugleich, als Blick in den dunklen Spiegel, derjenige in den Grund. Mit der Selbstreflexion durch die Spiegeloberfläche wird im selben Moment der Blick durch diese Fläche in das Unbegrenzte, Dunkle des Grundes möglich, das dem Blick inkommensurabel ist: erkennbar wird im dunklen Spiegel eben die gleichzeitige Identität und Fremdheit, die mit dem Lied erscheint« (Thomasberger: *Verwandlungen in Hofmannsthals Lyrik*, S. 162).

ist jedenfalls, dass das (latent vorhandene) Wissen des dunklen Spiegels über das Medium des Liedes ins Unbewusste des Kindes gelangen kann und dieses im Augenblick des auditiven Erlebnisses geistig »entrückt« (V. 12) wird. Gerade deshalb aber, weil es die fremde poetische Sprache des Liedes nicht zu verstehen imstande ist – es im Gegensatz zum »Mann« nicht rational ›begreift‹ – kann die »tiefe Kunde« (V. 16) des Brunnens viele Jahre später in der Liebe erneut zutage treten. »In ihren Küssen« (V. 18) vermag es das geheime Wissen über das »Weib« (V. 14), zu der das Kind nun herangewachsen ist, den Liebenden »an Dinge« (V. 17) zu gemahnen – die »tiefe Kunde« (V. 16), die das Weib noch (ohne es zu wissen) in sich trägt.

Rational, so zeigt das Beispiel des Mannes, lässt sich das Geheimnis also nicht entschlüsseln. Denn die »Möglichkeit eines individuell gebrochenen Erkennens von Wahrheit«[44] realisiert sich eben nicht im Akt rationalen Begreifens, sondern insbesondere in den ursprünglich-intuitiven Momenten sensueller Erfahrung. Denn während dem Mann der Grund des Brunnens (zumindest implizit) erst dadurch (be-)greifbar wird, dass er sich in diesen bückt und dessen dunklen Spiegel *visuell* zu erfassen vermag, ist es die *auditive* Aufnahme und unbewusste Verarbeitung des Liedes durch das Kind, welches als Frau das geheimnisvolle Wissen über ihre Küsse *taktil* an einen Liebenden weiterzugeben imstande ist.

5.4.2 Der dynamische Transfer des Weltgeheimnisses

Was hier auf sprachlicher Ebene also dargestellt wird, ist ein prozesshaft-changierender, doch letztlich zirkulärer Transfer eines (unbestimmten) Wissens um das Weltgeheimnis,[45] welches das menschliche ›Leben‹ in all seinen Lebensaltern (›gebückter Mann‹, ›Kind‹, ›Liebende‹) und Geschlechtern (›Mann‹ und ›Frau‹) ›ergreift‹ und im Moment der Inbesitznahme des (passiv ›erleidenden‹) Subjektes unterschiedliche Wirkungen zeitigt (›irres Singen eines Liedes‹; ›Entrückung‹; ›tiefe Kunde und Ahnung‹). Es äußert sich aber nur in diesen Wirkungen, denn normal- oder fachsprachlich fixieren lässt es sich nicht. Die dynamische Bewegung des Geheimnisses ›durchzuckt‹ das Leben(dige) »im Kreis« – doch nur als »ein Traum« (V. 24), den keiner (mehr) zu deuten versteht und der so flüchtig ist, dass er sich nicht (be-)greifen lässt. Die latente Präsenz des Weltgeheimnisses ist im signifikanten Lebensmoment – dem »flüchtigen Seelenzustand«, von dem Hofmannsthal zwei Jahre später in seinem Vortrag *Poesie und*

---

44 Tobias Heinz: *Hofmannsthals Sprachgeschichte. Linguistisch-literarische Studien zur lyrischen Stimme*. Tübingen 2009, S. 250.
45 Vgl. die Deutung Simons, der von der »Wanderung eines Wissens«, dem zirkulierenden »lyrisch artikuliert[en] Gang des Wissens« spricht (Simon: »Die Szene der Einfluß-Angst und ihre Vorgeschichte«, S. 39).

Leben (1896) spricht,⁴⁶ – zwar deutlich zu spüren, aber nicht zu fassen oder festzuhalten. Dieser Moment ist im Gedicht der intime Augenblick der (erotischen) Liebe, der sich auf sukzessive Weise ankündigt und als absolute Präsenz im verschweigenden Gedankenstrich der fünften Strophe kulminiert.⁴⁷

Es handelt sich bei der impliziten Thematisierung des Geheimnisses also um nicht mitteilbare Informationen, die mittels der Normal- oder Fachsprache adäquat verbalisiert werden könnten, sondern um einen prozesshaft-changierenden Transfer, der nur als unbestimmte Ahnung erfahrbar werden kann.⁴⁸ Der vergebliche Versuch, ihn kommunizieren zu wollen, scheitert an der sprachlichen Starrheit der tradierten und unflexiblen Begriffe und ihrem inflationären Gebrauch in der Moderne.⁴⁹ Deutlich wird bereits an dieser Stelle, dass sich das Geheimnis also weder über das Medium der Alltagssprache (»Und nicht begriffen in den Grund, / So geht es jetzt von Mund zu Mund« [V. 5/6]) noch über die rationale Fach- und Begriffssprache (»Begriff es und verlor es dann« [V. 9]) kommunizieren lässt. Die einzig adäquate Form der Weitergabe des Geheimnisses ist bezeichnenderweise die poetische, das »Lied« (V. 10).

Das Dynamische und Flüchtige kann also nur in der *poetischen* Bewegung zum Ausdruck kommen. Diese wird im Text formal durch das alternierende Versmaß hergestellt. Der (mit Ausnahme von Vers drei) durchgängig vierfüßige

---

⁴⁶ KA XXXII, 185.
⁴⁷ Dass dieser Augenblick den Kulminationspunkt einer sich aus der Vergangenheit konstituierenden absoluten Gegenwart darstellt, wird nicht nur anhand der Verwendung der Tempi (Präteritum/Präsens) evident, sondern vor allem an der sich quantitativ potenzierenden Anzahl der – Kohäsion stiftenden und damit ›Gegenwart‹ evozierenden – anaphorischen Konjunktion ›und‹, die in den ersten drei Strophen nur jeweils einmal, in der vierten dreimal und in der fünften viermal vorkommt – in den drei folgenden Strophen aber kein einziges Mal. Vgl. Heinz: *Hofmannsthals Sprachgeschichte*, S. 245.
⁴⁸ Vgl. Specht, der in Bezug auf Hofmannsthals Konzept der Sprache im Allgemeinen konstatiert: »Abgelehnt wird [...] nicht die Sprache an sich, sondern Sprechroutinen der Moderne, die den Menschen statt zum Subjekt seines individuellen Lebensausdrucks zum Objekt einer eigengesetzlichen kollektiven Redeformation machen, wie sie sich in Fach- und Begriffssprachen sowie in der Alltagsrede materialisiert« (Specht: ›*Wurzel allen Denken und Redens*‹, S. 278). Entsprechendes darf hier auch für Hofmannsthals *Weltgeheimnis* gelten.
⁴⁹ Vgl. dazu die Deutung Zanucchis, der auf einen Prätext aus Nietzsches *Zarathustra* aufmerksam macht, den Hofmannsthal als Inspirationsquelle seines Gedichtes verwendet hat (Mario Zanucchi: »Prekäre Restauration. Nietzsche-Rezeption und Kritik der Moderne in Hofmannsthals ›Weltgeheimnis‹ [1894]«. In: Barbara Beßlich/Dieter Martin [Hg.]: *Schöpferische Restauration. Festschrift für Achim Aurnhammer*. Würzburg 2014, S. 45–54). Bei Nietzsche heißt es: »Oh selige Stille um mich! Oh reine Gerüche um mich! Oh wie aus tiefer Brust diese Stille reinen Athem holt! Oh wie sie horcht, diese selige Stille! / Aber da unten – da redet Alles, da wird Alles überhört. Man mag seine Weisheit mit Glocken einläuten: die Krämer auf dem Markte werden sie mit Pfennigen überklingeln! / Alles bei ihnen redet, Niemand weiss mehr zu verstehn. Alles fällt in's Wasser, Nichts fällt mehr in tiefe Brunnen. / Alles bei ihnen redet, Nichts geräth mehr und kommt zu Ende. [...] / Alles bei ihnen redet, Alles wird zerredet. [...] Und was einst Geheimniss hiess und Heimlichkeit tiefer Seelen, heute gehört es den Gassen-Trompetern und andern Schmetterlingen« (KSA 4, 233).

Jambus schafft eine dynamisch-bewegte Einheit, die durch den Paarreim des je zweiten und dritten Verses besonders hervorgehoben wird. Die Verbindung der einzelnen Strophen geschieht vor allem durch die Repetition des ersten Verses (in Vers drei und acht), aber auch durch die Wiederaufnahme bestimmter Verben (›wissen‹, ›begreifen‹, ›bücken‹), die Variation besonders wichtiger Verse (V. 15 und 16; V. 2 und 23) sowie die auffallend häufige Verwendung der Konjunktion ›und‹ (V. 3, 5, 10, 13, 14, 15). Über diese syntaktische Rekurrenz, vor allem aber den pronominalen Rückverweis (›es‹) auf den Titel ›Weltgeheimnis‹ kann eine Kohäsion der Strophen und Verse hergestellt werden, die den sinnstiftenden Anspruch auf Kohärenz unterminiert:[50] Der stoffliche ›Inhalt‹ hat sich der Form zu unterwerfen, der konkrete ›Sinn‹ wird verschleiert und kommt damit der Forderung Hofmannsthals nach, eine »neue und kühne Verbindung von Worten«[51] zu konstituieren, die »das Ganze der Poesie«[52] darzustellen imstande sein solle. Der ›Sinn‹ des Textes ist somit kein eindeutig festgelegter; er lässt sich ebenso wenig fixieren wie das Geheimnis selbst. Die syntaktischen Bezüge sind uneindeutig, die Signifikante der verwendeten Wörter meist homolog. Diese terminologische Ambiguität[53] und semantische Polyvalenz schaffen damit echte Leerstellen, welche für die dynamische Bewegung und den Transfer des ›Weltgeheimnisses‹ unabdingbar sind.

5.4.3 Die Chiffre des tiefen Brunnens

Trotz der hermetisierten Struktur des Gedichts lassen sich aber dennoch Indizien finden, die dabei helfen, einzelne Chiffren – wie die des ›Brunnens‹ – näher zu bestimmen und aufzulösen. Betrachtet man das Gedicht nämlich nicht als isolierten Text, sondern als Teil von Hofmannsthals gesamtem Frühwerk, kann der Versuch unternommen werden, die Bedeutung des Brunnen-Motivs zu rekonstruieren. So findet sich in einer seiner poetologischen Schriften – dem *Gespräch über Gedichte* (1904) – ein entscheidender Hinweis zur Auflösung der Brunnen-Chiffre: Gabriel, einer der beiden Gesprächspartner des fiktiven Dialogs, behauptet nämlich vom lyrischen Spätwerk Goethes, »die Gedichte seines Alters« seien »zuweilen wie die dunklen *tiefen Brunnen*, über deren *Spiegel* Gesichte hingleiten, die das aufwärts starrende Auge nie wahrnimmt, die für keinen auf der Welt sichtbar werden als für den, der sich *hinabbeugt* auf das *tiefe dunkle Wasser eines langen Lebens*«[54] [Hervorhebungen von mir, S. B.]. Die nahe-

---

[50] Vgl. Heinz: *Hofmannsthals Sprachgeschichte*, S. 248.
[51] KA XXXII, 187.
[52] KA XXXII, 187.
[53] Diese Ambiguität kommt vor allem dadurch zustande, dass sich die verwendeten Adverbien (›einst‹ und ›jetzt‹) und Pronomen (›es‹) einer eindeutigen Festlegung entziehen; die im Text erwähnten Figuren bleiben unbestimmt und namenlos.
[54] KA XXXI, 85.

zu wörtliche Übernahme aus Hofmannsthals frühem Gedicht kann kein Zufall sein, sondern muss als retrospektiver Hinweis zur Dechiffrierung der Brunnen-Metapher verstanden werden. Bringt man beide Texte nun in Verbindung miteinander, wird die Chiffre des Brunnens damit identifizierbar als das poetische Werk (das Gedicht) selbst, dessen dunkles Wasser Symbol für das ›Leben‹ ist.[55] Der Brunnen fungiert somit als Metapher für die Poesie (ist das ›Gefäß‹ des ›Lebens‹[56]) – womit nichts anderes indiziert ist, als dass die (tiefe) Dichtung das ›Leben‹ beinhalte.

Zieht man zudem Hofmannsthals Nachlass zurate, wird die semantische Korrelation zwischen dem Wasser – welches das ›Leben‹ (im Allgemeinen) repräsentiert, und dem individuellen Leben noch klarer: In *Ad me ipsum* findet sich nämlich folgende Notiz, in der Hofmannsthal den Brunnen mit dem eigenen Ich äquivalent setzt: »›der tiefe Brunnen weiß es wohl‹ – wobei der tiefe Brunnen als das eigene Ich«.[57] Dass nun der Brunnen sowohl als Dichtung als auch als das eigene Ich[58] bestimmt worden ist, darf allerdings nicht als Widerspruch angesehen werden – ganz im Gegenteil soll mit dieser doppelten Bestimmung gerade der unmittelbare Zusammenhang zwischen der Poesie, dem ›eigenen Ich‹ und dem ›Leben‹ (das jedes Individuum ›durchfließt‹) hervorgehoben werden. So ist die Poesie als das Medium zu bestimmen, durch das das eigene ›Leben‹ zur Darstellung gebracht werden und ästhetisch erfahrbar gemacht werden kann.

Vor diesem Hintergrund wird der tiefe Brunnen im Gedicht *Weltgeheimnis* sowohl als Metapher für die Dichtung als auch für das eigene Ich bestimmbar, das wiederum durch diese medial dargestellt werden soll und nicht von ihr zu trennen ist. Der dunkle Spiegel auf dem Grund des Brunnens ist so als das ›Le-

---

[55] Untermauert wird diese These bei Berücksichtigung des lebensphilosophischen Diskurses um 1900, in dem das Wasser (oft auch das Meer) als Metapher für das ›Leben‹ fungiert, weil es sich aufgrund seiner Fluidität besonders gut eignet, die Dynamik und Prozesshaftigkeit (den ›Fluss‹) des ›Lebens‹ zu repräsentieren. Vgl. dazu z. B. den Roman *Wellen* von Eduard von Keyserling (1911).

[56] Auch Specht identifiziert den »Gegenstand des Wissens, über das der Brunnen verfügt« als »das ›Leben‹ selbst«: »so wie der Brunnen das Wasser in sich birgt, so stellte sich gemäß dem Gedicht ›einst‹ auch der Lebensbezug der Menschen dar. Sie waren ›Gefäße‹ des Lebens, das sie unmittelbar erfüllte. Beiden Phänomenen der Textwelt, dem Brunnen wie dem unbestimmten Kollektiv ›alle‹, wird schließlich gleichermaßen das Attribut der Tiefe sowie ein Wissen um das Geheimnis zugeschrieben, so dass das Gedicht selbst die Analogisierung beider Phänomene in die Wege leitet« (Specht: ›Wurzel allen Denken und Redens‹, S. 390).

[57] KA XXXVII, 118.

[58] Dabei handelt es sich aber weniger um die Vorstellung eines kontinuierlichen Ichs, sondern vielmehr um ein sich wandelbares, in steter Veränderung begriffenes. Gemeint ist der Vollzug des individuellen ›Lebens‹ (das – um im Bilde zu bleiben – in diesem Brunnen ›fließt‹). Das ›Ich‹ wird hier (mit Nietzsche und Mach) nicht mehr als feste Einheit gedacht, sondern als ein sich im Werden befindlicher, wandelbarer Komplex aus Elementen. Diese Diskontinuität des Ichs wird durch eine weitere Notiz in *Ad me ipsum* erläutert, in der »[d]as Ich als [S]ein und das Ich als [W]erden« (KA XXXVII, 119) bestimmt wird.

ben‹ bestimmbar, von dem die Poesie wie das eigene Ich des Dichters gleichermaßen erfüllt sind.

Terminologisch präziser fassen lässt sich dieses ›Leben‹ allerdings nicht – ebenso wenig sich das ›Weltgeheimnis‹ völlig aufschlüsseln lässt. Die geeignetste Darstellungsform dafür ist (so auch die implizite Aussage des Gedichts) das Medium der Poesie, das sich paradoxerweise gerade dadurch auszeichnet, dass sie Lebenszusammenhänge sprachlich auszudrücken imstande ist, die auszudrücken eigentlich unmöglich sind.

5.4.4 Fazit

So konnte gezeigt werden, dass Hofmannsthal zur Chiffrierung seines Textes diverse rhetorische und poetische Techniken einsetzt, die dazu beitragen, den eigentlichen Aussagegehalt (den ›Sinn‹) des Textes zu verschleiern. Die polyvalente Struktur erschwert dabei den hermeneutischen Zugang zum Gedicht und scheint es durch die sprachliche Hermetisierung schlicht unzugänglich zu machen.[59] Da die referenzielle Funktion der Sprache aber aufgrund ihrer semiotischen Qualität nicht aufgehoben werden kann, verweisen selbst die verwendeten Chiffren – wie der ›Brunnen‹ – als Signifikanten auf ein Signifikat und generieren damit Bedeutung. So lässt sich die Chiffre des Brunnens letztlich als Metapher für die Poesie (bzw. Dichtkunst) bestimmen, die das Wissen um das ›Leben‹ in sich birgt. Die poetische Sprache scheint damit auch das für Hofmannsthal einzig adäquate Medium zu sein, um sich der Totalität des ›Lebens‹ anzunähern. Das ›Weltgeheimnis‹ repräsentiert folglich nichts anderes als das Geheimnis des ›Lebens‹ in seiner dynamischen Pluralität, das aber weder fachsprachlich erfasst noch alltagssprachlich kommuniziert werden kann, weil damit bereits die Unmittelbarkeit des Lebensvollzuges nicht mehr gegeben wäre. Die Dynamik der Lebensprozesse lässt sich begrifflich nicht eindeutig fixieren – und so fungiert gerade das Gedicht als adäquater sprachlicher Ausdruck zur Darstellung dieser Lebensprozesse.

In seinen privaten Notizen *Ad me ipsum* findet sich ein Zitat Hofmannsthals, das ganz im Zeichen des *Weltgeheimnisses* steht und dessen Grundaussage noch einmal pointiert, indem es sich erneut der Wasser-Metaphorik bedient:

Der scheinbar grenzenlose Ozean der Sprache ist bis an seine letzten Grenzen durchschifft, aller Sinn von Wort und Sprache kam zuschanden vor etwas, das größer ist als Wort und Sprache, und nur liebendes Wissen kann noch unsere stammelnden Zeichen ins Übersprachliche heben, in die schweigende, transzendente Sprache.[60]

---

[59] Ebenso unzugänglich ist – und dies ist der wissenschaftskritische Impetus des Textes – das ›Leben‹ als solches.
[60] KA XXXVII, 119.

Die Funktion der Vermittlung einer ›Lebens‹-Totalität – dem ›Grund‹ allen Lebens – hat die Poesie auch bei Rilke, der in seinem *Stunden-Buch* sogar noch einen Schritt weiter geht als Hofmannsthal in seiner frühen Lyrik, indem er sie zu einer kunstreligiösen Dichtung stilisiert, die sich über den poetischen Entwurf eines mythopoetischen Weltmodells als eine moderne Form ›sakraler Literatur‹ inszeniert und damit eine säkularisierte Privatreligion etabliert.

6. Privater Zugang zu ›Gott‹: Rainer Maria Rilkes *Stunden-Buch*

6.1 Rilkes private Kunst

Rilkes Ruf als ›religiöser Dichter‹ und ›Mystiker‹ begründet das zwischen 1899 und 1903 entstandene *Stunden-Buch*.[1] Neben dem *Cornet* ist es der wirkmächtigste Text der frühen Werkphase Rilkes.[2] Der Gedichtzyklus ist in drei Teile gegliedert, die relativ unabhängig voneinander entstanden sind, aber im Ganzen doch eine in sich geschlossene zyklische Einheit[3] bilden. Bewusst orientiert sich Rilke bei der inneren wie äußeren Gestaltung des Werks an den im Mittelalter aufkommenden Gebetsbüchern für Adlige. Besonders der erste Teil (›Buch‹) des dreiteiligen Werks ist geprägt von einem spezifischen ›religiösen Ton‹;[4] bezeichnenderweise ist dieser Teil unter dem Arbeitstitel *Die Gebete* entstanden.[5] Trotz der offenkundigen Anknüpfung an die christliche Mystik wird aber bereits zu Beginn des poetischen Textes sehr deutlich, dass es sich bei dem in diesem Gedichtzyklus modellierten Verständnis von Religiosität nicht um ein christliches handeln kann, sondern um ein individuell geprägtes, das teils mystisch-monistische, teils pantheistische[6] Züge annimmt.[7] Insofern greift Rilke mit diesem Lyrikband gerade nicht auf tradierte Konzepte christlicher Religiosität zurück,

---

[1] Vgl. Martina Wagner-Egelhaaf: *Mystik der Moderne. Die visionäre Ästhetik der deutschen Literatur im 20. Jahrhundert*. Stuttgart 1989, S. 67–73.

[2] Vgl. Manfred Engel (Hg.): *Rilke-Handbuch. Leben – Werk – Wirkung. Unter Mitarbeit von Dorothea Lauterbach*. Stuttgart 2004, S. 216.

[3] Der Zusammenhang der einzelnen Gedichte wird auf formaler Ebene durch den polysyntaktischen Satzbau (mit der Konjunktion ›und‹) und anaphorische Verben generiert. Alliterationen, Binnenreime und Assonanzen verdichten die Struktur und erzeugen damit textuelle Kohäsion. Zur musikalischen Funktion dieser rhetorisch-formalen Mittel siehe unten.

[4] Vgl. Wolfgang Braungart: »Der Maler ist ein Schreiber. Zur Theo-Poetik von Rilkes ›Stunden-Buch‹. In: *Blätter der Rilke-Gesellschaft* 27/28 (2006/2007), S. 49–75.

[5] Vgl. Engel (Hg.): *Rilke-Handbuch*, S. 216.

[6] In seinem Vortrag über *Moderne Lyrik* (1898) spricht Rilke selbst davon, dass der moderne Künstler zu »einer Art von Pantheismus gelangt, mit dessen Gottesbegriff [er] […] immer mehr zu identifizieren geneigt« sei (RSW 5, 370).

[7] Die ›Gebete‹ orientieren sich stilistisch und inhaltlich aber durchaus an der christlichen Tradition. Es verwundert daher nicht, dass Rilke gerade religiöse und mystische Schriften konsultiert, um den ›religiösen Ton‹ des Gebets zu treffen. Außerdem geht der Niederschrift des *Stunden-Buches* eine intensive Bibel-Lektüre voran. Zudem hat der Autor im Zuge der Vorbereitung seiner Dichtung die Franziskus-Biographie von Paul Sabatier gelesen und sich intensiv mit Nietzsches Philosophie (vor allem dessen Tragödienschrift und dem *Zarathustra*) beschäftigt. Die frühe Lyrik Rilkes ist daher im Zusammenhang mit der Lebensphilosophie, aber auch im Kontext mystizistischer Weltanschauungsdiskurse und des biologischen Monismus zu situieren. Vgl. dazu Martina King: *Pilger und Prophet. Heilige Autorschaft bei Rainer Maria Rilke*. Göttingen 2009, S. 184.

sondern entwickelt ein eigenes »[m]ythopoetische[s] Weltmodell[]«,[8] dessen ›Modernität‹ gerade in der Akzentuierung der Individualität und des damit verbundenen schöpferischen Künstlerbewusstseins zu sehen ist. Ähnlich wie in Stefan Georges *Hymnen* wird im *Stunden-Buch* also der Versuch unternommen, das Kunstwerk durch die Einführung privater Chiffren, die Reversion traditioneller Semantik und die Verwendung bestimmter rhetorischer Mittel derart zu sakralisieren, dass sich der Autor als prophetischer Verkünder einer neuen sakralen Kunst inszenieren und das Konzept heiliger Autorschaft (*poeta vates*) reanimieren kann. Die Sonderstellung des Dichters als gesellschaftlicher Außenseiter wird dabei über das künstlerische Selbstverständnis legitimiert und nobilitiert: Denn der ›ausgezeichnete‹ Dichter braucht die kontemplative Einsamkeit, um seine privatreligiösenDichtungen erschaffen zu können.[9]

Zum biographischen Hintergrund der Entstehungsgeschichte des ersten ›Buches‹ gehören die beiden Russlandreisen, die Rilke 1899 und 1900 mit Lou Andreas-Salomé unternommen hat. Der Einfluss, den diese Frau auf ihn ausübte und den sie in ihrer Rolle als ›Muse‹ geltend zu machen wusste, kann gar nicht hoch genug eingeschätzt werden.[10] Ihr, seiner ersten (und wohl einzigen) großen Liebe, ist das Werk denn auch gewidmet (»Gelegt in die Hände von Lou« [250][11]). Über die einstige Gefährtin Friedrich Nietzsches wurde Rilke sehr früh mit dessen Werk vertraut. Gerade das *Stunden-Buch* darf als besonderes Zeugnis seiner Nietzsche-Rezeption gelten,[12] auch wenn es auf den ersten Blick eher wie ein religiöses Erbauungsbuch erscheint. Genau ein solches soll es auch sein[13] –

---

[8] Vgl. Engel (Hg.): *Rilke-Handbuch*, S. 519.
[9] In diesem Sinne erklärt Engel: »So ist die Kunst der Weg zur Kultur für den Künstler. Aber nur *seine* Kunst und einzig für ihn« (Engel [Hg.]: *Rilke-Handbuch*, S. 36).
[10] Löwenstein schreibt: »Die Bedeutung der Bekanntschaft Lou Andreas-Salomés erschöpft sich nicht in ihrer Kritik an Rilkes bisheriger Lyrik. Lou übernimmt darüber hinaus etwas wie Rilkes ›intellektuelle Vormundschaft‹ und macht ihn mit dem Gedankengut Friedrich Nietzsches bekannt« (Sascha Löwenstein: *Poetik und dichterisches Selbstverständnis. Eine Einführung in Rainer Maria Rilkes frühe Dichtungen [1884–1906]*. Würzburg 2004, S. 123).
[11] Hier und im Folgenden zitiert nach: RSW 1. Die Zahl in der Klammer verweist auf die entsprechende Seite.
[12] Die Entstehung des *Stunden-Buches* ist vor dem Hintergrund der Rezeption Nietzsches und dessen Künstlerverständnis zu sehen: Nietzsches Zarathustra nobilitiert sich durch seine Einsamkeit. Die Abgrenzung von der Menge ist die notwendige Voraussetzung des Schaffenden (so auch programmatisch bei George). Der Rückzug in den geschützten ›privaten‹ Raum ist als Voraussetzung eines geistigen Schöpfertums ein zentrales Paradigma bei der Thematisierung des Verhältnisses von Individualismus und sakralisiertem Künstlertum.
[13] In diesem Punkt ist Löwenstein zu widersprechen, der dem Buch den »Erbauungscharakter« abspricht (Löwenstein: *Poetik und dichterisches Selbstverständnis*, S. 207), weil es nicht in der historischen Tradition christlicher Erbauungslehren stehe. Mit dieser Begründung hat Löwenstein zwar recht, aber ein Erbauungsbuch im weitesten Sinne ist das *Stunden-Buch* dennoch – kein christlich-dogmatisches zwar, aber ein säkularisiertes, geschrieben zur ›Erbauung‹ des modernen Menschen (im engeren Sinne zur ›Erbauung‹ des Autors selbst).

doch, wie gesagt, kein christliches, sondern ein säkularisiertes, von der Lektüre des *Zarathustra* geprägtes.[14] Folglich finden sich in diesem frühen lyrischen Werk zahlreiche Theoreme und Philosopheme, die Rilke mehr oder minder bewusst von Nietzsche übernommen hat. Aber nicht nur die Rezeption Nietzsches prägt das ›Gottesbild‹ im *Stunden-Buch*, sondern auch Rilkes Beschäftigung mit den Schriften Baudelaires, deren Einfluss ihren Höhepunkt in der Zeit zwischen 1903 und 1906 (also der Entstehungszeit des dritten Teils – des ›Buches von der Armut und vom Tode‹) erreicht.[15]

So darf das *Stunden-Buch* nicht als religiöses Glaubensbekenntnis an den christlichen Schöpfergott missverstanden werden; vielmehr lässt sich in diesem Werk eine ästhetisch-poetische Selbstsuche des Dichters Rilkes rekonstruieren, die sich über einen poetologischen Deutungsansatz erschließen lässt. Ich werde weiter unten ausführlich auf diesen Punkt zu sprechen kommen. Wichtig für die in dieser Arbeit verfolgte These aber ist jedenfalls, dass der angerufene und ›angebetete‹ Gott in Rilkes *Stunden-Buch* ein persönlicher Gott ist, der nur dem fiktiven Sprecher-Ich selbst ›zugänglich‹ ist. Es ist kein Gott der ›Menge‹, sondern ein ›privater‹, der dem Sprecher-Ich und dessen Dichtung selbst stets korreliert, in unmittelbarer Verbindung zu diesem gedacht werden muss. Der Gott des *Stunden-Buches* ist kein transzendenter, jenseitiger Gott, sondern ein rein immanenter, der »als Grund allen Lebens, als elementare Kraft und Bewegung«[16] in Erscheinung tritt – ein monistisch-pantheistischer Gott also, der sich aber erst in der Beziehung zum Subjekt konstituiert.

In den folgenden Kapiteln möchte ich auf diese Gottesvorstellung näher eingehen, indem ich mich dem Primärtext des *Stunden-Buches* zuerst über einige Epitexte (das *Florenzer Tagebuch*, den Vortrag über *Moderne Lyrik* und *Die Lösung der Judenfrage*) annähere und die poetologische Grundausrichtung des frühen Rilke kläre, um dann in einer textimmanenten Analyse zu demonstrieren, dass Rilke in der poetischen Umsetzung seines Kunstkonzepts private Chiffren einführt, um seine Dichtung zu sakralisieren und sich selbst als Dichter-Heiligen zu inszenieren.

---

[14] So konstatiert auch Fülleborn, dass für Rilke »seit der Begegnung mit Lou Andreas-Salomé« feststeht, »daß der Gott der christlich-abendländischen Tradition ›tot‹ ist und daß damit auch die alte Metaphysik in ihren verschiedenen Ausprägungen ihr fortzeugendes Leben verloren hat« (Ulrich Fülleborn: »Rilke um 1900 unter postmoderner Perspektive«. In: Ders.: *Besitz und Sprache. Offene Strukturen und nicht-possessives Denken in der deutschen Literatur. Ausgewählte Aufsätze.* Herausgegeben von Günter Blamberger, Manfred Engel und Monika Ritzer. München 2000, S. 288–304. Hier: S. 301).

[15] Vgl. Zanucchi: *Transfer und Modifikation*, S. 419.

[16] Engel (Hg.): *Rilke-Handbuch*, S. 519.

6.2 Rilkes frühes Kunstkonzept

Der Text strukturiert sich primär durch das Reziprozitätsverhältnis des Sprecher-Ichs zum angerufenen Du (›Gott‹). Wie erwähnt, handelt es sich bei dem hier mit ›Du‹ angeredeten Gott aber nicht um den jüdisch-christlichen Schöpfergott, sondern um eine im Schaffensprozess des Ichs sich konstituierende persönliche ›göttliche‹ Entität.

Denn dieser Gott manifestiert sich erst durch das Sprecher-Ich, das dieses Du im produktiven poetischen Prozess für sich selbst *er-findet*. Nicht ›Gott‹ erschafft das Sprecher-Ich – vielmehr kehrt sich das Verhältnis um. Es erschafft und erfindet sich seinen Gott selbst im produktiven Prozess: »O wie so schön *ich dich erschaffte* / in einer Stunde, die mich straffte« (284). Zu Beginn des zweiten ›Buches‹ (dem *Buch von der Pilgerschaft*) wiederholt sich dieser Bezug zur eigenen schöpferischen Tätigkeit und das Ich betont mit Nachdruck: »Ich bin derselbe noch, der kniete / [...] den du erfüllt, *der dich erfand*« (307) [beide Hervorhebungen von mir, S. B.]. So zeigt sich, dass der angerufene Gott in einem unmittelbaren Abhängigkeitsverhältnis zum Sprecher-Ich steht.

Im künstlerischen Schaffensprozess wird der persönliche Gott demnach zuallererst konstituiert und durch den Glauben eine persönliche Verbindung zu ihm aufgebaut. Es ist Rilke also darum zu tun, dass der Einzelne »eine eigene selbständige Beziehung zu Gott eingehe und ausbaue«[17] – folglich eine individuelle Gottesvorstellung entwirft, die einen unmittelbaren Zugang zu diesem ›Gott‹ gewährleistet.[18]

Das bedeutet im Umkehrschluss, dass Rilke dem institutionalisierten dogmatischen Glauben der christlichen Kirche äußerst kritisch gegenübersteht: »Die allgemeine Kirche« – so schreibt er zwei Jahre nach Veröffentlichung des *Stunden-Buches* in seinem Aufsatz *Die Lösung der Judenfrage* (1907) – habe »die Funktionen der Frömmigkeit verallgemeinert«; derjenige aber, der »voll religiöser Notwendigkeit [...] im Innern« sei, der habe »längst sich selbst einen Gottverkehr eingerichtet«[19] – sich also von der Kirche emanzipiert und aus der christlichen Dogmatik eine eigene *Privatreligion* geschaffen. Der Zugang zu ›Gott‹ kann für Rilke daher nicht anders als ein individueller und ›privater‹ sein. Diese Individualisierung und Subjektivierung von ›Religion‹ geht für ihn einher mit der Aufgabe individueller Selbsterfindung und -verwirklichung. Diese Funktion habe vor allem die Kunst, insbesondere die moderne Lyrik zu leisten.

---

[17] Julius Moses: *Die Lösung der Judenfrage. Eine Rundfrage von Julius Moses im Jahre 1907*. Hg. und mit einer Einleitung versehen im Auftrage der Gesellschaft für Deutsche Presseforschung zu Bremen e. V. von Astrid Blome u. a. Bremen 2010, S. 178.

[18] Dass es sich bei diesem Gottesglauben nicht um eine kollektive Angelegenheit handelt, sondern um eine private Religiosität, macht eine Stelle im *Stunden-Buch* sehr deutlich: »Es wird kein Beten geben, das die Leute / zusammenschart. Du *bist* nicht im Verein; / und wer dich fühlte und sich an dir freute, / wird wie der Einzige auf Erden sein« (330).

[19] Moses: *Die Lösung der Judenfrage*, S. 178.

Wie Rilke in seinem Vortrag über *Moderne Lyrik* (1898) bereits erklärt, handele es sich beim Verfassen »modernste[r] Lyrik« um den »Versuch des Einzelnen, unter der Flut flüchtiger Ereignisse sich selbst zu finden« und »mitten im Gelärm des Tages hineinzuhorchen bis in die tiefsten Einsamkeiten des eigenen Wesens«.[20] Die betonte Innerlichkeit korreliert hierbei der Notwendigkeit individueller Privatheit. Denn diese fungiert für Rilke geradezu als Voraussetzung einer vom Künstler hergestellten ›engen‹ und unmittelbaren Verbindung zur Welt. Die stille ›Abgeschiedenheit‹ ist damit als ein grundlegendes Basiselement jener ›neuen Kunst‹ anzusehen, deren ›Wesen‹ Rilke versucht in folgende Definition zu fassen:

> Kunst erscheint mir als das Bestreben eines Einzelnen, über das Enge und Dunkle hin, eine Verständigung zu finden mit allen Dingen, mit den kleinsten, wie mit den größten, und in solchen beständigen Zwiegesprächen näher zu kommen zu den letzten leisen Quellen allen Lebens. Die Geheimnisse der Dinge verschmelzen in seinem Innern mit seinen eigenen tiefsten Empfindungen und werden ihm, so als ob es eigene Sehnsüchte wären, laut. Die reiche Sprache dieser intimen Geständnisse ist die Schönheit.[21]

Mit der hier gegebenen Definition sind gleich mehrere Aspekte genannt, die Rilkes frühe Kunsttheorie und Dichtungsverständnis besonders kennzeichnen und die in vier Thesen kondensiert werden sollen, die für die nachfolgende Textanalyse des *Stunden-Buches* von einiger Relevanz sein werden:

1.) Kunst ist für Rilke ein ›Bestreben eines Einzelnen‹ – also ein individueller Trieb eines einsamen Künstlers – und eben nicht das Bestreben einer Künstlergemeinschaft oder -gruppe.

2.) Der Künstler selbst hat ein ›ausgezeichnetes‹ Verhältnis zur Wirklichkeit und zum ›Leben‹; er hat sich für die ›leisen Quellen allen Lebens‹ sensibilisiert und ist daher imstande, das noch in der Latenz Verharrende zu ›empfinden‹ und poetisch zu gestalten. Er zielt darauf ab, zum ›Innersten der Dinge und der Welt‹ eine Beziehung herzustellen.[22] Damit wird deutlich, dass sich bereits der frühe Rilke poetologisch eben nicht primär auf den französischen Symbolismus stützt, sondern vielmehr von der Lebensphilosophie Nietzsches beeinflusst ist und seinem Kunstkonzept eine pantheistisch-monistische Prägung verleiht.

3.) In der Kunst (insbesondere der Lyrik) verleiht der Künstler dem äußeren ›Leben‹ und den ›Geheimnissen der Dinge‹ im Kunstwerk sein individuelles Gepräge. Das impliziert auch, dass er (meist ganz unbewusst) private Gefühle, Empfindungen und Gedanken von sich preisgibt – mithin ›intime Geständnisse‹ macht.

---

[20] RSW 5, 360.
[21] RSW 5, 365.
[22] Vgl. Löwenstein: *Poetik und dichterisches Selbstverständnis*, S. 147.

4.) Auf diese Weise offenbart der Künstler seine privaten Empfindungen und gibt über das von außen Empfangene die eigene Subjektivität im Kunstwerk preis. Somit stellt das Kunstwerk das Ergebnis einer Art synthetischer Verschmelzung von ›Außen‹ (›Welt‹) und ›Innen‹ (›Ich‹) dar, wobei die eigenen intimen Empfindungen aber im Zentrum stehen.[23]

In der ›Verschmelzung‹ des Äußeren mit den Empfindungen im Inneren des Künstlers formieren sich also die »intimen Geständnisse« im künstlerischen Ausdruck, der wiederum »die feinsten Gefühlsoffenbarungen«[24] zutage fördert und folglich als ›authentisches‹[25] Zeugnis der subjektiven Empfindungen des Künstlers gelten darf. Daher sieht Rilke »die große, vielleicht mächtigste Bedeutung der Lyrik« darin, »daß sie dem Schaffenden ermöglicht, unbegrenzte Geständnisse über sich und sein Verhältnis zur Welt abzulegen«.[26] Im persönlichen ›Ausdruck seiner Lyrik‹ lassen sich so die privaten Empfindungen des Dichters und sein Bezug zur Welt rekonstruieren. Es geht dem frühen Rilke folglich um die Darstellung innerer Prozesse über den Weg der äußeren Dinge (die er in diesem Kontext als ›Vorwand‹[27] bezeichnet) und nicht um eine objektive Erfassung und Darstellung der Wirklichkeit im Gedicht.[28]

Eben dieser subjektive Bezug zur Welt und den Dingen ist es, der sich im *Stunden-Buch* rekonstruieren lässt und der noch einmal verdeutlicht, dass es sich in diesem frühen Lyrikband Rilkes eben nicht um Gebete an den christlichen Schöpfergott handelt, sondern um ein privates Verhältnis zu Gott, das sich in der schöpferischen Gestaltung des suchenden und empfindenden Dichters selbst repräsentiert. Nicht der dogmatisch-institutionalisierte Zugang des Christentums[29] ist der Weg zur individuellen Selbsterfindung und künstlerischen Autonomie des Dichters, sondern der *poetische*.

---

[23] Dies zeigt sich vor allem im letzten Satz von Rilkes Definition: »Die reiche Sprache dieser intimen Geständnisse ist die Schönheit« – wobei ›Schönheit‹ hier metonymisch für ›Kunst‹ steht.

[24] RSW 5, 365.

[25] Rilke postuliert in seinem Vortrag über *Moderne Lyrik* die ›Aufrichtigkeit‹ des Künstlers, die im Sinne einer künstlerischen Authentizität verstanden werden muss. Vgl. RSW 5, 374.

[26] RSW 5, 368.

[27] Zur Ästhetik und Poetik des ›Vorwands‹ vgl. Manfred Engel: *Rainer Maria Rilkes ›Duineser Elegien‹ und die moderne deutsche Lyrik. Zwischen Jahrhundertwende und Avantgarde.* Stuttgart 1986, S. 104.

[28] Ähnlich wie Hofmannsthal oder George grenzt sich der frühe Rilke entschieden von politischer oder gesellschaftskritischer Tendenzdichtung ab: »Denn eine Kunst, welche mit Gebärden des Zornes oder des Beifalls die flüchtigen unbedeutenden Ereignisse des Tages begleitet – und sei sie noch so patriotisch – ist gereimter und gemalter Journalismus, dem der erziehliche und kulturelle Wert gewiß nicht geschmälert werden soll – aber nicht Kunst« (RSW 5, 363).

[29] Zu Rilkes Kritik am Christentum vgl. Gísli Magnússon: *Dichtung als Erfahrungsmetaphysik. Esoterische und okkultistische Modernität bei R. M. Rilke.* Würzburg 2009, S. 213–226.

6.3 Der ›dunkle Gott‹ als private Chiffre

Bereits die ersten Verse im *Buch vom mönchischen Leben* machen auf diese Dimension der individuellen und religiösen Selbstsuche des Künstlers aufmerksam:

> Ich kreise um Gott, um den uralten Turm,
> und ich kreise jahrtausendelang;
> und ich weiß noch nicht: bin ich ein Falke, ein Sturm
> oder ein großer Gesang. (253)

Dieses ›Kreisen‹ um Gott verdeutlicht nun zweierlei: Zum einen, dass die vollständige Annäherung an ›Gott‹ für das Sprecher-Ich niemals möglich sein wird (folglich einen unabschließbaren Prozess darstellt) – und zum anderen, dass sich das Individuum erst durch den Versuch einer Annäherung an ›Gott‹ selbst zu definieren versteht. Noch zu Beginn des Textes ist die eigene Identität ungewiss, denn noch weiß das Sprecher-Ich nicht: »bin ich ein Falke, ein Sturm / oder ein großer Gesang.« Erst die poetische Rede, das verschriftlichte Gebet, ermöglicht es dem Subjekt, sich zu konstituieren, sich selbst zu definieren. Die Beziehung zwischen dem fiktiven Sprecher und seinem Gott ist daher komplementär, da das Werden Gottes abhängig ist von dem Werden des Ichs *et vice versa*.[30]

Rilkes im *Stunden-Buch* modellierter Gott ist eine facettenreiche, intransparente und geheimnisvolle Gestalt. So nimmt es nicht wunder, wenn das Sprecher-Ich diesen Gott in seiner ganzen Widersprüchlichkeit zu umschreiben versucht: »*Mein* Gott ist dunkel und wie ein Gewebe / von hundert Wurzeln welche schweigsam trinken« (254). Dabei werden der persönliche Bezug und der private Zugang zu diesem Gott durch die Kursivierung auf dem Possessivpronomen ›mein‹ besonders akzentuiert.

Es handelt sich eben nicht um einen kollektiven Gott für jedermann, sondern um einen individuellen, persönlichen. Dabei fasst ihn das Ich in paradoxer Rede als dynamischen, stets transformierenden – und zugleich in sich ruhenden Gott. Das Wesen dieses persönlichen Gottes konstituiert sich dabei gerade aus dieser Widersprüchlichkeit und Intransparenz; das Absolute und Allumfassende offenbart sich in der Nennung der heterogenen Mannigfaltigkeit seiner Erscheinungsformen. Die Epitheta, die ihm zugeschrieben werden,[31] könnten daher

---

[30] Vgl. Engel (Hg.): *Rilke-Handbuch*, S. 519.
[31] Allein im ersten der drei Bücher sind es ganze 78 nominale Attribuierungen, die hier der Vollständigkeit halber aufgeführt werden: Gott als »uralte[r] Turm« (253), »Gewebe« (254), »[die] Dämmernde, aus der der Morgen stieg« (254), »Nachbar« (255), »alles Abgrunds Brücke« (257), »Dunkelheit, aus der ich stamme« (258), »Dom« (261), »Gast« (263), »der Zweite seiner Einsamkeit« (263), »Ängstlicher« (264), »Träumer« (264), »grenzenlose Gegenwart« (265), »Ball« (265), »Ding der Dinge« (265), »Klinge« (265), »Berg«

nicht unterschiedlicher sein: Weder Form noch Größe, Gewicht oder Alter, Geschlecht oder hierarchischer Rang sind eindeutig bestimmbar: So ist dieser Gott einerseits groß wie ein »Dom« (261), andererseits aber klein wie ein »junger Vogel« (266); schwer wie ein »großes dunkelndes Gewicht« (281), aber zugleich leicht wie ein »Samen« (266); alt wie ein Mann mit einem »Barte« (277), und doch wie ein »Kind« (283) – »so mädchenhaft« (278). Schließlich werden ihm die Attribute ›furchtbar‹, ›mächtig‹ und ›reich‹ korreliert, er selbst als »König« (270) bezeichnet – und dennoch erscheint er ›arm‹ wie ein »Bauer« (277), ängstlich und bedürftig wie ein Kind. Das folgende Zitat bringt diese widersprüchliche Heterogenität der göttlichen Erscheinung sogar explizit zur Geltung:

> Du bist der Wald der Widersprüche.
> Ich darf dich wiegen wie ein Kind,
> und doch vollziehn sich deine Flüche,
> die über Völkern furchtbar sind. (283)

Mal sind es Animismen (»Wald« [268], »Baum« [274], »Welle« [274], »Stein« [293], »Wind« [293]), mal Anthropomorphismen (»der Schlichte, welcher sparte« [277], »der Bauer mit dem Barte« [277]) und ab und an Metaphern, mit denen das Ich sich in der Bestimmung seines Gottes diesem anzunähern sucht (»der Taucher und der Türme Neid« [283]) – obwohl es bewusst im Ungewissen bleibt, ob es sich bei diesen Zuschreibungen überhaupt um metaphorische Ausdrücke handelt oder ob die verwendeten Begriffe nicht vielmehr im buchstäblichen Sinne zu verstehen sind und auf ein im Ganzen pantheistisches Weltbild deuten, in dem ›Gott‹ als das Seiende *in* allem Seienden *ist*.[32]

---

(265), »Brand« (265), »Samum« (265), »junger Vogel mit gelben Krallen / und großen Augen« (266), »Samen« (266), »sanftestes Gesetz« (268), »großes Heimweh« (268), »Wald« (268), »Lied, das wir mit jedem Schweigen sangen« (268), »dunkles Netz, / darin sich flüchtend die Gefühle fangen« (268), »hohes Mittelschiff« (268), »König der Komete« (270), »Baume« (271), »Frühling« (271), »Baum« (274), »Welle« (274), »Wurzel« (274), »der raunende Verrußte« (276), »der dunkle Unbewußte« (276), »der Bittende und Bange, / der aller Dinge Sinn beschwert« (276), »die Silbe im Gesange« (276), »nicht der Schönumscharte, / um welchen sich der Reichtum reiht« (277), »der Schlichte, welcher sparte« (277), »der Bauer mit dem Barte« (277), »mein Gefühl« (278), »Alltagssegen« (280), »großes dunkelndes Gewicht« (281), »der Stumme« (282), »die Zuflucht vor dem Zorne« (282), »der Hüter mit dem Horne« (282), »der Leiseste von Allen« (282), »lichte Rehe« (282), »Rad, an dem ich stehe« (283), »der Tiefste« (283), »der Taucher und der Türme Neid« (283), »der Sanfte« (283), »der Wald der Widersprüche« (283), »Kind« (283), »der Rätselhafte« (284), »der Reim« (286), »König [...] von der Zeit« (290), »Mitwisser deiner Einsamkeit« (290), »das Auge mit der Braue« (290), »Schlacht« (290), »die sanfte Abendstunde« (290), »Stein« (293), »Wind« (293), »Nacht« (293), »Weinberg, Weide, alter Apfelgarten, / Acker, der kein Frühjahr überschlägt, / Feigenbaum, der auch im marmorharten Grunde hundert Früchte trägt« (294), »der Boden« (296), »dunkelnder Grund« (296), »Wald« (296), »Wasser« (296), »wachsende Wildnis« (296), »tiefe Kraft« (297), »das Dunkel« (298), »stumme Kraft« (299), »Williger« (299) und »das Wunder in den Wüsten / das Ausgewanderten geschieht« (300).

Der beschworene, immer wieder neu erfasste, nie fixierbare dynamische Gott ist also ein ›statisch-werdender‹ und reifender: »*Gott reift*« (262). Doch so wenig sprachlich fassbar dieser Gott auch sein mag – *eine* der repetitiven Zuschreibungen wandelt sich nie: Die ›Dunkelheit‹ dieses Gottes. Die Verse »Du Dunkelheit, aus der ich stamme, / ich liebe dich mehr als die Flamme« (258) – die übrigens eine eindeutige Nietzsche-Referenz darstellen[33] – korrelieren den persönlichen Gott des Sprechers semantisch explizit mit dem ›Dunkel‹ und grenzen ihn in Opposition zur ›Flamme‹, die als Lichtquelle *pars pro toto* für das Licht selbst steht, ab: »So blieb das Dunkel dir allein« (298).[34]

Es ist die Dunkelheit Gottes, die ihn so *un-fassbar* und *un-erreichbar* macht, dass ihn das Ich in seinen Gebeten nur aus verschiedenen Blickwinkeln, stets *umkreisend*, perspektivisch beschreiben kann. Diese Dunkelheit erlaubt es denn auch, Gott die widersprüchlichen Zuschreibungen zu geben – denn nur im Licht könnte er vom Menschen gesehen, erkannt und gedeutet werden.

6.4 Sakralisierung der Kunst: Äquivalenz von ›Gott‹ und ›Kunst‹

Gott *wird* durch den Glauben an ihn und *bleibt* durch diesen Glauben. Aber ohne den Gläubigen – das Künstlersubjekt, das ihn erschafft, ist dieser Gott ein Nichts. Vor diesem Hintergrund ist das folgende, durch seine aufeinanderfolgenden Paarreime besonders einprägsame Gedicht zu deuten:

> Was wirst du tun, Gott, wenn ich sterbe?
> Ich bin dein Krug (wenn ich zerscherbe?)
> Ich bin dein Trank (wenn ich verderbe?)
> Bin dein Gewand und dein Gewerbe,
> mit mir verlierst du deinen Sinn. (275)

---

[32] Diese scheinbare Widersprüchlichkeit löst sich aber in dem Moment auf, da das Wesen ›Gottes‹ erfasst wird als die Totalität sämtlicher Erscheinungen des Seins im Sinne eines pantheistischen Gottesbildes: »Ich sah den Bauer, überjahrt, […] und daraus, wie er dunkel ward, […] *empfand ich dich* wie nie so zart, / so ohne Wort geoffenbart / *in allen und in ihm*« (293) [Hervorhebung von mir, S. B.]. Auch konstatiert das Sprecher-Ich im *Stunden-Buch*, dass »*ein Gott wie eine Welle geht*« (274).

[33] In Nietzsches Gedicht *Ecce Homo* heißt es: »Ja! Ich weiss, woher ich stamme! / Ungesättigt gleich der Flamme / Glühe und verzehr' ich mich. / Licht wird Alles, was ich fasse, Kohle Alles, was ich lasse: Flamme bin ich sicherlich« (KSA 6, 367).

[34] Eine der zentralen binären Oppositionen des Textes ist daher die zwischen ›Dunkelheit‹ und ›Licht‹. Das Profane, Unheilige ist dabei semantisch mit dem Licht korreliert. Folglich ist nicht nur der Mensch mit dem Licht verbunden, sondern freilich auch der Teufel (Luzifer von lat. *lux* und *ferre* = der Lichtträger bzw. -bringer). Während Gott aufgrund seiner Dunkelheit unfassbar bleibt, lässt sich der Teufel als der »Fürst im Land des Lichts« (287) bestimmen, der »nach Finsternissen fleht« (287): »Er ist der helle Gott der Zeit, / zu dem sie laut erwacht, / und weil er oft in Schmerzen schreit / und oft in Schmerzen lacht, / glaubt sie an seine Seligkeit / und hangt an seiner Macht« (287).

Der letzte Vers (der sich nicht mehr auf die vorangegangenen Verse reimt und so den Sinnverlust besonders akzentuiert) komprimiert eine der zentralen Aussagen des Textes in einem Satz. Denn da sich der Gläubige im Gebet zu Gott diesen Gott eben erst erschafft – ›Gott‹ demnach nur durch den (›gläubigen‹ = ›schöpferischen‹) Menschen existiert und nicht unabhängig *von* oder zeitlich *vor* bzw. *nach* diesem – endet dieser Gott mit dem individuellen Tod des Menschen und verliert durch die Einbuße des subjektgebundenen Glaubens seinen ›Sinn‹. In gewisser Weise ist es dieses Reziprozitätsverhältnis zwischen dem schöpferischen ›Ich‹ (Künstler) und dem ›Du‹ (Gott), durch das sich beide zuallererst konstituieren:

> Wenn du der Träumer bist, bin ich dein Traum.
> Doch wenn du wachen willst, bin ich dein Wille
> und werde mächtig aller Herrlichkeit
> und runde mich wie eine Sternenstille
> über der wunderlichen Stadt der Zeit. (264)

Das Sprecher-Ich, das als kunstfertiger Mönch identifizierbar ist, kreiert sich seinen Gott im Text über die künstlerische Tätigkeit des Malens:

> Wir dürfen dich nicht eigenmächtig malen,
> du Dämmernde, aus der der Morgen stieg.
> Wir holen aus den alten Farbenschalen
> die gleichen Striche und die gleichen Strahlen,
> mit denen dich der Heilige verschwieg.
>
> Wir bauen Bilder vor dir auf wie Wände;
> so daß schon tausend Mauern um dich stehn.
> Denn dich verhüllen unsre frommen Hände,
> sooft dich unsre Herzen offen sehn. (254)

Dass es sich bei dieser Künstlerfigur allerdings nicht ausschließlich um einen Ikonenmaler, sondern auch bzw. vielmehr um einen Schreiber respektive Dichter handelt, wird im Verlauf des Textes recht schnell ersichtlich: Im Satz »[m]ir aber ist, sooft ich von dir *dichte*« (270) indiziert das Verb ›dichten‹ freilich, dass es sich bei dem Sprecher nicht primär um einen *Maler*, sondern vornehmlich um einen *Dichter* handelt. Noch konziser zeigt sich dies an späterer Stelle: »Ich will dich *erzählen*, ich will dich beschaun und *beschreiben*, / nicht mit Bol und mit Gold, nur *mit Tinte* aus Apfelbaumrinden« (295) [alle vier Hervorhebungen von mir, S. B.]. Während die Begriffe ›erzählen‹ und ›beschreiben‹ eindeutig auf eine sprachliche Ebene rekurrieren, stehen die im Text auffällig häufig vorkommenden Begriffe ›bauen‹ und ›malen‹ in semantischer Relation zur schöpferischen Tätigkeit des Künstlersubjekts:

Und Gott befiehlt mir, dass ich schriebe:
[…]
Und Gott befiehlt mir, dass ich male:
[…]
Und Gott befiehlt mir, dass ich baue: (289 f.)

In der anaphorischen Aneinanderreihung wird die Synonymie von ›schreiben‹, ›malen‹ und ›bauen‹ dadurch effiziert, dass der eine Terminus durch den anderen substituiert wird. Das Bauen an Gott referiert wiederum auf den Schaffensprozess des Künstlers selbst, der sich schreibend und malend seinen ›Gott‹ *erschafft*. Wie gezeigt, wird dieser ›Gott‹ nicht als extramundane Entität verstanden,[35] sondern als ein der Welt bzw. dem Ich inhärentes schöpferisches ›Wesen‹. Diese unkonventionelle Verwendung des Begriffes trägt maßgeblich zur vermeintlichen Unverständlichkeit des Textes bei.

Der Text verwendet demnach durch die Tradition und sprachliche Konvention geprägte Zeichen (›Gott‹), verleiht ihnen aber eine eigene Bedeutung – eine *private Semantik*. Besonders anschaulich demonstriert dies das zweite ›Buch‹, *Das Buch von der Pilgerschaft*, wenn dort von ›Gott‹ als dem ›Sohn‹ und ›Erben‹ die Rede ist:

Du bist der Erbe.
Söhne sind die Erben,
denn Väter sterben.
Söhne stehn und blühn.
Du bist der Erbe: (314)

›Gott‹ wird vom Sprecher als dessen Erbe und Sohn bestimmt. Er soll seinen Vater überdauern und zugleich ›mehr‹ sein als dieser. Als das Erbe würden ›Gott‹ schließlich sämtliche privaten Erlebnisse, Stimmungen, Eindrücke und Lebenserfahrungen seines ›Vaters‹ zuteil.[36] Damit wird die konventionell-religiöse Semantik vom ›Gott-Vater‹ aufgebrochen und invertiert:

Ich bin der Vater; doch der Sohn ist mehr,
ist alles, was der Vater war, und der,
der er nicht wurde, wird in jenem groß;
er ist die Zukunft und die Wiederkehr,
er ist der Schoß, er ist das Meer … (311)

---

[35] Die Aussagen »dir liegt nichts / an den Heiden« und »dir liegt nichts / an den Christen« (319) machen sehr deutlich, dass ›Gott‹ weder ein heidnischer noch der christliche sein kann.

[36] Vgl. folgende Stelle im *Buch von der Pilgerfahrt*: »Und du erbst das Grün / vergangner Gärten und das stille Blau / zerfallner Himmel. / Tau aus tausend Tagen, / die vielen Sommer, die die Sonnen sagen, / und lauter Frühlinge mit Glanz und Klagen / wie viele Briefe einer jungen Frau. […] Du erbst Venedig und Kasan und Rom, / Florenz wird dein sein, der Pisaner Dom« (314).

Der Text nimmt sogar explizit Bezug zur konventionellen christlichen Vorstellung vom ›Gott-Vater‹, negiert und verwirft diese aber sogleich: »Und ich – ich soll / dich Vater nennen? / Das hieße tausend Mal mich von dir trennen. / Du bist mein Sohn« (312).

Die Auflösung der Chiffre ›Gott‹ kann nun dadurch geschehen, dass eine frühere Stelle aus dem ersten Buch herangezogen wird, in welcher der Begriff des ›Sohnes‹ mit dem Epitheton »das Wort« (271) korreliert ist – womit bereits ein unmittelbarer Bezug zur Kunstform der Literatur hergestellt wird. Augenfällig wird die Äquivalenz zwischen ›Gott‹ und ›Kunst‹ dann aber an folgender Stelle:

> Für dich nur schließen sich die Dichter ein
> und sammeln Bilder, rauschende und reiche
> und gehen hinaus und reifen durch Vergleiche
> und sind ihr ganzes Leben so allein …
>
> Und Maler malen ihre Bilder nur,
> damit du *unvergänglich* die Natur,
> die du vergänglich schufst, zurückempfängst: (315)

Das ›Einschließen‹ in die Dichterstube evoziert das Bild eines schreibenden Mönches,[37] der durch seine kontemplative Zurückgezogenheit einen unmittelbaren Zugang zu Gott zu erhalten hofft. So wird der Dichter hier zum komplementären Pendant Gottes sublimiert; denn wenn Gott die Natur vergänglich geschaffen hat, so schafft der Künstler sie unvergänglich (und übertrifft Gott damit geradezu). Diese Vorstellung der Ewigkeit von Kunst und die Idee des Künstlers als Schöpfer werden im Textverlauf dann weiter ausgeführt:

> Die, welche bilden, sind wie du.
> Sie wollen Ewigkeit. Sie sagen: Stein,
> sei ewig. Und das heißt: sei dein! (315)

Der Vergleich von Künstler und Gott verdeutlicht deren Wesensähnlichkeit. Beide sind schöpferisch und ›wollen Ewigkeit‹. Damit ist das fiktive Sprecher-Ich eben auch als Dichter zu identifizieren. – Bedeutender noch ist aber der Zusammenhang mit der Kunstproduktion: Denn ›Gott‹ ist hier *expressis verbis* in semantische Nähe zur Dichtkunst gebracht und es wird ersichtlich, dass er als Chiffre für die Dichtkunst selbst zu verstehen ist – der lyrische Gesamttext folglich eine metapoetische Dimension aufweist, in der die Auseinandersetzung Rilkes mit seiner eigenen Kunst offenkundig wird. Dass die ›Kunst‹ aber mit ›Gott‹ äquivalent gesetzt wird, zeigt an, dass Literatur für Rilke eine weit höhere Funktion zu erfüllen hat als bloß *l'art pour l'art* zu sein – sie erhält eine *sakrale Funktion* und substituiert die öffentliche Staatsreligion des Christentums.

---

[37] Siehe dazu die Abbildung auf der ersten Textseite der Erstausgabe des *Stunden-Buches* im Inselverlag (1905).

So erhält das *Stunden-Buch* eine selbstreflexive, über sich selbst hinausweisende Bedeutungsdimension, deren Rekonstruktion und Analyse wichtige Einsichten hinsichtlich Rilkes früher Poetik vermitteln kann und anhand derer sich im Folgenden zeigen wird, dass es gerade beim frühen Rilke zu einer *Privatisierung und Sakralisierung seiner Lyrik* kommt, indem der Autor die Grenze zum fiktionalen Ich in seiner Dichtung überschreitet und sich selbst zum demütigen Verkünder einer neuen ›Kunstreligion‹ stilisiert. Wie dargelegt, dient Privatheit dabei als kunstkonzeptuelle Voraussetzung zur Schaffung einer ›heiligen‹ Kunst, die durch ihre neu semantisierten Zeichen einen genuin privaten Charakter erlangt.

6.5 Hermetisierung durch Re-Semantisierung

In metapoetischer Hinsicht bedeutet dies nun Folgendes: Wenn die Dichtung ihren sakralen Charakter gerade aufgrund ihrer privaten Semantik erhält, so darf sie keinesfalls der Allgemeinheit zugänglich sein. Das heißt nun umgekehrt, dass sich Rilke – genau wie George und Hofmannsthal – explizit gegen eine mimetisch-illusionistische Darstellung von ›Welt‹ (wie im Realismus oder Naturalismus) wendet. Es geht ihm nicht um allgemeine Verständlichkeit, sondern um die Steigerung von semantischer Komplexität, um so das komplexe sakrale Wesen der Kunst adäquat darzustellen.

Im *Vortrag über Moderne Lyrik*, den Rilke 1898 hält, spricht er sich deutlich gegen die naturalistische Mimesis-Technik aus und bezeichnet sie als einen ›Irrtum‹, der den Künstler vom ›Leben‹ entferne:

> Diese unglückliche Meinung, daß die Kunst sich erfülle in der Nachbildung (sei es nun der idealisierten oder möglichst getreuen Wiederholung) der Außenwelt, wird immer wieder wach. Die Zeit, welche diesen Aberglauben erweckt, schafft zugleich auch immer von neuem diese scheinbare Kluft zwischen der künstlerischen Betätigung und dem Leben. Und indem sie dies tut, zieht sie die einzig möglichen Konsequenzen ihres Irrtums.[38]

Rilke verfolgt einen anderen poetologischen Ansatz: Seine hermetisierte Dichtung soll in ihrer Komplexität und Polyvalenz einen Bezug zum ›Innersten der Dinge und der Welt‹ (s. o.) herstellen – dies aber nicht mittels mimetischer Modellierung der Wirklichkeit, sondern im Gegenteil durch poetische Chiffrierung der unbegreifbaren und ›dunklen‹ Dinge.

Analog der ›Dunkelheit‹ des beschworenen Gottes im *Stunden-Buch* ist die künstlerische Tätigkeit für Rilke als infiniter Schaffensprozess zu begreifen, der prozesshaft und unabschließbar bleibt (»mit meinem Reifen / reift / dein Reich« [319]). Die Dichtung selbst – sofern sie sich von ›profaner‹ Massendich-

---

[38] RSW 5, 362.

tung zu distinguieren weiß – bleibe ihrem Wesen nach der Menge ›verschlossen‹ und für die meisten ›dunkel‹ und unverständlich;

> doch dir, dem Abend und *den Dichtern*
> *sind*, unter rinnenden Gesichtern,
> *die dunkeln Dinge offenbar*. [Hervorhebung von mir; S. B.] (328)

Damit ist allerdings auch gesagt, dass die ›dunkeln Dinge‹ den Dichtern durchaus ›offenbar‹ werden können. Wenn nun die ›Dichtkunst‹ und ›Gott‹ im *Stunden-Buch* semantisch äquivalent gesetzt werden,[39] können über die Bestimmung und Semantisierung dieses Gottes Rückschlüsse auf Rilkes Kunstverständnis gezogen werden. Daher ist es entscheidend, diesen Begriff einer genauen Analyse zu unterziehen, um die daraus gewonnenen Erkenntnisse auf Rilkes Kunstkonzept zu beziehen. Geht man also so weit zu behaupten, dass der ›Gott‹ im *Stunden-Buch* immer auch als ästhetische Größe bzw. »poetische Chiffre für die Kunst«[40] gedeutet werden kann, dann hat dies weitreichende Folgen: In Abgrenzung zur semantischen Eindeutigkeit mimetischer Dichtungen strebt Rilke eine bewusst mehrdeutige und chiffrierte Dichtung an. Ein solches Vorgehen erlaubt es, durch Auswahl bestimmter Zeichen beim Rezipienten bildliche Vorstellungen zu evozieren, die aber eben nicht fixierbar, sondern auf gewisse Weise dynamisch sind und sich daher terminologisch nicht eindeutig bestimmen lassen. Die über den Gebrauch von kühnen Metaphern und Vergleichen (z. B. Gott als »Ball« [265] oder »Kind« [283]) evozierten Vorstellungen sind dabei ebenso ›verschwommen‹ und undeutlich wie der variierende und stets transformierende Gott – »die sich verwandelnde Gestalt« (327) – selbst.

Von diesem Gott weiß das Sprecher-Ich folgerichtig zu konstatieren: »Ich weiß: Du bist der Rätselhafte« (284). Die sprachliche Hermetisierung, die sich vor allem durch die widersprüchlichen Attributierungen und die Einführung privater Chiffren konstituiert, wird damit im Text selbst thematisch – und zwar in den sich wandelnden und kontradiktorischen Beschreibungen des dunkeln Gottes. Gleich dem Rezipienten, der den Sinn des hermetisierten Textes zu fassen sucht, umkreist das Sprecher-Ich auf Textebene seinen dunklen Gott und versucht ihn (erfolglos) zu bestimmen und zu deuten.

So ist die ›Dunkelheit‹ des angebeteten Gottes als Metapher für die scheinbare Unzugänglichkeit und den hermetischen Charakter der Rilke'schen Dichtung selbst zu begreifen. Als nicht dechiffrierbare Entität ist dieser Gott so ›dunkel‹ und ›unzugänglich‹ wie die aus seiner ›Anrufung‹ entstehenden hermetisierten (›dunklen‹) Gebete. Die Gottschöpfung korreliert damit der Schöpfung des Kunstwerks selbst. Die Erschließung des tieferen ›heiligen‹ Sinns, den

---

[39] Auch ein Eintrag im *Florenzer Tagebuch* legt diese Deutung nahe: »Gott ist das älteste Kunstwerk« (Rilke: *Tagebücher aus der Frühzeit*, S. 47).
[40] Löwenstein: *Poetik und dichterisches Selbstverständnis*, S. 186.

das Sprecher-Ich in ihm sucht, bleibt so rezeptionsästhetisch ein hermeneutisches ›Umkreisen‹ der chiffrierten Dichtung.

Der Zugang zum Text wird im Fall des *Stunden-Buches* vor allem dadurch erschwert, dass Rilke Begriffe gebraucht, die konventionell bereits mit tradierten Semantiken denotiert sind – wie eben der zentrale Begriff ›Gott‹. Die unkonventionellen (und widersprüchlichen) Zuschreibungen, die diese privaten Zeichen im Text erhalten, führen so zur *Ent- und Re-Semantisierung dieser Begriffe*. Viele der im Text verwendeten Wörter verweisen nicht auf die mit diesen Zeichen konventionell verbundenen Signifikate, sondern lösen die generierte Bedeutung einerseits dadurch auf, dass sie nicht auf eine Vorstellung *außerhalb* des Textes verweisen, sondern lediglich *innerhalb* der strukturellen Ordnung in semantischer Korrelation zu anderen Zeichen stehen – und dies eben nicht immer auf *eindeutige* Weise.

Andererseits wird mit dieser Technik eine Bedeutungsvielfalt generiert, die im *Stunden-Buch* die semantische Tiefenebene des Textes offenlegt: Die Unbegreiflichkeit und Vielgestaltigkeit des geschilderten Gottes – seine ›Dunkelheit‹ und ›Hermetik‹ – durch rhetorische Mittel zur Darstellung zu bringen und dadurch den Text selbst zu hermetisieren, seine Autonomie und seinen privaten Status zu akzentuieren. Ist es üblicherweise der Fall, dass sich Signifikate analytisch in einzelne semantische Merkmale ›zerlegen‹ lassen,[41] so ist die Fixierung der kombinierten semantischen Merkmale im *Stunden-Buch* ebendeshalb nicht zielführend, weil die mit dem Signifikat ›Gott‹ verbundenen Merkmale den Bestimmungen im Text einerseits teils zwar durchaus *ent-sprechen*, andererseits wiederum aber völlig *wider-sprechen*. Die dem Begriff ›Gott‹ konventionell zugewiesenen Merkmale (wie ›allmächtig‹, ›allwissend‹, ›nicht-menschlich‹, ›singuläre Größe‹ und ›außerzeitlich‹)[42] treffen auf Rilkes ›Gott‹ im *Stunden-Buch* – wie oben dargelegt – nicht uneingeschränkt zu und so bleibt eine exakteDefinition des ›hermetischen Gottes‹ zwangsläufig aus. Dies ist aber keineswegs als Schwäche von Rilkes früher Dichtung auszulegen, sondern im Gegenteil als folgerichtige Konsequenz seines poetologischen Konzepts. Und dennoch lässt sich aus der vorliegenden Analyse schließen, dass die Suche nach dem Schlüssel zur Dechiffrierung der kodierten Dichtung keine vergebliche ist, sondern die Lösung eben gerade im dargelegten Zusammenhang zwischen der Hermetisierung und Sakralisierung der Lyrik Rilkes zu finden ist.

6.6 *Rilkes Konzept heiliger Autorschaft*

Wenn der Gott des *Stunden-Buches* also als Chiffre für die Kunst verstanden wird und das Sprecher-Ich entsprechend als der schöpferische Künstler, der die-

---

41 Vgl. Krah: *Einführung in die Literaturwissenschaft/Textanalyse*, S. 51.
42 Vgl. Krah: *Einführung in die Literaturwissenschaft/Textanalyse*, S. 51.

ses Werk erschafft, so ist mit der Äquivalenz von ›Gott‹ und ›Kunst‹ ersichtlich, dass dem Künstler die Kunst zu etwas Sakralem, Unantastbarem und Absolutem wird.[43] Die Engführung von Dichtung und Autor, die sich schon bei George gezeigt hat, findet sich in variierter Form auch bei Rilke. Dieser kreiert nämlich – ähnlich wie George[44] – ein Autorenmodell, das die Grenze zwischen fiktionalem Sprecher-Ich und empirischem Autor verwischt. Das bedeutet in Bezug auf das Frühwerk, dass er »den Werkentwurf des *Stunden-Buches* quasi in sein Leben hineinnimmt«, sich also »in die Rolle des Mönches einfühlt und ihm auch in äußeren Dingen nachlebt«.[45]

So reagiert Rilke auf die Legitimationskrise, in die die Dichter angesichts des Massenbuchmarkts um die Jahrhundertwende zunehmend geraten, mit dem Autorkonzept des Dichter-Heiligen. Indem er sich selbst als demütigen Propheten inszeniert, umgibt er das eigene Werk mit einem auratischen Nimbus. Um sein Werk vor der ›Profanierung‹ zu schützen, sublimiert er es auf rhetorischer Ebene mithilfe eines religiösen Duktus und verwendet private Chiffren, durch die eine semantische Polyvalenz entsteht, die dem Rezipienten Deutungsfreiheit einräumt.

Vor allem der Briefwechsel ist hierfür ein wichtiges Zeugnis dieser Stilisierung Rilkes zum heiligen Verkünder und inspirierten Propheten.[46] Aber auch im *Stunden-Buch* lässt sich – schon durch die Wahl des Stoffes, des Formats und des Titels – solch eine Sublimierung und Sakralisierung der Dichtung (und damit einhergehend des Dichters) konstatieren. Für Rilke ist es das poetische Ausgangswerk für die Entwicklung seiner Heiligenrolle und der Selbststilisierung zum Dichter-Propheten.[47] In dem bereits zitierten Vortrag über *Moderne Lyrik* spricht er in Aneignung des christlichen Vokabulars über die ›Verkünder neuen Heils‹:

> Die Einen sind zu Verkündern der neuen Freude, der tieferen Seligkeit, die Andern zu den Aposteln eines neuen Leidens geworden, und zwischen diesen wandeln die Sänger einer neuen Sehnsucht mit ihren heiligen Harfen hin. Was ein einziger Jubelruf war bei jenen ersten Wegebahnern, ist in ihren Nachfolgern schon ein tausendstimmiger Chor geworden, in welchem alle Formen eines neuen Lebens anklingen.[48]

---

[43] »Nur der von der Welt verlassene, der einsame Künstler vermag jenem Gott, der ihm in der Abgeschiedenheit erscheint, gerecht zu werden«, schreibt Löwenstein in seiner Monographie zu Rilkes frühen Dichtungen (Löwenstein: *Poetik und dichterisches Selbstverständnis*, S. 198 f.).

[44] Einen detaillierten Vergleich beider Autoren in Hinsicht auf deren Verständnis von Autorschaft liefert King: *Pilger und Prophet*, S. 61–113.

[45] Ulrich Fülleborn: »Rilke um 1900 unter der Perspektive der Postmoderne«. In: Herbert Herzmann/Hugh Ridley (Hg.): *Rilke und der Wandel in der Sensibilität*. Essen 1990, S. 71–89. Hier: S. 82.

[46] »Mit einem riesigen Briefwerk von ästhetischen, dialogischen und diaristischen Dimensionen hinterlässt Rilke u. a. das authentische Dokument seiner Selbstinszenierung, ein material fixiertes Bild heiliger Autorschaft« (King: *Pilger und Prophet*, S. 101).

[47] Vgl. King: *Pilger und Prophet*, S. 184.

Am Ende seines Vortrags fällt Rilke dabei in einen feierlichen Verkünderton, der ihn erstmals öffentlich die prophetische Diktion erproben lässt und ihn zum inspirierten Propheten sublimiert:

> Und plötzlich werdet ihr die einzigen sein, die noch die Nutzkleider des Alltags tragen. Und ihr werdet erschrocken auch eure Seelen schmücken zu dem festlichen Empfang der neuen Zeit, deren bescheidener, unbeholfener Verkünder ich sein will in diesen Worten![49]

Im *Stunden-Buch* selbst finden sich etliche Passagen, die einen ähnlichen prophetischen Duktus haben und anhand derer sich demonstrieren lässt, wie sich das Sprecher-Ich gewissermaßen dadurch erhöht, dass es sich in eine enge Verbindung zu dem angerufenen Gott versetzt und sich damit zum Sprachrohr des göttlichen Wortes macht. Ein besonders einschlägiges Beispiel sei hier angeführt. So spricht der Mönch beispielsweise schon zu Beginn in emphatischem Ton:

> Ich will meine frömmsten Gefühle befrein.
> Was noch keiner zu wollen wagte,
> wird mir einmal unwillkührlich sein. (259)

Und: »[Ich] will [...] dich bekennen, will [...] dich verkünden / wie keiner vorher« (259). Allerdings wird die Bescheidenheits- und Demutsrhetorik schon unmittelbar danach wieder eingeholt, der selbstbezogene Stolz hinterfragt und als vermessene Hoffart erkannt: »Ist das vermessen, mein Gott, vergib« (259).

Diese rhetorische Strategie durchzieht das gesamte *Stunden-Buch* und zeigt die charakteristische ›Janusköpfigkeit‹ des Mönches, der sich einerseits in ständiger Selbstverkleinerung und Demut vor dem übermächtigen Gott erniedrigt – sich andererseits aber zugleich als auserwählter Verkünder – ja mehr noch: *Schöpfer* dieses Gottes inszeniert. So sind nicht nur in den Beschreibungen des Gottes Ambivalenzen, Widersprüche und Paradoxien zu konstatieren, sondern eben auch in der Zeichnung der Figur des Mönches.

Festzuhalten ist, dass Rilke sich über das mönchische Sprecher-Ich im *Stunden-Buch* erstmals als demütiger Dichter-Prophet inszeniert und damit das eigene Werk zu einer religiösen Erbauungsschrift stilisiert, die aber nicht christlich geprägt ist, sondern vielmehr einen mystisch-monistischen Einschlag erhält.

Bedeutend für die in der vorliegenden Arbeit verfolgte Problemfrage nach der Funktion von Privatheit in der frühmodernen Literatur ist es, dass es sich bei dem *Stunden-Buch* um ein persönliches und säkularisiertes Glaubensbekenntnis handelt, das der Autor eben nicht in die religionsgeschichtliche Tradition des Christentums einreihen möchte, sondern als Zeugnis eigener schöpferischer Leistung anerkannt wissen möchte, das als *privates* Kunstwerk dem Zweck der persönlichen Erbauung dient.

---

[48] RSW 5, 371.
[49] RSW 5, 394.

7. Resümee zur hermetisierten Lyrik um 1900

Die Analysen einiger Beispiele hermetisierter Lyrik um die Jahrhundertwende haben gezeigt, dass das Phänomen der *Privatisierung als Hermetisierung und Sakralisierung der Literatur* um die Jahrhundertwende von enormer Relevanz für die genaue Bestimmung chiffrierter frühmoderner Texte ist.

Auf der *Textebene* wird die Privatisierung von Dichtung vor allem dadurch erzielt, dass die hermetisierten Texte durch die Anwendung rhetorischer Mittel, die Verwendung von poetischen Allusionen etc. mit mehreren Bedeutungsebenen angereichert werden, deren ›Sinn‹ ad hoc nicht rekonstruierbar ist. Einer der Gründe dafür ist, dass die frühmoderne Literatur zwar einerseits durchaus an die literatur- und kulturgeschichtlichen Tradition anknüpft, die Dichter andererseits aber private Chiffren (also neu semantisierte Zeichen) einführen, die eine von der Tradition gänzlich abweichende Bedeutung haben können und deren Sinn nur aus dem poetischen Text selbst oder unter Zuhilfenahme anderer Texte und Paratexte des Autors rekonstruiert werden kann.

Bernhard Böschenstein hat diesen Sachverhalt bereits 1969 erkannt und spricht von der »Gleichzeitigkeit eines Spielraums vielfältigster Deutungen, dem eine unbegrenzte Zahl von Assoziationen aus heterogenen Traditionen zufließt« und »einer *privaten*, nur autobiographisch begründeten Beziehung«, die »für die moderne Poesie charakteristisch«[1] sei [Hervorhebung von mir, S. B.]. So spielt nicht nur der Regress auf die kulturelle bzw. religions- und literaturgeschichtliche Tradition im Prozess der Werkgenese chiffrierter frühmoderner Texte eine nicht zu unterschätzende Rolle – auch biographische Elemente fließen stets in die Dichtung mit ein, werden aber (noch weniger als in vorangegangenen ›Epochen‹) weder kenntlich gemacht noch expliziert (sondern im Gegenteil: *kodiert/chiffriert*). So erfahren hermetisierte Texte schon während des Schaffensprozesses eine derartige poetische Transformation, dass die privaten Informationen lediglich denen erkennbar bleiben, an die sie gerichtet sind. Die poetische Kodierung des Biographischen dient hierbei u. a. dem Zweck der Privatisierung des (generell öffentlichen) Werkes. Auf diese Weise kann garantiert werden, dass sich die kommunizierten Informationen nur von denen rekonstruieren lassen, an die sie adressiert sind (so z. B. im Falle der personenbezogenen Gedichte im *Jahr der Seele*). Diese Technik der *Poetisierung des Privaten* findet sich dabei nicht nur bei George (für dessen Kreiskonstitution sie eine entscheidende Rolle spielen), sondern eben auch in den poetologischen Reflexionen Rilkes (z. B. im Vortrag über *Moderne Lyrik*) und Hofmannsthals (z. B. in *Der Dichter und diese Zeit*).

---

[1] Böschenstein: »Die Dunkelheit der deutschen Lyrik des 20. Jahrhunderts«, S. 55.

Zum Zweck der poetischen Privatisierung werden auf *formaler Ebene* diverse rhetorische Techniken zur Maximierung von semantischer Dichte und sprachlicher Komplexität eingesetzt, die von der phonetischen über die syntaktische bis zur semantischen Ebene reichen (z. B. *Hymnen*). Kulturelles Wissen, ideologische und ästhetische Diskurse werden aufgegriffen und derart poetisch verarbeitet, dass die ursprüngliche Bedeutung einzelner Textelemente zwar noch über poetische Allusionen und intertextuelle Referenzen auf bestimmbare Prätexte rekonstruierbar bleibt[2] – im konkreten Text aber mit neuen abweichenden Konnotationen versehen und auf diese Weise chiffriert wird (z. B. die historische ›Folie‹ von Georges *Algabal*). Dies habe ich im Kapitel zu Georges *Hymnen* die ›Reversion traditioneller Semantik‹ und deren ›Re-Semantisierung‹ genannt. Aus dem Einsatz privater Chiffren (z. B. dem ›Brunnen‹ in Hofmannsthals *Weltgeheimnis* oder ›Gott‹ in Rilkes *Stunden-Buch*) resultiert die Neu- und Mehrfachkodierung (Polyvalenz) der sprachlichen Zeichen,[3] die beim Rezipienten einen Hermetisierungseffekt bewirkt, welcher wiederum aufgrund 1.) der fehlenden Hintergrundinformationen und 2.) nicht gegebenen Explikationen (semantischen Leerstellen), 3.) des bewussten Einsatzes bestimmter unkonventioneller sprachlicher Zeichen (Archaismen, Neologismen), 4.) der syntaktischen Inversion durch Anastrophen (z. B. das Voranstellen der Genitiv-Attribute bei George) und der Verwendung rhetorischer Mittel (Metaphern, Metonymien, Synekdochen), 5.) des schwach determinierenden Kontextes oder 6.) der Chiffrierung der Sprechsituation (z. B. in Georges *Jahr der Seele*, aber auch in Rilkes *Stunden-Buch*) noch gesteigert wird. Dabei findet aber keine Ent-Semantisierung statt, wie Wunberg meint,[4] sondern vielmehr eine *Re-Semantisierung durch semantische Verdichtung*, die aus der komprimierten Komplexität der Struktur und der Polyvalenz der chiffrierten Texte resultiert.

Auf *inhaltlicher Ebene* hingegen wird Privatheit topologisch-topographisch über die Abgrenzung oppositioneller semantischer Räume modelliert. So wird der private Raum als geschützter Rückzugsraum eines ausgezeichneten Künstlersubjekts und als Voraussetzung zur Schaffung von hoher Kunst (z. B. in Georges *Hymnen*) inszeniert. Er kann so als geweihter abgeschotteter Raum sakrale Bedeutung erhalten oder aber zum Zeichen von Künstlichkeit, Tod oder Infertilität werden (z. B. in Georges *Algabal*). Wie gezeigt, unterliegt die Modellierung des privaten Raumes in den untersuchten Texten dabei stets der textinhärenten

---

[2] So auch Specht: »Man gibt den Anspruch auf einen ›Weltbezug‹ der Dichtung um 1900 gerade nicht auf, auch wenn er schwer einlösbar scheint« (Specht: ›Wurzel allen Denkens und Redens‹, S. 35).

[3] Entsprechendes gilt auch für die Metaphorik in frühmodernen Texten. So konstatiert Specht, dass man »im modernen Gedicht tatsächlich mehr Metaphern« antreffe, »bei denen eine kognitive Dissonanz zwischen den beiden beteiligten Sinnbezirken kaum durch vorgängige Konventionen oder auch einen determinierenden Kontext auf befriedigende Weise behoben werden kann« (Specht: ›Wurzel allen Denkens und Redens‹, S. 35).

[4] Vgl. Wunberg: »Historismus, Lexemautonomie und Fin de siècle«, S. 55–84.

Problematisierung. Das heißt, der Text reflektiert auf *metapoetischer Ebene* die eigene ›Gemachtheit‹ – hinterfragt, problematisiert und kritisiert das Dargestellte. Die mit dem Privatraum korrelierte ästhetische Dimension wird dabei aufgrund ihrer Absolutheit und ihrer Ferne vom gesellschaftlichen und sozialen ›Leben‹ einer (meist nur impliziten) Kritik unterworfen, welche die private Lebensform als defizitären Zustand entlarvt (z. B. Georges *Der verwunschene Garten*).

So haben die Analysen gezeigt, dass der private Raum in der frühmodernen Lyrik in keinem Fall ausschließlich positiv konnotiert ist, sondern in seiner ambivalenten Semantisierung eben auch infrage gestellt und i. d. R. einer textinhärenten Kritik unterzogen wird.

Auf *extratextueller (soziologischer) Ebene* kann die Komplexität der Textur nun als Ausschluss- und Differenzkriterium bestimmter Rezipienten dienen und ermöglicht es dem Autor, seinen Text durch die Hermetisierung zu sublimieren – mehr noch: zu *sakralisieren*. So konnte anhand der untersuchten poetologischen Texte gezeigt werden, dass nicht nur bei George, sondern auch bei Hofmannsthal[5] und Rilke[6] eine enge Korrelation zwischen der Chiffrierung ihrer poetischen Texte und dem ›geistesaristokratischen‹ Selbstverständnis ihrer Kunst besteht: Moderne Literatur wird hier zum privaten ›Kommunikationsmedium‹ und avanciert zur ästhetischen Sondersphäre.

Dadurch dass der hermeneutische Zugang durch die Textkodierung reglementiert wird, kann verhindert werden, dass der ›Textsinn‹ jedem Rezipienten erschließbar ist. Durch diese Privatisierung kann sich Literatur als exklusiver und autonomer Kommunikationsraum inszenieren, der suggeriert, nicht nur eine tiefere geheimnisvolle Bedeutung, sondern eine gar mystische oder göttliche Wahrheit in sich zu bergen. Diese Technik poetischer Privatisierung bezweckt die Exklusion bestimmter Rezipienten und erlaubt die Inszenierung ästhetischer Exklusivität und elitärer Abgrenzung anderen Literaturen gegenüber. So schafft es der hermetisierte Text, sich selbst als ›Geheimschrift‹ mit einer mystischen ›Aura‹ des Außergewöhnlichen zu inszenieren und so zu einem ge-

---

[5] Das dichterische Selbstverständnis des jungen Hofmannsthal lässt sich durchaus als ›elitär‹ bezeichnen. Zwar wandelt sich seine Rolle als Dichter im Laufe der Jahre »von einem exklusiv Wissenden«, den eine breite Kluft »von seinen Zeitgenossen trennt, hin zu einer Inklusionsfigur mit märtyrerhaften Zügen« (Anna-Katharina Gisbertz: »Selbstdeutungen«. In: Mathias Meyer/Julian Werlitz: *Hofmannsthal-Handbuch*. Stuttgart 2016, S. 89–94. Hier: S. 90). In der Zeit vor der Jahrhundertwende ist Hofmannsthal aber durchaus seinem adligen Denken verpflichtet und verfasst entsprechend ›exklusive‹ hochkomplexe Dichtung, mit der bewussten Intention, diese nicht jedermann zugänglich zu machen.

[6] Auch beim frühen Rilke lässt sich ein auktoriales dichterisches Selbstverständnis konstatieren. Nicht nur, dass er sich (vergeblich) bemühte, Teil des George-Kreises zu werden, spricht für seinen geistesaristokratischen Habitus, sondern auch der Fakt, dass er sich selbst als elitären »Ausnahmedichter« (Löwenstein: *Poetik und dichterisches Selbstverständnis*, S. 105) sah. So ist der Abgrenzungsgestus »vom einfachen Volk beziehungsweise vom gewöhnlichen Menschen« (ebd.) gerade für den frühen Rilke besonders bezeichnend.

heimnisvollen Werk zu avancieren, das nur wenigen ›Eingeweihten‹ zugänglich ist. Texte, wie Rilkes *Stunden-Buch*, werden so zu ›heiligen‹ Werken mit religiösem Charakter stilisiert. Im Falle Rilkes – wie Georges – dienen die Konstruktion einer privaten Kunstsprache und die Einführung privater Chiffren also nicht nur der Individualisierung und Privatisierung der Werke, sondern auch dem Zweck der Inszenierung zum demütigen Dichter-Heiligen (Rilke) und charismatischen Dichter-Propheten (George).

Aus dem Dargelegten lassen sich nun drei generelle Thesen zur frühmodernen Lyrik ableiten, die im zweiten Analyseteil der vorliegenden Arbeit noch anhand repräsentativer Erzähltexte überprüft werden sollen, um so zu allgemeingültigen Aussagen zu kommen, die zur Beschreibung, kategorialen Bestimmung und systematischen Einordnung frühmoderner Literatur dienlich sein soll.

1.) wird auf Darstellungsebene chiffrierter frühmoderner Texte semantische Eindeutigkeit vermieden. Der Autor möchte seinen Text in einer hermeneutischen ›Deutungsschwebe‹ halten, um über *semantische Leerstellen* und eine *chiffrierte Tiefenstruktur* (a) den Rezipienten zu immer neuen Deutungen anzuregen oder (b) seinen Text durch die Technik semantischer Komprimierung qualitativ aufzuwerten. So erzeugt der chiffrierte Text aufgrund seiner besonderen Textur beim Rezipienten einen interpretatorischen Reiz, da er sich selbst als geheimnisvolles Rätsel präsentiert, das ergründet und gelöst werden will. Die vom Autor intendierten Informationsdefizite in der ästhetischen Kommunikation führen so auf der Rezipientenseite zu *Unverständnis und Faszination* zugleich. Die *semantische Verdichtung* (im Sinne hypertropher Bedeutungspotenzierung) führt so zu einer qualitativen Aufwertung des Textes gegenüber anderen *prima facie* ›verständlichen‹ Texten – die Sinnverdichtung im Text wird als Qualitäts- und Alleinstellungsmerkmal ausgewiesen.

2.) dient der hermetische Charakter chiffrierter Texte der *Zugangskontrolle zum poetischen Raum* und ist damit ein Mittel zur Gewährleistung von *ästhetisierter Privatheit*. Der Zugang zum exklusiven Kunstraum ist dann nur ausgewählten Rezipienten vorbehalten, die den ›literarischen Kode‹ zur Dekodierung der Textinformationen besitzen. Die Verschlüsselung dient so als Regulativ der Einschränkung des Rezipientenkreises und der Sublimierung der kodierten Texte.

3.) steht hinter der durch die Hermetisierung erzeugten Abgeschlossenheit eines Textes eine Kunstvorstellung, die die *Autonomie* von Literatur akzentuiert, indem sie diese als ästhetischen Privatraum definiert. Dadurch, dass hermetisierte Texte keine *explizite* Referenz auf die außerliterarische Wirklichkeit erkennen lassen, eignen sie sich besonders gut, von der ›Wirklichkeit‹ tendenziell unabhängige und selbstreferenzielle Zeichenräume zu modellieren, und damit den *autonomen Statuts von Literatur* zu akzentuieren.

Diese scheinbare Referenzlosigkeit ist, wie gezeigt, allerdings nie eine absolute: Vielmehr ist es ein entscheidendes Charakteristikum der frühen Literatur der Moderne, dass sie zwar einerseits auf die kulturelle und literarische Tradition referiert – durch die Re-Semantisierung konventioneller Zeichen die aufgegriffenen Motive aber privatisiert und ihnen eine neue (oft unkonventionelle) Bedeutung verleiht.

Inwiefern diese vorläufigen Ergebnisse auch auf narrative literarische Texte zutreffen, welche paradigmatischen Gemeinsamkeiten und Differenzen es zwischen hermetisierter Lyrik und Prosa um 1900 gibt, möchte ich im Folgenden anhand dreier repräsentativer Erzähltexte der Jahrhundertwende – Leopold Andrians *Der Garten der Erkenntnis* (1895), Hugo von Hofmannsthals *Märchen der 672. Nacht* (1895) und Richard Beer-Hofmanns *Der Tod Georgs* (1900) – überprüfen. Die Auswahl dieser Texte ist dabei nicht willkürlich geschehen. Abgesehen davon, dass sie etwa zur gleichen Zeit im gleichen sozialen Umfeld entstanden sind und ihre Autoren eng befreundet waren – sich also im steten literarischen Austausch befunden haben – weisen die Werke selbst zahlreiche inhaltliche und motivische Parallelen auf, die es näher zu beleuchten gilt.

8. Privates Bewusstsein: Leopold von Andrians *Der Garten der Erkenntnis*

8.1 Distinktion mittels poetischer Hermetisierung

8.1.1 Andrian und die Rezeption seines Werkes

Leopold von Andrian (1875–1951), der als enger Freund Hugo von Hofmannsthals[1] und als früher Beiträger zu Stefan Georges[2] *Blätter für die Kunst* bei der Konstitution der ästhetischen Moderne eine Schlüsselrolle spielt, verdient in der vorliegenden Arbeit ein eigenes Kapitel, gerade weil sein Werk *Der Garten der Erkenntnis* um 1900 als das ›Jahrhundertbuch‹ und ›Kultbuch der Wiener Moderne‹ gefeiert wird.[3] Zudem ist es allein schon aufgrund seiner besonderen Machart – seiner verdichteten hermetisierten Textur, des Einsatzes von narrativen Techniken zur semantischen Chiffrierung etc. – für die vorliegende Untersuchung interessant, da hier exemplarisch aufgezeigt werden kann, welche paradigmatischen Gemeinsamkeiten zwischen der hermetisierten Lyrik und Prosa um 1900 rekonstruierbar sind.

Andrian gilt als frühreifer Dichter. Schon als Student der Rechts- und Staatswissenschaften an der Universität Wien schreibt er zwischen 1893 und 1894 eine ganze Reihe von Gedichten, von denen einige in Georges exklusive Zeitschrift aufgenommen werden.[4] Mit seinem kurzen Roman *Der Garten der Erkenntnis* gelingt ihm aufgrund der Empfehlung Hermann Bahrs (1863–1934) an Samuel Fischer (1859–1934) rasch der Durchbruch in der literarischen Welt. George, der das Werk sehr geschätzt hat, soll dazu geäußert haben, dass nur ein »unmusischer Mensch […] mit solch einem Kunstwerk gar nichts anzufangen« wisse.[5] Ein Blick auf die Äußerungen der zeitgenössischen Rezipienten genügt

---

[1] Im ›Kreis‹ der Jung-Wiener war Andrian der einzige, mit dem Hofmannsthal auf ›Du‹ stand. Die Freundschaft mit Hofmannsthal »blieb ungetrübt und auf Seiten Hofmannsthals von Fürsorge getragen, denn Andrian, der mit seinem schmalen Werk weit hinter der Bekanntheit des älteren Freundes zurückstand und an seinem Künstlertum zweifelte, war von Neurasthenie und eingebildeten Krankheiten geplagt. Er ging später in den diplomatischen Dienst und arbeitete in der Zeit des Weltkriegs und während seiner Hoftheaterintendanz wieder eng mit Hofmannsthal zusammen« (Elsbeth Dangel-Pelloquin: »Das Junge Wien«. In: Mathias Mayer/Julian Werlitz: *Hofmannsthal-Handbuch. Leben – Werk – Wirkung*. Stuttgart 2016, S. 47–49. Hier: S. 49).
[2] Zur Beziehung zwischen Andrian und George vgl. Walter H. Perl: *Leopold Andrian und die Blätter für die Kunst*. Berlin 1960.
[3] Vgl. Günter Riederer: *Der letzte Österreicher. Leopold von Andrian und sein Nachlass im Deutschen Literaturarchiv Marbach*. Marbach am Neckar 2011, S. 18.
[4] Vgl. Riederer: *Der letzte Österreicher*, S. 17 f.
[5] Boehringer: *Mein Bild von Stefan George*, S. 57 f.

aber um zu zeigen, dass das Werk selbst ›musisch‹ veranlagten Menschen nicht unbedingt ›zugänglich‹ gewesen ist.

In einem Brief an Andrian bekennt der Freund Clemens von Franckenstein (1875–1942) nach der Lektüre des *Gartens*, dass er und seine Freunde große Teile des Werks nicht verstanden hätten, weswegen er Andrian ersuche, ihm die entsprechenden Textpassagen zu erläutern:

> [B]itte erkläre mir Deinen Satz ›Wir sind allein, wir und unser Leben, & unsere Seele schafft unser Leben, aber unsere Seele ist nicht in uns allein.‹ Meine hiesigen Freunde greifen Dein Werk auf das heftigste an, und da möchte ich gern eine Erklärung dieser Stelle, die mir unklar ist, um sie wiederlegen [sic] zu können.[6]

Dass Franckenstein mit seinem Unverständnis dem Roman gegenüber keine Ausnahme darstellt, zeigt die Reaktion Ferdinand von Saars (1833–1906), der in seinem Brief an Andrian die Rätselhaftigkeit des Werkes betont und eingesteht, dass es ihm »nicht gelungen« sei, »in den Sinn vollständig einzudringen, ganz herauszufinden, *was* Sie eigentlich in Ihrem Werke haben aussprechen wollen. Die Schuld liegt jedenfalls an *mir*, dem diese Art der Darstellung fremd und ungewohnt ist.«[7]

Die Zitate machen nun zum einen auf die kontroverse Rezeption[8] des Werkes aufmerksam, zum anderen aber verweisen sie auch auf die Ursache dersel-

---

[6] Clemens von Franckenstein: »Brief an Leopold Andrian vom 27. März 1895«. In: Ursula Prutsch/Klaus Zeyringer (Hg.): *Leopold von Andrian (1875–1951). Korrespondenzen, Notizen, Essays, Berichte*. Wien/Köln/Weimar 2003, S. 51.

[7] Ferdinand von Saar: »Brief an Leopold Andrian vom 4. April 1895«. In: Ferruccio Delle Cave (Hg.): *Correspondenzen. Briefe an Leopold von Andrian. 1894–1950*. Marbach am Neckar 1989, S. 21 f.

[8] Die Rezeption von Andrians erstem (und einzigem) Roman ist durchaus zwiegespalten. Manchem Zeitgenossen erscheint der Text naiv und unreif (Andrian war bei der Veröffentlichung seiner Erzählung gerade 19 Jahre alt geworden) – so z. B. Arthur Schnitzler in einem Tagebucheintrag zu Andrians Werk: »Las das Buch Andrians. – Spuren eines Künstlers, schöne Vergleiche. – Keine Gestaltung, Affectation, Unklarheiten, – unreifer Loris – nicht reifer Goethe, wie Bahr sagte« (Arthur Schnitzler: »Tagebucheintrag vom 17. März 1895«. In: Ders.: *Tagebuch 1893–1902*. Wien 1989, S. 130). Der bissige Kritiker Karl Kraus nannte das Werk polemisch sogar den »Kindergarten der Unkenntniss« (Karl Kraus: »Die demolirte Literatur«. In: Ders.: *Frühe Schriften 1892–1900*. Band 1. Herausgegeben von Johannes J. Braakenburg. München 1979, S. 269–289. Hier: S. 275). Allerdings überwiegen in Wien insgesamt die positiven Urteile über den Roman. Dies mag seinen Grund vor allem darin haben, dass sich eine Generation in dem Buch Andrians wiedererkannte. So äußert sich Hofmannsthal Andrian gegenüber sehr positiv zu dessen Roman: »Dein Buch ist ganz so wie die junge Göttin Persephoneia, die mit vielen Nymphen, aber abseits von den andern, auf einer Wiese viele Narcissen pflückt und plötzlich von einer großen Angst und tiefen Traurigkeit befallen wird. Weißt Du, es ist dieselbe Weise, wo dann Pluto, sie zu den Schatten zu entführen, aus dem Boden auftaucht« (Hugo von Hofmannsthal: »Brief an Leopold Andrian vom 15. April 1895«. In: Ferruccio Delle Cave [Hg.]: *Correspondenzen. Briefe an Leopold von Andrian. 1894–1950*. Marbach am Neckar 1989, S. 22). In seinen Aufzeichnungen notiert er zu Andrians Buch: »Das deutsche Narcissusbuch. – Es sind wundervolle Augenblicke wo sich eine ganze Generation in verschiedenen Ländern im gleichen Symbol findet. […] Es gibt solche Augenblicke in großen Gruppen von trunkenen

ben: *Den hermetischen Charakter des poetischen Werks.* Diesen erkennt auch Sudhoff, der in den »Dunkelheiten des Buches, das sich auch bei wiederholter Lektüre nicht in allen Einzelheiten erschließen will,« einen Grund dafür sieht, dass sich »die kultische Verehrung« des Buches im Kreise »gleichgestimmter, ›eingeweihter‹ Seelen« durch den Ausschluss anderer Rezipienten »noch erhöht« habe.⁹ Wodurch konkret dieses Phänomen der Hermetisierung aber auf Textebene zustande kommt und welche poetologische Funktion sie hat, soll im Folgenden dargelegt werden.

8.1.2 Distinktionsverfahren über Prätexte: Die drei Mottos

Ein erster Hermetisierungseffekt kommt bereits dadurch zustande, dass dem Text drei Paratexte vorangestellt sind, die als Mottos zum Haupttext fungieren. Die drei Mottos sind alle (ohne Übersetzung) in der Originalsprache (Latein, Griechisch und Italienisch) wiedergegeben und suggerieren damit implizit, dass der nachfolgende Text nur für den sprachlich versierten und ästhetisch gebildeten Leser geeignet sei. Der intendierte Leser muss also gewisse intellektuelle Voraussetzungen, ein bestimmtes Bildungsniveau mitbringen – oder mit Bourdieus Worten: ein gewisses ›kulturelles Kapital‹ erworben haben – um den Text verstehen zu können.¹⁰

Menschen. Warum nicht in einer ganzen Generation« (Hugo von Hofmannsthal: »Aufzeichnungen«. In: Ders.: *Gesammelte Werke in 10 Einzelbänden.* Herausgegeben von Bernd Schoeller in Beratung mit Rudolf Hirsch. Band 10: *Reden und Aufsätze III. 1925–1929. Aufzeichnungen 1889–1929.* Frankfurt am Main 1980, S. 398 f.). Auch der Buchkünstler Melchior Lechter zeigt sich begeistert von Andrians Roman: »Seit dem Tage, da ›Der Garten der Erkenntniss‹ erschien, las ich das Buch wieder und wieder. Es lässt mich nicht mehr frei. Auf meinen einsamen Spaziergängen, auf belebten Strassen, überall ziehen mir, wie stille Musik, Worte, Perioden aus Ihrem, von seltsamen Düften durchhauchten Werke durch den Sinn« (Melchior Lechter: »Brief an Leopold Andrian vom 15. August 1895«. In: Ferruccio Delle Cave [Hg.]: *Correspondenzen. Briefe an Leopold von Andrian. 1894–1950.* Marbach am Neckar 1989, S. 24). Und auch Hermann Bahr, der sich beim Verleger Samuel Fischer für die Publikation des Werkes eingesetzt hatte, urteilt geradezu überschwänglich über Andrians Text. So sei das Buch »das beste Werk [...], was bisher die europäische Moderne hervorgebracht hat, unsäglich tief u. schön« (zitiert nach: Ludwig Greve/Werner Volke [Hg.]: *Jugend in Wien. Literatur um 1900. Eine Ausstellung des Deutschen Literaturarchivs.* Marbach am Neckar 1974, S. 158). Stefan George schließlich soll immer wieder anerkennend von Andrians Werk gesprochen und sogar Teile daraus auswendig rezitiert haben (vgl. Hartmut Scheible: *Literarischer Jugendstil in Wien.* München 1984, S. 33). Im *Teppich des Lebens* widmet George Andrian dann ein Gedicht mit dem Titel *Den Brüdern* (vgl. SW V, 71) und in *Der Siebente Ring* verleiht er seiner Wertschätzung mit dem Kurzgedicht *Bozen: Erwins Schatten* Ausdruck (vgl. SW VI/VII, 179).

9 Dieter Sudhoff: »Nachwort«. In: GdE, 197–217. Hier: 212.
10 Damit orientiert sich Andrian programmatisch und poetologisch an den französischen Symbolisten, insbesondere an Stéphane Mallarmé, der die Kunst zum heiligen Medium stilisierte und sie mittels Intellektualisierung von der ›profanen‹ Masse abgegrenzt wissen wollte.

Die Mottos erweisen sich damit als erste intellektuelle Hürden – gleichsam als Prüfungen – an denen sich der Leser qualifizieren und legitimieren muss, um den nachfolgenden Text lesen zu *dürfen*. Das erste Motto, ›Ego Narcissus‹, ist freilich noch selbsterklärend[11] – selbst für denjenigen Leser, dessen Lateinkenntnisse nicht herausragend sind. Das zweite hingegen ist wesentlich komplexer und schwieriger zu verstehen: Zum einen ist es in griechischer Sprache verfasst und zum anderen ist es ein Zitat, dessen Verfasser weder namentlich genannt noch bekannt ist. Angegeben ist nur, dass es von einem Orphiker der Antike stammt. Übersetzt bedeutet es Folgendes: »Und deswegen handelt er, damit er erleidet, was er erleidet, weil er gehandelt hat«[12] bzw. »[t]u deswegen etwas, damit du es erleidest, man erleidet das, was man getan hat.«[13] Schon die Übersetzung aus dem Griechischen ist eine Herausforderung, die nur dem humanistisch gebildeten Zeitgenossen möglich gewesen ist – weit schwieriger aber noch ist die Deutung des Übersetzten. So hilft der Hinweis auf den Orphiker zwar nicht, den Verfasser eindeutig zu bestimmen – für die Deutung ist er aber insofern relevant, als er auf die antike Geheimlehre der Orphik (5. Jahrhundert v. Chr.) verweist.

Diese geheime Lehre war bekanntlich nur wenigen Eingeweihten zugänglich. Als geistigen Urheber ihrer religiösen Lehrsätze beriefen sich die Orphiker auf den mythischen Sänger Orpheus, in dem sie auch den maßgeblichen Autor der orphischen Texte erkannten. Interessant im Zusammenhang mit der Deutung von Andrians Text ist, dass die religiösen Texte der Orphiker insbesondere Aussagen über das Fortleben der Seele nach dem Tod sowie die Frage nach der Reinkarnation, der Seelenwanderung oder der Befreiung von der Erbsünde beinhalteten.[14] Vor allem der letzte Punkt hängt offensichtlich ganz unmittelbar mit dem titelgebenden ›Garten der Erkenntnis‹ zusammen.

Wegen des poetischen Stils der orphischen Texte weisen diese zudem eine Polyvalenz auf, die sich historisch in der heterogenen Auslegung der Glaubenssätze der verschiedenen religiösen Gruppen aufzeigen lässt. Dies erklärt im Übrigen, weshalb sich insbesondere die deutschen Romantiker und später die französischen Symbolisten für die Glaubenslehre der Orphiker interessiert haben. Es erklärt aber auch, weshalb Andrian seiner Erzählung gerade dieses Motto als Paratext voranstellt: Zum einen antizipiert es nämlich auf inhaltlicher Ebene

---

[11] Zum Narziss-Motiv um die Jahrhundertwende vgl. Shuangzhi Li: *Die Narziss-Jugend. Eine poetologische Figuration in der deutschen Dekadenz-Literatur um 1900 am Beispiel von Leopold von Andrian, Hugo von Hofmannsthal und Thomas Mann.* Heidelberg 2013.

[12] Übersetzt von Iris Paetzke: »Nachwort«. In: Leopold Andrian: *Der Garten der Erkenntnis. Mit einem Nachwort von Iris Paetzke.* Zürich 1990, S. 61–68. Hier: S. 68.

[13] Nach der Übersetzung von Ursula Renner: *Leopold Andrians ›Garten der Erkenntnis‹. Literarisches Paradigma einer Identitätskrise in Wien um 1900.* Frankfurt am Main/Bern 1981, S. 198.

[14] Vgl. Johanna J. S. Aulich: *Orphische Weltanschauung der Antike und ihr Erbe bei den Dichtern Nietzsche, Hölderlin, Novalis und Rilke.* Frankfurt am Main u. a. 1998, S. 32–35.

das Streben nach Erkenntnis und einem geheimen Wissen. Zum anderen aber verweist es zudem auf eine extratextuelle-metapoetische Dimension, durch welche der Text selbst als eine Art ›Geheimschrift‹ für Eingeweihte inszeniert und damit auf einen bestimmten Rezipientenkreis eingrenzt werden kann.

Unterzieht man die Übersetzung des orphischen Textes einer genaueren Betrachtung, wird zudem die Zirkelstruktur der Argumentation deutlich erkennbar: Der Zusammenhang zwischen aktivem Handeln und passivem Erleiden korrespondiert dabei dem innerhalb der Erzählung und ist als Problemfrage im Kunstsystem der Jahrhundertwende (insbesondere der Dekadenzliteratur) omnipräsent. Zwar zeichnet sich der Protagonist in Andrians Erzähltext gerade durch seine passive Haltung aus, dennoch ist sein Erkenntnisstreben mit diversen (sich wandelnden) Überzeugungen und Handlungen verbunden, die sich am Ende als nicht zielführend oder ›sinnlos‹ erweisen. Damit verleiht das zweite Motto dem Text vorab eine gewisse Tragik, die den Haupttext im Ganzen antizipiert.

Das dritte Motto, das aus der *Göttlichen Komödie* Dantes entlehnt ist,[15] verweist auf einen anderen zentralen Aspekt der Erzählung – die Dualität des ›Lebens‹, welches sich aus widersprechenden Elementen zusammensetzt und auch in moralischer Hinsicht sowohl das ›Gute‹ als auch das ›Böse‹ zu erkennen gibt. »Je erhabener und vollkommener eine Seele ist, desto mehr fühlt sie in jedem Dinge das Gute und Böse«,[16] lautet die genaue Übersetzung. Weiter sind das zweite und dritte Motto thematisch miteinander verknüpft, da durch den Verweis auf die Orphiker einerseits auf die mythologische Figur des Orpheus rekurriert wird, der die Hadesfahrt antritt, um seine Geliebte Eurydike aus der Unterwelt zu retten. Anderseits ist mit dem Zitat aus der *Göttlichen Komödie* auf die Katabasis des Dichters bzw. des Ich-Erzählers Dante verwiesen. Beide Mottos referieren damit auf Unterweltsfahrten, wodurch auch der Erzähltext Andrians geprägt wird von einer Omnipräsenz des Todes, die Erwin bei seiner Suche nach Erkenntnis bis zum eigenen Ende hin stets begleitet. Im Notizbuch Andrians heißt es dazu bezeichnenderweise: »Der Baum der Erkenntnis trägt die Früchte des Todes.«[17]

---

[15] Es handelt sich nicht um ein direktes Zitat, sondern vielmehr um eine Variation einer Passage aus dem VI. Gesang der Hölle. Dort heißt es im Original: »Ritorna a tua scienza, / che vol, quanto la cosa è più perfetta, / più senta il bene, e così la doglienza« (Dantis Alagherii: *Comedia*. Edizione Critica per cura di Federico Sanguineti. Firenze 2001, S. 35). Dies kann folgendermaßen übersetzt werden: »Kehr' heim zu deiner Lehre, / Die will, daß, je vollkommener ein Wesen, / Es Freud' und Schmerzen um so mehr empfinde« (Dante Alighieri: *Die Göttliche Komödie*, S. 32).

[16] Nach der Übersetzung von Paetzke: »Nachwort«, S. 68.

[17] Leopold von Andrian: »DLA, Notizbuch Nr. 46«. In: Ursula Prutsch/Klaus Zeyringer (Hg.): *Leopold von Andrian (1875–1951). Korrespondenzen, Notizen, Essays, Berichte.* Wien/Köln/Weimar 2003, S. 37.

Zusammenfassend lässt sich festhalten, dass die drei Mottos auf poetologischer Ebene eine distinguierende Funktion innehaben und damit einen geistesaristokratischen Elitismus proklamieren, der sich für die hermetisierte Lyrik um 1900 bereits in den vorangegangenen Kapiteln als symptomatisch gezeigt hat. Diese Abgrenzungsstrategie bewirkt zugleich eine rezeptionsästhetische Privatisierung auf soziologischer Ebene: Denn durch sie wird eine bestimmte Leserschaft von vornherein ausgeschlossen – der Text wendet sich bewusst an ein Publikum, das es versteht, die Zitate zu übersetzen und die intertextuellen Bezüge zu deuten. Die Sprachkompetenz – sowohl das Lateinische als auch das Griechische und das Italienische zu beherrschen – wird dabei als implizite Bedingung der Möglichkeit zur Deutung und als Legitimationsprüfung vor der Lektüre des Erzähltextes vorausgesetzt. Die Mottos antizipieren aber auch diskursiv verhandelte philosophische und kulturgeschichtliche Themen der Jahrhundertwende (Narzissmus, Dialektik von Handeln und Erleiden, Dualität des ›Lebens‹), die ein bestimmtes kulturelles und ästhetisches Wissen präsupponieren. Zudem tragen diese Paratexte dazu bei, die signifikantesten Themen des Haupttextes zu antizipieren und so auf diesen vorzubereiten.

8.2 *Private Erzählweise*

Rasch nach seinem Erscheinen im Jahr 1895 erlangt *Der Garten der Erkenntnis* in Wien den Rang eines Generationenbuches. Der auffällige raffende Erzählstil, der psychische Vorgänge in den Fokus rückt und auf das Erzählen von ›äußerer‹ Handlung weitgehend verzichtet, trifft den ›Nerv der Zeit‹. Aus dem Verzicht auf eine objektive Darstellung des Geschehens resultiert ein ›Sinn- und Werte-Vakuum‹, das für die ästhetische Moderne im Ganzen kennzeichnend ist. Zwar offeriert der Text durchaus Sinnangebote, doch werden diese mit dem Fortschritt der Handlung – *peu à peu* – negiert und verworfen. Wie zu zeigen sein wird, zeichnet sich der Roman gerade durch seine *Poetik der Negation* aus. Denn jedem vermeintlichen ›Erkennen‹ des Protagonisten folgt stets die Bewusstwerdung über die Unhaltbarkeit der vorangegangenen Einsichten und Hoffnungen. Die Sinnsuche des jungen Protagonisten endet so bezeichnenderweise mit seinem frühen Tod und dem lapidaren Kommentar des Erzählers: »So starb der Fürst, ohne erkannt zu haben« (GdE, 43). Damit entwirft der Text einen Zeichenraum vergeblicher Sinnsuche und existenziellen Scheiterns.[18]

Erzählt wird das kurze Leben des jungen Protagonisten Erwin, der auf der Suche nach der nicht näher definierten titelgebenden ›Erkenntnis‹ – dem ›Sinn‹

---

[18] Vgl. Sorg, der von einer »*Topik des Scheiterns*« spricht (Reto Sorg: »Aus dem ›Garten der Erkenntnis‹ in die ›Gärten der Zeichen‹. Zu den literarischen Erstlingen von Leopold Andrian und Carl Einstein«. In: *Sprachkunst. Beiträge zur Literaturwissenschaft*. Jahrgang XXVII [1996]. 2. Halbband, S. 239–266. Hier: S. 247).

oder der ›Bedeutung‹ des ›Lebens‹ – letztlich scheitert. Der Text lässt sich anhand dieser Suche nach Erkenntnis strukturieren: So durchläuft ›der Erwin‹ mehrere Stationen in seinem Leben, die ihm jeweils temporär das Ziel seiner Suche, die Erfüllung seiner Wünsche, die Offenbarung des Geheimnisses zu sein scheinen.

Paradigmatisch lassen sich so folgende Erkenntnisgegenstände identifizieren, von denen sich der Protagonist ›Lebenssinn‹ und ›Erlösung‹ erhofft, und anhand derer ich den Aufbau der nachfolgenden Interpretation orientieren möchte: 1.) Die Erlösung durch Kontemplation und das Finden der Ruhe in Gott (*religiöse Erlösung im Glauben an eine metaphysische Instanz*), 2.) die emphatische Erfüllung im Drang nach weltlicher Schönheit und Genüssen (*lebensemphatische Erlösung*), 3.) Erkenntnis durch die Sprache (*sprachmystizistische Erlösung*), 4.) Offenbarung durch die erotische Liebe (*sexuelle Erlösung*), 5.) die Enthüllung des Geheimnisses durch die Mutter (*matriarchale Erlösung*), 6.) die Hoffnung auf Erkenntnis im Bereisen anderer Länder (*exkursorische Erlösung*) und 7.) die Offenbarung geheimen Wissens durch die Wissenschaften (*szientifische Erlösung*). Allen diesen vermeintlichen Erkenntnisobjekten ist gemein, dass sie vom Protagonisten unter den Begriff des ›Anderen‹ bzw. ›Fremden‹ subsumiert und von ihm mystifiziert und sublimiert werden. Dieses Fremde aber – so die hier verfolgte These – ist nichts Äußeres, sondern ein der *privaten Existenz* Erwins inhärentes Moment, das sich individualpsychologisch als Teil seines Selbst zu erkennen gibt. Eben diese unüberschreitbare Grenze zwischen dem Außen (der wahrgenommenen Wirklichkeit) und dem Innen (dem privaten Bewusstsein) ist es, was der Text anhand der Gedanken Erwins veranschaulicht und damit implizit den solipsistischen Habitus des auf sich selbst fixierten Subjekts einer Kritik unterzieht.

Der narrative Fokus liegt also auf der Darstellung der ›Innenwelt‹ des Protagonisten. Im Zentrum des Textes stehen daher individuelle Bewusstseinsprozesse, Wahrnehmungen und Reflexionen des Helden Erwin. Die Erscheinungen der Außenwelt nimmt der Protagonist lediglich als ›Spiegel‹ der eigenen Innenwelt wahr. Die Distanz und Kluft des Subjektes zur Außenwelt und der Subjektivismus seiner privaten Existenz werden dem Leser in aller Deutlichkeit vor Augen geführt. Auf den ersten Blick ist also vor allem die Tatsache von Bedeutung, dass es keine deutlich in Erscheinung tretende ›objektive‹ Erzählerinstanz (wie im literarischen Realismus) gibt, sondern der Leser die gegebenen Informationen perspektivisch gebrochen vermittelt erhält.[19] Mit anderen Worten: Er ist an die Sicht des Protagonisten gebunden. Problematisch ist dies deshalb,

---

[19] Selbstverständlich gibt es einen Erzähler, der aber stark in den Hintergrund tritt. Dieser heterodiegetische Erzähler ist eng an die Perspektive des Protagonisten Erwin gebunden; es handelt sich also durchweg um interne Fokalisierung. Damit gibt es also zum einen eine an die Wahrnehmung des Protagonisten gebundene Erzählerinstanz, die sich aber zugleich in steter neutraler und beobachtender Distanz zum Protagonisten befindet (be-

weil dieser ein ›Suchender‹ ist, der zwar Wertungen gibt und Aussagen trifft – diese aber keinen Anspruch auf Allgemeingültigkeit erheben dürfen und vom Protagonisten selbst ebenso rasch wieder verworfen werden wie die vermeintlichen Erkenntnisobjekte und -ziele, die er sich zuvor gesetzt hat.[20]

Erwin erkennt sich also als die einzige Wahrnehmungsinstanz, die einer ›sinnentleerten‹ Welt Sinn und Bedeutung zu verleihen imstande ist: »die Dinge der äußeren Welt hatten ihm den Wert, den sie im Traume haben; sie waren Worte einer Sprache, welche zufällig die seine war, aber erst durch seinen Willen erhielten sie Bedeutung, Stellung und Farbe« (GdE, 13 f.).

Die Suche nach ›Erkenntnis‹ ist damit zugleich eine Suche nach dem Geheimnis der eigenen fragwürdig gewordenen Identität. Implizit wird die Selbstbespiegelung des Protagonisten im Text auch als möglicher Grund für dessen solipsistische Lebensweise angeführt. Damit einhergehend wird die erkenntnistheoretische Frage berührt, wie es aufgrund der Subjektivität des Individuums grundsätzlich möglich sei, andere Menschen verstehen zu können. Diese Frage vertieft sich im Laufe des Erzähltextes, bis der Protagonist im Gespräch mit seiner Mutter schließlich zu der Erkenntnis gelangt, dass kein Mensch den anderen jemals völlig zu verstehen imstande ist. Dieser Subjektivismus mündet schließlich in der Ich-Spaltung des Protagonisten, die sich am Ende des Textes in der Figur des Fremden auch physisch manifestiert.[21]

---

sonders deutlich kann dieser Befund am Schlusssatz des Romans bestätigt werden). Mit der Schilderung der Lebensstationen des Protagonisten nähert sich der Roman zudem dem klassischen Bildungsroman (allerdings unter negativem Vorzeichen) an. Damit bedient er sich eines traditionellen Modells, variiert dieses aber, indem der Erzähler eben keine Wertungen vornimmt, nahezu ganz zu verschwinden scheint und ausschließlich Ereignisse und Wahrnehmungen schildert, die der Protagonist selbst erlebt. Vgl. Olaf Schwarz: *Das Wirkliche und das Wahre. Probleme der Wahrnehmung in Literatur und Psychologie um 1900*. Kiel 2001, S. 210–242.

[20] Damit problematisiert der Roman auch die existenzielle Orientierungslosigkeit des modernen Menschen, der den Verlust an vermeintlich ›objektiv gültigen‹ Werten und ›absoluten‹ Wahrheiten als Krise erfährt.

[21] In diesem Zusammenhang ist das Paradigma der Privatheit von besonderer Relevanz, denn der Zustand des Für-sich-Seins, der das Alleinsein und die Einsamkeit impliziert, ist ein den Protagonisten stets begleitender Gefühlszustand, der einerseits psychologisch hergeleitet und begründet wird – sein Vater stirbt zehn Jahre nach seiner Geburt, die Mutter gibt ihn dann mit zwölf Jahren ins Konvikt – andererseits einen erkenntnistheoretischen Erklärungsansatz zu Grunde legt, der auf Andrians Rezeption von Ernst Machs Sinnespsychologie zurückzuführen ist. Machs »*Prinzip des vollständigen Parallelismus des Psychischen und Physischen*« (Ernst Mach: *Die Analyse der Empfindungen und das Verhältnis des Physischen zum Psychischen. Mit einem Vorwort zum Neudruck von Gereon Wolters*. Darmstadt 1985, S. 50) ist für Andrians Text insofern relevant, als er dieses Prinzip über die Art der Darstellung der Bewusstseinsprozesse des Protagonisten demonstriert. Die erkenntnistheoretische Frage nach einer objektiven Erfahrbarkeit der Wirklichkeit wird auf diese Weise im Text problematisiert. Im Übrigen finden sich auch weitere Mach'sche Gedanken in Andrians Erzähltext – so z. B. dessen Assoziationslehre: Beim Abschied von Clemens trinkt der Protagonist Erwin viel Tee und Cognac. Am Ende des Textes, vor seiner Rückkehr nach Wien, wiederholt er diese Handlung und »auf einmal fiel ihm jener Abend vor

Die Darstellung von Subjektivität impliziert die Schau eines privaten Bewusstseins und die Schilderung einer perspektivisch gebrochenen Wahrnehmung. Die Struktur des Textes konstituiert sich so aus den wechselnden Bewusstseinszuständen des Protagonisten; die narrative Darstellung ist dabei an die subjektive Wahrnehmung der Figur gebunden. Die dominierende interne Fokalisierung bewirkt auf diese Weise, dass die Vermittlung der äußeren Welt stets durch die Innenperspektive Erwins geschieht, was sich im radikal subjektivistischen Zugang zur Wirklichkeit einerseits und im distanzierten Verhalten seinen Mitmenschen gegenüber andererseits artikuliert. Diese (auf objektive Schilderungen, Bewertungen und Stellungnahmen weitgehend verzichtende) Technik der Narration bewirkt, dass dem Leser nur die Personen, Ereignisse, Wahrnehmungen und Bewusstseinszustände vor Augen gestellt werden, die auch für den Protagonisten Erwin interessant sind und diesen auf irgendeine Weise affizieren. Dieser narrativen Perspektivierung korreliert also eine Subjektivierung in der Darstellung der äußeren Ereignisse, die als *private Erzählweise* bezeichnet werden kann, weil sie sich von einer objektiven Schilderung der Welt bewusst absetzt und damit eine ›intime‹ Erzählsituation schafft, in der lediglich die individuellen Bewusstseinsprozesse des Protagonisten dargestellt werden.

8.3 *Die Grenzen des privaten Bewusstseins*

Damit wird aber auch auf ein viel grundlegenderes erkenntnistheoretisches Problem verwiesen, das den Autor Andrian selbst über eine lange Zeit hinweg beschäftigt hat: Die faktische Unmöglichkeit, der eigenen Subjektivität zu entrinnen, um eine gleichsam ›objektive‹ Position einzunehmen – und damit einhergehend die Frage nach der Möglichkeit, unter diesen Umständen andere Menschen überhaupt ›verstehen‹ zu können. Ebendieses Phänomen wird gleich zu Beginn von Andrians Erzähltext problematisiert: So empfindet Erwin – konfrontiert mit den zahlreichen Kameraden im Konvikt – deren äußere »Eingriffe« in sein Leben als »unerträgliche Willkür« (GdE, 14), gleichsam als Störungen seiner sich selbst genügenden, privaten Existenz. Die Auseinandersetzung mit anderen Menschen, die Erwin als Aufgabe und notwendiges Übel hinnimmt,

---

langer Zeit, vor drei Jahren, in Bruck ein, und der maßlose Reiz seines Freundes, der ihm verloren ging« (GdE, 40). Die Handlung des Tee- und Cognac-Trinkens wird also unbewusst mit dem Abschied des Freundes assoziiert und über die analoge Situation erneut in Erinnerung gerufen. Mach erklärt diesbezüglich, »daß in der Psychologie den *Assoziationsgesetzen* eine hervorragende Bedeutung zuerkannt wird. Diese Gesetze lassen sich auf ein einziges zurückführen, welches darin besteht, daß von zwei Bewußtseinsinhalten A, B, welche einmal gleichzeitig zusammentreffen, der eine, wenn er eintritt, den andern hervorruft. Das psychische Leben wird in der Tat viel verständlicher durch Erkenntnis dieses immer wiederkehrenden *Grundzuges*« (Mach: *Die Analyse der Empfindungen und das Verhältnis des Physischen zum Psychischen*, S. 195).

deutet er als Kampf gegen bedrohliche und gewaltvolle Eingriffe in seine individuelle Privatheit. Dadurch, dass er im Konvikt weder physisch noch mental allein sein kann, fühlt er sich in seiner vermeintlichen Autarkie gestört, da die Kameraden allein durch ihre Präsenz und ihre Worte unweigerlich zu einem Teil seines Lebens werden.[22]

Um die Fremdheit zwischen sich und den anderen Jugendlichen im Konvikt zu überwinden, versucht der Protagonist über das Medium der Sprache einen Zugang zu ihnen zu finden. Aber der Weg über die verbale Kommunikation ist nicht zielführend, da die gesprochenen Worte in ihrer Ambiguität und ihrer verschiedenartigen Verwendungsweise im mündlichen Gespräch nie zum eigentlichen ›Wesen‹ der Kameraden führen, also keine verlässliche Interpretationsgrundlage für Erwin bieten.

So verwundert es nicht, dass die gesprochenen Worte den Protagonisten mehr verwirren als Klarheit schaffen. Sie hinterlassen bei ihm den Eindruck des Nicht-Verstehens, der die Kluft zwischen sich und seinen Mitmenschen nur noch weiter vertieft.

> Trotzdem sah er ein, daß sein Leben in ihrer Gewalt war, und er begann über das Einzige, was er an ihnen zu verstehen glaubte, nachzudenken: über ihre Worte. Diesen legte er zu große Wichtigkeit bei und sie verwirrten ihn vollends; denn sie wechselten leichthin gesprochen; und ebenso wechselnd bedeutungsvoll und unverständlich waren ihm seine neuen Kameraden. (GdE, 14)

Die Erkenntnis, dass die Grenze zum Bewusstsein der anderen nicht mittels Sprache überwunden werden kann, bestärkt Erwin in seiner Ich-Bezogenheit, die sich in seinem zunehmend narzisstischen und solipsistischen Habitus bekundet.

Andrian selbst hat sich zeitlebens immer wieder mit dieser erkenntnistheoretischen Frage auseinandergesetzt. So schreibt er dem Freund Hofmannsthal in einem Brief: »Meinst Du nicht auch, daß man ohne die Lebensformel nichts über einen Menschen schreiben kann, weil jeder eine hat und weil sie der Mittelpunkt vom Seelenmechanismus ist.«[23] Die spezifische ›Formel‹ zu finden, die jedem Individuum zugrunde liegt – dies eine Erkenntnis, zu der auch sein Prot-

---

[22] Dieser Privatheitsaspekt wird einige Jahre später von Musil in *Die Verwirrungen des Zöglings Törleß* (1906) wiederaufgegriffen und kritisch reflektiert. Gemeinsamkeiten zwischen beiden Erzähltexten hat auch Hofmannsthal erkannt. So identifiziert er im skizzenhaften Vergleich seines eigenen Textes *Das Märchen der 672. Nacht* mit Andrians *Garten der Erkenntnis* und Musils *Törleß* »das Hauptproblem« der Jahrhundertwende darin, dass »das Reale« übersehen werde: So erkenne Andrian »das andere Gesicht der Dinge« nicht, wolle »es absichtlich nicht beachten, *für nichts ansehen*. (Ähnlich kann der Zögling Törless das Gesicht der Dinge wenn sie fern sind und das andere, wenn sie hart an uns sind, nicht übereinbringen.)« (KA XXXVII, 157 f.).

[23] Leopold von Andrian: »Brief an Hugo von Hofmannsthal vom 10. August 1894«. In: Hugo von Hofmannsthal/Leopold von Andrian: *Briefwechsel*. Herausgegeben von Walter H. Perl. Frankfurt am Main 1968, S. 33.

agonist Erwin gelangt – ist letztlich nicht möglich.[24] Noch deutlicher notiert Andrian in seinem Tagebuch:

> Was mich kränkt, ist dieses oft rührend-traurige, oft groteske Nicht-verstehen, daß nie ein Mensch einen anderen versteht. Und diese Manie der Menschen einen Vorgang je innerlicher er ist, desto äußerlicher zu erklären. Sie wollen nie so bescheiden sein, zu sagen: Hier ist der Vorgang ein so tiefer mystischer innerer, daß ich ihn nicht verfolgen kann. Und wenn man daraus unglücklich wird, so betrachten sie das als einen Mangel an Tiefe bei dem Entschluß.[25]

So erkennt auch der Protagonist der Erzählung retrospektiv, dass er sich geirrt hat, da er davon ausgegangen war, durch andere Menschen sein eigenes Leben zu begreifen – und zwar deshalb, »weil jedem sein Leben das einzige Wunder war, konnte keiner dem andern eine Offenbarung darüber geben, noch von einem andern eine Offenbarung darüber erlangen« (GdE, 31). Erwin erkennt, dass die Subjekt-Objekt-Grenze nicht überschritten werden kann, weshalb das Individuum nie mit Gewissheit den anderen erkennen und verstehen wird. Das Geheimnis liege – so Erwins Gedanke – »vielmehr darin, daß alle Menschen, unerkannt und andere nicht erkennend, fremd durch die Rüstung ihrer täglich sterbenden Schönheit vom Leben in den Tod gehn« (GdE, 31). In dieser Aussage wird die erkenntnistheoretische Problematik ausgeweitet und mit dem Vanitas-Motiv korreliert.

Eben diese Grenze zwischen dem privaten Bewusstsein des Subjekts (der ›Innenwelt‹) und dem des Objekts (der ›Außenwelt‹) wird im Text durch die perspektivische Darstellung der Begegnung mit anderen Menschen hervorgehoben. Die scheinbar willkürliche Selektion bestimmter Merkmale bei der narrativen Beschreibung der zahlreichen Nebenfiguren macht diesen radikal subjektivistischen Wahrnehmungsmodus Erwins sehr deutlich und akzentuiert die Individualität des privaten Bewusstseins. Im Gegensatz zu der Hauptfigur selbst, die stets mit dem definiten Artikel ›der‹ bezeichnet wird, stehen die Nebenfiguren, welche häufig gar keinen Namen tragen und nur mit ihrer Berufsbezeichnung benannt werden. Eine explizite Charakterisierung bleibt in den meisten Fällen ganz aus – oder aber erfolgt lediglich anhand eines für den Protagonisten herausstechenden signifikanten Merkmals.

Erwins solipsistische Reserviertheit und Ignoranz den Nebenfiguren gegenüber wird zudem durch die häufige Verwendung des indefiniten Artikels ›ein‹ hervorgehoben (z. B. ›ein‹ Pole [16], ›ein‹ Offizier [GdE, 16], ›eine‹ Sängerin

---

[24] Andrian notierte sich Auszüge aus Theodor Meynerts *Mechanik des Gehirnbaues* (1874) in sein Tagebuch, so auch die Notiz: »Kennten wir jedesmal die Zusammensetzung der Individualität, so würden uns alle durch ein complicirtes Ich eingeleiteten Handlungen in ihrer Gesetzmäßigkeit einleuchten« (Theodor Meynert: *Zur Mechanik des Gehirnbaues*. Wien 1874, S. 19). Vgl. Renner: *Leopold Andrians ›Garten der Erkenntnis‹*, S. 161.

[25] Leopold von Andrian: »DLA, Tagebuch Nr. 54. Wien, am 1ten Juni 1894–September 94«. In: Ursula Prutsch/Klaus Zeyringer (Hg.): *Leopold von Andrian (1875–1951). Korrespondenzen, Notizen, Essays, Berichte*. Wien/Köln/Weimar 2003, S. 42.

[GdE, 17] etc.). Dass Erwin seine Mitmenschen nicht als individuelle Personen, sondern lediglich als anonyme Objekte – also als Quellen sinnlicher Reize oder temporär bedeutsame Erscheinungen – wahrnimmt, lässt sich anhand einer bestimmten Episode sehr deutlich rekonstruieren: Nachdem er die Bekanntschaft mit einem jungen totkranken Offizier gemacht hat, der einen bleibenden Eindruck bei ihm hinterlässt, liegt Erwin die ganze Nacht wach und denkt über ihn nach. Reuevoll muss er sich aber am Ende seiner Überlegungen eingestehen, dass »er nicht einmal seinen Namen wisse« (GdE, 17). Obwohl er unter dem Gedanken leidet, »daß er ihm nie wieder begegnen solle« (GdE, 17), hat der Protagonist es versäumt, den Namen des Offiziers in Erfahrung zu bringen.

Ein weiteres besonders einprägsames Beispiel für die Distanz Erwins anderen Menschen gegenüber, die mit der Akzentuierung seines privaten Bewusstseins einhergeht, ist die Beerdigung seines Kameraden Lato. Während Erwin zu seiner Zeit im Konvikt eine emotionale Bindung zu ihm aufbaut, verliert diese Figur – die als Antizipation seines späteren Freundes Clemens gedeutet werden muss – für ihn im Laufe der Zeit immer mehr an Bedeutung. Sie entschwindet allmählich seinem Sinn und tritt in Vergessenheit. Der plötzliche Tod dieses früheren Kameraden tangiert ihn daher in keiner Weise; »er wunderte sich selber, daß er ganz kalt blieb, sogar beim Anblick der Leiche« (GdE, 24).

Die persönliche Bedeutung, die Erwin seinem verstorbenen Kameraden also zugewiesen hatte, wird im Fortschreiten der Handlung sukzessive aufgehoben, nivelliert und auf den neuen Freund Clemens transferiert. Die Zuschreibung von Bedeutung ist also nicht auf Dauer begründet, sondern unterliegt dem zeitlichen Wandel.

Die meisten im Roman auftretenden Figuren (wie Lato oder der nicht einmal namentlich genannte und dadurch charakterlich auf seine Herkunft reduzierte ›Pole‹) werden so auf wenige scheinbar willkürliche Merkmale reduziert und nicht als Individuen in ihrer charakterlichen und individuellen Komplexität wahrgenommen, sondern mit analytischem Blick in abstrahierender Weise ›ent-individualisiert‹ oder aber mit anderen Figuren assoziiert, die dem Protagonisten gerade ins Bewusstsein kommen – so im Fall von Clemens: »Und während ihm der Erwin ins Gesichts schaute, fiel ihm plötzlich [...] das Gesicht seiner Geliebten ein, mit geschlossenen Augen wie eine Maske unter dem Helm ihrer goldfarbenen Haare« (GdE, 30). Die semantische Korrelation zwischen Clemens und der Geliebten generiert so auf einer Tiefenebene Bedeutung, denn indem Erwin seine Gefühle für Clemens mit denen für seine Geliebte assoziiert, wird der homoerotische Charakter dieser Beziehung unterstrichen.[26]

Wichtig ist hierbei, dass der Blick durch die subjektive Perspektive Erwins zu einer Komplexitätsreduktion der Figuren führt und diese nicht in ihrem indivi-

---

[26] Dem Protagonisten selbst bleibt diese Einsicht allerdings verborgen; für ihn kommt die Gedankenassoziation willkürlich zustande.

duellen Sein objektiv geschildert werden, sondern lediglich als schemenhafte Erscheinungen und Interpretationen des Protagonisten.[27]

So zeigt sich nicht nur, dass die narrative Darstellung der Wahrnehmungs- und Bewusstseinsprozesse durch die Subjektivität des Protagonisten bestimmt wird, sondern auch durch dessen Bewertungen, Urteile und Einschätzungen. Da es keine in Erscheinung tretende objektive Erzählerinstanz gibt,[28] ist der Leser bei seiner Deutung zuallererst an die subjektive Wahrnehmung und die Wertungen des Protagonisten gebunden.[29] Gerade weil es sich bei dessen Deutungen und Urteilen aber um perspektivische Feststellungen einer solipsistischen und dissoziierten Persönlichkeit in einer temporären Stimmung handelt, kann er keinesfalls als zuverlässige Informationsquelle gelten: Erwin modifiziert, relativiert und verwirft den Großteil seiner getroffenen Aussagen und Entscheidungen, nimmt Urteile zurück und misst Dingen und Menschen Bedeutung bei, die ihm an späterer Stelle völlig unbedeutend werden. Während er seinem ersten Schulfreund Heinrich Philipp zu Beginn beispielsweise »die große Güte der Heiligen« (GdE, 19), Höflichkeit und Liebenswürdigkeit attestiert, revidiert er diese Einschätzung, als er ihn besser kennt. Dann »schien er auch ganz verändert; es war, als spräche er über den Erwin weg zu sich selbst zurück« (GdE, 19). Mit diesem Zitat wird eine Charaktereigenschaft des Freundes angedeutet, die eher auf einen selbstbezogenen, sich selbst bespiegelnden Menschen schließen lässt als auf einen selbstlosen Heiligen.

---

[27] All diese Nebenfiguren werden nicht um ihrer selbst willen erwähnt – auch nicht, weil sie eine entscheidende Funktion für den weiteren Verlauf der Handlung hätten (was eben *nicht* der Fall ist) – sie dienen vielmehr der Darstellung der subjektiven Bewusstseinsprozesse des Protagonisten und somit der indirekten Charakterisierung desselben. Vgl. Liesbrock: *Einflüsse der symbolistischen Ästhetik auf die Prosa der Jahrhundertwende*, S. 295. So werden die dreißig Kameraden im Konvikt lediglich deshalb erwähnt, weil sie eine Störung der privaten Existenz Erwins darstellen: »Dennoch mußten sie seiner Seele fremd bleiben und […] er fürchtete [sie] als tückische Feinde« (GdE, 14). Die durch Erwin vorgenommene Klassifizierung der Kameraden als ›Feinde‹ erklärt sich nur daraus, dass sie einen Eingriff in Erwins private Lebensform bedeuten, seine solipsistische Privatexistenz beeinträchtigen. Denn schon wenig später ändert sich die Einstellung ihnen gegenüber und Erwin revoziert sein zuerst abgegebenes Urteil – »da fand er, daß sie liebe Burschen und eigentlich gar keine Feinde seien« (GdE, 16).
[28] Wie gezeigt, ist die Erzählform an die Perspektive des Protagonisten Erwin gebunden. Allerdings folgt die Erzählung noch eher der ›klassischen‹ Form des Bildungs- oder Entwicklungsromans (freilich unter negativem Vorzeichen) als der einer Monologerzählung, wie dies beispielsweise bei Beer-Hofmanns *Der Tod Georgs* (1900) oder (in noch gesteigerter Form) in Schnitzlers *Leutnant Gustl* (1900) der Fall ist. Vgl. Iris Paetzke: *Erzählen in der Wiener Moderne*. Tübingen 1992, S. 34.
[29] Dass es aber durchaus einen Erzähler gibt, wird z. B. im Schlusssatz des Textes deutlich.

8.4 Stationen der Erkenntnis

8.4.1 Religiöse vs. lebensemphatische Erlösung

Aber nicht nur die subjektiven Einschätzungen unterliegen stets dem Vorbehalt einer Revision, sondern auch die Entscheidungen, von denen Erwin sich erhofft, dass sie ihm die ›Offenbarung‹ des ›Lebens‹ bringen, werden stets rasch revidiert, weil sie ihn seinem Ziel (der ›Erkenntnis‹) nicht näherbringen.

In seiner Frühzeit im Konvikt entwickelt der Protagonist z. B. »eine sehnsüchtige Neigung für alles im Leben um ihn, worin die Ruhe zu sein schien« (GdE, 14). Diese Ruhe, so Erwins Schluss, müsse ihren Ursprung in Gott haben und so gelobt er »Priester zu werden« (GdE, 15). Während der Protagonist zu Beginn der Erzählung also ein rein kontemplatives religiöses Leben mit dem Ziel der *tranquillitas animi* erstrebt (*religiöse Erlösung im Glauben an eine metaphysische Instanz*), wandelt sich dieser Wunsch nach Ruhe mit dem Beginn der Pubertät sukzessive in »einen seltsamen Drang nach Unruhe, halb Neugier nach Entdeckungen, halb Lust, das was er sonst wollte, zu verneinen« (GdE, 19).

Der Beschluss, ein religiöses Leben der Ruhe, Geistigkeit und asketischer Weltentsagung zu führen, wird nun von Erwin verworfen und verkehrt sich ins Gegenteil: So kann Erwin schon bald von seinem Vorsatz, Priester zu werden, ablassen, um ein weltliches Leben der sinnlichen Freuden und Vergnügungen (mit Theaterbesuchen, Opernbällen etc.) in Wien zu führen (*lebensemphatische Erlösung*): »[S]ein Leben trat vor ihn hin, das er damals verachtet hatte; es trat lockend hartnäckig, fast körperlich vor ihn hin und schaute ihn vorwurfsvoll und sehnsüchtig an« (GdE, 17).

An den gegebenen Textbeispielen sollte nun einerseits deutlich geworden sein, wie die Urteile, normativen Wertungen und vermeintlichen Erkenntnisse Erwins stets aus dessen Subjektivität heraus gewonnen werden, weshalb sie meist bereits nach kurzer Zeit wieder revidiert, nivelliert oder negiert werden können, weil sie mit der objektiven Realität, die sich innerhalb der Diegese aus der Simultaneität sich widersprechender Erscheinungen konstituiert, nicht konform gehen. Damit ist andererseits aber auch das, was ich zu Beginn der Analyse unter dem Schlagwort ›Poetik der Negation‹ angeführt habe, anhand einiger sprechender Beispiele verdeutlicht worden.

8.4.2 Sprachmystizismus

Nachdem sich sowohl die religiöse als auch die lebensemphatische Möglichkeit als nicht zielführend erwiesen haben, sieht Erwin die dritte Möglichkeit im Medium der Sprache gegeben, die ihm als kodiertes Zeichensystem zur Entzifferung des ›Lebens‹ dienlich sein soll und in der er eine mystische Erkenntnisquelle zu finden hofft (*sprachmystizistische Erlösung*).

Dass die Sprache als Mittel der Kommunikation und Verständigung zwischen Erwin und seinen Mitmenschen aber ungeeignet ist, zeigt sich schon auf formaler Ebene daran, dass es im gesamten Text nahezu keine Dialoge gibt; es dominiert der narrative Modus, der stets Distanz generiert. Wenn es an wenigen Stellen ausnahmsweise doch zu einem mündlichen Austausch kommt, so ist das Resultat stets Verwirrung und Uneinigkeit der Gesprächspartner. Das Nicht-Verstehen der Worte nimmt im Verlauf der Erzählung eine mystizistische Wendung. Indem Erwin das Wort als Geheimnisträger des Unbekannten bestimmt und auf diese Weise mystifiziert, verleiht er ihm eine sprachmetaphysische Bedeutung. Von Heinrich Philipp, seinem ersten Schulfreund, erfährt er

> Worte, die er nicht gekannt, und die Bedeutung anderer Worte, die er nicht verstanden hatte; oder eigentlich erfuhr er nur, daß es eine Reihe von Geheimnissen gab, auch in dem, was ihm geheimnislos gewesen war, und daß es Dinge gab, die schlecht und verboten und zugleich reizvoll waren. (GdE, 19)

Die Sprache hat für Erwin ab diesem Zeitpunkt einen besonderen Reiz, da sie ihm als medialer Träger von Geheimnissen erscheint und auf Dinge referiert, die ihm in seiner ›behüteten Existenzform‹ als Adligem noch nicht begegnet sind, und damit eine Welt jenseits der geltenden gesellschaftlichen Wert- und Normvorstellungen verheißt.

Jedenfalls ist die Sprache als bedeutungstragendes und -konstituierendes Medium eines der zentralen Paradigmen des Textes; das Wort selbst wird dabei von Erwin sogar zum möglichen Schlüssel der Erkenntnis des Lebens. So findet sich in der Mitte des Romans das Gleichnis des Jünglings in der Höhle, in welchem die Wirkmacht der Sprache bildhaft dargestellt wird: In einer Höhle, »in der sich alle Schätze der Welt zu verschiedenfarbigen Erden verzaubert befinden« (GdE, 26), muss der Jüngling ein bestimmtes Wort sagen, damit sich die Schätze der Welt transformieren und sich ihm offenbaren. Da er aber »nur wenige Augenblicke bleiben« darf und »das Wort nicht weiß, so weiß er nicht, mit welchen Erden er sich beladen soll« (GdE, 26). Das entscheidende Zauberwort, das alles enthüllen und damit transparent machen würde, fehlt dem Jüngling – eben wie Erwin zeitlebens die Erkenntnis fehlt. Das Wort fungiert im Gleichnis als Schlüssel zum Kode des ›Lebens‹; da Erwin dieses Wort aber nicht kennt, kann er das Geheimnis des Lebens nicht lüften. Es ist der damit verbundene Reiz des Unbekannten, welcher der Sprache als vermeintlichem Träger des Geheimnisses eine zentrale Funktion innerhalb des Textes zuweist.

Diesen geheimnisvollen Reiz enthalten auch die Verse Bourgets, die Erwin rezitiert und sich dabei an der eigenen Stimme berauscht. Durch die laute Aussprache der Worte ›Leben‹ und ›Frau‹ erhalten diese poetischen Verse eine sprachmystische Ausdruckskraft und eine geradezu performative Dimension, das Dionysische und ›Andere‹ durch den Sprechakt zu evozieren:

> [E]r begann allmählich zu glauben, daß durch das zweite Wort, daß durch die Frau eine Offenbarung über ihn kommen und das Leben wundervoll gestalten und es erhellen würde, eine Offenbarung, für die das ganze Leben nur die Form und das vorhergehende nur die Vorbereitung war. (GdE, 26)

Die poetisierte Sprache der Lyrik hat für den Protagonisten einen Wahrheitsgehalt, den er darin bestätigt findet, dass die Worte über sich selbst hinausweisen, also auf etwas Unbestimmtes außerhalb ihrer selbst referieren und damit eine sinnstiftende Funktion innerhalb der Lebenswelt erfüllen. Hinter dem poetisierten sprachlichen Zeichen vermutet Erwin eine Welt der Bedeutung und der Fülle, durch die er das Wesen des ›Lebens‹ zu erschließen hofft.

> Dennoch lag in ihrer weichen, traurigen Schönheit nicht dasjenige, was ihm sein Schauer und die Worte des Dichters vom Leben versprachen: Schmerz und Jubel, Erhabenheit und Gemeinheit und die ganze Fülle dessen, was Himmel und Hölle birgt, aber so vermengt, in einer solchen Bewegung durcheinanderfließend, so eins durch sie, daß man das Ganze als geheimnisvoll zitternde Glorie empfand. (GdE, 25 f.)

Trotz der Fülle an Worten und Bedeutungen, bleibt das Medium der Sprache letztlich also ungeeignet ›die ganze Fülle dessen, was Himmel und Hölle birgt‹ darzustellen und zu offenbaren. So verliert die ›Frau‹ für Erwin in eben dem Augenblick ihren Wert, da sie nicht mehr nur geheimnisvolles *Zeichen*, sondern als *Referent* Wirklichkeit geworden – und damit ›entzaubert‹ – worden ist. Um die Illusion aufrechtzuerhalten, wird sie von Erwin in einer ästhetisierten und sublimierten Weise verklärt. Auffallend ist dabei, dass sie nicht mit ›natürlichen‹ Dingen verglichen wird, sondern mit antiken Objekten aus dem Bereich der Kunst.

> Sie war von der Schönheit der späten Büsten, bei denen man einen Augenblick zweifelt, ob sie uns einen jungen asiatischen König zeigen oder eine alternde römische Kaiserin; […] sie glich einer Triumphsäule ihres eigenen Lebens[.] (GdE, 29)

Neben dem artifiziellen Charakter wird zudem die Androgynität dieser Frau hervorgehoben. Die bestehenden Zweifel darüber, ob es sich um einen jungen asiatischen König oder eine alte römische Kaiserin handelt, deuten auf das ›Zwitterhafte‹, das sich in ihrer Erscheinung repräsentiert und akzentuieren zudem Erwins homosexuelle Neigung, die ihre deutlichste Ausprägung in der Beziehung zu Clemens erhält. Lakonisch bilanziert der Erzähler im Anschluss an diese Episode: »Alle Wunder, die der Erwin von der Offenbarung erwartet hatte, waren in ihr [der Frau, S. B.], aber er fand keine Offenbarung« (GdE, 29).

Die dargestellte Unmöglichkeit, mittels der Sprache zur Erkenntnis zu gelangen, kulminiert bezeichnenderweise in dem einzigen wirklichen Dialog: dem Gespräch zwischen Erwin und seiner Mutter. Die Voraussetzungen für dieses Gespräch sind durch die von Beginn an akzentuierte Ähnlichkeit beider Figuren gegeben. So hat Erwin »ihre Hände und ihre Stimme« (GdE, 13), zudem verbindet beide das gemeinsame ›Erkenntnisinteresse‹.

Dennoch kommt es in diesem Wortwechsel kurz vor Erwins Tod zu keinem gegenseitigen Verständnis; vielmehr treffen zwei divergierende Positionen aufeinander, die sich widersprechen und zu keinem befriedigenden Ergebnis führen:[30] »Aber er konnte nicht zu ihr sterben und er fand nicht das Wort, welches dem Tod das Leben gibt« (GdE, 37). Auch hier – in Analogie zum Gleichnis mit der Höhle – fehlt Erwin das richtige Wort zum Verständnis des ›Lebens‹ und so ist die logische Konsequenz, dass sich beide Figuren nach diesem Gespräch wieder trennen.

So findet sich im Ausgang der Begegnung mit der Mutter nur bestätigt, was der Beginn des Textes bereits antizipiert: Dass es für den Menschen unmöglich sei, seinem subjektiven Bewusstsein zu entkommen, um einen objektiven Zugang zur äußeren Welt zu finden. So fungiert die Sprache also auch nicht als ›mystisches‹ Bindeglied zwischen den Menschen untereinander – im Gegenteil vertieft sie die Entfremdungserfahrung zwischen ihnen sogar noch weiter.

8.4.3 Die Chiffre des Fremden und die Transformation des Raumes

Diese Entfremdungserfahrung manifestiert sich allegorisch in der Figur des ›Fremden‹. Durch ihr wiederkehrendes plötzliches Erscheinen und ihre fragwürdige widersprüchliche Existenzform umgibt sie die Aura des Geheimnisses und bringt sie damit in einen unmittelbaren Bezug zu der von Erwin gesuchten Erkenntnis.

Erwins Suche nach dem ›Anderen‹ führt ihn in die Vorstadt Wiens, die mit Semantiken des ›Triebhaften‹ und ›Gemeinen‹ konnotiert ist und damit in Opposition zur zivilisierten und ›schönen‹ Stadt Wien steht. Über die Raumorganisation im Text lässt sich erkennen, dass für Erwin der Raum Wien (zu Beginn) das Kultivierte, Geordnete, Ästhetische und Harmonische repräsentiert (oder mit Nietzsche: das Apollinische):

> Alles hatte seine sinnreiche Schönheit: die Kathedralen des Mittelalters und die großen gelben Barockkirchen [...]. Alle Heiligenbilder waren schön, die goldenen geschnitzten Heiligenbilder, die niemals leer stehen [...] alle Häuser waren schön: die schwarzen Paläste mit ihren Dianen und Apollen [...] und alle Gärten waren schön, die festlichen Gärten der Schlösser mit Statuen, Trophäen und viereckigen Teichen[.] (GdE, 27)

Die Vorstadt und der ländliche Raum hingegen sind mit Semantiken der Triebhaftigkeit, der Sinnlichkeit und des Rauschhaft-Dionysischen konnotiert.

> Auf dem Land kam Erwin vieles aus seinem bisherigen Leben wieder und rührte ihn: [...] Manchmal erschien ihm Clemens im Traum, aber selten so, wie er war; meistens

---

[30] Für Theodorsen wirkt der Dialog »so verfremdet und kontrakommunikativ, dass [er] fast als Beispiel dafür dienen könnte, wie schwierig die Kommunikation zwischen den Personen in diesem Text ist« (Cathrine Theodorsen: *Leopold Andrian, seine Erzählung ›Der Garten der Erkenntnis‹ und der Dilettantismus in Wien um 1900*. Hannover-Laatzen 2006, S. 234 f.).

war eine Seite an ihm gesteigert, er war verdorbener oder ärmer oder trauriger oder
von einer anderen Schönheit. (GdE, 25)

Ein weiteres Differenzkriterium zwischen diesen oppositionellen semantischen Räumen ist der Unterschied zwischen dem Reichtum Wiens und der Armut der Vorstadt bzw. des Ländlichen. Bereits Erwins Eintritt in das »niedrige[] Haus« (GdE, 29) in der Mitte des Textes zeigt an, dass es sich hierbei um eine Grenzüberschreitung[31] des wohlhabenden Fürstensohnes[32] Erwin handelt, der ein nicht standesgemäßes Lokal besucht, in dem die Luft von Rauch und dem »Atem der vielen Menschen« (GdE, 30) schwer ist, in dem getrunken wird und vaterländische Lieder auf Wien gesungen werden. Es herrscht dort eine rauschhaft-betäubende Atmosphäre, die sich aus den Elementen des Alkohols, des Zigarettenrauchs und der Musik zusammensetzt.

In diesem niedrigen sozialen Milieu wird das *principium individuationis* aufgelöst, im Takt des Walzers verbinden sich die Individuen zu einer losen Einheit.[33] Die Musik spielt hier – ähnlich wie bei Thomas Mann[34] – eine für die Auflösung des Individuums konstitutive Rolle. Sie fungiert als ein die Menschen verbindendes Element, hat dabei aber eine durchaus ambivalente erotische Komponente:

Und wie sie [die Sängerin, S. B.] das zweite Lied sang, begann die Melodie durch die Glieder der Menschen zu rieseln […] und wie verzaubert von Liebkosung starrten ihre Augen; und wenn der Walzer lockend und lächelnd pochte, so lächelten sie ein wenig geziert, und wenn der Walzer rührend und süß zerfloß, so wurden sie willig sich hinzugeben. (GdE, 30)

Diese abstrakten semantischen Räume des ›Apollinischen‹ und ›Dionysischen‹[35] sind zu Beginn des Textes noch an ›realexistente‹ topographische Räume gebunden (nämlich zum einen an die Stadt Wien und zum anderen an den Bereich

---

[31] Dass es sich bei dem Eintritt in die Kneipe um eine erste Grenzüberschreitung handelt, zeigt sich auch an den »seltsame[n] Kindern« (GdE, 29), die ihr Gesicht an die Scheiben pressen und damit als unheimliches Element eine abschreckende Funktion haben. Hofmannsthal hat dieses Scheiben-Motiv in seinem *Märchen der 672. Nacht* wiederaufgegriffen.

[32] Der Protagonist gehört der obersten Gesellschaftsschicht – dem österreichischen Hochadel – an und hat (wie seine verwitwete Mutter) keine Sorgen materieller Art.

[33] Die Terminologie Schopenhauers ist an dieser Stelle bewusst gewählt, da sich in Andrians Werk zahlreiche Rezeptionsspuren der Schopenhauer'schen Musikästhetik und pessimistischen Willensmetaphysik rekonstruieren lassen (so z. B. die zentrale Todes-Thematik).

[34] Z. B. in Thomas Manns erstem Roman *Buddenbrooks* (1901) oder aber im *Doktor Faustus* (1947).

[35] Irsigler und Orth sehen die zentrale semantische Opposition zwischen »der christlich-reglementierten *geistigen* Welt einerseits und dem freien, emphatischen und *körperlichen* Leben andererseits« (Ingo Irsigler/Dominik Orth: *Einführung in die Literatur der Wiener Moderne*. Darmstadt 2015, S. 89).

des Ländlichen, die Vorstadt).[36] Im Laufe der Romanhandlung allerdings lösen sich die Grenzen der anfangs strikt voneinander getrennten Räume sukzessive auf. Hier findet sich also der Befund Titzmanns bestätigt, dass sich die literarischen Texte der frühen Moderne im Allgemeinen dadurch von ›realistischen‹ Texten abgrenzen, dass sie keine konstanten und starren Grenzziehungen zwischen zwei semantischen Räumen vornehmen, sondern sich durch ihre »*quantitativen Übergänge*« auszeichnen.[37]

So lernt der Protagonist den Fremden anfangs in einem Extremraum[38] kennen, der dem Ländlichen (der ›Vorstadt‹) zuzuordnen ist. Spätestens aber nach dem ›Sündenfall‹ auf der Berghütte (›Land‹) verfolgt ihn der Fremde und taucht auch in topographischen Räumen auf, die zuvor das Triebhafte und Bedrohliche, für welches der Fremde steht, exkludierten. Auch die Rückkehr Erwins in den ursprünglichen Ausgangsraum (›Wien‹) bringt nicht die vormals empfundene hoffnungsvoll-euphorische Stimmung mit sich – im Gegenteil: »Unter dem Eindruck dieser Begegnung [mit dem Fremden, S. B.] veränderte sich dem Erwin in der folgenden Zeit die Stadt; ihre Vielfältigkeit, die ihn früher bewegte, verwirrte ihn jetzt und drohte ihm« (GdE, 35).

Die Eigenschaften der Figur des Fremden (das Widersprüchliche, Verwirrende, Bedrohliche) werden von Erwin auf die Stadt Wien übertragen, weshalb der kultivierte ›geordnete‹ Raum, den der Protagonist zu Beginn mit der Schönheit assoziiert hatte, zu einem bedrohlichen und tödlichen Raum transformiert. Diese Transformation des Raumes – und dies sei erneut hervorgehoben – ist an die Perspektive Erwins gebunden und erklärt sich daraus, dass es sich nicht um einen äußeren Kampf zwischen real existenten Figuren handelt, sondern um eine innere Auseinandersetzung des solipsistischen Ästheten Erwins mit sich selbst. Nach der Entdeckung des ›Fremden‹ (in sich selbst), ist der Protagonist nicht mehr vor diesem sicher – er ist omnipräsent. Am Ende des Textes heißt es bezeichnenderweise: »Er wollte nicht nach Haus, auch dort konnte der Feind ihn finden« (GdE, 41).

---

[36] Schon Renner erkennt in dem zertretenen Land »die Kehrseite der feudalen Schloßparkanlagen und Gärten«; im Gegensatz zu Wien stelle es »eine unschöne, traumhaft-irreale, öde Landschaft« (Renner: *Leopold Andrians ›Garten der Erkenntnis‹*, S. 159) dar, die semantisch mit dem Fremden korreliert ist und ihr damit einen bedrohlichen Charakter verleiht. Ähnlich argumentiert auch Liesbrock: »Der Raum der Vorstädte kann so als Symbol bzw. Verkörperung des Triebhaft-Sexuellen im Allgemeinen bzw. der diesen Elementen entsprechenden unbewussten Bereiche der Psyche des Protagonisten interpretiert werden« (Liesbrock: *Einflüsse der symbolistischen Ästhetik auf die Prosa der Jahrhundertwende*, S. 309).

[37] Michael Titzmann: »›Grenzziehung‹ vs. ›Grenztilgung‹. Zu einer fundamentalen Differenz der Literatursysteme ›Realismus‹ und ›Frühe Moderne‹«. In: Ders.: *Realismus und Frühe Moderne. Beispielinterpretationen und Systematisierungsversuche*. München 2009, S. 275–307. Hier: S. 282.

[38] Solche Extremräume repräsentieren dabei synekdochisch den semantischen Gesamtraum. Vgl. Krah: *Einführung in die Literaturwissenschaft/Textanalyse*, S. 305.

Die Begegnungen mit dem Fremden sind daher individualpsychologisch zu deuten und nichts anderes als Begegnungen mit dem eigenen Selbst.[39] Dies zeigt sich sehr deutlich in der oben angesprochenen Berg-Episode (dem ›Sündenfall‹), in der sich die Furcht vor dem Fremden als Angst vor Facetten des eigenen Selbst erweist:

In einem heißen Sommer steigt der Protagonist auf einen Berg und übernachtet in der Dachkammer einer Almhütte. Dort glaubt er Schritte zu hören, die er mit dem Fremden in Verbindung bringt.

> Plötzlich zuckte über die Wand der Schimmer einer Laterne, etwas Schweres schlug gegen das Holz und jemand hustete. Es mußte ein Fenster an der Wand sein und eine menschliche Gestalt bei diesem Fenster und diese Gestalt kam seinetwegen und sie wartete auf ihn … Aber wie er ein Licht anzündete und die Wand beleuchtet hatte, war kein Fenster da; ein Spiegel hatte ihn getäuscht, ein kleiner Spiegel aus Goisern, über dessen vergoldeten Rahmen das Mondlicht gefahren war[.] (GdE, 34)

Die Aufnahme des Spiegel-Motivs verdeutlicht, dass es sich in dieser Episode um eine Begegnung mit dem eigenen Selbst, um eine Selbstbespiegelung Erwins handelt, in der er dem ›Anderen‹ und ›Fremden‹ seiner Existenz, seinem ›ungelebten‹ Leben[40] – also »der Fülle der Erlebnisse, deren Möglichkeit in ihm war« (GdE, 29) – gegenübertritt.

Die Figur des Fremden ist demnach als allegorische Chiffre des ›Lebens‹ zu deuten.[41] In ihm manifestiert sich die Mannigfaltigkeit, Pluralität und Widersprüchlichkeit des ›Lebens‹[42] – womit freilich auch gesagt ist, dass dem Leben von Beginn an dessen Aufhebung und Negation, der Tod, inhärent ist.

---

[39] So auch die These von Renner, die behauptet, dass es sich nicht eindeutig entscheiden lasse, ob es sich »bei der Gestalt des Fremden um eine Projektion oder um eine tatsächliche halluzinatorische Wahnvorstellung« handele; dies lasse »der Autor bewußt unklar, da im Zusammenhang der mystifizierenden Darstellungsweise alle Episoden und Figuren geheimnisvoll unwirklich erscheinen und letztlich symbolisch Erwins ichbefangenes Dasein wiedergeben sollen« (Renner: *Leopold Andrians ›Garten der Erkenntnis‹*, S. 184).

[40] Der Zusammenhang zwischen dem ›Leben‹ und dem ›Fremden‹ ist dabei evident, da er schon zu Beginn des Textes antizipiert wird. Bereits vor der ersten wirklichen Begegnung mit dem Fremden manifestiert sich das ›Leben‹ in geradezu physischer Form: »[S]ein Leben trat vor ihn hin […] es trat lockend hartnäckig, fast körperlich vor ihn hin und schaute ihn vorwurfsvoll und sehnsüchtig an« (GdE, 17). Diese Personifikation des ›Lebens‹, das Erwin ›fast körperlich‹ vor Augen tritt, kann so als Antizipation der an späterer Stelle auftretenden Figur des Fremden verstanden werden.

[41] Den Fremden als Dionysos-Figuration zu deuten, wie Rieckmann es tut (vgl. Jens Rieckmann: »Narziss und Dionysos. Leopold von Andrians ›Der Garten der Erkenntnis‹«. In: *Modern Austrian Literature* 16 [1983]. Nr. 2, S. 65–81), ist zwar nicht abwegig – und in der Tat finden sich einige unleugbare Parallelen zu Nietzsches *Geburt der Tragödie* – dennoch hebt Rieckmanns Deutung eben nur den dionysischen Aspekt an der Figur des Fremden hervor und übergeht dessen Zwitterhaftigkeit (»die lockende Zweiheit des Lebens« [GdE, 41]), die eben »das ganze Leben« (GdE, 30) – und das heißt selbstverständlich auch: die apollinische Seite – repräsentiert.

[42] Die Figur des Fremden ist in der Forschung reichlich diskutiert worden. Es haben sich dabei vor allem drei Interpretationsrichtungen herauskristallisiert: Zum einen wird der

Dies zeigt sich auf Figurenebene an den widersprüchlichen Charakterzügen des Fremden ebenso wie anhand dessen physiologischer Erscheinung: Denn im »niedrigen Gesicht des Fremden war Sanftmut und Bosheit, Furchtsamkeit und Drohung und das ganze Leben, aber wie im Leben zugleich [sic!]« (GdE, 30). Es handelt sich bei diesen Charakterzügen bezeichnenderweise nicht um eindeutig bestimmbare Eigenschaften, sondern um ein widersprüchliches ›Zugleich‹ an Möglichkeiten, die sich in der Figur des Fremden allegorisch manifestieren.

Die Simultaneität dieser sich widersprechenden charakterlichen und physiologischen Charakteristika verweist dabei auf den Facettenreichtum des ›Lebens‹ selbst. So wird die Demut des Fremden in dessen scheuem Verhalten geschildert, zugleich aber auch auf das Bedrohliche seines Blickes verwiesen. Selbst in den Worten des Fremden scheinen Wahrheit und Lüge zugleich zu sein: »[D]er Fremde erzählte sein Leben; der Erwin wußte, daß er log, aber er wußte auch, daß in dieser Lüge irgendwie die tiefe dunkle vielfältige Wahrheit lag« (GdE, 31).

Derselbe geheimnisvolle Kontrast fällt Erwin auch bei der zweiten Begegnung auf; der Fremde erscheint ihm nun allerdings »ärmlicher« und »die scheue Ruhe in seinem Blick war drohender« (GdE, 35). Die sich potenzierende Dynamik des Bedrohlichen, die in der Klimax am Ende des Textes ihren tödlichen Ausgang findet, wird durch die Verwendung der superlativischen Adjektive bei jeder neuen Begegnung mit dem Fremden augmentiert. Das drohende Element formiert sich bei der letzten Begegnung dabei zu einer lebensvernichtenden Macht: Der Fremde repräsentiert hier nicht mehr »die lockende Zweiheit des Lebens« (GdE, 41) – es ist vielmehr der Schecken der Vernichtung, der in ihm seinen konkreten Ausdruck findet. Der Reiz des Unbekannten (›Fremden‹) besteht für Erwin in eben diesem Bedrohlichen, das in semantischer Korrelation zum Körperlichen und Sexuellen steht. Auffällig bei der Zeichnung des Fremden ist dabei vor allem die Akzentuierung von dessen Körperlichkeit, die Erwin nicht mehr (wie bei den Fiakern) als ästhetisch reizvoll, sondern vielmehr in ihrer Dürftigkeit und Blöße wahrnimmt. Jede Begegnung mit dem Fremden hat also einen durchaus ambivalenten Charakter und ist stets mit dem Triebhaft-Sinnlichen korreliert.

Fremde als die allegorische Verkörperung des ›Lebens‹ gedeutet (vgl. z. B. Iris Paetzke: »Der Ästhet als Narziss. Leopold Andrian. ›Der Garten der Erkenntnis‹«. In: Dies.: *Erzählen in der Wiener Moderne*. Tübingen 1992, S. 27–49. Hier: S. 44). Zum anderen wird der Fremde auch als Vorbote des Todes oder als dieser selbst identifiziert (vgl. z. B. Rodney Tayler: »The Spectre in Leopold Andrian's Garden of Knowledge«. In: *Seminar* 42, 1 [2006], S. 33–57. Hier: S. 55 f.). Renner hingegen, die eher tiefenpsychologisch argumentiert, erkennt in ihm die »Manifestation innerpsychischer Kräfte« (Renner: *Leopold Andrians ›Garten der Erkenntnis‹*, S. 204) – sieht im Fremden also die Projektion der Triebkonflikte des Protagonisten.

Der erotisch-sinnliche Charakter in den Begegnungen mit dem Fremden zeigt sich dabei bereits bei der ersten Kontaktaufnahme in der Geste des Fremden, Erwin als Erstes aus dessen Weinglas trinken zu lassen; dieser hingegen schenkt jenem aus Dankbarkeit wiederum eine Zigarette, die er demütig annimmt. Dieser symbolische Austausch ist sexualisiert und eindeutig erotischer Natur. Zudem stellt er einen intertextuellen Bezug zur Vorlage des titelgebenden Paratextes her, indem Erwin von dem Fremden durch dessen Angebot in Versuchung geführt wird. Es ist daher nicht abwegig, im Fremden die biblische Schlange der Genesis zu sehen und als personifizierte Versuchung (des ›dionysischen Lebens‹) zu deuten. Diese These lässt sich weiter erhärten, betrachtet man die in dieser Textpassage verwendeten Nomen, Adjektive und Verben. Das Sich-Winden des Körpers evoziert dabei Vorstellungen von einer Schlange: »[S]ein Körper *wand* sich wie unter einer inneren Bewegung« (GdE, 30). Auch seine physiologische Beschreibung ähnelt der des listigen Tieres aus der Bibel: »In seinen *gelösten Gliedern* war die *Weichlichkeit* eines, der Morgens erwacht« (GdE, 30) [Hervorhebungen von mir, S. B.]. Berücksichtigt man dabei zusätzlich die bereits erwähnte Widersprüchlichkeit der Figur, so scheint der Bezug zur biblischen Vorlage evident. Ganz abgesehen davon, dass das Erlebnis in der Berghütte eine stark erotisierte Dimension aufweist und mit der Scham vor der Sexualität Erwins korreliert wird (analog der Erkenntnis Adams und Evas, dass sie nackt seien),[43] wird der *Fall* vom Erzähler sogar explizit ausgesprochen: »In der folgenden Zeit war die Erinnerung an diese Nacht dem Erwin unangenehm; er war *gefallen*« [Hervorhebung von mir, S. B.].[44]

Unmittelbar nach seinem ›Fall‹ aber hat der Protagonist noch das Gefühl, dass er im Ausleben seiner Sexualität den Schlüssel zum ›Leben‹ gefunden habe (*sexuelle Erlösung*). So konstatiert Erwin aus der »Erinnerung an die Lust seines Leibes […], daß es der wahrhaftigste Drang des Menschen sei, seinen Leib an den Leib eines andern Menschen zu pressen, weil in dieser geheimnisvollen Vernichtung des Daseins eine Erkenntnis ist« (GdE, 34). Die Scham, die als Resultat der sexuellen Ekstase folgt, ist – und dies scheint Erwin undeutlich zu wissen – nicht das natürliche Gefühl einer Verfehlung gegen das ›Leben‹, sondern eine durch gesellschaftliche und religiöse Moral- und Normvorstellungen hervorgerufenes. Aus der Perspektive des ›Lebens‹ – und dies entspricht exakt

---

[43] Vgl. Gen 3,7.
[44] Die Deutung, die Bergszene in »Analogie zur biblischen Offenbarung auf dem Berg Sinai« zu interpretieren, wie Irsigler und Orth dies tun (Irsigler/Orth: *Einführung in die Literatur der Wiener Moderne*, S. 89), scheint mir hingegen doch etwas bemüht zu sein, da es außer dem Berg selbst, auf dem sich Erwin befindet, keine weiteren topischen oder motivischen Parallelen gibt.

der Position Nietzsches[45] in der *Genealogie der Moral*[46] – kann von einem ›Fall‹ nicht die Rede sein. So lautet der nachfolgende Hauptsatz: »und doch konnte es für einen Menschen, welcher das Leben mit dem Maßstab des Lebens abmaß, keinen Fall geben« (GdE, 34).

8.4.4 Das Fremde und Gleiche in der Mutter

Nach dem gescheiterten Versuch, die ›Erkenntnis‹ im Ausleben seiner Sexualität zu finden, empfindet der Protagonist eine tiefe Sehnsucht nach seiner Mutter, die ihm nun der Schlüssel zum Verständnis des ›Lebens‹ zu sein scheint. Sie selbst ist, wie Theodorsen richtig bemerkt, »der Inbegriff einer narzisstischen, mystifizierten und ästhetizistischen Fin de Siècle-Figur.«[47] Auch sie verkörpert für den Protagonisten das Fremde und Andere, weshalb er sich zu ihr hingezogen fühlt. Dies zeigt sich an einer frühen Episode, in welcher er als Kind mit einer Krankheit zu kämpfen hat und die Mutter sich um ihn kümmert. Beim Eintritt ins Zimmer erscheint sie ihm »groß und fremd« (GdE, 36), ihr Erscheinen deutet er dabei als »wunderbar huldvolle Herablassung« (GdE, 36). Damit wird auf die Distanz verwiesen, die zwischen Mutter und Sohn besteht, und die später in Erwins Verhalten anderen Menschen gegenüber erneut in Erscheinung tritt. Das verklärte Bild, das sich Erwin bereits als Kind von seiner Mutter entwirft, wird dadurch geprägt, dass sie nicht als tröstende und empathische Mutterfigur auftritt, sondern ihm als artifizielles schönes Objekt erscheint – geschmückt »mit Seide, Blumen und Steinen« (GdE, 36).

Diese verklärende Entfremdung kommt auch dadurch zustande, dass die Mutter ihrem Kind nicht kindgerechte Bücher vorliest. Statt z. B. eines Märchens aus einem Kinderbuch liest sie ihrem kranken Sohn aus einer historischen Monographie vor, die von den militärischen Auseinandersetzungen zwischen den Habsburgern und den Preußen handelt (wodurch sich im Übrigen das die Erzählung begleitende Leitmotiv des ›Kampfes‹ psychologisch erklären lässt). Zusätzlich befremdlich wirkt ihre Frage, ob sie Erwin lieber etwas aus der Mitte des Buches vorlesen solle. Damit bricht sie mit der konventionellen Lesepraxis und eröffnet die Möglichkeit, Dinge anders anzugehen als es die kultu-

---

[45] McGrath hat die enorme Bedeutung des Philosophen, der um 1900 eine Art Kultfigur für die jüngere Generation Österreichs darstellte, nachgewiesen und darauf aufmerksam gemacht, dass die Nietzsche-Rezeption in Österreich bereits in den siebziger Jahren des 19. Jahrhunderts ihren Ausgang nahm. Vgl. William J. McGrath: *Dionysian Art and Populist Politics in Austria*. New Haven/London 1974.

[46] Vgl. z. B. folgende Textpassage: »*An sich* von Recht und Unrecht reden entbehrt alles Sinns; *an sich* kann natürlich ein Verletzen, Vergewaltigen, Ausbeuten, Vernichten nichts ›Unrechtes‹ sein, insofern das Leben *essentiell*, nämlich in seinen Grundfunktionen verletzend, vergewaltigend, ausbeutend, vernichtend fungirt und gar nicht gedacht werden kann ohne diesen Charakter« (KSA 5, 312).

[47] Theodorsen: *Leopold Andrian*, S. 253.

relle und gesellschaftliche Norm postuliert. Auf diese Weise wird dem jungen Erwin – der stets davon ausgegangen war, dass es »ein Fehler« sei, »die Bücher nicht von Anfang zu lesen« (GdE, 36) – schon früh gezeigt, dass es nicht nur eine einzige Möglichkeit gibt, sondern eine Vielzahl an Möglichkeiten. Diese frühe Erfahrung prägt das weitere Leben Erwins, da er sich im gesamten Verlauf der Handlung nicht auf ein einziges Ziel konzentriert, sondern in der Pluralität der Möglichkeiten nach etwas sucht, das er selbst nicht recht zu bestimmen weiß. So ist es kaum verwunderlich, dass der erwachsene Protagonist in seiner Mutter eine weitere potenzielle Möglichkeit sieht, das ›Fremde‹ zu entdecken und durch sie zur ›Erkenntnis‹ zu gelangen (*matriarchale Erlösung*).

Der inzestuöse Aspekt, der der Beziehung zwischen Mutter und Sohn inhärent ist, kann bei näherer Betrachtung der entsprechenden Textstellen kaum übersehen werden. Beide *sehnen* sich nach einander und hoffen, dass sich ihnen durch ihre ›Vereinigung‹ das Geheimnis enthülle.[48] Für die Mutter ist Erwin das Substitut ihres verstorbenen Ehemanns, in welchem sie von Beginn an ein »lockendes und verheißungsvolles Geheimnis« (GdE, 13) ahnt – Erwin wiederum vermeint in seiner Mutter das ›Fremde‹ zu erkennen, in dem die ›Erkenntnis‹ zu finden sei.

Auch hier also ist es die Ambivalenz von Fremdheit und Gleichheit, die sich in der Beziehung zwischen Mutter und Sohn konstituiert. Denn trotz der Fremdheit, die sich in der frühen Kindheitsepisode emotiv in Erwin manifestiert, besteht eine sowohl charakterliche wie physiologische Ähnlichkeit zwischen Mutter und Sohn, die ›Gleichheit‹ signifiziert: »[D]er Erwin hatte ihre Hände und ihre Stimme; und der Klang dieser Stimme verwirrte und verkleinerte seltsam die Großartigkeit ihres Schmerzes« (GdE, 13).

Damit verhandelt der Text auch die Problematik, dass sich der Narziss in den äußeren Dingen immer nur selbst wiederfindet und so während seiner Suche nach Erkenntnis immer wieder auf sich selbst zurückgeworfen wird. Wo Mutter und Sohn in ihrer Gleichheit das Andere, Fremde – das Geheimnis und die Erkenntnis – zu finden hoffen, finden sie letztlich nur sich selbst. Und so ist es bezeichnend, dass die Wiedervereinigung von Mutter und Sohn nur für beide zu der Realisation führt, »daß sie einander nicht helfen konnten« (GdE, 38).

8.4.5 *Das Fremde auf Reisen und in der Wissenschaft*

Die gescheiterte Wiedervereinigung mit der Mutter macht dem Protagonisten klar, dass auch dies nicht die Erlösung ist, die er sich gewünscht hätte. So unternimmt er zwei letzte Versuche, um das Geheimnis des ›Lebens‹ zu ergründen:

---

48 Während Erwin eine »wachsende[] Sehnsucht nach seiner Mutter« (GdE, 35) empfindet, weiß er nicht, »daß zur selben Zeit auch sie sich nach ihm sehnte [sic!] und auf ihn hoffte« (GdE, 36). Zur inzestuösen Tendenz in der Beziehung zwischen Mutter und Sohn vgl. Rieckmann: »Narziss und Dionysos«, S. 77.

Zum einen der Versuch, durch Reisen in weit entlegene Länder, die Erkenntnis zu finden (*exkursorische Erlösung*), und zum anderen durch ein Studium der Wissenschaften das gesuchte Wissen zu erlangen (*szientifische Erlösung*).

Die Reisen von Wien über Capua nach Venedig verdeutlichen dabei allerdings nur erneut die Aussichtslosigkeit der Suche des Protagonisten, der ziellos durch die Länder streift, um am Ende doch unverrichteter Dinge wieder nach Wien zurückzukehren. Die ›Bildungsreise‹, die der eigenen Entwicklung dienen soll, bringt keinen Fortschritt[49] – vielmehr verstärkt sich im Protagonisten das Gefühl der verwirrenden Vielfalt des ›Lebens‹.[50]

Das erkenntnistheoretische Problem einer sich stets wandelnden Wahrnehmung der äußeren Dinge korreliert dabei Erwins Erkenntnissuche, die von einem Erkenntnisobjekt zum nächsten ›springt‹. Der verwehrte Zugang zu diesem unlösbaren Problem des Erkennens wird in einer kurzen Episode gegen Ende der Erzählung durch ein Basrelief des Mithras-Helios in einem Museum bildhaft dargestellt. Dass Erwin gerade dieses Relief bedeutend wird, hängt mit der mythisch-mythologischen Dimension des Kunstwerks zusammen: Der römische Mithras-Kult (seit dem 1. Jahrhundert n. Chr.) war eine Mysterienreligion, von der es deshalb fast keine Zeugnisse gibt, weil es für die Anhänger streng verboten war, etwas über die Rituale und Glaubensinhalte ihres Kults an nicht Eingeweihte weiterzugeben. So wird mit der Erwähnung dieses Kults und ihres Gottes eine historische Bedeutungsdimension eröffnet, die auf das zentrale Paradigma von Andrians Text referiert: Die Bewahrung der Geheimnisse des ›Lebens‹. Zudem: Die Tauroktonie, die auf dem Relief dargestellt wird, repräsentiert zeichenhaft das mit dem Blut und der Kraft des Stiers konnotierte ›Leben‹, die lichtbringende Fackel hingegen die ersehnte Erkenntnis. Damit ist *in nuce* das eigentliche Thema bildhaft festgehalten, welches der Text im Ganzen problematisiert.

Das letzte Unternehmen auf der Suche nach der Erkenntnis ist rationalistischer Art: Erwin beginnt ein Studium, um sich die verschiedenen Wissenschaften anzueignen und mittels dieser geheimes Wissen zu erlangen, von dem er sich erhofft, sich selbst und das ›Leben‹ zu verstehen. Wie ziel- und aussichtslos auch dieses Unternehmen von Beginn an ist, zeigt sich schon am Plural des

---

[49] Dies in klarem Gegensatz zum Bildungsideal des 18. Jahrhunderts (z. B. in den Bildungsromanen bei Wieland [*Geschichte des Agathon*] oder Goethe [*Wilhelm Meisters Lehrjahre*]).
[50] Metaphorisch findet sich diese dynamische Pluralität der Erscheinungen in den wechselnden Farben des Meeres wieder, deren »Unbegreiflichkeit« (GdE, 39) Erwin immer wieder von Neuem heftig ergreift: »Das Meer war immer anders: manchmal war es schwarz, manchmal golden und lapislazulifarbig, manchmal wie junger persischer Flieder, manchmal öde und weißlich und abends, wenn es im Osten lag, war es lichtrosa und lichtgrau, silbern und lila, aber wenn es im Westen lag, dunkel wie die Flammen« (GdE, 39). Gerade das Meer erweist sich dabei als adäquate Metapher für das ›Leben‹, denn es ist »immer anders und doch dasselbe, es hat einzelne Wellen, die aber wieder ins Ganze eingehen wie das Individuum mit dem Tod in das ursprüngliche Leben zurückkehrt« (Ajouri: *Literatur um 1900*, S. 79).

Wortes »Wissenschaften« (GdE, 40). Denn damit wird indiziert, dass es eben nicht nur *eine* Wissenschaft ist, der sich Erwin widmet, sondern gleich mehrere – er also viele (sich teils widersprechende) Einblicke in divergierende Ansätze, Theorien und Methoden erhält.[51] Das aussichtslose Unternehmen, nach einem objektiven Sinn im Leben zu streben, ist für Erwin von vornherein zum Scheitern verurteilt. Trotz der zahlreichen Ansätze findet er nicht zu der einen ›wahren‹ Lösung. Dass er am Ende seines kurzen Lebens nicht *einen* Schritt weitergekommen ist, verdeutlicht der Satz: Er fühlte »Sehnsucht nach Erlebnissen, deren Möglichkeit in ihm war« (GdE, 40). Diese Sehnsucht ergreift den Protagonisten unmittelbar vor der dritten Begegnung mit der Figur des Fremden, durch die er in den Tod getrieben wird. Bedeutend an diesem Satz ist aber nicht nur sein Aussagegehalt, sondern zudem die Tatsache, dass er bereits in der Mitte des Textes in fast identischer Form zu finden ist – was demonstriert, dass Erwin keinerlei Entwicklung durchlaufen, keinen Fortschritt auf seiner Erkenntnissuche erzielt hat.

8.5 Hermetisierung als Privatisierungsstrategie

Der Erzähltext selbst ist auf narratologische und strukturelle Weise hermetisiert. Die von der Erzählerinstanz gegebenen Informationen scheinen teils willkürlich, der eigentliche Informationswert geht oft gegen Null, die Handlungen des Protagonisten erscheinen unmotiviert aneinandergereiht und Erklärungen bleiben in der Regel aus. Der Text erzeugt damit echte semantische Leerstellen und lässt zu klärende Fragen bewusst offen. Damit erhält der Roman den Charakter des Fragmentarischen und Kontingenten, was zur Opazität der Textur beiträgt. Dies kommt auch dadurch zustande, dass die *Histoire* sehr verdichtet erzählt wird, wodurch es häufig zu Zeitraffungen kommt und nicht selten ganze Jahre ausgelassen werden. Der Hermetisierungseffekt aber kommt nicht nur durch diese komprimierende Art der Darstellung (*Discours*) zustande, sondern auch dadurch, dass die Beweggründe des Protagonisten für den Rezipienten häufig nicht nachvollziehbar sind und die gesamte Handlung ateleologisch erzählt wird, also kein finales Ziel hat, das erreicht werden könnte. Zwar ist die erzählte Welt eine in sich abgeschlossene und durch eigene Regeln definierte, dennoch sind die Aussagen, die der Protagonist über sie trifft, widersprüchlich. Dies ist ebendeshalb problematisch und für die Deutung des Textes obstruktiv, weil es keine ›objektive‹ Instanz gibt, die die Seinsverhältnisse innerhalb der Diegese eindeutig zu bestimmen imstande wäre. So stehen viele Episoden

---

51 Das Unsystematische seines Vorgehens deckt sich mit seinem subjektivistischen und mystizistischen Zugang zur äußeren Welt. Theodorsen ist daher zuzustimmen, wenn sie »Erwins Methode, Erkenntnis zu suchen« als ein »intuitive[s], gefühlsmäßige[s] Vorgehen« bezeichnet, sein »Suchen« als »narzisstisch motiviert, von privatem Charakter, fragmentarisch, beliebig, fließend« (Theodorsen: *Leopold Andrian*, S. 246) bestimmt.

gleichsam ›entkontextualisiert‹ und zusammenhangslos im Textraum. Diese Inkonsistenzen und die bewusst eingesetzten Widersprüche erschweren den hermeneutischen Zugang zum Text dabei noch weiter.[52] Auflösen jedenfalls lassen sich diese Widersprüche demnach als erzählkonstitutive Elemente, die auf einer Tiefenebene nichts anderes als die sich widersprechende Pluralität des Lebens selbst repräsentieren sollen. So bringt der Text mit der Erkenntnissuche des Protagonisten die Erfahrung des modernen Menschen zur Darstellung, die sich darin zeigt, dass er sich im ›chaotischen‹ Nebeneinander der divergierenden und pluralistischen Erscheinungen nicht mehr zurecht findet, mit anderen Worten: existenziell orientierungslos geworden ist.

8.6 Fazit

Resümierend lässt sich festhalten, dass sich mehrere Chiffrierungsstrategien in Andrians Erzähltext rekonstruieren lassen, die einen rezeptionsästhetischen Distinktionseffekt erzielen und die durch die Hermetisierung der Textur generiert werden. Wie gezeigt, dienen zum einen die vorangestellten Mottos als sprachliche und interpretatorische Hürden, die es mit einem Expertenwissen (sprachlicher Kompetenz) zu überwinden gilt. Zum anderen finden sich im Haupttext selbst zahlreiche narrative ›Verrätselungsstrategien‹ (wie semantische Leerstellen und logische Widersprüche), die zur Komplexitätssteigerung und semantischen Verdichtung der Textur beitragen: So auch die ›Handlungsarmut‹ und ateleologische Ausrichtung der Erkenntnissuche, die ein Sinnvakuum generieren, das durch die Art der Darstellung oder die Einführung der Chiffre des ›Fremden‹ noch verstärkt wird. Nicht zuletzt bewirkt die geschickte Implementierung von weltanschaulichem, philosophischem oder theologischem Wissen eine zusätzliche Komplexitätssteigerung, die dazu führt, dass lediglich eine begrenzte Anzahl der Zeitgenossen den Text in seiner Fülle an Anspielungen zu verstehen imstande gewesen ist. Die Funktion einer solchen Darstellung ist die Distinktion der eigenen Dichtung gegenüber anderer als ›trivial‹ oder ›plebejisch‹ abqualifizierten Literatur – aber auch ein auf Rezipientenebene bewusst inszenierter

---

[52] Erinnert sei an dieser Stelle an die Chiffre des ›Fremden‹ (s. o.). Ein weiteres Beispiel hierfür ist die paradoxale Charakterisierung der Sängerin in Bozen, die einerseits zwar als »nicht schön« und »alt« beschrieben wird, andererseits aber auch als »Mädchen« (GdE, 18), was die Eigenschaft des ›Jungseins‹ impliziert. In ihrer Rolle repräsentiert sie die »Zweiheit des Spiels« (GdE, 18) – wie der Fremde später die »Zweiheit des Lebens« (GdE, 41) verkörpert. Der logische Widerspruch (›alt‹/›jung‹) ist dabei ein bewusst intendierter – durch ihn soll das zentrale Paradigma des Textes zum Ausdruck gebracht werden: Die Vielgestaltigkeit und Widersprüchlichkeit des ›Lebens‹ – womit dem Text eben auf einer Tiefenebene durchaus ›Sinn‹ zukommt, der aber nicht so leicht zu rekonstruieren ist. Analoges gilt auch für die Frau, mit der der Protagonist eine Zeitlang zusammenlebt, und die ihm zugleich als »junge[r] asiatische[r] König« (GdE, 29) und als »alternde römische Kaiserin« (GdE, 29) erscheint, also sowohl ›männlich‹ und ›jung‹ als auch ›weiblich‹ und ›alt‹.

Abgrenzungsgestus, der zum Ausdruck bringt, dass nur eine bestimmte Leserschaft[53] (in diesem Fall vor allem Andrians Freunde des ›Jungen Wiens‹) den Sinn des literarischen Textes zu erfassen imstande sei. Dies lässt sich z. B. anhand der veränderten Sprechsituation (vom heterodiegetisch-vermittelnden Erzähler [›er‹] zum homodiegetischen, in die erzählte Wirklichkeit involvierten [›wir‹]) an einigen Stellen des Textes belegen: »Dann las sie ihm noch lange vor, vom Jahre 59, in dem *wir* verraten wurden, und von *unserm* glücklosen Kampf mit den Preußen« (GdE, 36) [Hervorhebung von mir, S. B.]. So ist das Buch vor allem als private Mitteilung an den Wiener Freundeskreis zu verstehen.[54] Damit offenbart sich ein geistesaristokratischer Habitus und bildungshabitueller Elitismus, der sich auf seinen ›intellektuellen‹ Adel beruft und sich durch das Bewusstsein der eigenen Exzeptionalität vom ›einfachen‹ Volk distinguiert.

8.7 Exkurs: Aristokratischer Elitismus in Andrians Lyrik

Dieser Aristokratismus bekundet sich schon in den frühen Gedichten Andrians, die er in Georges *Blättern für die Kunst* publizierte.[55] So ist Andrians *Sonett* (entstanden 1894) ein sehr frühes Zeugnis für dessen Elitismus, Konservatismus und aristokratische Grundhaltung. Um diesen elitären adligen Habitus Andrians abschließend zu verdeutlichen und damit den biographischen Hintergrund zu beleuchten, vor dem der *Garten* entstanden ist, soll dieses Gedicht in aller gebotenen Kürze abschließend besprochen werden.

---

[53] Mit dem Text ist vor allem eine Lesergruppe angesprochen, die jung, wienerisch (österreichisch), aber auch katholisch und habsburgisch ist. Vgl. Theodorsen: *Leopold Andrian*, S. 241.
[54] Vgl. auch Sprengel: *Geschichte der deutschsprachigen Literatur 1870–1900*, S. 295.
[55] Andrian hatte 1893 um Aufnahme in den Abonnentenkreis der *Blätter für die Kunst* gebeten. Während er Hugo von Hofmannsthal bereits seit 1893 persönlich kannte, lernte er George erst im Februar 1894 kennen. Schon 1894 war Andrian mit einem Gedicht in den *Blättern für die Kunst* vertreten. Vgl. Wägenbaur/Oelmann (Hg.): ›*Von Menschen und Mächten*‹, S. 149, FN 205.

Sonett

> Ich bin ein Königskind, in meinen seidnen Haaren
> Weht Duft vom Chrysam, das ich nie empfangen.
> Es halten meine bösen Diener mich gefangen
> Und auch mein Reiz wich müd den langen Jahren.
>
> 5   Nicht er allein, ich habe ihre Macht erfahren;
> Im Leben das sie mich zu leben zwangen
> Ist alle meine Hoheit hingegangen,
> Ich ward so niedrig wie sie niedrig waren.
> Sie haben mir den Purpur abgenommen.
> 10 Starr blickt mein Aug nach totem Glück ins Ferne:
> Wo sind mir meine goldnen Locken hingekommen?
>
> Ich kann nicht schlafen. Quälend sind die Sterne.
> Oft nahen tückisch mir im Schlaf die Wächter –
> Ich kann nicht schlafen und ich schliefe gerne.[56]

Dieses Gedicht ist Ausdruck der antidemokratischen Grundhaltung des Autors[57] und transportiert eine Gesellschaftskritik, die sich auf die Krise der Donau-Monarchie bezieht. Wie viele seiner (vor allem adligen) Zeitgenossen sieht Andrian in der demokratischen Idee ein Übel und einen »fundamentalen Irrtum«, da sie auf der »unvernünftigen und widersinnigen« Annahme einer »Gleichheit des Ungleichen« basiere.[58] Der (selbst einem alten lombardischen Adelsgeschlecht entstammende) Autor Andrian sieht in der Demokratisierung Österreichs daher ein Symptom des kulturellen Verfalls.[59]

Dies zeigt sich im Gedicht anhand der semantischen Opposition zwischen dem »Königskind« (V. 1) und den »bösen Dienern« (V. 3). Das Königskind, das durch den Erbadel und das Gottesgnadentum legitimiert ist die Herrschaft anzutreten, hat die symbolische Salbung (Chrisam) nicht empfangen, obwohl sein Haar nach dem Salböl duftet. Mit diesem scheinbaren Widerspruch ist nichts anderes bedeutet, als dass es dem Königskind verweigert wird, die königliche Nachfolge anzutreten, obwohl es das gottgegebene Recht dazu hätte. Stattdessen wird es weggesperrt, altert, verliert seine Hoheit und wird ›gleich‹ gemacht: »Ich ward so niedrig wie sie niedrig waren« (V. 8).

---

[56] GdE, 140.
[57] Diese Kritik an der Demokratie und die nationalistisch-konservative Haltung vertiefen sich im Spätwerk Andrians zunehmend. Dies lässt sich z. B. anhand des Widmungsgedichts zum 50. Geburtstag Hugo von Hofmannsthals mit dem Titel *Dem Dichter Österreichs* zeigen, in der vom »[v]erratenen Reich[]« (GdE, 157, V. 7) die Rede ist. In der dritten Strophe dieses Sonetts heißt es schließlich im elegischen Ton: »Alternd sind arm wir jetzt, denn unsre Welt entschwebe« (GdE, 157, V. 11).
[58] Leopold von Andrian: *Österreich im Prisma der Idee. Katechismus der Führenden.* Graz 1937, S. 232.
[59] Vgl. Zanucchi: *Transfer und Modifikation*, S. 206.

Damit ist zum einen auf die oben bereits angesprochene Kritik an der Demokratisierung verwiesen, zum anderen aber auch eine metapoetische Dimension des Textes angesprochen, die auf die Legitimitätskrise des Dichters um die Jahrhundertwende anspielt und dessen Sonderstatus gegenüber der Masse proklamiert. Das nicht gesalbte Königskind repräsentiert somit die Krise des Adels im ausgehenden 19. Jahrhundert – und damit einhergehend des Gottesgnadentums – sowie die fragwürdige Stellung des Dichters in der modernen Massengesellschaft.[60]

---

[60] Vgl. Zanucchi: *Transfer und Modifikation*, S. 208.

9. Defizitäre private Existenz: Hofmannsthals *Das Märchen der 672. Nacht*

9.1 Einleitung

Ebenso häufig wie Leopold Andrians *Garten der Erkenntnis* wird auch Hofmannsthals – im selben Jahr (1895) entstandenes – *Märchen der 672. Nacht* immer wieder als Paradebeispiel eines »hermetischen Text[es]«[1] herangezogen, da er hermeneutisch nicht unmittelbar zugänglich ist, sich also kommunikativ zu verschließen scheint[2] – den ›Schlüssel‹ zur Interpretation verweigert.[3] In einem Brief an seinen Vater gibt Hofmannsthal eine Erklärung zur speziellen Eigenart der Erzählung ab: Er habe »[d]ie Märchenhaftigkeit des Alltäglichen zum Bewußtsein, das Absichtlich-Unabsichtliche, das Traumhafte […] ausdrücken wollen«, deshalb habe er jene »merkwürdige Unbestimmtheit gesucht, durch die man beim oberflächlichen Hinschauen glaubt, Tausend und eine Nacht zu sehen, und genauer betrachtet, wieder versucht wird, es auf den heutigen Tag zu verlegen«.[4]

Der vom Autor gegebene Hinweis auf *Tausendundeine Nacht* ist in der Forschung akribisch untersucht und gedeutet worden.[5] Die *opinio communis* ist aber, dass weder über den Inhalt noch über die formale Struktur des *Märchens* ein luzider intertextueller Bezug zur arabischen Märchensammlung hergestellt werden kann.[6] Außer der »märchenhaft-exotischen Lokalisierung der Hand-

---

[1] Hans-Jürgen Schings: »Allegorie des Lebens. Zum Formproblem von Hofmannsthals ›Märchen der 672. Nacht‹«. In: *ZfdPh* 86 (1967), S. 533–561. Hier: S. 536.

[2] Rabelhofer bezeichnet die Erzählung sogar als einen »der enigmatischsten Texte der Moderne« (Bettina Rabelhofer: *Symptom. Sexualität. Trauma. Kohärenzlinien des Ästhetischen um 1900*. Würzburg 2006, S. 227).

[3] Vgl. Richard Alewyn: *Über Hugo von Hofmannsthal*. Göttingen 1967, S. 173.

[4] KA XXVIII, 208.

[5] Man hat aufgrund des im Titel suggerierten Bezugs zu *Tausendundeine Nacht* in der Ausgangslage des Textes Parallelen zur *Geschichte des dritten Bettelmönchs* sehen wollen (vgl. Anke Osigus: »Europäische Rezeption in Literatur, Musik und Film«. In: Dies. (Hg.): *Dreihundert Jahre ›1001 Nacht‹ in Europa. Ein Begleitheft zur Ausstellung in Münster, Tübingen und Gotha*. Münster 2005, S. 69–92. Hier: S. 83). Allerdings hat die Forschung bisher noch keine schlüssige Erklärung dafür gefunden, warum Hofmannsthal im Titel ausgerechnet die Zahl ›672‹ gewählt hat. Es ist daher spekuliert worden, »dass sich Hofmannsthal von der Habichtschen Übersetzung hat […] anregen lassen, die zwischen den Nächten 568 und 885 eine Lücke in der Zählung aufweist, in die sich das Märchen der 672. Nacht gut einfügen ließe. Ob Hofmannsthal diese Übersetzung gekannt hat, ist jedoch ungeklärt; seine ersten Leseerfahrungen gründen vermutlich auf ›Dalziel's illustrirte Tausend und Eine Nacht‹ (Dresden 1881), die in Auszügen auf der Übersetzung von König fußt« (ebd.).

[6] So z. B. Sprengel: »Der Titel verweist auf *1001 Nacht*, ohne daß es dem Verfasser mit der Einbindung in die Welt des Orients und die Kalifenzeit sonderlich ernst wäre« (Sprengel: *Geschichte der deutschsprachigen Literatur 1870–1900*, S. 291).

lung«[7] scheint Hofmannsthals Novelle nur sehr wenig mit *Tausendundeine Nacht* gemein zu haben.[8]

Doch statt intertextuelle Bezüge zu bemühen, sollte der Text selbst einer genaueren Analyse unterzogen werden. Generell ist er durch die Grundopposition einer auf Ästhetik und Künstlichkeit gegründeten psychologischen Disposition des Protagonisten[9] und einer intransparenten tödlichen ›Lebensmacht‹ strukturiert. Die private Kunst- und Traumwelt des Ästheten wird dabei in semantische Opposition zum wirklichen ›Leben‹ gesetzt – der Text widmet sich also der Frage nach der Möglichkeit einer sich gänzlich auf Artifizialität und Privatheit fundierten Lebensweise. Die ästhetische Weltanschauung, die eigene Existenz als individuelles Kunstwerk zu gestalten, sich von der Profanität und Alltäglichkeit des ›Lebens‹ zu distanzieren und in einen eigens für die ästhetische Kontemplation und den Kunstgenuss geschaffenen privaten Schutzraum zurückzuziehen, um einsamen Träumereien nachzuhängen oder Betrachtungen über die Schönheit anzustellen, steht dabei in einem polaren Spannungsverhältnis zum aktiven und tätigen sozialen ›Leben‹. Der Wunsch nach freiwilliger Isolation stellt so eine die soziale Integration verweigernde, und daher reaktive, mit der Tradition brechende – und dieser bewusst entgegengesetzte – Mentalitätsdisposition dar, deren defizitärer privater Charakter im Text als narzisstische[10] solipsistische Selbstbezogenheit und eskapistische Illusion enttarnt wird.

---

[7] Rüdiger Steinlein: »Gefährliche ›Passagen‹ – Männliche Adoleszenzkrisen in der Literatur um 1900. Hugo von Hofmannsthals Erzählungen ›Das Märchen der 672. Nacht‹ und ›Die wunderbare Freundin‹«. In: Ders.: *Erkundungen. Aufsätze zur deutschen Literatur (1975–2008)*. Heidelberg 2009, S. 235–250. Hier: S. 236.

[8] Laasri weist auf einige motivische Übereinstimmungen zwischen dem *Märchen* Hofmannsthals und der *Geschichte des dritten Bettelmönchs* in *Tausendundeine Nacht* hin: »Eine wichtige Parallele zwischen den beiden Helden im *Märchen der 672. Nacht* und der *Geschichte des dritten Bettelmönchs* ist, dass die beiden (der Kaufmannssohn und der Juwelierssohn) eingeschlossen in sich selbst und isoliert von der Gesellschaft in schön verzierten Räumen mit kostbaren Kunstgegenständen leben: [...] Die beiden Helden werden von ihren Dienern geliebt und auf vollkommenste Weise bedient« (Mohammed Laasri: »»Das Märchen der 672. Nacht‹. Die orientalische Welt und Hugo von Hofmannsthals literarische Kreativität«. In: Ernest W. B. Hess-Lüttich [Hg.]: *Re-Visionen. Kulturwissenschaftliche Herausforderungen interkultureller Germanistik*. Frankfurt am Main 2012, S. 421–432. Hier: S. 423). Die Übernahme gewisser Motive und Topoi durch Hofmannsthal ist also durchaus nicht auszuschließen, lässt sich philologisch allerdings nicht verifizieren. Zudem sind die Zusammenhänge so vage, dass Laasris Deutung im Ganzen doch eher konstruiert als überzeugend wirkt.

[9] Für die Figur Pauls soll Richard Beer-Hofmann Vorbild gewesen sein. Walter Perl berichtet von einem Gespräch, das er mit Beer-Hofmann über Hofmannsthal geführt hat: »In der Gestalt des Kaufmannssohnes aus dem ›Märchen der 672. Nacht‹ hat Hofmannsthal ihn zum Vorbild genommen, denn die Frühzeit Beer-Hofmanns glich wohl dem Dasein eines Wildeschen Aestheten« (Walter Perl: »Gespräche mit Beer-Hofmann über Hofmannsthal. Aufzeichnungen von einer Wiener Studienreise«. In: *Central-Vereins-Zeitung*. Heft 28 [9.7.1936], S. 8).

[10] Zum Begriff des Narzissmus, den Hofmannsthal selbst in Verbindung mit dem *Märchen* benutzt, vgl. Li: *Die Narziss-Jugend*, S. 114–161.

Der »Aesthetismus«, wie Hofmannsthal diese ästhetische Lebensform im Aufsatz zu Walter Pater (1894) nennt,[11] wird im *Märchen* also einer impliziten Kritik unterzogen. Der Text stellt nach Auskunft des Autors »einen ins Märchen gehobenen Gerichtstag«[12] dar – rechnet so mit der ästhetischen Weltanschauung und der allein auf ästhetischen Prinzipien beruhenden künstlichen Lebensform ab, indem er ihre fiktionalen Grundlagen und ihre a-soziale Logik durch den Leidensweg des Ästheten offenlegt. Dem Autor ist es folglich um die »Desillusionierung des ›Ästhetismus‹ als Lebensform«[13] zu tun.

Schon Hofmannsthals erster Aufsatz über den italienischen Dichter Gabriele D'Annunzio (1893) greift den – für den klassischen Bildungsroman so zentralen – Aspekt der sozialen Integration auf und setzt ihn dem Schönheitspostulat einer ästhetischen Weltanschauung entgegen: »Heute scheinen zwei Dinge modern zu sein: die Analyse des Lebens und die Flucht aus dem Leben. Gering ist die Freude an Handlung, am Zusammenspiel der äußeren und inneren Lebensmächte, am wilhelm-meisterlichen Lebenlernen und am shakespearischen Weltlauf.«[14] Die analytische Zergliederung von Launen und Empfindungen, »das Zerschneiden von Atomen« und »die instinktmäßige, fast somnambule Hingabe an jede Offenbarung des Schönen«[15] kennzeichnen das für Hofmannsthal Charakteristische an der Moderne und akzentuieren das reflektiert-kontemplative Moment ästhetischer Weltanschauung ebenso wie deren Kritik, die auf die Passivität der reinen Betrachtung und den Verlust unmittelbarer Lebenserfahrung zielt.

> Wir schauen unserem Leben zu; wir leeren den Pokal vorzeitig und bleiben doch unendlich durstig: denn, wie neulich Bourget schön und traurig gesagt hat, der Becher, den uns das Leben hinhält, hat einen Sprung, und während uns der volle Trunk vielleicht berauscht hätte, muß ewig fehlen, was während des Trinkens unten rieselnd verlorengeht; so empfinden wir im Besitz den Verlust, im Erleben das stete Versäumen. Wir haben gleichsam keine Wurzeln im Leben und streichen, hellsichtige und doch tagblinde Schatten, zwischen den Kindern des Lebens umher.[16]

Die Metapher vom schattenhaften Dasein des Ästheten, der seine eigene Existenz nicht auf unmittelbare Weise, sondern zugleich als Regisseur und Zuschauer erlebt, verdeutlicht, dass es ihm am eigentlichen, auf ›Totalität‹ ausgerichteten ›Leben‹ ermangelt. Ambivalent ist das Dasein des Ästheten aber auch deshalb, weil er sich der sozialen Integration bewusst verweigert, die Interakti-

---

[11] KA XXXII, 140.
[12] GW VII, 666.
[13] Wolfram Mauser: »Aufbruch ins Unentrinnbare. Zur Aporie der Moderne in Hofmannsthals ›Märchen der 672. Nacht‹«. In: Ina Brueckel u. a. (Hg.): *Bei Gefahr des Untergangs. Phantasien des Aufbrechens.* Festschrift für Irmgard Roebling. Würzburg 2000, S. 161–172. Hier: S. 171.
[14] KA XXXII, 100.
[15] KA XXXII, 101.
[16] KA XXXII, 99 f.

on mit anderen Menschen – ›den Kindern des Lebens‹ – meidet und das ethische Handeln nach ›erstarrten‹ Normen als obsoletes rudimentäres Relikt negiert.

9.2 Der private Raum als ästhetischer Mikrokosmos

So darf denn auch der Protagonist des *Märchens*, ein junger und schöner Kaufmannssohn, als ›Spätgeborener‹ und dekadenter Ästhet charakterisiert werden. Als verwaister Erbe hat er ›keine Wurzeln im Leben‹ und so wird er »bald nach seinem fünfundzwanzigsten Jahre der Geselligkeit und des gastlichen Lebens überdrüssig«, versperrt »die meisten Zimmer seines Hauses« und lebt »sich immer mehr in ein ziemlich einsames Leben hinein« (15).[17] Der hinterlassene Reichtum gewährleistet ihm die soziale und materielle Unabhängigkeit,[18] die er für ein von ökonomischen Zwängen befreites, rein ästhetisch-kontemplatives Leben benötigt, und entbindet ihn damit der gesellschaftlichen Pflichten.

Besondere Signifikanz misst er der Einrichtung seines Interieurs bei, das er mit kostbaren Artefakten und exotischen »Teppiche[n] und Gewebe[n] und Seiden« (15) ausschmückt. Der Rückzug in den privaten Raum, in dem er sich seine eigene individuelle Kunstwelt zu erschaffen vermag, bedeutet ihm eine lokale wie mentale Abgrenzung gegen die ›Außenwelt‹ und das soziale aktive Leben. Indem der öffentliche, allen zugängliche soziale Raum auf diese Weise an Relevanz verliert, wird die private Wohnung mit mystisch-religiösen Semantiken konnotiert: Die ornamentalen Kunstgegenstände machen ihn erstmals »sehend dafür, wie alle Formen und Farben der Welt« sich verschlingen – in den sich widersprechenden, antinomischen Erscheinungen erkennt er »ein verzaubertes Bild der verschlungenen Wunder der Welt« (15).

Der eskapistische Charakter des Protagonisten bringt es also mit sich, dass das Private eine funktionale Sublimierung erfährt, die das Zuhause zur hermetisch abgegrenzten und autarken Lebenswelt des Ästheten erhöht, in die kein Eindringen von außen gestattet ist. So sieht der Protagonist der Erzählung im Artifiziellen seines Interieurs folglich »nichts Totes und Niedriges mehr«, sondern »ein großes Erbe, das göttliche Werk aller Geschlechter« (16).[19] Sein Zu-

---

[17] Hier und im Folgenden zitiert nach: KA XXVIII. Die in Klammern stehenden Ziffern geben die entsprechende Seite an.

[18] Vgl. Gennady Vasilyev: »Das Phantastische im ›Märchen der 672. Nacht‹ von Hugo von Hofmannsthal«. In: Christine Lötscher u. a. (Hg.): *Übergänge und Entgrenzungen in der Fantastik*. Berlin u. a. 2014, S. 31–40. Hier: S. 32.

[19] Dass es sich bei diesen vermeintlichen Wahrheiten aber um Resultate rein subjektiven Erlebens handelt, ist augenscheinlich. Die Wahrnehmungsperspektive entspricht der des Protagonisten; der Text ist vorwiegend als »perspektivierte Innerlichkeitsdarstellung« konzipiert (Rolf Tarot: »Hugo von Hofmannsthal. Das Märchen der 672. Nacht«. In: Ders. [Hg.]: *Kunstmärchen. Erzählmöglichkeiten von Wieland bis Döblin*. Bern 1993, S. 231–251. Hier: S. 237). Der durchgehend narrative Modus und die interne Fokalisierung bewirken

hause wird ihm zum »Mikrokosmos, der animalisches, vegetabilisches und mineralisches Reich versammelt, die Reiche der Natur und die Elemente, ein Mikrokosmos, wie es die Kunstkammern einmal waren.«[20]

Der eigentliche Zweck seiner künstlichen Geräte, ihr pragmatischer ›Sinn‹, wird zugunsten einer auf reine Schönheit reduzierten Form negiert; dadurch kann ihnen paradoxerweise zum einen eine unendliche – da bloß imaginierte – Bedeutungsfülle zugesprochen, zum anderen aber jegliche zweckmäßige Sinnsetzung abgesprochen werden.[21] Durch die distinktive Separation des Schönen kommt es dabei zur »Störung des Welt- und Seinsverhältnisses«,[22] die den Sinnverlust und damit die Negation der eigentlichen (pragmatischen) Relevanz der Dinge für das ›Leben‹ mit sich bringt und deshalb semantisch mit der absoluten Negation des Lebens – dem Tod – korreliert werden muss.

> Doch er fühlte ebenso die Nichtigkeit aller dieser Dinge wie ihre Schönheit; nie verließ ihn auf lange der Gedanke an den Tod und oft befiel er ihn unter lachenden und lärmenden Menschen, oft in der Nacht, oft beim Essen. (16)

Die ästhetische Weltanschauung setzt demnach die Negation des ›Lebens‹ und subsumiert sämtliche Dinge und Phänomene unter das Schönheitspostulat. Damit erhält selbst der Tod als eine in der Vorstellung ästhetische Erscheinung seine affirmative Legitimation und kann zu »etwas Feierliche[m] und Prunkende[m]« (16) stilisiert und ästhetisiert werden.[23] Daher vermögen es die »finsteren Sprichwörter« (16) nicht, den Kaufmannssohn zu ängstigen; vielmehr kalmieren ihn die »Verse[] der Dichter« (16), die in ihm assoziativ ein künstliches

---

demnach, dass der Rezipient die Erlebnisse aus der Perspektive des Protagonisten erfährt, sich aber durch den Ausgang der Erzählung der im Text transportierten Ideologiekritik an der ästhetischen Lebensform durchaus bewusst wird. Schings führt die »Ratlosigkeit, die man angesichts des Märchens vom Kaufmannssohn empfindet« (Schings: »Allegorie des Lebens«, S. 535) auf diese narratologische Konzeption des Textes zurück.

[20] Braungart: *Ästhetischer Katholizismus*, S. 71.

[21] Vgl. Swantje Ehlers: »Hermetismus als Kunstverfahren. Formalästhetische Untersuchung zu Hugo von Hofmannsthals ›Märchen der 672. Nacht‹«. In: *Sprachkunst. Beiträge zur Literaturwissenschaft*. Jahrgang XV (1984). 1. Halbband, S. 24–30. Hier: S. 25: »In der Hermetik verzauberter Bilder löst der Kaufmannssohn die Gegenstände aus ihrem Wirklichkeitsbezug und stilisiert sie zu Zeichen, die den Innenraum seines Hauses zu einem Kunstraum verdichten.«

[22] Torsten Hahn/Charlotte Jaekel: »Die Schwere der hässlichen Wörter und die Grenzen der schönen Wahrheit. Die Unverständlichkeit der Arbeit in ›Das Märchen der 672. Nacht‹ und ›Der Tod Georgs‹«. In: Anja Lemke/Alexander Weinstock (Hg.): *Kunst und Arbeit. Zum Verhältnis von Ästhetik und Arbeitsanthropologie vom 18. Jahrhundert bis zur Gegenwart*. Paderborn 2014, S. 189–206. Hier: S. 195.

[23] Diese semantische Korrelation von ›Schönheit‹ und ›Tod‹ entspricht laut Shuangzhi Li Hofmannsthals »poetologischen Überlegungen über die narzisstische Jugend«; denn diese Konzeption sei »mit Ovids Mythenerzählung nicht nur durch die unverkennbare autoerotisch getönte Selbstbezogenheit, sondern auch durch den Hinweis auf das Zusammenspiel der Jugend, der Schönheit und des Todes« verbunden (Shuangzhi Li: *Die Narziss-Jugend*, S. 132).

Bild hervorrufen, das den Tod als mystisches Endziel eines reichen und vollen Lebens erscheinen lässt.

9.3 Privatheit, Heteronomie und Überwachung

Diese subjektiven Vorstellungen von einem glanzvollen, ruhmreichen und abenteuerlichen ›Leben‹ aber stehen in einem augenscheinlichen Kontrast zum passiven Habitus des träumerischen Ästheten, der sich von seiner regressiven und solipsistischen Lebensweise verspricht, ein völlig autonomes Leben führen zu können. Die vermeintlich unabhängige Stellung, die er durch seine Distanz zur Öffentlichkeit und seine soziale Distinktion errungen zu haben glaubt – »[e]r wähnte, völlig einsam zu leben« (16) – wird schon allein durch das prekäre Machtverhältnis zu seinen Dienern konterkariert.

Denn trotz der Abgeschiedenheit von anderen Menschen zeigt sich seine Abhängigkeit deutlich in der heteronomen Beziehung zu diesen.[24] Die enge Verbundenheit mit ihnen ist mehr als eine rein physische; vielmehr scheinen sie ihm ein Teil seiner selbst, ja mit ihm »zusammengewachsen« (21) zu sein. Ständig sind sie um ihn, »umkreis[en] ihn wie Hunde« (16),[25] und beobachten jeden seiner Schritte. Selbst bei der Lektüre eines Buches im Garten seines Landhauses fühlt er »die Augen seiner vier Diener« auf sich »geheftet« (18). Das Verhältnis des Kaufmannssohns zu seinen Untergebenen ist daher als durchaus ambivalentes zu bestimmen, da er sich einerseits von ihren Blicken und den Gedanken an sie verfolgt fühlt, sie andererseits aber auch als seinen »innersten Besitz«, als das, »was ihm lieb« ist – kurz: den »ganze[n] Inhalt seines Lebens« (21) – betrachtet.

Diese paradoxale Relation einer ›distanzierten Intimität‹ steht in Analogie zum polaren Spannungsverhältnis subjektivistischer ästhetischer Weltanschau-

---

[24] Vgl. Roland Innerhofer: »Das Märchen der 672. Nacht (1895)«. In: Mathias Meyer/Julian Werlitz (Hg.): *Hofmannsthal Handbuch. Leben – Werk – Wirkung*. Stuttgart 2016, S. 276–278. Hier: S. 276.

[25] Während seines Einjährigen-Freiwilligen-Jahrs beim k. u. k. Mährischen Dragonerregiment (ab Oktober 1894) lernt Hofmannsthal den Militärdienst und die ›existenzielle Seite‹ des Lebens kennen. In einem Brief an Hermann Bahr vom 28. Juli 1895 schreibt er über seine geplanten literarischen Projekte: »Denn der Lebensweg führt eigentlich zu immer stärkerer Magie, wie das in den Prinzen Amgiad und Assad so schön ist. Denn schließlich in einem welligen, gelbbraunen Land, werden ihnen eine Menge hässlicher Hunde und kranker Pferde höchst wunderbar, ja auch der Unterschied von Groß und Klein vernichtigt sich, über ihre Seele breitet sich eine Maulwurfsgrille so intensiv aus wie die langsam untergehende brüderliche Sonne« (Hugo und Gerty von Hofmannsthal/Hermann Bahr: *Briefwechsel 1891–1934*. Herausgegeben und kommentiert von Elsbeth Dangel-Pelloquin. Band 2. Göttingen 2013, S. 539). Hier hat die der Erzählung zugrundeliegende Idee also ihren Ursprung. Auch die Motive der hässlichen Hunde und kranken Pferde tauchen in den Briefen um diese Zeit wiederholt auf und finden schließlich Eingang sowohl in *Das Märchen der 672. Nacht* als auch in die *Reitergeschichte* (1899).

ung und ihrem Bezug zur sozialen Gemeinschaft. Die Entfremdung vom gesellschaftlichen Leben, die mit der ›impressionistischen‹ und ästhetisch-kontemplativen Lebensweise des Kaufmannssohnes einhergeht, findet in der Verbindung mit seinen Dienern – die ihn auf facettenartige Weise an die eigene »menschliche Unzulänglichkeit« (19) gemahnen – ihre letzte soziale Instanz; die einzige Verbindung zum wirklichen Leben.[26]

Der Rückzug aus dem geselligen Leben zugunsten einer ungestörten ästhetischen Betrachtung der schönen Dinge scheitert folglich an der Unmöglichkeit der Realisation einer rein privaten Lebensform. Zu den vier Menschen, die ihre eigenen Leben leben, steht der Kaufmannssohn in einem innigen, doch fremden Verhältnis und gerät so paradoxerweise gerade in jene heteronome Stellung des ihm so verhassten profanen ›Lebens‹, der er zu entkommen suchte. Es fehlt ihm an individueller Selbstbestimmung und an einer eigenen Identität[27] – er ist lediglich der namenlose Herr seiner Diener, der Erbe und Sohn eines tüchtigen Kaufmanns. Die Verbundenheit mit seinen Dienern entspringt dabei seiner psychischen Disposition und ruft ein negatives Gefühl der Beklemmung vor der persönlichen Transparenz hervor, welches mit der »Angst vor der Unentrinnbarkeit des Lebens« (19) korreliert.

Der rigorose Rückzug ins Private ist gerade deshalb weder zur Gänze möglich noch realisierbar, weil der Protagonist durch die ihn umgebenden Menschen (physisch und mental) mit ihnen und dem ›Leben‹ selbst ›verflochten‹ ist: Er ist der »geometrische Ort fremder Geschicke«, wie Hofmannsthal selbst es formuliert.[28] Dadurch, dass er sie leben fühlt, »die Schwere ihres Lebens« (19) in seinen Gliedern spürt, projiziert er die an ihnen beobachteten Bewegungen, psychischen Regungen und körperlichen Transformationen (bspw. des Alterns) auf sich selbst, wodurch seine ohnehin bestehenden existentiellen Ängste nur noch weiter geschürt werden: »Furchtbarer, als daß die ihn unausgesetzt beobachteten, war, daß sie ihn zwangen, in einer unfruchtbaren und so ermüdenden Weise an sich selbst zu denken« (19). Die gesteigerte Selbstbezogenheit des Kaufmannssohnes in der Reflexion resultiert aus der vermeintlichen Omnipräsenz seiner Diener und der Gewissheit, ihrem ununterbrochenen observatorischen Blick ausgeliefert zu sein und an ihrem ›Leben‹ zu partizipieren. Dem Gefühl der ›Beklemmung‹, einer permanenten Überwachung ausgesetzt zu sein, korreliert die reflektierte, gleichsam egozentrische Fokussierung auf sich selbst und der verzweifelte Versuch, sich noch weiter von der sozialen Wirklichkeit und dem ›Leben‹ zu entfernen, sich »zu verkriechen und alle Gedanken auf die Schönheit« (19) zu richten. Je weiter sich der Kaufmannssohn allerdings

---

[26] Vgl. Burkhard Meyer-Sickendiek: *Tiefe. Über die Faszination des Grübelns.* München 2010, S. 250.
[27] Vgl. Jens Rieckmann: »Von der menschlichen Unzulänglichkeit. Zu Hofmannsthals ›Das Märchen der 672. Nacht‹«. In: *German Quarterly* 54.3 (1981), S. 298–310. Hier: S. 298 f.
[28] KA XXVIII, 211.

von seinen Dienern distanziert, desto intensiver spürt er ihre fordernden und
›bösen‹ Blicke, desto größer wird seine Angst, dem ›Leben‹ nicht entkommen
zu können:

> Er fühlte mit der Deutlichkeit eines Alpdrucks, wie die beiden Alten dem Tod entgegenlebten, mit jeder Stunde, mit dem unaufhaltsamen leisen Anderswerden ihrer Züge und ihrer Gebärden, die er so gut kannte; und wie die beiden Mädchen in das öde, gleichsam lustlose Leben hineinlebten. Wie das Grauen und die tödliche Bitterkeit eines furchtbaren, beim Erwachen vergessenen Traumes, lag ihm die Schwere ihres Lebens, von der sie selber nichts wußten, in den Gliedern. (18 f.)

In ihrer Nähe hingegen verliert er »seine Angst, so völlig, daß er das Vergangene beinahe« (20) vergisst. Die Diener werden ihm so zu Spiegeln seiner selbst;[29] initiieren in ihm den Prozess der Selbstreflexion, indem sie ihn in stummer Kommunikation mit den sozialen Forderungen der Gemeinschaft und seinen eigenen existentiellen Ängsten konfrontieren. Sie sind ihm die personifizierten Signifikanten der eigenen Existenz, sie spiegeln seine defizitäre ›leblose‹ und ›lebensferne‹ Lebensform wider. Ihre Blicke gemahnen ihn an die »Geschichtlichkeit und Vergänglichkeit seines eigenen Daseins«[30] und drängen ihn, sich dem ›Leben‹ zu stellen, aus der Passivität der privaten Existenz ins aktive soziale Leben zu treten. Sie stehen zeichenhaft für die Forderungen des ›Lebens‹ und so kann der Kaufmannssohn trotz seiner selbsterwählten zurückgezogenen und ästhetisch-kontemplativen Lebensweise im Privaten der allumfassenden Macht der Observation nicht entgehen; die Argusaugen seiner beiden Dienerinnen verfolgen ihn selbst in die entlegensten Winkel seines Gartens:

> Während er mit beiden Händen biegsame Äste hinter sich zurückfallen ließ, um sich in der verwachsensten Ecke des Gartens zu verkriechen [...], bemächtigte sich seines Blutes und seines ganzen Denkens nur das, daß er die Augen der zwei Mädchen auf sich gerichtet wußte[.] (19)

Unfreiwillig und doch voll bangender Hoffnung, gesehen und begleitet zu werden, gibt der junge Kaufmannssohn sich den aufmerksamen und erwartungsvollen Blicken der ihn ›Umlauernden‹ preis[31] und lässt sich von ihnen bestimmen. Aufgrund ihrer dienstlichen Aufgaben im Hause und ihrer körperlichen

---

[29] Zur psychoanalytischen Deutung des Textes vgl. Dorrit Cohn: »›Als Traum erzählt‹. The Case for a Freudian Reading of Hofmannsthal's ›Märchen der 672. Nacht‹«. In: *DVjs* 54.2 (1980), S. 284–305.

[30] Imke Meyer: »Erzählter Körper, verkörpertes Erzählen. Überlegungen zum Körper als Kunstobjekt in Hugo von Hofmannsthals ›Das Märchen der 672. Nacht‹«. In: Brigitte Prutti/Sabine Wilke (Hg.): *Körper – Diskurse – Praktiken. Zur Semiotik und Lektüre von Körpern in der Moderne.* Heidelberg 2003, S. 191–220. Hier: S. 210.

[31] Das Wissen um die Persönlichkeit des Kaufmannssohnes zeugt von der unfreiwilligen Preisgabe seiner Privatheit an seine Diener, welche er zwar nicht durch Worte, deren er ohnehin nicht viele mit ihnen wechselt, oder Handlungen, zu denen er sich nicht veranlasst fühlt – sondern vielmehr durch seine bloße Präsenz und Nähe effiziert: »[S]ie sahen sein ganzes Leben an, sein tiefstes Wesen, seine geheimnisvolle menschliche Unzulänglichkeit« (19).

Nähe – »häufig [waren sie] mit ihm in einem Zimmer« (20) – scheinen sie einen besonderen Zugang zu seinen persönlichen Empfindungen und privaten Gedanken zu haben, auch wenn er diese nicht verbal äußert.[32] Im stummen Austausch mahnen sie ihn durch ihre bloße Existenz an die problematische Distanzierung und Entfremdung von der Ganzheit wirklichen ›Lebens‹: »Er fühlte sie leben, stärker, eindringlicher, als er sich selber leben fühlte« (18).

9.4 Monologische Kommunikationssituation

Bezeichnend ist in diesem Zusammenhang, dass es trotz der betonten physischen Nähe zu nahezu keinem verbalen Austausch zwischen dem Kaufmannssohn und seinen Dienern kommt. Der Versuch des Protagonisten, sich aus sämtlichen sozialen und moralischen Verweisungszusammenhängen zu emanzipieren, erstreckt sich also zudem auf den Bereich der Kommunikation.[33]

Formal auffällig ist zudem, dass es im gesamten Text nur ein einziges Mal zu zitierter Figurenrede in Anführungszeichen kommt. Es handelt sich um die beiden Sprichwörter, die antizipierend auf den künftigen Tod des Protagonisten verweisen und die er sich selbst vorsagt und deutet. In einem Abschnitt in der Mitte des zweiten Teils führt er außerdem ein kurzes Selbstgespräch in transponierter Rede, um sich das Rascheln von Sträuchern im Glashaus zu erklären. Diese beiden Beispiele mögen genügen, um die These zu untermauern, dass es in der gesamten Erzählung zu keinem kommunikativen Austausch zwischen den Figuren kommt[34] und dass der Kaufmannssohn lediglich zu sich selbst spricht. In gesteigerter Form findet sich diese sprachkritische Thematik in der Auseinandersetzung mit den Soldaten am Ende der Erzählung. Denn hier besteht nicht einmal mehr die Bedingung der Möglichkeit zu einem kommunikativen Austausch, da die Soldaten in einer dem Kaufmannssohn unverständlichen Sprache sprechen:

Indessen war er zu den niedrigen Häusern gekommen, wo die Soldaten wohnen. Er achtete nicht darauf. An einem vergitterten Fenster saßen ein paar Soldaten mit gelbli-

---

[32] Dem einzigen männlichen Diener, welchem der Kaufmannssohn seiner »Zuvorkommenheit und Umsicht« (17) wegen in seinem Haus eine Anstellung verschafft, ist es daher ein Leichtes den Wünschen seines Herrn zuvorzukommen, seine Neigungen und Abneigungen »schweigend« zu erraten (17).

[33] Ohne den Blick zu heben und »ohne ein Wort [mit ihnen] zu reden« (18), weiß der Kaufmannssohn, dass ihn seine Diener anblicken; das vierjährige Mädchen indes kommt ihm im Glashaus entgegen »ohne ein Wort zu reden« (25); der Juwelier packt den gekauften Schmuck ein, »ohne mehr ein Wort zu sprechen« (24), und die Soldaten reden »kaum ein Wort untereinander« (28).

[34] »[D]as Schweigen zwischen den handelnden Personen [ist] universal; alle bleiben isoliert« (Song Hoon Lee: *Die Dualismusprobleme bei Hugo von Hofmannsthal. Eine Untersuchung zu ›Das Märchen der 672. Nacht‹, ›Das Märchen von der verschleierten Frau‹ und ›Die Frau ohne Schatten‹*. Bielefeld 1992, S. 68).

chen Gesichtern und traurigen Augen und riefen ihm etwas zu. [...] Aber er verstand nicht, was sie von ihm wollten. (27)

Die Schwierigkeit, mit dem ›profanen‹ Bereich des ›Lebens‹ in Verbindung zu treten, besteht im Text also darin, dass sich der Kaufmannssohn durch die Erschaffung seiner privaten Kunst- und Traumwelt aus dem ursprünglichen Verweisungszusammenhang zwischen Welt und Dingen[35] herauslöst und sich von jener dezidiert distinguiert. Sein Versuch, sich als Teil des ›Lebens‹ von demselben abzuschotten, muss notwendigerweise scheitern. Da sich dieser Habitus der Distinktion auf alle Bereiche seines Lebens erstreckt, wirkt er sich eben auch auf das Verstehen der sprachlichen Zeichen aus; der Kaufmannssohn kann die Welt nicht mehr deuten (und damit eben auch nicht mehr ›verstehen‹).

9.5 Die Dienerfiguren als Chiffren des ›Lebens‹

Das dadurch bewirkte Unverständnis des Kaufmannssohns erstreckt sich vom sprachlichen über den sozialen bis in den moralischen Bereich. So darf sein Verhalten aus moralischer Perspektive als Mangel an Humanität und sozialer Integrität gedeutet werden. Der heterodiegetische Erzähler enthält sich dabei jedes Urteils, sodass der Charakter des Kaufmannssohns im Ganzen keineswegs negativ gezeichnet ist – er handelt schlichtweg nicht nach sozialen oder moralischen Prinzipien, weil er sie zu verstehen nicht imstande ist. Die ästhetischen Maximen sind für die Bewältigung des ›Lebens‹ schlechthin ungeeignet, sie eignen »sich nicht als soziales Regulativ«.[36]

Diese sittliche Unzulänglichkeit verweist im Allgemeinen auf die moralische Krux einer einseitig ästhetischen Weltanschauung und konnotiert den absoluten Rückzug ins Private als durchaus defizitäre Lebenshaltung. Das Ästhetisch-Artifizielle der Mentalitätsdisposition des Kaufmannsohnes wird damit besonders akzentuiert und einer radikalen Kritik unterzogen. Diese Kritik ist schon in der Struktur des Textes vorzufinden, denn sowohl die Figuren als auch der strukturelle Aufbau des Textes folgen einer ambivalenten Logik der Narration. Oberflächlich betrachtet können die Diener durchaus dem semantischen Raum der hermetischen Kunstwelt zugeordnet werden, in welche sich der junge Kaufmannssohn hinein imaginiert, die er zu beherrschen glaubt und in der er »alle Formen und Farben der Welt« (15) zu erkennen vermeint. So gesehen bereichern ihn seine Diener in keiner qualitativen Weise; sie stehen den schönen Kunstobjekten und Geräten gleichrangig zur Seite,[37] sind als Besitz allein dem

---

[35] Vgl. Hahn/Jaekel: »Die Schwere der hässlichen Wörter«, S. 196.
[36] Mauser: »Aufbruch ins Unentrinnbare«, S. 170.
[37] Vgl. auch Gennady Vasilyev: »Das Phantastische im ›Märchen der 672. Nacht‹«. In: Christine Lötscher u. a. (Hg): *Übergänge und Entgrenzungen in der Fantastik*. Wien u. a. 2014, S. 31–40. Hier: S. 33.

Schmuck seines Interieurs zuzurechnen.[38] Die damit konstituierte Korrelation zwischen der hermetisch abgeschiedenen Privatwohnung und den Dienern wird dabei bereits bei deren figurativen Charakterisierung besonders sinnfällig. So konstatiert der Erzähler, dass die alte Haushälterin »sehr still« (16) und »immer im Hause« gewesen (16) sei, das fünfzehnjährige Mädchen auf den Kaufmannssohn »sehr verschlossen« (16) wirke und die etwas ältere schöne Dienerin ihm »die rätselhafte Sprache einer verschlossenen und wundervollen Welt« (18) bedeute. Der alte Diener indes mache »fast nie von der Erlaubnis Gebrauch, in den Abendstunden das Haus zu verlassen« (17) und sei von sehr »großer Eingezogenheit und Bescheidenheit« (17).

Deutlich werden die vier Dienerfiguren durch ihren unzugänglichen Charakter der autonomen Kunstwelt des Kaufmannssohnes zugeordnet. Doch dies stellt lediglich die eine Seite der Medaille dar: Denn gleichwohl sie sich durch ihr Persönlichkeitsprofil trefflich in die imaginative Kunstwelt des Kaufmannssohnes zu fügen scheinen, so werden ihnen vom Erzähler doch zudem eindeutig pejorative Eigenschaften zugeschrieben, durch die sie wie unheimliche Fremde erscheinen, die den Protagonisten seiner autarken Privatheit und individuellen Autonomie berauben.

So haftet der alten Dienerin, trotz ihrer Stimme, die den Protagonisten »an die Stimme seiner eigenen Mutter und an seine Kindheit« (16) erinnert, doch »die Kühle des Alters« (16) an. Das fünfzehnjährige Mädchen, eine entfernte Verwandte der Alten, hingegen ist »hart gegen sich und schwer zu verstehen« (16), ihr Gesicht ist gezeichnet von einer »altklug[en] Anmut« (17), ihre Lippen haben etwas »Unschönes und Unheimliches« (17). Auch deuten die Farben bei der Beschreibung der Gesichter (in semantischer Opposition zu der Mannigfaltigkeit der »Farben der Welt« [15]) zeichenhaft auf die unmittelbare Gefahr eines frühzeitigen Ablebens: Die Blässe und das Weiß der Gesichter sind als figurale Antizipation des bevorstehenden Todes des Protagonisten zu verstehen.[39] Andererseits wird dieses Weiß gleichsam mit der Semantik des Artifiziellen konnotiert, wenn das Antlitz der Alten als »maskenhaftes« (19) bezeichnet wird. Die durch diese Semantisierung evozierte Todesnähe der Dienerfiguren lässt sich aber auch klar auf der Handlungsebene nachweisen. So versucht die Fünfzehnjährige »in einer dunkeln und jähen Regung ihrer zornigen Seele« sich das Leben zu nehmen, indem sie sich aus dem Fenster stürzt. Und die Ältere wird als Trägerin der beiden indischen Götter »aus dunkler Bronze« (20) selbst mit der Aura des ›Mystischen‹ und ›Dunklen‹ umgeben. Zudem lassen sich anhand

---

38 Wie bedeutend die semantische Korrelation zwischen den vier Dienern und dem künstlichen Zierrat ist, zeigt sich u. a. daran, dass der Kaufmannssohn für die beiden Frauen beim Juwelier »altmodischen Schmuck aus dünnem Gold« (23) und »ein Kettchen« (23) erwirbt.

39 Die Haushälterin hat ein »weiße[s] Gesicht« und »weiße Hände« (16); das Gesicht des fünfzehnjährigen Mädchens wird als »totenblasses« (17) beschrieben; der alte Diener schließlich hat ein »maulbeerfarbige[s] Gesicht« (17).

der Beschreibung der dreiäugigen Statuetten die bezeichneten indischen Götter identifizieren, ihre Todessemantik rekonstruieren.[40] Die Zeitlichkeit, die mit den Dienern Eingang in die private Kunstwelt des Kaufmannssohnes findet, wird damit zum Gegenpol der imaginierten ›zeitlosen‹ Schönheit, die Diener zu destruktiven Elementen, die den ästhetisierten zeitlosen Zustand durch ihre ›lebendige‹ Existenz gefährden. Die Dienerfiguren sind also als »Repräsentanten des Lebens« und als »Verkörperung von Lebenskraft«[41] zu interpretieren – wobei das ›Leben‹ im lebensphilosophischen Kontext freilich auch stets die existenzielle Gefährdung durch den Tod in sich birgt. Als »eine stets dem Tod ausgesetzte Lebendigkeit«[42] formiert sich die »Anwesenheit von verkörperter Zeit«[43] in den Dienergestalten so zu indefiniten »Manifestationen von Leben und Tod«.[44]

9.6 Zeitlosigkeit vs. Zeitlichkeit

Die Aufhebung der Grenzen zwischen Leben und Tod – genauer: die Integration des Moments der Zeitlichkeit[45] als existentieller und omnipräsenter Bedrohung des Lebens durch den Tod[46] – führt zu jener Desillusionierung des Kaufmannssohns am Ende der Erzählung, die ihn seine Diener verfluchen und sein Leben hassen lässt: »Er haßte seinen vorzeitigen Tod so sehr, daß er sein Leben haßte, weil es ihn dahin geführt hatte« (30). Die tatsächlich verronnene und ungenutzte Zeit in Einsamkeit lässt den Protagonisten das verwirkte und versäumte Leben negieren. Der Schluss der Erzählung demonstriert damit, dass die künstlich generierte Dauer im hermetischen Raum eine bloß imaginierte und keine wirkliche ist.

---

[40] Frye erkennt in den zwei indischen Göttern zum einen Śiva (Shiva), der das Prinzip der Erhaltung sowie der Zerstörung verkörpert; zum anderen die »[d]unkle« Kālī, die »mit kleinen Menschenschädeln geschmückte Todesgöttin« (Lawrence O. Frye: »Das Märchen der 672. Nacht‹ von Hofmannsthal. Todesgang als Kunstmärchen und Kunstkritik«. In: *ZfdPh*. Band 108 [1989], S. 530–551. Hier: S. 536). Haag hingegen ist zu widersprechen, wenn sie die Göttinnen mit der Gorgone Medusa assoziiert – allein schon deshalb, weil diese der griechischen Mythologie zuzuordnen ist (vgl. Ingrid Haag: »Kryptogramme der Liebesangst. Zu Hofmannsthals ›Märchen der 672. Nacht‹ und zu seinem ›Andreas‹-Fragment«. In: Karl Heinz Götze u. a. (Hg.): *Zur Literaturgeschichte der Liebe*. Würzburg 2009, S. 241–257. Hier: S. 246).

[41] Mauser: »Aufbruch ins Unentrinnbare«, S. 168.

[42] Gerald Funk: »Dämme bauen im Fluss des Heraklit. Der Schrecken der Zeit in Hofmannsthals ›Märchen der 672. Nacht‹«. In: *Quarber Merkur* 88 (1999), S. 89–99. Hier: S. 94.

[43] Funk: »Dämme bauen im Fluss des Heraklit«, S. 95.

[44] Schings: »Allegorie des Lebens«, S. 560.

[45] Auf Hofmannsthals Nähe zum Verständnis von Zeit und Zeitlichkeit bei Kierkegaard macht bereits Kobel aufmerksam (vgl. Erwin Kobel: *Hugo von Hofmannsthal*. Berlin 1970).

[46] Vgl. Meyer: »Erzählter Körper, verkörpertes Erzählen«, S. 205.

Diese zentrale Rolle der Zeit[47] lässt sich aber auch anhand der temporalen Struktur des Textes explizieren. Die erzählte Zeit im ersten Teil muss dabei strikt vom zweiten geschieden werden, denn das Erzähltempo zu Beginn ist wesentlich langsamer als gegen Ende des Textes – außer der expositorischen Einführung und den Charakterisierungen der Figuren sind nahezu keine die Handlung vorantreibenden Elemente vorhanden.[48] Durch diese Technik der narrativen Darstellung, die sich gehäuft »durativer und iterativer Zeitadverbien«[49] bedient, wird ein künstlicher Zustand der Zeitlosigkeit suggeriert, den zu erzeugen auf Ebene der Handlung gerade des Protagonisten Absicht ist. Dass es sich erzähllogisch aber um ein rein perspektivisch imaginiertes *nunc stans* handelt, zeigt sich deutlich an der Wirkung der Diener auf den Kaufmannssohn. An ihnen kann er das »Anderswerden ihrer Züge« (18 f.) beobachten und damit die verrinnende Zeit mit alptraumhafter Deutlichkeit in seine abgeschottete Privatwelt hereinbrechen sehen. Das Erzähltempo erhöht sich im zweiten Teil dann drastisch; die Verkettung der sukzessiv aufeinanderfolgenden Ereignisse folgt rapide und unvermittelt, wodurch ein unruhiger Rhythmus einer »traumhafte[n] Raschheit«[50] erzeugt wird, der das Getriebensein und die Todesangst des Protagonisten erzähltechnisch umsetzt[51] und das Verrinnen der Zeit auch auf *Discours*-Ebene darstellt.

9.7 Raumsemantische Oppositionen: Privatheit vs. Öffentlichkeit

Diese zweiteilige ›kontrapunktische‹[52] Struktur des Textes lässt sich dabei auch anhand der Funktionalisierung der oppositionellen semantischen Räume (Landhaus/Stadt) explizieren. Das abgeschiedene Landhaus, welches sich im engen Tal eines Gebirges befindet und »von dunklen Bergen« (18) umgeben ist, korreliert der einsamen psychischen Disposition des Kaufmannssohns – für den

---

[47] Zur zentralen Bedeutung der Zeit im Werk des frühen Hofmannsthal vgl. auch William H. Rey: »Die Drohung der Zeit in Hofmannsthals Frühwerk«. In: *Euphorion* 48 (1954), S. 280–310.
[48] Vgl. Scherer: »Führt das […] erste Kapitel in der nahezu handlungslosen Schilderung des schönen Lebens de[s] Protagonisten die ästhetische Anverwandlung der Realität vor, offenbart die ›traumhaft rasche‹ Fortsetzung des zweiten Kapitels deren grauenhafte Kehrseite, die in den grausamen Tod mündet« (Stefan Scherer: *Richard Beer-Hofmann und die Wiener Moderne*. Tübingen 1993, S. 434). Vgl. auch Meyer: »Erzählter Körper, verkörpertes Erzählen«, S. 204.
[49] Meyer: »Erzählter Körper, verkörpertes Erzählen«, S. 200. Vgl. auch Cohn: »»Als Traum erzählt««, S. 287.
[50] KA XXVIII, 207.
[51] Vgl. Funk: »Dämme bauen im Fluss des Heraklit«, S. 96: »Die chronologisch undifferenzierte, kreisende Bewegung ästhetischer Kontemplation [im ersten Teil] zerformt sich […] in das Zeiterleben eines Gehetzten, die rigorose Sukzession.«
[52] Schings spricht von einer »kontrapunktischen Entsprechung« bei der »Gestaltung von Raum und Zeit« im *Märchen* (Schings: »Allegorie des Lebens«, S. 542).

die Kunstgegenstände seines Interieurs zu sinnhaften Artefakten avancieren. Diese durch Ästhetisierung effizierte Sinnsublimierung geht einher mit der Integration des Artifiziellen in ein monistisches System.[53] So erlangen die Kunstgegenstände eine geradezu religiöse Bedeutung; sie avancieren zu bedeutungstragenden ›Reliquien‹. So findet der Protagonist in den künstlichen Geräten und Wohngegenständen »alle Formen [...] der Welt« (15); der »Schönheit der Teppiche und Gewebe und Seiden, der geschnitzten und getäfelten Wände, der Leuchter und Becken aus Metall, der gläsernen und irdenen Gefäße« (15) schreibt er einen individuellen Bedeutungswert zu: Die Kunstgegenstände erhalten durch ihre Ästhetik eine religiöse Dimension, die dem Protagonisten ein allumfassendes und zusammenhängendes Ganzes, »ein großes Erbe« und »das göttliche Werk aller Geschlechter« (16) zu offenbaren scheint. »[T]runken von dieser großen, tiefsinnigen Schönheit« (16) glaubt der Kaufmannssohn das ›Leben‹ in der Kunst zu entdecken, die »verschlungenen Wunder der Welt« (15) und das Seiende in seiner »Präexistenz«[54] zu erkennen. Der private Wohnraum wird ihm so zum Kosmos einer imaginierten Kunst- und Traumwelt – zur »mystischen Kugel« (16), in welcher er sich »am Denken schöner Gedanken oder an der Schönheit seiner Jugend und Einsamkeit« (16) berauscht. Lokale Privatheit erfährt so eine enorme Sublimierung, da der Wohnraum zum religiösen Bereich einer ästhetisierten Kunstwelt avanciert. Die Kunstgegenstände werden mit monistischen Semantiken konnotiert, der Privatraum selbst zu einem Reservat der Schönheit und zum schützenden Rückzugsbereich vor der Profanität des ›Lebens‹ modelliert. Dieser enormen Aufwertung des Privatraums korreliert demnach eine Mystifizierung und Sakralisierung,[55] die einer kategorialen Grenzziehung bedarf, durch welche das Schöne und Artifizielle (des privaten Raumes) vom Profanen (des Stadtlebens) abgeschottet werden können. Wie oben bereits erwähnt, ist diese Trennung in der Erzählung durch die zwei voneinander separierten Teile auch formal gekennzeichnet. Doch selbst wenn der erste Teil die Gefährdung des Kaufmannssohnes noch in der Latenz hält, so ist sie doch bereits vorhanden, weshalb die dem Interieur zugeschriebene Funktion absoluter Autonomie und Privatheit von Beginn an nicht eingelöst werden kann. Denn existentielle Angst und Beklemmung werden im Kaufmannssohn,

---

[53] Auf die Nähe zum Monismus macht auch Fick aufmerksam: »Deutlicher noch als in den anderen Texten der Wiener Moderne« trete »im Werk Hofmannsthals der Zusammenhang mit dem monistischen Modell hervor« (Monika Fick: *Sinnenwelt und Weltseele. Der psychophysische Monismus in der Literatur der Jahrhundertwende*. Tübingen 1993, S. 347).

[54] KA XXXVII, 137.

[55] Funk expliziert den Zusammenhang zwischen der Sakralität des abgeschotteten Privatraums und der öffentlichen Wirklichkeit des profanen und bedrohlichen Lebens in dieser Erzählung als Erster. Er konstatiert: »Der private Raum, mit dem nahezu sakralen Ambiente der Gärten und Zimmer, wird profaniert, wandelt sich in öffentliches Gelände, in Gassen, fremde Hinterhöfe, Kasernen, wird potentiell einsehbar, ohne daß aber eine Öffentlichkeit Notiz nähme von der Gestalt, die sich zwischen ihren Mauern verirrt« (Funk: »Dämme bauen im Fluss des Heraklit«, S. 95).

wie dargelegt, schon durch die bloße Präsenz der Dienerfiguren hervorgerufen. Sie sind es, die ihn an die Prozesshaftigkeit und Dynamik des Lebens, die Zeitlichkeit der eigenen Existenz, den Tod und den versäumten »Weg des Sozialen«[56] gemahnen. Damit zeigt der Text, dass die Abschottung von der Wirklichkeit und dem ›Leben‹ nicht möglich ist. Absolute Privatheit ist schon im ersten Teil der Erzählung niemals in Gänze realisiert – vielmehr wird sie vom ›Leben‹ der Dienerfiguren durchdrungen und bleibt damit stets dem Öffentlichen verbunden.

So ist es nur konsequent, wenn das zentrale Ereignis, welches die Handlung im zweiten Teil auslöst und motiviert,[57] das Eintreffen des denunzierenden anonymen Briefes darstellt – einem Schreiben also, das aus dem öffentlichen Raum auch *physisch* in den Privatraum des Protagonisten eindringt. Das abscheuliche Verbrechen, dessen der männliche Diener bezichtigt wird, ist von gesellschaftlich-öffentlicher Relevanz und stellt damit das ›gestörte‹ Gleichgewicht von Privatheit und Öffentlichkeit ostensiv zur Schau. Damit einhergehend bricht die Zeitlichkeit in die artifizielle Kunstwelt des Kaufmannssohns hinein. Die im Landhaus vorwiegend statische Welt weicht mit dem Aufbruch in den öffentlichen Raum der Stadt einer »labyrinthischen Topographie«[58] des Hässlich-Profanen. Durch das eigenwillige Verlassen des Landhauses und die Reise in die Stadt findet die fatale Grenzüberschreitung statt, durch die der Kaufmannssohn am Ende in den Tod getrieben wird. Der räumlichen Abgeschlossenheit des ästhetisierten Privatraums des Landhauses im ersten Teil korrespondiert so unter negativem Vorzeichen die hässlich verzerrte Enge der Stadt im zweiten.

Denn während der Privatraum des hermetisch abgeschotteten Schutzbereichs dem Kaufmannssohn zur bedeutungskonstituierenden ästhetischen Sinninstanz wird, führt ihn sein ›Rechtsgang‹ durch den öffentlichen Raum der Stadt zu »einer ärmlichen Straße, wo sehr viele öffentliche Dirnen« (22) leben. Die Sexualität, die hier in Form der öffentlichen Prostitution in einen ökonomischen Kontext gestellt wird, steht freilich in semantischer Opposition zum ›asketischen‹ Habitus des Kaufmannssohnes, den »die Schönheit keiner einzigen Frau« (15) so sehr affiziert, dass er es für wert hielte, sich mit ihr einzulassen – dies gilt exemplarisch für die ältere Dienerin, deren Schönheit »ihn mit Sehnsucht, aber nicht mit Verlangen« (20) erfüllt. Zudem verweisen die öffentlichen Dirnen auf das für die Erzählung so zentrale Motiv des ererbten Reichtums und

---

[56] Mauser: »Aufbruch ins Unentrinnbare«, S. 170.
[57] Vgl. auch Bernhard J. Dotzler: »Beschreibung eines Briefes. Zum handlungsauslösenden Moment in Hugo von Hofmannsthals ›Märchen der 672. Nacht‹«. In: Wolfram Mauser (Hg.): *Hofmannsthal – Forschungen. Im Auftrag der Hofmannsthal-Gesellschaft*. Freiburg im Breisgau 1985, S. 49–54.
[58] Funk: »Dämme bauen im Fluss des Heraklit«, S. 95.

Gelderwerbs – wobei letzterer für den wohlhabenden Kaufmannssohn ohne Relevanz bleibt, zu seinem Untergang aber maßgeblich beiträgt.

9.8 *Der Aufbruch aus dem Privaten als existenzielle Gefährdung*

Der Aufbruch des Ästheten aus der Sicherheit seines privaten Zuhauses darf schon von vornherein als eitles und vergebliches Unterfangen gelten. Denn im Hause des Gesandten trifft der Kaufmannssohn außer dem Koch und einem alten untergeordneten Schreiber – denen bezeichnenderweise die Prädikate ›hässlich‹ und ›mürrisch‹ zugeschrieben werden – niemanden mehr an. Doch nicht nur der Zugang zum Haus des Gesandten ist ihm versperrt,[59] sondern auch der zur eigenen Wohnung, so dass er »wie ein Fremder daran denken [muss], sich für die Nacht eine Herberge zu suchen« (22). Auf diese Weise expliziert sich erneut die sowohl psychische als auch soziale Abhängigkeit des Kaufmannssohnes von seinen Dienern, ohne die er nicht einmal imstande ist, in die eigene Privatwohnung zu gelangen – trotz seines großen Reichtums und seiner schönen Kunstgegenstände steht er vor verschlossener Tür. Seine Hilflosigkeit und Handlungsunfähigkeit führen dazu, dass er gedankenverloren und orientierungslos durch die ärmlichen Gassen und Straßen irrt, sich von seinen Erinnerungen an seine Diener affizieren und von ihnen leiten lässt. Seine Handlungsmotive sind meist undurchsichtig und ateleologisch;[60] sie entspringen den ›magischen‹ Vorstellungen seiner selbstgeschaffenen Kunstwelt, die sich aus der Mystifizierung der ornamentalen Muster und den Motiven seiner Kunstgegenstände ebenso speist wie aus den Vorstellungsbildern seiner Lektüre über den »großen König[] der Vergangenheit« (22), Alexander den Großen.[61] Der Kauf-

---

[59] Ein den gesamten zweiten Teil der Erzählung durchziehendes Leitmotiv stellen die verriegelten Türen und Fenster dar: So ist seine eigene Wohnung in der Stadt »versperrt« (22), das Fenster im Juwelierladen »vergittert[]« (24). Eine »kleine Gittertür« (24) trennt den Hof vom benachbarten Garten, während das zweite Glashaus »von außen verriegelt« (25) ist. Der Gang, in den der Kaufmannssohn durch das »Viereck dunkler Linien« tritt, ist »nach einer Länge von beiläufig fünfzehn Schritten wieder vermauert« (26), die gegenüberliegende Plattform »von einem niedrigen Eisengitter geschlossen« (26). Die Soldaten schließlich sitzen »[a]n einem vergitterten Fenster« (27).

[60] So schon Alewyn: »Er hat wie im Traum gelebt, in dumpfen Empfindungen, die sich nie zu einem reinen Gefühle klärten, unter verworrenen Antrieben, die sich nie zu bestimmtem Handeln verdichteten« (Alewyn: *Über Hugo von Hofmannsthal*, S. 174).

[61] Frye hat erstmals auf die für die Erzählung so konstitutive Beziehung zwischen der Alexander-Geschichte als einem der Prätexte von Hofmannsthals *Märchen der 672. Nacht* aufmerksam gemacht. Sein Beitrag erfasst die wichtigsten Tendenzen des Textes und gibt eine profunde Interpretation, die auch die D'Annunzio-Aufsätze Hofmannsthals miteinbezieht und einen kurzen Vergleich des romantischen Kunstmärchens mit Hofmannsthals Text liefert. Vgl. Frye: »›Das Märchen der 672. Nacht‹ von Hofmannsthal«, S. 530–551.

mannssohn imaginiert sich dabei selbst an die Stelle des großen Feldherrn – er identifiziert sich gleichsam mit ihm und denkt sich in dessen Welt hinein.⁶²

Das identifikatorische Moment in der sozialen Abhängigkeit von anderen (imaginierten wie real existenten) Personen zeigt sich aber auch auf dem Weg ins unbekannte obere Viertel, in dem der Kaufmannssohn den ärmlichen Laden eines Juweliers entdeckt, in dessen Schaufenster er nebst einigen wertlosen Dingen auch »altmodischen Schmuck« (23) findet, dem er eine melancholische »Traurigkeit« (23) zuschreibt. Er erinnert ihn an seine alte Dienerin, weshalb er beschließt, ihr den Schmuck zu schenken. Auch der halb erblindete silberne Handspiegel ist ihm eine Reminiszenz an das ältere Mädchen seines Hauses. Der Reiz aber, der von ihrem Bild ausgeht, ist ihm ein rein ästhetischer. Zwar erscheint sie durchaus als »junge[] Königin« (23) – analog der Vorstellung vom großen König der Vergangenheit – allerdings macht der ästhetisch-kontemplative Habitus und die narzisstische psychische Disposition des Kaufmannssohnes eine wirkliche intime Verbindung unmöglich.⁶³ So ist es denn gerade die »Fülle seltener und merkwürdiger Narzissen und Anemonen« (24), die ihm beim Eintritt ins erste Glashaus auffallen und die er bestaunt, bis die »Sonne ganz, ohne daß er es beachtet hatte, hinter den Häusern untergegangen war« (24). Spätestens mit dem Eintritt ins zweite der Glashäuser aber transformiert die wunder-

---

[62] Die Geschichte Alexanders dient als Kontrastfolie, um die Differenz beider Figuren auf besonders sinnfällige Weise vorzuführen und die verklärten Vorstellungen des Kaufmannssohnes offenzulegen. Der Tatendrang und die Eroberungen Alexanders stehen dabei kontrastiv zu der Velleität und Willensschwäche des Ästheten. Dem Reichtum des Erben (des ›Kaufmanns-Sohns‹), der selbst nichts zu leisten imstande ist, sind die mit Blut erkämpften Ländereien des Eroberers entgegengesetzt. Im Ganzen werden also die ästhetische und träumerische Passivität in semantischer Opposition dem kriegerischen Mut und der agonalen Aktivität gegenübergestellt: Während der Name ›Alexander‹ die Jahrtausende überdauert, fällt der des Kaufmannssohnes kein ein einziges Mal im gesamten Text. Denn wo Alexander durch seine den Lauf der Geschichte prägenden Feldzüge zur Legende wird, stirbt der reiche Kaufmannssohn als ein gänzlich Unbekannter, dessen Handlungen keinerlei historische Wirkung zeitigen. Die Geschichte Alexanders dient dem Kaufmannssohn selbst anfangs zur ästhetischen Illusionierung und psychischen Kalmierung, zur Unterdrückung seiner Lebens- und Todesängste. Sie bietet ihm in der Vorstellung einen (wenn auch imaginierten) existenziellen Referenzpunkt und einen Rechtfertigungsgrund für das eigene Handeln – beispielsweise, wenn er seine vier Diener mit den eroberten Ländereien Alexanders analogisiert: »Er begriff, daß der große König der Vergangenheit hätte sterben müssen, wenn man ihm seine Länder genommen hätte« (22). Die Berührung mit dem ›Profanen‹ der Stadt zerstört die glänzende Vorstellung vom ›Königsweg‹ allerdings nicht; metaphorisch jedoch verweist die »öde, totenstille Sackgasse« (22) auf den glanzlos endenden Lebensweg des Kaufmannssohnes und antizipiert seinen nachfolgenden Tod, der alles andere als ›feierlich‹ oder gar ›prunkend‹ (vgl. 16) ist.

[63] Die unterdrückte Sexualität äußert sich, als der Juwelier ihn einige altertümliche Sättel vorzeigt und der Kaufmannssohn ihm darauf zur Antwort gibt, dass er sich »nie mit Pferden abgegeben habe, ja nicht einmal zu reiten verstehe und weder an alten noch an neuen Sätteln Gefallen finde« (23 f.). Das Pferd, das im Text die sexuelle Potenz, aber auch das Hässlich-Gemeine und den Tod bedeutet, versetzt ihm den entscheidenden Todesstoß – bezeichnenderweise »seitwärts in die Lenden« (29).

bare Illusion in grausame Wirklichkeit. Denn stellt sich der Kaufmannssohn zu Beginn der Novelle noch vor, »wie ein auf der Jagd verirrter König, in einem unbekannten Wald unter seltsamen Bäumen einem fremden wunderbaren Geschick entgegen[zu]gehen« (16), schlägt das verheißungsvolle Vorstellungsbild um in eine »unangenehme[] Empfindung des Grauens« (24), die ihm durch die Erscheinung des vierjährigen Mädchens eingeflößt wird.[64] Der ›unbekannte Wald‹ wird zum Ort der Angst und Verfolgung:

> Nur hinter ihm glitt etwas raschelnd durch die Sträucher. Er sagte sich, daß es Blätter waren, die sich durch die Erschütterung der dumpfen Luft abgetrennt hatten und niederfielen. Trotzdem hielt er mit dem Klopfen inne und bohrte die Blicke durch das halbdunkle Gewirr der Bäume und Ranken. (26)

Die selbstkreierte und imaginierte Kunstwelt findet ihre reale Entsprechung in diesem Glashaus. Die semantische Korrelation von Künstlichkeit (›Glashaus‹) und Natur (›Gewächse‹) deutet zudem auf die Vermischung von Traum und Wirklichkeit, deren Trennung im ersten Teil der Erzählung noch klar gegeben ist. Im Glashaus ›durchlebt‹ der Kaufmannssohn nun ›wirklich‹ seine Träume – nur auf oppositionelle, bedrohliche Weise. Das Gewächshaus ist semantisch auf vielfache Weise mit dem Leben des Kaufmannssohns korreliert. Besonders ostensiv ist die Transparenz dieses künstlichen Raumes, der eine vollständige Beobachtbarkeit ermöglicht[65] und daher mit der omnipräsenten Überwachung der Diener im Garten des Landhauses in Beziehung gesetzt wird. Zudem besticht das Gewächshaus durch seine Fragilität, die auf die Zerbrechlichkeit der ästhetischen Scheinwelt des Protagonisten verweist. Entscheidend aber ist das Paradigma der Künstlichkeit: Denn weder die Pflanzen im Gewächshaus noch der Kaufmannssohn selbst leben auf ›natürliche‹ Weise, sondern befinden sich in einem künstlich in die Natur gesetzten Raum, der sie vor der Außenwelt isoliert und schützt. Dieser durch seine Enge gekennzeichnete hermetische Bereich hat eine restringierende Funktion, die für den Kaufmannssohn fatale Fol-

---

[64] Es ist vor allem die Ähnlichkeit des vierjährigen Mädchens mit der fünfzehnjährigen Dienerin in seinem Haus, die ihm »namenlose Furcht« (25) einflößt. Analog der Relation zu den Dienern aber mindert sich seine Angst in ihrer Nähe: Die Berührung mit dem ›Leben‹ beim Streicheln ihres feinen Haares lässt seine Angst »für einen Augenblick« (25) vergehen. Sogleich aber erinnert er sich an den Selbstmordversuch der jungen Dienerin und wie sie »totenblaß, mit geschlossenen Augen, in ihrem Bette lag« (25). Es ist das Moment des Todes, das auf untrennbare Weise mit dem Leben verbunden ist und das ihn auch in dieser Situation in seiner Ambivalenz ergreift. Das unheimliche Gefühl, das sich beim Anblick des Mädchens einstellt, ist demnach das Resultat einer subjektivistischen Art der Betrachtung von Menschen, die nicht als Personen in ihrer Individualität, sondern als bloße Objekte mit rein ästhetischer Qualität wahrgenommen werden. Das ›Puppenhafte‹ des kleinen Mädchens korreliert so der leblosen Starre der Wachsblumen, die dem Kaufmannssohn wie »heimtückische[] Masken mit zugewachsenen Augenlöchern« (26) erscheinen.

[65] So beobachtet das unheimliche vierjährige Mädchen den Kaufmannssohn durch die Scheiben des Glashauses (vgl. 25).

gen zeitigt, da er sich von seinen Erinnerungen und Ängsten bestimmen und gefangen nehmen lässt. Diese (sowohl psychische als auch physische) ›Gefangenschaft‹ äußert sich in der Hoffnung des Entrinnens; in der Getriebenheit des Kaufmannssohnes, der durch die Linearität der beengenden Räume vor der Unausweichlichkeit des Todes zu fliehen sucht – und doch das Gegenteil davon bewirkt.

> Er konnte sich nicht freuen; ohne sich umzusehen, mit einem dumpfen Gefühle, wie Haß gegen die Sinnlosigkeit dieser Qualen, ging er in eines der Häuser und dort die verwahrloste Stiege hinunter und trat wieder hinaus in eine Gasse, die häßlich und gewöhnlich war. […] Seltsam war alles von ihm gefallen und ganz leer und vom Leben verlassen ging er durch die Gasse und die nächste und die nächste. (27)

Die wiedererlangte ›Freiheit‹ ist selbstverständlich eine bloß scheinbare. So wiederholt sich der Gang durch die hässliche, gewöhnliche Gasse – mit dem Unterschied, dass der Kaufmannssohn sich nun »im Gefühle seiner inneren Müdigkeit und großen Mutlosigkeit« (27) nach dem Zuhause und seinem »eigenen breiten Bette[]« sehnt (27). Doch statt eines der edlen Betten des »große[n] Königs der Vergangenheit« beziehen zu können, die – »getragen von Greifen und geflügelten Stieren« (27) – die prunkende Schönheit des Triumphes verkörpern, schleppen die Soldaten den Sterbenden in einen »trostlosen Raum« (29) und legen ihn auf ein niedriges, mit getrocknetem Schilf gefülltes »eisernes Bett« (29). Die Erzählung endet mit der physischen Transformation des schönen Protagonisten im Tod. Die Illusion, ein rein ästhetisches Dasein zu fristen, wird im allegorischen Sterben der Schönheit auf radikalste Weise destruiert. Der gepflegte Jünglingskörper erleidet dabei eine substanzielle »Metamorphose«,[66] die ihn den hässlichen Pferden ähnlich macht und die seine Distinktion vom ›Leben‹ als bloß scheinbare offenlegt:

> Zuletzt erbrach er Galle, dann Blut, und starb mit verzerrten Zügen, die Lippen so verrissen, daß Zähne und Zahnfleisch entblößt waren und ihm einen fremden, bösen Ausdruck gaben. (30)

Der Kaufmannssohn stirbt, verlassen und einsam, in einem der trostlosen Soldatenquartiere. Der auf Privatheit gegründete ästhetische Subjektivismus scheitert also an der Allgewalt des ›Lebens‹, welches ihn aus der schönen hermetischen Kunstwelt in das offene und hässliche Quartier der Soldaten ›führt‹ – wodurch die ästhetische Weltanschauung des Kaufmannssohnes im Text als bloß illusionistisches Konstrukt enttarnt wird, indem es die Wirklichkeit in ihrer unverblümten Radikalität darbietet und die Möglichkeit einer allein auf Privatheit fundierenden Lebensweise als solche negiert.

---

[66] Hofmannsthal selbst gebraucht den Begriff »Metamorphosen des Lebens« im Brief an Hermann Bahr vom 21. August 1895 zur Zeit seines Militärdienstes (Hugo und Gerty von Hofmannsthal/Hermann Bahr: *Briefwechsel 1891–1934*, S. 65). Das *Märchen der 672. Nacht* entstand nahweislich »zwischen dem 19. April und den ersten Maitagen des Jahres 1895« (KA XXVIII, 201).

Die Erzählung demonstriert damit das Scheitern des Versuchs, ein purifiziertes privates Leben nach Grundsätzen der Schönheit zu führen. Keineswegs dürfen der Rückzug in den konkreten privaten Raum, die bloß imaginierte Handlungsfreiheit und Autonomie des Protagonisten oder das Bemühen um sprachliche Distinktion von der Alltagkommunikation als erstrebenswerte Möglichkeiten betrachtet werden, die zu einem neuen, ästhetisierten ›Leben‹ führen könnten, sondern – und dies demonstriert der Text auf luzide Weise – als vergebliche Versuche, sich forciert vom wirklichen ›Leben‹ zu distinguieren, ohne zu erkennen, dass eine hermetische Lebensweise *de facto* nicht ›lebbar‹ ist und der solipsistische Zustand einer privaten Existenz zu keinem positiven Ende führt.

Während *Das Märchen der 672. Nacht* also einen negativ konnotierten Ausgang hat – der Text das Entrinnen aus der ästhetischen Existenz als aporetisches Unterfangen inszeniert, greift Hofmannsthals älterer Freund, Richard Beer-Hofmann, in seinem Roman *Der Tod Georgs* einige Jahre später dasselbe Thema auf – verhandelt es aber vielmehr vor einem lebensphilosophischen Hintergrund monistischer Prägung. Im Gegensatz zu Hofmannsthal führt er die Handlung zu einem tendenziell versöhnlichen Ende – und zwar insofern, als sich im Ausgang des Textes für den Protagonisten die Option eröffnet, sich der Gemeinschaft anzuschließen und als Teil eines ›Ganzen‹ den eigentlichen Lebenssinn zu erfahren. Damit wird die Möglichkeit eines Anschlusses an die Gemeinschaft als denkbarer Ausweg aus der solipsistischen Privatexistenz eröffnet.

10. Privater Raum, Sprache und Welt: Richard Beer-Hofmanns *Der Tod Georgs*

10.1 Einleitung

> Ach, da muß ich Ihnen doch ein Buch mitgeben, den *Tod Georgs*. Da ist nämlich eben jene Frage des Mittuns im Leben. Einer hat das Gefühl, daß er nicht mehr weiter mitgehen könne, weil mit jedem Schritt, den er mache, so vieles, so viele Möglichkeiten und Keime zu andrem Leben zerstört würden. Aber dann: wenn er stehenbleibt, so verdorrt das, was ihm unmittelbar unter den Füßen wächst. Aus diesem unlösbaren Problem heraus kommt das Buch. Es ist rein assoziativ geschrieben, so als ob man nur auf einen Knopf drücke, worauf dann eines aus dem andern entstehe. Ich schrieb es 1897, und 1900 wurde es veröffentlicht.[1]

Diesen Werkkommentar soll Richard Beer-Hofmann seinem Freund Werner Vordtriede im persönlichen Gespräch gegeben haben. In dieser knappen retrospektiven Stellungnahme klingen mehrere zentrale Elemente des kurzen Romans bereits implizit an: Die Offenlegung und Kritik an der Unzulänglichkeit der ästhetischen Existenz, die Schwierigkeit, aus einer unendlichen Anzahl an möglichen Lebensweisen die ›richtige‹ zu wählen, und – damit einhergehend – der problematische analytische Blick des modernen Menschen. Doch auch die Fragen danach, was der Mensch dem anderen am Höhepunkt und Ausgang des Individuationsprozesses (noch) sein kann und welche Bedeutung andere Menschen für das auf sich selbst zurückgeworfene moderne Subjekt haben, dürfen als zentrale Bestandteile des Textes gelten. Die Individuation in ihrer extremsten Ausprägung wird dadurch zum eigentlichen Thema erhoben und kritisch beleuchtet.

10.2 Strukturelle Hermetik

Das wohl auffälligste Charakteristikum des Romans ist seine komplexe Struktur. Der eigentliche Plot ist dabei sekundär, da assoziativ aufeinanderfolgende ornamentale Bilder die Textur dominieren, indem sie sich in der stilisierten Form einer lyrischen Kunstsprache präsentieren. Dem flüchtigen Leserblick ist eine inhaltliche Geschlossenheit dabei nicht erkennbar, was den interpretatorischen Zugang deutlich erschwert. Bereits Arthur Schnitzler merkt in einem Brief an Beer-Hofmann an, es zeichne den Roman zwar aus, dass er das Verlangen nach erneuter Lektüre im Leser wecke; dass es allerdings notwendig sei,

---

[1] Werner Vordtriede: »Gespräche mit Beer-Hofmann«. In: Dieter Borchmeyer (Hg.): ›*Zwischen Ästhetizismus und Judentum*‹. *Sammelband der Beiträge vom Öffentlichen Symposion in der Akademie der Wissenschaften Heidelberg am 25. und 26.10.1995*. Paderborn 1996, S. 163–188. Hier: S. 172.

den Text mehrmals zu lesen, um zu einem zumindest vorläufigen Verständnis zu gelangen, sei doch als künstlerischer Fehler einzuschätzen.² Die sprachliche Komplexität des Textes lässt es daher durchaus als legitim erscheinen, ihn als ›chiffrierten Roman‹ zu klassifizieren. Eine Textpassage aus den ersten Seiten des Romans sei hier gegeben, um dies zu verdeutlichen:

> Denn über allem was er sonst sah, so blaß es schien, lagen doch noch die warmen dunkelnden Schatten des Lebens; aber was sich um den dürftigen Leib dort weich und taudurchfeuchtet legte, war ein Sterbekleid, und trug das blendende Weiß, zu dem der Tod die Knochen bleicht und in dem vereiste Welten sterben; und war Seide – totes seidenes Gespinst von ungeborenen Faltern, und dunkle Falter glitten ruhlos suchend um seinen Saum. Weit in den Nacken zurückgeworfen, als zöge es die schwere Flut der dunklen Haare dahin, war das Haupt. (W 3, 14)

Diese dem Impressionismus verpflichtete Technik einer Aneinanderreihung ephemerer Eindrücke – perspektiviert durch die subjektive Wahrnehmung des solipsistischen Protagonisten – verbirgt die Ganzheitlichkeit hinter nebeneinanderbestehenden Einzelbildern auf dem Syntagma, sodass die Paradigmenbildung erschwert und die Kohärenz auf den ersten Blick nicht erkennbar ist. Allerdings kann dieser Befund dennoch nicht bedeuten, dass eine Rekonstruktion der Handlungsstruktur und Textsemantik gänzlich ausgeschlossen sei, da im *Tod Georgs* durchaus bestimmte ›einheitsstiftende Techniken‹ verwendet werden, um eine Geschlossenheit des Textes herzustellen. Die textimmanente Analyse wird daher zeigen, dass es eine in sich konsistente Progression auf der Handlungsebene gibt, die sehr wohl eine ›sinnhafte‹ Entwicklung im Bewusstsein des Protagonisten mit sich bringt und zum Ende des Romans hin sogar eine Konversion von dessen innerpsychischen Disposition andeutet.

Die Technik eines rein assoziativen und scheinbar unmotivierten Aneinanderreihens einzelner Bildsequenzen ist nicht nur Schnitzler, sondern auch anderen Zeitgenossen aufgefallen. Georg Lukács bezeichnete es als »das große Stilproblem Beer-Hofmanns«, dass »Zufall und Notwendigkeit« sich »nicht streng von einander [scheiden]; das eine wächst aus dem andern hervor und wieder ins andere hinein, verschmilzt mit ihm, raubt ihm seinen speziellen Sinn, seine Gegensätzlichkeit zum andern; macht es ungeeignet zu der von der Form postulierten abstrakten Stilisierung.«³ Lukács Kritik bezieht sich demnach vor allem auf die fehlende inhaltliche Geschlossenheit und die scheinbar willkürliche bildliche Assoziation: »[A]us der Perspektive des Anfangs gesehen, ist das Ende nur eine Abschwächung und vom Standpunkte des Endes ist die Basis willkürlich, und willkürlich der Weg, der zum Ende der Entwicklung führt.«⁴ Diese

---

[2] Vgl. Arthur Schnitzler/Richard Beer-Hofmann: »Brief an Beer-Hofmann vom 2. März 1900«. In: Dies.: *Briefwechsel. 1891–1931*. Herausgegeben von Konstanze Fliedl. Wien/Zürich 1992, S. 144 f.
[3] Georg Lukács: *Die Seele und die Formen*. Berlin 1911, S. 250.
[4] Lukács: *Die Seele und die Formen*, S. 253.

vermeintliche ›Willkür‹ ist auf spezifische formalästhetische Techniken zurückzuführen, die Richard Beer-Hofmann bewusst verwendet, um seinen Text zu chiffrieren und damit zu hermetisieren. Dazu bedient er sich eines anspruchsvollen Stils, der sich in der ornamentalen Verwobenheit der einzelnen Textelemente konstatieren lässt. Das Ornamentale des Textes wird dabei nicht nur durch ›leitmotivische‹ Wiederholung[5] von bestimmten Textpassagen oder die häufig verwendete Konjunktion ›und‹ erzeugt, sondern auch durch das erzählte Raum- und Zeitkontinuum, das Zeitsprünge in weit entfernte kulturelle Räume ermöglicht, wie dies im Tempeltraum (s. u.) geschieht.

Ziel Beer-Hofmanns ist es dabei durch die *Steigerung der Komplexität von Sprache* mittels Ornamentalisierung und Stilisierung das Kunstwerk als solches auszuweisen, wodurch der Text zu einem scheinbar völlig selbstreferenziellen System avanciert, das seinen künstlichen Charakter offen zur Schau stellt und damit seine Autonomie konsolidiert. Es geht dem Autor dabei aber keineswegs um die Affirmation der dargestellten ästhetischen Lebensform, sondern im Gegenteil um die generelle Kritik an der ästhetischen Wahrnehmung, der egozentrischen isolierten Lebenspraxis – kurz: der absolut auf Privatheit basierenden ästhetischen Lebensform.[6] Die Defizite dieser Lebensform mithilfe ästhetischer Mittel offenzulegen – auch Lukács sieht eben darin das zentrale Anliegen des Textes, wenn er im »tiefe[n] Durchempfinden des Zusammenhanges von Allem mit Allem« den Weg erkennt, »der aus dem Ästhetentum herausführt.«[7] Damit aber ist zugleich die Frage nach der Relation der Verbundenheit des Einzelnen mit der Gemeinschaft angesprochen. Sie wird dahingehend vom Text beantwortet, dass eine absolute privatistische Lebensweise (ohne Wirkung auf die Gesellschaft) zu leben nicht möglich sei, weil selbst das zurückgezogene Subjekt immer und überall, wo es mit der Welt und anderen Menschen in Kontakt tritt, diese beeinflusst und damit auf sie wirkt.[8] Die Vorstellung, sich als *homo clausus* aus dem Weltzusammenhang zu lösen, sich von anderen Menschen abzugrenzen und von seinen natürlichen und historischen Ursprüngen zu emanzipieren, wird als nicht zu realisierende (weil bloß denkbare) Möglichkeit von Beer-Hofmann negiert und verworfen.

---

[5] Fischer erkennt in der »*leitmotivischen Wiederholung* […] das wesentliche Kompositionselement« des Textes (Jens Malte Fischer: »Richard Beer-Hofmanns ›Der Tod Georgs‹«. In: *Sprachkunst. Internationale Beiträge zur Literaturwissenschaft*. Jahrgang II [1971], Heft 1, S. 211–227. Hier: S. 213).

[6] Entsprechend erklärte Beer-Hofmann im Gespräch mit Werner Vordtriede, er habe »im *Tod Georgs* dem Ästheten mit den Mitteln des Ästhetentums ein Ende bereitet« (Vordtriede: »Gespräche mit Beer-Hofmann«, S. 183).

[7] Lukács: *Die Seele und die Formen*, S. 241.

[8] Oder mit den Worten Lukács: dass das – sich selbst isolierende – Subjekt trotz allem »nichts tun kann, ohne überall tausend Resonanzen zu erwecken« (Lukács: *Die Seele und die Formen*, S. 241).

10.3 Subjektive Privatwelt

Eben diesen fragwürdigen Versuch einer isolierten ästhetischen Lebensführung am Ende des Individuationsprozesses problematisiert denn auch sein Roman, indem er die Entfremdung von der Gemeinschaft im Zuge der zunehmenden Privatisierung und Isolierung des modernen Subjekts in seiner ›künstlichen‹ Lebensweise darstellt und kritisch hinterfragt. Der Erzähltext ist zum größten Teil[9] aus der subjektiven Perspektive des Protagonisten Paul geschildert. Informationen über Georg – um den es dem Titel zu Folge gehen soll – erhält der Leser lediglich aus der Sicht des Protagonisten, kein einziges Mal tritt der erfolgreiche junge Mediziner als eigenständige Figur im Roman auf. Auf diese Weise bricht der Text mit den Erwartungen des Lesers und dennoch scheint die Titelgebung eine dem Text durchaus adäquate zu sein – soll der Roman schließlich nicht vom *Leben* Georgs, sondern von dessen *Tod* handeln. Freilich ist die Funktion gerade dieser Figur von enormer Bedeutung für die Handlung des Romans, da das entscheidende Ereignis eben das unerwartete Entschlafen des Freundes ist, der als Katalysator für Pauls innerpsychischen Bewusstseinswandel fungiert. Es geht demnach um die transformatorische Wirkung und Bedeutung von Georgs Tod für Paul.

Die Darstellung ›objektiver‹ äußerer Realität ist auf ein Minimum reduziert[10] – »die Wirklichkeit ist nur insofern, als sie Wirklichkeit für Paul ist.«[11] Entsprechend handelt es sich aus erzähltheoretischer Sicht um interne Fokalisierung, was auch der solipsistischen und narzisstischen Disposition des Helden entspricht. Diese innovative Form der narrativen Darstellung unterstreicht den ›intimen‹ Charakter des Werks – sie darf demnach durchaus als *private Erzählweise* bezeichnet werden, da der Fokus auf dem Protagonisten Paul liegt und allein seine privaten Bewusstseinsprozesse[12] dargestellt werden. So finden sich im gesamten Text – den Anfangsdialog mit dem befreundeten Doktor ausgenommen[13] – konsequenterweise keine Dialoge. Bis auf diese kurze Exposition, die vor allem der Charakterisierung Georgs dient, kommt es zu keiner unmittelbaren Interaktion mit anderen Menschen.

---

[9] Teile des IV. Kapitels ausgenommen.
[10] Vgl. Michael Titzmann: »Das Konzept der Person und ihrer Identität«. In: Ders.: *Realismus und Frühe Moderne. Beispielinterpretationen und Systematisierungsversuche*. München 2009, S. 308–329.
[11] Rainer Hank: *Mortifikation und Beschwörung. Zur Veränderung ästhetischer Wahrnehmung in der Moderne am Beispiel des Frühwerks Richard Beer-Hofmanns*. Frankfurt am Main 1984, S. 87.
[12] Darauf, dass kognitive Prozesse als ›privat‹ zu bezeichnen sind, hat z. B. Geuss hingewiesen (vgl. Geuss: *Privatheit*, S. 93).
[13] Hajek nennt den Eingangsdialog nur einen »Scheindialog« (Edelgard Hajek: *Literarischer Jugendstil. Vergleichende Studien zu Dichtung und Malerei um 1900*. Düsseldorf 1971, S. 79).

Diese monologische Kommunikationsstruktur gibt die Grundproblematik des Textes bereits deutlich zu erkennen: Die private Existenz des isolierten modernen Subjekts (verkörpert durch den Ästheten Paul) steht in semantischer Opposition zur Gemeinschaft und zur Totalität des ›Lebens‹. Damit ist auf die Relation zwischen Fremdheit und Vertrautheit verwiesen, die sich in den sozialen Interaktionen Pauls deutlich zu erkennen gibt. Den inhaltlichen Kern dieser Bipolarität fasst Lukács in der Frage »Was kann ein Mensch dem andern Menschen sein?«[14] zusammen. Die verloren gegangene Verbindung zu anderen Menschen – die genuin ›moderne‹ Erkenntnis, sich selbst und anderen fremd zu sein[15] – führt zu Versuchen, eine neue Einheit zu finden, die sinnstiftende und kompensatorische Funktion haben soll. In *Der Tod Georgs* wird dieser Versuch über die Besinnung auf die monistische Verbundenheit allen ›Lebens‹ unternommen, wie noch zu zeigen sein wird.

Paul, der sich selbst zum ›Zentrum der Welt‹ erklärt, fristet sein selbstbezogenes Leben abgeschieden von der Gemeinschaft. Er nimmt die Dinge der ihn umgebenden Wirklichkeit aus seiner subjektiven Perspektive wahr und grenzt sich als Person bewusst von anderen ab. Die Illusion, dass die Dinge nur um seinetwillen existierten, indiziert dessen solipsistischen Habitus. Diese Selbstbezüglichkeit wird im Text mit der Sozialisation des Protagonisten, der an Büchern interessierter ist als an seinen Mitmenschen, begründet.

> Abseits von andern Kindern war er aufgewachsen, zwischen hohen und vornehmen Büchern, die er liebte, bevor er in ihnen zu lesen verstand. Oft war er heimlich in der Dämmerung zu ihnen geschlichen; die goldenen Pressungen schimmerten, und leise spielend zog er an den breiten verschossenen Seidenbändern, bis ein altmodisch gefalteter Brief aus den Büchern glitt, oder eine trockene Blüte, die ganz weiß und durchsichtig war, mit dünnen feinverästelten Adern, wie die gütige streichelnde Hand seiner Großmutter. (W 3, 24)

Deutlich wird, wie Paul bereits als Kind die kunstvoll gestalteten Bücher der Gesellschaft anderer vorzieht. Die Imagination substituiert das wirklich Erlebte; die Bücher geben die entbehrte menschliche Nähe und werden im Vergleich mit der »streichelnde[n] Hand seiner Großmutter« zum Substitut des Lebendigen. Die Vorstellungen und Träume, die seinen Büchern entspringen, ersetzen dabei das ›wahre Leben‹ und werden zum innersten ›Eigentum‹ – Erscheinungen, die Paul als ihm zugehörig nicht von sich zu trennen weiß.

> In anderer Menschen Gedächtnis lag das Wissen von diesen Dingen wie das Korn in trockenen Speichern; wie in tiefgepflügtes feuchtes Erdreich war es in ihn gefallen und sog, aufwuchernd, alle Kraft aus ihm. Nicht wie ein Wissen von Geschehenem empfand er es; es war sein Eigen wie seine Träume, und wie diese, mehr sein wahres Leben, als das, das er lebte. (W 3, 26)

---

14 Lukács: *Die Seele und die Formen*, S. 232.
15 Die Thematisierung dieses Problems findet sich, wie gezeigt, auch in Andrians *Der Garten der Erkenntnis* oder später in Musils *Die Verwirrungen des Zöglings Törleß* (1906).

Die Dinge und Erscheinungen der äußeren Welt sind dem Protagonisten nicht mehr eigenständige Entitäten; sie fungieren lediglich als Stimulanzien, die seine Vorstellungskraft anregen sollen, um Stimmungen und Bilder zu evozieren, die für ihn ästhetischen Wert besitzen. Diese Vorstellungsbilder sind Teil eines privaten innerpsychischen ›Reichs‹, das nur für ihn selbst existiert und über das er als souveräner Herrscher verfügen kann.

In einem oft zitierten Brief an Beer-Hofmann vom 15. Mai 1895 thematisiert Hugo von Hofmannsthal diese Frage nach der Möglichkeit einer imaginierten, lediglich für das Subjekt (im eigenen Bewusstsein) existierenden Privatwelt:

> Ich glaub immer noch, daß ich im Stand sein werde, mir meine Welt in die Welt hineinzubauen. Wir sind zu kritisch um in einer Traumwelt zu leben, wie die Romantiker; mit unseren schweren Köpfen brechen wir immer durch das dünne Medium, wie schwere Reiter auf Moorboden. Es handelt sich freilich immer nur darum ringsum an den Grenzen des Gesichtskreises Potemkin'sche Dörfer aufzustellen, aber solche an die man selber glaubt. [...] Ein Reich haben wie Alexander, gerade so groß und so voll Ereignis, daß es das ganze Denken erfüllt, und mit dem Tod fällt es richtig auseinander, denn es war nur ein Reich für diesen einen König.[16]

Deutlich wird die subjektive Dimension dieser konstruierten privaten Welt, die mit dem Tod ihres Schöpfers endet. Die Konstruktion des imaginierten Reiches, in der das Subjekt Schöpfer und alleiniger Herrscher ist, geht dabei einher mit dem Verzicht, auf die reale Welt einzuwirken, und mit dem Wissen um die Künstlichkeit und den illusionären Charakter der bloß imaginierten, nur für das Subjekt existenten Welt.

10.4 Private Kunstsprache

Das Konvergieren von subjektiver Vorstellung und vorstellendem Subjekt impliziert aber auch dessen Beziehungslosigkeit zur ›realen‹ Welt. Dies zeigt sich sprachlich vor allem darin, dass die verwendeten Begriffe ihrer traditionellen Bedeutung entfremdet und neu semantisiert werden. Sie werden so zu konstitutiven Teilen einer *kunstvollen Privatsprache*, die nicht mehr darauf aus ist, objektive Wahrheiten zu vermitteln oder auf verständliche Weise ein sinnhaftes Ganzes zu präsentieren. Dabei stehen sowohl Begriffe als auch Dinge und Ereignisse gleichrangig nebeneinander – auf klassifizierende Hierarchisierungen, Kritik oder Wertungen durch den Erzähler wird weitgehend verzichtet. Dieser tritt stark in den Hintergrund und nähert sich der Figur Paul derart stark an, dass er gar nicht vorhanden zu sein scheint. Dass es allerdings einen Erzähler gibt, wird vor allem im zweiten Teil des Romans sehr klar, wenn die Distanz zum Protago-

---

[16] Hugo von Hofmannsthal/Richard Beer-Hofmann: *Briefwechsel*. Herausgegeben von Eugene Weber. Frankfurt am Main 1972, S. 47 f.

nisten tendenziell zunimmt – wie an folgender Textpassage deutlich gezeigt werden kann:

> Paul trat duch das Gittertor des Schloßhofes ins Freie. Es war dunkel geworden. Er schritt längs der niederen Wirtschaftsgebäude die den Park umgrenzten, der Stadt zu. [...] Ein Trupp abgelöster Arbeiter, ihr Werkzeug auf den Schultern, ging mit schweren Schritten vor Paul einher und nahm die Breite des Weges ein. [...] Langsam ging er hinter ihnen, unbewußt in den schweren Takt ihrer Schritte verfallend. (TG, 135 f.)

Nicht nur die Ablösung von den Gedanken der Figur hin zu objektiven Beschreibungen, sondern auch einzelne Wörter, wie das Adverb ›unbewusst‹ zeigen an, dass es hier eine Instanz geben muss, die sich vom Protagonisten unterscheidet. Dennoch dominiert die interne Fokalisierung, auch wenn stets »ein Minimum an kommentatorischer *Distanz*«[17] besteht. Entsprechend werden die Dinge, Empfindungen, Vorstellungen und Ereignisse subjektiv-assoziativ geschildert und dies scheinbar ohne erkennbare Ordnung.

Auf einer paradigmatischen Tiefenebene werden aber durchaus Strukturen erkennbar, die eine geschlossene Texteinheit konstituieren. So werden diverse rhetorische Mittel verwendet, um die voneinander isolierten Dinge und Eindrücke zu einem »Netz von ›Korrespondenzen‹«[18] zusammenzufügen. Der stilisierte Sprachstil bewirkt dabei eine ›Rhythmisierung‹ und ›Musikalisierung‹ der Kunstsprache, durch die das ›Ineinanderfließen‹ der innerpsychischen Prozesse eben auch auf formaler Ebene umgesetzt wird. Dies geschieht vor allem durch die Verwendung einer Vielzahl an schmückenden Adjektiven und Komposita,[19] generell durch den Gebrauch von etlichen Satz-, Wort- und Klangfiguren,[20] durch die der Roman nicht nur lyrisiert, sondern auch hermetisiert und damit privatisiert wird. Ganz generell lässt sich daher behaupten: *Je komplexer und stilisierter der Text, desto hermetischer ist er.*

Bereits in seinem Aufsatz von 1971 hebt Jens Malte Fischer den »attributive[n] Stil der Erzählung hervor«[21] und macht auf den ungewöhnlich häufigen Gebrauch von Komposita, Neologismen, Alliterationen, Chiasmen und zahlreichen weiteren rhetorischen Mitteln (Appositionen, Parallelismen, Epiphern, Anaphern etc.) aufmerksam, die den artifiziellen Charakter des Werkes unter-

---

[17] Schwarz: *Das Wirkliche und das Wahre*, S. 149.
[18] Hartmut Scheible: »Nachwort«. In: Richard Beer-Hofmann: *Der Tod Georgs*. Stuttgart 1980, S. 120–160. Hier: S. 121.
[19] Um nur drei Beispiele aus dem Tempeltraum zu nennen: »Tiefes veilchenfarbenes Dunkel« (W 3, 31), »der Glanz der wasserblauen und feuerfarbenen Juwelen« (W 3, 32) und »[r]otergluhende Räucherbecken« (W 3, 32).
[20] Z. B. folgende Sätze: »Reichgewässert breitete sich die Wiese bis an die dampfende Kluft. Hochwucherndes Gras verbarg fast die tiefblauen Trauben wildwachsender Hyazinthen, und nur gelbe rotgeflammte Tulpen mit zerfetzten Rändern loderten auf hohen Stielen aus dem dunklen Grün« (W 3, 36).
[21] Fischer: »Richard Beer-Hofmanns ›Der Tod Georgs‹«, S. 220 f.

streichen. Diese rhetorischen Mittel sind – wie bei George – als Versuch zu verstehen, eine eigene hochgradig künstliche Sprache zu konstruieren.

Zudem stellt Fischer die besondere Bedeutung der Leitmotivtechnik für die Struktur und den ›semantischen Zusammenhalt‹ des Textes heraus: Ihm zufolge liegt in den nahezu wörtlichen Übernahmen vorangegangener Formulierungen zwar die Möglichkeit, die heterogensten Dinge und Bilder in einen großen (kon-)textuellen Zusammenhang zu bringen, doch erkennt er in dieser iterativen Struktur »auch die entscheidende künstlerische Schwäche des Werkes«.[22] So erhebt er den Vorwurf der ›Gemachtheit‹, der den künstlerischen Wert des Textes schmälere: »Die Überfülle erweckt auf der einen Seite den Eindruck größter Durchgeformtheit, auf der anderen Seite den größter Künstlichkeit, ja Manieriertheit.«[23] Fischer bedenkt bei seiner Kritik allerdings nicht, dass es Beer-Hofmann eben um diese Offenlegung der Künstlichkeit zu tun ist. Es ist ihm nicht um die Verschleierung des Konstruktcharakters von Fiktionalität zu tun, sondern um ein ständiges Ausweisen des künstlichen Charakters (der ›Gemachtheit‹ der künstlichen Privatsprache) in der Enthüllung der strukturellen Eigenart des Textes. Das Artifizielle der Kunstsprache weist dem Kunstwerk in seiner Form einen besonderen Stellenwert zu, weil es das im Text Verhandelte formal zum Ausdruck bringt. Die Anwendung der Leitmotivtechnik hingegen hat die Funktion, die zahlreichen, scheinbar disparaten Elemente der Diegese zu verbinden, um die Heterogenität der Bilder im Ornamentalen zu verbinden und im Ganzen eine umfassende Einheit herzustellen, die auch der Protagonist am Ende des Romans zu erkennen glaubt.

10.5 Raumsemantische Oppositionen: Der Privatraum des Ästheten

Besonders auffällig ist die raumsemantische Modellierung des Textes hinsichtlich der Dimension lokaler Privatheit. So befindet sich der Protagonist bis zum Ende des Romans meistens in abgeschlossenen oder hochgelegenen Räumen, die sich in deutlicher Distanz und Abgrenzung zu seinen Mitmenschen und dem Rest der erzählten Welt befinden.[24] Diese distanzierte Position korreliert Pauls psychischer Disposition: seiner Präferenz im privaten Bereich für sich allein zu sein. Raumsemantisch signifiziert sie einerseits die hermetische Abgeschiedenheit und Unerreichbarkeit des isolierten ästhetischen Standpunkts, andererseits stellt sie die Perspektive einer auf bloße Subjektivität beschränkten Wahrnehmung räumlich dar. So ist der Text wesentlich durch die semantische

---

[22] Fischer: »Richard Beer-Hofmanns ›Der Tod Georgs‹«, S. 216.
[23] Fischer: »Richard Beer-Hofmanns ›Der Tod Georgs‹«, S. 217.
[24] Auf diesen Sachverhalt verweist schon Scherer: *Richard Beer-Hofmann und die Wiener Moderne*, S. 239–246. Vgl. auch Daniel Hoh: *Todeserfahrungen und Vitalisierungsstrategien im frühen Erzählwerk Richard Beer-Hofmanns*. Oldenburg 2006, S. 60–65.

Opposition von ›Horizontalität‹ und ›Vertikalität‹ strukturiert.[25] Die solipsistische Selbstüberhebung des Ästheten entspricht dabei dem Blick ›von oben herab‹, der bereits im zweiten Satz des Romans kenntlich wird, wenn »[u]nten auf der Straße« Schritte zu hören sind und der befreundete Doktor zu Paul ›herauf‹-ruft.[26] Dass sich Paul gegen einen Spaziergang in Begleitung ausspricht, um bald darauf alleine zu flanieren, darf als weiteres Indiz für sein Bedürfnis nach existenzieller Privatheit gelten.[27] Über »die dunkle steile Holztreppe« geht er schließlich »*hinunter*, auf die Straße« (W 3, 9) [Hervorhebung von mir, S. B.], um seinen Gedanken nachzuhängen.

Zu Beginn des zweiten Kapitels hält sich Paul dann im Obergeschoss eines Hauses auf. Dem Rat des Arztes folgend, trägt er seine totkranke Ehefrau »hinunter in das einzig kühle Zimmer […], das unten, fast kellerartig, halb versenkt in den Abhang des Hügels war, an dem das Haus lag« (W 3, 17). Dabei korreliert dem chthonischen Kellerzimmer die Erdverbundenheit und das Abgrundtiefe des ›Lebens‹ – wohingegen die Pfauenfedern, »die zwischen verstaubten trockenen Gräsern in einem Bauernkrug auf dem Schrank standen« (W 3, 16), den höchsten Punkt (»hoch oben« [W 3, 16]) im beschriebenen Raum einnehmen. Bezeichnenderweise befinden sich die Pfauenfedern – die Schönheit und Herrschaftlichkeit konnotieren – vertikal noch *über* dem Ästheten und können damit als höchste verbindliche Instanz gedeutet werden, der sogar eine Art ›Observationsfunktion‹ zugesprochen werden kann:[28]

---

[25] So auch Simonis: In Beer-Hofmanns Roman werde »die Krise, die der Tod eines Bekannten im Leben des Protagonisten auslöst, in eine aufschlußreiche Serie von Raummetaphern übersetzt. So findet sich der Held Paul, dem wechselhaften Gang der Erzählung und den Hochs und Tiefs seiner Stimmungskurve folgend, in höchst unterschiedlichen Situationen wieder: Teils sieht er sich der extremen Ausweitung der Perspektive im Panoramablick ausgesetzt, teils umgibt ihn das klaustrophobische Ambiente fensterloser Räume« (Simonis: Literarischer Ästhetizismus, S. 150).

[26] Der für die Literatur der Jahrhundertwende symptomatische Topos vom ›Elfenbeinturm‹ wird also schon im ersten ›Bild‹ des Textes beim Leser evoziert und mit der Aufforderung des Arztes, »herunter« (W 3, 7) zu kommen, in seiner semantischen Ambiguität explizit.

[27] Bezeichnenderweise handelt es sich um einen *Arzt*, der den Ästheten dazu auffordert herunterzukommen, was impliziert, dass der ästhetische Solipsismus als pathologisches Phänomen ausgewiesen und ›behandelt‹ werden muss.

[28] An dieser Textstelle sind Analogien zu E.T.A. Hofmanns *Der goldne Topf* rekonstruierbar: Auffällig ist die Übereinstimmung der grüngoldenen Farbe der Wimpern mit der Farbe der Schlänglein: »[E]r schaute hinauf [sic!] und erblickte drei in grünem Gold [sic!] erglänzende Schlänglein […] Anselmus sah, wie eine Schlange ihr Köpfchen nach ihm herabstreckte. Durch alle Glieder fuhr es ihm wie ein elektrischer Schlag, er erbebte im Innersten – er starrte hinauf, und ein Paar herrliche dunkelblaue Augen [sic!] blickten ihn an« (E.T.A. Hoffmann: »Der goldne Topf«. In: *Sämtliche Werke in fünfzehn Bänden*. Band 1: *Biographische Einleitung. Fantasiestücke in Callot's Manier*. Herausgegeben und mit einer biographischen Einleitung von Eduard Grisebach. Leipzig 1900, S. 176–252. Hier: S. 180). Besonders deutlich wird diese intertextuelle Bezugnahme auf Hoffmann, wenn es in Beer-Hofmanns Text wenige Seiten zuvor heißt, dass die Baumstämme »wie Schlangenleiber« aussähen (W 3, 7). Im Übrigen macht auch Scherer an anderer Stelle (bei der Analyse des

> Er öffnete die Türe und trat über die Schwelle ins Vorhaus; wie er sich halb wandte, um die Türe zu schließen, starrten auf ihn, aus einem Kranz grüngoldener Wimpern, weit offene metallblaue Augen, die hoch oben im Dunkel des Zimmers schwammen. Er erschrak; aber einen Augenblick nur; dann wußte er, daß es die Pfauenfedern waren die auf dem Schrank in einem Kruge standen. (W 3, 20)

Die Betonung der Vertikalität und Höhe (»hoch oben im Dunkel«) findet sich auch in der sich anschließenden Tempelszene wieder: Hier geht der Fokus von oben nach unten, wenn die auf gewaltigen Phallen thronenden Priester – in Analogie zu den Pfauenaugen – hoch oben dem Treiben des Festes zusehen.[29] Die Akzentuierung der Vertikalität bei der Beschreibung des goldenen Tempels demonstriert zudem die Priorisierung des Ästhetischen vor dem Ethischen und vergegenwärtigt den Wert der auf Schönheit fundierenden Lebenshaltung Pauls und dessen ästhetischen Habitus metaphorisch durch den Tempelbau und die enorme Höhe des Bauwerks.

> Er schien nicht wie die andern Tempel aus behauenen Steinen erbaut, die Menschen auf flacher Erde geschichtet; feierlich und langsam aus der Erde wachsend, lag er hoch über der Stadt[.] (W 3, 27)

Das Herrschaftliche und die Schönheit des Tempels stehen auch hier in semantischer Relation zu Pauls ästhetischer Selbstwahrnehmung und geben ein anschauliches ›Bild‹ der räumlichen wie psychischen Distanzierung des Protagonisten, der in diesem Tempeltraum selbst nicht in Erscheinung tritt.

Der bildhaften Darstellung ästhetischer Distanz korreliert das ›Motiv‹ des Fensters,[30] das an über zwanzig Stellen im Text wiederaufgegriffen wird. Das Fenster hat im Roman die Funktion der Trennung von drinnen und draußen; es gewährleistet Schutz vor der Außenwelt und ermöglicht den Blick aus der Distanz. Die Ambivalenz dieser distanzierten Abgrenzung gegenüber der Außenwelt konstituiert sich dadurch, dass der Raum, in den sich Paul zurückzieht, zwar als privater Rückzugsort fungiert, ebenso aber auch eine Einschränkung seiner Freiheit bedeutet – ja gar als Gefängnis wahrgenommen wird.[31] So verwandelt sich das »Laub der Linde vor dem Fenster« zu einem »Gitter von schwarzen Herzen« (W 3, 15).

Diese separierende Funktion des Fensters kommt auch im Traum des zweiten Kapitels deutlich zum Ausdruck. Dort wird der hermetisch abgeschottete keller-

---

Puppen-›Motivs‹) den Einfluss E.T.A. Hofmanns auf Beer-Hofmann geltend (vgl. Scherer: *Richard Beer-Hofmann und die Wiener Moderne*, S. 17).

[29] Vgl. Scherer: *Richard Beer-Hofmann und die Wiener Moderne*, S. 240.

[30] Hank gibt einen kurzen Exkurs zum ›Fenster‹ als literarischem Motiv in der Romantik und kommt zu dem Schluss, dass »auffallende Häufung des Fenster-Motivs bei den Autoren der Wiener Jahrhundertwende« festzustellen ist: »Die Charakteristika seiner Prägung seit der Romantik (Einsamkeit und Sehnsucht, Draußen und Drinnen, Schärfung des Blicks und Distanz) sind hier aufgehoben und bis ins Extrem [radikalisiert]« (Hank: *Mortifikation und Beschwörung*, S. 94).

[31] Vgl. Hank: *Mortifikation und Beschwörung*, S. 89 f.

artige Sterberaum der jungen Frau explizit vom ›Leben‹ draußen durch das tiefliegende Fenster abgetrennt. Die »Ungeborenen« – die ihren unerfüllten Kinderwunsch allegorisch repräsentieren – pressen »ihre grinsenden Gesichter an die Scheiben« des Fensters (W 3, 62).[32] Pauls Schlag gegen das Fenster – »vergessend, daß das Glas sie von einander trennte« (W 3, 62) – stellt das auslösende Moment im Sterbeprozess der jungen Frau dar, so dass sie im Augenblick, da »das Klirren der Scherben und das Schreien der Kinder« (W 3, 62) ertönt, aus dem Leben scheidet. Beim Erwachen aus diesem Traum fühlt sich Paul bezeichnenderweise »[w]ie aus fensterlosen versperrten Räumen entwichen« (W 3, 65).

Auch im dritten Kapitel ist Paul im Halbcoupé des Zuges durch die Fenster von seiner Außenwelt abgetrennt und nimmt die vorüberziehende Landschaft nur durch das Glas der Scheiben wahr. Hier sitzt er nach Regelung aller Beerdigungsformalitäten in einem Privatabteil, in dem er nicht gestört werden möchte. Aus Angst vor neugierigen Menschen, »die ans Fenster herankommen und ihn peinigen würden« (W 3, 67), schließt er die Türe und zieht die Vorhänge zu.[33] So wird auch anhand dieser Textstelle deutlich, welch hohen Stellenwert der Privatraum und das Interieur im Kontext der Thematisierung der ästhetischen Lebensform einnimmt: Das verhängte Fenster dient hier als Scheidewand zwischen der imaginierten Traumwelt des Ästheten und dem äußeren formlosen ›Leben‹ – ebenso wie zwischen privatem und öffentlichem Raum. Zudem offenbart es die distanzierte Haltung des Ästheten, steht zeichenhaft für die Abgeschiedenheit von seinen Mitmenschen und deutet auf seine innerpsychische Verfassung.

Die symbolische Geste der Abschottung durch das Schließen der Türe und das Zuziehen der Vorhänge ist also der lebhafte Ausdruck des Wunsches nach

---

[32] Dieses ›Bild‹ muss als intertextueller Verweis auf Hofmannsthals *Märchen der 672. Nacht* verstanden werden. Es findet sich aber auch bereits in Andrians *Garten der Erkenntnis*; dort heißt es: »an die Fenster, hinter deren roten Vorhängen man helles Licht sah, preßten seltsame Kinder ihr Gesicht« (GdE, 29). Zur Beziehung von Andrian und Beer-Hofmann vgl. Scherer: *Richard Beer-Hofmann und die Wiener Moderne*, S. 473–481.

[33] Die generelle Signifikanz des Fenster-Motivs für die Literatur der Jahrhundertwende (insbesondere der Wiener Moderne) zeigt sich auch in Hofmannsthals *Swinburne-Essay*, in dem der Wunsch nach hermetischer Abschottung von der Außenwelt mit den träumerischen Möglichkeiten der ästhetischen Vorstellungskraft in Verbindung gebracht wird: »Die Fenster sind mit Gobelins verhängt, und hinter denen kann man einen Garten des Watteau vermuten, mit Nymphen, Springbrunnen und vergoldeten Schaukeln, oder einen dämmernden Park mit schwarzen Pappelgruppen. In Wirklichkeit aber rollt draußen das rasselnde, gellende, brutale und formlose Leben. An den Scheiben trommelt ein harter Wind, der mit Staub, Rauch und unharmonischem Lärm erfüllt ist, dem aufgeregten Geschrei vieler Menschen, die am Leben leiden. Es herrscht ein gegenseitiges Mißtrauen und ein gewisser Mangel an Verständnis zwischen den Menschen in dem Zimmer und den Menschen auf der Straße« (KA XXXII, 71). Abgesehen von der Kritik an den Modernisierungsprozessen wird an diesem Zitat auch die oppositionelle Gegenüberstellung von ›Privatheit‹ (Zimmer) und ›Öffentlichkeit‹ (Straße) explizit, wobei der Privatraum als harmonischer Imaginations- und Fluchtraum vor dem ›brutalen und formlosen Leben‹ semantisiert wird.

lokaler Abgeschlossenheit, der sein informationelles Pendant in dem »Ekel vor den plumpen Worten« (W 3, 68) der mitleidbekundenden Menschen findet. Paul wünscht, für sich allein zu sein und in Ruhe gelassen zu werden. Das ›Hässliche‹ dieser Szene wird durch die negativ konnotierten sinnlichen Eindrücke Pauls besonders akzentuiert: Er nimmt den »modrigen Duft des verstaubten Tuchs der Sitze« und den »säuerliche[n] Dunst« einer geleerten Weinflasche wahr, »der sich widerlich mit dem öligen Geruch frischer Druckerschwärze« (W 3, 67) vermischt. Die innerpsychischen Prozesse korrelieren dabei der Wahrnehmung der ›hässlichen‹ Außenwelt; die Isolation Pauls – sein ›Eingesperrtsein‹ in sich selbst – ist dabei das Resultat einer Trennung des Ichs gegenüber dem Nicht-Ich.[34]

> Jetzt erst empfand er das Versperrte des Raumes. [...] Er hätte am liebsten Fenster und Türen geöffnet, um Luft durch den schmalen Raum streichen zu lassen; aber er wollte noch warten. Da – auf dem Perron – gab es sicher Bekannte die ans Fenster herankommen und ihn peinigen würden: mit den immer wiederkehrenden Worten des Beileids und den stummen, Empfindung bedeutenden, Händedrücken und ihrem teilnahmsvollen Augenaufschlag und ihrer unverhehlten Neugier. Er empfand Ekel vor den plumpen Worten die seit gestern, unablässig, schwerfällig, mit widerlichem Gesumm, ihn umschwirrten. (W 3, 67 f.)

Die Isolation im privaten Zugabteil ist der Ausdruck einer eskapistischen Haltung der banalen Normalität und Gewöhnlichkeit gegenüber. Der empfundene Ekel über die immergleichen Phrasen und Gesten – »[e]s schien, als dächten sie Alle dieselben Gedanken« (W 3, 68) – zeugt dabei von Pauls narzisstischem Exzeptionalitätsbewusstsein, das ihm eine herausragende Position zuspricht – eröffnet aber zudem eine sprachkritische Dimension,[35] wenn er vor dem phrasenhaften Gebrauch der Alltagssprache und den »immer wiederkehrenden [...] plumpen Worten« (W 3, 67 f.) Ekel empfindet.

Paul entzieht sich in dieser Situation bewusst der Kommunikation, weil ihm die erstarrte ›bedeutungslos‹ gewordene Sprache in den Worten der Menschen austauschbar und deshalb beliebig erscheint. So wird der informationelle Gehalt der Mitteilungen gleichgültig und für die Bedeutungskonstitution des Subjektes indifferent – das Artikulierte zu »widerlichem Gesumm« (W 3, 68). Der öffentliche Sprachgebrauch verkommt damit zum bloßen ›Geschwätz‹, dem sowohl die moralische als auch die ästhetische Qualität abgesprochen werden muss.[36] Die gewöhnliche Sprache hat für den Ästheten keine Bedeutung und wie die Menschen nur um seinetwillen existieren, so dient auch deren Sprache

---

[34] Vgl. Titzmann: »Das Konzept der Person und ihrer Identität«, S. 314.
[35] Fraglich ist, ob es angemessen ist, dem Text schon eine *generelle* Sprachskepsis zu attestieren, wie Hank dies tut, wenn er den Roman mit Fritz Mauthners Sprachphilosophie und Hofmannsthals sprachkritischen Werken in Verbindung bringt (vgl. Hank: *Mortifikation und Beschwörung*, S. 141).
[36] Die Abwendung Pauls von der Sprache der ›Geschäftigkeit‹ rekurriert hierbei generell auf die ästhetische und durchstilisierte Form des Textes selbst und den Versuch des Autors,

nur der Evokation eines subjektiven ästhetischen Reizes, einer privaten Stimmung oder temporären Empfindung. So sind Paul die mythischen Schicksale vergangener Zeiten, von denen er in seinen Büchern erfährt, näher als die Menschen, die ihn täglich umgeben.

> Er kannte den Bauer schon nicht mehr, der dort dem Nachbardorf in der Niederung zuschritt; und wie der, waren ihm die andern Menschen in der Stadt drin fremd, zwischen denen er lebte. […] Dann waren die andern Wenigen die neben ihm lebten. Er hörte wie sie zu ihm sprachen, und sah wie ihr Gesicht sich veränderte; manchmal meinte er auch zu ahnen, was sie empfanden. (W 3, 25)

Die ›tote‹ Sprache mythischer Zeiten, die von »lächelnde[n] Götter[n]« und »Helden« (W 3, 26) erzählt, ist Paul lebendiger als die kunstlose und ›niedrige‹ Sprache des Alltags, weil sie in ihm ästhetische Bilder evoziert, die seine Vorstellungskraft beflügeln. Diese hohe Sprache beschwört ihm die Vergangenheit und das Leben mythischer Gestalten herauf und verleiht den Worten durch ihre zeitliche Distanz, ihr ›Entrücktsein‹ eine herausragende, ja ›magische‹ Qualität.

> Breit und rauschend wie ein uferloses Meer rollte ihr Leben an ihn heran, wenn das Leben derer um ihn, an seichten versandenden Ufern zu ebben schien. Wenn er sprach, meinte er das Antlitz seiner Worte zu sehen, die der mühevolle Dienst des Alltags verzerrt und kraftlos und niedrig gemacht. Aber tot und verklärt und entrückt allem unedlen Dienen war die Sprache in der von jenen Helden geschrieben stand; sie redete nicht von Geschehenem, sie war Magie, die es heraufbeschwor. (W 3, 26)

Die gesprochene Alltagssprache ist durch ihren inflationären Gebrauch ›unästhetisch‹ und für den Ästheten deshalb wertlos geworden.[37] Die ›Phrasenhaftigkeit‹ der Sprache bekundet sich dabei vor allem im Sprachverhalten der Beileidsbekundenden nach Georgs Tod. Das ›Maskenhafte‹ im Sprachverhalten (»fertige rasch gewechselte Masken« [W 3, 68]) deutet dabei einerseits auf eine generelle interpersonelle Unzugänglichkeit – die Unmöglichkeit zu anderen Menschen (über das Medium der Sprache) ›vorzudringen‹ – aber auch auf einen Mangel an emotionaler Authentizität, der sich in der hypokritischen »Rührung über die Schicksaltragik« (W 3, 68) des toten Georgs bei allen Gesprächspartnern Pauls auf ähnliche Weise bekundet. Diese Einschätzung – und dies gilt es sich stets vor Augen zu halten – konstituiert sich freilich aus dem privaten Bewusstsein und der subjektiven Wahrnehmung des distanzierten Äs-

---

eine literarische Kunstsprache zu finden, die – auch unter den Bedingungen der Moderne – ›Authentizität‹ und ›Wahrhaftigkeit‹ darzustellen imstande sein soll. Vgl. Stefan Scherer: »Judentum, Ästhetizismus und literarische Moderne«. In: Dieter Borchmeyer (Hg.): *Richard Beer-Hofmann. Zwischen Ästhetizismus und Judentum*. Heidelberg 1996, S. 9–31. Hier: S. 27.

37 Diese Differenzierung zwischen ›gemeiner‹ Alltagssprache und poetischer Kunstsprache findet sich auch bei sämtlichen anderen in der vorliegenden Arbeit untersuchten Autoren wieder. So greift Beer-Hofmann einen um 1900 zentralen Topos auf, der sowohl bei George als auch bei Hofmannsthal, Rilke und Andrian eine zentrale poetologische Rolle spielt.

theten heraus; wobei sich seine kommunikative Absage aus dieser Perspektive aber als eine seiner Subjektivität geschuldeten Notwendigkeit erweist.

Diese (auch auf sprachlicher Ebene) eingenommene Distanz wird während der Bahnfahrt zudem über den erhöhten Standpunkt des Zuges ›visualisiert‹: Indem die Opposition zwischen dem »hoch aufgeschütteten Damm«, über den der Zug fährt, und den »[t]ief unten« befindlichen Dörfern durch die Wiederholung der Beschreibung des hochgelegenen Damms hervorgehoben wird (W 3, 71), lassen sich auch hier wichtige Rückschlüsse auf Pauls innerpsychische Verfasstheit ziehen. Die positive Empfindung darüber, »daß sein Weg nicht da unten führte« (W 3, 71), unterstreicht dabei die gewollte Abgrenzung Pauls vom ›Gemeinen‹ zusätzlich.

Im Verlauf der Bahnfahrt aber vollzieht sich eine Transformation in Pauls Unterbewusstsein. Denn im Anschluss an die Imaginationen über die mögliche Zukunft Georgs erkennt Paul schließlich, dass er zu ähnlich profanen Schlüssen gelangt wie die Menschen, die er unter die Rubrik der ›Gemeinheit‹ subsumiert hat: »Etwas in ihm, das er gern verleugnet hätte und das nicht schweigen mochte, redete leise, hartnäckig, im Tone von aller Welt, häßliche Allerweltsworte« (W 3, 86).

Denn statt Georg zu betrauern, wird die »Freude am eigenen Lebendigsein« (W 3, 87) in ihm wach. Sie scheint ihm eine »neue, junge Schönheit« (W 3, 87) zu verheißen, die in ihrem Wesen gänzlich anders ist als die künstliche Schönheit des einsamen Ästheten. Bildlogisch konsequent fährt der Zug nach dieser Erkenntnis auch nicht mehr auf einer Anhöhe mit Blick auf die Niederungen, sondern »[i]n tiefem Einschnitt, zwischen steil aufsteigenden Rasenböschungen die den Ausblick sperrten« (W 3, 87). Damit wird eine sukzessive psychische Veränderung Pauls angedeutet, die weg vom privaten selbstbezogenen Leben hin zur Gemeinschaft tendiert. Die Geste des Winkens eines jungen im Gras liegenden Mädchens darf in diesem Sinne als Aufforderung Pauls verstanden werden, am ›Leben‹ und der Gemeinschaft zu partizipieren.

10.6 Überwindung der ästhetischen Lebensform als Ausbruch aus dem Privaten

Analog verhält es sich mit Pauls Wahrnehmung. Denn nimmt er die Dinge zu Beginn des Romans bloß ›impressionistisch‹ und ›momenthaft‹ mit stetem Bezug auf das eigene Selbst wahr – so dass sie sich zu ineinandergreifenden Ornamenten mit bloß ästhetischem Wert verschlingen – so ist seine Wahrnehmung ab dem vierten Kapitel durch einen scheinbar ›objektiveren‹ Blick gekennzeichnet, durch den er Vorder- und Hintergrund deutlich zu trennen vermag. Endet das dritte Kapitel mit einer Landschaftsbeschreibung, die vorwiegend ›verwaschene‹ ineinanderfließende Farben (vornehmlich Grautöne) und einander gleichende Objekte darstellt (»über dem breiten grauen Fluß hingen Nebel«, »Dörfer die sich glichen«, »feuchte Auen« und »leicht ansteigender Boden« [W 3, 104]), so dominiert im vierten Kapitel der objektive Beschreibungsmodus mit klar konturierten Zügen:

> Die Fernen schwammen nicht im Dunst; in sicheren Linien schieden sie sich von Wolken. Klar schien sich Alles um ihn zu gliedern. Wie es sich sonderte und stufte, erkannte er die Zusammenhänge. Was ihn umgab, begriff er so, als übersähe er es aus der Ferne. Das Einzelne bestach nicht mehr. (W 3, 106)

Ganz im Gegensatz »zur flächig verschwimmenden Totale herrscht hier der mikroskopische Blick aufs Detail vor«,[38] wodurch eine neue perzeptive Art der Wahrnehmung in Erscheinung treten kann. Dennoch handelt es sich um keine dauerhafte und bleibende Veränderung, durch die der vormalige Wahrnehmungsapparat Pauls gänzlich ersetzt würde, sondern vielmehr um eine sich neu konstituierende Art des Sehens, die sich als komplementäres Perzeptionsmuster dem ästhetischen Blick zur Seite stellt. Vorerst bleiben es nur wahrgenommene Einzelbilder im Kontinuum von Pauls privatem Bewusstseinsstrom, aus denen sich kein Ganzheitsgefühl manifestieren kann.[39] Dennoch wird schon zu Beginn des vierten Kapitels der entscheidende einheitsstiftende Begriff der ›Gerechtigkeit‹ eingeführt, der schließlich die problematisierten Aporien der ästhetisch-privatistischen Lebensweise aufzulösen verspricht.

> Gerechter als vorher, vermochte er im stillen klärenden Licht des Herbstes den stummen Willen der Landschaft erfassen, durch die er schritt, und ihr Gesetz. (W 3, 106)

In Pauls Unterbewusstsein vollzieht sich damit eine Veränderung, die sich unmittelbar auf die eigene Wahrnehmung auswirkt. Auch wenn diese Veränderung erst spät zu Bewusstsein gelangt, bemerkt er sie doch durch eine neue perzeptive Aufnahme und Verarbeitung der äußeren Dinge.

> Fast dieselben Dinge waren es, die Paul jedes Jahr im Herbst draußen vor der Stadt wiederfand; die Landschaft, der Ausdruck in den Gesichtern der Menschen, und auch seine eigenen Gedanken die sich mitverflochten, schienen nur wenig verändert. Manchmal aber geschah es ihm, daß sein Blick gleichgültig über oftgesehene Dinge glitt [...]; und plötzlich schreckte ein Erinnern ihn auf, und er blieb stehen. Einmal hatten diese Dinge, die er jetzt kaum sah, stark an ihn gerührt. Sein Empfinden bewahrte noch die Erinnerung, aber seine Gedanken wußten nichts mehr davon. Der Weg, da zwischen den Mauern an der Rückseite der Gärten, wie er sich wand, und die kleinen verschlossenen Türen – Irgendetwas hatten sie ihm damals bedeutet. (W 3, 107)

Diese veränderte Wahrnehmung beruht auf der innerpsychischen Transformation von Pauls innerstem Selbst. Die den Dingen zugewiesene ›Bedeutung‹ verliert ihre Sinnhaftigkeit, sobald das Unbewusste ihnen den Wert für das eigene Ich nicht mehr zuzuschreiben vermag; die äußeren Dinge haben dann nur insofern Bedeutung, als sie Bedeutung für das wahrnehmende Subjekt haben, das

---

[38] Scherer: *Richard Beer-Hofmann und die Wiener Moderne*, S. 244.
[39] Vgl. Scherer: *Richard Beer-Hofmann und die Wiener Moderne*, S. 245.

ihnen ihren Wert zuspricht. Die entstehende Irritation darüber, dass die Dinge, die ihm einst etwas bedeutet hatten, nun völlig gleichgültig erscheinen, rührt dabei vor allem daher, dass er das Wahrgenommene samt den damit verbundenen Wertzuschreibungen als etwas Unverlierbares, seinen eigensten Privatbesitz erachtet hatte:

> Wie konnte Etwas, das einmal sein gewesen, ihm so verloren gehen, daß er auch nicht mehr wußte, was er verloren? [...] Und er zweifelte, ob, was er damals empfunden, auch wirklich ihm gehört hatte. (W 3, 108)

Aufgrund der Erkenntnis, dass der unverlierbare ›Besitz‹ des Selbst faktisch nicht gegeben ist,[40] muss sich Paul eingestehen, dass sich sein gesamtes bisheriges Leben von einem übergeordneten Standpunkt aus nicht legitimieren lässt: Der vermeintliche ›Besitz‹, der sich aus ephemeren Impressionen, Bildern und Stimmungen konstituiert hat, kann keinen adäquaten Ersatz für das ›Leben‹ in der Gemeinschaft darstellen. Diese Erkenntnis ist es, die sich Paul offenbart – die Einsicht, dass er dem Leben und den ihn umgebenden Menschen nicht ›gerecht‹ geworden ist.

> [I]n *Allem* hatte er nur *sich* gesucht und *sich* nur in Allem gefunden. *Sein* Schicksal allein erfüllte sich wirklich, und was sonst geschah, geschah weit von ihm weggerückt, wie auf Bühnen, Gespieltes, das, wenn es von Andern erzählte, nur von ihm zu reden schien; nur das wert, was es ihm zu geben vermochte: Schaudern und Rührung und ein flüchtiges Lächeln. (W 3, 124)

So nimmt Paul sich selbst und seiner Wahrnehmung gegenüber eine zunehmend kritische Position ein[41] – avanciert also vom bloß *perzipierenden* zum *selbstreflektiert-kritischen* Subjekt. Die sich ergebenden Zweifel über das eigene Selbst stellen dabei das Resultat von Reflexionen über den frühen Tod seines Freundes dar, den Paul auf seine eigene Existenz bezogen hatte: »Georg war ihm gestorben. Aber Alles, was ein Fragen um Georgs mögliches Schicksal geschienen, war nur ein angstvolles Fragen um sein eigenes gewesen« (W 3, 120). Der Tod Georgs und die Überlegungen darüber, wie dessen Leben verlaufen wäre, sind so als Teil eines übergreifenden erkenntnistheoretischen Prozesses zu verstehen, in dem es um die existenzielle Frage nach der Möglichkeit geht, wie das Sterben und der Tod gedanklich und begrifflich zu fassen und zu begreifen seien: »Wußte er, wie Georg gestorben war?« (W 3, 118).

Pauls Überlegungen bleiben letzten Endes fruchtlos und enden aporetisch; die unbeantworteten Fragen lassen nur immer neue Zweifel aufkommen, ver-

---

[40] Der Zweifel daran, ob es einen unverlierbaren inneren Besitz geben könne, und ob die Dinge, denen er Bedeutung zugeschrieben hatte, nur deshalb ›bedeutend‹ gewesen seien, weil etwas von Außen »an ihn herangeweht worden« (W 3, 108) war, deutet auf die erkenntnistheoretische Skepsis der empiriokritizistischen Psychologie Ernst Machs. Vgl. Manfred Diersch: *Empiriokritizismus und Impressionismus. Über Beziehungen zwischen Philosophie, Ästhetik und Literatur um 1900 in Wien*. Berlin 1977.
[41] Vgl. Hank: *Mortifikation und Beschwörung*, S. 156.

meintliche Lösungen werden gesucht und verworfen. Als Resultat aus diesem scheiternden Versuch, eine Antwort darauf zu finden, wie Georg gestorben sei und ob es generell ›besser‹ sei, ein langes Leben zu führen oder früh zu sterben,[42] manifestiert sich ein neuer Gedanke, der den Ausweg aus den Aporien dieser Überlegungen zu weisen scheint. Er eröffnet eine neue religiöse Dimension und weist ins Metaphysische:

> Unbegangene dunkle Straßen gab es, auf denen, ehe man starb, Alles noch den Weg zu Einem finden konnte: [...] Denn ehe noch der letzte Atem über klaffende Lippen wehte, auf schnelleren Wegen als das Licht, konnten unerkannt vielleicht Vollstrecker nahen, die *hier* Verworrenes *hier* noch lösten, die an noch Lebenden Urteilssprüche vollzogen, irdisches Unrecht zu irdischem Recht richteten, und die, von fremden Augen ungesehen, qualvolle Tode verhängten, und Verlassene wieder einführten in die Heimat, und Gefesselte hinaus, in Seligkeiten. (W 3, 118)

Mit den nicht weiter spezifizierten ›Vollstreckern‹ wird der Übergang von der ästhetischen Privatexistenz zum Gedanken an die metaphysische ›Gerechtigkeit‹ initiiert. Die behutsame Verwendung des Adverbs ›vielleicht‹ relativiert diesen Gedanken an die metaphysische Macht sofort, setzt sich aber als bleibende Erkenntnis in Pauls Bewusstsein fest. Zwar ist eine Veränderung von Pauls Habitus in seinen Handlungen am Ende des Romans nur angedeutet – zu einem aktiven Handeln ist er selbst noch nicht fähig – dennoch lässt sich eine *Tendenz zum Sozialen und Öffentlichen* hin konstatieren, die sich in der zaghaften Approximation an seine Mitmenschen aufzeigen lässt. So darf die Annäherung an die zwei Frauen im vierten Kapitel durchaus als der Wunsch Pauls gedeutet werden, neuen ›Sinn‹ aus der Gemeinschaft mit anderen Menschen zu schöpfen. Retrospektiv erscheint ihm sein früheres Leben daher als ›hochmütig‹ und ›ungerecht‹. Zugleich enttarnt er den eigenen Solipsismus und Eskapismus, da er erkennt, dass er – in der Theater-Metaphorik vom Leben als einem Schauspiel – die anderen Menschen wie auf einer Bühne beobachtet hatte, selbst aber dem Leben nur in distanzierter Passivität zugesehen hatte.

> Hochmütig hatte er sich von den Andern geschieden, die für ihn spielten, und nie gedacht, daß das Leben – ein starker Gebieter – hinter ihn treten und ihn fassen und drohend ihm zuherrschen konnte: ›Spiel mit!‹ (W 3, 124)

Die bewusste Realisation über das von der Gesellschaft separierte isolierte Leben leitet den endgültigen Abschied von der privaten solipsistischen Existenz

---

[42] Dieser Gedanke entsteht im Text aus der Erinnerung Pauls an seine Jugendlektüre von den Jünglingen aus Argos. Damit verweist Beer-Hofmann auf die mythologische Erzählung der Brüder Kleobis und Biton (vgl. Herodot: *Historien. Deutsche Gesamtausgabe.* Buch I/31. Stuttgart 1963, S. 13 f.). An späterer Stelle wird diese Idee in der Aussage Pauls »Nicht die Lebenden durfte man glücklich preisen, und nicht die Toten« (W 3, 118) relativiert und stellt damit einen Bezug zu der Weisheit des Silen aus Nietzsches *Geburt der Tragödie* her: »In der Bewusstheit der einmal geschauten Wahrheit sieht jetzt der Mensch überall nur das Entsetzliche oder Absurde des Seins [...] jetzt erkennt er die Weisheit des Waldgottes Silen« (KSA 1, 57).

ein und weist die ästhetische Lebensform entschieden zurück. Den vermeintlichen Ausweg findet Paul schließlich in der Gemeinschaft, der er durch sein ›Blut‹ untrennbar verbunden zu sein glaubt. So erkennt er sich als Teil eines Ganzen, dem er sich bislang nicht zugehörig gefühlt hatte, und das ihm die Lösung aus den Aporien des ästhetischen Daseins erscheint.

Der latente Umschlag vom personalen ins auktoriale Erzählen im vierten Kapitel akzentuiert diese mentale *Abwendung von der Privatexistenz hin zur Partizipation am ›Leben‹ und der Gemeinschaft.* Das Personalpronomen ›wir‹ (vgl. W 3, 127) suggeriert zudem, dass es sich nun nicht mehr um ein isoliertes Ich handelt, das seinen Weltbezug verloren hat, sondern um eine Gruppe von Menschen, die durch ihr ›Blut‹ miteinander verbunden ist, sodass das Ich sich als Teil eines Größeren verstehen darf; also nicht mehr vereinzelt in Einsamkeit leben muss, sondern an einer Gemeinschaft partizipieren darf. Auf diese Weise wird selbst der Erzähler (und ebenso der zeitgenössische Leser) miteinbezogen, um die Krise des *principium individuationis*[43] zu überwinden und einen neuen Sinn zu generieren, der im Begriff der ›Gerechtigkeit‹ gänzlich aufzugehen scheint: »*Ein* Wort nur hatte sich herabgesenkt, und aller Glanz ging von dem *einen* aus: ›Gerechtigkeit‹« (W 3, 126). Diese Offenbarung der Gerechtigkeit ist es, die Paul von den unbewussten Schichten seiner Existenz, seinem ›Blut‹, empfängt,[44] und die ihn aus seiner absoluten Privatheit hin zur Gemeinschaft führt.

Das Ornamentale, das zu Beginn des Romans eine rein ästhetische Dimension für Paul hat, erhält so gegen Ende eine durchaus ethische Komponente: Denn das Ineinandergreifen der einzelnen Geschicke bedeutet nun eine über den ›Strom des Lebens‹ biologisch und metaphysisch fundierte monistische Verbundenheit. Als wesentlichem Element im Weltlauf kommt dem Einzelnen demnach eine sinnhafte ›gesetzmäßige‹ Funktion zu, jedes Ding gelten zu lassen:

> Denn *was* Einer auch lebte, er spann nur am nichtreißenden Faden des großen Lebens, der – von Andern kommend, zu Andern – flüchtig durch seine Hände glitt, ein Spinner und, wie sein Leben sich mit hineinverflocht, Gespinst zugleich für die nach ihm. Unlöslich war ein Jeder mit allem Früheren verflochten. (W 3, 127)

Aus dieser metaphysischen Verbundenheit, diesem Allzusammenhang, der sich in der zeitgenössischen monistischen Lebensideologie (wie der Ernst Hae-

---

[43] Ich bediene mich hier bewusst der Terminologie aus Schopenhauers Hauptwerk *Die Welt als Wille und Vorstellung*, das als wichtiger Prätext zu Beer-Hofmanns Romans fungiert. Zum Einfluss Schopenhauers auf Beer-Hofmanns Roman vgl. Steffen Burk: »Die Welt als Wille und Vorstellung. Zur Schopenhauer-Rezeption Richard Beer-Hofmanns in ›Der Tod Georgs‹«. In: *Hofmannsthal Jahrbuch zur Europäischen Moderne* 26 (2018), S. 233–260.

[44] Vgl. Fick: *Sinnenwelt und Weltseele*, S. 337.

ckels⁴⁵) wiederfindet, kann sich die bleibende Erkenntnis Pauls konstituieren: »Keiner durfte für sich allein sein Leben leben. Er sprach; und ein Wind faßte sein Wort und trug es und senkte es in ein fremdes Leben, in dem es keimte und aufwuchs« (W 3, 128).

10.7 Der Tempeltraum als Allegorie der Kulturgeschichte

Eine Sonderstellung innerhalb des Romans nimmt der bereits erwähnte Tempeltraum ein,⁴⁶ der deshalb von so großer Relevanz ist, weil er *in nuce* das vorführt, was der Text im Ganzen intendiert: Eine Kritik an der Entfremdung von der Gemeinschaft im Zuge der zunehmenden Ästhetisierung und Privatisierung des modernen Individuums. So stellt der Tempeltraum allegorisch die Kulturentwicklung dar, indem er eine Genealogie der ästhetisch-künstlichen Lebensform allegorisch präsentiert. Der Bau des gewaltigen Tempels repräsentiert dabei den Zivilisationsprozess, der in der ›lebensfernen‹ und ›künstlichen‹ Lebensform kulminiert.

Die Bilder der Entstehung des Tempels und des sich anschließenden Frühlingsfestes weisen dabei eine Künstlichkeit aus, die auf eine kulturelle Niedergangstendenz verweist – weshalb diese zentrale Textstelle motivisch durchaus Parallelen zur Dekadenzliteratur aufweist.⁴⁷ Zugleich allerdings stellt sie eine »Allegorie der ›Moderne‹«⁴⁸ dar, indem sie deren Anfang, Genese und Endzustand in drei Abschnitten⁴⁹ darstellt und die sich letztlich »herausbildende

---

⁴⁵ Beer-Hofmann besaß nachweislich eine Ausgabe einer Schrift von Haeckel. Dies wird im Briefwechsel mit Hofmannsthal evident: »Ich les Ihren Häckel«, schreibt ihm Hofmannsthal am 16. Juni 1895 (Hugo von Hofmannsthal/Richard Beer-Hofmann: *Briefwechsel*. Frankfurt am Main 1972, S. 54). Um welches Werk von Haeckel es sich dabei allerdings handelte, konnte nicht näher bestimmt werden. Wahrscheinlich ist, dass es sich um die *Natürliche Schöpfungsgeschichte* (1868) handelt, da sich dieses Werk um die Jahrhundertwende enormer Popularität erfreute. Zudem schreibt Hofmannsthal am 15.10.1897 an Andrian: »[S]chreibe umgehend, ob Du die ›natürliche Schöpfungsgeschichte‹ von Haeckel zunächst willst« (Hugo von Hofmannsthal/Leopold von Andrian: »Brief an Andrian vom 15.10.1897«. In: Hofmannsthal/Andrian: *Briefwechsel*, S. 93) – was bestätigt, dass Hofmannsthal das Werk besessen haben muss und er es sich womöglich nach seiner Lektüre der Ausgabe von Beer-Hofmann selbst angeschafft haben könnte. Zum monistischen Einfluss auf Beer-Hofmann vgl. Scherer: *Richard Beer-Hofmann und die Wiener Moderne*, S. 347–351.
⁴⁶ Dieser wichtige Textabschnitt ist in der Forschung bereits intensiv untersucht worden. Daher gehe ich an dieser Stelle nur flankierend darauf ein. Vgl. Otto Oberholzer: *Richard Beer-Hofmann. Werk und Weltbild des Dichters*. Bern 1947, S. 51–54; vgl. Martin Nickisch: *Richard Beer-Hofmann und Hugo von Hofmannsthal. Zu Beer-Hofmanns Sonderstellung im ›Wiener Kreis‹*. München 1980, S. 111–119; vgl. Hank: *Mortifikation und Beschwörung*, S. 120–134; vgl. Scherer: *Richard Beer-Hofmann und die Wiener Moderne*, S. 248–264.
⁴⁷ Vgl. Hank: *Mortifikation und Beschwörung*, S. 125.
⁴⁸ Scherer: *Richard Beer-Hofmann und die Wiener Moderne*, S. 249.
⁴⁹ Diese Abschnitte gehen nahtlos ineinander über – ganz dem ornamentalen Charakter des Textes gemäß. Dennoch lässt sich der Tempeltraum syntagmatisch strukturieren: 1.) wird

Sehnsucht nach Aufhebung des Individuationsprinzips«[50] vorstellt. Dabei repräsentiert die jeweilige Stufe des Tempelbaus allegorisch den Entwicklungsstand der Naturbeherrschung. Die Betonung des Chthonischen beim Tempelbau (»aus der Erde wachsend« [W 3, 27]) signalisiert auf der einen Seite einen evolutiven Konnex zwischen dem Natürlichen und Künstlichen. Auf der anderen Seite aber wird die Distanz zwischen Ästhetik (›Künstlichkeit‹) und Natur (›Natürlichkeit‹) besonders hervorgehoben, wenn der Tempel »die dunkle Kluft« überhängt, »aus der rastlose Dünste« quellen: »Finster geballte Wolken am Tag, und nachts leuchtender Qualm« (W 3, 27). Diese Ambivalenz von innerer Wesensverwandtschaft mit der Natur und der Fremdheit zu dieser vertieft sich, wenn im ›Wachsen‹ des Tempels aus dem Innersten der Erde die Emanzipation und Autonomisierung der Kunst im Laufe des Zivilisationsprozesses dargestellt wird. Die Personifikation des Tempels[51] verdeutlicht dabei die metaphorische Erhebung des Künstlichen über die Gemeinschaft und das ›Leben‹.

> Aus dem glühenden gelben Boden der Ebene, in den die Sonne klaffende Risse gesprengt, stieg ernst der graue Stein; aus dem tiefen Innern der Erde kommend, fremd dem flüchtig rieselnden Sand und dem bröckelnden Lehm, den Wasser und Wind an ihn geschwemmt und geweht. (W 3, 27)

Wie der Tempel sich über die Natur erhebt und diese zu übertreffen sucht, so entfremdet sich der (kunstschaffende) Mensch seinen natürlichen Ursprüngen und der Gemeinschaft. Mit der zunehmenden Emanzipation und Absonderung von der Natur und dem natürlichen ›Leben‹[52] geht die Steigerung der Indivi-

---

der Bau des Tempels dargestellt, 2.) folgt eine Beschreibung des Tempelinnern und kulminiert 3.) in der Schilderung des orgiastischen Frühlingsfestes, das zu Ehren der Fruchtbarkeitsgöttin Astarte gefeiert wird.

50 Scherer: *Richard Beer-Hofmann und die Wiener Moderne*, S. 249.
51 Sehr deutlich wird die Personifizierung des Tempels z. B. an folgender Stelle: »Aus dem nebelverhüllten Gewirr der Häuser der Stadt, wand er [der Tempel] [...] sich los. Mit dem Felsen ringend bis der Stein ihm zu Willen sich fügte, ballte und türmte er drohend die Quadern zu einer Burg gegen die Götter. Zweimal schien er noch [...] in seinem Ansturm zu rasten, dann warf er, steil aufschießend, die Reihen seiner goldumpanzerten Säulen nach oben« (W 3, 31).
52 Besonders in dieser Textpassage spielen die zeitgenössischen Diskurse der Lebensideologie und der Einfluss der Lebensphilosophie – insbesondere der Nietzsches – eine entscheidende Rolle: So lässt sich in der Tempelszene Nietzsches Forderung einer Umwertung aller herrschenden Werte sehr deutlich rekonstruieren: Denn wenn in der *Genealogie der Moral* vom asketischen Priester die Rede ist, dessen Ideal »dem Schutz- und Heil-Instinkte eines degenerierenden Lebens« (KSA 5, 366) entspringt, so vollzieht sich im Roman Beer-Hofmanns gerade die *Umkehrung und Umwertung* des asketischen Ideals in der Gestalt des Asketen: Die Eunuchen stacheln die sexuelle Lust der Ermüdeten, ohne je selbst solche zu empfinden. Das asketische Ideal, das die Priester in ihrer Asexualität verkörpern, wird im Roman derart umgewertet, dass es sie selbst in den Dienst des ›Lebens‹ stellt. Doch kann dieser verzweifelte Versuch nicht kaschieren, dass es sich dabei um ein Phänomen vitalen Niederganges handelt. Denn selbst wenn die Sexualität durch die Priester kurzzeitig erweckt wird, endet die Orgie doch in einem »verschlungenen Wirrsal erschlaffter Leiber« (W 3, 41).

duation, zugleich aber auch der Verlust an Unmittelbarkeit einher, wie er sich im Tempeltraum als Allegorie der Menschheitsgeschichte zeigt. Die räumliche Abgeschiedenheit des Tempels signalisiert seine ›Lebensferne‹ und autonome Stellung: »Geschieden durch den dichten Nebel der Frühlingsnacht von Allen die um seinetwegen gekommen, war der Tempel« (W 3, 31).[53] Die zunehmende ›Kultivierung‹ und Künstlichkeit, die sich in Formen des Rituals, der Architektur und der Kunst manifestiert, bedeutet dabei eine fortschreitende Trennung von der Natur und vom ›Leben‹.

Das ›Bild‹ des vollendeten Tempels, das für den kulturellen Höhepunkt der Kunst steht, darf als Resultat und Endstadium eines Aneignungsprozesses der Natur gelten, der in der Trennung von der natürlichen Einheit kulminiert und jene Subjekt-Objekt-Spaltung zur Folge hat, aus der sich das Individuationsprinzip ableitet und an der das Bewusstsein der Moderne – repräsentiert durch den Protagonisten Paul – ›krankt‹.

Diesem metaphorischen Höhepunkt der Kulturgeschichte korreliert ein buchstäblicher in der darauffolgenden Orgie, die allerdings keineswegs der Ausdruck eines ›gesunden‹ und ›starken‹ ›Lebens‹ ist, sondern – im Gegenteil – das Resultat eines durch Individuation und künstliche Kultivierung und Domestizierung ›schwach‹ gewordenen degenerierten ›Lebens‹, das seinen letzten Ausweg in der ungehemmten Sexualität zu finden erhofft. Die ausführliche Schilderung der Massenorgie dient demnach nicht der bildlichen Darstellung einer natürlichen Gemeinschaft, die in der Sexualität ihre Verbundenheit mit sich selbst, der Natur und dem ›Leben‹ feiert, sondern stellt vielmehr den verzweifelten Versuch vor, die verlorene Verbindung zur Ursprünglichkeit für kurze Momente wiederherzustellen.[54]

> Während lustbebende Hüften sich ihm entgegenhoben und gierig den heißen Strom des neuen Lebens tranken, fühlte er nicht, daß unter seinen Küssen halboffene Lippen

---

[53] Unverkennbar ist der intertextuelle Bezug zu Georges Gedicht *Gegen Osten ragt der Bau*. Bei Beer-Hofmann heißt es: »Die steile Straße zum Tempel herauf wand sich der Zug der das Wunderbild, von der Wallfahrt ans Meer, zum Heiligtum zurücktrug. Voran Knaben mit blühenden Zweigen und entzündeten Fackeln, dann keuchend mit schweißbedeckten Stirnen in schwerem Schritt die Träger; auf ihren wundgedrückten Schultern unter krokusfarbenem Baldachin schwankte das Wunderbild, verhüllt bis an den Scheitel, über dem eine goldene Taube die Flügel schlug« (W 3, 37). Die motivischen Parallelen – der Tempel in Syrien, die heilige Prozession, die von beschnittenen Knaben angeführt wird, und das verschleierte heilige Bild – dienen in beiden Texten zur Eröffnung einer metapoetischen Deutungsdimension, die implizit Kritik übt an der ästhetischen Privatexistenz. Dazu dient auch die hermaphroditische Zeichnung des syrischen Gottes Elagabal, der sich bei Beer-Hofmann in der Gestalt der kastrierten Priester wiederfindet, die »blonde[s] Frauenhaar« und »geschminkte Lippen« (W 3, 34) haben und deren Körper als »biegsam und gefügig« wie der von »Weibe[rn]« (W 3, 34) beschrieben wird.

[54] Scheible sieht dies ähnlich, wenn er die Orgie als »Ausdruck einer durch übermäßige Isolation verursachten Triebschwäche« deutet (Scheible: *Literarischer Jugendstil in Wien*, S. 124).

langsam erkalteten und – nicht in Wollust – gebrochene Augen starr nach oben schauten. (W 3, 40)

Die Parenthese (»nicht in Wollust«) signalisiert (mit bewusster Inkaufnahme eines stilistischen Bruchs), dass es sich bei der enthemmten Sexualität um eine todesaffine Praxis handelt, die das Resultat eines erstarrten und geschwächten ›Lebens‹ darstellt. Deutlich zeigt dies »die dirnenhafte Gebärde«[55] der Tempelpriester nach der Orgie:

> Die Priester allein standen aufrecht. […] Wenn sich Einer stöhnend vom Boden stemmte, neigten sie sich über ihn und, sein Haupt stützend, gossen sie labend den Wein über seine trockenen Lippen; dann knieten sie neben ihn, hoben ihr Gewand und, mit erlernten Worten seine Lust stachelnd, boten sie ihm ihren Leib. (W 3, 40 f.)

Die Priester, die im Dienste der Göttin des Lebens stehen, und deren einzige Aufgabe es ist, den Lebensstrom vor Erstarrung zu bewahren,[56] sind selbst geschlechtslos: »Fremd war ihnen der starke Drang geworden der Männer und Frauen zu einander trieb« (W 3, 34). Diese Eunuchen stehen also paradoxerweise im Dienste des Lebens, sind selbst aber unfähig, neues Leben zu zeugen. Dass das Resultat der Orgie denn freilich kein neues Leben hervorbringen kann – aus Perspektive des ›Lebens‹ demnach alles vergebens gewesen ist – wird durch die letzte Szene des Traumes antizipiert. Dort erheben sich zwar »die steinernen Phallen« aus dem »verschlungenen Wirrsal erschlaffter Leiber«. Allerdings findet sich auf deren »Kuppen« nicht die zeugende Kraft des ›Lebensstromes‹ – sondern ganz im Gegenteil halten sich dort die betenden »weißverhüllten Priester« (W 3, 41) auf, die das zeugungsunfähige Sperma verkörpern. Bezeichnenderweise verharren sie »regungslos im Gebet« (W 3, 41) und hoffen vergebens darauf, dass die Göttin des Lebens sie erhöre.

So problematisiert der Text im Ganzen, dass der Zivilisationsprozess am Ende so weit fortgeschritten ist, dass es unmöglich erscheint, zur Ursprünglichkeit zurückzukehren. Das Auseinanderdivergieren von isoliertem Individuum und ›natürlicher‹ Gemeinschaft hat – so die zentrale Aussage des Textes – mit dem Beginn der Moderne seinen Höhepunkt längst überschritten. Die solipsistische Privatexistenz des Protagonisten Paul ist somit als Symptom und äußerste Ausprägung dieser Entwicklung zu deuten. Der Tempeltraum zeigt dabei (lange bevor der Protagonist selbst die Bilder dieses Traums zu deuten versteht) auf allegorische Weise, dass diese Existenzform nicht nur von der sozialen Gemeinschaft entfremdet, sondern mehr noch: in ihrer Unfruchtbarkeit eher dem Tod als dem ›Leben‹ verwandt ist.

---

55 Scheible: *Literarischer Jugendstil in Wien*, S. 125.
56 Vgl. Scheible: *Literarischer Jugendstil in Wien*, S. 125.

10.8 Fazit

1.) *Der Tod Georgs* darf als Musterbeispiel eines chiffrierten Erzähltextes gelten. Mittels der Stilisierung der Sprache durch ›Ornamentalisierung‹ wird ein Privatisierungseffekt erzielt, der den Roman schon auf formalsprachlicher Ebene hermetisiert: Durch den Gebrauch einer Vielzahl an schmückenden Adjektiven, Komposita und Neologismen sowie der Verwendung von diversen Satz-, Wort- und Klangfiguren avanciert das gebrauchte Zeichensystem der Sprache zu einer *privaten Kunstsprache*. Damit stellt der Text ein hochartifizielles textuelles Konstrukt dar, das durch seine sprachliche und inhaltliche Komplexität besticht.

2.) Die Konstruktion dieser privaten Sprache korreliert auf narratologischer Ebene der *privaten Erzählweise*, die durch vorwiegend interne Fokalisierung und die narrative Darstellung der subjektiven Wahrnehmungen, Stimmungen und Bewusstseinsprozesse des Protagonisten beim Rezipienten einen Hermetisierungseffekt bewirkt, der durch die verborgene ›objektive‹ Erzähleristanz noch verstärkt wird. Diese Darstellungsweise scheint auf einer Oberflächenebene bloß assoziativ zu sein – tiefenstrukturell aber bildet der Text durch sich wiederholende Phrasen und seine Leitmotivtechnik ein geschlossenes Ganzes. Die Komplexität der Textur resultiert weiter aus der graduellen Selbstreferenzialität des Textes, der sich auf das Ausweisen der eigenen Gemachtheit konzentriert statt eine chronologische und handlungsorientierte Geschichte zu präsentieren. Die Selbstreferenzialität konsolidiert so die autonome Stellung des Kunstwerks und grenzt dasselbe explizit von anderen Werken ab.

3.) Auf raumsemantischer Ebene hingegen lässt sich durch die modellierte Opposition von Vertikalität und Horizontalität der Abgrenzungsgestus des solipsistischen Protagonisten verdeutlichen: So durch den betonten Höhenunterschied zwischen hoch gelegener ›Wohnung‹ und ›Straße‹ (erstes Kapitel), ›Treppenhaus‹ und ›Keller‹ (zweites Kapitel) oder ›hoch aufgeschüttetem Damm‹ und ›Tal‹ (drittes Kapitel). Aber auch durch bestimmte wiederkehrende Motive (wie das ›Fenster‹ oder die ›Mauer‹, welche das ›Innen‹ vom ›Außen‹ trennen) konstituieren sich *abgegrenzte Privaträume* (z. B. das Privatabteil im Zug), die eine ambivalente Semantisierung erfahren: So sind diese separierten Bereiche zwar einerseits mit ›Schönheit‹, ›Größe‹ und ›Sakralität‹ (z. B. der kunstvolle Tempel) – andererseits aber auch mit ›Unfruchtbarkeit‹, ›Enge‹ und ›Tod‹ (z. B. der Keller, in dem Pauls imaginierte Frau sterben muss) konnotiert.

11. Resümee der Erzähltext-Analysen

Die vorangegangenen Analysen haben gezeigt, dass sich die *poetische Technik semantischer Verdichtung und sprachlicher Chiffrierung* auch in Erzähltexten der Jahrhundertwende findet – allerdings in einem weniger starken Grad als dies bei der frühmodernen Lyrik der Fall ist. Dies ist zum einen der Gattung selbst geschuldet, die aufgrund ihres größeren quantitativen Umfangs nicht die geeignetste poetische Form ist, um ein derartiges Höchstmaß an chiffrierter Bedeutung zu generieren. Zum anderen weisen Erzähltexte narrative Strukturen auf und haben Ereignischarakter,[1] was impliziert, dass die Art der poetischen Darstellung von derjenigen lyrischer Texte selbstverständlich abweicht. In diesem Sinne lässt sich behaupten, dass die chiffrierten Erzähltexte der Jahrhundertwende – trotz ihrer Tendenz zur sprachlichen Hermetisierung – für den Rezipienten zugänglicher und damit verständlicher sind als die um diese Zeit entstehende Lyrik. So weisen die frühen Erzähltexte Hugo von Hofmannsthals, Leopold von Andrians und Richard Beer-Hofmanns tendenziell weniger bzw. *andere sprachliche Chiffrierungsstrategien* auf als z. B. Georges Gedichtzyklen, Hofmannsthals oder Rilkes Lyrik – obwohl gerade Beer-Hofmanns Roman als Paradebeispiel dafür gelten darf, dass sich auch Erzähltexte mittels Techniken sprachlicher Stilisierung auf formalästhetischer Ebene durchaus der Komplexität der Lyrik annähern können.[2] Doch auch wenn die kunstsprachliche Privatisierung – verglichen mit der Lyrik – im Fall der Erzähltexte nicht auf die Spitze getrieben ist, werden dennoch zahlreiche *narrative* Verfahren der Chiffrierung angewendet, mittels derer die Erzähltexte hermetisiert werden. Die Chiffrierungsstrategien verlagern sich so tendenziell von der formalsprachlichen auf die inhaltliche Ebene. Folglich wird der Erzähltext nicht primär durch textuelle Komprimierung chiffriert, sondern mittels ›privatistischer‹ *Erzähltechniken und Darstellungsformen* auf inhaltlicher Ebene. Dies kann im Allgemeinen auf vierfache Weise geschehen:[3]

1.) mittels *Bedeutungskonstitution/Semantisierung* a) auf topologischer/topographischer Ebene durch die Modellierung und Abgrenzung semantischer Räume sowie der hierauf basierenden Grenzüberschreitungen (wie in Andrians *Garten der Erkenntnis*). b) Auf Figurenebene hingegen kann poetisier-

---

[1] Vgl. Lotman: *Die Struktur literarischer Texte*, S. 330.
[2] Dass später gerade in dieser Richtung weitere poetische Versuche unternommen werden – sich also narrative Texte der Chiffrierungsintensität lyrischer Texte annähern – beweist insbesondere die Prosa Gottfried Benns (z. B. dessen Rönne-Novellen).
[3] Die folgenden Überlegungen finden sich in leicht abgeänderter Form in Steffen Burk: »Einleitung«. In: Ders./Tatiana Klepikova/Miriam Piegsa (Hg.): *Privates Erzählen. Formen und Funktionen von Privatheit in der Literatur des 18. bis 21. Jahrhunderts*. Frankfurt am Main 2018, S. 7–15. Hier: S. 13 f.

te Privatheit über die Figurenkonstellationen und Semantisierungen der Figuren (ihre Charakterisierungen, Verhaltens-, Sprech- und Handlungsweisen) präsent sein, wie ich dies beispielsweise an Hofmannsthals *Märchen der 672. Nacht* demonstriert habe.

2.) kann poetisierte Privatheit *erzähltechnisch über narrative Verfahren* inszeniert werden: Dies betrifft den Grad an Mittelbarkeit über den Erzählmodus (dramatischer vs. narrativer Modus) – z. B. die Darstellung von subjektiven Bewusstseinsprozessen (also privaten Gedanken, Gefühlen und Stimmungen) wie in Beer-Hofmanns *Der Tod Georgs*. Diese Art der narrativen Darstellung habe ich in der Analyse mit dem Terminus ›privates Bewusstsein‹ bezeichnet.

3.) ist es möglich, Privatheit über *Arten ›privater‹ Erzählformen* – also a) über (interne) Fokalisierung (z. B. innerer Monolog oder Bewusstseinsstrom) oder b) über die Darstellung ›privater‹ Sprechsituationen (z. B. über eine ›subjektive‹ Erzählperspektive, wie das autodiegetische Erzählen) zu generieren. Alle drei untersuchten Erzähltexte können hier als Beispiele dienen.

4.) Privatheit kann auch mittels *Indefinitheit auf syntaktischer Ebene* erzeugt werden. Indem das Personalpronomen eine zuvor nicht (namentlich) genannte Sprechinstanz bzw. Figur substituiert, bleibt diese im weiteren Textverlauf unbestimmt – was dem Leser den Zugang zum Verständnis des Textes erschwert (oben habe ich von der ›Chiffrierung der Sprechsituation‹ gesprochen). Dieses poetische Verfahren findet sich in nahezu allen hier untersuchten Texten und muss deshalb als zentrales Kennzeichen (früh-)moderner hermetisierter Literatur gelten. Ein paar Beispiele seien genannt: Das Sprecher-Ich in Georges frühen Gedichtzyklen,[4] das ›Weltgeheimnis‹ bei Hofmannsthal (das nur in der Überschrift erwähnt und fortlaufend durch das Personalpronomen ›es‹ ersetzt wird) und schließlich das Sprecher-Ich in Rilkes *Stunden-Buch*,[5] das sich allein durch den Kontext als kunstfertiger Mönch identifizieren lässt. In diese Kategorie fällt ebenfalls der junge Kaufmannssohn aus dem *Märchen der 672. Nacht*, der im gesamten Text namenlos bleibt.

---

[4] In den *Hymnen* die Künstlerfigur, im *Algabal* der römische Priesterkaiser und im *Jahr der Seele* ein Sprecher-Ich, das stark biographisch geprägte Züge seines Autors hat. Die figurale Indefinitheit gilt im Übrigen für die Gesprächspartner: So ist das Du im *Jahr der Seele* – zumindest anfangs – geschlechtlich nicht näher spezifiziert.

[5] Derselben Technik bedient sich Rilke auch in seinen späteren Gedichtbänden (z. B. den *Neuen Gedichten* [1907] oder besonders in den *Duineser Elegien* [1923]) und in seinem Roman *Die Aufzeichnungen des Malte Laurids Brigge* (1910).

III. Ergebnisse

1. Ergebnisse der Textanalysen

Symptomatisch für die untersuchten frühmodernen Texte sind in jedem Falle die *Abgrenzung von der konventionellen Alltagssprache* und der Versuch, die poetische Sprache durch Chiffrierung zu privatisieren. Sämtliche analysierten Texte folgen nicht konventionellen oder tradierten sprachlichen Mustern, sondern entwickeln ihre eigenen Techniken, um sich von der bisher dagewesenen Literatur abzugrenzen.

Anhand der vorangegangenen Analysen lassen sich nun mehrere Aspekte und ›Dimensionen‹ von Privatheit herauskristallisieren, die ich in vier Hauptkategorien ordnen möchte (wobei selbstverständlich nicht ausgeschlossen ist, dass sich *mehrere* dieser Aspekte im jeweiligen Text rekonstruieren lassen):

1.1 Private Sprache

Die konventionelle Sprache gilt vielen Künstlern um 1900 als ›verbrauchtes‹ und angesichts der Umwälzungsprozesse der Moderne zur Vermittlung von ›Sinn‹ ungeeignetes Medium. Außerdem ist sie deshalb ›unmöglich‹ geworden, weil der florierende Journalismus sich ihrer bedient und ›verdirbt‹. Das Ziel vieler Autoren ist daher die radikale Erneuerung der ebenfalls als ›alltagssprachlich‹ und ›öffentlich-verständlich‹ abqualifizierten poetischen Sprache. Dem inflationären Gebrauch der sprachlichen Wendungen und ›gemeinen‹ Wörter, die durch ihren jahrhundertelangen Gebrauch ›abgenutzt‹ worden seien, möchte man damit beggnen, dass man ›neue‹ und individuelle Privatsprachen erfindet, die weniger die inhaltliche als vielmehr die formale, klanglich-rhythmische Dimension von Sprache in den Fokus rücken. Eine mögliche Lösung, die von Künstlern erarbeitet wird, ist die Erfindung *chiffrierter lyrischer Kunstsprachen*, die hermeneutisch nur wenigen erschließbar sein sollen (Beispiele: Georges *Hymnen, Algabal, Das Jahr der Seele*). Dazu werden diverse rhetorische Chiffrierungsstrategien eingesetzt, durch welche die produzierten Texte eine *hermetische Qualität* erhalten und sich dezidiert von anderen Literaturen abgrenzen. Die verwendeten sprachlichen Zeichen werden als Chiffren in gänzlich neuer, kühner und unkonventioneller Weise semantisiert, ihre Bedeutung vor dem unerwünschten Zugriff Nicht-Eingeweihter geschützt und damit *sprachlich privatisiert*. Diese Texte sind in der Regel von *enormer semantischer Dichte* und zeichnen sich durch ihre prägnante Kürze, ihre Ambiguität und polyvalenten Strukturen aus (Beispiel: Hofmannsthals *Weltgeheimnis*). Im Generellen erweisen sie sich als hochkomplexe Texturen, deren ›Sinn‹ unter der Textoberfläche verborgen liegt und nur von denen erfasst werden soll, die den richtigen ›Kode‹ zur Dekodierung dieser Privatsprache besitzen. Auf einer Oberflächenebene sind diese Texte *prima facie* nicht verständlich. Dadurch unterscheiden sie sich dezidiert von realistischen und naturalistischen Texten. Ihre Semantik verbirgt sich vielmehr auf einer Tiefenebene, deren Rekonstruktion eine intensive Auseinandersetzung mit dem jeweiligen Text erforderlich macht und nicht nur hermeneutische Kompetenzen voraussetzt, sondern auch ästhetisches und kulturelles Wissen. Während sich die Texte anderer ›moderner‹ Autoren (wie bspw. die Romane Thomas Manns) gerade dadurch kennzeichnen, dass sie sowohl oberflächenstrukturell für den ›gewöhnlichen‹ Leser – der lediglich unterhalten werden möchte – verständlich sein sollen, zugleich aber auch eine Tiefenebene aufweisen (die sich im Falle Thomas Manns durch eine wohl durchdachte Leitmotivik konstituiert), zeichnen sich die untersuchten frühmodernen Texte insbesondere dadurch aus, dass sie keinen unmittelbaren hermeneutischen Zugang erlauben – ihr Sinn allein auf einer Tiefenebene der Textur rekonstruierbar ist.

1.2 Privater Raum

Literarische Texte konstituieren sich aus semantischen Räumen, die durch bewusste Grenzziehungen in ein Oppositionsverhältnis gesetzt werden.[1] Solche Grenzziehungen werden in der Prosa und Lyrik um 1900 häufig zwischen ›außenweltlich-öffentlichen‹ und ›innerlich-privaten‹ Räumen vorgenommen. Die topologisch-topographische Struktur der Texte spielt bei der Interpretation hinsichtlich der Bedeutung von Privatheit also eine zentrale Rolle. Private Räume können z. B. ein Tempel, ein verborgenes Unterreich (z. B. *Algabal*), ein Park oder Garten sein. Die Darstellung und Inszenierung dieser Räume ist von Text zu Text verschieden, da jeder Text ein eigenes Modell von Wirklichkeit entwirft und der private Raum demgemäß auf divergierende Weise gezeichnet wird. So werden ihm in der hermetischen Literatur der frühen Moderne vielerlei Funktionen zugewiesen: Einerseits kann er als geschützter Rückzugsort eines ausgezeichneten Künstlersubjekts fungieren; er kann aber auch als geweihter und exklusiver Privatraum sakrale Bedeutung erlangen oder aber zum Zeichen des Verfalls und der Verwilderung werden – zu einem hermetischen Raum von Traum und Tod. All diese Modellierungen unterliegen i. d. R. einer textinhärenten Problematisierung – werden also metapoetisch kritisch reflektiert und tiefenstrukturell hinterfragt. Demnach wird der private Raum eben nicht nur mit positiven Semantiken korreliert, sondern auch infrage gestellt, seine Grenzen überschritten, nivelliert und stets aufs Neue verhandelt.

---

[1] Vgl. Lotman: *Die Struktur literarischer Texte*, S. 330.

1.3 Private Religion

Im Zuge der Privatisierung des Kunstsystems werden hermetisierte Texte um 1900 häufig zu kunstreligiösen Schriften stilisiert, die dadurch eine Sublimierung und Sakralisierung erfahren, dass sie sich stilistisch an heiligen Schriften orientieren und neue säkulare Heilsversprechen geben. Das Medium der Dichtung erhält damit eine *sakrale Funktion*, substituiert die obsolet gewordene Religion des Christentums und wird auf diese Weise individualisiert und privatisiert (Beispiel: Rilkes *Stunden-Buch*). Indem der Autor die Grenze zwischen fiktionalem Ich in seiner Dichtung überschreitet, kann er sich selbst zum Verkünder einer neuen ›Kunstreligion‹ stilisieren (Beispiele: George und Rilke). Charismatische und auratische Dichterpersönlichkeiten fungieren für viele Zeitgenossen daher als Hoffnungsträger und Sinnstifter in einer Zeit lebensweltlicher Krise. Die Vorstellung einer ›heiligen Poesie‹ ist dabei eng mit dem Rollenmuster der ›heiligen Autorschaft‹ verbunden, denn wenn die Dichtung zum Medium einer ›göttlichen‹ Wahrheit avanciert, so ist ihr Verfasser nicht nur Empfänger, sondern auch Mittler dieser Wahrheit. Religiosität verlagert sich so aus dem öffentlichen Raum der christlichen Glaubensgemeinschaft in den Privatraum einer individuellen Glaubens- und Lektürepraxis, die im Verborgenen ausgeübt wird, um sich vor dem Zugriff durch die Außenwelt zu schützen. In diesem Sinne werden viele frühmodernen Texte zu ›heiligen‹ Werken mit sakralem Charakter stilisiert. Der Verlagerung des Glaubens von einer auf eine metaphysische Instanz (›Gott‹) gerichteten Frömmigkeit hin zu einer säkularisierten individuellen Form der Religiosität, die Literatur zur medialen Grundlage der Erfahrung transzendenter Immanenz sublimiert, korreliert sozialgeschichtlich die Disposition zum *privaten Glauben*, der nicht öffentlich ausgelebt, sondern in kleinen Gruppen praktiziert wird.

1.4 Private Existenz

Die Frage nach dem prekären Verhältnis des Ästheten zur Gemeinschaft wird in vielen Erzähltexten der Jahrhundertwende aufgeworfen und auf ähnlich kritische Weise beantwortet. Zwar wird die private Lebensform des Ästheten mit Semantiken der Schönheit, der Individualität und künstlerischer Subjektivität korreliert – indes ist diesen Texten eine Kritik an der allein auf ästhetischen und egoistischen Maximen basierenden Disposition zur Privatheit inhärent. Dabei wird das individuelle Bewusstsein meist als privater ›Rückzugsort‹ modelliert, in dem das Subjekt ganz bei sich und mit sich allein sein kann. Der unmittelbare Zugriff auf die sich manifestierenden privaten Gedanken, Vorstellungen und Gefühle ist dabei durch eine ›*privatistische*‹ *Erzähltechnik* (i. d. R. mit interner Fokalisierung) vermittelt, sodass nur der Leser an den *privaten Bewusstseinsprozessen* der Figur bzw. des Erzählers ›partizipieren‹ kann. Dabei wird auf narrativer Ebene eine unüberschreitbare Bewusstseinsgrenze zwischen subjektivem Bewusstsein und objektiver Außenwelt konstruiert, die als durchaus problematisch ausgewiesen wird (Beispiel: Leopold Andrians *Der Garten der Erkenntnis*) und die die Defizite der ästhetischen Wahrnehmung und der Privatexistenz generell ausweist. Ein ›objektiver‹ Zugang zur Wirklichkeit ist damit nicht mehr gegeben. Durch die Erzähltechnik der internen Fokalisierung wird damit erreicht, dass die erzählte Welt nicht als ein Ganzes, sondern gebrochen – ›impressionistisch‹ – durch die subjektive Wahrnehmung und Weltsicht der Figur geschildert wird. Auf diese Weise wird die Erzählperspektive aber nicht nur subjektiviert, sondern erhält in der ästhetischen Kommunikation mit dem Rezipienten eine private Note, da dieser Einblicke in die ›intimsten‹ Gedanken der Figur bzw. des (homo- oder autodiegetischen) Erzählers erhält.

Die Option, sich als *homo clausus* aus den (sozialen, politischen oder gesellschaftlichen) Weltzusammenhängen zu lösen, sich von anderen Menschen abzugrenzen und von seinen natürlichen und historischen Ursprüngen zu emanzipieren, wird demnach zwar als poetische Möglichkeit erprobt, am Ende aber stets negiert und verworfen. In einigen Fällen werden sogar alternative Lebenskonzepte und potenzielle Auswege aus der ästhetischen Privatexistenz offeriert (Beispiel: Richard Beer-Hofmanns *Der Tod Georgs*). Der – oft nur implizit vermittelte – Kerngedanke dieser frühmodernen Erzähltexte enthält daher nicht selten ein *ideologiekritisches Moment*: Dass eine auf den Maximen ästhetischer Privatheit basierende Lebensweise eben deshalb verwerflich sei, weil sie sich nicht nur vom Sozialen und der Gemeinschaft, sondern gleichzeitig vom ›Leben‹ selbst entferne (Beispiel: Hugo von Hofmannsthals *Das Märchen der 672. Nacht*).

1.5 Zusammenfassung

Bringt man diese vier Kategorien als Texterscheinungen in einen größeren soziokulturellen Kontext, lässt sich der in der vorliegenden Arbeit verfolgte Zusammenhang zwischen der Privatisierung der Literatur um 1900 mit den Tendenzen der Hermetisierung und Sakralisierung in einen systematischen Zusammenhang bringen. Dies möchte ich über das unten abgebildete Schaubild verdeutlichen (siehe Abbildung 1).

Wie im Eingang der vorliegenden Arbeit skizziert, lässt sich zu Beginn der zivilisatorischen Moderne auf gesamtgesellschaftlicher Ebene eine *Privatisierungstendenz* verzeichnen. Diese äußert sich auf sozialer Ebene im Rückzug des Individuums ins Private und ist mitunter als Reaktion auf die Modernisierung, die gesellschaftliche Partikularisierung und Urbanisierung zu verstehen. Da zwischen dem Kunstsystem und dem Gesellschaftssystem ein Reziprozitätsverhältnis (im Schaubild durch die in entgegengesetzte Richtungen weisenden Pfeile dargestellt) besteht – die zivilisatorische Moderne nicht getrennt von der

```
        Gesellschaftssystem              Realer Raum
        Zivilisatorische Moderne       gesellschaftlicher
                                          Wirklichkeit

              Privatisierungstendenz
                       ⇓⇑
    Hermetisierung          Sakralisierung

                  Kunstsystem
   Poetiken      Ästhetische Moderne    Modelle heiliger
   des Privaten                          Autorschaft


                   Textebene
           Dimensionen poetisierter Privatheit     Modellbildender
                                                  Zeichenraum
    Sprache     Raum    Existenz    Religion       der Literatur
```

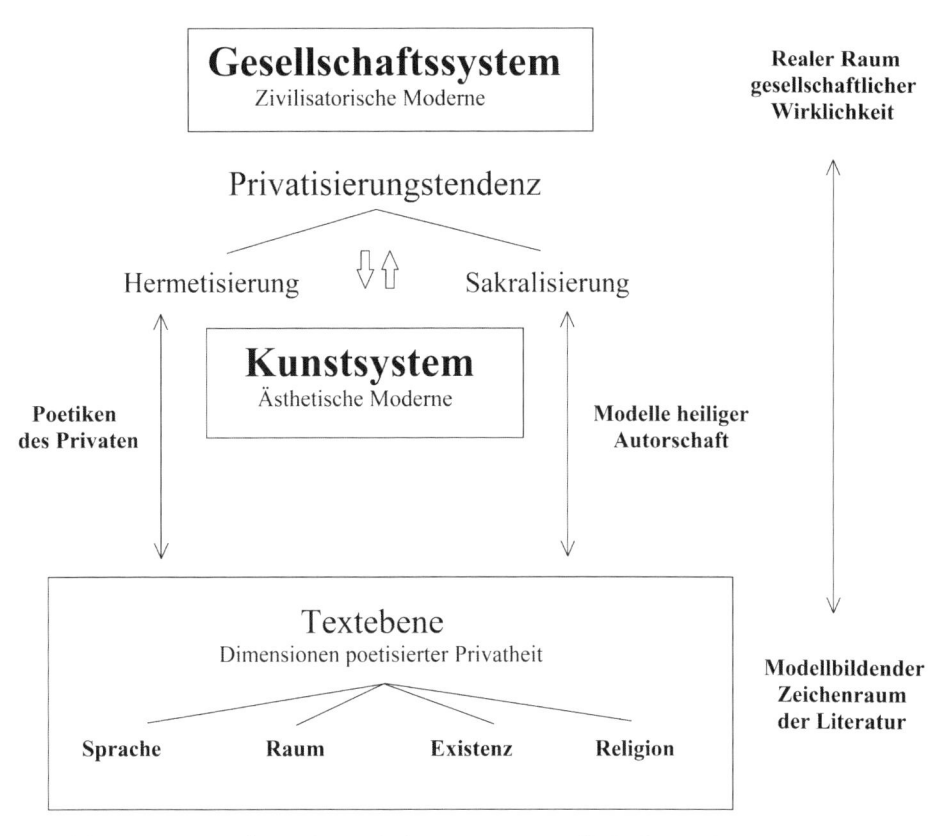

Abbildung 1: Darstellung des Verhältnisses von Gesellschafts- und Kunstsystem um die Jahrhundertwende. Die vier Dimensionen poetisierter Privatheit in hermetisierten Texten

ästhetischen betrachtet werden darf – wirkt der reale Raum gesellschaftlicher Wirklichkeit auf den modellbildenden Zeichenraum der Literatur *et vice versa*.

So manifestiert sich das Phänomen der Privatisierung im Kunstsystem um 1900 auf zwiefache Weise: Als Tendenz zur *Hermetisierung der Sprache* und zur *Sakralisierung der poetischen Texte*. Während sich die Hermetisierung als sprachliches Phänomen in den Kunstprogrammen und poetologischen Schriften frühmoderner Autoren niederschlägt, werden auf Ebene der literarischen Texte *private Kunstsprachen* (1. Dimension poetisierter Privatheit) entworfen, die mittels poetischer Strategien und rhetorischer Techniken chiffriert und damit dem Zugang der Allgemeinheit entzogen werden. Diese Form sprachlicher Privatheit wird dabei auf einer Metaebene selbst thematisch und poetologisch reflektiert.

Die Tendenz zur Sakralisierung hingegen äußert sich nun in der Reanimierung heiliger Autormodelle. So kann der Dichter sich zum Dichter-Heiligen oder Dichter-Propheten (*poeta vates*) stilisieren und seine Texte derart aufwerten, dass er sie zur textuellen Grundlage einer *privaten Kunstreligion* erhebt (2.

Dimension poetisierter Privatheit). Entsprechend bedienen sich diese ›heiligen‹ Texte religiösen Vokabulars und orientieren sich sprachlich an religiösen (z. B. der Bibel) oder mystischen Texten (v. a. der christlichen Mystik).

Die Dimensionen des *privaten Raumes* (3. Dimension poetisierter Privatheit) und der *privaten Existenz* (4. Dimension poetisierter Privatheit), welche sich über die Organisation der semantischen Räume und die Figurenkonstellationen im Text konstituieren, sind aufs Engste miteinander verknüpft, da der modellierte Privatraum mit der privaten Existenz der Figur stets in semantische Korrelation gesetzt wird.

2. Ästhetischer Privatismus

2.1 Terminologische Kritik

Abschließend gilt es die eingangs aufgeworfene Frage zu klären, welches Erklärungspotenzial der ›Hermetik‹-Begriff bei der Deskription und Einordnung von literarischen Texten (noch) hat.[1] Im Zusammenhang mit der aufgezeigten Tendenz sprachlicher Privatisierung von Literatur um die Jahrhundertwende ließe sich der literaturwissenschaftlich etablierte und häufig verwendete ›Hermetik‹-Begriff also durchaus hinterfragen, insbesondere da er ja scheinbar immer dann Anwendung findet, wenn ein Text nicht auf Anhieb verständlich ist und sofort mit der Prädikation ›hermetisch‹ als ›nicht deutbar‹ ausgewiesen wird. Im *Reallexikon der deutschen Literaturwissenschaft* findet sich in diesem Sinne eine Definition, die expliziert, dass der ›Sinn‹ hermetischer Texte nicht dechiffriert werden könne: So sei ›Hermetik‹ die »Bezeichnung für das lebensweltlich und/oder wissenschaftlich nicht Dechiffrierbare an moderner Literatur, insbesondere der Lyrik der literarischen Avantgarden seit dem Symbolismus.«[2]

Die Ergebnisse der vorliegenden Arbeit legen allerdings den Schluss nahe, dass die frühen poetischen Texte Stefan Georges, Hugo von Hofmannsthals und Rainer Maria Rilkes eben nicht ›hermetisch‹ – im unbestimmten Sinne von ›dunkel‹, jedem ›verschlossen‹ oder ›nicht dechiffrierbar‹ – sind, sondern eben nur insofern unzugänglich *erscheinen*, als ihre Textbedeutung *einigen* Rezipienten verschlossen bleibt. Mit dem richtigen ›Schlüssel‹ bzw. Kode sind sie aber durchaus dechiffrierbar und damit deutbar.

Noch weniger trifft der Hermetik-Begriff auf die narrativen Texte Andrians, Hofmannsthals oder Beer-Hofmanns zu, die zwar durchaus auch Chiffrierungsstrategien einsetzen, um ihre poetischen Texte zu privatisieren, aber weit weniger von der Normalsprache abweichen als die lyrischen Texte z. B. Georges oder Rilkes.

Zur Bestimmung von sprachlich chiffrierten Texten ist der ›Hermetik‹-Begriff also deshalb problematisch, weil selbst solche *prima facie* ›unverständlichen‹ Texte prinzipiell gedeutet (und damit dechiffriert) werden können.[3] Daher sind sie

---

[1] Zwar hat sich die Forschung bemüht, den Terminus zu definieren, doch bleibt der Begriff »dabei so unklar (und, sofern Klärungen vorgenommen werden, so divergent) wie das Verständnis der durch ihn bezeichneten Sache, der interpretatorischen Unzugänglichkeit der Texte« (Art. ›Hermetik‹. In: *Reallexikon der deutschen Literaturwissenschaft*. Band II, S. 34).
[2] Art. ›Hermetik‹. In: *Reallexikon der deutschen Literaturwissenschaft*. Band II, S. 33.
[3] Was auch Baßler in seiner Studie zur ›hermetischen‹ Kurzprosa demonstriert. Vgl. Baßler: *Die Entdeckung der Textur*, S. 6.

eben nicht primär als ›hermetisch‹ zu bezeichnen[4] – sondern vielmehr als ›privat‹ oder ›privatistisch‹, weil sie (nach der Definition von Beate Rössler[5]) den Zugang zum eigenen privaten Textraum mittels Chiffrierungsstrategien kontrollieren. So exkludieren sie manche Rezipienten und geben ihre Informationen nur einer bestimmten Rezipientengruppe preis.

So schlage ich als Resultat der vorangegangenen Textanalysen abschließend vor, jene chiffrierten literarischen Texte, die bisher in recht undifferenzierter Weise und schlagwortartig als ›symbolistisch‹, ›ästhetizistisch‹ oder aber ›hermetisch‹ klassifiziert worden sind, unter dem Begriff der Privatheit zu fassen und als ›privatistisch‹ zu bezeichnen. Unter ›Privatismus‹ findet man im Duden folgende Definition: »*Hang, Neigung zum privaten* [...] *Leben*« und »*Rückzug ins Private*«.[6] Die oft pejorative Konnotation, die dem Begriff anhaftet, könnte – auf die Literatur übertragen – auf die kritische und selbstreflexive Metaebene der Texte verweisen und deutlich machen, dass es der deutschsprachigen Literatur der Jahrhundertwende eben nicht primär um die ›Selbstverherrlichung des Schönen‹ (das sog. Primat der Schönheit) zu tun ist – was der Begriff ›Ästhetizismus‹ ja suggeriert – sondern vielmehr um eine Modellierung, Problematisierung und kritische Haltung gegenüber dieser privaten, allein auf ästhetischen Prinzipien basierenden Lebensdisposition.[7] Es geht auch nicht um den bloßen Transfer symbolistischer Techniken in das deutschsprachige Literatursystem, sondern vielmehr um die *lebensphilosophische Transformation und Überwindung des französischen ›Symbolismus‹* über die Darstellung poetisierter Privatheit.

2.2 Zentrale Aspekte des ästhetischen Privatismus

Der ästhetische Privatismus besticht durch seine *private Sprache*, die nicht auf dem Zeichensystem der Alltagssprache aufbaut, sondern ein chiffriertes sekundäres Zeichensystem entwirft, das sich zwar lexikalisierter Wörter bedient, diese aber

---

[4] Was sich aber weiterhin generell behaupten lässt, ist die literarhistorische *Tendenz* zur Hermetisierung (im Sinne poetischer Chiffrierung) im Übergang vom realistischen zum frühmodernen Kunstsystem.

[5] Rössler definiert Privatheit folgendermaßen: »[A]ls privat gilt etwas dann, wenn man selbst den Zugang zu diesem ›etwas‹ kontrollieren kann. Umgekehrt bedeutet der Schutz von Privatheit dann einen Schutz vor unerwünschtem Zutritt anderer. ›Zugang‹ oder ›Zutritt‹ kann hier sowohl die direkte, konkret-physische Bedeutung haben, [...] es kann jedoch auch *metaphorisch* gemeint sein: in dem Sinn, dass ich Kontrolle darüber habe, wer welchen ›Wissenszugang‹ zu mir hat, also wer welche (relevanten) Daten über mich weiß; und in dem Sinn, dass ich Kontrolle darüber habe, welche Personen ›Zugang‹ oder ›Zutritt‹ in Form von Mitsprache- oder Eingriffsmöglichkeiten haben bei Entscheidungen, die für mich relevant sind« (Rössler: *Der Wert des Privaten*, S. 23 f.).

[6] Art. ›Privatismus‹. In: Duden-Redaktion (Hg.): *Duden. Deutsches Universalwörterbuch*. 8., überarbeitete und erweiterte Auflage. Berlin 2015, S. 1384.

[7] Wie gezeigt, lässt sich diese kritische metapoetische Dimension eben nicht nur beim jungen Hofmannsthal, sondern selbst in Georges frühen Gedichtzyklen rekonstruieren.

auf unkonventionelle Weise gebraucht, miteinander kombiniert und re-semantisiert. Durch die Priorisierung der ästhetisierten Form wird dabei ein *privater Textraum* generiert, dessen ›Sinn‹ durch diverse Chiffrierungsstrategien geschützt wird und auf einer semantischen Tiefenebene verborgen liegt. Mittels dieser Chiffrierung werden sämtliche zur allgemeinen Verständlichkeit beitragenden Elemente (z. B. belehrende, beschreibende oder polemische) aus der Dichtung eliminiert – der Fokus liegt auf der Form der Darstellung und dem autonomen ›Privatraum‹ der Dichtung. Dadurch wird der Textraum zwar zugänglich für denjenigen, der die Chiffren dieser *privatistischen poetischen Texte* zu dechiffrieren imstande ist; verschlossen hingegen für den Rezipienten, der den erforderlichen ›Schlüssel‹ oder ›Kode‹ (d. i. kulturelle Kompetenz, ästhetische Bildung, aber auch biographisches ›Insiderwissen‹) zum Verständnis des Textes nicht mitbringt. Die auf Rezipientenseite häufig konstatierte Unverständlichkeit ist somit das Resultat einer *semantischen Verdichtung* und kommt dadurch zustande, dass auf geringstem Textraum ein Höchstmaß an Bedeutung generiert wird. Wie dargelegt, geschieht dies einerseits durch die *Priorisierung und Ästhetisierung der Form*, andererseits durch die *Chiffrierung des Inhalts*. Die verwendeten sprachlichen Zeichen erhalten so neue unkonventionelle Bedeutungen, die verwendeten Wörter und Sätze eine *private Semantik*. Auf diese Weise kommt es zur *Re-Semantisierung der konventionell konnotierten sprachlichen Zeichen*.

Die Loslösung von der literarhistorischen und kulturellen Tradition geht hierbei einher mit der Chiffrierung der intertextuellen Referenzen und Allusionen, die zwar rekonstruierbar sind, aber in einem semantischen Transformationsprozess meist negiert, variiert oder re-semantisiert werden. Somit referieren die Texte des ästhetischen Privatismus nicht primär auf außermediale Wirklichkeiten, sondern modellieren einen abgegrenzten autonomen Privatraum der Dichtung, der auf nichts verweisen will außer sich selbst.[8] Diese tendenzielle Selbstreferenzialität wiederum wird textimmanent verhandelt, während das Moment poetischer Selbstreflexivität als Eigenschaft poetisierter Privatheit zu begreifen ist. Dabei gilt es zu beachten, dass der gestellte poetologische Anspruch auf Selbstreferenzialität und textuelle Autonomie niemals ein *absoluter* sein kann: Denn selbst Dichtungen wie Georges *Hymnen* oder *Algabal* stützen sich durchaus auf kulturelles und historisches Wissen zur Konstitution der privaten Textwelt – referieren also auf außertextuelle Diskurse, das kulturelle Wis-

---

[8] Gerade diese dichotomische Relation von Bezugnahme auf die kulturelle und literaturgeschichtliche Tradition einerseits und die Transformation, Reversion und poetische Umformung derselben andererseits zeichnet den ästhetischen Privatismus aus. Denn so wenig ›Öffentliches‹ ohne ›Privates‹ bestehen kann, so wenig kann Literatur absolut frei sein von extratextuellen Referenzen. Schon Böschenstein erkennt dieses scheinbar widersprüchliche Phänomen, wenn er in Bezug auf die moderne Poesie bilanziert: »Offenheit für die Fülle der Tradition und Abschließung in esoterischer Selbstherrlichkeit schließen einander ebensowenig aus wie fremdartige Gelehrsamkeit und unverwandelte Lebensfragmente« (Böschenstein: »Die Dunkelheit der deutschen Lyrik des 20. Jahrhunderts«, S. 55).

sen und Denksystem einer bestimmten Epoche oder aber biographische Hintergründe des Autors.⁹ Das Entscheidende dabei ist aber, dass privatistische Texte ihre Referenzialität auf eine außermediale Wirklichkeit, auf biographische Erlebnisse des Autors, auf kulturelle, literarische oder historische Kon- und Prätexte oder lebensweltliche Diskurse *nicht bekennen oder explizit preisgeben*, sondern derart poetisch transformieren, dass sie nur noch als *semantische ›Rudimente‹* vorhanden sind und daher nur noch für den geschulten bzw. eingeweihten Leser rekonstruierbar sind. Die ›Sinn‹-Erschließung hängt demnach von der ästhetischen Kompetenz des Lesers (und dessen persönlicher Nähe zum Autor) ab. Hoffmann fasst diesen Sachverhalt bereits in seiner Studie zum ›Symbolismus‹ pointiert zusammen:

> Da die neue Lyrik ungewohnte Ansprüche an den Leser stellte, verengte sich beträchtlich der Umfang der Rezeption. Sie erfordert die Empfänglichkeit einer geschulten Sensibilität wie gesteigerte Mittätigkeit von Intellekt und Imagination. Der hermetische Charakter [...] bleibt kennzeichnend für eine Haupttendenz in der Entwicklung der modernen Lyrik, die dem gesellschaftlichen Bewußtsein immer ferner rückt. Ihre Dunkelheit ist das Refugium, in dem sich jene Potenzen des Wortes entfalten können, die in der Alltagssprache atroph sind. Ihre Reaktion ist bedingt durch die Inflation der Worte im heraufkommenden Massen- und Medienzeitalter.¹⁰

Trotzdem seine Studie wesentliche Merkmale des ästhetischen Privatismus (intellektuelle Exklusivität, sprachliche Hermetisierung, poetologische Abgrenzung vom Gesellschaftlichen, semantisches Potenzial im Textraum der Dichtung) erfasst, bleibt Hoffmann doch dem historisch tradierten ›Symbolismus‹-Begriff verhaftet, für dessen wissenschaftspraktische Tauglichkeit er sich ausspricht, obwohl er keine überzeugenden Argumente dafür liefern kann.¹¹

Denn ganz abgesehen davon, dass der ›Symbol‹-Begriff zu den unpräzisesten Termini in der Literaturwissenschaft zählt, hat sich keiner der Autoren, die

---

⁹ Wie sich gezeigt hat, ist der ›Sinn‹ nie allein aus dem Textgebilde (der immanenten Relation der Zeichen im Text) selbst rekonstruierbar, sondern nur mit Bezugnahme auf extratextuelle Referenzen: kulturelles Wissen, zeitgenössische Diskurse oder biographische Erfahrungen des Autors. Die chiffrierten Zeichen referieren demnach auf ein diskursives Wissen, das nicht primär aus dem Text selbst erschlossen werden kann, sondern kulturgeschichtlich tradiert ist – weshalb von ›absoluter Textautonomie‹ oder ›absoluter Dichtung‹ wohl schwerlich die Rede sein kann (zur Begriffsproblematik vgl. Jürgen H. Petersen: *Absolute Lyrik. Die Entwicklung poetischer Sprachautonomie im deutschen Gedicht vom 18. Jahrhundert bis zur Gegenwart*. Berlin 2006, S. 7–29). Entsprechendes gilt für den Begriff der ›absoluten Metapher‹ (vgl. Gerhard Neumann: »Die absolute Metapher. Ein Abgrenzungsversuch am Beispiel Mallarmés und Paul Celans«. In: *Poetica. Zeitschrift für Sprach- und Literaturwissenschaft* 3 [1979] 1/2, S. 188–225). Zur Kritik an Neumann vgl. Specht: ›Wurzel allen Denkens und Redens‹, S. 35.
¹⁰ Paul Hoffmann: *Symbolismus*. München 1987, S. 25.
¹¹ Entsprechend unpräzise bleibt er denn auch bei der terminologischen Bestimmung: »Symbolismus bedeutet eben nicht nur Décadence, Preziosität, Elfenbeinturm, die sich sogleich assoziierenden Vorstellungen, sondern auch, und vor allem, ein Wirkungspotential, das sich in Kontinuität und Wandlung neu zu realisieren vermochte« (Hoffmann: *Symbolismus*, S. 11. Zur Apologie des Begriffs vgl. ebd., S. 20 f.).

noch heute gemeinhin als ›Symbolisten‹ oder ›Ästhetizisten‹ tituliert werden, selbst je als solcher bekannt.[12] Schon in der ersten Folge der *Blätter für die Kunst* distanziert sich George vom Begriff des ›Symbolismus‹, schließt ihn zur näheren Bestimmung seiner neuen ›geistigen Kunst‹ aus und tut ihn als unspezifisches ›Schlagwort‹ ab, das »dazu angetan« sei, »die köpfe zu verwirren«.[13] Und noch knapp 20 Jahre später (1910) schreibt er in konsequenter Fortführung dieses Gedankens einen kurzen poetologischen Text unter der sprechenden Überschrift »NICHT-SINN DER SCHLAGWORTE«.[14]

Hofmannsthal hingegen versteht unter ›Ästhetismus‹ zunächst die englische Kunstbewegung um John Ruskin (1819–1900), Walter Pater (1839–1894) und die Präraphaeliten, mit welcher er sich bereits ab 1894 intensiv auseinandersetzt. Sein Begriffsverständnis ist dabei stellenweise von einem pejorativen Dekadenzbegriff[15] geprägt,[16] den er selbst nur sehr bedingt auf das eigene Frühwerk anwendet. Und auch Beer-Hofmann soll im Gespräch mit Karl Marilaun resigniert geäußert haben, »daß jeder Künstler, dessen Schaffen von der Öffentlichkeit mit größerem oder geringerem Beifall zur Kenntnis genommen wurde, seine ›Note‹ bekommt«; man habe »nun einmal sein ›Kastel‹, in das man ein für allemal eingesperrt«[17] werde.

Es lässt sich also festhalten, dass beide Begriffe aufgrund ihrer unpräzisen Verwendungsweise und ihres Schlagwortcharakters nur bedingt dazu geeignet sind, frühmoderne Texte näher zu bestimmen und sie von anderen Textformen abzugrenzen. Allerdings trifft auch der Hermetik-Begriff nicht den Kern der Sache: Dass es nämlich nicht um *Sinnverweigerung*, sondern um die *Kontrolle* darüber geht, welche Gruppe von Rezipienten dieser Sinn *zugänglich* sein soll. Der ›Privatismus‹-Begriff hingegen hat also insofern höheres Erklärungspotenzial, als ihm das zentrale Paradigma sämtlicher chiffrierter poetischer Texte um die Jahrhundertwende schon terminologisch inhärent ist: *Absonderung* (von lat. ›privatus‹ = ›abgesondert‹).[18]

---

[12] Vgl. Hoffmann: *Symbolismus*, S. 18.
[13] »Erste Folge. Erstes Heft (1892)«. In: EM, 7.
[14] »Neunte Folge (1910)«. In: EM, 50. Dieses Mal allerdings zu den Begriffen ›Dekadente‹, ›Lebensferne‹, ›Neuromantiker‹ und ›Ästheten‹.
[15] Vgl. Ulrike Stamm: »Ästhetik«. In: Mathias Mayer/Julian Werlitz: *Hofmannsthal-Handbuch. Leben – Werk – Wirkung*. Stuttgart 2016, S. 26–30. Hier: S. 29.
[16] So finden sich im Nachlass unter der Überschrift *Dialoge über die Kunst* Notizen über den »Aestheticismus«, der »monomanische Freude« bedeute, »Morphium« oder einem »Haschischtraum« zu vergleichen sei; letztlich nichts anderes als »unwahres stilisiertes Leben« sei (KA XXXVII, 98).
[17] Karl Marilaun: »Gespräch mit Richard Beer-Hofmann«. In: Sören Eberhardt/Charis Goer (Hg.): *Über Richard Beer-Hofmann. Rezeptionsdokumente aus 100 Jahren*. Hamburg 2012, S. 238–241. Hier: S. 238.
[18] Vgl. Art. ›privat‹. In: *Kluge. Etymologisches Wörterbuch der deutschen Sprache*. 24. Auflage. Berlin/New York 2002, S. 721.

Wie gezeigt, sind es gerade die vier beschriebenen Kategorien 1.) der privaten Sprache, 2.) des privaten Raumes, 3.) der privaten Religion und 4.) der privaten Existenz, die sich als die zentralen Aspekte des ästhetischen Privatismus erweisen.

2.3 Zusammenfassung

Unter dem ›ästhetischen Privatismus‹ ist demzufolge eine Kunstauffassung zu verstehen, die sich von konventionellen bzw. tradierten Literaturströmungen und deren Mimesis-Konzept ebendeshalb emanzipiert, weil sie nicht ein ›Abbild‹ der Realität, sondern eine *private und autonome Kunstwelt* modellieren möchte. Dies geschieht 1.) durch die ästhetische Modellierung eines *privaten ›Textraums‹*, der für sich autark zu sein scheint und *vorgibt*, keinen Bezug zur sozialen, politischen oder kulturellen Praxis (der ›gelebten‹ Welt) zu haben. Dabei kommt der formalen Struktur der Textur besondere Relevanz zu, d. h. der durch Poetisierung und Rhythmisierung ästhetisierten Form. Privatistische Texte inszenieren Privatheit deshalb 2.) durch die *semantische Kodierung und stilistische Ästhetisierung* der Textur. So werden sprachliche Chiffrierungsstrategien eingesetzt, die als schützende Kontrollinstanz zum ›Textraum‹ fungieren, beim Rezipienten einen Hermetisierungseffekt evozieren und so 3.) *den hermeneutischen Zugang zum privaten Textraum der Diegese reglementieren*. 4.) reflektieren privatistische Texte textimmanent das Dargestellte, eröffnen also eine *selbstreferenzielle Metaebene*, auf der die Modellierung poetisierter Privatheit hinterfragt, kritisch beleuchtet und teils sogar überwunden wird. 5.) ist privatistischer Dichtung stets das *exkludierende Element elitärer Absonderung bzw. Abgrenzung* inhärent. Damit wird ein ›geistesaristokratischer‹ Elitismus proklamiert (wie er sich bei sämtlichen in der vorliegenden Arbeit untersuchten Dichtern in mehr oder minder ausgeprägter Form konstatieren lässt), der auf soziologischer wie poetologischer Ebene über rhetorische Abgrenzungsstrategien inszeniert werden kann. Auf diese Weise wird das poetische Werk mit einem ›Geheimnis‹ – einer mystischen ›Aura‹ des Außergewöhnlichen – umgeben, zu etwas Besonderem stilisiert und zu einem sinnstiftenden – ja, ›heiligen‹ Werk, das nur wenigen Eingeweihten zugänglich sein soll. Hier wird der Konnex zwischen dem Phänomen der Hermetisierung und der Sakralisierung offenkundig und lässt sich mit dem verbindenden Paradigma der Privatheit erklären: Denn als ›heilig‹ kann sich ein Text nur dann reklamieren, wenn er sich selbst als ›privaten‹ (d. h. nicht öffentlich-zugänglichen) inszeniert. Dabei reicht es nicht aus, diese Privatisierung über eine raffinierte Publikationsstrategie zu funktionalisieren – vielmehr müssen auch die Texte selbst poetische Privatisierungsstrategien aufweisen, durch die sie *ex aequo* hermetisiert und sakralisiert werden können.

Der Zugang zum privaten Zeichenraum wird dabei durch die Kodierung der Texte selbst kontrolliert – das ›Geheimwissen‹, welches er zu bergen verspricht, vor der Menge geschützt. So avancieren die Schriftzeichen erneut zu Zeugnissen der *Divinatio* – doch nicht zu heiligen Worten, die auf Transzendentes verweisen, sondern vielmehr zu Zeichen, welche die Erlösung allein in der Kunst versprechen.

Mit der um 1900 häufig verwendeten Tempelmetaphorik lässt sich der Zusammenhang zwischen den Privatisierungsphänomenen der Hermetisierung frühmoderner Literatur und deren Sakralisierung bildhaft veranschaulichen: Als heiliger Ort darf der Tempel – eine Metapher für die Literatur – nur von wenigen betreten werden; lediglich diese ›Auserwählten‹ haben Zugang zum innersten Privatraum der literarischen Texte – ihrem verborgenen Sinn – weil sie die notwendigen Voraussetzungen dazu mitbringen und sich so würdig erweisen, die tiefere Bedeutung der Dichtung zu erfassen. Als Schöpfer eines solchen Kunsttempels nimmt der Autor in seiner Rolle als *poeta vates* die Funktion des obersten Priesters ein, um vom ›Göttlichen‹ zu künden. Da dieses aber – um im Bilde zu bleiben – nicht außerhalb des Tempels liegen kann (weil eine säkularisierte Welt einer extramundanen metaphysischen Instanz entbehrt), muss die Sinnstiftung durch das ›heilige Werk‹ selbst erfolgen.

Bereits 10 Jahre vor ›Maximin‹ und noch vor der Veröffentlichung von *Das Jahr der Seele*, wird der in der Literaturszene noch relativ unbekannte Autor George von einigen seiner engsten Freunde zu jenem Priester erhöht, der schon in den *Hymnen* von der ›Herrin‹ in sein heiliges Amt gesetzt und im *Algabal* als gleichnamige Figur in Gestalt des römischen Priesterkaisers als autokratischer Herrscher inszeniert worden war. In einem Brief von 1896 verklärt Wolfskehl den Dichter zum »Priesterkönig« und nennt ihn in Anspielung auf Christus gar einen »Opferkönig«, der in seiner Funktion als strenger Regent den Sehnenden neue »Normen« gegeben und ihnen ein klares »Ziel« gesetzt habe. In diesem Brief wird George zum heiligen Erlöser stilisiert, der den Wenigen, die ihn zu erkennen bereit sind, einen Sinn zu geben imstande sei. Es wird dem Autor die Wirkmacht zugesprochen, mittels seiner Werke den Auserwählten einen Weg zu weisen aus der kunstlosen Zeit. Der Schlüssel zu dieser ›Erlösung‹ aber liege in Georges Lyrik, und es sei bezeichnend, dass er von der Menge heute noch »misverstanden« werde. Schließlich sei sein Werk keine Kunst für die Masse – die »Armen und Erbärmlichen«, wie Wolfskehl sie nennt – sondern vielmehr ein Heiligtum, das nur Auserwählten zu betreten gestattet sei; denn wie – so die rhetorische Frage Wolfskehls – »dürften tölpelhafte Schritte über die weißen Marmorstufen Ihres Tempels stapfen?«[19]

---

19 Karl Wolfskehl: »Brief an Stefan George vom 27. April 1896«. In: Birgit Wägenbaur/Ute Oelmann (Hg.): *›Von Menschen und Mächten‹. Stefan George – Karl und Hanna Wolfskehl: Der Briefwechsel 1892–1933*. München 2015, S. 133–135. Hier: S. 134.

Literaturverzeichnis

Siglen

BfK	Stefan George: *Blätter für die Kunst. Eine Auslese aus den Jahren 1892–1898.* Begründet von Stefan George. Herausgegeben von Carl August Klein. Berlin 1899.
EM	Stefan George Stiftung (Hg.): *Einleitungen und Merksprüche der Blätter für die Kunst.* Düsseldorf/München 1964.
KA	Hugo von Hofmannsthal: *Sämtliche Werke. Kritische Ausgabe.* Veranstaltet vom Freien Deutschen Hochstift. Herausgegeben von Martin Stern u. a. 42 Bände. Frankfurt am Main 1975 ff.
KSA	Friedrich Nietzsche: *Kritische Studienausgabe.* Herausgegeben von Giorgio Colli und Mazzino Montinari. 15 Bände. München 1999 ff.
GdE	Andrian, Leopold von: *Der Garten der Erkenntnis und andere Dichtungen.* Mit einem Nachwort herausgegeben von Dieter Sudhoff. Hamburg 2013.
GW	Hugo von Hofmannsthal: *Gesammelte Werke.* Herausgegeben von Bernd Schoeller. 10 Bände. Frankfurt am Main 1979/1980.
SW	Stefan George: *Sämtliche Werke in 18 Bänden.* Herausgegeben von Ute Oelmann. Stuttgart 1982–2008.
RSW	Rainer Maria Rilke: *Sämtliche Werke.* Herausgegeben vom Rilke-Archiv. In Verbindung mit Ruth Sieber-Rilke. Besorgt durch Ernst Zinn. 7 Bände. Frankfurt am Main 1955–1997.
W	Richard Beer-Hofmann: *Große Richard-Beer-Hofmann-Ausgabe in sechs Bänden.* Herausgegeben von Günter Helmes, Michael M. Schardt und Andreas Thomasberger. Paderborn 1993–1998.

Lexika

Duden. Deutsches Universalwörterbuch. 8., überarbeitete und erweiterte Auflage. Herausgegeben von der Duden-Redaktion. Berlin 2015.

Kluge. Etymologisches Wörterbuch der deutschen Sprache. 24. Auflage. Berlin/New York 2002.

Reallexikon der deutschen Literaturwissenschaft. Neubearbeitung des Reallexikons der deutschen Literaturgeschichte. 3 Bände. Berlin/New York 2007.

Stowasser. Lateinisch-deutsches Schulwörterbuch. Von J. M. Stowasser/M. Petschenig/F. Skutsch. München 2006.

Texte vor und um 1900

Andrian, Leopold von: *Österreich im Prisma der Idee. Katechismus der Führenden.* Graz 1937.

Bahr, Hermann: »Die Überwindung des Naturalismus«. In: Ders: *Die Überwindung des Naturalismus. Kritische Schriften in Einzelausgaben.* Band 2. Herausgegeben von Claus Pias. Weimar 2013, S. 129–134.

Baudelaire, Charles: »Notes nouvelles sur Edgar Poe«. In: Ders.: *Œuvres complètes.* Band II. Herausgegeben von Claude Pichois. Paris 1976.

Benjamin, Walter: »Das Kunstwerk im Zeitalter seiner technischen Reproduzierbarkeit. Zweite Fassung«. In: Ders.: *Gesammelte Werke.* Band II. Frankfurt am Main 2011, S. 569–599.

Benjamin, Walter: »Rückblick auf Stefan George. Zu einer neuen Studie über den Dichter«. In: Ders.: *Gesammelte Werke.* Band II. Frankfurt am Main 2011, S. 453–458.

Benn, Gottfried: »Rede auf Stefan George«. In: Ralph-Rainer Wuthenow (Hg.): *Stefan George und die Nachwelt. Dokumente zur Wirkungsgeschichte.* Band 2. Stuttgart 1981, S. 34–45.

Breysig, Kurt/George, Stefan: *Gespräche. Dokumente.* Herausgegeben von Gertrud Breysig. Amsterdam 1960.

Cave, Ferruccio Delle (Hg.): *Correspondenzen. Briefe an Leopold von Andrian. 1894–1950.* Marbach am Neckar 1989.

Dante Alighieri: *Die Göttliche Komödie.* Frankfurt am Main 2008.

Dantis Alagherii: *Comedia.* Edizione Critica per cura di Federico Sanguineti. Firenze 2001.

Derleth, Ludwig: *Das Werk.* Band 1: *Das Frühwerk.* Darmstadt 1971.

Die Bibel. *Nach der Übersetzung Martin Luthers. Mit Apokryphen.* Stuttgart 1999.

Fontane, Theodor: *Sämtliche Werke.* Band XXII/2: *Causerien über Theater. Zweiter Teil.* München 1964.

Fontane, Theodor: *Werke, Schriften und Briefe.* Abteilung I: *Sämtliche Romane, Erzählungen, Gedichte, Nachgelassenes.* Band 6: *Balladen, Lieder, Sprüche. Gelegenheitsgedichte. Frühe Gedichte. Versuche und Fragmente.* München 1978.

Fontane, Theodor: *Werke, Schriften und Briefe.* Abteilung III: *Erinnerungen. Ausgewählte Schriften und Kritiken.* Band 1: *Aufsätze und Aufzeichnungen.* München 2009.

Geibel, Emanuel: »Ethisches und Ästhetisches in Distichen [XVI.]«. In: Ders.: *Gesammelte Werke in acht Bänden.* Band 5: *Judas Ischarioth – Die Blutrache – Dichtungen in antiker Form – Klassisches Liederbuch.* Stuttgart/Berlin 1906, S. 33–50.

George, Stefan: ›Von Kultur und Göttern reden‹. *Aus dem Nachlass. Ergänzungen zu Stefan Georges ›Sämtlichen Werken‹.* Im Auftrag der Stefan George Stiftung. Herausgegeben von Ute Oelmann. Stuttgart 2018.

George, Stefan/Coblenz, Ida: *Briefwechsel*. Herausgegeben von Georg Peter Landmann und Elisabeth Höpker-Herberg. Stuttgart 1983.

George, Stefan/Hofmannsthal, Hugo von: *Briefwechsel zwischen George und Hofmannsthal*. Berlin 1938.

Gundolf, Friedrich: *George*. Berlin 1920.

Herodot: *Historien. Deutsche Gesamtausgabe*. Buch I/31. Stuttgart 1963.

Hesiod: *Werke und Tage*. Griechisch/Deutsch. Stuttgart 1996.

Hille, Peter: *Aus dem Heiligtum der Schönheit. Aphorismen und Gedichte*. Leipzig 1909.

Hoffmann, E.T.A.: »Der goldne Topf«. In: *Sämtliche Werke in fünfzehn Bänden*. Band 1: *Biographische Einleitung. Fantasiestücke in Callot's Manier*. Herausgegeben und mit einer biographischen Einleitung von Eduard Grisebach. Leipzig 1900, S. 176–252.

Hofmannsthal, Hugo von: *Briefe 1890–1901*. Berlin 1935.

Hofmannsthal, Hugo von/Andrian, Leopold von: *Briefwechsel*. Herausgegeben von Walter H. Perl. Frankfurt am Main 1968.

Hofmannsthal, Hugo von/Beer-Hofmann, Richard: *Briefwechsel*. Herausgegeben von Eugene Weber. Frankfurt am Main 1972.

Hofmannsthal, Hugo von/Rilke, Rainer Maria: *Briefwechsel 1899–1925*. Herausgegeben von Rudolf Hirsch und Ingeborg Schnack. Frankfurt am Main 1978.

Hofmannsthal, Hugo und Gerty von/Bahr, Hermann: *Briefwechsel 1891–1934*. Herausgegeben und kommentiert von Elsbeth Dangel-Pelloquin. Band 2. Göttingen 2013.

Hölderlin, Friedrich: »Hyperion«. In: Ders.: *Gesammelte Werke*. Herausgegeben von Hans Jürgen Balmes. Frankfurt am Main 2008, S. 289–457.

Holz, Arno: *Phantasus*. Verkleinerter Faksimiledruck der Erstfassung. Herausgegeben von Gerhard Schulz. Stuttgart 1978.

Jünger, Friedrich Georg: *Griechische Mythen*. Frankfurt am Main 2001.

Klages, Ludwig: »Wie im park die dächer aus triefenden zweigen«. In: Carl August Klein (Hg.): *Blätter für die Kunst*. Begründet von Stefan George. Fünfte Folge (1900/1901), S. 54–55.

Klein, Carl August: *Die Sendung Stefan Georges. Erinnerungen von Carl August Klein*. Berlin 1935.

Kraus, Karl: »Die demolirte Literatur«. In: Ders.: *Frühe Schriften 1892–1900*. Band 1. Herausgegeben von Johannes J. Braakenburg. München 1979, S. 269–289.

Krell, Paul F.: »Ueber Wohnungs-Ausstattung«. In: *Siegfried. Illustrierter Kalender für 1887*. Stuttgart 1886, S. 65–68.

Landmann, Edith: *Gespräche mit Stefan George*. Düsseldorf/München 1963.

Lublinski, Samuel: »Die Bilanz der Moderne [1904]«. In: Gotthart Wunberg/ Stephan Dietrich (Hg.): *Die literarische Moderne. Dokumente zum Selbstverständnis der Literatur um die Jahrhundertwende*. Freiburg 1998.

Lukács, Georg: *Die Seele und die Formen*. Berlin 1911.

Lukács, Georg: *Deutsche Literatur im Zeitalter des Imperialismus*. Berlin 1945.

Mach, Ernst: *Die Analyse der Empfindungen und das Verhältnis des Physischen zum Psychischen. Mit einem Vorwort zum Neudruck von Gereon Wolters*. Darmstadt 1985.

Meynert, Theodor: *Zur Mechanik des Gehirnbaues*. Wien 1874.

Musil, Robert: *Tagebücher. Aphorismen. Essays und Reden*. Herausgegeben von Adolf Frisé. Hamburg 1955.

Novalis: *Schriften. Die Werke Friedrich von Hardenbergs*. Band 1: *Das dichterische Werk*. Herausgegeben von Paul Kluckhohn und Richard Samuel unter Mitarbeit von Heinz Ritter und Gerhard Schulz. Stuttgart 1960.

Novalis: *Schriften. Die Werke Friedrich von Hardenbergs*. Band 2: *Das philosophische Werk I*. Herausgegeben von Richard Samuel in Zusammenarbeit mit Hans-Joachim Mähl und Gerhard Schulz. Stuttgart 1981.

Novalis: *Schriften. Im Verein mit Richard Samuel*. Herausgegeben von Paul Kluckhohn. Band I. Leipzig 1929.

Ovid: *Metamorphosen. Metamorphosen Libri. Lateinisch – deutsch*. Herausgegeben und übersetzt von Gerhard Fink. Mannheim 2010.

Prutsch, Ursula/Zeyringer, Klaus (Hg.): *Leopold von Andrian (1875–1951). Korrespondenzen, Notizen, Essays, Berichte*. Wien/Köln/Weimar 2003.

Rilke, Rainer Maria: »Brief an Stephan George«. In: *Corona. Zweimonatsschrift* 6 (1936). Heft 6, S. 706.

Rilke, Rainer Maria: *Tagebücher aus der Frühzeit*. Frankfurt am Main 1973.

Schelling, Friedrich Wilhelm Joseph von: *Schellings Werke. Auswahl in drei Bänden*. Band 2. Leipzig 1907.

Schiller, Friedrich: »Die Erwartung«. In: Ders.: *Gedichte*. Erster Theil. Leipzig 1807, S. 165–168.

Schleiermacher, Friedrich: »Über die Religion. Reden an die Gebildeten unter ihren Verächtern«. In: Ders.: *Kritische Gesamtausgabe*. I. Abteilung. Band 2: *Schriften aus der Berliner Zeit 1769–1799*. Herausgegeben von Günter Meckenstock. Berlin/New York 1984, S. 185–326.

Schnitzler, Arthur: *Tagebuch 1893–1902*. Wien 1989.

Schnitzler, Arthur/Beer-Hofmann, Richard: *Briefwechsel. 1891–1931*. Herausgegeben von Konstanze Fliedl. Wien/Zürich 1992.

Simmel, Georg: »Die Großstädte und das Geistesleben«. In: Ders.: *Gesamtausgabe*. Band 1: *Aufsätze und Abhandlungen 1901–1908*. Herausgegeben von Rüdiger Kramme, Angela Rammstadt und Otthein Rammstedt. Frankfurt am Main 1995, S. 116–131.

Simmel, Georg: »Stefan George. Eine kunstphilosophische Betrachtung«. In: *Die Zukunft* 22 (1898), S. 386–396.

Simmel, Georg: »Zur Soziologie der Religion«. In: Ders.: *Individualismus der modernen Zeit und andere soziologische Abhandlungen*. Ausgewählt und mit einem Nachwort von Otthein Rammstedt. Frankfurt am Main 2008, S. 133–151.

Wackenroder, Wilhelm Heinrich: »Herzensergießungen eines kunstliebenden Klosterbruders«. In: Ders.: *Sämtliche Werke und Briefe. Historisch-kritische Ausgabe*. Herausgegeben von Silvio Vietta und Richard Littlejohns. Band I: *Werke*. Herausgegeben von Silvio Vietta. Heidelberg 1991, S. 51–145.

Wägenbaur, Birgit/Oelmann, Ute (Hg.): ›*Von Menschen und Mächten*‹. *Stefan George – Karl und Hanna Wolfskehl: Der Briefwechsel 1892–1933*. München 2015.

Wolfskehl, Karl: *Kolloquium. Vorträge – Berichte – Dokumente*. Herausgegeben von Paul Gerhard Klussmann in Verbindung mit Jörg-Ulrich Fechner und Karlhans Kluncker. Amsterdam 1983.

Weber, Max: *Gesammelte Aufsätze zur Wissenschaftslehre*. Herausgegeben von Johannes Winckelmann. Tübingen 1988.

Weber, Max: *Wirtschaft und Gesellschaft. Grundriß der verstehenden Soziologie*. Tübingen 1976.

Forschungsliteratur

Adorno, Theodor W.: »Arnold Schönberg. Fünfzehn Gedichte aus ›Das Buch der hängenden Gärten‹ von Stefan George, op. 15. Anton Webern. Fünf Lieder nach Gedichten von Stefan George, op. 4«. In: Ders.: *Gesammelte Schriften*. Band 18: *Musikalische Schriften V*. Herausgegeben von Rolf Tiedemann und Klaus Schultz. Frankfurt am Main 1984, S. 418–426.

Adorno, Theodor W.: *Ästhetische Theorie*. Frankfurt am Main 1973.

Adorno, Theodor W.: »Noten zur Literatur«. In: Ders.: *Gesammelte Schriften*. Herausgegeben von Rolf Tiedemann. Band 11. Frankfurt am Main 1974.

Adorno, Theodor W.: »Rede über Lyrik und Gesellschaft [1957]«. In: Ders: *Gesammelte Schriften*. Band 11: *Noten zur Literatur*. Frankfurt am Main 1974, S. 49–68.

Agamben, Giorgio: *Profanierungen*. Aus dem Italienischen von M. Schneider. Frankfurt am Main 2005.

Ajouri, Philip: *Literatur um 1900. Naturalismus – Fin de Siècle – Expressionismus*. Berlin 2009.

Alewyn, Richard: *Über Hugo von Hofmannsthal*. Göttingen 1967.

Apel, Friedmar: »Die eigene Sprache als fremde. Stefan Georges frühes Kunstprogramm«. In: *George-Jahrbuch* 8 (2010/2011), S. 1–18.

Apel, Friedmar: *Die Kunst als Garten. Zur Sprachlichkeit der Welt in der deutschen Romantik und im Ästhetizismus des 19. Jahrhunderts.* Heidelberg 1983.

Arbogast, Hubert: *Die Erneuerung der deutschen Dichtersprache in den Frühwerken Stefan Georges. Eine stilgeschichtliche Untersuchung.* Köln/Graz 1967.

Ariès, Philippe/Duby, Georges (Hg.): *Geschichte des privaten Lebens.* Band 4: *Von der Revolution zum Großen Krieg.* Herausgegeben von Michelle Perrot. Frankfurt am Main 1992.

Asholt, Wolfgang/Fähnders, Walter: *Manifeste und Proklamationen der europäischen Avantgarde (1909–1938).* Stuttgart 1995.

Assmann, Aleida: *Die Legitimität der Fiktion. Ein Beitrag zur Geschichte der literarischen Kommunikation.* München 1980.

Auerochs, Bernd: »Fiktionen des heiligen Textes. Nietzsche und Kafka«. In: Albert Meier/Alessandro Costazza/Gérard Laudin (Hg.): *Kunstreligion.* Band 2: *Die Radikalisierung des Konzepts nach 1850.* Berlin/Boston 2012, S. 41–58.

Aulich, Johanna J. S.: *Orphische Weltanschauung der Antike und ihr Erbe bei den Dichtern Nietzsche, Hölderlin, Novalis und Rilke.* Frankfurt am Main u. a. 1998.

Aurnhammer, Achim: »›Im Anfang war das Wort!‹ – ›Im Anfang war die Tat!‹. Wort und Tat in Stefan Georges Idee des Heroischen«. In: Frieder von Ammon/Cornelia Rémi/Gideon Stiening (Hg.): *Literatur und praktische Vernunft.* Berlin/Boston 2016, S. 537–554.

Aurnhammer, Achim u. a. (Hg.): *Stefan George und sein Kreis. Ein Handbuch.* 3 Bände. Berlin/Boston 2012.

Aus der Au, Carmen: *Theodor Fontane als Kunstkritiker.* Berlin/Boston 2017.

Aust, Hugo: *Realismus. Lehrbuch Germanistik.* Stuttgart 2006.

Bahrdt, Hans P.: *Die moderne Großstadt. Soziologische Überlegungen zum Städtebau.* München 1974.

Bahrdt, Hans P.: »Von der romantischen Großstadtkritik zum urbanen Städtebau«. In: *Schweizer Monatshefte.* Heft 8. Jahrgang 38 (November 1958), S. 637–647.

Barthes, Roland: »Der Tod des Autors«. In: Fotis Jannidis u. a. (Hg.): *Texte zur Theorie der Autorschaft.* Stuttgart 2000, S. 185–193.

Baßler, Moritz: *Die Entdeckung der Textur. Unverständlichkeit in der Kurzprosa der emphatischen Moderne 1910–1916.* Tübingen 1994.

Baßler, Moritz u. a.: *Historismus und literarische Moderne.* Tübingen 1996.

Blasberg, Cornelia: »Stefan Georges ›Das Jahr der Seele‹. Poetik zwischen Schrift und Bild«. In: *Hofmannsthal Jahrbuch zur Europäischen Moderne* 5 (1997), S. 217–249.

Bleutge, Nico: »Der Lockruf des Nichts. Zu Stefan Georges Gedicht ›Die steine die in meiner strasse staken‹«. In: *George-Jahrbuch* 10 (2014/2015), S. 1–5.

Bobbio, Norberto: »The Great Dichotomy. Public/Private«. In: Ders.: *Democracy and Dictatorship. The Nature and Limits of State Power.* Minneapolis 1989, S. 1–21.

Boehringer, Robert: *Mein Bild von Stefan George. Text- und Tafelband*. Zweite ergänzte Auflage. Düsseldorf/München 1967.

Böhme, Helmut: *Prolegomena zu einer Sozial- und Wirtschaftsgeschichte Deutschlands im 19. und 20. Jahrhundert*. Frankfurt am Main 1973.

Böschenstein, Bernhard: »Der Dichter als Herrscher, Religionsstifter, Erzieher. Stefan Georges Autorität im Wandel der Formen von ›Algabal‹ (1892) bis zum Ersten Weltkrieg«. In: *Colloquium Helveticum. Schweizer Hefte für allgemeine und vergleichende Literaturwissenschaft* 41 (2010), S. 53–63.

Böschenstein, Bernhard: »Die Dunkelheit der deutschen Lyrik des 20. Jahrhunderts.« In: *Der Deutschunterricht* 21 (1969). Heft 3, S. 51–66.

Böschenstein, Bernhard: »Hofmannsthal, George und die französischen Symbolisten«. In: Ders.: *Leuchttürme*. Frankfurt am Main 1977.

Böschenstein, Bernhard: »Magie in dürftiger Zeit. Stefan George: Jünger – Dichter – Entdecker.« In: Ders.: *Von Morgen nach Abend. Filiationen der Dichtung von Hölderlin zu Celan*. München 2006, S. 93–105.

Böschenstein, Bernhard: »Weihe«. In: *Castrum Peregrini*. 50. Jahrgang (2001). Heft 250, S. 7–16.

Böschenstein, Bernhard: »Wirkungen des französischen Symbolismus auf die deutsche Lyrik der Jahrhundertwende. I. Stefan George und Francis Vielé-Griffin«. In: *Euphorion* 58 (1964), S. 375–386.

Böschenstein, Bernhard u. a. (Hg.): *Wissenschaftler im George-Kreis. Die Welt des Dichters und der Beruf der Wissenschaft*. Berlin 2005.

Bourdieu, Pierre: *Die feinen Unterschiede. Kritik der gesellschaftlichen Urteilskraft*. Übersetzt von Bernd Schwibs und Achim Russer. Frankfurt am Main 2014.

Bozza, Maik: *Genealogie des Anfangs. Stefan Georges poetologischer Selbstentwurf um 1890*. Göttingen 2016.

Braungart, Wolfgang: *Ästhetischer Katholizismus. Stefan Georges Rituale der Literatur*. Tübingen 1997.

Braungart, Wolfgang: »Der Maler ist ein Schreiber. Zur Theo-Poetik von Rilkes ›Stunden-Buch‹. In: *Blätter der Rilke-Gesellschaft* 27/28 (2006/2007), S. 49–75.

Braungart, Wolfgang: »Mnemotechnik des Lebens«. In: Kai Buchholz u. a. (Hg.): *Die Lebensreform. Entwürfe zur Neugestaltung von Leben und Kunst um 1900*. Band 1. Darmstadt 2001, S. 87–90.

Braungart, Wolfgang: »Priester und Prophet. Literarische Autorschaft in der Moderne. Am Beispiel Stefan Georges«. In: Christel Meier/Martina Wagner Egelhaaf (Hg.): *Prophetie und Autorschaft. Charisma, Heilsversprechen und Gefährdung*. Berlin 2014, S. 335–353.

Braungart, Wolfgang: »Vogelschau«. In: Stefan George: *Dies ist ein Lied für dich allein. Vierzig Gedichte ausgewählt und gedeutet von Wolfgang Braungart und Ute Oelmann*. Mainz 2018, S. 29–32.

Broch, Hermann: *Hofmannsthal und seine Zeit. Eine Studie*. Herausgegeben und mit einem Nachwort versehen von Paul Michael Lützeler. Frankfurt am Main 2001.

Brokoff, Jürgen: *Geschichte der reinen Poesie. Von der Weimarer Klassik bis zur historischen Avantgarde*. Göttingen 2010.

Brokoff, Jürgen: »Macht im Innenraum der Dichtung. Die frühen Gedichte Stefan Georges«. In: Uwe Hebekus/Ingo Stöckmann (Hg.): *Die Souveränität der Literatur. Zum Totalitären der Klassischen Moderne 1900–1933*. München 2008, S. 415–432.

Bruce, Steve: *God is Dead. Secularization in the West*. Oxford 2002.

Burdorf, Dieter: »Lyrische Korrespondenzen. Zum Verhältnis von Brief und Gedicht in der Literatur der Moderne. Am Beispiel des Briefwechsels zwischen Stefan George und Hugo von Hofmannsthal«. In: *George-Jahrbuch* 12 (2018/2019), S. 99–123.

Bürger, Peter: *Theorie der Avantgarde*. Frankfurt am Main 2013.

Burk, Steffen: »Die Welt als Wille und Vorstellung. Zur Schopenhauer-Rezeption Richard Beer-Hofmanns in ›Der Tod Georgs‹«. In: *Hofmannsthal Jahrbuch zur Europäischen Moderne* 26 (2018), S. 233–260.

Burk, Steffen: »Einleitung«. In: Ders./Tatiana Klepikova/Miriam Piegsa (Hg.): *Privates Erzählen. Formen und Funktionen von Privatheit in der Literatur des 18.–21. Jahrhunderts*. Frankfurt am Main 2018, S. 7–15.

Cohn, Dorrit: »›Als Traum erzählt‹. The Case for a Freudian Reading of Hofmannsthal's ›Märchen der 672. Nacht‹«. In: *DVjs* 54.2 (1980), S. 284–305.

Dangel-Pelloquin, Elsbeth: »Das Junge Wien«. In: Mathias Mayer/Julian Werlitz: *Hofmannsthal-Handbuch. Leben – Werk – Wirkung*. Stuttgart 2016, S. 47–49.

David, Claude: *Stefan George. Sein dichterisches Werk*. München/Wien 1967.

Detering, Heinrich: »Kunstreligion und Künstlerkult«. In: *Georgia Augusta* 5 (2007), S. 124–133.

Detering, Heinrich: »Was ist Kunstreligion? Systematische und historische Bemerkungen«. In: Albert Meier/Alessandro Costazza/Gérard Laudin: *Kunstreligion. Band 1: Der Ursprung des Konzepts um 1800*. Berlin/New York 2011, S. 11–27.

Diersch, Manfred: *Empiriokritizismus und Impressionismus. Über Beziehungen zwischen Philosophie, Ästhetik und Literatur um 1900 in Wien*. Berlin 1977.

Dotzler, Bernhard J.: »Beschreibung eines Briefes. Zum handlungsauslösenden Moment in Hugo von Hofmannsthals ›Märchen der 672. Nacht‹«. In: Wolfram Mauser (Hg.): *Hofmannsthal – Forschungen. Im Auftrag der Hofmannsthal-Gesellschaft*. Freiburg im Breisgau 1985, S. 49–54.

Dürhammer, Ilija: *Geheime Botschaften. Homoerotische Subkulturen im Schubert-Kreis, bei Hugo von Hofmannsthal und Thomas Bernhard*. Wien/Köln/Weimar 2006.

Durkheim, Emile: *Die elementaren Formen des religiösen Lebens.* Übersetzt von Ludwig Schmidts. Frankfurt am Main 1981.

Durzak, Manfred: *Der junge Stefan George. Kunsttheorie und Dichtung.* München 1968.

Eco, Umberto: *Einführung in die Semiotik.* München 1972.

Egyptien, Jürgen: »Entwicklung und Stand der George-Forschung 1955–2005«. In: *Text + Kritik. Zeitschrift für Literatur.* Heft 168 (2005), S. 105–122.

Egyptien, Jürgen: »Herbst der Liebe und Winter der Schrift. Über den Zyklus ›Nach der Lese‹ in Stefan Georges ›Das Jahr der Seele‹«. In: *George-Jahrbuch* 1 (1996/1997), S. 23–42.

Egyptien, Jürgen: *Stefan George. Dichter und Prophet.* Darmstadt 2018.

Egyptien, Jürgen: »Von der Kosmischen Runde über die ›Maximin‹-Dichtung zum ›Stern des Bundes‹. Stationen der Gestaltwerdung des Göttlichen bei Stefan George«. In: Christophe Fricker (Hg.): *Krise und Gemeinschaft. Stefan Georges ›Der Stern des Bundes‹.* Frankfurt am Main 2017, S. 53–68.

Ehlers, Swantje: »Hermetismus als Kunstverfahren. Formalästhetische Untersuchung zu Hugo von Hofmannsthals ›Märchen der 672. Nacht‹«. In: *Sprachkunst. Beiträge zur Literaturwissenschaft.* Jahrgang XV (1984). 1. Halbband, S. 24–30.

Engel, Manfred: *Rainer Maria Rilkes ›Duineser Elegien‹ und die moderne deutsche Lyrik. Zwischen Jahrhundertwende und Avantgarde.* Stuttgart 1986.

Engel, Manfred (Hg.): *Rilke-Handbuch. Leben – Werk – Wirkung.* Unter Mitarbeit von Dorothea Lauterbach. Stuttgart 2004.

Faber, Richard: »Der Ästhetizist, der politisch-religiöse Dichter Stefan George und das Problem seines Präfaschismus«. In: Wolfgang Braungart (Hg.): *Stefan George und die Religion.* Berlin/Boston 2015, S. 175–196.

Fähnders, Walter: *Avantgarde und Moderne 1890–1933.* Stuttgart 2010.

Faletti, Heidi E.: *Die Jahreszeiten des Fin de siècle. Eine Studie über Stefan Georges ›Das Jahr der Seele‹.* Bern 1983.

Fechner, Jörg-Ulrich (Hg.): *›L'âpre gloire du silence‹. Europäische Dokumente zur Rezeption der Frühwerke Stefan Georges und der ›Blätter für die Kunst‹ 1890–1898.* Heidelberg 1998.

Fick, Monika: *Sinnenwelt und Weltseele. Der psychophysische Monismus in der Literatur der Jahrhundertwende.* Tübingen 1993.

Fischer, Jens Malte: »Richard Beer-Hofmanns ›Der Tod Georgs‹«. In: *Sprachkunst. Internationale Beiträge zur Literaturwissenschaft.* Jahrgang II (1971), H. 1, S. 211–227.

Flügel-Martinsen, Oliver: »Privatheit zwischen Moral und Politik. Konturen und Konsequenzen eines Spannungsverhältnisses«. In: Sandra Seubert/Peter Niesen (Hg.): *Die Grenzen des Privaten.* Baden-Baden 2010, S. 59–72.

Fricker, Christophe: »Ludwig II. in Stefan Georges ›Algabal‹«. In: *Weimarer Beiträge* 52 (2006) 3, S. 441–448.

Friedrich, Hugo: *Die Struktur der modernen Lyrik. Von der Mitte des neunzehnten bis zur Mitte des zwanzigsten Jahrhunderts*. Reinbek bei Hamburg 1956.

Frye, Lawrence O.: »›Das Märchen der 672. Nacht‹ von Hofmannsthal. Todesgang als Kunstmärchen und Kunstkritik«. In: *ZfdPh*. Band 108 (1989), S. 530–551.

Fülleborn, Ulrich: »Rilke um 1900 unter der Perspektive der Postmoderne«. In: Herbert Herzmann/Hugh Ridley (Hg.): *Rilke und der Wandel in der Sensibilität*. Essen 1990, S. 71–89.

Fülleborn, Ulrich: »Rilke um 1900 unter postmoderner Perspektive«. In: Ders.: *Besitz und Sprache. Offene Strukturen und nicht-possessives Denken in der deutschen Literatur. Ausgewählte Aufsätze*. Herausgegeben von Günter Blamberger, Manfred Engel und Monika Ritzer. München 2000, S. 288–304.

Funk, Gerald: »Dämme bauen im Fluss des Heraklit. Der Schrecken der Zeit in Hofmannsthals ›Märchen der 672. Nacht‹«. In: *Quarber Merkur* 88 (1999), S. 89–99.

Gadamer, Hans-Georg: *Wer bin Ich und wer bist Du? Kommentar zu Celans ›Atemkristall‹*. Frankfurt am Main 1986.

Geuss, Raymond: *Privatheit. Eine Genealogie*. Aus dem Englischen von Karin Wördemann. Frankfurt am Main 2002.

Gisbertz, Anna-Katharina: »Selbstdeutungen«. In: Mathias Meyer/Julian Werlitz: *Hofmannsthal-Handbuch*. Stuttgart 2016, S. 89–94.

Gisbertz, Anna-Katharina: *Stimmung – Leib – Sprache. Eine Konfiguration in der Wiener Moderne*. München 2009.

Goeth, Sarah: »Private Räume und intimes Erzählen bei Novalis«. In: Steffen Burk/Tatiana Klepikova/Miriam Piegsa (Hg.): *Privates Erzählen. Formen und Funktionen von Privatheit in der Literatur des 18. bis 21. Jahrhunderts*. Frankfurt am Main 2018, S. 47–70.

Gräf, Dennis/Halft, Stefan/Schmöller, Verena: »Privatheit. Zur Einführung«. In: Dies.: *Privatheit. Formen und Funktionen*. Passau 2011, S. 9–28.

Grawe, Christian/Nürnberger, Helmut (Hg.): *Fontane-Handbuch*. Stuttgart 2000.

Greve, Ludwig/Volke, Werner (Hg.): *Jugend in Wien. Literatur um 1900. Eine Ausstellung des Deutschen Literaturarchivs*. Marbach am Neckar 1974.

Grimm, Petra/Hans Krah: »Privatsphäre«. In: Jessica Heesen (Hg.): *Handbuch Informations- und Medienethik*. Stuttgart/Weimar 2016, S. 178–185.

Gruenter, Rainer: »Herbst des Gefühls«. In: Marcel Reich-Ranicki (Hg.): *1000 Deutsche Gedichte und ihre Interpretationen. Von Arno Holz bis Rainer Maria Rilke*. Band 5. Frankfurt am Main/Leipzig 1994, S. 118–120.

Haag, Ingrid: »Kryptogramme der Liebesangst. Zu Hofmannsthals ›Märchen der 672. Nacht und zu seinem ›Andreas‹-Fragment«. In: Karl Heinz Götze u. a. (Hg.): *Zur Literaturgeschichte der Liebe*. Würzburg 2009, S. 241–257.

Habermas, Jürgen: *Strukturwandel der Öffentlichkeit. Untersuchungen zu einer Kategorie der bürgerlichen Gesellschaft*. Frankfurt am Main 1990.

Hahn, Torsten/Jaekel, Charlotte: »Die Schwere der hässlichen Wörter und die Grenzen der schönen Wahrheit. Die Unverständlichkeit der Arbeit in ›Das Märchen der 672. Nacht‹ und ›Der Tod Georgs‹«. In: Anja Lemke/Alexander Weinstock (Hg.): *Kunst und Arbeit. Zum Verhältnis von Ästhetik und Arbeitsanthropologie vom 18. Jahrhundert bis zur Gegenwart.* Paderborn 2014, S. 189–206.

Hajek, Edelgard: *Literarischer Jugendstil. Vergleichende Studien zu Dichtung und Malerei um 1900.* Düsseldorf 1971.

Halft, Stefan/Krah, Hans: *Privatheit. Strategien und Transformationen.* Passau 2013.

Hank, Rainer: *Mortifikation und Beschwörung. Zur Veränderung ästhetischer Wahrnehmung in der Moderne am Beispiel des Frühwerks Richard Beer-Hofmanns.* Frankfurt am Main 1984.

Hardtwig, Wolfgang: »Großstadt und Bürgerlichkeit in der politischen Ordnung des Kaiserreichs«. In: Lothar Gall (Hg.): *Stadt und Bürgertum im 19. Jahrhundert.* München 1990, S. 19–64.

Heinz, Tobias: *Hofmannsthals Sprachgeschichte. Linguistisch-literarische Studien zur lyrischen Stimme.* Tübingen 2009.

Henne, Helmut: *Sprachliche Spur der Moderne. In Gedichten um 1900. Nietzsche, Holz, George, Rilke, Morgenstern.* Berlin/New York 2010.

Hennecke, Günter: *Stefan Georges Beziehung zur antiken Literatur und Mythologie. Die Bedeutung antiker Motivik und der Werke des Horaz und Vergil für die Ausgestaltung des locus amoenus in den Hirten- und Preisgedichten Stefan Georges.* Köln 1964.

Hennig, Martin: *Spielräume als Weltentwürfe. Kultursemiotik des Videospiels.* Marburg 2017.

Hermand, Jost: *Jugendstil.* Darmstadt 1992.

Hildebrandt, Kurt: *Das Werk Stefan Georges.* Hamburg 1960.

Hoffmann, Paul: *Symbolismus.* München 1987.

Hoh, Daniel: *Todeserfahrungen und Vitalisierungsstrategien im frühen Erzählwerk Richard Beer-Hofmanns.* Oldenburg 2006, S. 60–65.

Hölscher, Lucian: »Hermeneutik des Nichtverstehens. Skizze zu einer Analyse europäischer Gesellschaften im 20. Jahrhundert«. In: Günter Figal (Hg.): *Internationales Jahrbuch für Hermeneutik* 7 (2008), S. 65–77.

Innerhofer, Roland: »Das Märchen der 672. Nacht (1895)«. In: Mathias Meyer/Julian Werlitz (Hg.): *Hofmannsthal Handbuch. Leben – Werk – Wirkung.* Stuttgart 2016, S. 276–278.

Innerhofer, Roland: »›Mein Garten‹. ›Die Töchter der Gärtnerin‹ (1892)«. In: Mathias Meyer/Julian Werlitz (Hg.): *Hofmannsthal Handbuch. Leben – Werk – Wirkung.* Stuttgart 2016, S. 133 f.

Irsigler, Ingo/Orth, Dominik: *Einführung in die Literatur der Wiener Moderne.* Darmstadt 2015.

Jacob, Joachim: *Heilige Poesie. Zu einem literarischen Modell bei Pyra, Klopstock und Wieland*. Tübingen 1997.

Jacob, Joachim: »Stefan Georges ›Hymnen‹. Experimente mit dem Schönen«. In: *George-Jahrbuch* 5 (2004/2005), S. 22–44.

Jakobson, Roman: »Linguistik und Poetik«. In: Ders.: *Poetik. Ausgewählte Aufsätze 1921–1971*. Herausgegeben von Elmar Holenstein und Tarcisius Schelbert. Frankfurt am Main 1979, S. 83–121.

Jannidis, Fotis: »Polyvalenz – Konvention – Autonomie«. In: Ders. (Hg.): *Regeln der Bedeutung. Zur Theorie der Bedeutung literarischer Texte*. Berlin/New York 2003, S. 305–328.

Jannidis, Fotis u. a. (Hg.): *Die Rückkehr des Autors. Zur Erneuerung eines umstrittenen Begriffs*. Tübingen 1999.

Japp, Uwe: *Literatur und Modernität*. Frankfurt am Main 1987.

Kafitz, Dieter: *Décadence in Deutschland. Studien zu einem versunkenen Diskurs der 90er Jahre des 19. Jahrhunderts*. Heidelberg 2004.

Kaiser, Gerhard: *Geschichte der deutschen Lyrik von Heine bis zur Gegenwart. Ein Grundriß in Interpretationen*. Erster Teil. Frankfurt am Main 1991.

Kambylis, Athanasios: *Die Dichterweihe und ihre Symbolik. Untersuchungen zu Hesiodos, Kallimachos, Properz und Ennius*. Heidelberg 1965.

Karlauf, Thomas: *Stefan George. Die Entdeckung des Charisma*. München 2007.

Kauffmann, Kai: »Loblied, Gemeindegesang und Wechselrede. Zur Transformation des Hymnischen in Stefan Georges Œuvre bis zum ›Stern des Bundes‹«. In: Wolfgang Braungart/Ute Oelmann/Bernhard Böschenstein (Hg.): *Stefan George. Werk und Wirkung seit dem ›Siebenten Ring‹*. Tübingen 2001, S. 34–47.

Kauffmann, Kai: *Stefan George. Eine Biographie*. Göttingen 2014.

Kaute, Brigitte: »Zum Verhältnis von Programmatik und Literatur des Ästhetizismus – anhand von Stefan Georges Gedichtzyklus *Algabal*«. In: Bo Andersson/Gernot Müller/Dessislava Stoeva-Holm (Hg.): *Sprache – Literatur – Kultur. Text im Kontext. Beiträge zur 8. Arbeitstagung schwedischer Germanisten in Uppsala. 10.–11.10.2008*. Västerås, S. 203–210.

King, Martina: *Pilger und Prophet. Heilige Autorschaft bei Rainer Maria Rilke*. Göttingen 2009.

Klein, Elisabeth: *Jugendstil in deutscher Lyrik*. Köln 1957.

Klussmann, Paul G.: *Stefan George. Zum Selbstverständnis der Kunst und des Dichters in der Moderne. Mit einer George-Bibliographie*. Bonn 1961.

Knoblauch, Hubert: »Religion und Soziologie«. In: Birgit Weyel/Wilhelm Gräb (Hg.): *Religion in der modernen Lebenswelt. Erscheinungsformen und Reflexionsperspektiven*. Göttingen 2006, S. 277–295.

Kobel, Erwin: *Hugo von Hofmannsthal*. Berlin 1970.

Koch, Manfred: »Poetik um 1900. George, Hofmannsthal, Rilke«. In: Ralf Simon: *Grundthemen der Literaturwissenschaft. Poetik und Poetizität*. Berlin/Boston 2018, S. 201–223.

Koebner, Thomas: »Der Garten als literarisches Motiv um die Jahrhundertwende«. In: Ders.: *Zurück zur Natur. Ideen der Aufklärung und ihre Nachwirkung. Studien.* Heidelberg 1993.

Kohl, Katrin: *Metapher.* Stuttgart 2007.

Kolk, Rainer: *Literarische Gruppenbildung. Am Beispiel des George-Kreises. 1890–1945.* Tübingen 1998.

Kolk, Rainer: »Literatur und ›Jugend‹ um 1900. Eine Skizze«. In: Wolfgang Braungart (Hg.): *Stefan George und die Jugendbewegung.* Stuttgart 2018, S. 11–26.

Krah, Hans: *Einführung in die Literaturwissenschaft/Textanalyse.* Kiel 2006.

Krah, Hans: »Kommunikationssituation und Sprechsituation«. In: Ders./Michael Titzmann: *Medien und Kommunikation. Eine interdisziplinäre Einführung.* Dritte, stark erweiterte Auflage. Passau 2013, S. 57–85.

Krech, Volkhard: »Zwischen Historisierung und Transformation von Religion. Diagnosen zur religiösen Lage um 1900 bei Max Weber, Georg Simmel und Ernst Troeltsch«. In: Ders./Hartmann Tyrell (Hg.): *Religionssoziologie um 1900.* Würzburg 1995, S. 313–349.

Kurz, Gerhard: *Metapher, Allegorie, Symbol.* Göttingen 2004.

Laasri, Mohammed: »›Das Märchen der 672. Nacht‹. Die orientalische Welt und Hugo von Hofmannsthals literarische Kreativität«. In: Ernest W. B. Hess-Lüttich (Hg.): *Re-Visionen. Kulturwissenschaftliche Herausforderungen interkultureller Germanistik.* Frankfurt am Main 2012, S. 421–432.

Landmann, Georg Peter: »Varianten und Erläuterungen«. In: SW IV, 133–144.

Lee, Song Hoon: *Die Dualismusprobleme bei Hugo von Hofmannsthal. Eine Untersuchung zu ›Das Märchen der 672. Nacht‹, ›Das Märchen von der verschleierten Frau‹ und ›Die Frau ohne Schatten‹.* Bielefeld 1992.

Lehnen, Ludwig: »Politik der Dichtung. George und Mallarmé. Vorschläge für eine Neubewertung ihres Verhältnisses«. In: *George-Jahrbuch* 4 (2002/2003), S. 1–35.

Li, Shuangzhi: *Die Narziss-Jugend. Eine poetologische Figuration in der deutschen Dekadenz-Literatur um 1900 am Beispiel von Leopold von Andrian, Hugo von Hofmannsthal und Thomas Mann.* Heidelberg 2013.

Liesbrock, Katrin: *Einflüsse der symbolistischen Ästhetik auf die Prosa der Jahrhundertwende. Vergleichende Studien zu Poictevin, Rodenbach, Andrian, Beer-Hofmann und Hofmannsthal.* Berlin 2016.

Lindner, Martin: *Leben in der Krise. Zeitromane der Neuen Sachlichkeit und intellektuelle Mentalität der Klassischen Moderne. Mit einer exemplarischen Analyse des Romanwerks von Arnolt Bronnen, Ernst Glaeser, Ernst von Salomon und Ernst Erich Noth.* Stuttgart/Weimar 1994.

Lotman, Jurij M.: *Die Struktur literarischer Texte.* Übersetzt von Rolf-Dietrich Keil. München 1993.

Löwenstein, Sascha: *Poetik und dichterisches Selbstverständnis. Eine Einführung in Rainer Maria Rilkes frühe Dichtungen (1884–1906)*. Würzburg 2004.

Luckmann, Thomas: *Die unsichtbare Religion*. Frankfurt am Main 1991.

Luhmann, Niklas: »Die Autonomie der Kunst«. In: Ders.: *Schriften zu Kunst und Literatur*. Frankfurt am Main 2008, S. 416–427.

Luhmann, Niklas.: »Gesellschaftliche Struktur und semantische Tradition«. In: Ders.: *Gesellschaftsstruktur und Semantik. Studien zur Wissenssoziologie der modernen Gesellschaft*. Band. 1. Frankfurt am Main 1980, S. 9–72.

Luhmann, Niklas: »Individuum, Individualität, Individualismus«. In: Ders.: *Gesellschaftsstruktur und Semantik. Studien zur Wissenssoziologie der modernen Gesellschaft*. Band 3. Frankfurt am Main 1993, S. 149–258.

Luhmann, Niklas: »Sinn der Kunst und Sinn des Marktes – zwei autonome Systeme.« In: Ders.: *Schriften zu Kunst und Literatur*. Herausgegeben von Niels Werber. Frankfurt am Main 2008, S. 389–400.

Magnússon, Gísli: *Dichtung als Erfahrungsmetaphysik. Esoterische und okkultistische Modernität bei R. M. Rilke*. Würzburg 2009.

Mähl, Hans-Joachim: *Die Idee des goldenen Zeitalters im Werk des Novalis. Studien zur Wesensbestimmung der frühromantischen Utopie und zu ihren ideengeschichtlichen Voraussetzungen*. Heidelberg 1965.

Marilaun, Karl: »Gespräch mit Richard Beer-Hofmann«. In: Sören Eberhardt/Charis Goer (Hg.): *Über Richard Beer-Hofmann. Rezeptionsdokumente aus 100 Jahren*. Hamburg 2012, S. 238–241.

Martus, Steffen: *Werkpolitik. Zur Literaturgeschichte kritischer Kommunikation vom 17. bis ins 20. Jahrhundert. Mit Studien zu Klopstock, Tieck, Goethe und George*. Berlin/New York 2007.

Marwitz, Herbert: »Stefan George und die Antike«. In: *Würzburger Jahrbücher für die Altertumswissenschaft* 1 (1946), S. 226–257.

Mathy, Dietrich: »Europäischer Dadaismus oder: Die nichtige Schönheit«. In: Hans Joachim Piechotta/Ralph-Rainer Wuthenow/Sabine Rothemann (Hg.): *Die literarische Moderne in Europa. Band 2: Formationen der literarischen Avantgarde*. Opladen 1994, S. 102–122.

Mauser, Wolfram: »Aufbruch ins Unentrinnbare. Zur Aporie der Moderne in Hofmannsthals ›Märchen der 672. Nacht‹«. In: Ina Brueckel u. a. (Hg.): *Bei Gefahr des Untergangs. Phantasien des Aufbrechens*. Festschrift für Irmgard Roebling. Würzburg 2000, S. 161–172.

Mauz, Andreas: *Machtworte. Studien zur Poetik des ›heiligen Textes‹*. Tübingen 2016.

McGrath, William J.: *Dionysian Art and Populist Politics in Austria*. New Haven/London 1974.

Meiser, Katharina: *Fliehendes Begreifen. Hugo von Hofmannsthals Auseinandersetzung mit der Moderne*. Heidelberg 2014.

Merklin, Franziska: »Hymnen«. In: Jürgen Egyptien (Hg.): *Stefan George. Werkkommentar*. Berlin/Boston 2017, S. 23–42.

Merklin, Franziska: *Stefan Georges moderne Klassik. Die ›Blätter für die Kunst‹ und die Erneuerung des Dramas*. Würzburg 2014.

Mettler, Dieter: *Stefan Georges Publikationspraxis. Buchkonzeption und verlegerisches Engagement*. München u. a. 1979.

Meyer, Imke: »Erzählter Körper, verkörpertes Erzählen. Überlegungen zum Körper als Kunstobjekt in Hugo von Hofmannsthals ›Das Märchen der 672. Nacht‹«. In: Brigitte Prutti/Sabine Wilke (Hg.): *Körper – Diskurse – Praktiken. Zur Semiotik und Lektüre von Körpern in der Moderne*. Heidelberg 2003, S. 191–220.

Meyer, Imke: »Hugo von Hofmannsthals ›Weltgeheimnis‹. Ein Spiel mit dem Unaussprechlichen«. In: *Orbis Litterarum* 51 (1996), S. 267–281.

Meyer, Richard Moses: »Ein neuer Dichterkreis«. In: *Preußische Jahrbücher* 88 (1897), S. 33–54.

Meyer-Sickendiek, Burkhard: *Tiefe. Über die Faszination des Grübelns*. München 2010.

Meyer-Wendt, Hans-Jürgen: *Der frühe Hofmannsthal und die Gedankenwelt Nietzsches*. Heidelberg 1973.

Moos, Peter von: *›Öffentlich‹ und ›privat‹ im Mittelalter. Zu einem Problem der historischen Begriffsbildung*. Heidelberg 2004.

Morwitz, Ernst: *Kommentar zu dem Werk Stefan Georges*. München/Düsseldorf 1960.

Moses, Julius: *Die Lösung der Judenfrage. Eine Rundfrage von Julius Moses im Jahre 1907*. Herausgegeben und mit einer Einleitung versehen im Auftrage der Gesellschaft für Deutsche Presseforschung zu Bremen e. V. von Astrid Blome u. a. Bremen 2010.

Neumann, Gerhard: »Die absolute Metapher. Ein Abgrenzungsversuch am Beispiel Mallarmés und Paul Celans«. In: *Poetica. Zeitschrift für Sprach- und Literaturwissenschaft* 3 (1979) 1/2, S. 188–225.

Neumann, Heinrich: »Stefan Georges ›Algabal‹. Ein Hinweis zum Unterreich-Zyklus«. In: *Castrum Peregrini* 134–135 (1978), S. 122–124.

Neumeister, Christoff: *Fünfzig deutsche Gedichte des 20. Jahrhunderts, textnah interpretiert. Von Stefan George bis Ulla Hahn*. Frankfurt am Main 2014.

Nickisch, Martin: *Richard Beer-Hofmann und Hugo von Hofmannsthal. Zu Beer-Hofmanns Sonderstellung im ›Wiener Kreis‹*. München 1980.

Niefanger, Dirk: *Produktiver Historismus. Raum und Landschaft in der Wiener Moderne*. Tübingen 1993.

Nipperdey, Thomas: *Deutsche Geschichte 1866–1918*. Band I: *Arbeitswelt und Bürgergeist*. München 1990.

Nutt-Kofoth, Rüdiger: »Dichtungskonzeption als Differenz. Vom notwendigen Scheitern einer Zusammenarbeit zwischen George und Hofmannsthal«. In: Bodo Plachta (Hg.): *Literarische Zusammenarbeit*. Tübingen 2001, S. 217–243.

Oberholzer, Otto: *Richard Beer-Hofmann. Werk und Weltbild des Dichters*. Bern 1947.

Oelmann, Ute: »Anhang«. In: SW IV, 119–130.

Osigus, Anke: »Europäische Rezeption in Literatur, Musik und Film«. In: Dies. (Hg.): *Dreihundert Jahre ›1001 Nacht‹ in Europa. Ein Begleitheft zur Ausstellung in Münster, Tübingen und Gotha*. Münster 2005, S. 69–92.

Osterkamp, Ernst: *Poesie der leeren Mitte. Stefan Georges Neues Reich*. München 2010.

Oswald, Victor A.: »Oscar Wilde, Stefan George, Heliogabalus«. In: *Modern Language Quarterly*. Jahrgang X. Nr. 4, S. 517–525.

Oswald, Victor A.: »The Historical Content of Stefan George's ›Algabal‹«. In: *Germanic Review* XXIII (1948), S. 193–205.

Pache, Walter: »Ludwig II. von Bayern in der Literatur der europäischen Dekdanz«. In: Ders.: *Degeneration – Regeneration. Beiträge zur Literatur- und Kulturgeschichte zwischen Dekadenz und Moderne*. Würzburg 2000, S. 3–17.

Paetzke, Iris: »Der Ästhet als Narziss. Leopold Andrian. ›Der Garten der Erkenntnis‹«. In: Dies.: *Erzählen in der Wiener Moderne*. Tübingen 1992, S. 27–49.

Paetzke, Iris: *Erzählen in der Wiener Moderne*. Tübingen 1992.

Paetzke, Iris: »Nachwort«. In: Leopold Andrian: *Der Garten der Erkenntnis. Mit einem Nachwort von Iris Paetzke*. Zürich 1990, S. 61–68.

Perl, Walter H. (Hg.): *Hugo von Hofmannsthal – Leopold von Andrian. Briefwechsel*. Frankfurt 1968.

Perl, Walter H.: »Gespräche mit Beer-Hofmann über Hofmannsthal. Aufzeichnungen von einer Wiener Studienreise«. In: *Central-Vereins-Zeitung*. Heft 28 (9.7.1936).

Perl, Walter H.: *Leopold Andrian und die Blätter für die Kunst*. Berlin 1960.

Petersdorff, Dirk von: *Fliehkräfte der Moderne. Zur Ich-Konstitution in der Lyrik des frühen 20. Jahrhunderts*. Tübingen 2005.

Petersdorff, Dirk von: »Stefan George – ein ästhetischer Fundamentalist?«. In: Bernhard Böschenstein u. a. (Hg.): *Wissenschaftler im George-Kreis*. Berlin 2005, S. 49–58.

Petersdorff, Dirk von: »Stefan Georges Dichtung als Gegenreich«. In: *Castrum Peregrini* 264–265 (2004), S. 51–72.

Petersen, Jürgen H.: *Absolute Lyrik. Die Entwicklung poetischer Sprachautonomie im deutschen Gedicht vom 18. Jahrhundert bis zur Gegenwart*. Berlin 2006.

Rabelhofer, Bettina: *Symptom. Sexualität. Trauma. Kohärenzlinien des Ästhetischen um 1900*. Würzburg 2006.

Rasch, Wolfdietrich: *Die literarische Décadence um 1900*. München 1986.

Rasch, Wolfdietrich: *Zur deutschen Literatur seit der Jahrhundertwende. Gesammelte Aufsätze*. Stuttgart 1967.

Raulff, Ulrich: *Kreis ohne Meister. Stefan Georges Nachleben*. München 2009.

Renner, Ursula: *Leopold Andrians ›Garten der Erkenntnis‹. Literarisches Paradigma einer Identitätskrise in Wien um 1900*. Frankfurt am Main/Bern 1981.

Rey, William H.: »Die Drohung der Zeit in Hofmannsthals Frühwerk«. In: *Euphorion* 48 (1954), S. 280–310.

Richter, Karl: »Die späte Lyrik Theodor Fontanes«. In: Hugo Aust (Hg.): *Fontane aus heutiger Sicht*. München 1980, S. 118–142.

Rieckmann, Jens: »Narziss und Dionysos. Leopold von Andrians ›Der Garten der Erkenntnis‹«. In: *Modern Austrian Literature* 16 (1983). Nr. 2, S. 65–81.

Rieckmann, Jens: »Von der menschlichen Unzulänglichkeit. Zu Hofmannsthals ›Das Märchen der 672. Nacht‹«. In: *German Quarterly* 54.3 (1981), S. 298–310.

Riederer, Günter: *Der letzte Österreicher. Leopold von Andrian und sein Nachlass im Deutschen Literaturarchiv Marbach*. Marbach am Neckar 2011.

Rider, Jacques Le: *Hugo von Hofmannsthal. Historismus und Moderne in der Literatur der Jahrhundertwende*. Wien 1997.

Riedel, Volker: »Ein problematischer ›Einstieg‹. Zum Umgang Stefan Georges mit der antiken Überlieferung im Algabal«. In: *George-Jahrbuch* 7 (2008/2009), S. 20–48.

Riedel, Wolfgang: *›Homo natura‹. Literarische Anthropologie um 1900*. Berlin/New York 1996.

Riedl, Peter Philipp: »Die Pathologie des Ästhetizismus. Ludwig II. und die Literatur der Jahrhundertwende«. In: Peter Wolf u. a. (Hg.): *Götterdämmerung. König Ludwig II. und seine Zeit. Aufsätze zur Bayerischen Landesausstellung 2011*, S. 210–216.

Rink, Annette: »Algabal – Elagabal. Herrschertum beim frühen Stefan George«. In: *Weimarer Beiträge* 48 (2002) 4, S. 548–567.

Roos, Martin: *Stefan Georges Rhetorik der Selbstinszenierung*. Düsseldorf 2000.

Rössler, Beate: *Der Wert des Privaten*. Frankfurt am Main 2001.

Schäfer, Armin: *Die Intensität der Form. Stefan Georges Lyrik*. Köln/Weimar/Wien 2005.

Scheible, Hartmut: *Literarischer Jugendstil in Wien*. München 1984.

Scheible, Hartmut: »Nachwort«. In: Richard Beer-Hofmann: *Der Tod Georgs*. Stuttgart 1980, S. 120–160.

Scherer, Stefan: »Judentum, Ästhetizismus und literarische Moderne«. In: Dieter Borchmeyer (Hg.): *Richard Beer-Hofmann. Zwischen Ästhetizismus und Judentum*. Heidelberg 1996, S. 9–31.

Scherer, Stefan: *Richard Beer-Hofmann und die Wiener Moderne*. Tübingen 1993.

Schings, Hans-Jürgen: »Allegorie des Lebens. Zum Formproblem von Hofmannsthals ›Märchen der 672. Nacht‹«. In: *ZfdPh* 86 (1967), S. 533–561.

Schmitz-Emans, Monika/Lindemann, Uwe/Schmeling, Manfred (Hg.): *Poetiken. Autoren – Texte – Begriffe*. Berlin 2009.
Schultz, Hanns Stefan: *Studien zur Dichtung Stefan Georges*. Heidelberg 1967.
Schulz, Andreas: *Lebenswelt und Kultur des Bürgertums im 19. und 20. Jahrhundert*. Berlin/München/Boston 2014.
Schulz, Gerhard: *Novalis. Leben und Werk Friedrich von Hardenbergs*. München 2011.
Schumacher, Yves: *Allegorische Autoreflexivität. Baudelaire, Mallarmé, George, Holz*. Würzburg 2016.
Schwarz, Olaf: *Das Wirkliche und das Wahre. Probleme der Wahrnehmung in Literatur und Psychologie um 1900*. Kiel 2001.
Semper, Gottfried: *Der Stil in den technischen und tektonischen Künsten, oder praktische Aesthetik*. Frankfurt am Main 1860.
Simon, Ralf: *Die Bildlichkeit des lyrischen Textes. Studien zu Hölderlin, Brentano, Eichendorff, Heine, Mörike, George und Rilke*. München 2011.
Simon, Ralf: »Die Szene der Einfluß-Angst und ihre Vorgeschichte. Lyrik und Poetik beim frühen Hofmannsthal«. In: *Hofmannsthal Jahrbuch zur Europäischen Moderne* 20 (2012), S. 37–77.
Simon, Ralf: »Hymne und Erhabenheit im 19. Jahrhundert, ausgehend von Stefan Georges ›Hymnen‹«. In: Steffen Martus/Stefan Scherer/Claudia Stockinger (Hg.): *Lyrik im 19. Jahrhundert. Gattungspoetik als Reflexionsmedium der Kultur*. Bern u. a. 2005, S. 357–385.
Simon, Ralf: »In die Sprache erblicken, zum Bild errufen. Stefan Georges ›Algabal‹«. In: Kenneth S. Calhoon u. a. (Hg.): *›Es trübt mein Auge sich in Glück und Licht‹. Über den Blick in der Literatur. Festschrift für Helmut J. Schneider zum 65. Geburtstag*. Berlin 2010, S. 221–241.
Simonis, Annette: »Ästhetizismus und Avantgarde. Genese, wirkungsgeschichtlicher und systematischer Zusammenhang«. In: Sabina Becker/Helmuth Kiesel (Hg.): *Literarische Moderne. Begriff und Phänomen*. Berlin 2007, S. 291–316.
Simonis, Annette: *Literarischer Ästhetizismus. Theorie der arabesken und hermetischen Kommunikation der Moderne*. Tübingen 2000.
Sofsky, Wolfgang: *Verteidigung des Privaten*. München 2007.
Sohnle, Werner P.: *Stefan George und der Symbolismus. Eine Ausstellung der Württembergischen Landesbibliothek Stuttgart*. Stuttgart 1983.
Sorg, Reto: »Aus dem ›Garten der Erkenntnis‹ in die ›Gärten der Zeichen‹. Zu den literarischen Erstlingen von Leopold Andrian und Carl Einstein«. In: *Sprachkunst. Beiträge zur Literaturwissenschaft*. Jahrgang XXVII (1996). 2. Halbband, S. 239–266.
Sparr, Thomas: *Celans Poetik des hermetischen Gedichts*. Heidelberg 1989.
Specht, Benjamin: *›Wurzel allen Denkens und Redens‹. Die Metapher und das ›Metaphorische‹ in Wissenschaft, Weltanschauung, Poetik und Lyrik um 1900*. Heidelberg 2017.

Spoerhase, Carlos: »Die ›Dunkelheit‹ der Dichtung als Herausforderung der Philologie«. In: Christian Scholl/Sandra Richter/Oliver Huck (Hg.): *Konzert und Konkurrenz. Die Künste und ihre Wissenschaften im 19. Jahrhundert*. Göttingen 2010, S. 133–155.

Sprengel, Peter: *Geschichte der deutschsprachigen Literatur 1870–1900. Von der Reichsgründung bis zur Jahrhundertwende*. München 1998.

Sprengel, Peter: *Geschichte der deutschsprachigen Literatur 1900–1918. Von der Jahrhundertwende bis zum Ende des Ersten Weltkriegs*. München 2004.

Stamm, Ulrike: »Ästhetik«. In: Mathias Mayer/Julian Werlitz: *Hofmannsthal-Handbuch. Leben – Werk – Wirkung*. Stuttgart 2016, S. 26–30.

Steinlein, Rüdiger: »Gefährliche ›Passagen‹ – Männliche Adoleszenzkrisen in der Literatur um 1900. Hugo von Hofmannsthals Erzählungen ›Das Märchen der 672. Nacht‹ und ›Die wunderbare Freundin‹«. In: Ders.: *Erkundungen. Aufsätze zur deutschen Literatur (1975–2008)*. Heidelberg 2009, S. 235–250.

Streim, Gregor: *Das ›Leben‹ in der Kunst. Untersuchungen zur Ästhetik des frühen Hofmannsthal*. Würzburg 1996.

Strodthoff, Werner: *Stefan George. Zivilisationskritik und Eskapismus*. Bonn 1976, S. 174–187.

Sudhoff, Dieter: »Nachwort«. In: GdE, 197–217.

Tarot, Rolf: »Hugo von Hofmannsthal. Das Märchen der 672. Nacht«. In: Ders. (Hg.): *Kunstmärchen. Erzählmöglichkeiten von Wieland bis Döblin*. Bern 1993, S. 231–251.

Tayler, Rodney: »The Spectre in Leopold Andrian's Garden of Knowledge«. In: *Seminar 42*, 1 (2006), S. 33–57.

Theodorsen, Cathrine: *Leopold Andrian, seine Erzählung ›Der Garten der Erkenntnis‹ und der Dilettantismus in Wien um 1900*. Hannover-Laatzen 2006.

Thiel, Friedrich: *Vier sonntägliche Straßen. A Study of the Ida Coblenz Problem in the Works of Stefan George*. New York 1988.

Thomasberger, Andreas: *Verwandlungen in Hofmannsthals Lyrik. Zur sprachlichen Bedeutung von Genese und Gestalt*. Tübingen 1994.

Thomé, Horst: »Modernität und Bewußtseinswandel in der Zeit des Naturalismus und des Fin de siècle«. In: York-Gothart Mix (Hg.): *Naturalismus. Fin de siècle. Expressionismus. 1890–1918*. München/Wien 2000.

Titzmann, Michael: »Das Konzept der Person und ihrer Identität«. In: Ders.: *Realismus und Frühe Moderne. Beispielinterpretationen und Systematisierungsversuche*. München 2009, S. 308–329.

Titzmann, Michael: ›Grenzziehung‹ vs. ›Grenztilgung‹. Zu einer fundamentalen Differenz der Literatursysteme ›Realismus‹ und ›Frühe Moderne‹. In: Ders.: *Realismus und Frühe Moderne. Beispielinterpretationen und Systematisierungsversuche*. München 2009, S. 275–307.

Titzmann, Michael: *Strukturale Textanalyse*. München 1993.

Trawny, Peter: »George dichtet Nietzsche. Überlegungen zur Nietzsche-Rezeption Stefan Georges und seines Kreises«. In: *George-Jahrbuch* 3 (2000/2001), S. 34–68.

van den Berg, Hubert: *Avantgarde und Anarchismus. Dada in Zürich und Berlin.* Heidelberg 1999.

Varthalitis, Georgios: *Die Antike und die Jahrhundertwende. Stefan Georges Rezeption der Antike.* Heidelberg 2000, S. 14–40.

Vasilyev, Gennady: »Das Phantastische im ›Märchen der 672. Nacht‹ von Hugo von Hofmannsthal«. In: Christine Lötscher u. a. (Hg.): *Übergänge und Entgrenzungen in der Fantastik.* Berlin u. a. 2014, S. 31–40.

Versari, Margherita: »›Blaue Blume‹ – ›Schwarze Blume‹. Zwei poetische Symbole im Vergleich«. In: Bettina Gruber/Gerhard Plumpe (Hg.): *Romantik und Ästhetizismus.* Festschrift für Paul Gerhard Klussmann. Würzburg 1999, S. 89–99.

Versari, Margherita: *Figuren der Zeit in der Dichtung Stefan Georges.* Würzburg 2013.

Voß, Torsten: »Überschriften und Widmungen«. In: Jürgen Egyptien (Hg.): *Stefan George – Werkkommentar.* Berlin/Boston 2017, S. 207–239.

Vordtriede, Werner: »Gespräche mit Beer-Hofmann«. In: Dieter Borchmeyer (Hg.): ›*Zwischen Ästhetizismus und Judentum*‹. Sammelband der Beiträge vom Öffentlichen Symposion in der Akademie der Wissenschaften Heidelberg am 25. und 26.10.1995. Paderborn 1996, S. 163–188.

Wagner-Egelhaaf, Martina: *Mystik der Moderne. Die visionäre Ästhetik der deutschen Literatur im 20. Jahrhundert.* Stuttgart 1989.

Wais, Kurt: »Stefan George und Stéphane Mallarmé. Zwei Dichter des Abseits«. In: Werner Sohnle (Hg.): *Stefan George und der Symbolismus.* Stuttgart 1983, S. 157–182.

Weber, Frank: *Die Bedeutung Nietzsches für Stefan George und seinen Kreis.* Frankfurt am Main 1989.

Weber, Niels: *Literatur als System. Zur Ausdifferenzierung literarischer Kommunikation.* Opladen 1992, S. 29–59.

Wegmann, Thomas: »›Bevor ich da war, waren all die Gedichte noch gut‹. Über Stefan Georges Marketing in eigener Sache«. In: *Text + Kritik.* Heft 168 (2005).

Wolters, Friedrich: *Stefan George und die Blätter für die Kunst. Deutsche Geistesgeschichte seit 1890.* Berlin 1930.

Wunberg, Gotthart: »Historismus, Lexemautonomie und Fin de siècle. Zum Décadence-Begriff in der Literatur der Jahrhundertwende«. In: Ders.: *Jahrhundertwende. Studien zur Literatur der Moderne.* Zum 70. Geburtstag des Autors herausgegeben von Stephan Dietrich. Tübingen 2001, S. 55–84.

Wunberg, Gotthart: »Unverständlichkeit. Historismus und literarische Moderne«. In: *Hofmannsthal Jahrbuch zur Europäischen Moderne* 1 (1993), S. 309–350.

Würffel, Bodo: *Wirkungswille und Prophetie. Studien zu Werk und Wirkung Stefan Georges*. Bonn 1979, S. 25–41.

Wuthenow, Ralph-Rainer: *Muse, Maske, Meduse. Europäischer Ästhetizismus*. Frankfurt am Main 1978.

Zanucchi, Mario: »Algabal«. In: Jürgen Egyptien: *Stefan George – Werkkommentar*. Berlin/Boston 20017, S. 60–96.

Zanucchi, Mario: »Weltgeheimnis (1896)«. In: Mathias Meyer/Julian Werlitz: *Hofmannsthal-Handbuch*. Stuttgart 2016, S. 141–143.

Zanucchi, Mario: »Prekäre Restauration. Nietzsche-Rezeption und Kritik der Moderne in Hofmannsthals ›Weltgeheimnis‹ (1894)«. In: Barbara Beßlich/Dieter Martin (Hg.): *Schöpferische Restauration*. Festschrift für Achim Aurnhammer. Würzburg 2014, S. 45–54.

Zanucchi, Mario: *Transfer und Modifikation. Die französischen Symbolisten in der deutschsprachigen Lyrik der Moderne (1890–1923)*. Berlin/Boston 2016.

Personenregister

Adorno, Theodor W. 78, 80, 190
Andreas-Salomé, Lou 234, 235
Andrian, Leopold von 36, 93, 255, 257–261, 264–267, 274, 281, 283–285, 287, 311, 317, 319, 325, 331, 338, 341
Antoninus, Marcus Aurelius (Elagabal) 15, 130, 146, 157
Bahr, Hermann 83, 216, 257–259, 292, 305
Bahrdt, Hans Paul 32, 33
Baudelaire, Charles 22, 39, 66, 84, 124, 127, 128, 202, 235
Beer-Hofmann, Richard 36, 94, 151, 255, 269, 288, 306–309, 315–317, 319, 323–327, 331, 332, 338, 341
Benjamin, Walter 57, 80
Benn, Gottfried 331
Bierbaum, Otto Julius 80
Bismarck, Otto von 29
Boccaccio, Giovanni 65
Böttcher, Georg 65
Brentano, Clemens 98
Broch, Hermann 57, 58, 79, 80, 215, 216
Celan, Paul 46
Coblenz, Ida 105, 157, 160–162, 175, 192
Dante, Alighieri 137, 181, 261
Darwin, Charles 51
Derleth, Ludwig 56
Don Balthasar Carlos, span. Prinz 118
Durkheim, Émile 60–62
D'Annunzio, Gabriele 289
Eichendorff, Joseph von 98
Fischer, Samuel 257, 259
Fontane, Theodor 13–16, 22, 23
Fra Angelico 118
Franckenstein, Clemens von 258
Geibel, Emanuel 23, 24, 126
George, Stefan 15–17, 36, 39, 40, 45, 46, 56, 57, 62–78, 80–84, 86–93, 97–102, 104, 105, 107–109, 111, 113, 114, 116–119, 121–134, 136, 137, 141–143, 146, 153–155, 157–162, 164, 170, 173–187, 189–193, 195, 198–202, 205, 207, 208, 210–212, 221–224, 234, 238, 245, 248, 251–254, 257, 259, 284, 314, 319, 327, 331, 332, 335, 337, 341–343, 345, 347
Gérardy, Paul 66, 83, 177, 183
Goethe, Johann Wolfgang von 40, 98, 104, 124, 215, 219, 220, 229, 258
Gundolf, Friedrich 144, 208
Haeckel, Ernst 325
Hart, Julius 76
Hebbel, Friedrich 98, 219
Heine, Heinrich 98
Hesiod 98, 99, 125, 157
Heyse, Paul 126
Hille, Peter 55, 56
Hoffmann, E. T. A. 315
Hofmannsthal, Hugo von 24, 34, 36, 39, 42, 46, 56, 65, 83–85, 88, 93, 94, 128, 158, 174, 182–186, 192, 198–205, 211–213, 215–224, 227–232, 238, 245, 251–253, 255, 257, 258, 266, 274, 284, 285, 287–289, 291–293, 298–300, 302, 305, 306, 312, 317–319, 325, 331, 332, 335, 338, 341, 342, 345
Hölderlin, Friedrich 54, 98
Holz, Arno 14, 46, 113
Horváth, Ödön von 46
Husmann, August 183
Huysmans, Joris-Karl 127
Jean Paul 22, 98
Jünger, Friedrich Georg 197
Kant, Immanuel 51
Kierkegaard, Søren 298
Klages, Ludwig 158, 183, 196, 198, 211
Klein, Carl August 68, 75, 84–86, 88, 90
Klopstock, Friedrich Gottlieb 53, 98, 99, 103
Kraus, Karl 258
Krell, Paul F. 33
Kronberger, Maximilian 62, 63
Landmann, Edith 70, 83
Lechter, Melchior 97, 183, 259
Lenau, Nikolaus 98
Lenz, Gustav 66
Leopardi, Giacomo 65
Lepsius, Sabine 158

Lessing, Gotthold Ephraim 215
Lichtenberg, Georg Christoph 215
Ludwig II., bayer. König 132, 133
Ludwig XIV., franz. König 149
Lukács, Georg 308, 309, 311
Mach, Ernst 51, 230, 264, 265, 322
Mallarmé, Stéphane 39, 40, 66, 67, 84, 259
Mann, Heinrich 128
Mann, Thomas 128, 210, 274
Manzoni, Alessandro 65
Marilaun, Karl 345
Meier-Gräfe, Julius 80
Meyer, Conrad Ferdinand 98, 127
Meyer, Richard Moses 91, 127, 158
Meynert, Theodor 267
Michelangelo 54
Milton, John 53
Montale, Eugenio 42
Moréas, Jean 38
Morgenstern, Christian 46
Mörike, Eduard 98
Morwitz, Ernst 69–71, 131, 145, 158, 170, 172, 177
Muret, Maurice 68
Musil, Robert 174, 266, 311
Napoleon Bonaparte, franz. Kaiser 56
Nietzsche, Friedrich 22, 39, 50, 51, 53, 55, 78, 108, 111, 121, 174, 198, 217, 228, 230, 233–235, 237, 241, 273, 276, 279, 323, 326
Novalis 98, 123, 141, 142, 153, 219
Ovid 98, 101, 105, 108, 125, 157, 291
Pascal, Léon 177
Pater, Walter 345
Perls, Richard 183
Philipp IV., span. König 118
Platen, August von 23, 98
Quasimodo, Salvatore 42
Raffael 54

Rassenfosse, Edmond 172, 177, 183
Rilke, Rainer Maria 36, 39, 46, 51, 56, 57, 75, 82, 93, 128, 158, 195, 207, 216, 232–239, 244–249, 251–254, 319, 331, 332, 337, 341
Rolicz-Lieder, Wacław 183
Rouge, Carl 65, 83
Rückert, Friedrich 23
Ruskin, John 345
Saar, Ferdinand von 258
Saint-Paul, Albert 66, 132, 133
Saussure, Ferdinand de 46
Schelling, Friedrich Wilhelm Joseph von 54
Schiller, Friedrich 98, 123, 124, 219
Schlegel, Friedrich 22
Schleiermacher, Friedrich 54
Schmidt, Erich 99
Schnitzler, Arthur 258, 269, 307, 308
Schopenhauer, Arthur 39, 55, 274, 324
Schuler, Alfred 56, 183
Scott, Cyril 183
Semper, Gottfried 78
Sieber-Rilke, Ruth 216
Simmel, Georg 52, 60, 84, 158
Stahl, Arthur 65, 74, 87
Stramm, August 46
Strauss, Richard 222
Tasso, Torquato 65
Ungaretti, Giuseppe 42
Velazquez, Diego 118
Verwey, Albert 66, 158, 183
Vordtriede, Werner 307
Wackenroder, Wilhelm Heinrich 54
Wagner, Richard 55, 132
Weber, Max 52
Winckelmann, Johann Joachim 121
Wolfskehl, Karl 91, 98, 158, 183, 186, 347